혁명의
추억
미래의
혁명

혁명의 추억, 미래의 혁명

지은이 ｜ 박세길
펴낸이 ｜ 김성실
편집 ｜ 박남주 · 천경호 · 조성우 · 손성실
마케팅 ｜ 이준경 · 이용석 · 김남숙 · 이유진
디자인 · 편집 ｜ (주)하람커뮤니케이션(02-322-5405)
인쇄 ｜ 중앙 P&L(주)
제본 ｜ 광성문화사
펴낸곳 ｜ 시대의창
출판등록 ｜ 제10-1756호(1999. 5. 11)

초판 1쇄 발행 ｜ 2008년 6월 20일
초판 2쇄 발행 ｜ 2009년 8월 3일

주소 ｜ 121-816 서울시 마포구 동교동 113-81 4층
전화 ｜ 편집부 (02) 335-6125, 영업부 (02) 335-6121
팩스 ｜ (02) 325-5607
블로그 ｜ sidaebooks.net
이메일 ｜ sidaebooks@hanmail.net

ISBN 978-89-5940-109-3 (93300)
책값은 뒤표지에 있습니다.

혁명의
추억
미래의
혁명

역사의 대반전,

신자유주의 이후의

새로운 세계

박세길 지음

시대의창

혁명, 추억의 반추 그리고 미래의 전망

이 책을 처음 구상하고 작업을 시작한 것은 1992년 가을, 나의 앞선 저작 《다시 쓰는 한국현대사》(전3권)를 마무리하고부터였다.

그 당시 이 책에 담아내려던 화두는 1980년대 질풍노도의 시기를 거치면서 사람들의 뇌리에 아로새겨진, 그러나 소련의 붕괴로 심각한 혼란에 빠진 '혁명'의 문제였다. 근대 이후 혁명이 가장 심각한 퇴조기에 접어든 순간에 혁명을 주제로 한 작업에 몰두한 셈이다.

내가 선택한 작업은 마치 뭉개진 그림을 되살리는 것만큼이나 복잡하고 어려운 일이었다. 일일이 열거하기도 어려울 만큼 숱한 좌절이 뒤따랐다. 대체로 아홉 번의 좌절 끝에 열 번째 가서야 결론 하나를 얻어내는 식이었다. 그 결과 나는 이 책에 담긴 것보다 몇 배나 많은 분량의 원고를 쓰레기통에 버려야 했다. 물론 이는 동시대를 살고 있는 사람들이라면 흔히 겪었을 법한 일이므로 특별할 건 없다.

결국 나는 기다리는 것으로 문제를 해결할 수밖에 없었다. 객관적 상황이 좀더 진전되고 문제의 본질이 드러날 때까지 기다리는 것만이 최선의 방법이었다. 그러다보니 처음 출발할 때의 생각과는 달리 글을 완성하는 데 15년이라는 시간이 걸리고 말았다.

나는 작업이 진전되면서 두 가지 문제의식을 뚜렷이 갖게 되었다. 이 둘은 시야의 확장이라는 측면에서 본질적으로 동일한 것으로, "전지구적 관점에서 역사적 맥락에 비추어 접근하는 것"이었다.

오늘날 '지구화 시대'는 일반적인 통념이 되었다. 확실히 한 개인의 운명조차 전지구적 차원에서 결정되는 시대인 것은 분명하다. 지구 자체가 단일한 활동공간이 된 것이다. 이 같은 지구화 시대에는 자주적인 입장에서 세계를 보는 눈이 더욱 중요해진다. 그와 동시에 개별 민족 문제를 포함해서 혁명과 관련된 모든 사안을 '세계인'의 관점에서 고찰하는 것 또한 매우 절실해진다. 그렇지 않으면 문제의 본질을 제대로 파악할 수 없으며, 자주적 해결 능력을 발휘할 수도 없다. 자주성과 세계성이라는 렌즈를 함께 가질 때만이 지구화 시대를 헤쳐 나갈 지혜의 눈을 뜰 수 있다.

이와 함께 여전히 변함없는 진실은 복잡하고 어려운 과제일수록 역사적 맥락에 비추어 살펴봐야 한다는 것이다. 역사의 등불에 비춰 보면 모든 사건은 그 본질을 드러내게 마련이다.

결코 간단치 않은 작업이기는 했지만 역사적 접근 방식은, 온갖 이데올로기적 편견과 권위로 덧칠되어 있는 문제들의 본질을 밝혀내는 데 결정적으로 도움이 되었다. 무엇보다도 인간에 의해 수행되는 모든 '운동'은 사물 일반의 법칙 그대로 '생성-발전-쇠퇴-사멸'의 과정을 겪는다는 것을 생생하게 입증해주었다. 아울러 대부분의 판단착오는 이 같은 간단한 진리를 간과함으로써 발생하였다는 점을 깨쳐주었다.

이 책은 이러한 내용을 가능한 풍부하고 구체적으로 제시함으로써 새로운 세기 어느 지점에서 사고의 전환이 일어나야 하는지 밝히기 위해 노력했다. 요컨대 세상을 바꾸려면 먼저 생각을 바꾸어야 한다는 것이 이 책이 담고 있는 메시지다.

세상의 변혁을 꿈꾼 사람 입장에서 지나온 역사를 되돌아본다는 것은 상당히 고통스런 과정일 수 있다. 그 속에는 분명하게도 쓰라린 패배의 장면이 가득 담겨 있기 때문이다. 더불어 한때는 더없이 고결하게만 느껴졌던 혁명의 역사가 숱한 오만과 편견, 어리석음과 우유부단함을 가득 품고 있음을 수긍하는 것 역시 결코 쉽지 않은 일이다. 그런 점에서 이 책에 담긴 많은 내용들이 본의 아니게 상처로 다가갈 가능성도 다분하다.

그러나 분명한 것은 이 모든 것을 고스란히 승인하고 거듭 곱씹을 때 희망을 발견할 수 있다는 사실이다. 이 대목에서 모든 승리의 역사는 처절한 절망을 에너지로 하여 이루어졌음을 상기하는 것이 좋을 듯싶다. 희망의 노래는 모름지기 절망의 끝자락에서 울려퍼지는 것이다. 이러한 맥락에서 이 책을 통해, 어떻게 하여 세기말의 절망이 새로운 세기 희망의 에너지가 되고 있는지 그리고 지구 곳곳에서 새로운 사회의 싹이 어떻게 자라나고 있는지 말하고 싶었다. 반전에 반전을 거듭해온 근대 이후 혁명의 역사를 반추하면서 현재 시나브로 무르익어가는 새로운 반전, 곧 미래 혁명에 대한 전망을 주된 목표로 하였다.

우리는 역사적 경험을 통해 미래는 과거에서 차용되는 것이 결코 아니며 오직 과거의 부정을 통해 새롭게 창조될 수 있다는 사실을 확인할 수 있다. 그런 점에서 과거에 등장한 모델 중에서 해답을 찾으려는 시도는 그 어떤 경우든 오류일 수밖에 없다. 역사적으로 보더라도 지난한 재창조의 과정 없이 단순한 과거의 답습만으로 성공한 혁명은 단 하나도 없다. 이로부터 이 책은 중요한 몇 가지 지점에서 새로운 사고의 패러다임을 제시하고 있다. 신자유주의 이후에 올 새로운 세계를 혁명의 역사를 통해 있는 그대로 추출하고자 최선을 다했지만 상당 부분 나의 주관이 투영되어 있다는 사실은 부인할 수 없다. 그런 점에서 나의 작업은 실천적으로 검증되기까지는 하나의 가설일 수밖에 없을 것이다. 내가 진정으로 원하는 바는 그 '가설'들이 다양한 토론을 촉발시키고 사고의 혁신을 자극하는 것이다. 지금 가장 중요한 것은 바로 그러한 것들이기 때문이다.

이 책이 완성되기까지 많은 사람들로부터 도움을 받았다. 이 기회를 빌려 깊이 감사드린다. 그 동안 많은 사람들이 나와 함께 고민을 나누면서 복잡하고 난해한 주제들을 풀어가는 데 큰 힘이 되어주었다. 사랑하는 나의 가족은 어려운 시기마다 용기를 불어넣어 주었다. 시대의창 김성실 대표를 비롯한 직원들은 어려운 조건에도 불구하고 이 책이 세상의 빛을 볼 수 있도록 물심양면으로 도움을 아끼지 않았다. 그리고 무엇보다도 생사고락을 함께 하면서 실천투쟁에 일로매진했던 수많은 활동가들은 나로 하여금 초심을 잃지 않도록 끊임없이 자극하고 배려하였다. 이러한 격려와 배려, 도움이 없었다면 이 책은 독자 여러분과 만나지 못했을 것이다. 모두에게 거듭 감사드린다.

CONTENTS

|革命의 追憶 未來의 革命|

PART 02 역사는 한계를 딛고 전진한다

革命의 追憶
未來의 革命

PART

01

혁명의 **열정**,
역사를 바꾸다

근대 이후 역사를 끊임없이 새롭게 추동한 것은 거듭된 혁명이었다. 혁명은 말 그대로 근대 역사를 이끈 기관차였다. 따라서 이 시대는 가히 '혁명의 시대'로 불리기에 손색이 없다. 혁명의 시대는 18세기 말엽에 서로 성격을 달리하는 두 개의 혁명이 거의 동시에 발생하는 것으로 시작되었다. 영국의 산업혁명과 프랑스 대혁명이 바로 그것이다. 이 두 혁명이 융합되면서 새로운 성격의 혁명이 무대에 올랐다. 산업혁명의 여파로 급성장한 노동자계급이 급진적인 프랑스 대혁명의 피를 이어받으며 자본주의를 뛰어넘는 사회혁명의 시대를 연 것이다.

사회혁명은 러시아를 거쳐 동아시아 일원으로 확장되면서 내용과 형식이 끊임없이 재창조되었고, 이를 통해 예술적 풍부함을 더해갔다. 그 어떤 나라의 혁명도 이전 시기의 혁명을 똑같은 형태로 반복하지 않았다. 다양성이야말로 혁명의 확산이 빚어낸 가장 중요한 특징이다. 이러한 혁명의 다양성은 나라마다의 혁명이 내용상 동등한 지위를 갖는다는 사실을 의미한다. 이처럼 다양한 혁명의 역사가 없었다면, 많은 나라의 인민[1](제1장 미주에 포함)들이 여전히 식민지배 아래서 노예의 삶을 살고 있을 수도 있다. 그런 점에서 오늘날 우리가 누리고 있는 얼마간의 자유와 권리는 혁명의 역사가 안겨준 선물이라고 할 수 있다.

© 연합뉴스 　　　　근대 산업혁명의 발상지 영국의 로봇 산업 현장

근대혁명,
계급투쟁으로 뿌리를 내리다

1789년 프랑스 대혁명에서 1871년 파리 코뮌에 이르는 약 100년간의 역사는 격렬한 계급투쟁으로 점철되어 있다. 당시 계급투쟁의 주역은 크게 보아 봉건귀족, 부르주아지[2], 프롤레타리아[3] 셋이었다. 이들은 공동의 적을 향해 손을 잡기도 하고 분열되어 극렬하게 다투기도 하면서 역동적인 근대 역사를 만들어갔다. 칼 마르크스가 《공산당선언》에서 "모든 사회의 역사는 계급투쟁의 역사"라고 기술한 것은 이러한 역사적 과정을 반영한 것에 다름 아니었다.

근대혁명은 이러한 계급투쟁을 기반으로 태동하고 성장하였으며 그 중심은 단연 프랑스였다. 프랑스는 중요한 시기마다 유럽 혁명의 선두에 섰으며 이념적으로 가장 선진적이었고 실천적으로는 가장 전투적이었다. 유럽의 다른 혁명은 프랑스 혁명에 자극받은 결과였다고 해도 크게 틀리지 않다. 이 점에 대해 오스트리아의 보수 정치인 메테르니히는 "파리가 재채기를 하면 유럽이 감기에 걸린다"고 빈정거리기도 했지만, 좀 더 진지한 쪽에서는 프랑스에게 '혁명의 조국'이라는 칭호를 부여하는 것을 조금도 주저하지 않았다.

근대혁명의 빅뱅, 프랑스 대혁명

그 누구도 근대 시민혁명의 첫 자리에 프랑스 대혁명을 올려놓는 데 이의를 달지 않을 것이다. 이는 프랑스 대혁명이 근대 시민혁명의 모범답안이어서가 결코 아니다. 도리어 프랑스 대혁명은 그 이름에 걸맞지 않게 많은 약점과 한계를 드러냈으며 치열한 과정에 비해서 성과 또한 그다지 눈부시지도 않았다. 보기에 따라서는 예술적 가치는 높으나 과학성은 떨어진다고 할 수도 있다.

그럼에도 불구하고 우리가 모든 시민혁명 중에서도 프랑스 대혁명에 관심을 집중하는 이유는 매우 분명하다. 먼저 프랑스 대혁명은 이후 곳곳에서 타오르게 될 온갖 형태의 혁명의 불씨를 가득 품고 있었다. 한마디로 프랑스 대혁명은 근대혁명의 '빅뱅'이었다. 그 중에서 특히 중요한 것은 봉건적 특권에 맞서 민주주의 원칙을 옹호하는 것으로써 시민혁명의 보편적 가치를 선명하게 창출했다는 점이다. 그럼으로써 프랑스 대혁명은 각종 특권의 확대로 민주주의가 위협받을 때마다 어느 시대 어느 곳에서든지 끊임없이 부활할 수밖에 없는 영원한 현재진행형이 되었다.

대혁명의 발발

중세시대 유럽의 봉건질서는 정치적으로 매우 취약한 구조를 지니고 있었다. 고대 로마 시대의 중앙집권적이고 질서정연한 통치체계는 그 어디에서도 찾아볼 수 없었다. 지방의 영주는 독립적인 지배영역을 구축하고 있었으며, 그들 사이에는 통일적 위계질서보다는 경쟁과 대결이 지배적이었다.

그러면서도 귀족들은 세습적인 신분을 바탕으로 온갖 특권을 누렸다. 그로 인해 농민들이 져야 했던 부담은 실로 놀랍기 그지없었다. 농민들이 성직자, 귀족, 왕실에 납부했던 지대와 세금, 무상노동의 종류는 일일이 열거하기가 어려울 정도다. 심지어 자신들의 무상노동으로 닦은 도로에 대해 통행세를 내야 했다. 많은 역사가들이, 그토록 많은 부담을 지고도 생존을 유지한 것 자체가 불가사의하다고 느낄 만했다. 더욱이 절대왕정의 시기에는 치안 기능이 왕으로 집중되면서 종전에 있었던 농민의 보호라는 귀족들의 반대급부조차 사라져버렸다. 말 그대로 아무런 대가 없는 일방적 수탈이 횡행한 것이다.

이러한 상황에서 봉건지배를 지탱시키는 결정적 역할을 한 것은 바로 교회였다. 교회는 피지배층으로 하여금 물리적 통제를 가하지 않아도 지배질서에 굴종하도록 만드는 역할을 했다. 당시 모든 질서는 신이 부여한 것이었으며, 민중에게 허용된 것은 맹목적이고 절대적인 복종뿐이었다. 맹목적 신앙심은 민중으로 하여금 거역하면 죽음보다도 무서운 천벌을 받을 수 있다는 공포에 사로잡히도록 만들었다. 이를 통해 교회는 민중의 내면세계를 철저하게 지배하고 장악할 수 있었다.

이러한 교회의 지배에 정면으로 도전하고 나선 것이 바로 계몽사상이었다. 계몽사상은 한마디로 인간 이성의 이름으로 신의 지배에 도전한 "지극히 과격하고 급진적인" 사상이었다. 이는 계몽사상의 선행사상이라고 할 수 있는 데카르트Rene Descartes(1596~1650)의 사상에서도 확연하게 드러난다.

합리론을 정립한 프랑스의 데카르트는 "명백한 진리를 발견하기 위해서는 의심할 수 있는 모든 견해를 의심해야 한다"고 주장하였다. 마침내 그가 찾아낸 더 이상 의심할 수 없는 확실한 것은 모든 것을 의심하고 있는 자기 자신의 존재였다. 이로부터 데카르트는 "나는 생각한다. 고로 나는 존재한다"고 하는 유명한 명제를 성립시켰다. 이러한 데카르트의 주장은 당시로 보면 매우 혁명적인 것이었다. 먼저 예외 없이 모든 것을 의심해야 한다는 주장은 그 대상에 교회의 교리를 포함하고 있는데, 이는 무조건적이고 절대적인 믿음을 강조하던 교회의 입장과는 정면으로 배치되는 것이었다. 또 데카르트가 모든 판단의 출발점으로 삼은 "나는 생각한다. 고로 나는 존재한다"는 명제는 존재의 근원으로 신이 아닌 자아를 상정한다. 이 역시 교회의 입장과 정면으로 충돌하는 것이었다.

인간 중심의 세계관을 확립한 계몽사상은 한층 풍부한 세속적 권리의식으로 발전하였다. 가령 계몽사상의 화신이라고 할 수 있는 볼테르Francois Voltaire(1694~1778)는 이교도와의 거래를 마다하지 않는 시장에서의 이기적인 이익 추구만이 종교적 광신으로 인한 갈등 대립을 해소시킬 수 있다고 믿었다. 따라서 볼테르는 인간의 활동 무대는 교회가 아니라 시장이어야 하며, 질서를 유지하는 것 또한 종교 교리가 아닌 법의 지배라고 보았다. 이를 바탕으로 볼테르는 당시 유럽 문명에서 가장 중요한 것은 언론과 출판, 신앙과 사상의 자유 등 개인의 자유를 확장하는 것이라고 강조하였다. "나는 당신의 말은 인정하지 않는다. 그러나 당신이 그 말을 할 수 있는 권리는 목숨을 걸고 지키겠다"는 말은 이러한 볼테르의 생각을 상징적으로 표현하는 것이었다. 애덤 스미스는 이러한 볼테르에 대해 "근대 이성은 볼테르에게 말할 수 없이 큰 빚을 졌다"며 아낌없는 찬사를 던졌다.

계몽사상의 확산은 무엇보다도 도시를 배경으로 사회적 영향력을 키워온 상공인, 수공업자, 변호사, 문필가, 중간관리자 등 신흥 부르주아계급을 강하게 자극하였다. 이들 부르주아계급은 평민 출신으로서 특권과 무관하게 자력으로 성공했다고 하는 공통점을 지니고 있었다. 그런 점에서 이들 부르주아계급은 세습적 신분을 바탕으로 온갖 특권을 누리는 봉건귀족을 극도로 혐오하였다. 더욱이 그들은 재산이나 학식, 실무기술 능력에서 봉건귀족을 능가하고 있었다. 곧 부르주아계급은 자신들이 나서면 훨씬 나은 세상을 만들 수 있다는 자신감을 갖고 있었다. 이 모든 요소로 인하여 부르주아계급은 거침없이 봉건질서에 도전하게 되었다.

이러한 가운데 인류 역사에서 흔히 나타나듯이 지배층이 기존의 방식을 더 이상 고집할 수 없는 상황에서 모종의 변화를 추구하게 되자 프랑스 지배체제는 급격하게 균열을 일으키기 시작했다.

문제의 시발은 재정 악화에서 발생했다. 루이 14세 이후 프랑스 왕실의 재정은 사치와 권력의 과시로 인해 언제나 적자였다. 이러한 적자는 루이 16세가 영국을 견제할 목적으로 미국 독립을 지원하면서 총 세출의 절반 이상을 국채 상환과 이자 지불에 지출해야 하는 지경에까지 이르고 말았다. 사태를 수습할 수 있는 유일한 길은 면세특권을 누리고 있던 성직자와 귀족들에게 세금을 징수하는 것이었다. 이를 위해 루이 16세는 1789년 1월 성직자, 귀족, 평민 대표로 구성된 삼부회를 소집하였다. 삼부회만이 새로운 세금을 부과할 수 있는 권한을 지니고 있었기 때문이다.

삼부회가 소집되자 그동안 잠재해 있던 사회적 갈등이 급격히 표면화되고 말았다. 삼부회는 제3신분인 평민 대표들과 성직자 및 귀족 대표 사이의 격돌의 장으로 돌변했다. 귀족들은 이 기회에 루이 14세가 왕권을 강화하기 위해 많은 제한을 가했던 자신들의 특권을 회복하기 위해 절치부심하였다. 이러한 귀족들의 복고적인 태도는 제3신분인 평민을 더욱 강하게 자극하였고 하급 성직자들마저 제3신분의 편에 서도록 만들었다. 그러자 대담해진 제3신분 대표들은 삼부회를 무시하고 별도의 대표기관인 국민의회를 구성한 뒤 새로운 헌법이 제정될 때까지는 해산하지 않겠다고 선서했다. 이는 기존 권력질서에 대한 정면도전으로, 혁명의 시작을 알리는 신호탄이었다.

급격한 상황 진전 속에서 국왕 루이 16세는 국민의회의 요구에 짐짓 굴복하는 척하면서 7월 11일까지 군대를 소집할 것을 명령함과 동시에 자유주의 개혁을 추진하던 네케르Jacques Necker를 파면하였다. 제3신분에 대해 칼을 뽑아든 것이다. 곧이어 군대가 국민의회 대표들은 참살할 것이라는 소문이 퍼졌다. 파리 시민들은 일순간에 긴장에 사로잡혔고 실력으로 국민의회를 지켜야 한다고 결심하게 되었다.

파리 시민들은 즉각 '자치위원회'를 구성하여 시 행정을 접수하고 민병대를 조직하였다. 본격적인 혁명에 돌입한 것이다. 무장의 필요성을 느낀 시민들은 곧바로 화약이 저장된 것으로 알려진 바스티유 감옥으로 몰려갔다. 바스티유 감옥은 불법 투옥과 고문이 자행된 악명 높은 봉건지배의 상징이었다. 치열한 전투 끝에 성난 군중은 결국 바스티유 감옥을 점령하고 말았다. 1789년 7월 14일에 벌어진 일이다. 자연스럽게 이날은 프랑스 대혁명을 상징하는 날짜가 되었다.

바스티유 감옥 점령은 영원히 지속될 것만 같던 지배질서가 일순간에 허물어질 수 있음을 확인해준 상징적 사건이었다. 이때부터 군중은 격렬한 형태로 기존질서와 지배세력을 공격하기 시작했다. 농촌에서는 폭동이 급속히 확산되면서 귀족의 거주지를 습격하고 봉건적 문서를 불태우는 일이 다반사로 일어났다. 그 와중에서 수많은 지방 도시들의 행정조직이 와해되거나 무력화되었다.

민중의 공격이 감당할 수 없는 수준으로 치닫자 젊은 귀족들은 상황을 진정시킬 수 있는 방안을 모색하였고, 결국 8월 4일 귀족들의 특권을 포기할 것을 선언하였다. 8월 11일에 이르러서는 추기경과 파리 대주교가 더 이상 십일조를 징수하지 않겠다고 약속했다.

국민의회 역시 비슷한 분위기에 휩싸이기 시작했다. 다수의 국민의회 의원들은 국왕의 친위 쿠데타로부터 자신들을 구원해준 '천민'들이 무절제한 저항으로 국가를 무정부상태로 몰아넣게 될지도 모른다고 우려하였다. 사태를 안정시킬 목적으로 국민의회는 8월 4~5일 농민세를 부분적으로 폐지하고 교회의 십일조와 귀족의 특권을 폐지하는 조치를 단행했다. 아울러 8월 26일에는 새로운 질서를 구축하기 위한 원칙을 담은, 전문 17조로 구성된 〈인간과 시민의 권리선언〉(인권선언)을 채택하였다. 구시대에게는 사망선고문이자 새로운 시대에게는 이념적 좌표가 된 인권선언의 주요 조항은 다음과 같다.

제1조 : 인간은 자유롭고 평등하게 태어나서 생활할 권리를 가진다. 사회적 차별은 공적인 이익을 근거로 해서만 있을 수 있다.

제2조 : 모든 정치적 결사의 목적은 인간의 자연적이며 시효에 의하여 소멸할 수 없는 권리들을 보전함에 있다. 이 권리들이란 자유, 재산, 안전 및 압제에 대한 저항이다.

제3조 : 모든 주권의 근원은 본질적으로 인민에게 있다. 어떤 단체나 어떤 개인도 명백히 인민에게서 유래하지 않는 권력을 행사할 수 없다.

제4조 : 정치적 자유는 타인을 해치지 않는 한 무엇이든지 할 수 있음이다. 그러므로 저마다의 자연적 권리의 행사는 사회의 다른 구성원에게도 같은 권리를 향유하도록 보장하기 위한 제한 이외에는 제약을 받지 아니한다. 이 제약은 법률에 의해서만 규정된다.

제5조 : 법은 사회에 해로운 행위가 아니라면 금지할 권리를 가지지 아니한다. 법에 의하여 금지되지 않는 것은 어떤 일이라도 방해되지 않으며, 또 법이 명하지 않은 것은 누구에게도 강요할 수 없다.

제6조 : 법은 일반 의지의 표현이다. 모든 시민은 개인적으로 또는 대표자를 통하여 입법에 참여할 권리가 있다. 법은 보호하는 경

우에나 벌하는 경우에나 만인에게 꼭 같아야 한다. 모든 시민은 법 앞에 평등하므로 그 능력에 따라서 그리고 덕성과 재능 이외에는 차별이 없이 모든 영예와 공공 지위와 직무에 평등하게 취임할 수 있다.

여기에 덧붙여 제17조는 "소유권은 신성불가침의 권리이므로 합법적으로 확인된 공공 필요가 명백히 요구하고 또 정당한 사전 배상의 조건하에서가 아니라면 결코 침탈될 수 없다"고 밝힘으로써 이후 부르주아적 소유관계 확립의 근거를 제공했다.

이렇게 하여 프랑스 대혁명은 인권선언을 통해 계몽사상을 새로운 시대의 이념적 좌표로 확립하는 데 성공하였다. 비록 부르주아계급의 이해를 크게 넘어서지는 않았다 하더라도 명실상부하게 시민의 권리가 무엇인지를 밝힌 '시민 권리의 대장전'이 마련된 것이다. 이러한 인권선언은 인류 역사가 고비에 직면할 때마다 해결의 원칙을 제시하는 역할을 하였으며, 이는 오늘날에도 여전히 유효하다고 할 수 있다. 인권선언은 명실상부하게 인류 역사에서 영원히 마르지 않는 민주주의 원칙의 샘물이 된 것이다.

왼쪽으로 이동하는 혁명

프랑스 대혁명은 역사상 그 어떤 혁명보다도 급진적 양상을 보였다. 이러한 급진성은 혁명을 주도한 부르주아계급에서도 유사하게 나타났다. 그것은 부르주아계급이 혁명이 자신을 위협할 사회혁명으로 치달을 수 있다는 것을 아직 경험하지 않은 탓이었다. 곧 프랑스 대혁명 당시 부르주아계급은 왼쪽의 적에 대해 충분히 감지하지 못하고 있었던 것이다. 덕분에 봉건질서 타도라는 공동의 목표 아래 다양한 계급들이 힘을 합쳐 투쟁할 수 있었다. 하지만 이러한 상황은 어디까지나 대혁명의 초기 단계에만 적용되는 것이었다. 시간이 흐름면서 여러 계급간에 뚜렷한 이해관계 차이가 노출되기 시작하였고 그에 따라 상황이 한층 복잡해지기 시작한 것이다.

국민의회는 구체제의 폐허 위에 새로운 프랑스를 건설하기 위해 잇달아 혁명적인 조치를 취했다. 그 중에는 교회의 재산을 몰수하고 국가가 성직자 봉급을 지급하도록 한 것과 중세 이래의 길드를 폐지하고 프랑스 내의 관세와 통행세를 폐지하는 것 등이 포함되어 있었다. 이는 프랑스가 근대적인 자본주의 국가로 발전하는 데 필수적인 조치들이었다. 문제는 그 다음에 나타났다. 국민의회는 혁명 과정에서 가장 격렬하게 투쟁했던 노동자들의 요구에 대해서는 노동자의 결사와 파업을 불법화하는 것으로 응수했다. 국민의회가 부르주아계급의 대변자임을 분명하게 드러내기 시작한 것이다.

보다 심각한 한계는 국민의회가 2년간에 걸친 논의 끝에 헌법을 제정하면서 나타났다. 새로운 헌법에 따라 삼권분립에 입각한 입헌군주제가 도입되었다. 아울러 선거권은 400만 명의 부유한 남성에게만 부여되었다. 결국 재산이 없는 노동자와 여성들은 혁명에 적극 참여했음에도 불구하고 아무런 정치적 권리도 행사할 수 없게 된 것이다. 그나마 의원, 법관, 관리 선출권을 행사할 있는 선거인은 불과 5만 명에 지나지 않았다. 이는 인권선언 제1조에 담긴 평등사상을 정면으로 위배한 것으로, 혁명의 불길을 당겼던 국민의회가 혁명의 불길을 끄는 소방대로 전락했음을 입증한 것이었다.

이러한 국민의회의 한계는 곧바로 원외로부터의 강력한 도전을 불러일으키고 말았다.

프랑스 대혁명 시기에 나타난 중요한 현상의 하나는 정치 토론과 청원서 작성, 시위 등의 활동을 전개한 각종 정치 클럽이 폭발적으로 확산되었다는 점이다. 1789년과 1795년 사이에 5500개 지역에 약 6000개의 정치 클럽이 존재하였으며, 클럽 구성원은 대략 50만에서 60만 명에 이르렀다. 이는 총인구의 2퍼센트, 성인 남성의 5퍼센트가 정치적으로 조직되어 있음을 의미하였다. 무엇보다도 중요한 것은, 이들 정치 클럽은 국민의회로부터 정치적 배제 대상이 된 수공업자, 소규모 상점 소유자, 농부, 임금노동자 등에게도 문호를 개방했다는 점이다.[4]

이러한 정치 클럽 중에서 가장 유명했을 뿐 아니라 가장 강력한 영향력을 행사한 것은 자코뱅 클럽이었다. 자코뱅 클럽에는 다수의 국민의회 의원들과 법률가, 언론인 등 영향력 있는 인물들이 폭넓게 참여하고 있었다. 이러한 자코뱅 클럽 안에는 여러 개의 그룹이 존재했는데 그 중에서도 가장 비중 있는 그룹은 언론인 자크 브리소 Jacques Brissot가 이끄는 지롱드당이었다. 그 맞은편에는 로베스피에르 Marie Robespierre가 이끄는 급진적 자코뱅주의자들의 그룹인 산악당이 세력을 키우고 있었다.

자코뱅 클럽은 다양한 혁명세력과 연대하고 있었는데 그 중에는 급진적인 지식인, 노동빈민층, 수공업자, 소매상인, 직인, 소기업주 등 하층 계급 출신의 혁명적 활동가 단체인 '상퀼로트'[5]가 있었다. 상퀼로트는 이후 프랑스 대혁명의 진로와 관련해서 매우 중요한 역할을 수행하게 되는데, 이는 그 주변에 극도의 불만 속에서 언제든지 행동에 나설 준비가 되어 있는 광범위한 민중이 진을 치고 있었다는 것과 불가분의 연관이 있었다. 이러한 연관관계에 비춰보자면 자코뱅 클럽은 거칠게 출렁이는 민중의 바다 위에 떠 있는 함선과도 같았다.

자코뱅 클럽과 상퀼로트를 중심으로 한 민중세력이 전면에 나서게 되는 계기는 엉뚱하게도 밖으로부터 비롯하였다. 당시 여전히 봉건적 질서를 유지하고 있던 유럽 여러 나라들은 프랑스 대혁명을 불안한 시선으로 지켜보고 있었다. 그 중에서도 루이16세의 왕비 마리 앙투아네트의 친정인 오스트리아는 프랑스 반혁명 인사들의 망명 거점이 되면서 혁명을 중단시키는 데 적극적인 관심을 갖고 있었다. 결국 1792년 4월, 오스트리아는 프로이센과 손잡고 프랑스에 선전포고를 하였다.

이러한 상황에서 지롱드당은 프랑스를 오스트리아와의 전쟁에 돌입하도록 하기 위해 신속하게 움직였다. 지롱드당은 전쟁을 통해 군주를 궁지에 몰아넣음으로써 자연스럽게 권력의 중심을 이동시킬 수 있을 것으로 기대했던 것이다. 충분히 예상할 수 있는 일이었지만 군주는 이에 강하게 반발하였고 지롱드당은 상황을 돌파하기 위해 상퀼로트를 동원했다.

적절한 계기가 주어지자 상퀼로트를 중심으로 한 민중세력은 오스트리아와 밀접히 연계되었을 것으로 의심해온 왕실을 향해 전면적인 공격을 가하기 시작했다. 바로 이 순간부터 프랑스 대혁명은 민중세력의 영향력이 강력하게 작용하는 전혀 새로운 국면으로 접어들었다. 민중세력이 장악하고 있던 파리 시 정부는 새로운 국면에서 권력의 중심이 되었다. 1792년 8월을 지나면서 프랑스 대혁명은 분명히 '제2의 혁명' 곧 '혁명의 혁명' 과정을 거치고 있었다.

새로운 헌법에 따라 21세 이상 남성의 선거권을 기초로 구성된 '국민공회'는 민중을 진정시키기 위해 왕권의 정지를 결의하고 왕족을 감금했다. 그러나 오스트리아와의 전쟁이 불리하게 전개되면서 왕실에 대한 민중의 증오심은 한층 격렬해졌고, 증오의 표적은 왕실에 온건한 입장을 취했던 세력으로까지 확대되었다. 어느 누구도 감당할 수 없는 상황에서 결국 루이16세는 처형되고 말았다. 그 결과 권력의 분할이 없는, 엄밀한 의미에서의 공화국이 수립되었다.

젊은 공화국 프랑스는 외국의 간섭으로부터 혁명을 수호하기 위한 혁명전쟁을 선포하고 곧바로 총력전 태세를 구축했다. 프랑스는 징병제와 배급제를 실시하였으며, 엄격하게 통제되는 전시경제체제를 도입하였다. 군인과 민간인의 구별이 없는 국가 자원에 대한 총동원 체제를 수립한 것이다. 이러한 전시동원체제는 젊은 프랑스가 역사상 처음 발견한 것으로, 인류 역사의 고비마다 그 모습을 드러낼 만큼 길고 긴 그림자를 남겼다.

한편 민중세력의 영향력이 갈수록 확대되는 가운데 자코뱅 클럽 안에서는 지롱드당과 산악당 사이에 혁명의 주도권을 둘러싸고 격렬한 대립이 일어났다. 결국 로베스피에르가 이끄는 산악당은 상퀼로트가 일으킨 무장 군중 시위를 배경으로 국민공회에서 지롱드당 계열의 정치지도자들을 축출하는 데 성공했다. 산악당은 내외의 적으로부터 혁명을 지키고 민중을 진정시키기 위해 '혁명재판소'와 핵심 권력기구인 '공안위원회'를 설치하였다. 이른바 공포정치를 실시한 것이다. 혁명적 독재의 시원이 된 공포정치는 1793년 6월 10일부터 7월 27일까지의 짧은 기간 동안 1000여 명을 단두대로 보내 처형하는 것으로 이어졌다. 로베스피에르는 이러한 독재정치를 통해 공화국의 모든 잠재적 적들을 제거하고 이기적이고 사적인 이해관계를 혁명 국가의 번영에 복종시킬 수 있을 것으로 기대했다.

이러한 가운데 산악당은 기존 부르주아계급의 질서를 민중 중심의 질서로 전환하는 것을 목적으로 1793년 7월 17일 민중세력의 요구를 담은 새로운 '자코뱅 헌법'을 제정하였다. 자코뱅 헌법은 재산 규모에 따른 차별을 철폐한 평등한 민주주의 헌법이었고 생존권, 노동권, 사회복지보장 등을 담고 있었다. 더불어 농민세의 무조건적 폐지와 식료품에 대한 최고가격제를 도입함으로써 농민과 도시 하층민의 요구를 충족시키고자 하였다.

그러나 산악당의 급진적인 정책은 좀더 포괄적 의미에서 국민적 합의에 기초한 것이 아니었다. 혁명화한 민중세력은 전체적으로 보면 소수에 불과했으며, 압도적으로 많은 대중은 혁명의 급속한 전진을 뒷받침할 만한 준비가 되어 있지 않았다. 단적으로 초기 혁명에 동참했던 하급 성직자들이 교회 재산의 국유화 조치에 반발하자 많은 대중이 그에 동조하여 혁명정부에 저항하였다. 더욱이 파국적인 경제 상황, 끝날 줄 모르는 전쟁, 빈번한 테러를 수반하는 공포정치의 후유증 등으로 국민 대중은 점점 더 혁명에 대해 냉소적 태도를 취하기 시작했다.

이러한 분위기 속에서 의원들 다수는 로베스피에르의 반대파로 돌아섰고, 게다가 산악당 내부마저 분열에 휩싸였다. 이후 유사한 상황을 헤쳐 나갔던 러시아의 볼셰비키와 달리 로베스피에르에게는 어떤 상황에서도 버틸 수 있는 강고한 조직이 없었다. 물론 그에 앞서 복잡하기 그지없는 대중의 요구를 효과적으로 조절함으로써 혁명의 에너지로 전환시키는 데서 심각한 무능력을 드러냈다는 점이 먼저 지적되어야 할 것이다.

결국 혁명에서 고립이 어떤 끔찍한 결과를 초래하는지를 입증하는 것으로 모든 것은 마무리되고 말았다. 1794년 7월 로베스피에르는 독재자라는 죄를 뒤집어쓰고 자신이 고안해낸 단두대의 이슬로 사라졌으며, 자코뱅 클럽은 폐쇄되었고 활동가들은 구금되거나 살해되었다. 더불어 식료품의 최고가격제가 폐지되고 21세 이상 남성에게 부여된 선거제도는 재산에 따른 차별적인 선거권으로 대체되는 등 혁명은 뚜렷한 후퇴 조짐을 보였다. 이른바 '테르미도르(혁명력 11월)의 반동'이 일어난 것이다.

혁명의 표류와 나폴레옹의 등장

로베스피에르의 실각과 함께 대혁명은 그 어떤 세력도 주도성을 발휘하지 못한 채 표류하게 되었다. 구세력은 무대 구석진 곳으로 밀려나 있었으며, 초기 대혁명을 주도했던 부르주아계급은 민중을 통제할 능력을 갖추고 있지 못했다. 그렇다고 하여 민중세력이 정국을 이끌고 갈 가능성 또한 없었다. 그들은 집단적 행동을 통해 저항하고 공격할 수는 있어도 정작 새로운 사회를 조직하고 운영할 능력을 갖추진 못했다. 바로 이러한 상황에서 홀연히 나타나 정국 주도권을 장악한 인물이 바로 보나파르트 나폴레옹Bonaparte Napoleon이다.

평민 출신인 나폴레옹이 정국의 주역으로 부상할 수 있었던 계기는 바로 혁명전쟁이었다. 프로이센과 오스트리아 연합군의 공격으로 촉발된 혁명전쟁은 초기의 불리함을 극복하고 전세를 역전시키

기 시작했다. 일정 시점이 지나자 프랑스군은 나폴레옹의 탁월한 군
사적 재능에 힘입어 파죽지세로 유럽의 봉건국가들을 격파하면서
혁명의 이념을 전파하기에 이르렀다. 프랑스군의 진격에 의해 곳곳
에서 봉건질서가 붕괴되었고 자유와 평등의 기운이 대륙을 넘실거
렸다. 이렇듯 프랑스 대혁명은 혁명전쟁을 통해 혁명은 본질적으로
세계혁명일 수밖에 없음을 실천적으로 입증하였다.

일련의 혁명전쟁을 통해 오늘날의 벨기에와 독일의 라인 강 서쪽
지역은 프랑스로 합병되었고, 네덜란드와 스위스 및 이탈리아에는
프랑스의 위성국가(이른바 '자매국가')가 세워졌다. 그곳에서는 프랑
스 군인들과 외교관의 감독 아래 현지의 자코뱅주의자들이 권력을
인수하여 전반적인 상황을 프랑스의 '모범'에 따라 변화시켜 나갔
다. 물론 이 모든 과정이 민족의 자치권이라는 혁명의 원칙을 액면
그대로 따른 것은 아니었다. 여전히 프랑스의 경제적·군사적 이익
이 모든 것에 우선했으며 외국의 혁명 동조자들 역시 그러한 현실을
받아들인 조건에서만 권력을 행사할 수 있었다.

혁명전쟁의 성공은 나폴레옹의 천부적 능력이 작용한 결과인 것
은 분명했지만 일차적으로 혁명 자체의 결과물이었다. 유럽 봉건국
가들의 군대는 오직 귀족 출신들로만 구성되어 있었다. 가령 프로
이센의 프리드리히 대왕은 러시아와의 전쟁에 참여하겠다고 하는
베를린 시민들의 요청을 거부한 적이 있었다. 봉건 지배층은 평민
의 손에 무기가 쥐어지는 것을 극도로 꺼려했던 것이다. 그러나 혁
명을 거친 프랑스는 근대 이후 처음으로 출신 성분에 구애받지 않
는 국민모병제를 실시할 수 있었다. 이와 함께 봉건국가들의 지휘
관들은 대부분 5,60대의 연로한 인물들로 채워져 있었다. 예컨대 당

시 가장 강력한 군대의 하나였던 프로이센군의 장군 142명 가운데 79명이 60세 이상이었다.[6] 그에 반해 프랑스군은 2,30대 혈기왕성한 인물들이 지휘를 책임지고 있었다. 나폴레옹 자신도 24세에 장군이 되었다. 한마디로 프랑스군은 젊고 패기 넘치는 민중의 군대였으며, 기동성이나 신축성 그리고 공격적인 용기와 사기 등에서는 가히 대적할 군대가 없었다.

프랑스군의 거듭되는 승리는 나폴레옹을 시대의 총아로 부상시켰다. 결국 나폴레옹은 폭넓은 국민적 지지와 군사력을 바탕으로 일련의 쿠데타를 통해 권력을 장악하는 데 성공했고, 마침내 황제의 자리에 올랐다. 당시 프랑스에서는 이러한 나폴레옹의 등장을 저지할 힘이 그 어디에도 없었다. 도리어 방향 상실로 혼란스러워하던 다수의 민중은 나폴레옹이 혁명의 지도 구심이 되기를 기대했다. 게다가 민중들 사이에서는 태어날 때부터 왕관을 쓰도록 정해진 사람들과는 달리 자신들과 다름없는 평민 출신인 나폴레옹이 황제에 오른 것을 감격해하는 분위기가 역력했다. 곧 나폴레옹의 성공을 자신들의 성공으로 받아들인 것이다.

이렇게 하여 프랑스는 나폴레옹의 통치 아래 안정(?)을 되찾았으며, 혁명은 나폴레옹의 판단에 따라 그 진로가 결정될 수밖에 없는 운명을 맞았다. 대혁명이 논리적으로 양립할 수 없는 전제군주에게 운명을 의탁하는 기묘한 상황이 벌어진 것이다. 이는 역사의 국면에서 종종 나타났던 군주형 혁명지도자의 시발점이기도 했다.

나폴레옹은 뛰어난 군인임과 동시에 유능한 정치가였다. 그는 대혁명의 성과를 굳건히 하고 발전시키는 것만이 국민의 지지를 받을 수 있음을 정확히 간파하였다. 나폴레옹은 혁명의 이념을 전파한다는 명분 아래 유럽 주변국가에 대한 원정 전쟁을 단행하여 잇달아 승리를 거두었다. 더불어 혁명의 성과를 굳건히 하기 위한 방안으로 《나폴레옹 법전》 편찬을 통해 법 앞에서의 만인의 평등, 양심과 종교 선택의 자유, 재산권 보장, 농노제 폐지 등 대혁명 과정에서 구호로 제기된 사항들을 법체계에 담았다. 다만 노사간, 남녀간 불평등 관계는 여전히 해소되지 않은 채 시대의 과제로 남아 있었다. 나폴레옹은 그 밖에도 중앙집권적 국가체제를 정비하고 법원, 학교 등에서 근대적 모델을 확립하는 등 적잖은 성과를 남겼다. 이러한 성과는 오늘날까지도 세계 각국에 영향을 미치고 있다.

나폴레옹 집권 기간 동안 해외에 망명한 25만 명을 제외한 나머지 프랑스인들은 비교적 안정된 상태에서 반영을 누릴 수 있었다. 경제 상황도 혁명의 성과를 바탕으로 호전되고 있었다. 특히 눈에 띄게 사정이 좋아진 농민들에게 나폴레옹 집권 시기는 강렬한 인상을 남겼다.

그러나 혁명의 적이었던 전제군주제로 혁명을 계승한다는 것은 처음부터 모순투성이였다. 무엇보다도 군주제는 혁명이 추구했던 참정권 확대를 극도로 제약했다. 단적으로 남성 일반에게 부여된 보통선거제마저도 크게 후퇴하고 말았다. 그런 점에서 보자면 군주제 자체는 명백히 혁명의 성과를 잠식하는 제도였다. 나폴레옹은 이러한 약점을 혁명전쟁에서의 승리로 보충하려고 하였다. 그런 만큼 혁명전쟁에서의 실패는 곧 나폴레옹의 몰락으로 이어질 수밖에 없는 구조였다. 결국 러시아 원정에 실패하면서 나폴레옹은 몰락의 길을 걸었다. 곧이어 부르봉 왕조가 복귀하면서 대혁명은 25년에 걸친 대장정을 마감하였다.

산업혁명과 노동자계급의 형성

영국에서 시작된 산업혁명이 유럽과 북미대륙으로 확산되면서 노동자계급이 빠르게 성장했다. 노동자계급은 매우 비참한 상태에서 놓여 있었고, 그 결과 자신의 처지를 개선하기 위한 다양한 시도들을 이어가게 되었다. 숱한 시행착오가 있었지만 그러한 경험을 통해 얻은 학습효과는 상당한 것이었다. 그리하여 노동자계급은 자본주의 질서에 도전하는 매우 중요한 세력으로 등장하였다. 부르주아 세계에 대항하는 또 다른 세계가 태동하고 있었던 것이다.

영국에서 산업혁명이 성공한 이유

어떻게 보면 자본주의는 괴물이라고 할 수 있다. 자본주의는 인류 역사 이래 그 어떤 사회제도와도 비교할 수 없을 만큼 생산력의 비약적 발전을 이끌어냈다. 더불어 자본주의는 수많은 위기를 겪으면서도 끈질기게 살아남았다. 자본주의는 온갖 모순으로 가득 차 있으면서도 동시에 그 모순 때문에 발전을 거듭해온 것이다. 근대 이후 역사는 바로 이 자본주의와 뒤엉켜 전개된 거대한 드라마라고 할 수 있다.

자본주의가 역사의 무대 한복판에 진입할 수 있었던 계기는 영국에서 일어난 산업혁명이었다. 그렇다면 왜 산업혁명이 다른 나라가 아닌 영국에서 일어났을까? 우리는 그 해답을 찾는 과정에서 자본주의의 본질에 한층 가까이 다가갈 수 있을 것이다.

단순하게 접근했을 때, 영국이 다른 나라에 비해 산업혁명이 일어나기에 특별히 유리하거나 우월한 요소를 지니고 있었던 것은 아니었다. 교역의 요충지를 차지한 것도 아니고 남달리 풍부한 자원을 확보한 것도 아니었다. 흔히 산업혁명의 동력으로 간주되는 과학기술 능력이 앞선 것 또한 아니었다. 그렇다고 하여 교육체계가 발달했느냐면 그것도 아니었다. 과학기술의 기초가 되는 자연과학의 발달이나 교육체계 측면에서 보면 도리어 프랑스가 영국을 앞지르고 있었다. 포괄적 관점에서 보았을 때 영국은 경제적 토대에서 특별히 유리한 점이 없었다. 이는 경제적 토대 변화를 1차적 요인으로 간주하였던 마르크스주의자들의 주장과 실재實在의 역사는 상당히 달랐음을 말해주는 것이기도 하다.

영국에서 산업혁명이 일어난 원인은 전혀 다른 곳에 있다. 돈을 버는 것이 최고의 가치로 간주되고 마음만 먹으면 큰돈을 벌 수 있다는 사회적 환경이 바로 그것이다. 곧 부르주아적 질서와 문화의 확립이야말로 산업혁명을 야기한 결정적 요인이었다.

영국은 프랑스를 포함한 대륙국가들에 비해 부르주아의 지배가 일찍 확립된 나라였다. 명예혁명 등 일련의 정치혁명을 통해 봉건질서는 더 이상 주도적이지 않게 되었다. 국왕이 국민의 이름으로 처형된 것은 이를 극적으로 표현하고 있다. 그럼으로써 부르주아계급은 정부기구를 장악하고 그 힘을 이윤추구를 지원하는 데 사용할 수 있었다. 여기에 덧붙여 인클로저enclosure의 진행으로 농민이 도시로 대거 유입되었다.[7] 값싼 노동력을 얼마든지 확보할 수 있는 조건이 마련된 것이다. 인구의 절대다수를 차지하는 농민들이 봉건지배 아래서 농촌에 발이 묶여 있던 다른 유럽 국가들과 중요한 차이점이었다.

이러한 가운데 영국에서는 일찍부터 상업을 중시하고 개인적 이윤추구에 도덕적 가치를 부여한 사상적 분위기가 확립되었다. 상업과 이윤추구를 경멸한 가톨릭교회의 영향력이 여전히 남아 있던 유럽 대륙과 확연히 달랐던 것이다. 이 같은 영국의 사상적 조류를 형성한 대표적인 인물로는 데이비드 흄David Hume(1711~1776), 토머스 홉스Thomas Hobbes(1588~1679), 애덤 스미스Adam Smith(1723~1790) 등을 들 수 있다. 이들의 영향을 받은 네덜란드 출신의 영국 작가 버나드 드 맨더빌Bernard de Mandeville은 1723년 《꿀벌의 우화: 개인의 악덕, 사회의 이익》이라는 작품을 통해 자만심, 허영심, 사치 등의 악덕이 행복과 번영을 가져오는 요소이며 근대사회는 이러한 악덕을 토대로 건설되었다고 주장하기도 하였다.[8]

그 누구보다도 상업 활동을 옹호한 인물은 애덤 스미스인데 그는 자본주의—이 용어는 이후 비판적 입장을 지닌 사람들에 의해 만들어졌다—사회를 상업사회로 명명하였으며 《국부론The Wealth of Nation》을 통해 이런 말을 남기기도 하였다.

"우리가 매일 식사를 할 수 있는 것은 정육점 주인과 양조장 주인, 그리고 빵집 주인의 자비심 때문이 아니라 그들 자신의 이익을 위한 그들의 계산 때문이다. 우리는 그들의 자비심에 호소하지 않고 그들의 이기심에 호소하며, 그들에게 우리 자신의 필요를 말하지 않고 그들에게 유리함을 말한다. 거지 이외에는 아무도 전적으로 동포

들의 자비심에만 의지해서 살아가려고 하지 않는다." [9]

각자의 이기적 욕구를 충족시키기 위한 활동이 결국 사회 전체를 활력 있게 만든다는 것이었다. 말하자면 인간의 이기심이 자본주의를 작동시키는 기본 동력임을 설파한 것이었다. 그렇다고 하여 애덤 스미스가 인간의 이기적 행동을 무조건 옹호한 것은 아니었다. 애덤 스미스가 진심으로 관심을 가졌던 것은 인간의 이기심이 모두에게 이롭게 발휘되도록 사회적 환경을 조성하는 데 있었다. [10]

이렇듯 영국의 국내 분위기가 산업혁명을 재촉하고 있는 가운데 해외 상황 또한 동일한 방향으로 작용하고 있었다. 엄밀히 말해 산업혁명은 처음부터 세계시장을 무대로 해서 추진된 것이라고 할 수 있다. 산업혁명을 주도한 면공업의 원료는 미국 남부와 서인도제도 등에서 노예적 생산방식을 통해 조달되었다. 또 생산된 면제품은 세계 곳곳에 확보하고 있던 식민지에서 판매되었다. 나중에는 전통적으로 면제품 수출 국가였던 인도마저 영국의 면제품을 수입하는 식민지로 전락하고 말았다. 이렇듯 영국의 산업혁명은 노예적 생산방식과 식민지라고 하는 야만적 제도를 바탕으로 이루어졌다.

이로부터 영국의 부르주아들은 생산 그 자체가 엄청난 부를 낳는 기회를 얻게 되었다. 산업혁명 직후 영국 부르주아들의 이익 증대 폭은 5퍼센트 혹은 10퍼센트가 아니라 수백 퍼센트 혹은 수천 퍼센트 수준에 이르렀다. 가히 수직상승에 가까웠다. 한 예로 훗날 공상적 사회주의자로 알려진 로버트 오언Robert Owen(1771~1858)은 1789년 포목상 점원으로 있다가 100파운드를 빌려 공장을 시작했는데 1809년 8만 4000파운드를 내고 뉴 라나크 공장을 인수했다. [11]

무한히 확대될 듯이 보이는 시장 덕분에 부르주아들은 미친 듯이 생산을 확대했다. 면공업을 중심으로 근대적 형태의 공장이 설립되었고 증기기관, 방직기 등 기계들이 속속 만들어졌다. 아울러 철도 등 대량 수송을 가능하게 하는 운송 수단의 개발이 가속도를 더했다. 가히 필요가 발명을 낳았던 한 시대라고 할 수 있었다. 그리하여 영국은 19세기 전반기에 이르러 세계 공업생산의 절반을 차지하는 명실상부한 세계의 공장으로서의 지위를 차지하였다.

영국의 산업혁명은 혁명이라는 표현답게 이전과 이후의 일상적 시기와는 분명히 다른 비약적 국면을 보여주었다. 신기술 개발에 따른 생산력 발전, 생산량의 확대와 그에 따른 사회경제적 변화 등 모든 점에서 현기증이 날 정도의 비약적 양상을 보여주었다. 이 모든 것은 제각기 따로 놀던 수많은 요소들이 어느 순간 하나의 원리 아래 융합되면서 폭발력을 발휘한 결과라고 할 수 있다. 바로 그 원리로 작용한 것이 자본주의 생식양식이며, 영국에서는 그러한 자본주의적 행동양식이 별다른 장애물 없이 일반화할 수 있었다.

노동자들의 비참한 처지

산업혁명 이후 자본주의가 고속성장을 할 수 있었던 것은 자본주의 특유의 왕성한 생산활동 능력 덕분인 것은 틀림없는 사실이다. 그러나 결코 숨길 수 없던 진실 중 하나는 자본가들이 거둔 엄청난 양의 이윤은 노동자들에 대한 극단적 착취의 결과라는 것이다. 자본가들이 막대한 부를 바탕으로 사치와 허영을 과시하던 그 반대편에는 소름끼칠 정도로 비참한 삶을 살고 있는 노동자들이 있었다.

노동자들은 형식상 자신의 노동력을 자유롭게 판매할 수 있었지만 고용되는 순간부터 철저한 고용주의 통제 아래 놓였다. 노동자들은 고용주나 감독이 부과하는 처벌과 벌금을 감수해야 하는 것은 물론이고 감독 몫의 노동을 대신해야 했다. 고립된 지역에서는 고용주가 운영하는 가게에서 물건을 사지 않으면 안 되었으며, 임금 대신 현물을 지급받는 경우도 종종 있었다. 그럼에도 불구하고 이들 노동자를 보호할 법률은 그 어디에도 없었다. 말 그대로 완전한 무권리 상태였다.

직업으로부터 발생하는 질병과 그로 인한 수명 단축은 그야말로 무방비 상태였다. 단적으로 영국의 대표적인 공업도시인 맨체스터와 리버풀 노동자들의 평균수명은 농촌지역에 거주하는 사람들에 비해 절반 정도밖에 되지 않았다. 1842년에 조사된 바에 따르면 이들 도시에서 일하는 면도날 연마공의 경우 30대에서는 50퍼센트가, 40대에서는 79퍼센트가, 50세 이상에서는 100퍼센트가 폐질환을 앓고 있었다.[12] 이와 관계없이 대부분의 노동자들은 극심한 육체적 마모로 인해 나이가 마흔만 되어도 노인처럼 늙어 있었다.

임금 수준도 극도로 낮은 수준에 묶여 있었다. 그러다보니 남자 가장의 월급으로는 도저히 살아갈 수 없어서 부인과 아이들도 공장에서 일을 해야 했다. 엥겔스에 따르면 공장주들이 8~9세의 아동들을 고용하는 경우는 매우 흔한 현상이었다. 드문 경우이긴 하지만 2~5살짜리 어린이를 고용하기도 하였다. 노동시간은 식사시간과 휴식시간을 제외하고 14~16시간에 이르렀다. 부족한 월급을 보충하기 위해 부인과 아이들이 형편없이 낮은 임금을 감수하면서 공장에서 일을 하게 되자 남자 가장은 일자리에서 쫓겨나거나 보다 적은 임금을 받아야 했다.

이 모든 요인이 작용한 결과 19세기 전반기 노동자들의 임금은 꾸준히 줄어드는 경향을 보였다. 가령 1830년대 독일에서 발간된 자료들의 상당수가 노동자들이 갈수록 더 가난해지고 있다는 사실을 밝히고 있다. 또 다른 자료에 따르면 영국 볼튼에서는 수직공의 평균 주급이 1795년 33실링에서 1815년 14실링으로, 1829~35년에는 5실링 6펜스로 떨어졌다. 그 결과 1833년 영국 글래스고의 면직공장에서 일했던 1만 2000명의 노동자들 가운데 오직 2000명만이 평균 11실링이 넘는 주급을 받을 정도로 노동자들의 임금은 형편없이 낮아졌다.[13]

노동자들이 거주하는 도시 빈민가에도 절망의 그림자가 짙게 드리워 있었다. 도시는 아무런 계획이나 감독 없이 산업화의 진전에 따라 급격하게 팽창하였다. 그러다보니 청소, 급수, 위생은 엉망일 수밖에 없었다. 그런 상태에서 빈번하게 전염병이 퍼져 이들 노동자들의 거주지를 휩쓸고 지나갔다. 무엇보다도 빈민가의 분위기를 음울하게 만든 것은 다수의 사람들이 제대로 된 직업을 갖지 못한 채 극도의 무력감에 시달려야 했다는 점이다. 고통스럽기는 해도 그나마 공장에 취직한 사람들은 형편이 나은 경우에 속했다. 이런 상황에서 주기적으로 닥쳐온 공황은 도시 전체를 휘청거리게 만들었다. 공황의 파장은 1840년대 대표적인 산업이던 섬유산업 노동자들의 경우 3분의 1에서 많게는 3분의 2정도가 일자리를 잃어야 할 만큼 대단히 파괴적인 것이었다.

절망적인 상황에서 노동자들은 잠시나마 고통에서 벗어나기 위해 음주와 폭력에 빠져들었다. 여기에 덧붙여 유아 살해, 매춘, 정신착란, 자살 등이 빈민가를 흉흉하게 만들었다. 그러나 이 같은 일탈

행위들은 문제를 해결하는 데 그 어떤 도움도 주지 못했다. 그렇다고 도덕적 절제 속에서 신분 상승을 위해 노력한다고 해도 성공할 가능성은 거의 없었다. 이제 그들에게 남은 수단은 딱 하나밖에 없었다. 그것은 바로 투쟁이었다.

무엇보다도 일상세계에서 나타나는 두 계급의 극단적인 차이가 노동자들의 투쟁의지를 자극했다. 노동자들의 삶이 비참의 극을 달릴 때 다른 한편에서는 자본가를 비롯한 부유층은 향락의 극을 달리고 있었다. 그들은 별도의 구역에 마련된 호화로운 저택에 살면서 수백만 프랑의 돈을 들여 몸을 치장했고 막대한 자금을 낭비하는 무도회를 일상적으로 즐겼다. 청교도 윤리는 성실하고 근면한 노동을 찬미했지만 이는 어디까지나 노동자들에게만 해당하는 것이었다. 신사로 불린 부르주아계급은 노동을 불명예스런 것으로 간주했다. 영국의 작가 조셉 에디슨Joseph Addison(1672~1719)은 《스펙테이터 Spectator》에 기고한 글에서 "토지를 소유하고 다른 사람을 부리는 것은 부를 쌓는 유일한 길이며 그 밖의 직업은 비천하고 비굴한 면을 갖고 있다"고 언급하기도 하였다.[14]

19세기초 영국과 프랑스를 중심으로 한 노동자들 사이에서는 분명하게도 계급의식이 싹트고 있었다. 말하자면 노동자들은 자본가들과 자신들 사이에 본질적인 대립 지점이 있음을 파악하고 있었다. 프랑스 대혁명의 영향은 이러한 노동자들의 계급의식에 강렬한 전투성을 불어넣었다. 프랑스 대혁명은 세상으로부터 버림받은 자들이 어떻게 세상을 바꾸어갈 수 있는지 가장 생생하게 확인해주었다. 프랑스 대혁명은 노동자들에게 자신감이라고 하는 가장 중요한 정신적 자산을 안겨주었다.

마침내 곳곳에서 노동자계급의 투쟁이 불붙기 시작했다. 영국의 위대한 낭만파 시인 셸리Percy B. Shelley(1792~1822)는 다음과 같은 시로서 노동자들에게 아낌없는 격려를 보냈다.

영국의 노동자들아, 무엇 때문에 그대들을 업신여기는
지주들을 위해 밭을 가는가?
그대들의 폭군들이 입을 사치스런 옷을
무엇 때문에 힘들이고 근심하며 짜는가?

무엇 때문에 나서 죽을 때까지
먹이고, 입히고, 지켜주는가?
그대들의 피를 마시려 드는
저 배은망덕한 게으름뱅이들을

영국의 부지런한 자들아, 무엇 때문에
많은 무기와 사슬과 채찍을 만드는가?
고통을 모르는 이 게으름뱅이들은 그것으로
그대들의 강요된 노동의 생산물을 약탈할 텐데

그대들은 여가, 안락함, 평온, 음식,
부드러운 연인의 향기를 누리는가?
그렇지 않다면 그토록 값비싼 고통과 근심으로
그대들이 얻은 것은 무엇인가?

그대들이 뿌린 씨를 다른 사람이 거둔다네.

그대들이 찾아낸 재산을 다른 사람들이 가져간다네.

그대들이 짠 옷을 다른 사람들이 입는다네.

그대들이 만든 무기를 다른 사람이 들고 있다네.

씨를 뿌려라 ― 그러나 폭군이 거두지 못하게 하라.

재산을 찾아라 ― 그러나 사기꾼이 모으지 못하게 하라.

옷을 짜라 ― 그러나 게으름뱅이들이 입지 못하게 하라.

무기를 만들어라 ― 그리고 그대들을 지키기 위해 들어라.[15]

첨예해지는 계급투쟁

노동자계급이 가장 먼저 성장하고 그에 따라 노동자의 처지를 개선하기 위한 투쟁이 가장 먼저 시작된 나라는 아무래도 산업혁명의 본고장인 영국일 수밖에 없었다.

영국 노동자들은 처음에는 자신들이 겪고 있는 고통은 그들을 옭아매고 있는 기계 때문이라고 생각했다. 특히 수공업자 출신들이 볼 때 기계는 혐오의 대상이 아닐 수 없었다. 수공업자 시절에는 그나마 어느 정도 짜임새 있는 생활을 할 수 있었는데 기계가 등장하면서 그 모든 것이 불가능해졌기 때문이다. 게다가 기계는 노동자들을 하루 종일 같은 장소에서 같은 동작만을 반복하게 만들었다. 노동자들이 보기에 자신을 혹사시키는 것은 바로 기계였다.

결국 절망한 노동자들 사이에서 "기계는 적이다!"라는 외침이 터져나오기 시작했다. 오늘날 생각하면 대단히 비과학적인 태도이기는 하지만 당시 노동자들의 경험 세계에서는 상당히 호소력을 가질 수밖에 없었다. 이어지는 노동자들의 행동은 불을 보듯 뻔했다. 그들은 기계를 부수기 시작했다. 자수틀, 방적기, 방직기 등 노동자들에게 배고픔과 절망을 안겨주었다고 생각하는 모든 기계를 박살내거나 불살라버렸다. 1811년 영국 중부지방에서 대규모로 일어난 기계파괴운동은 도시 전체를 뒤흔들어놓을 정도로 상당한 규모에 이르렀다. 당시 노동자들은 밤에 복면을 하고 돌아다니면서 기계를 파괴했는데, 이들을 가리켜 사람들은 '러다이트'라고 불렀다. 기계파괴운동을 '러다이트 운동'이라 부르는 것은 이 때문이다.

기계파괴운동은 1812년 영국 의회가 기계파괴자를 사형에 처한다는 법을 제정하는 등 강력한 탄압이 가해지면서 사그라졌다. 그럼에도 불구하고 기계파괴운동은 노동자들에게 의미 있는 교훈을 주었다. 그것은 기계를 파괴하는 것과 자신의 처지를 개선하는 것은 아무 관련이 없다는 것이었다. 이로부터 노동자들은 전혀 새로운 방향에서 문제 해결의 답을 찾아 나섰다.

일련의 과정을 거치면서 노동자들은 법과 제도를 개선하기 위한 정치활동의 필요성을 절감하였다. 19세기 초기 영국은 선거제도와 의회가 운영되고 있었지만 선거권과 피선거권은 공장주, 은행가, 법률가, 교수, 지주 등 일정 규모 이상의 재산을 가진 사람들에게만 부여되었다. 그리하여 선거권을 행사할 수 있는 사람은 대략 10만 명 정도에 이르는 것으로 추산되었다. 선거권은 돈을 받고 팔기도 하였는데 이러한 현상은 돈을 모든 권력의 원천으로 사고하는 부르주아 사회에서는 매우 자연스러운 것이었다.

노동자들이 초점을 맞추었던 것은 바로 이러한 선거제도를 바꾸는 것이었다. 마침내 선거제도를 둘러싼 급진적 요구가 분출하였다. 이러한 요구는 결국 참정권을 얻기 위한 차티스트 운동Chartist Movement(인민헌장운동)으로 발전하였다. 노동자들이 주도한 차티스트 운동은 성인 남성에게 선거권을 부여하되 위협을 방지하기 위해 비밀투표를 원칙으로 내세웠다. 또 후보의 재산 자격을 폐지하고 가난한 사람도 공직에 출마할 수 있도록 의원에게 세비를 지급하자는 등의 주장을 담았다. 오늘날 민주정치에서 일반화된 내용이 바로 차티스트 운동을 통해 처음 제기된 것이다.

1838년 이후 약 10년간 진행된 차티스트 운동은 즉각 목표에 도달하지는 못했다. 그러나 시간이 흐르면서 노동자들은 점차 자신들의 목표에 다가설 수 있었다. 1867년에는 도시노동자가 선거권을 갖기 시작하였고, 1918년에는 21세 이상 모든 남자와 30세 이상의 모든 여자가 선거권을 갖게 되었다. 그로부터 10년 뒤인 1928년에 이르러 마침내 21세 이상 모든 남녀가 선거권을 갖게 됨으로써 보통선거제가 실현되었다.

참정권의 확대와 함께 노동기본권도 꾸준히 확대되어 갔다. 1847년에는 10시간 노동법이 만들어지고, 그로부터 한 세대가 지난 1871년에 이르러 노동조합을 합법적으로 인정하는 노동조합법이 제정되었다. 이러한 가운데 영국의 노동자들은 점차 자본주의 자체를 넘어서는 것보다는 이 같은 제도 개선을 통해 경제적 실익을 증대하는 쪽으로 관심의 초점이 맞춰지게 되었다. 긴 시간에 걸쳐 나름대로 괄목할 만한 성과를 거두게 되자 그 속에 안주하려는 경향이 나타난 것이다.

영국에서의 노동자 투쟁이 제도 개선에 초점을 맞추었던 것과는 달리 혁명의 나라 프랑스에서는 부르주아계급과 노동자계급간에 한층 첨예한 계급투쟁이 전개되었다. 프랑스 대혁명의 뜨거운 혈기가 고스란히 노동자계급의 심장 속에 살아 있었던 것이다.

대혁명 이후 프랑스 사회는 봉건귀족, 부르주아계급, 노동자를 중심으로 한 (애덤 스미스가 노동빈민으로 표현했던) 도시하층민 등 크게 세 세력으로 나뉘어 복잡한 이해다툼을 벌였다. 이 중에서 부르주아계급과 노동자들 위시한 도시하층민들은 봉건귀족에 맞서 손을 잡았으나 둘 사이의 대립적 관계가 빠른 속도로 표면화되고 말았다. 이러한 이해다툼은 반복되는 혁명의 양상을 띠었는데, 그것은 한마디로 계급투쟁이 첨예한 정치투쟁으로 발전한 경우다. 그 첫 충돌이 1830년에 발생했다.

대혁명의 종료와 함께 복귀한 부르봉 왕조는 처음에는 대혁명의 교훈을 바탕으로 신중하게 처신하였다. 하지만 샤를 10세에 이르러 대혁명으로 약화된 귀족들의 특권을 다시 강화하는 일련의 조치를 취하였다. 이에 대해 민중은 1830년 선거에서 부르주아계급 출신 의원들을 대거 당선시키는 것으로 대항하였다. 그러자 이번에는 샤를 10세가 의회 해산, 부르주아계급의 참정권 박탈, 언론출판 금지 등 일련의 반동적 조치를 취하였고, 그에 따라 사태는 돌이킬 수 없게 악화되고 말았다.

샤를 10세의 조치에 격분한 시민, 노동자, 학생은 바리케이드를 설치하고 국왕군을 이탈한 군대까지 합류시키면서 강력한 실력대결을 벌였다. 시민 2000여 명이 사망하는 치열한 접전 끝에 결국 혁명세력은 샤를10세를 폐위시키는 데 성공했다. 혁명세력은 처음에는 왕정을 폐지하고 공화정을 세우기로 마음먹었다. 그러나 혁명을 주도한 부르주아계급은, 공화정은 하층민들을 겁 없이 날뛰게 만들 것이라는 판단 아래 공화정을 포기하고 입헌군주제를 추진하였다. 이로써 혁명 과정에서 가장 치열하게 싸웠던 노동자, 도시하층민들은 자신들의 피의 대가가 강탈당했다는 생각을 품게 되었다. 하지만 이 같은 분노는 당장은 왕권과의 대결에서 승리했다는 기쁨으로 인해 표면화되지 않았으며, 언제 폭발할지 모르는 잠복 상태에 들어가게 되었다.

부르주아계급과 노동자, 도시하층민 사이의 갈등은 1846년 선거법 제정을 계기로 한층 심화되었다. 새로 만들어진 선거법에 따르면 성인 남자의 불과 3퍼센트만이 선거권을 행사할 수 있었다. 3퍼센트에 속하는 사람들은 주로 부유한 은행가, 대상인, 대학교수, 법률가, 그리고 왕정으로의 복귀를 포기한 자유주의적 귀족들이었다. 나머지 95퍼센트의 사람들은 정부 구성과 관련하여 아무런 권리도 행사할 수 없었다.

정치적으로 소외된 다수의 민중은 이러한 선거법에 거세게 반발했다. 하지만 돌아온 것은 법은 만인에게 평등한 만큼 열심히 노력해서 부자가 되면 누구나 투표권을 얻을 수 있다는 비웃음소리뿐이었다. 상황이 이렇다보니 다수의 소외세력은 반정부세력으로 발전할 수밖에 없었다. 반정부세력 중에서도, 1830년 혁명의 주축세력이었으나 손에 쥔 뚜렷한 성과가 없었던 노동자 등 도시하층민은 한층 과격해져갔다. 이들은 점차 문맹 상태에서 벗어나면서 새로운 주의 주장을 접할 수 있었는데 그 중에는 사회주의도 포함되어 있었다. 사회주의자인 루이 블랑은 자본주의를 없애고 대신 정부 주도로 협동사업장을 마련할 것을 주창하여 노동자들 사이에서 상당한 지지를 얻기도 하였다.

1848년 2월 마침내 노동자, 학생을 주축으로 한 반정부세력은 파리 시가를 점령하고 실력대결에 돌입하였다. 유럽을 휩쓸었던 1848년 혁명의 시발점이 마련된 것이다. 사태는 시위 진압을 위해 동원된 군대가 오발사고를 일으키면서 일순간에 돌변하였다. 흥분한 군중은 군대를 공격하기 시작했고 그 과정에서 52명의 민중이 살상되었다. 사태가 악화일로로 치닫자 결국 왕정이 폐지되고 공화정이 설립되기에 이르렀다. 이렇게 1948년 2월 혁명은 반정부세력의 승리로 끝났다. 그러나 노동자 등 도시하층민들은 다시 한 번 혁명의 과실을 나눠갖지 못한 채 주변으로 밀려나고 말았다.

본디 부르주아계급은 노동자, 도시하층민에 대해 강한 경멸감을 갖고 있었다. 부르주아계급의 눈에 비친 도시하층민은 짐승같이 거칠고 더러운 족속이었으며, 그들이 사는 거주지는 범죄 소굴에 다름 아니었다. 또 노동자, 도시하층민은 신성불가침의 재산권을 인정하지 않은 채 언제든지 힘으로 재산을 강탈하려고 하는 잠재적인 폭도에 불과했다. 이러한 뿌리 깊은 편견은 부르주아세력으로 하여금 봉건세력에 대항해 투쟁할 때는 어쩔 수 없이 노동자, 도시하층민과 손을 잡았다가도 그들이 급격히 부상하면 심각한 동요를 일으키면서 끝내는 보수적 입장으로 돌아서도록 만들었다.

이러한 맥락에서 1848년 2월 혁명으로 정권을 잡은 부르주아세력은 한편으로는 참정권을 확대하고 언론 검열을 폐지하는 등 개혁조치를 취했지만 노동자, 도시하층민의 생존 문제를 해결하는 데는 여전히 소극적이었다. 심지어 실업문제를 해결하기 위해 임시로 설립한 국영작업장마저 노동자들이 과격 사상을 배우고 사유재산권을 침해할 위험성이 있다는 이유로 폐쇄하고 말았다.

쓰라린 배신감에 사로잡힌 노동자들은 파리 시내를 점거하고 재산의 평등한 분배를 외치며 무력시위를 벌였다. 6월 봉기가 단행된 것이다. 이러한 프랑스 노동자들의 투쟁은 20세기에 들어와 전세계를 몰아칠 광풍을 예고하는 일종의 신호탄이었다. 그러나 1848년 6월 프랑스 노동자들은 역사적으로 너무 앞서가 있었다. 귀족, 시민은 물론이고 농민이나 도시의 소자산가 등 재산이 약간이라도 있는 사람들은 모두가 노동자들의 재산권 분배 요구에 부정적 태도를 취했다. 결국 노동자들은 완전 고립될 수밖에 없었다. 달리 탈출구를 찾지 못한 파리 노동자들은 어린 자녀를 포함한 가족의 도움을 받으며 3일 동안 바리케이드를 지키며 끝까지 재산권 평등을 외쳤다.

여기에 맞서 부르주아계급은 얼마 전까지만 해도 반봉건 혁명세력을 향해 총을 쏘고 살상을 했던 바로 그 군대에게 도움을 청했다. 결국 15만 대군이 그 3분의 1도 안 되는 4만 명의 파리 노동자들을 상대로 유혈 진압작전을 전개했다. 6월 23일, 완전 고립무원의 상태에서 노동자들은 끝내 패배하고 말았다. 6월 봉기에 가담한 사람들 중 1000명가량은 전투 중 사망했다. 하지만 그것이 전부가 아니었다. 수천 명의 노동자들이 혁명에 가담했거나 동조했다는 이유로 살해되었다. 그 밖에도 3500명 정도가 식민지로 추방되었다.

1848년 6월 봉기는 프랑스 사회 전체에 깊은 상처를 남겼지만 피해 당사자인 노동자들은 가슴속에 더욱 깊은 원한을 아로새기게 되었다. 이러한 원한은 쉽게 지워지지 않았으며, 사회적 모순이 심화되면서 더욱 큰 폭발력을 갖는 에너지로 축적되어갔다. 그러던 중 1871년에 이르러 프랑스 노동자들은 다시금 운명의 순간을 맞이하였다.

1870년 프랑스가 프로이센과 전쟁을 벌이던 중 나폴레옹 3세가 포로가 되는 사태가 발생하였다. 그러자 7월 4일 파리에서는 민중의 요구로 공화정이 선포되었고, 노동자와 소시민들은 자발적으로 국민군에 지원하여 프랑스 방위에 전력을 다했다. 프로이센 군대가 파리를 포위 압박하고 있는 급박한 상황에서도 애국적인 파리 민중은 자치조직을 강화하면서 결사항전을 계속했다.

그러나 부르주아계급을 중심으로 구성된 임시정부는 노동자들의 무장에 두려움 느낀 나머지 국민군의 결사항전 요구를 무시한 채 프로이센과의 강화를 추진하였다. 그들 입장에서는 프랑스 국내에 진군하여 파리를 포위하고 있는 프로이센보다도 그에 맞서 항전하고 있는 무장한 노동자가 더욱 두려운 적으로 등장한 것이다. 부르주아지들은 어떻게 해서든지 프로이센과의 전쟁을 마무리짓고 총부리를 노동자를 향해 겨누고 싶어 했다. 결국 임시정부 뒤를 이은 국민의회는 다음 해인 1871년 1월에 알사스-로렌 지방을 양도하고 배상금 50억 프랑을 지불하라는 프로이센의 요구를 받아들이는 대가로 강화조약을 체결하고 말았다.

이러한 부르주아지의 굴욕적인 행보에 대해 파리 민중은 결사항전 입장을 고수하면서 농성을 지속했다. 파리 민중은 3월 18일에 발생한 부르주아지 군대의 습격을 격퇴한 뒤 모든 실권을 장악했다. 이어서 인류 역사상 최초로 전시민이 참여하는 보통선거가 실시되었고, 그 결과 3월 28일로 평의회인 파리 코뮌이 출범하였다.

파리 코뮌의 성격은 일차적으로 구성원들의 직업 분포를 통해 드러난다. 나중에 체포된 3만 6000명의 신상명세서에 따르면 8퍼센트가 사무직 노동자, 7퍼센트가 사용자, 10퍼센트가 소상인이었으며 나머지 압도적 다수는 노동자였다. 여기에는 건설노동자, 철강노동자에서부터 전통적인 숙련 수공업노동자들(가구장이, 인쇄공, 양복장이 등)과 가장 급진적 성향을 보인 제화공 등이 두루 망라되었다.

파리 코뮌은 선출된 의원이 입법과 집행을 동시에 책임지는 형태였으며, 철저한 인민주권 원칙에 입각한 직접민주주의 체제를 표방하였다. 이에 관해서는 칼 마르크스가 〈프랑스 내전〉이라는 논문을 통해 비교적 자세하게 묘사하고 있다.

코뮌은 시의 다양한 구에서 보통선거로 선출되어 시민에게 책임을 지며 즉시 소환 가능한 시의원들로 구성되었습니다. 그 성원의 다수는 당연히 노동자들이나 노동계급의 공인된 대표들이었습니다. 코뮌은 의회기구가 아니라 활동하는 행정부인 동시에 입법부인 것입니다. 경찰은 중앙정부의 하수인으로 계속 남았던 것이 아니라 그 정치적 속성을 즉각 벗어버리고 책임감 있고 언제든지 소환 가능한 코뮌의 집행인으로 바뀌었습니다.

여타 행정부서의 모든 관리들의 경우도 마찬가지였습니다. 코뮌의 의원을 필두로 공직은 노동자들의 임금 수준에서 수행해야 했습니다. 고위관리의 기득권과 판공비는 그들의 높은 위엄 자체와 함께 사라졌습니다. 공직은 사유재산으로서의 중앙정부의 도구가 더 이상 아니었습니다. 시 행정뿐 아니라 여태껏 국가가 취해온 주도권 전부가 코뮌의 수중에 놓이게 되었습니다.[16]

파리 코뮌을 구성하고 있는 중심 세력은 프랑스 대혁명 시기 공포정치 형태의 혁명독재를 신봉하는 급진적 공화주의자, 여러 부류의 사회주의자 그리고 무정부주의자들이었다. 이들의 주도 아래 민중의 요구를 반영한 다양한 조치들이 잇달아 취해졌다. 집세와 만기 수표의 지불유예, 빵 굽는 직공의 야근 금지, 여성 노동자에 대한 차별 금지, 교육의 민주적 개혁 등의 조치가 취해졌고, 자본가가 내버린 공장에 대한 집단 소유와 노동자에 의한 관리를 천명한 '4월 16일 법령'이 발표되었다. 파리 민중은 이러한 정책을 입안하는 과정에 처음부터 결합하여 자신의 요구에 부합하는 내용이 만들어질 수 있도록 하였다.

이렇게 파리 코뮌은 새로운 인류의 미래를 탐색하는 전대미문의 실험장이 되었다. 그러나 다양한 입장을 가진 세력들로 급조된 파리 코뮌은 내부적으로 심각한 약점을 안고 있었다. 4월초에 이르러 코뮌 평의회와 국민군 중앙위원회 사이에 군사지휘권을 둘러싼 대립이 표면화되기 시작하였다. 또 혁명독재를 주장하는 다수파와 자율적 연합을 주장하는 무정부주의자들 사이의 노선 갈등은 5월초 공안위원회 설립을 계기로 한층 극대화되었다. 그에 따라 파리 코뮌의 응집력은 빠르게 약화되기 시작했다.

사실 파리 코뮌을 가까이서 지켜본 사람이라면 이 운동이 실패할 수밖에 없다는 것을 충분히 알 수 있었다. 파리 코뮌은 사전에 충분히 계획되고 준비된 것이 아니었다. 그 속에는 이 운동을 어느 방향으로 이끌고 가야 할지에 대한 프로그램과 이를 집행할 지도력 구축의 결여도 포함되어 있었다. 파리 코뮌은 비록 프랑스에서의 계급투쟁의 합법칙적 발전 과정이 빚어낸 것이기는 하지만 그 자체로서는 프로이센의 침략에 대한 부르주아지의 굴욕적 협상이 야기한, 다소 우발적인 것이었다.

한편 베르사유에 거점을 두고 있던 부르주아 정부는 지방 도시의 코뮌 운동을 차례로 진압한 뒤 5월 21일 고립된 파리로 진격하였다. 최후의 1주일간 파리의 노동자들이 보여줄 수 있는 것은 삶에서도 그러했던 것처럼 죽음에서도 강인하다는 것뿐이었다.

이 과정에서 베르사유 측에서는 대략 1100명이 죽거나 행방불명 되었다. 그 밖에 100명 정도가 인질로 잡혀 코뮌에 의해 처형되었다. 반면 코뮌 측은 전투 중에 얼마나 죽었는지 아무도 모른다. 전투가 끝난 후에도 수천 명의 사람들이 학살되었다. 베르사유 측에서는 1만 7000명을 학살했다고 인정하였으나 역사가들은 실제 학살된 수는 그 두 배가 넘을 것으로 보고 있다. 또 4만 3000명 이상이 포로로 잡혔고, 그 중 1만 명 이상이 판결을 받았으며, 그 중 약 절반은 뉴칼레도니아로 유형을 당했고 나머지는 투옥되었다. 그 후로 파리의 노동자들과 부르주아계급 사이에는 피의 강물이 흐르게 되었다. 더불어 사회혁명가들은 한번 획득했던 권력을 유지하지 못하는 경우에 그들을 기다리고 있는 것이 무엇인지를 알게 되었다.[17]

파리 코뮌은 이후 부르주아 사회의 한계를 극복하고 새로운 미래 사회를 탐색했던 수많은 사람들에게 풍부한 영감의 원천이 되었다. 그 누구보다도 파리 코뮌에 깊은 관심을 가졌던 것은 칼 마르크스와 그를 계승한 레닌이었다. 이 두 사람은 파리 코뮌을 통해 미래 사회로의 이행을 보장할 혁명 권력의 원형을 발견하고자 애썼다. 그 핵심은 기존 권력을 접수하는 것이 아니라 이를 철저히 분쇄한 조건에서 아래로부터 새로운 권력을 창출하는 것이었다. 유사한 맥락에서

20세기 후반에 와서는 부르주아 국가를 아래로부터 해체하고 완전 자치에 기초한 분권형 연합사회를 창출하는 역사적 근거로 삼는 입장이 등장하기도 하였다. 이와는 달리 파리 코뮌을 보다 철학적인 의미에서 부르주아 사회에서 철저히 소외되었던 노동자계급의 자기 회복을 위한 시도로 평가하는 경우도 많았다.

그러나 파리 코뮌 속에서 국가의 미래상을 찾는 것은 상당한 무리가 따르는 것임을 지적하는 견해 또한 만만치 않다. 무엇보다도 파리 코뮌은 국가 전체가 아니라 하나의 도시에 이루어진 사건임을 염두에 두어야 한다는 것이다. 파리 코뮌에서 중앙집권적인 국가 체제가 발견되지 않은 이유의 상당 부분도 처음부터 그 필요성이 존재하지 않았기 때문이라는 것이다.[18]

다양한 해석의 차이에도 불구하고 파리 코뮌은 인류 역사상 최초로 노동자계급이 두 달 이상 한 국가의 수도를 장악하고 통치했다는 점에서 계급투쟁의 종착점이 어디인지를 뚜렷이 보여주었다고 할 수 있다. 아울러 노동자계급이 계급투쟁에서 최종 승리를 거두려면 어떤 조건을 확보해야 하는지에 대해 다양한 숙제를 던져주었다. 그런 점에서 파리 코뮌은 의식하든 의식하지 않든 관계없이 전세계 노동자들의 뇌리 속에 여전히 살아있는 '피의 교과서'가 되고 있다.

혁명에 날개를 달아준
마르크스주의

1999년 11월 30일 미국 시애틀은 세계 각지에서 몰려든 반세계화 시위대에 의해 점령되었다. 그곳에는 온갖 종류의 사고방식을 가진 사람들이 한꺼번에 몰려 있었다. 백화점처럼 펼쳐진 수많은 주장 속에는 비교적 낮은 목소리의 이런 고백도 섞여 있었다. "우리는 너무 쉽게 마르크스를 버렸어요."

소련 붕괴와 함께 현실 사회주의의 패배가 분명해지면서 마르크스Karl Marx(1818~1883)는 일순간에 사람들의 뇌리에서 지워지기 시작하였다. 마르크스주의를 진리의 기준으로 삼는 것은 완벽한 의미에서 시대착오적인 것이 되었다. 그렇게 마르크스주의는 세상의 한복판을 떠나 어두운 도서관 속으로 숨어버렸다.

마르크스주의 이론 중에서는 오늘날의 현실조건에는 부합되지 않은 내용이 많은 것이 사실이다. 또 역사적 검증을 거쳐 오류로 판명난 부분도 있다. 마르크스주의가 절대적인 진리 기준이 아닌 것은 분명하다. 마르크스주의의 상대화는 선택의 여지가 없는 것이다. 그럼에도 불구하고 우리가 지나온 혁명의 역사를 고찰하고자 한다면 싫든 좋든 마르크스주의를 이해하지 않으면 안 된다. 마르크스주의 자체가 중요한 역사의 일부를 이루고 있으며 그 영향은 어떤 형태로든지 오늘날까지 이어지고 있기 때문이다.

프랑스 대혁명 이후의 역사는 엄연히 계급투쟁의 역사였고 그 과정에서 노동자계급의 진출이 확연해졌다. 그런데 당시 노동자계급의 대부분은 학교 교육을 받지 못했을 뿐 아니라 살인적인 장시간 노동으로 인해 학습할 수 있는 시간 여유를 가질 수 없었다. 그 결과 비록 현실 경험을 통해 배우는 것이 적지 않기는 했지만 지적 능력에서 지극히 제한적일 수밖에 없었다. 이는 노동자계급이 역사의 무대로 진출하기는 했지만 정작 그 무대를 자신의 것으로 삼을 수 있는 능력이 매우 부족했음을 의미하는 것이다.

이러한 상황에서 노동자계급의 입장에 선 새로운 사상과 방법론의 창조는 불가피하게 고등교육을 받은 사람으로부터 나올 수밖에 없었다. 당시 사정에 비춰보면 그 같은 경우는 오직 지배계급 구성원의 일원일 때만 가능하였다. 이는 결코 간단치 않은 일이다. 지배계급에 속하면서 지배계급을 적대시하는 노동자계급에게 해방의 무기를 쥐어준다는 것은 자신의 모든 것을 포기할 각오를 하지 않으면 안 되었기 때문이다. 그것은 마치 천상의 불을 훔쳐 인간에게 전해 준 프로메테우스와 같은 역할을 요구하는 것이었다.

칼 마르크스와 프리드리히 엥겔스Friedrich Engels(1820~1895)는 바로 지배계급 출신으로서 지배계급이 축적한 지적 자산을 바탕으로 노동자계급의 사상과 방법론을 창조해낸 인물들이다. 마르크스는 법률가의 집안에서 태어났으며 엥겔스는 공장주의 아들로서 가업을 승계해야 하는 입장이었다. 둘 모두 당시로서는 보기 드문 대학 교육을 받은 최고의 엘리트였다. 그런 점에서 이들은 프로메테우스의 역할을 톡톡히 해냈으며, 프로메테우스와 마찬가지로 자신의 선택으로 인해 극심한 시련을 겪어야만 했다. 반복되는 추방으로 인한 망명 생활과 지독한 가난이 이들을 괴롭혔다. 마르크스는 세 자녀가 영양실조와 질병으로 일찍 세상을 떠나는 고통을 감내해야만 했다.

초기의 모색

젊은 마르크스에게 사상적 충격을 주면서 새로운 사고의 지평을 열어준 것은 다름 아닌 헤겔Georg Friedrich Hegel(1770~1831)의 철학이었다. 무엇보다도 모든 사물은 기존의 것을 부정하면서 보다 높은 단계로 발전해간다고 하는 헤겔의 변증법은 마르크스를 강하게 매료시켰다. 헤겔에 따르면 '어제 존재해야 했던 것'들이 '오늘 사멸해버린다.'

그런데 헤겔은 모든 역사는 절대이성의 자기 전개의 결과로서 최종적으로 프로이센 국가에서 절정에 이른다고 파악하였다. 헤겔은 변증법을 통해 철학체계를 크게 혁신했음에도 불구하고 관념론을 옹호함으로써 보수적 입장에서 벗어나지 못했던 것이다. 젊은 마르크스는 이 점에서 헤겔 철학에 크게 실망하였고 결국 새로운 해답을 찾아 나서게 되었다.

그러한 마르크스에게 새로운 충격을 안겨준 인물이 등장하였다. 그는 《기독교의 본질Das Wesen des Christentums》이라는 책을 통해 헤겔 철학을 정면으로 비판한 포이어바흐Ludwig Feuerbach(1804~1872)였다. 포이어바흐는 신이나 헤겔의 절대이성은 존재하지 않으며 오로지 존재하는 실체는 자연뿐이라고 주장하였다. 인간 또한 자연의 일부로서 자연 덕택에 존재할 수 있으며, 종교는 인간이 만들어낸 허구일 뿐이라고 하였다. 신이 인간을 만든 것이 아니라 인간이 신을 만들었다는 것이 그의 주장이었다.

포이어바흐의 견해는 마르크스를 포함해서 독일의 진보적 지식인들 사이에서 커다란 반향을 불러일으켰다. 그러나 마르크스는 포이어바흐의 인식을 액면 그대로 받아들이지 않았다. 무엇보다도 포이어바흐는 인간을 '실천을 통해 세계를 변혁해가는 역사적·사회적 존재'로 인식하지 못하고 있었다. 마르크스가 〈포이어바흐에 관한 테제〉로 불리는 메모에서 "지금까지의 철학자들은 단지 세계를 다양하게 해석해 왔을 뿐이다. 그러나 중요한 것은 세계를 변혁하는 것"이라고 적은 것은 이러한 문제의식을 표현한 것이었다.

여기서 한 걸음 더 나아가 마르크스는 저널리스트로 활약하면서부터 특유의 계급적 관점을 갖게 되었다. 마르크스는 1842년 24세라는 비교적 젊은 나이에도 불구하고 반정부주의자들의 대변지인《라이니셰 짜이퉁Rheinische Zeitung》(라인신문) 편집장을 맡았다. 마르크스는 편집장 자격으로 다양한 기사를 발표하였는데 그 중 상당수는 독일 민중의 고통스런 삶의 현장을 취재한 것이었다. 이 과정을 통해 마르크스는 계급적 불평등을 깨달음과 동시에 헤겔이 말한 것과 달리 국가는 모든 사람들에게 균등하게 대하지 않는다는 사실을 확인할 수 있었다.

그러나 이때까지도 마르크스는 계급적 불평등을 인식하는 수준을 크게 넘어서지 못하고 있었다. 마르크스의 인식에서 또 한 번의 비약이 일어난 것은 독일에서 추방되어 파리에서 망명 생활을 하면서부터였다. 파리는 가장 급진적인 운동이 전개되어온 대표적인 혁명 도시였다. 마르크스는 파리가 품고 있는 혁명적 기운을 고스란히 몸으로 느낄 수 있었다. 이를 통해 마르크스는 미래 혁명의 주체로서 노동자계급을 발견할 수 있었으며, 이 사실은 이후 마르크스의 삶에 절대적인 영향을 미쳤다.

마르크스의 사상적 성숙은 프리드리히 엥겔스와의 운명적 만남을 통해 완전히 새로운 국면을 맞이하였다. 1844년 처음 만난 이후 마르크스와 엥겔스는 사정에 따라 떨어져 있는 경우도 많았지만 동업자로서의 관계를 포기한 적은 한 번도 없었다. 그들은 종종 공동 작업 형태로 주요 문서를 작성했으며, 마르크스가 한 작업을 엥겔스가 보완하기도 하였다. 이론 작업에서는 마르크스의 비중이 큰 것은 분명하지만 그 역시 엥겔스의 도움 없이는 빛을 보기가 어려운 경우가 많았다. 마르크스의 대표작이라고 할 수 있는 《자본론》이 바로 여기에 해당한다.

마르크스와 엥겔스가 자신들의 신념을 체계화하기 위한 첫 공동 작업으로 선보인 것은 《신성가족Die Heilige Familie, 혹은 비판적 비판에 대한 비판, 브루노 바우어와 그 일파에 대하여》(이하 《신성가족》)이었다. 《신성가족》은 비인간적인 착취가 없는 새로운 사회질서를 위한 투쟁은 노동자계급에 의해 수행되어야 한다는 점을 최초로 언급한 저작이라고 할 수 있다. 이 공동 저작을 통해 마르크스와 엥겔스는 "초자연적인 힘, 영웅, 엘리트들이 역사를 만든다"는 견해를 강하게 비판하였다. 역사 창조의 주체는 민중임을 정식화한 것이다.

여러 가지 사정으로 브뤼셀로 활동 근거지를 옮긴 마르크스와 엥겔스는 두 번째 공동 작업에 돌입했다. 《독일 이데올로기Die Deutsche Ideologie》라는 제목이 붙은 이 원고는 마땅한 출판사를 찾지 못해 결국 두 사람이 세상을 떠난 다음에야 출간될 수 있었다. 《독일 이데올로기》가 담고 있는 핵심 주제는 인류의 역사와 사회적 관계에서 생산활동이 차지하는 의미를 밝히는 것이었다. 마르크스와 엥겔스는 재화 생산을 위한 경제적 활동이야말로 역사 발전에서 가장 근본 요소라고 파악하였다. 이를 바탕으로 생산력 발전과 생산관계 사이에는 합법칙적 관계가 존재하며 상부구조로서의 국가는 경제적 토대에 그 뿌리를 두고 있음을 밝혔다. 《독일 이데올로기》에 담긴 이러한 문제의식은 시간이 흐르면서 한층 성숙되어 마르크스의 《정치경제학 비판Kritik der Politischen konomie》 서문에서 다음과 같은 유명한 문구로 정식화되었다.

사회의 물질적 생산력은 그 발전 과정의 특정한 단계에 이르면 기존의 생산관계, 또는 그것의 법률적인 표현에 지나지 않는 소유관계 ─생산력은 그 안에서 가동된다─와 모순에 빠지게 되고, 이 관계는 생산력의 족쇄로 바뀐다. 그때 사회혁명의 시대가 시작된다. 경제적 토대의 변화와 더불어 거대한 상부구조 전체가 서서히 혹은 급격히 전복되는 것이다.[19]

중요한 사실은 마르크스와 엥겔스 모두 당시 부르주아 사회가 이미 생산력 발전의 질곡으로 전락하면서 사회혁명의 시기가 임박했다고 확신했다는 점이다. 곧 사회혁명은 먼 미래의 이야기가 아니라 즉각적으로 실천해야 할 과제로 제기되고 있었다. 이와 관련하여 《독일 이데올로기》는 또 하나의 중요한 명제를 제출하고 있다. 곧 "정치권력 획득은 사회주의 건설의 첫 걸음임"을 밝히고 있다. 이 대목은 마르크스와 엥겔스가 자신들의 주장을 자본가의 시혜에 의존하였던 공상적 사회주의와 구별되는 과학적 사회주의로 규정짓는 핵심 지점이 되었다. 더불어 마르크스와 엥겔스가 노동자계급의 정치권력 획득을 위한 실질적인 정치활동에 몰입하는 근거가 되기도 하였다.

마르크스와 엥겔스의 정치활동은 주로 프롤레타리아혁명을 지도할 노동자계급의 정당을 만드는 데 집중되었다. 그 과정에서 마르크스와 엥겔스는 노동자계급의 과학적 인식을 더욱 심화시킬 필요성을 절감하였고 결국 자신들의 견해를 집대성한 문서를 작성하기에 이르렀다. 이것이 바로 국제노동자혁명의 출생증명서로 불리는, 마르크스주의의 핵심 요지를 담고 있는 《공산당선언Menifest der Kommuistischen Partei》이었다.

공산당선언

"공산주의라는 유령이 지금 유럽을 배회하고 있다."《공산당선언》의 첫 구절은 이렇게 시작된다. 수많은 사람들이 공산당선언을 하나의 예언서로 받아들이도록 만든 구절이기도 하다.

《공산당선언》의 첫 장인 〈부르주아와 프롤레타리아〉는 "지금까지 존재한 모든 사회의 역사는 계급투쟁의 역사"라는 선험적 문구로 시작된다. 이는 마르크스와 엥겔스가 부르주아 사회를 어떤 관점에서 분석해야 할지를 천명한 것이다. 마르크스와 엥겔스는 자본주의 사회는 계급 관계가 자본가계급과 노동자계급이라는 양대 계급의 대립으로 단순화시킨다고 보았다. 이 점은 이후 숱한 논란을 야기했지만 적어도 양대 계급을 대표로 사회적 갈등구조가 형성되는 것은 틀림없다고 할 수 있다. 마르크스와 엥겔스는 이러한 전제 위에서 부르주아와 프롤레타리아 계급의 특징을 밝히고 있다. 먼저 새로운 지배계급으로 등장한 자본가계급이 이전의 계급과 본질적으로 다른 점에 주목하면서 더불어 그들의 무시무시한 능력에 경의를 표하고 있다.

> 부르주아지는 끊임없이 생산도구를 혁명적으로 개조하고, 그럼으로써 생산관계를 개조하며 또 그와 더불어 사회관계 전체를 변화시키지 않으면 존재할 수 없다. 반면 이전의 모든 지배 계급들은 낡은 생산양식을 그대로 보존하는 것이 1차 존재 조건이었다. 끊임없는 생산의 혁명적 발전, 모든 사회적 조건들의 부단한 교란, 항구적인 불안과 동요는 부르주아 시대와 이전의 시대를 구분짓는 특징이다. 모든 고정되고 꽁꽁 얼어붙은 관계들, 이와 더불어 고색창연한 편견과 견해들은 사라지고, 새로이 형성된 모든 것들은 골격을 갖추기도 전에 낡은 것이 되어 버린다.[20]

여기서 우리는 마르크스와 엥겔스가 자본주의 특징을 놀라우리만치 정확하게 간파하고 있음을 발견하게 된다. 잠시도 고정된 틀에 머물지 않고 끊임없는 혁신을 추구하는 것이야말로 자본주의를 지속시키는 가장 중요한 강점임에 틀림없다. 어쩌면 이후 역사에서 자본주의가 사회주의와의 경쟁에서도 최종적으로 살아남을 수 있었던 것도 바로 이런 요소 때문이었는지도 모른다.

계속해서 마르크스와 엥겔스는 자본주의의 세계성에 대해 주목하였다. 자본주의는 생산물을 팔 시장을 지속적으로 확장시켜야 할 필요성으로 인해 지구 전체를 자신의 활동 무대로 삼게 된다는 것이다.

부르주아지는 모든 생산도구가 급속히 향상되고 교통수단이 엄청나게 개선됨으로써, 가장 미개한 민족을 포함하여 모든 민족을 문명화시킨다. 상품의 저렴한 가격은 모든 만리장성을 무너뜨리고 외국인에 대한 미개인의 고집스런 증오를 굴복시키는 대포다. 부르주아지는 모든 민족에게 부르주아적 생산양식을 채택할 것이냐 죽을 것이냐를 선택하도록 강요하며, 자기가 문명이라고 부르는 것을 도입할 것, 곧 부르주아 자체가 될 것을 강요한다. 한마디로 부르주아지는 자기 자신의 모습 그대로 세계를 창조하는 것이다.

이러한 부르주아의 모습이 빚어낸 최종 결과는 다름 아닌 놀라운 속도로 생산력을 발전시킨 것이었다. 바로 이 지점에서 마르크스와 엥겔스는 부르주아계급에 대해 아낌없는 찬사(?)를 보냈다.

부르주아지는 100년 남짓한 자신의 지배 기간 동안 이전의 모든 세대들이 이루어낸 것을 합친 것보다 더 거대하고 엄청난 생산력을 창출했다.

그런데 마르크스와 엥겔스는 바로 이 엄청난 생산력 발전이 거꾸로 부르주아 사회를 위협하는 요소가 된다고 보았다. 이와 관련하여 《공산당선언》에 담긴 마르크스와 엥겔스의 주장은 이런 것이다. 자본주의 사회에서 생산력 발전은 생산관계가 감당할 수 없는 수준으로 발전하게 된다. 이 모든 것이 폭발적으로 드러나는 순간이 바로 주기적으로 엄습해오는 공황이었다. 공황의 순간 자본주의는 자기가 주술로 불러낸 지하세계의 힘을 통제하지 못하는 마법사와도 같은 처지에 놓이게 된다. 이전 시대에는 터무니없는 것으로 여겨졌던 과잉생산의 전염병이 번지면서 사회는 순식간에 야만의 상태로 되돌아가는 것이다. 공황에 직면한 자본가계급은 생산력의 대량 파괴를 강화하고 새로운 시장을 개척하며 기존 시장을 더욱 철저하게 착취한다. 그럼으로써 공황을 극복하지만 이는 더욱 파괴적인 공황을 불러오는 길을 닦는 것에 불과하며 더불어 공황을 예방하는 수단을 축소시키는 것에 다름 아니다. 공황에 대한 마르크스와 엥겔스의 이 같은 분석은 자본가 진영을 전율하도록 만들었다. 무엇보다도 마르크스와 엥겔스의 분석이 지나칠 정도로 현실과 맞아떨어졌기 때문이다. 나중에 살펴보겠지만 1929년 대공황이 밀어닥쳤을 때도 수많은 사람들이 마르크스와 엥겔스의 예언을 떠올리면서 가슴을 쓸어내려야 했다.

마르크스와 엥겔스 입장에서 볼 때 공황은 자본주의적 생산관계가 생산력 발전의 질곡으로 작용하고 있다는 명백한 징표였다. 그렇다면 《정치경제학 비판》 서문에서 밝혔듯이 사회혁명의 시기가 도래한 것이 된다. 바로 여기서 마르크스와 엥겔스는 성큼 앞으로 나아간다. 마르크스와 엥겔스가 보기에 부르주아지는 생산 확대를 통해 노동자의 수를 증대시킬 뿐 아니라 보다 큰 규모의 공장을 설립함으로써 노동자를 한 곳으로 집중시킨다. 그리고 노동자를 기계의 부속품으로 전락시켜 그들 사이의 차이를 소멸시킴으로써 결국은 완벽한 위계질서 아래 있는 거대한 군대로 변모시킨다. 이렇게 대규모로 조직되고 군대식으로 훈련된 프롤레타리아는 때가 되면 부르주아가 봉건제를 무너뜨렸던 바로 그 혁명의 무기를 사용하여 부르주아 사회를 무너뜨릴 것이다. 결국 부르주아지는 왕성한 생산 활동을 통해 자기 무덤을 파는 자들을 만들어낸 셈이다.

《공산당선언》 제2장 〈프롤레타리아와 공산주의자〉에서는 공산주의자가 어떤 방향에서 노동자계급을 안내해야 하는지를 밝히고 있다. 먼저 공산주의자가 견지해야 할 두 가지 원칙을 제시하고 있다. 하나는 각국의 프롤레타리아는 일국적 투쟁에서조차, 일체의 국적으로부터 독립된 전체 프롤레타리아의 공동 이해를 제기하고 전면에 내세우는 것이다. 또 다른 하나는 노동자계급이 부르주아지에 반대하면서 거치는 다양한 발전 단계에서, 언제 어디서나 그 운동 전체의 이해를 대변하는 것이다. 이는 한마디로 공산주의자의 본질은 개별 국가의 틀에 갇히거나 특정 분파의 이익에 사로잡히지 않고 일관되게 프롤레타리아계급 전체의 이해를 대변하는 데 있음을 강조하는 것이었다.

이러한 원칙을 바탕으로 마르크스와 엥겔스는 공산주의자가 수행해야 할 정치적 임무를 제기하고 있다. 그에 따르면 혁명의 첫걸음은 정치권력 획득을 통해 프롤레타리아를 지배계급으로 끌어올리는 것이다. 그 다음 이어지는 과제는 다음과 같다.

프롤레타리아트는 자신의 정치적 지배를 이용하여 부르주아지에게서 점차로 일체의 자본을 빼앗고, 모든 생산 도구를 국가의 수중에, 곧 지배계급으로서 조직된 프롤레타리아트의 수중에 집중시키며 그럼으로써 총 생산력을 가능한 빨리 증대시키게 될 것이다.

발전 과정에서 계급적 차별이 없어지고 모든 생산이 광범위한 전국적 단체의 손에 집적되면, 공권력은 정치적 성격을 잃는다. 이른바 정치권력이란 본래 한 계급이 다른 계급을 억압하는 조직된 힘일 뿐이다. 프롤레타리아트가 부르주아지와 싸우는 과정에서 상황에 따라 어쩔 수 없이 자신을 계급으로 조직하고 혁명을 통해 지배계급으로 자라나게 되었지만, 생산조건의 변화와 함께 계급적대, 나아가 계급일반의 조건을 없애버리게 될 것이다. 그럼으로써 한 지배계급으로서 가졌던 자신의 권리도 폐지하게 될 것이다.

계급적대가 유지되었던 낡은 부르주아 사회 대신 우리는 저마다의 자유로운 발전이 전체의 자유로운 발전의 조건이 되는 사회를 갖게 될 것이다.

"저마다의 자유로운 발전이 전체의 자유로운 발전의 조건이 되는 사회"라는 구절은 마르크스와 엥겔스가 이루고자 했던 궁극적인 사회의 모습을 가장 압축적으로 보여주고 있다. 더 이상 계급지배가 없기 때문에 계급지배의 도구로써 국가는 존재하지 않는다. 대신 개체간의 연대와 협력이 사회를 움직이는 기본 원리가 된다. 동시에 개체의 자유롭고 독립적인 발전이 사회 발전의 기본 동력이 된다. 마르크스, 엥겔스에게 사회의 궁극적인 실체는 자유롭고 독립적인 개체였다. 이는 마르크스주의를 개체의 독립성을 부정하는 전체주의로 파악하는 일부 논자들의 주장을 무색하게 만드는 대목이라고 할 수 있다.

이어서《공산당선언》은 각종 비과학적인 사회주의 조류를 비판한 다음 마지막을 지극히 선동적인 문구로 장식하고 있다. 그것은 마르크스주의자이기를 선택한 사람들에게 던져진 최후의 실천명령과도 같은 것이었다.

모든 지배계급을 공산주의혁명 앞에 떨게 하라. 프롤레타리아는 잃을 것이라고는 쇠사슬밖에 없으며 얻을 것은 온 세계다.

만국의 노동자여 단결하라!

분명 《공산당선언》은 마르크스와 엥겔스 두 사람이 쓴 것이다. 그럼에도 불구하고 그것이 미친 엄청난 영향력을 감안하면 그 자체가 이미 역사의 일부가 되었다고 봐야 할 것이다. 실제로 1848년 《공산당선언》이 세상에 모습을 드러낸 이후 대략 150년의 세월은 바로 그 메시지를 실현하기 위해 다양한 실험이 일어났던 시기였다. 이는 다른 각도에서 보면 지난 150년의 역사는 《공산당선언》을 검증한 시기라고도 볼 수 있다.

1848년 혁명

《공산당선언》은 1848년 2월 25일 런던에서 처음 발간되었다. 그런데 기묘하게도 '공산당선언'이 세상에 나온 지 불과 얼마 후 그 속에 담긴 예언이 실현되는 것만 같은 상황이 발생했다.

1948년초 유럽은 급속히 혁명의 폭풍 속으로 휩싸여가고 있었다. 프랑스의 유명한 정치사상가 토크빌Alexis de Tocqueville(1805~1859)은 국민의회에서 유럽 사람이라면 누구나 품고 있을 감정을 이렇게 토로했다. "우리는 지금 화산 위에서 잠자고 있습니다. …… 땅이 흔들리고 있는 것이 보이지 않습니까. 혁명의 바람이 불고 있으며, 폭풍우는 지금 지평선 저 뒤까지 다가왔습니다."

혁명은 다시금 그때까지 혁명의 기관차 역할을 해온 프랑스에서부터 시작되었다. 1848년 2월 혁명과 함께 일거에 군주제가 무너지고 공화제가 수립되었다. 그로부터 혁명은 급속하게 국경을 넘어 이나라 저 나라로 치달렸고 심지어 바다를 건너 요원의 불길처럼 번져갔다. 2월 24일 프랑스에서 공화제가 수립된 이후 3월 2일에는 남서독일에서 혁명이 일어났고, 3월 6일에는 바이에른, 3월 11일에는 베를린, 3월 12일에는 빈, 그 직후에 헝가리, 3월 18일에는 밀라노 등 이탈리아에서 잇달아 혁명이 일어났다. 불과 몇 주일 만에 유럽 10개국이 혁명의 불길에 휩싸였으며, 그 과정에서 쓰러지지 않고 버틴 정부는 하나도 없었다. 유럽에서의 혁명은 바다 멀리 남미의 브라질과 콜롬비아 등에 영향을 미치면서 일련의 반란을 촉발하기도 하였다.

역사상 이렇게 짧은 기간에 이렇듯 광범위하게 혁명이 일어난 적은 없었다. 양상으로 보면 세계혁명이 현실화되었다고 보아도 무리가 없었다. 마르크스와 엥겔스 입장에서는 자신들의 이론을 적용할 수 있는 절호의 기회가 온 것이었다. 그리하여 이 두 사람의 시선은 자신들의 고향이자 유럽 혁명 전체의 향방을 좌우하게 될 독일로 집중되었다.

독일에서의 혁명은 1848년 3월 13일 빈 노동자들이 바리케이드를 치는 것을 시작으로 3월 18일 베를린에서 최고조에 이르렀다. 참혹한 시가전이 벌어진 끝에 마침내 혁명군이 승리를 거두었다. 베를린과 빈 등 주요 도시의 권력은 봉건귀족의 손을 떠나 부르주아세력의 수중으로 들어갔다. 겁에 질린 빌헬름 4세는 부르주아적 법률을 정비할 것과 민족통일을 위해 노력할 것을 맹세했고 혁명적 움직임에 대한 검열과 애국지사들에 대한 체포령을 모두 철회했다.

이러한 분위기 속에서 브뤼셀과 파리를 전전하던 마르크스와 엥겔스는 망명 중이던 수백 명의 동료들과 함께 서둘러 독일로 향했다.

독일에 도착하기에 앞서 마르크스와 엥겔스는 독일혁명에서 공산주의자들이 가져야 할 행동강령을 작성했다. 모두 17개 조항으로 이루어진 〈독일에서의 공산당의 요구〉는 "전독일을 통일된, 분할할 수 없는 공화국으로 선포할 것"을 첫 번째 요구로 내세웠다. 이는 봉건귀족을 고립시키고 부르주아세력까지를 혁명의 편으로 획득하기 위한 고려에서 채택된 것이었다. 더불어 광산, 은행, 운송수단 등의 국유화와 노동법 제정 등을 요구했는데 이는 혁명 이후 자본주의적 착취에 맞서는 노동자계급의 투쟁을 준비하기 위한 것이었다. 한마디로 〈독일에서의 공산당의 요구〉에는 부르주아세력과 손잡고 봉건지배를 타파하는 민주혁명을 성공시킨 뒤 곧바로 프롤레타리아혁명으로 발전시킨다는 마르크스와 엥겔스의 전략이 반영되어 있었다.

독일에 도착한 마르크스와 엥겔스는 《노이에 라이니셰 짜이퉁 Neue Rheinische Zeitung》(신新라인신문) 창간을 통해 자신들이 준비한 강령을 전파하면서 독일 전역을 포괄하는 노동자 정당 건설을 추진했다. 이를 통해 당면한 민주주의 혁명을 성공시키고 노동자계급이 중심이 되는 새로운 혁명을 준비하고자 했다. 그러나 전반적인 상황은 그들이 기대했던 것과는 사뭇 다르게 진행되고 있었다.

독일의 부르주아계급은 3월 혁명 과정에서 노동자와 민중의 격렬한 진출을 목도하면서 아연실색하고 말았다. 그들은 이런 방식으로 계속 나아가다보면 결국은 자신들도 타도 대상에서 벗어나지 못할 것이라는 두려움을 품게 되었다. 그들은 일련의 학습효과를 통해 자신들의 왼편에 더 무서운 적이 존재하는 것을 깨닫게 된 것이다. 어쩌면 혁명 이후 새로운 혁명을 꿈꾸고 있던 마르크스와 엥겔스의 의도를 간파하고 있었는지도 모른다. 이러한 독일 부르주아의 태도는 결국 노동자계급에게 등을 돌리고 봉건귀족들과 타협을 시도하는 것으로 이어졌다. 이렇듯 부르주아계급의 배신이 확연해지면서 3월 혁명 역시 끝을 맺었다.

반면 민중은 혁명을 계속 밀고 나가고자 했지만 힘이 크게 미치지 못했다. 대부분의 농민들과 소시민들은 목숨을 걸고 봉건세력과 투쟁할 각오가 되어 있었지만 조직되어 있지도 않았고 확고한 지도력도 형성되어 있지 않았다. 이 점에서는 노동자도 크게 다르지 않았다. 독일 전역에 걸쳐 수백 개의 노동조합이 있었지만 절반 이상이 소시민들의 정치적 영향력으로부터 자유롭지 않았다.

이러한 가운데 프랑스 파리에서 6월 봉기가 일어났지만 이윽고 부르주아 정권에 의해 처참하게 진압되었다. 마르크스와 엥겔스는 《노이에 라이니셰 짜이퉁》에 6월 봉기의 진행 과정을 자세하게 소개하는 한편 6월 봉기의 패배가 미칠 영향에 대해 촉각을 곤두세웠다. 예상대로 독일의 반혁명세력은 주도권을 회복할 수 있는 절호의 기회가 왔다고 판단하였다. 더욱이 부르주아세력마저 이미 반혁명의 편에 합류한 상태에서 주저할 이유가 없었다. 독일 전역에서 반혁명의 광풍이 몰아쳤다. 집회 금지 조치가 빈번해졌고 《노이에 라이니셰 짜이퉁》을 포함한 진보적인 신문들은 빈번한 경찰의 공격에 직면해야 했다. 결국 프로이센 근위대가 베를린에 진입함으로써 모든 상황은 혁명 이전으로 되돌려졌다. 근위대가 민중을 향한 대대적인 살육을 자행함에도 불구하고 민중에 의해 선출된 국민의회의 부르주아 의원들은 사태를 수수방관했다.

유사한 일들이 유럽 각국에서 일어났고 그 결과 혁명이 시작된

지 6개월 만에 프랑스를 제외하고 모든 나라에서 구체제가 복귀했다. 프랑스는 공화정을 유지하기는 했으나 이미 6월 봉기를 진압하면서 '혁명'과는 최대한 거리를 두고 있는 실정이었다. 이렇듯 1848년 혁명은 가장 빠르고 가장 광범위하게 파급된 혁명이면서 동시에 가장 성공적이지 못한 혁명으로 기록되었다.

그로부터 얼마 후 독일의 혁명세력은 재차 무장봉기를 시도했으나 참담한 실패로 끝나고 말았다. 언제나 그랬듯이 무장봉기 실패 뒤에는 무지막지한 복수가 뒤따랐다. 당시 분위기 속에서 혁명진영에 속했던 사람들은 어느 누구도 안전할 수 없었다. 혁명가들이 선택할 수 있는 것이라고는 기껏해야 죽음 아니면 감옥 또는 망명뿐이었다. 결국 대대적인 해외로의 망명이 줄을 이었다. 마르크스, 엥겔스 역시 예외일 수 없었다. 그들이 공을 쏟았던《노이에 라이니셰 짜이퉁》은 이미 무장봉기 와중에서 강제 폐간된 상태였다.

1849년 여름, 수천 명의 독일인들이 바다를 건너 영국으로 향하고 있었다. 그 중에는 마르크스와 엥겔스도 포함되어 있었다. 두 사람 모두 지금 가는 곳이 영원히 고향을 등진 채 남은 인생을 보내야 하는 곳이라고는 꿈에도 생각지 못하고 있었다.

영국 망명 이후에도 마르크스와 엥겔스는 노동자계급의 정당 건설이라는 목표를 포기하지 않았다. 그것은 어쩌면 마르크스, 엥겔스 두 사람의 의지와 무관하게 그 자체로 추진될 수밖에 없는 사업이 되어 있었다. 곳곳에서 지난한 노력이 이어졌고 결국 1864년 9월 29일 영국 런던에서 '국제노동자협회Internationale Arbeiter Assoziation' 곧 제1인터내셔널이 결성되기에 이르렀다,

제1인터내셔널은 유럽과 미국 등 세계 각국의 노동자를 포괄한

명실상부한 노동자계급의 국제정당이었다. 그 규모도 상당한 것으로 알려졌는데 마르크스에 따르면 프랑스 25개 도시가 제1인터내셔널과 연결을 맺고 있었고 런던의 경우는 창립한 지 불과 몇 달 만에 회원이 1만 2000명에 이르렀다. 진정한 의미에서 첫 노동자계급 정당이 만들어진 것이다.

이렇듯 노동자계급 정당이 만들어지고 본격적인 활동을 전개하던 무렵 마르크스는 또 다른 작업에 몰두하고 있었다. 바로 마르크스주의 형성에서 기념비적인 위치를 차지하는 《자본론Das Kapital》을 집필하기 시작한 것이다.

자본론의 탄생

마르크스의 영국 망명은 본인의 의사와는 아무런 상관도 없이 이루어졌다. 그럼에도 불구하고 《자본론》의 탄생이라는 측면에서 보면 마르크스의 영국 망명은 하늘이 준 기회와도 같은 것이었다. 영국은 자본주의의 표본 전시장과 같은 곳이었다. 산업혁명을 통해 전형적인 자본주의의 길을 걷고 있는 영국 경제를 통해 자본주의의 운동법칙을 가장 쉽게 발견할 수 있었다. 더욱이 당시 영국은 경제 상황과 관련한 통계 작성에서 대륙 국가들과는 비교가 되지 않을 정도로 앞서 있었다. 다행히도 마르크스는 이 모든 자료를 대영박물관을 통해 충분히 섭렵할 수 있었다.

비록 마르크스가 꼭 영국에 있어야 할 이유는 아니었지만 마르크스에게 심각한 영향을 미친 정치경제학 역시 영국에서 발전했다. 영국의 정치경제학에서 마르크스주의 형성에 직접적인 영향을 미친 것은 애덤 스미스와 데이비드 리카도David Ricardo(1772~1823)에 의해 확립된 노동가치설이었다. 애덤 스미스의 역작《국부론》역시 모든 부는 노동으로부터 나온다는 사실을 기초로 정립되었다. 애덤 스미스는 이 점을 매우 중시했는데, 사후 그의 묘비에 "사람의 노동력은 다른 모든 재산을 만드는 본원적 기초이기 때문에 가장 신성하고 침범할 수 없는 것"이라는 구절이 새겨 있을 정도였다.

《자본론》집필은 처음 생각했던 것과는 달리 장장 20년에 걸쳐 진행되었다. 그로 인해 아쉽게도 마르크스는 생전에《자본론》의 완간을 보지 못했다. 마르크스 생전에 출간된 것은 1권뿐이며 2권과 3권은 마르크스 사후 엥겔스의 보완 작업을 거쳐 비로소 출간되었다. 이런 점에서《자본론》역시 부분적으로는 마르크스와 엥겔스의 공동 저작이라도 봐도 크게 틀리지 않을 것이다.

《자본론》은 수많은 사례 분석을 통한 귀납적 방법을 동원하고 있지만 동시에 하나의 명제로부터 수많은 결론을 끌어내는 연역적 방법에도 상당 정도를 의존하고 있다. 그러다보니 구체적인 사례 분석과 함께 높은 수준에서의 추상적 논리 전개가 동시에 사용되고 있다. 이러한《자본론》의 논리 전개에서 가장 첫자리에 상품 분석이 있다.《자본론》은 이렇게 시작한다.

"자본주의적 생산양식이 지배하는 사회의 부는 '상품의 방대한 집적'으로 나타나며, 개개의 상품은 이러한 부의 기본 형태를 이룬다. 그러므로 우리의 연구는 상품의 분석으로부터 시작된다."[21]

상품에 관한 마르크스의 분석은《자본론》을 구성하고 있는 방대한 논리 체계의 출발점이기 때문에 좀더 자세히 살펴볼 필요가 있다. 이는《자본론》을 어떤 관점에서 이해하고 평가해야 하는지와 관련해서도 매우 중요하다. 마르크스에 따르면 상품은 사용가치와 교환가치란 두 가지 가치를 갖는다. 여기서 사용가치란 상품이 유용성을 갖게 되는 질적 측면을 가리키며, 교환가치란 상품이 다른 상품과 교환되는 비율로 양적 측면을 가리킨다. 그런데 수많은 상품들이 교환되려면 양을 표시하는 공통기준이 있어야 한다. 저마다 기준이 다르면 교환은 성립될 수 없을 것이다. 그렇다면 마르크스는 이 문제를 어떻게 해명하고 있는가. 직접 그의 말을 들어보자.

만약 상품체의 사용가치를 무시한다면 거기에는 오직 하나의 속성, 그것이 노동생산물이라는 속성만 남게 된다. (중략) 그러면 이번에는 노동생산물에 남아 있는 것을 고찰해보자. 거기에 남아 있는 것은 형태가 없는 동일한 실체, 동질적인 인간노동의 응고물, 지출 형태와는 관계없이 지출된 인간노동력의 단순한 응고물뿐이다. 이 모든 것들이 우리에게 말해주는 것은 그들의 생산에 인간의 노동력이 지출되었다는 것, 인간노동이 그들 속에 체화되어 있다는 것이다. 그것들에 공통적인 사회적 실체가 결정結晶되어 있다는 점에서 볼 때 모든 물건들은 가치, 상품가치인 것이다.

(중략) 그러면 그 가치의 크기는 어떻게 측정하는가. 간단히 말해서 그 물건에 들어 있는 "가치를 형성하는 실체"인 노동의 양에 의해 측정된다. 노동의 양은 노동의 지속 시간으로 특정되고 노동시간은 시간, 일, 주 등을 기준으로 측정된다.[22]

이처럼 마르크스는 상품의 교환가치는 투입된 노동시간에 의해 결정된다고 보고 있다. 아울러 시장에서는 오직 상품의 교환가치를 기준으로 교환되기 때문에 상품의 교환가치와 상품의 가치는 동일한 의미를 갖는다. 그런데 여기서 문제가 발생할 수 있다. 만약 상품을 생산하는 인간이 나태하거나 숙련도가 낮을수록 그 상품을 생산하는 데 더 많은 시간이 요구되므로 그 상품의 가치는 그만큼 더 클 것이라고 생각할 수도 있는 것이다. 이에 대한 마르크스의 해답은 의외로 간단하다. 마르크스에 따르면 상품의 가치를 규정하는 것은 개별적 노동의 특성이 아니라 사회적으로 필요한 노동시간이다. 그리고 사회적 노동시간은 생산력 발전에 의해 규정된다. 곧 노동자들의 평균적 숙련 정도, 과학과 기술의 응용 정도, 생산 과정의 사회적 조직화, 생산수단의 규모와 능률 등에 영향을 받는 것이다.

그런데 마르크스가 상품 가치를 분석한 것은 단지 상품의 교환이 어떻게 가능한지를 밝히는 데 주된 목적이 있지 않았다. 보다 중요한 목적은 매우 특수한 상품인 노동력을 둘러싸고 벌어지는 착취관계를 드러내는 데 있었다. 《자본론》은 이에 대해서 매우 상세하게 다루고 있는데 전체를 관통하는 명제는 매우 단순명료하다고 할 수 있다. 그것은 "노동력은 모든 상품 중에서 유일하게 자신의 재생산에 필요한 가치 이상의 가치, 곧 잉여가치를 생산하는 존재이며 자본가는 이러한 잉여가치를 착취한다"는 것이다. 의심할 여지 없이 마르크스주의자들에게 이 명제는 가치 생산의 주인인 노동계급이 착취의 고리를 끊어내고 자신을 해방시켜야 한다는 가장 강력한 근거가 되었다. 하지만 마르크스는 이 명제만으로 자본주의의 전복을 이야기하는 것은 부족하다고 느꼈다. 마르크스는 혁명을 노동자의 주관적 열망의 표현이 아니라 필연적인 그 무엇으로 설명하기를 원했던 것이다.

이러한 문제의식으로부터 출발하여 마르크스는 자본주의에 대한 과학적 논증을 통해 이윤율이 장기적으로 저하할 수밖에 없다는 사실을 밝혀냈다. 전체 자본의 총량이 증가하는 속도에 비해 잉여가치 총량은 그만큼 늘어나지 않는다는 것이 그 이유였다. 마르크스의 설명을 들어보자.

가동되는 총자본에 비하여 가변자본[23]이 상대적으로 감소한다는 것은 자본주의 생산양식의 하나의 법칙이다. (중략) 다시 말하면, 동일한 수의 노동자들이 점점 증대하는 가치량의 불변자본을 처리한다는 것이다. 이처럼 총자본에 비하여 가변가본이 점점 더 감소한다는 것은, 사회적 총자본의 평균적인 유기적 구성이 점점 더 고도화된다는 것과 동일하다. 이것은 또한 노동의 사회적 생산력이 점점 더 발달한다는 것을 달리 표현한 것에 불과하다. 이 점은 노동생산력의 발달이 기계와 고정자본을 점점 더 많이 사용함으로써 동일한 수의 노동자들이 동일한 시간에 일반적으로 보다 많은 원료와 보조재료를 생산물로 전환시키고 있다는 사실로 증명된다.

이와 같은 불변자본 가치량의 증대에 대응하여 생산물이 점점 저렴해진다. 각 개별 생산물은 그 자체로 보면 생산의 보다 낮은 발달 단계—노동에 지출하는 자본이 생산수단에 지출하는 자본보다 훨씬 큰 비중을 차지한다—에서보다도 적은 노동량을 포함하고 있다. (중략) 자본주의적 생산은 불변자본에 비한 가변자본의 점진적인 감소와 함께 총자본의 유기적 구성을 점점 더 고도화시키는데, 이것의 직접적인 결과로 잉여가치율은 (노동의 착취도가 불변이거나 심지어는 증대하는 경우에도) 하락하는 일반적인 이윤율로 표현된다.[24]

간단히 정리하면, 생산력 발전에 따라 자본의 구성에서 가변자본으로서 노동력이 차지하는 비중이 하락하면서 가변자본과 총자본의 비율 곧 유기적 구성은 점점 고도화된다. 그렇게 되면 투하자본 대비 잉여가치 비율이 적어지기 때문에 이윤율은 추세적으로 하락할 수밖에 없다는 것이 마르크스의 결론이다. 물론 마르크스는 유기적 구성도의 고도화로 이윤율이 언제나 하락한다고 이야기하지 않는다. 일시적인 이윤율 상승은 얼마든지 가능하고, 또 그러한 일이 일어나지만 장기적으로 볼 때 이윤율은 추세적으로 저하될 수밖에 없다는 것이다.

수많은 통계 자료는 마르크스의 이윤율 저하 추세가 의심할 여지 없는 사실임을 입증해주고 있다. 예를 들면 면공업의 경우 1784년에서 1832년에 이르는 50년 동안 방사 1파운드에서 얻을 수 있는 이윤은 8실링 11펜스에서 4펜스로 크게 하락하였다.[25] 마르크스는 이러한 이윤율 저하 추세는 과잉자본의 누적을 심화시킬 수밖에 없으며, 궁극적으로 자본주의는 재생산 위기에 직면할 수밖에 없다고 보았다. 마르크스가 볼 때 자본주의는 한마디로 내적모순의 심화로 인해 지속가능하지 않은 생산양식이었다. 요컨대 혁명을 통해 타파해야 할 사회제도였다.

1 인민People은 자유롭고 독립적인 존재로서의 사람들의 집합체로 그 권리
는 국가도 침범할 수 없다는 의미를 지닌다. 반면 국민Nation은 특정 국가의 '국
적'을 가진 사람들의 집합체를 의미한다. 인민은 구성원의 개성을 존중하는 의
미에 무게를 두는 반면 국민은 권리와 의무를 지닌 평균적 존재로서의 의미에
무게를 둔다. 이 글에서는 국적에 관계없이 자유롭고 독립적인 개체의 총합을
강조할 때는 '인민'을 사용할 것이다. 단 인민과 동일한 의미의 용어로 '민중'
을 선택적으로 사용할 것이다.

2 프랑스어로 bourgeois. 자본주의 사회에서 자본가계급에 속하는 사람을
가리킨다. 본디 중세시대에 성 안에 사는 사람을 가리키는 용어였다.

3 프랑스어로 prolétariat. 자본주의 사회에서, 노동력 이외에는 생산 수단을
갖지 못한 노동자를 가리킨다.

4 미하엘 바그너, 〈프랑스 혁명(1789~1799)〉, 페터 벤더 엮음, 《혁명의 역사》,
권세훈 옮김, 시아출판사, 2005. 120쪽.

5 귀족에 반항해서 짧은 바지를 입고 긴 바지를 입으로 것에서 유래. 프랑스
대혁명 당시 하층 계급의 급진주의자들을 가리키는 용어로 사용되었다.

6 에릭 홉스봄, 정도영·차명수 옮김, 《혁명의 시대》, 한길사, 2006. 196쪽.

7 모직업 발전에 따라 기존 토지의 양 목장 전환이 광범위하게 진행된 결과
다수의 중소농민들이 농업노동자로 전락하거나 도시로 밀려났다.

8 제리 멀러, 서찬주·김청환 옮김, 《자본주의의 매혹》, Hunan&Books,
2006. 44~45쪽 참조.

9 애덤 스미스, 김수행 옮김, 《국부론》 (상), 비봉출판사, 2006. 17~18쪽.

10 제리 멀러, 위의 책. 91~92쪽을 참조할 것.

11 에릭 홉스봄, 위의 책. 118쪽.

12 에릭 홉스봄, 위의 책. 393쪽.

13 에릭 홉스봄, 위의 책. 125~126쪽 참조.

14 머저리 캘리, 강현석 옮김,《자본의 권리는 하늘이 내렸나》, 이소출판사, 2003. 72쪽.

15 리오 휴버먼, 장상환 옮김,《자본주의 역사 바로알기》, 책벌레, 2007. 243~244쪽에서 재인용.

16 칼 마르크스,《프랑스혁명 3부작》, 소나무, 1987. 317~318쪽.

17 에릭 홉스봄, 정도영 옮김,《자본의 시대》, 한길사, 2006. 342쪽.

18 베아트리스 부비에,〈파리 코뮌(1871년)〉, 페터 벤데 엮음,《혁명의 역사》, 시아출판사, 2005. 193~194쪽을 참조할 것.

19 하인리히 갬코브, 김대웅 옮김,《맑스·엥겔스 평전》, 시아출판사, 2003. 154쪽에서 재인용.

20 이하 공산당선언 인용문은 '마르크스·엥겔스, 남상일 옮김,《공산당선언》, 백산서당, 1989'에 의거한 것임.

21 K. 마르크스, 김수행 옮김,《자본론》(1권 上), 비봉출판사, 1990. 43쪽.

22 K. 마르크스, 위의 책. 46~48쪽 참조.

23 가변자본은 생산 과정에서 가치가 증대하는 자본, 곧 노동력을 가리키며 불변자본은 가치 증대 없이 단지 가치 이전만 일어나는 자본, 곧 기계, 원료, 부품 등 노동 대상을 가리킨다.

24 K. 마르크스, 김수행 옮김,《자본론》(3권 上), 비봉출판사, 1990. 252~253쪽.

25 에릭 홉스봄, 정도영·차명수 옮김,《혁명의 시대》, 한길사, 2006. 126쪽.

근대혁명, 계급투쟁으로 뿌리를 내리다   079

© 연합뉴스   공휴일에서 처음으로 평일로 추락한 볼세비키 혁명 기념일(2005년 11월 7일)

CHAPTER
02

최초의 사회주의혁명,
시련을 먹고 자라다

20세기 전반기는 인류 역사에서 보기 드문 격동의 시기였다. 이 시기 동안 제국주의, 대공황, 파시즘, 전쟁, 혁명 등 돌발적인 사건들이 유기적인 연관을 맺으며 거대한 파노라마를 펼쳐냈다. 러시아 혁명은 이처럼 요동치는 역사의 한복판에서 피울음을 터뜨렸다.

러시아 혁명은 노동자계급이 자신의 계획에 따라 역사와 사회를 바꿀 수 있다는 것을 처음으로 입증하였다. 그런 점에서 러시아 혁명은 인류 역사의 새로운 출발로 기록될 만하다. 하지만 러시아 혁명 앞에 기다린 것은 낭만으로 넘쳐나는 유토피아가 아니었다. 그것은 온갖 고난과 시련으로 가득 찬, 말 그대로 가시밭길이었다. 그 과정에서 인민은 숱한 희생을 겪어야 했다. 말하자면 인민을 위한 국가를 건설하기 위해 인민을 희생시키는 역설적인 상황이 벌어진 것이다.

제1차 세계대전과 러시아 혁명

19세기 말 유럽과 북미지역에서는 거대자본이 지배하는 독점자본주의 체제가 확립되었다. 독점자본주의는 자본주의에 고유한 과잉자본의 누적이 공황을 통해 해소되는 것을 어렵게 만들었다. 그로부터 과잉자본을 배출할 수 있는 식민지 확보를 향한 압력이 증대되었다. 결국 전세계는 소수의 제국주의 열강과 압도적 다수의 식민지로 확연히 나뉘었다. 짧은 기간 안에 전지구적 범위에 걸친 식민지 분할이 완료된 것이다.

고전적 제국주의 단계에서 식민지는 배타적 독점을 특징으로 하였다. 예컨대 조선은 일본, 인도는 영국, 베트남은 프랑스에게 배타적으로 지배당했다. 지구상의 모든 땅이 식민지배자의 이름으로 등록되면서 번지가 매겨진 것이다. 이러한 배타적 지배는 결국 식민지 재분할을 둘러싼 제국주의 열강간의 다툼으로 비화되었다. 뒤늦게 산업화에 뛰어들어 독점자본주의로 발전한 독일, 이탈리아 등이 이미 임자가 정해진 식민지에 대해 자신의 몫을 주장하고 나선 것이다. 그로부터 식민지 재분할을 둘러싼 대립이 발생하였고 마침내 세계대전으로 비화되고 말았다.

어느 모로 보나 1차 세계대전은 식민지 재분할을 둘러싼 제국주의 전쟁의 성격을 지녔다. 그럼에도 불구하고 모든 전쟁에서 흔히 나타나듯이 1차 세계대전 초기 각국 민중은 강렬한 애국주의에 사로잡힌 상태에서 전쟁에 적극 몸을 실었다. 심지어는 카우츠키가 이끄는 독일사회민주당 등 사회주의 정당들도 전쟁에 찬성하고 나섰다. 독일사회민주당은 400만 노동자의 이름으로 전시공채안에 찬성표를 던졌으며, 프랑스 사회주의자들은 '침략국 독일' 사회주의자들과의 협력을 거부하고 '신성한 조국 방위' 임무를 수행하기 위해 전선으로 달려갔다. 전쟁을 일관되게 반대한 것은 러시아의 볼세비키와 영국의 독립노동당, 독일의 독립사회민주당[1], 세르비아의 정당 정도뿐이었다.

하지만 오판이 가져다준 결과는 끝없이 이어지는 무의미한 죽음의 행렬뿐이었다. 야만의 세기 서막을 연 1차 세계대전은 인류가 전쟁을 통해 얼마나 허망하게 목숨을 잃었는지를 잘 보여주고 있다. 이러한 1차 세계대전의 비극을 가장 잘 보여주는 것이 바로 유명한 서부전선의 혈투였다.

파리에서 동쪽으로 수십 마일 떨어진 곳에서 프랑스군을 포함한 연합군은 독일군에 맞서 기나긴 전선을 형성하였다. 전선을 따라 양측의 방어 참호와 요새, 철조망이 끝없이 이어졌다. 수백만의 군대가 모래주머니로 막은 참호벽 속에서 쥐나 이와 함께 살았다. 여러 날 동안 심지어는 여러 주 동안 계속된 포격은 적의 저항력을 약화시키고 적을 지하로 몰아넣기 위한 것이었다. 그러한 포격 끝에 적절한 순간이 오면 사람들의 물결이 철조망을 넘어 물이 고인 웅덩이와 황폐한 그루터기, 버려진 시체가 뒤덮인 무인지대를 지나 기관총 세례가 쏟아지는 적진을 향해 뛰어들었다. 1916년 2~7월에 200만 독일군은 이러한 방식으로 베르덩을 돌파하고자 시도하였다. 그러나 그 시도는 실패로 끝났고 200만 독일군 중 100만 명이 죽거나 다쳤다. 그 보복으로 독일군은 솜 강 일대의 영국군에 대대적인 공세를 취했고 그 결과 42만 명의 영국군이 목숨을 잃었다.

서구인들에게 엄청난 정신적 충격을 안겨준 서부전선 전투는 서유럽의 한 세대를 불구로 만들었다. 프랑스는 징병 연령의 20퍼센트가 목숨을 잃었으며, 별다른 상처 없이 전쟁을 마무리한 경우는 고작 3분의 1을 채 넘지 않았다.

비슷한 양상이 독일군과 러시아군이 대치하고 있는 동부전선에서도 발생하였다. 특히 동부전선의 러시아군은 빈약한 무기와 군수품의 부족으로 비참의 극을 달리고 있었다. 굶주림과 죽음의 행렬이 전선을 끝없이 뒤덮고 있었다. 개전 1년 만에 러시아군은 15만 명이 전사하고 70만 명이 부상당했으며 90여 만 명이 포로가 되었다.

그러나 누구를 위해 왜 싸워야 하는지가 점점 묘연해져가고 있었다. 식민지 재분할을 둘러싼 제국주의 전쟁이 참전 병사들에게 그 어떤 정당성도 부여할 수 없으리란 것은 처음부터 예고된 것이었다. 이러한 가운데 병사들과 후방의 민중 속에서는 전쟁에 대한 염증이 널리 퍼지고 있었다. 전쟁 초기의 애국주의 열풍은 이미 자취를 감추고 말았다.

1916년에 이르자 언제 끝날지 모르는 전쟁에 대한 염증은 말없는 적대감으로 변해갔다. 예컨대 오스트리아·헝가리 군대의 검열관들은 장병들의 편지를 검열하면서 어조의 변화를 뚜렷이 확인할 수 있었다. 처음에는 "주님께서 우리에게 평화를 내려주시기만 한다면"으로 시작되던 편지가 이제 "우린 질렸다"라든가 심지어는 "사회주의자들이 전쟁을 중지시킬 것이라고들 한다"는 어조로 바뀌었다.

이러한 분위기는 1917년 2월 러시아에서 혁명이 일어나자 머잖아 평화가 올 것이라는 기대감으로 발전하였다.[2]

전쟁에 대한 혐오는 비단 군대 내부에 국한되지 않았다. 특히 서부 공업지대를 포기하고 퇴각한 러시아의 경우는 경제가 엉망진창이 되면서 민중의 삶은 극도로 피폐해지고 있었다. 물가는 매년 2배로 올랐고 임금은 곤두박질쳤다. 어느 모로 보나 전쟁은 민중의 삶을 극단적인 파탄으로 내몰고 있었다. '폭발'은 시간문제였다.

제1차 세계대전이 막바지로 접어들던 1917년, 마침내 전쟁의 포연을 뚫고 러시아 혁명이 일어났다.

혁명은 투쟁으로 유명한 푸틸로프 금속노동자들이 공장폐쇄에 맞선 총파업투쟁을 단행하면서 촉발되었다. 죽음의 공포와 굶주림에 시달린 군중들은 얼어붙은 강을 건너 페테르스부르크의 차르 궁전을 향해 몰려들었다. 바로 그 순간 취약하기 짝이 없던 차르 체제는 맥없이 허물어지고 말았다. 이 점은 충성스러웠던 차르의 부대들이 군중에 대한 공격을 거부하고 도리어 그들과 친교를 나누기 시작하면서 명확히 드러났다. 혼란스러웠던 3일이 지나자 부대들은 도처에서 반란을 일으켰다. 결국 차르는 퇴위했고 자유주의적인 케렌스키Kerenskii 임시정부에게 권력을 넘겨주었다.

케렌스키 임시정부는 전쟁과 관련하여 차르가 다른 동맹국들과 맺은 제반 조약이 유효함을 확인하였다. 임시정부는 동일한 부르주아지 권력인 동맹국들과의 약속을 파기하는 것을 상상도 할 수 없었던 것이다. 한 걸음 더 나아가 임시정부는 전쟁을 지속시킴으로써 불안정한 상태를 해소하고 자신들이 모든 권력을 장악할 수 있기를 희망하였다. 그들에게는 전시 비상상태야말로 민중을 통제하는 가장 효과적인 수단이었다. 그로부터 케렌스키 임시정부는 "최후의 승리까지 전쟁을!"이라는 슬로건을 내걸었다.

하지만 이러한 케렌스키 임시정부는 러시아 민중 속에서 철저한 거부의 대상이 되고 말았다. 무엇보다도 케렌스키 임시정부는 당시 러시아 민중의 가장 절박한 요구를 완벽하리만치 등한시하고 있었다. 케렌스키 임시정부는 절박한 요구였던 토지문제를 해결할 의지를 추호도 갖지 않았다. 케렌스키 임시정부가 보기에 농민에게 토지를 분배한다는 것은 지주의 파산만이 아니라 자본주의적 소유관계에도 타격을 주는 것을 의미하였다. 왜냐 하면 토지의 대부분은 은행에 저당잡혀 있었기 때문이다. 이러한 토지를 무상몰수하게 되면 은행자본은 수십 억 루블에 해당하는 커다란 손실을 입을 수밖에 없었다. 결국 케렌스키 임시정부는 토지문제의 해결을 헌법제정회의까지 연기한다고 하면서 지주의 토지를 몰수하고자 하는 농민의 행위를 가차없이 탄압했다. 아울러 임시정부는 광대한 영토에 걸쳐 있던 러시아의 식민지배를 자발적으로 철폐하려 들지 않았다. 식민주의 정책은 의연히 계속되었고 지방에서는 각종 억압기관이 옛 모습 그대로 존속하였다.

1917년 5월경 사태의 심각성은 확연하게 드러났다. 케렌스키 임시정부가 또 한 번의 공세를 위해 군대를 전장에 투입하려 하자 병사들은 이를 거부하고 토지를 나눠 갖기 위해 고향으로 돌아갔다. 보다 급진적인 혁명의 열기는 이들 병사가 이동하는 철도를 따라 러시아 전역으로 확산되었다.

한편 차르가 물러나고 케렌스키 임시정부가 등장한 직후부터 노동자, 농민, 병사들 사이에서는 소비에트Soviet(민초평의회)가 비 온 뒤의 버섯처럼 자라나고 있었다. 러시아의 자치 촌락공동체 경험에 뿌리를 두고 있던 소비에트는 1905년 혁명 동안에 공장노동자들 사이에서 정치적 실체로 처음 등장한 바 있다. 직접선거로 뽑힌 대표들의 기구인 소비에트는 특히 조직된 노동자들에게는 매우 친숙한 것이었고, 그들의 뿌리 깊은 직접민주주의 요구에 부합하는 것이었다. 이러한 소비에트는 이미 무력해진 임시정부의 통제에서 벗어나 독자적인 권력기구로 자리잡고 있었다. 임시정부에 대하여 거부권을 행사했으며, 지방에 따라서는 직접 통치권을 발동하기도 하였다. 이른바 이중권력 상태가 조성된 것이다.

정국이 갈수록 불안정해지는 가운데 러시아 혁명의 지도자 블라디미르 일리치 레닌Vladimir Il'ich Lenin은 특유의 동물적 감각을 바탕으로 민첩하게 움직였다. 레닌은 당시 상황을 돌파하기 위하여 오래전부터 준비해온 방침을 담아 4월 테제를 발표하였다. 4월 테제의 핵심은 '전쟁 반대' '임시정부 반대' '모든 권력을 소비에트로!' 였다.

레닌의 4월 테제가 발표될 당시만 해도 레닌이 이끄는 볼셰비키는 러시아 전체적으로 볼 때 소수파 정치세력에 머물러 있었다. 5월 말에 열린 전러시아소비에트대회의 대의원 6090명 중 볼셰비키는 150명에 불과했다. 그러나 당시 볼셰비키만이 러시아 민중의 전쟁 반대 요구를 정확히 읽고 이를 옹호하고 있었다. 볼셰비키와 경쟁관계에 있던 멘셰비키조차도 임시정부의 전쟁 지속 정책을 지지하고 있었다. 이러한 볼셰비키의 일관된 전쟁 반대 입장은 시간이 흐르면서 러시아 민중 사이에서 급속한 지지를 얻기 시작하였다.

결국 그해 10월 레닌이 이끄는 볼셰비키는 무장봉기를 통해 임시 정부를 타도하고 모든 권력을 소비에트로 넘기는 데 성공하였다. 혁명의 성공과 함께 제정 러시아의 식민지들은 별도의 공화국 자격을 갖고 소비에트연방에 참여하였다. 이렇게 하여 러시아공화국 등 12개 공화국으로 구성된, 대외적으로 단일한 주권을 행사하는 소비에트연방(소련)이 탄생하였다.[3] 국가 체제의 변화와 함께 민중의 삶에서도 획기적인 변화가 일어났다. 대표적으로 농민들은 토지분배를 통해 오랫동안 열망했던 자기 땅을 갖게 되었다. 더불어 볼셰비키는 이듬해인 1918년 3월 3일 브레스토-리토프스크에서 독일과의 단독 강화조약을 체결함으로써 러시아 민중에게 평화를 안겨주었다.

볼셰비키가 독일과 단독강화를 추진할 당시만 해도 독일에게 최종적 승리를 안겨주는 결과를 낳는 것 아닌가 하는 우려가 팽배해 있었다. 독일이 러시아 전선에 투입된 병력을 프랑스를 겨냥한 서부 전선에 집중 투입할 수 있는 길이 열렸기 때문이다.

그러나 모든 것은 최종 순간에 판가름났다. 예상했던 대로 러시아와의 단독강화를 통해 한숨 돌린 독일은 동부전선의 병력을 서부 전선으로 집결시킨 다음 운명을 건 대공세를 펼쳤다. 그러나 독일군은 결국 '솜' 전투에서 치명적인 패배를 당하고 말았다. 이러한 사태는 독일군 사이에 탄식과 절망의 분위기를 급속도로 만연시켰다. 마침내 1918년 10월 28일 키일 군항의 해군 반란을 시작으로 베를린 노동자들을 주축으로 한 혁명이 일어났다. 혁명 결과 빌헬름 2세가 퇴위하고 독일공화국이 선포되었다. 러시아와 마찬가지로 독일 민중 역시 최종적으로 '혁명'을 통해 전쟁의 고통에서 벗어날 수 있었다.

이렇듯 1차 세계대전은 혁명을 통해 마무리되었으며, 그 과정에서 전쟁의 근원인 제국주의 자체를 반대하는 노동자 국가가 탄생했다. 인류 역사가 전혀 새로운 국면으로 접어든 것이다.

볼셰비키는 미약한 세력에도 불구하고 1917년 2월 혁명 이후 벌어진 수많은 세력들의 각축전 속에서 최종 승자로 떠올랐다. 그렇다고 하여 볼셰비키가 권력을 도둑질한 것은 결코 아니었다. 표면상의 세력 분포와는 달리 볼셰비키는 나름대로 가장 유력한 세력이 될 수 있는 요건을 갖추고 있었다. 이후 세계사회주의운동에서 일반적으로 수용된 지점들을 중심으로 살펴보면 다음과 같다.

첫째, 1917년 10월 혁명 당시 수많은 세력들이 자중지란에 빠져 있는 와중에서 소수파인 볼셰비키가 전광석화처럼 봉기를 성공시킬 수 있었던 것은 무엇보다도 일사불란한 당 조직이 있었기 때문이었다.

레닌은 당 조직을 건설하면서 러시아의 특수한 현실을 충분히 고려하였다. 러시아는 부르주아 민주주의를 거치지 않은 상태에서 최소한의 합법적 정치활동의 공간마저 보장되지 않고 있었다. 따라서 사회주의 정당은 비합법적 활동에 치중할 수밖에 없었다. 이와 함께 당시 러시아 민중은 극도의 빈곤과 무권리 상태에서 일시적 폭발력을 갖고는 있었으나 체계적인 학습이나 훈련을 받을 기회가 전혀 없는 상태였다. 곧 스스로 조직하고 활동을 전개할 자주적 능력이 극히 낮은 수준에 머물러 있었다.

이러한 현실 조건을 감안하여 레닌은 고도로 훈련된 소수 정예로 구성되는 전위당 노선을 확립했다. 일사분란하면서도 능수능란한 레닌의 당 조직은 비합법적 상황에서도 생존을 가능하게 하였고 결정적 시기에 행동통일을 보장했으며 노동자계급을 중심으로 한 광범한 대중을 조직적으로 동원할 수 있는 체제를 구축하였다.

1917년 2월 혁명 당시 러시아 전역에 걸쳐 볼셰비키 요원은 대략 2000여 명을 헤아렸다. 그러나 이 2000여 명은 매우 특별한 의미를 지닌 숫자였다. 볼셰비키는 다른 조직에 비해 대중 속에 들어가 자신의 신념을 전파하는 데 남다른 열정을 보이면서 각자 수십 명에서 수백 명에 대한 정치적 영향력을 확보할 수 있었다. 그 덕분에 1917년 2월 혁명 당시 2000명 정도였던 볼셰비키는 같은 해 10월 혁명 시기에 이르러 30만 당원을 가진 거대 당 조직으로 변모할 수 있었다.

둘째, 볼셰비키는 산업노동자 속에 탄탄한 기반을 구축하고 있었다.

볼셰비키가 대중조직화에서 힘을 집중한 대상은 산업노동자, 그중에서도 철강노동자를 위시한 대규모 공장노동자였다. 이 점은 볼셰비키의 중요한 특징 가운데 하나였는데 거기에는 그럴 만한 충분한 이유가 있었다. 당시 러시아에서 노동자는 인구 구성에서 그다지 비중이 높지 않았지만 몇 가지 측면에서 매우 중요한 위치에 있었다. 노동자는 공장노동을 통해 조직적으로 훈련되어 있었고 투쟁을 통해 전투적으로 단련되어 있었다. 여기에 볼셰비키를 비롯한 사회주의자들의 집중적인 활동으로 상대적으로 높은 정치의식을 지니고 있었다. 이러한 요소들로 인해 조직된 노동자들은 2월 혁명 이후 줄곧 투쟁의 선두에 서서 결정적인 순간마다 돌파구를 여는 역할을 수행했다.

이와 함께 노동자들은 볼셰비키의 지도 아래 혁명을 확산하고 세력을 규합하는 역할을 수행하였다. 노동자 출신 병사들은 전쟁 막바지에 반란의 주역이 되었으며, 이후 병사 소비에트 건설을 주도하였다. 또 노동자들은 혁명의 시기에 고향으로 돌아가 토지혁명을 주도하면서 농촌지역에 혁명을 확산시키는 전도사 구실을 하였다. 이 과정에서 자연스럽게 볼셰비키의 주장이 폭넓게 확산됨과 동시에 볼셰비키 지지자들이 곳곳에 틀어박히게 되었다.

사실 볼셰비키는 농민과 중간 세력들을 조직하는 문제에 대해 적극적 입장을 갖고 있었지만 충분한 조직적 성과를 안고 혁명을 맞이하지는 못했다. 그럼에도 불구하고 볼셰비키가 최종 승자가 된 것은 전적으로 이러한 노동자들의 역할 덕분이었다. 말하자면 볼셰비키에게 산업노동자는 광범위한 대중을 획득하는 강력한 지렛대였다.

셋째, 볼셰비키가 짧은 기간에 거대 당 조직으로 변모하여 권력의 주역으로 등장할 수 있었던 것은 상당 부분 혁명적 시기에 역동적인 대중의 요구를 포착하고 이를 옹호할 수 있는 능력 덕분이었다.

지나고보면 단순하기 그지없어 보이지만 막상 상황에 직면했을 때 대중의 이해와 요구를 포착하는 것만큼 어려운 일은 없다. 대중의 모습은 복합적이고 변화무쌍하며 종종 모순된 양상을 띠기 때문이다. 그래서 보수적인 생각을 가진 사람들은 대중을 변덕스런 존재로 경멸하기 쉽다.

레닌조차도 상황에 따라 대중을 대하는 태도에서 큰 차이를 보여주었다. 1917년 이전 지루하기 짝이 없던 시기에 레닌은 대중은 결코 자생적으로 혁명을 할 수 없을 것으로 판단했다. 전시공산주의 시기에는 자기 이익에 집착하는 대중에 대해 적잖은 불신을 드러내기도 했다. 대중의 모습에 따라 대중을 대하는 태도가 달라졌던 것이다. 그런 점에서 보자면 1917년 혁명 당시는 대중의 요구와 레닌의 감각이 가장 예술적으로 맞아떨어졌던 순간이라고 할 수 있다.

혁명적 시기에 대중은 혁명가가 생각했던 것보다 빠르게 진출하면서 당시 상황에서 가장 본질적인 지점을 제기하며 혁명가도 생각지 못했던 새로운 것을 창조한다. 차르 체제를 타도한 것은 병사의 반란을 포함한 대중의 자발적 투쟁이었으며 더불어 적극적인 전쟁 반대 입장을 취하기 시작한 것도 대중 자신이었다. 이후 새로운 권력의 출발점이 되는 소비에트 역시 그 어떤 혁명가 집단에 의해 설계된 것이 아니라 대중에 의해 창조된 것이었다.

혁명적 시기의 정치적 성패는 바로 이러한 역동적인 대중의 모습을 예견하고 그 의미를 정확히 간파하며 대중의 요구에 부응할 수 있는 대책을 내놓을 수 있는가에 의해 크게 좌우된다. 레닌이 이끄는 볼셰비키는 바로 이 점에서 상당한 성공을 거두었다. 이런 점에서 볼셰비키의 반전투쟁은 확실히 성공작이었다. 사실 '애국적' 열정을 갖고 기꺼이 전장으로 달려가던 개전 초기만 하더라도 볼셰비키의 반전 주장은 별다른 호응을 얻지 못하였다. 도리어 심한 반발과 비난에 부딪혀야 했다.

이러한 상황에서 반전 입장을 고수한다는 것은 상당한 신념과 인내를 요구하는 것이었다. 그럼에도 불구하고 볼셰비키는 시종일관 전쟁을 반대하는 자신의 입장을 굽히지 않았다. 결국 시간이 흐르면서 "볼셰비키의 주장이 옳았다!"는 쪽으로 분위기가 바뀌었고, 러시아 민중은 볼셰비키를 향해 전폭적인 신뢰를 보내게 되었다. 소비에트에 대한 반응에서도 마찬가지였다. 2월 혁명 이후 많은 혁명가들이 소비에트에 적극 진출하면서도 그 의미를 제대로 파악하지 못했다. 다만 레닌만이 소비에트를 대안권력으로 보고 곧바로 "모든 권력을 소비에트로!"라는 슬로건을 제출하였을 뿐이다.

이상과 같이 레닌이 이끄는 볼셰비키는 러시아 혁명 당시 다른 집단이 갖고 있지 못한 장점을 갖고 있었고, 바로 그 덕분에 최종 승자가 될 수 있었다. 볼셰비키의 이러한 장점은 이후 계속되는 시련을 헤쳐 나가는 원동력이 되기도 하였다. 하지만 장점이 지나치게 강조되다보면 거꾸로 단점이 될 수도 있다. 실제로 당 조직에 대한 과신에서 그러한 폐단이 나타났다. 앞으로 우리는 이 점을 구체적으로 확인할 것이다.

극한을 넘나드는 혁명의 물결

볼셰비키가 10월 혁명을 통해 권력을 장악했지만 그들 앞에 펼쳐진 것은 폐허 그 자체였다. 1913년까지 유지되었던 제정 러시아의 유산은 전쟁의 포연 속에서 흔적도 없이 사라지고 말았다. 고등교육을 받은 유능한 전문가들은 200만 이민 대열 속에 파묻혀 러시아를 떠나고 없었다. 그나마 러시아 경제를 떠받쳤던 산업 시설 역시 전쟁의 소용돌이 속에서 극심하게 파괴된 상태였다.

말 그대로 볼셰비키는 권력을 쥐고 있다는 것 말고는 폐허나 다름없는 상태에서 앞길을 열어가야 했다. 볼셰비키는 바로 그 권력을 무기로 새로운 사회 건설에 착수하였다.

하지만 건설은 이전 시기 낭만적 혁명가들이 꿈꾸었듯이, 사회주의의 깃발만 꽂으면 낡은 모순이 해소되고 새로운 유토피아가 펼쳐지는 그런 것이 결코 아니었다.

볼셰비키가 자신의 경험을 통해 뼈저리게 깨달았듯이 사회주의 건설은 권력 획득 과정보다도 한결 복잡하고 험난한 여정이었다. 사회주의 소련의 건설 과정은 지금 우리가 생각하는 것 이상으로 극심한 난관 속에서 진행되었다.

볼셰비키가 폐허가 된 러시아를 복구하기 위해 첫발을 내디뎠을 때 그들을 엄습한 것은 다름 아닌 내전이었다. 곳곳에서 제국주의 열강의 지원을 받는 반혁명 백색 군대의 공격이 거세게 들이닥쳤다. 볼셰비키는 한편으로는 내전에 많은 역량을 투입함과 동시에 절대적인 물자 부족 사태를 해결하지 않으면 안 되었다.

볼셰비키는 이 같은 극한상황을 돌파하기 위하여 1918~1920년에 전시공산주의 체제를 도입하였다. 볼셰비키는 생산과 유통의 모든 과정을 국가의 통제 아래 두었고 시장을 완전 폐기했다. 식량을 강제 징발하였고, 주요 생필품과 공공 서비스의 배급은 국가가 통제하였다. 이러한 과정은 화폐의 존재를 불필요하게 만들 만큼 극단적으로 진행되었다.

이와 함께 볼셰비키는 노동자들에 대한 엄격한 통제를 실시하는 노동병영화를 추진하였다. 노동병영화를 주도한 트로츠키Leon Trotskii는 "노동병영화는 노동의 군사화 없이는 상상할 수 없다. …… 만약 어떤 사람에 대해 전속명령이 발동하면 그는 이를 즉각 이행해야 한다. 이행하지 않는다면 이는 곧 탈영으로 간주되어야 한다"고 공언했다. 실제로 탈영한 노동자들을 모두 총살형에 처했다. 노동병영화를 뒷받침하기 위해서 부하린Nikolai Bukharin은 "부르주아 체제하에서의 강제노동은 노동자계급의 노예화를 의미하지만 프롤레타리아 독재하에서의 강제노동은 노동자계급의 자기 조직화에 다름 아니"라고 주장하기도 하였다. 레닌은 강제노동의 하나로 고안된 '자발적 토요 노동'에 솔선하여 참여하는가 하면, 트로츠키는 후일 '스타하노프 운동'으로 나타나게 될 초기적 형태의 '노동자 돌격부대'를 조직하기도 했다.[4]

전시공산주의체제가 작동하기 시작하던 초기, 적잖은 혁명가들은 당시의 상황이 자신이 꿈꿔왔던 세계로 재빨리 이동할 수 있는 기회가 되기를 기대하였다. 그러나 실제 결과는 정반대로 나타났다. 전시공산주의체제를 경과하면서 전반적인 생산력이 형편없이 떨어지고 만 것이다. 오랫동안 개인의 토지를 열망해온 농민들은 징발에 맞서 자신에게 필요한 최소한의 식량 외에는 생산하려 들지 않았다. 노동자들은 절대적으로 부족한 생필품을 암시장에서 구하기 위해 공장의 부품을 빼돌렸다. 그에 따라 공업생산 역시 급격하게 하락하였다. 〈도표 1-1〉은 이러한 전시공산주의체제가 야기한 결과를 입증하고 있다.

이렇듯 전시공산주의체제는 러시아 민중 사이에 생존을 위한 아귀다툼을 격화시키면서 경제 전반을 더욱 궁지로 몰아넣었다. 러시

〈도표 1-1〉 전시공산주의체제에 따른 생산지표 동향

	1913	1921
전체공업의 총생산(지수)	100.00	31.00
대규모 공업(지수)	100.00	21.00
석탄(100만 톤)	29.00	9.00
석유(100만 톤)	9.20	3.80
전기(100만 킬로와트)	2039.00	520.00
선철(100만 톤)	4.20	0.10
강철(100만 톤)	4.30	0.20
벽돌(100만 개)	2.10	0.01
설탕(100만 톤)	1.30	0.05
철도적재톤수(100만)	132.40	39.40
농업생산(지수)	100.00	60.00
수입('1913년' 100만 루블)	1374.00	208.00
수출('1913년' 100만 루블)	1520.00	20.00

출처 : 알렉 노브, 김남섭 옮김, 《소련경제사》, 창작과비평사, 1998. 75쪽.

아 민중이 혁명을 지지한 것은 어디까지나 자신의 생존과 좀더 나은 삶을 위한 것이었음이 분명해진 것이다. 러시아 민중이 자신의 생존을 희생해가면서까지 혁명을 위해 복무할 것이라고 기대한 것은 일부 혁명가들의 머릿속에서나 존재하는 관념이었을 뿐이다.

문제는 여기서 그치지 않았다. 경제 상황의 악화는 끝내 볼셰비키가 상상하기조차 싫었던 최악의 상황으로 이어지고 말았다. 볼셰비키의 핵심 지지 기반인 노동자들이 전시공산주의체제에 맞서 결렬하게 저항하기 시작한 것이다.

1919년 3월, 철도창 노동자들의 주도로 일어난 연대파업은 대표적인 사례의 하나였다. 약 4만 5000명이 참여한 이 연대파업에서 노동자들은 "공산당 일당독재 반대!"라는 구호를 외치기도 하였다. 볼셰비키는 레닌이 직접 나서서 회유하는 제스처를 취하기도 하였지만 결국 붉은군대를 투입하여 강제진압하고 말았다.

이 과정에서 볼셰비키는 노동자 진압을 위해 발틱 수병들을 동원하고자 시도했으나 발틱 수병들은 투표를 통해 이러한 명령을 거부하고 노동자들의 시위대열에 참여할 것을 결정했다. 이에 놀란 볼셰비키는 추가로 부대 증파를 요청, 1만 8000명의 병력과 250문의 기관총을 동원하고 나서야 진압에 성공할 수 있었다. 이 과정에서 체포된 노동자와 정치지도자 약 200여 명이 기관총 사격으로 집단처형되었고, 300여 명이 구속되었다.[5]

모스크바와 페트로그라드를 제외한 지방의 상황은 한층 악화되고 있었다. 곳곳에서 붉은군대 일부가 무장봉기를 일으키는 가운데 식량 배급에 불만을 품은 노동자들이 연대파업을 단행했다. 일부 지역에서는 한 달 이상이나 투쟁이 전개되기도 하였으며, 이를 진압하는 과정에서 수천 명의 사상자가 발생하였다. 그야말로 혁명은 붉은 피로 뒤범벅이 되어가고 있었다.

온갖 극단적 대응에도 불구하고 볼셰비키를 둘러싼 위기상황은 계속되었다. 소비에트 선거가 실시된 여러 선거구에서 볼셰비키의 정치적 반대파인 멘셰비키와 사회혁명당이 속속 승리를 거두었다. 이에 대해 볼셰비키는 해당 지역에 계엄령을 선포하고 소비에트의 개최를 중단시킴과 동시에 멘셰비키와 사회혁명당을 불법화하는 것으로 대응했다. 물론 이러한 조치는 민주적 절차와는 전혀 무관한 것이었다.

이렇듯 볼셰비키는 '포위당한 소수파'로 내몰린 상태에서 그들이 내세운 '혁명 수호'를 위해 가능한 모든 수단을 동원했다. 그 과정은 레닌이 즐겨 사용했던 표현대로 '무자비한 과정'으로 점철되었다. 민주적 절차는 철저히 무시되었고 대중은 종종 억압과 동원의 대상으로 간주되었다.

물론 볼셰비키가 버틸 수 있었던 것은 몇 가지 무시하지 못할 근거들이 있었기 때문이다. 역사가 에릭 홉스봄Eric Hobsbawm(1917~)은 이와 관련하여 세 가지를 꼽았다. 첫째, 당원 수가 60만으로 늘어난 잘 단련된 공산당 조직이 있었다. 둘째, 유일하게 권력을 쥐고 있던 볼셰비키마저 무너지면 러시아 제국이 송두리째 사라질 것이라고 판단한 상당수 애국주의세력이 적군에 적극 가담하거나 협력하였다. 셋째, 10월 혁명으로 토지를 분배받은 농민들은 귀족들의 복귀를 두려워한 나머지 볼셰비키를 지지하였고 적군 병사들 대부분은 바로 이들 농민들로 충원할 수 있었다.[6]

이러한 요인들 덕분에 볼셰비키는 반혁명 백색 군대의 위협, 노동자들의 저항, 계속되는 경제 위기 등 최악의 위기 상황 속에서도 극적으로 살아남을 수 있었다. 마침내 볼셰비키가 최종 승자가 된 것이다. 볼셰비키를 제외한 모든 세력이 저항했지만 결국 지리멸렬한 상태에서 패배자의 운명을 맞이하고 말았다. 조직력과 능수능란함 그리고 무엇보다도 무자비함에서 그 어떤 세력도 볼셰비키를 능가하지 못했다. 숱한 반칙에도 불구하고 볼셰비키의 모든 행위는 적어도 소련권에서는 철저히 정당화되었다. '역사는 승자의 기록'임을 다시 한 번 확인해준 것이다.

하지만 이것으로 모든 것이 끝난 것은 아니었다. 일련의 과정을 거치면서 이후 소련의 역사를 규정짓는 심각한 부산물이 발생하였던 것이다.

전시공산주의 시기에 볼셰비키는 매일 매일 생사를 다투는 어려운 결단을 해야 했고, 그때마다 볼셰비키를 지탱시켜준 것은 일사분란하게 움직인 당 조직이었다. 레닌이 지칠 줄 모르고 옹호했던 중앙집권적 당 조직 모델이 위기의 순간에 빛을 발한 것이다. 그 결과 전시공산주의체제를 거치면서 볼셰비키 내부에는 믿을 것은 자기 조직밖에 없으며 대중은 필요하면 억압하고 강제할 수 있고 언제든지 조작 가능하다는 사고가 팽배해졌다.

이러한 사고는 소련이 수명을 다하는 그 순간까지 두고두고 영향을 미쳤다. 스탈린Ioseb Stalin 시대의 악명 높은 폭압정치의 원형도 사실은 전시공산주의 시기에 마련되었다고 할 수 있다. 그런 점에서 전시공산주의를 이끌었던 레닌 역시 스탈린 체제에 대해 결코 자유롭다고 할 수 없다.

한편 혹독한 경험을 치른 혁명 지도자 레닌은 내전을 승리로 마감하자마자 주저없이 전시공산주의체제를 철회하였다. 그리고는 시장 도입과 함께 소생산자의 자유를 확대하는 신경제정책NEP을 도입하였다.

　신경제정책은 레닌 스스로 표현했듯이 사회주의 건설을 위한 대장정에서 명백한 퇴각에 해당하는 것이었다. 그럼에도 불구하고 볼셰비키가 신경제정책을 도입하게 된 것은 생산력을 시급히 회복해야 한다는 경제적 이유와 함께 전략적 동맹 대상으로 상정한 농민들을 어떻게 해서든지 혁명의 편으로 끌어들여야 한다는 정치적 동기가 강하게 작용한 결과였다. 볼셰비키가 보기에 인구의 90퍼센트를 차지하는 농민이 등을 돌리게 되면 혁명은 필연적으로 실패할 수밖에 없었다. 바로 이 점이야말로 레닌의 후예들이 오랫동안 농민을 희생양으로 하는 급진적 공업화에 섣불리 돌입할 수 없게 만든 결정적 요소였다.

　이러한 맥락에서 신경제정책은 사회주의적인 노동자와 여전히 사회주의적이지 않은 농민간의 동맹관계를 그대로 표현하고 있었다. 곧 공업과 서비스 분야는 국가계획위원회의가 주도하는 계획경제의 범주 속에 놓여 있던 반면 농민에게는 개인 소유의 토지를 바탕으로 자유롭게 판매할 수 있는 권리가 부여되었다. 물론 그러한 농업생산물의 70퍼센트 정도를 구매하는 것은 국가였다. 신경제정책은 공업부문에서의 계획경제와 농업부문에서의 시장경제가 절충된 일종의 혼합경제였던 것이다.

　신경제정책은 폐허가 된 소련 경제를 회복하는 데 상당히 기여하였다. 무엇보다도 농민들의 생산의욕을 고취시키면서 농업생산성의 빠른 회복을 가져왔다. 1922년의 파종 면적은 1913년의 90퍼센트에 이르렀고, 수확은 아직 1913년 수준에 크게 미치지 못하였지만 식량 사정은 더 이상 절망적이지 않았다. 공업은 파괴된 시설 복구가 더디고 원료 공급이 제대로 이루어지지 않으면서 농업만큼 빠른 속도로 회복되지는 않았지만, 노동자 임금은 상대적으로 안정되어갔다. 1925년에 이르러 노동자 임금은 1913년 수준을 거의 회복하였다.

이러한 신경제정책의 성공은 부하린 등 당시 일부 볼셰비키 혁명가뿐 아니라 고르바초프와 같은 후대의 인물들까지도 소련이 신경제정책을 장기간 유지했으면 상황은 한결 나았을지 모른다는 생각을 낳게 했다. 두말할 필요도 없이 서방세계의 정책가들은 신경제정책이야말로 소련이 그나마 악의 구렁텅이로 굴러떨어지는 것을 막아줄 마지막 기회였다는 아쉬움을 표명해왔다.

그러나 신경제정책은 볼셰비키가 궁극적 대안으로 받아들이기에는 결코 간단치 않은 문제들을 품고 있었다. 볼셰비키를 가장 곤혹스럽게 만든 것은 시장지향적인 농업정책이 갖는 정치적 딜레마였다. 당시 농민들의 대체적인 지향은 좀더 많은 생산을 통해 좀더 많은 소득을 거머쥠으로서 부농이 되는 것이었다. 그런데 볼셰비키들이 보기에 이러한 부농은 궁극적으로 혁명의 적이었다. 부농의 성장은 자본주의적 요소를 확대시키면서 혁명 자체를 무위로 돌릴 수도 있다고 판단한 것이었다. 따라서 부농은 억제되어야 할 대상이었다. 문제는 이러한 부농 억제가 불가피하게 부농을 꿈꾸며 생산성을 향상시키려고 하는 농민의 의욕을 꺾어버린다는 점에 있었다. 그리하여 볼셰비키는 신경제정책에 따른 농업생산성 향상의 대가로 혁명의 적대세력을 키우든가 아니면 신경제정책 자체를 수정하든가 해야 하는 기로에 놓이게 되었다. 적어도 당시 볼셰비키가 보기에는 그러했다.

볼셰비키 입장에서 더욱 곤혹스러웠던 지점은 신경제정책이 당시 절박한 요구로 제시되고 있는 급속한 공업화를 얼마만큼 보장할지에 대해 아무런 해답을 주지 못하고 있다는 것이었다. 의심할 여지 없이 급속한 공업화는 소련의 후진성을 탈피하기 위한 필수요건이었다. 문제는 공업화에 필요한 재원을 어디서 조달하느냐에 있었다. 일반적으로 공업의 발전 정도가 극히 낮은 단계에서 공업화에 필요한 재원을 조달할 수 있는 방법은 두 가지가 있다. 하나는 외국에서 도입하는 것이고, 다른 하나는 국내의 다른 부문에서 조달하는 것이다. 소련의 경우 제국주의 열강과 전면적인 적대관계를 형성하고 있었기 때문에 외국으로부터의 재원 조달은 원천적으로 봉쇄되어 있었다. 남은 것은 국내의 다른 부문에서 조달하는 것뿐이었다. 그것은 구체적으로 농업이었다.

그런데 신경제정책은, 농업부문의 잉여소득을 재원으로 급속한 공업화를 추진하는 데 결정적 한계가 있음을 드러내고 말았다. 1923년경 신경제정책 아래서 이른바 협상가격의 위기가 형성되었다. 농업부문의 빠른 회복 속도에 비해 공업부문의 회복이 매우 더디게 이루어지면서 농산품과 공산품 사이의 교환에서 현저한 불균형이 발생한 것이다. 실제로 1923년 당시 공산품 가격은 1913년의 216퍼센트인 데 비해 농산물 가격은 고작 98퍼센트에 불과하였다. 이러한 상황은 신경제정책 전반에 위기를 몰고왔다. 협상가격의 위기가 격화되는 조건에서 농민은 농산물 판매를 늘릴 목적으로 생산성 향상에 골몰해야 할 이유가 그다지 많지 않았던 것이다. 생산량을 늘린다 해도 시장에서 구입할 수 있는 공산품은 매우 제한적이었고 그나마 가격도 매우 비쌌기 때문이다. 결국 농업생산성 향상을 통한 공업화 재원 조달은 거의 불가능한 상황이 되었다.

볼셰비키는 이러한 위기를 국영상업망 확장을 통한 공산품 가격 조절을 통해 일시적으로 해소할 수 있었다. 그러나 이는 어디까지나 공업부문에 돌아갈 몫을 극도로 축소시킨 대가였다. 결국 취약하기 짝이 없는 공업기반은 더욱 어려운 궁지로 내몰렸다. 농업을 안정시키고자 하면 공업이 위축되고, 공업을 안정시키고자 하면 농업이 위축되는 딜레마에 빠진 것이다.

스탈린 시대의 빛과 그림자

만약 소련이 신경제정책을 고수한 상태에서 공업화를 추진했다면 어떤 결과가 나타났을까? 역사가 에릭 홉스봄이 날카롭게 지적한 대로 소련의 공업화는 매우 느린 속도로 진행되었을 것이다. 공업이 자체적으로 확대재생산을 위한 기반을 갖추기 전까지, 공업화는 농업생산성이 조금씩 향상되고 그로부터 발생한 잉여생산물이 공업부문에 투입되는 속도에 크게 의존할 수밖에 없기 때문이다.[7]

볼셰비키가 깊은 이해관계를 갖고 있던 것은 바로 그 '속도'였다. 당시 소련은 매우 빠른 속도의 공업화가 절실히 필요했다. 제국주의의 포위에 맞서기 위해 조속히 군사력을 증강시켜야 한다는 요구는 그러한 속도를 재촉하는 결정적 요소였다. 결국 스탈린을 위시한 일단의 소련 지도층은 더 이상 선택의 여지가 없다고 판단하였다. 그 밑바탕에는 볼셰비키는 어떠한 경우라도 자신의 권력을 유지할 수 있다는 강한 자신감이 깔려 있었다.

급속한 공업화를 실현하기 위해서는 농업부문의 잉여생산물을 강제로 공업부문에 이전시킬 수 있는 새로운 체제를 도입해야만 했다. 이를 위해서는 농업을 시장경제로부터 단절시켜야 했다. 그것은 곧 신경제정책의 종식을 의미하는 것이었다.

위로부터의 혁명

스탈린을 중심으로 하는 소련 지도층은 그들이 갖고 있는 강력한 무기인 당 조직과 국가권력을 기반으로 새로운 도전에 착수하였다. 1929년 5월, 5차 소비에트 대의원대회는 사회주의 건설에 전면 돌입할 것을 천명하였다. 그에 따라 소련은 그동안 부분적으로 작동하던 시장마저 폐기하고 계획경제를 전면 도입하는 가운데 조속한 공업화를 목표로 하는 5개년계획을 추진하였다. 5개년계획은 즉각적으로 농업을 집단화하고 중공업을 우선으로 공업화를 가속화하는 데 초점이 맞추어져 있었다. 이는 국가권력을 무기로 위로부터 추진되는 새로운 혁명이었다.

먼저 농업의 집단화가 대대적으로 추진되었고 새롭게 만들어진 집단농장은 당의 엄격한 감독과 통제 아래 놓이게 되었다. 이를 위해 당은 감독자나 농장의장 혹은 행정관리 역할을 담당하는 2만 5000명의 도시 활동가를 농장에 파견하였다. 아울러 당은 농기계, 트랙터, 비료 등의 공급을 장악함으로써 농장에 대한 통제를 확고히 할 수 있었다. 집단화와 함께 시장경제와 연관을 맺고 있던 개별 농민은 사라지고 말았다. 농장에서 생산된 잉여생산물은 국가의 조달계획에 의해 강제수매되었고 이후 공업부문에 전격 투입되었다.

농업의 집단화를 바탕으로 추진된 위로부터의 강제적 공업화는 군사작전을 방불케 하였다. 모든 작전계획은 유능한 경영자가 절대적으로 부족한 상황에서, 국가계획위원회에 포진되어 있는 소수 간부들에 의해 입안되었다. 아울러 국가계획위원회의 작전명령에 따라 엄청난 인력이 건설현장에 투입되어 돌격대 임무를 수행하였다.

모든 것은 정해진 시간 안에 목표액을 완수하는 것에 초점이 맞추어졌다. 후르시초프Nikita Khrushchev의 표현대로 '고함소리' 한마디가 모든 것을 결정하였다.

급속한 공업화를 위하여 소련 주민들의 생활수준은 1940년의 경우 1인당 1켤레의 신발이 지급될 만큼 최소한의 수준으로 억제되었다. 그 대신 사용가능한 경제자원은 최대한 새로운 산업을 창출하는 데 투입되었다. 그 결과 끊임없이 석탄, 철, 전기, 석유 등 새로운 자원의 개발이 이어졌고 새로운 공장이 속속 들어섰으며 대규모 도시 개발이 이어졌다.

막대한 희생과 시행착오가 있었음에도 불구하고 소련 인민은 열정을 갖고 건설에 임했다. 국가는 대대적인 캠페인을 통해 인민에게 피와 땀을 요구했고 인민은 행동으로 국가정책을 지지했다. 처칠이 정확하게 지적했듯이 희생 자체가 동기를 낳는 독특한 상황이 연출된 것이다.

이러한 과정을 거쳐 소련의 공업생산고는 1929~40년에 최소한 3배나 증가했다. 이는 대부분의 자본주의 국가들이 같은 기간에 1929년 대공황 이전의 상태를 회복하는 데 그쳤던 것과 비교해볼 때 매우 괄목할 만한 성과였다. 또 1929~38년에 미국, 영국, 프랑스 3개국이 세계 공산품 생산에서 차지하는 비중이 59퍼센트에서 52퍼센트로 줄어든 반면 소련의 비중은 5퍼센트에서 18퍼센트로 늘어났다.

소련은 일련의 공업화 과정을 통해 짧은 기간에 후진농업국이 선진공업국으로 탈바꿈할 수 있음을 보여주었다. 2차 세계대전 이후 정치적 독립을 획득한 제3세계 국가들은 공통적으로 공업화 기반이 취약한 후진농업국이었다. 이러한 조건에서 대부분의 나라들이 어떤 형태로든 소련의 공업화로부터 영감을 얻거나 방법을 차용하였다. 가난한 자들을 해방시키는 것을 자신의 목표로 내걸었던 소련은 가난한 나라가 좀더 빠르게 부유해질 수 있는 길을 열어준 것이다.

이처럼 소련의 초고속 경제성장을 가능하게 한 것은 자본주의 시장경제와는 질적으로 다른 국가 주도의 계획경제였다. 훗날 사회주의 시스템의 비효율성이 집중적으로 거론되었지만 적어도 초기 건설 단계에서만큼은 매우 효율적으로 작동했다. 이는 사회주의 건설 초기 단계에서는 대체로 생산물의 종류도 적었고 품질도 단순했다는 사실과 밀접한 연관이 있다. 곧 노동력과 자원의 양적 투입을 확대하는 것만으로도 경제성장이 충분히 가능한 조건에서 선택과 집중이 용이한 국가 주도의 계획경제가 충분히 빛을 발할 수 있었던 것이다. 이 사실은 경제가 양적 성장에서 질적 성장으로 전환하게 되면 사정이 크게 달라질 수 있음을 암시하는 것이다.

스탈린 시대 소련에서 국가 주도의 계획경제가 그 모습을 드러낸 것은 공교롭게도 자본주의가 대공황으로 휘청거리던 시기와 대체로 일치했다. 자본주의 세계가 급격한 생산 감소로 고통받고 있을 때 소련 경제는 초고속 성장을 거듭했다는 사실은 극적인 대비효과를 낳았다. 그 결과 소련의 국가 주도 계획경제는 대공황의 수렁에서 빠져나오려고 하는 자본주의 세계에 많은 영감을 불어넣어 주었다. 자본주의를 소생시키기 위해 노력했던 인물들은 공통적으로 소련의 성공을 통해 국가의 역할과 계획의 기능에 대해 진지하게 고민했고 이를 자기들 실정에 맞게 적용하기 위해 애썼다.

이렇게 하여 개발도상에 있는 국가나 발전된 자본주의 국가 모두

자기들 문제를 해결하기 위해 소련으로부터 영감을 얻거나 방법을 차용한 셈이 되었다. 1960년대 이후 한국에서 추진된 5개년 경제개발계획 모델도 그 원형은 소련에서 찾을 수 있다. 이런 점에서 20세기 역사에서 소련이 미친 영향은 가히 전지구적이라고 할 수 있다.

그러나 소련의 이 같은 경제적 성공은 숨막히는 정치적 억압과 막대한 출혈을 대가로 얻어진 것임을 간과해서는 안 된다. 어쩌면 경제 건설을 위해 지불한 희생이 그로부터 얻은 성과를 능가했을지도 모른다.

스탈린 시대의 정치적 억압은 최대 1300만에 이르는 수용소 노동력이 동원되었을 만큼 실로 광범위하기 짝이 없었다. 특히 피의 숙청을 동반한 공포정치는 오늘날까지도 수많은 사람들의 기억 속에 어두운 그림자를 드리우고 있다. 공포정치의 와중에서 1934~39년에 400만~500만 명의 당원과 관리가 정치적 이유로 체포되었고, 그들 중 40만~50만 명이 재판 없이 처형된 것으로 알려졌다. 그 결과 1939년 봄에 열린 제18차 소련공산당 대회에는 1934년의 제17차 대회에 참여했던 1827명의 대표들 중에 겨우 37명의 생존자들만이 참여할 수 있었다.[8] 또 농업정책의 착오로 인해 1932~33년 대기근 때에는 우크라이나 등의 농촌에서 600만~700만 명이 굶어죽어야 했으나 사회주의 소련은 이를 수습하지 못했다.[9]

초고속 경제성장 그 자체도 농업생산력을 희생으로 삼아 이뤄졌다는 점에서 지극히 기형적인 것이었다. 국가권력을 동원한 강제적 농업집단화는 소생산적인 습성에 물들어 있던 농민의 생산의욕을 결정적으로 떨어뜨렸다. 이러한 양상은 도시노동자들에 비해 현저히 낮은 생활수준, 농업에 대한 상대적으로 낮은 투자 등과 결합되면서 농업생산력을 급격히 떨어뜨렸다. 농업생산력의 하락 정도는 1950년대에 이르러서야 과거 신경제정책 수준을 회복할 만큼 심각한 것이었다. 이 같은 농업생산력 정체가 미친 영향은 참으로 심각하고도 장기적인 것이었다. 단적으로 소련은 1970년대 이후에도 총식량 수요의 4분의 1 정도를 국제곡물시장에 의존해야 했다.

하지만 스탈린 시대에 급속한 공업화 과정이 남긴 보다 본질적인 문제는 다른 곳에 있었다. 그것은 바로 마르크스와 그 후계자들이 꿈꾸었던 것과는 전혀 다른 국가 시스템이 만들어졌다는 것이다. 이는 이후 소련 사회의 발전 방향과 최종적인 운명을 좌우하는 지극히 핵심적인 문제였다.

국가사회주의

마르크스는 파리 코뮌을 경험하면서 미래 사회는 자유롭고 독립적인 개체간의 연합을 기초로 운영되어야 하며 국가는 궁극적으로 소멸되어야 할 것으로 보았다. 국가는 프롤레타리아 독재 도구로 기능하지만 그마저도 인민의 직접적인 권력 행사에 기반을 두어야 하는 것으로 파악했다. 레닌은 적어도 이론적으로는 마르크스의 이러한 입장을 충실히 계승하고자 노력했다. 그러나 머릿속의 생각과는 달리 레닌의 발걸음은 정반대의 방향으로 가고 있었다.

소련의 국가체제 형성에서 중요한 전기가 마련된 것은 전시공산주의 시기였다. 전시공산주의 시기의 대중의 모습은 앞서 확인했듯이 생존의 아귀다툼 그 자체였다. 아마도 레닌은 전시공산주의 시기 대중의 이기적인(?) 모습에 고개를 절레절레 흔들었을 것이다. 특히 가장 믿어 의심치 않았던 노동자들이 볼셰비키에 반기를 들었을 때는 상당한 충격을 받았을 것으로 짐작된다. 충분히 예상할 수 있는 일이었지만 극한을 넘나들었던 전시공산주의 시기의 경험은 레닌과 그 후계자들의 사고에 결정적인 영향을 미쳤을 것이다. 전시공산주의 시기의 경험을 통해 레닌과 그 후계자들은 "모름지기 믿을 것은 오직 당 조직뿐이며 일단 손에 쥔 권력은 무자비하게 사용할 수 있어야 한다!"는 교훈을 심장에 아로새겼을 것이다.

일련의 과정을 거치면서 소련 지도층 안에서는 모든 것을 당에 의존해서 해결하는 것이 하나의 관행으로 굳어지고 말았다. 이론상 당은 인민의 이해를 대변한다고 하지만 실질적으로 판단하고 결정하는 것은 당의 상층부를 구성하고 있는 소수의 엘리트 집단이었다. 이 점은 1921년 여전히 불안정한 정세 속에서 대안정책에 대한 당내의 집단적 토론마저 금지함으로써 더욱 명확해졌다. 아울러 아래로부터의 민주주의를 실천할 수 있는 무대로 기대를 모았던 소비에트는 독자적 판단을 할 수 있는 여지를 박탈당하고 말았다.

이렇듯 소수의 혁명적 엘리트들이 광범위한 민중을 동원하여 문제를 해결하고자 할 때 국가기구처럼 유용한 것이 없다. 더욱이 시민혁명을 경험하지 못한 러시아 인민은 자율적이고 독립적으로 문제를 해결할 능력이 매우 취약했다. 이로부터 결정은 당(엄밀한 의미에서는 당 지도부)이 하고 국가가 이를 집행하며 인민은 동원되는 구조로 국가사회주의가 잉태하였다. 결국 레닌은 먼 미래에 대해서는 '국가소멸론'을 이야기했지만 눈앞의 현실과 관련해서는 국가사회주의를 잉태시킨 것이다.

이러한 맥락에서 스탈린 시대에 위로부터의 혁명이 추진되는 과정에서 국가사회주의가 정착된 것은 너무도 자연스런 결과였다. 실제로 스탈린 시대에 국가는 모든 문제 해결의 답이 되었다. 그에 따라 국가는 약화되는 것이 아니라 비약적으로 확대·강화되었으며 종국에는 사회 거의 모든 영역이 국가기구로 흡수되고 말았다. 기업의 대부분은 국유기업으로서 국가기구의 일부가 되었다. 교육기관 등 공공기관은 말할 것도 없었다. 농업에서도 국영농장 비중이 빠르게 확대되었고 협동농장은 형식상 국가로부터 독립되어 있었으나 국가의 통제로부터 결코 자유롭지 못했다. 이렇듯 사회 각 영역이 국가기구에 흡수되거나 통제 아래 놓임으로써 사회 전체가 관료기구와 동일하거나 유사하게 작동되었다. 곧 상부는 명령하고 하부는 복종하는 관계가 사회 전체를 관통한 것이다. 이렇게 하여 소련사회주의는 국가로 모든 것이 집중되고 국가 틀 안에서 작동하는 국가사회주의의 길을 걷게 되었다.

국가사회주의 체제는 앞서 국가 주도의 계획경제에서 확인하였듯이 양적 성장을 위주로 한 사회주의 건설 초기 단계에서는 매우 효율적으로 작동하였다. 자원의 선택과 집중을 용이하게 하였고 동시에 가난의 멍에를 벗어던지기 위해 몸부림쳤던 소련 인민의 강력한 열정과 국가적 동원체제가 결합되면서 경이로운 생산량 증대로 이어졌다. 그럼으로써 국가사회주의는 소련을 단기간에 공업국 반열에 올려놓는 데 크게 기여하였다. 그러나 그 이면에서는 소련 체제를 약화시키는 정반대의 요소들이 싹을 틔우고 있었다.

국가 중심의 동원체제는 관료사회의 특징인 명령하고 복종하는 관계를 인민들에게까지 확장시켰다. 군대식 명령체계는 그 명령을 맹목적으로 따르도록 제도화하면서 정해진 목표를 정해진 시간 안에 달성하는 것 외에는 다른 관심을 갖지 못하게 만들었다. 당연한 결과로, 생산량을 증대시키는 것 외에 제품의 질을 향상시키고 기술 혁신을 추구하는 것은 언제나 뒷전으로 밀려났다. 이러한 사실은 양적 성장이 위주가 되는 시기에는 크게 문제가 되지 않지만 질적 성장으로 전환하는 시기가 오면 곧바로 심각한 문제가 된다. 비슷한 맥락에서, 시간이 흐르고 초기의 열정이 식어버리는 순간, 명령에 순응하는 데 익숙해 있던 인민은 무기력하고 수동적인 존재로 전락할 가능성이 매우 높다. 그럴 경우 창조적 에너지와 열정이 식어버리면서 사회 전반은 정체의 늪에 빠지게 된다. 이 점은 2차 세계대전 이후 소련 사회에서 고스란히 나타났다.

소련의 국가사회주의가 빚어낸 보다 심각한 문제는 관료기구가 비대해짐에 따라 인민 위에 군림하는 특권세력으로 변질될 가능성이 컸다는 점이다.

소련식 국가사회주의는 불가피하게 그 명령을 집행하기 위한 방대한 행정요원을 요구하였다. 실제로 스탈린 체제가 절정을 향해 치닫던 1930년대 말 소련에서의 행정요원 증가율은 전체 고용 증가율의 2.5배에 달했으며, 블루컬러 노동자 2명당 1명의 행정관이 존재하기에 이르렀다.[10] 이와 관련하여 소련 지도부를 몹시 곤혹스럽게 만든 것은, 나날이 비대해지고 특권화해가는 관료사회를 어떻게 통제할 것인가의 문제였다. 스탈린 시대에 이에 대한 해결책으로 선택한 것은 바로 앞서 살펴본 공포정치였다. 공포정치는 인민보다는 바로 이들 관료를 표적으로 삼았다.

후르시초프 시대에 이르러 스탈린 시대의 공포정치는 강력한 비판의 대상이 되었다. 그 결과 관료제를 운영할 수 있는 새로운 방법을 모색해야 했다. 결국 관료들에게 상당한 물질적 보상을 안겨주는 것으로 이어지면서 비대해진 관료제는 사회주의 소련에서 새로운 특권층을 배양하는 토대가 되었다. 사실상 관료사회의 특권을 용인하는 것으로 문제를 해결했던 것이다.

대반격

최초의 사회주의국가 소련은 비록 방대한 영토와 인구를 포괄하는 독자적인 세계를 구축하기는 했지만 여전히 고립된 세계일 뿐이었다. 동시에 국제사회에서 공식 승인을 받지 못했다는 점에서 다분히 불법국가 상태를 벗어나지 못하고 있었다. 그런 점에서 소련이 단독으로 사회주의의 길을 걷는 것은 마치 적군이 포위하고 있는 지역 한가운데를 뚜벅뚜벅 걸어가는 것만큼이나 위험하기 짝이 없는 도전이었다. 우호적인 관측자들조차 소련의 장래를 불안하게 바라본 것은 너무나 당연하였다.

그럼에도 불구하고 2차 세계대전이 끝날 때까지 소련은 훌륭히 버텨냈을 뿐 아니라 이후 국제사회주의 진영의 비약적 확장을 위한 준비를 갖출 수 있게 되었다. 여기에는 단기간에 급속한 공업화에 성공했다는 사실과 함께 소련에 적대적이었던 제국주의 진영이 극심하게 분열된 것에 그 원인이 있었다. 식민지 재분할을 둘러싼 제국주의 진영 내부의 경쟁 대립은 소련에 대한 자본주의 진영의 행동 통일을 불가능하게 만들었다. 그들은 서로가 서로를 견제하고 자신을 방어하는 데 더 많은 힘을 쏟지 않으면 안 되었다. 소련은 바로 이러한 분열의 틈새 속에서 생존의 공간을 확보할 수 있었다.

그러던 중 2차 세계대전의 발단이 된 대공황이 발생하였다. 1929년 대공황은 번영의 시대를 구가하던 신흥자본주의 강국 미국에서 발생하여 일거에 자본주의 세계를 파국으로 몰고갔다. 대공황 발생 이듬해인 1930년 7월 월가의 주가는 1929년 9월 1일의 8분의 1밖에 되지 않았고, 미국의 공업생산고는 1929~31년 사이에 약 3분의 1로 줄어들었다. 그 여파로 세계 공업생산액의 1925~29년 평균을 100으로 잡았을 때, 1929년 2/4분기에는 113.1이었으나 1932년 3/4분기에는 65.9에 불과했다. 1929~32년 사이에 세계 무역량은 70.8퍼센트나 감소했으며, 전세계적으로 5000만 명이 넘는 실업자가 발생하였다. 참으로 상상하지도 못한 끔찍한 일이 발생한 것이다.[11]

대공황은 유권자들을 급진주의에 쉽게 매료되도록 만들었다. 바로 이러한 배경을 기반으로 군소 정당에 불과했던 나치NAZI가 일거에 중요 정치 세력으로 부상할 수 있었다. 똑같은 이유로 나치의 반대편에서는 독일 공산당이 일거에 80석을 획득하면서 비약적인 성장세를 보이고 있었다. 두 급진주의의 출현은 상호작용을 거듭하였고, 결국 공산당의 급부상에 두려움을 느낀 독일의 보수진영은 일제히 나치를 중심으로 결집하였다. 이렇게 하여 합법적으로 정권을 획득한 나치는 경제 전체를 국가의 통제 아래 둠으로써 생산력을 빠르게 회복해갔다. 히틀러가 정권을 잡았을 때 실업자 수는 800만 명을 넘었는데 1936년에 이르러서는 거의 완전고용 상태에 이르렀고, 1938년이 되자 도리어 일손 부족 현상이 나타났다. 이러한 경제적 성공(?)은 독일 국민들로 하여금 나치에 열광하도록 만든 주된 요인이 되었다. 하지만 이 그 과정에서 극단적인 민주주의의 파괴와 인권 유린이 발생하였고, 마침내 유태인 대량학살이라는 전대미문의 범죄행위로 치닫고 말았다.

한편 대공황의 파괴적 영향은 1차 세계대전 이후 잠시 세계를 지배했던 금본위제의 자유무역체제를 일거에 뒤엎어버렸다. 공황을 통해 심한 구토를 한 제국주의 열강들은 그 공백을 메우기 위해 다투어서 식민지 수탈에 달려들었던 것이다. 이러한 식민지에 대한 요구는 곧바로 침략전쟁에 대한 강한 욕구를 불러일으켰으며, 그 같은 욕구는 식민지가 적었던 독일, 이탈리아, 일본과 같은 후발 산업국가들 사이에서 특히 강렬하게 나타났다. 결국 일본, 독일, 이탈리아 등은 침략전쟁에 돌입하였고, 그로부터 인류 전체를 끔찍한 재앙으로 몰아넣은 2차 세계대전이 발발하였다. '대공황 → 파시즘 → 세계대전'이라는 지옥의 연쇄사슬이 끝없이 이어진 것이다.

1941년 6월, 유럽 일원을 석권한 나치 독일은 1939년에 체결한 독소불가침조약을 무시하고 소련 침공을 감행했다. 히틀러가 이러한 선택을 하게 된 이유는 간단했다. 히틀러는 전쟁이 장기화됨에 따라 어려워진 군수물자 조달의 돌파구가 소련 영내의 우크라이나 곡창지대와 카스피 해 연안의 유전지대를 확보하는 것에 있다고 판단한 것이다.

독일의 공격을 받은 소련은 군인과 민간인을 합쳐 무려 2000만 명이 목숨을 잃어야 했다. 간접적인 인명피해까지 합하면 그 수는 줄잡아 5000만 명에 이르렀다. 이 밖에도 도시 1710군데가 폐허가 되었고, 7만 개 이상의 마을이 불타버렸으며, 공장 3만 1858개가 파괴되었고, 광산 1135개가 매몰되었다. 또 철도 6만 5000킬로미터, 기관차 1만 6000량, 차량 42만 8000량이 폭파되었다.[12]

이렇듯 소련은 독일과의 전쟁에서 가장 큰 희생을 치렀지만 동시에 가장 중대한 역할을 수행하였다. 프랑스를 포함한 유럽 대륙이 일찌감치 독일군에게 점령된 조건에서 가장 오랜 기간 독일군 대부대와 혈투를 벌인 나라가 바로 소련이었기 때문이다. 실제로 1944년 6월 연합군 병력이 노르망디에 상륙하기 전까지 독일군의 대부분은 소련과의 전투에 투입되고 있었다. 미국, 영국, 프랑스 등 연합국 측은 이러한 소련의 역할을 인정할 수밖에 없었고, 결국 소련과 손을 잡을 수밖에 없었다. 그 결과 소련은 일순간에 국제적 고립에서 벗어나 반파시즘 연합전선의 주요 일원으로 떠오를 수 있었다.

소련은 독일군의 기습공격으로 레닌그라드가 900여 일 동안 봉쇄당하고, 공업지대가 몰려 있는 서부지역 대부분이 독일군에 점령당하는 등 적잖게 고전해야 했다. 그러나 소련은 우랄, 카자흐스탄, 시베리아 등 전쟁터와 멀리 떨어진 동부지역에 군수공장을 건설하여 전차, 항공기, 탄약 등 군수물자 생산을 급속히 증대하면서 독일군에 대한 반격을 모색하였다. 그러던 중 볼가 강의 좁은 지역까지 몰렸던 소련군은 1942년 11월부터 이듬해 1월까지 벌어진 스탈린그라드 전투에서 결정적 승리를 거두었다.

히틀러로서는, 볼가 강 하구에 위치한 스탈린그라드는 코카서스 유전지대로의 안전한 진출을 보장할 수 있을 뿐 아니라 스탈린의 이름이 붙은 도시를 점령함에 따른 상당한 심리적 효과를 기대할 수 있는 곳이었다. 그리하여 히틀러는 스탈린그라드 전투에 총력을 기울였고, 마찬가지 이유로 소련 역시 스탈린그라드 방어를 위해 사력을 다하였다.

인간의 상상을 불허하는 참혹한 시가전 끝에 독일군이 소련군을 제압하면서 시내의 90퍼센트를 장악하기에 이르렀다. 독일군이 승리를 눈앞에 두고 있던 바로 그 순간 위기를 기회로 전환시키는 발상의 전환이 전투의 운명을 갈랐다. 시 외곽으로 밀린 소련군이 거꾸로 시내에 진주한 독일군을 포위한 상태에서 보급로를 차단한 것이다. 독일군은 결사적으로 저항했으나 보급이 끊기고 혹한의 겨울이 닥치면서 결국 항복하고 말았다. 항복한 독일군 포로 9만 명 가운데 5만 명은 포로수용소에서 티푸스로 사망했고 일부는 중앙아시아로 가던 도중 사망했으며, 끝까지 살아서 귀국한 병사는 5000명에 불과했다. 이후 전투가 벌어진 지역에서 독일군 14만 7200구, 소련군 4만 6700구의 사체가 발굴되었다.[13]

스탈린그라드 전투를 통해 전세를 역전시키는 데 성공한 소련군은 1943년 7월 모스크바에서 남쪽으로 530킬로미터 떨어진 쿠르스크 지역에서 벌어진 독일군과의 대전투에서 회심의 승부수를 던졌다. 쿠르스크 전투는 현대전의 전형을 보여준 대전투로 소련군은 병사 264만 명, 대포 5만 문, 신종 전차와 자주포 8200량, 항공기 6950대를, 독일군은 병사 151만 4000명, 대포 1만 6600문, 전차 5000대, 항공기 5000대를 투입하였다.[14] 소련군은 이 전투에서 승리함으로써 독일군을 더욱 강하게 압박할 수 있었고 마침내 최종 승리를 향해 가까이 다가설 수 있었다.

이러한 가운데 반파시즘 연합전선을 형성하고 있던 미국과 영국 등 연합군은 1944년 6월 프랑스 노르망디 해안에 상륙함으로써 독일군의 측면을 공격하였다. 협공을 당한 독일군은 후퇴하기 시작했다. 승기를 잡은 소련군은 곧바로 독일군을 추격하면서 동유럽 일대를 파시즘의 지배에서 해방시켰고, 1945년 4월에는 베를린을 포위하는 데 성공하였다. 견디다 못한 독일은 5월 8일 항복하고 말았다.

소련군이 독일 파시즘을 타격하는 과정에서 동유럽은 자연스럽게 소련군의 영향 아래 놓였다. 이는 이후 동유럽의 운명을 결정짓는 중대한 의미를 지니는 것이었다. 본래 동유럽은 1차 세계대전 이전까지는 대체로 봉건왕조 지배체제에 있었다. 독일의 침공은 바로 이러한 봉건왕조를 결정적으로 붕괴시켰다. 하지만 독일의 지배는 일시적인 것이었다. 결국 독일 파시즘은 패망했고 동유럽 일대는 반파시즘 투쟁을 주도한 사회주의세력이 장악하였다. 그리하여 동유럽은 소련군의 진주를 배경으로 사회주의혁명의 길로 접어들었다. 소련에 국한되었던 사회주의 진영이 2차 세계대전을 거치면서 동유럽 일대로 확대되었다.

이렇게 하여 소련은 2차 세계대전 당시 독일을 패배시킨 주역이 되었다. 그 덕분에 2차 세계대전 이후 소련은 동유럽 일원으로 영향력을 확대함과 동시에 이후 미국과 쌍벽을 이루는 초강대국으로 부상할 수 있었다. 1차 세계대전 와중에서 탄생한 러시아 혁명이 2차 세계대전을 발판으로 일대 도약을 이룬 것이다. 이렇듯 혁명은 전쟁의 포연 속에서 탄생하고 성장하였다.

주석

1 계속해서 전쟁을 지지했던 사회민주당에서 분리 독립한 반전주의 정당이다. 나중에 사회민주당으로 다시 합류하였다.

2 에릭 홉스봄, 이용우 옮김,《극단의 시대 : 20세기 역사》(상), 까치, 1997. 89쪽 참조.

3 소연방을 구성한 12개 공화국은 러시아연방, 몰도바, 타지크스탄, 카자흐스탄, 키르키스스탄, 투르크메니스탄, 우즈베키스탄, 벨로루시, 우크라이나, 그루지야, 아제르바이젠, 아르메니아 등이다. 이후 발틱 3국인 에스토니아, 라트비아, 리투아니아 등이 강제병합됨으로써 소비에트연방공화국은 15개로 늘어났다. 이러한 15개 공화국 산하에는 또 다시 자치공화국, 자치주 등의 정치단위가 형성되어 있었다.

4 김태억, 미출간 논문《러시아혁명사》에서 인용한 것임.

5 김태억, 위의 책.

6 에릭 홉스봄, 위의 책. 96쪽 참조.

7 공업이 일정 궤도에 오르면 잉여생산물을 재투입하는 과정을 통해 자체적인 확대재생산 조건을 갖추게 된다. 문제는 그러한 능력을 갖출 때까지의 초기 단계에서 어떻게 재원을 조달하는가에 있다. 이 과정을 흔히 원시적 축적 혹은 본원적 축적 단계라 한다. 자본주의의 경우는 대체로 식민지 수탈과 농업 분야에 대한 수탈을 통해 이러한 원시적 축적을 추진했다.

8 에릭 홉스봄, 이용우 옮김,《극단의 시대 : 20세기》(하), 까치, 1997. 539쪽.

9 기무라 히데스케, 이윤희 옮김,《20세기 세계사》, 가람기획, 1997. 105쪽

10 에릭 홉스봄, 위의 책. 529쪽.

11 유시민,《거꾸로 읽는 세계사》, 푸른나무, 1993. 85쪽.

12 기무라 히데스케, 위의 책. 129쪽.

13 기무라 히데스케, 위의 책. 130쪽.

14 스탈린그라드 전투에 관해서는 위키피디아 백과사전 스탈린그라드 전투 항목을 기본으로 '기무라 히데스케, 위의 책. 131쪽'을 참조한 것임.

© 연합뉴스 　　　　　 홍군의 기반을 이룬 농민군과 마오쩌둥

동아시아 혁명,
새로운 꽃을 피우다

　　본래 유럽인들은(좌파 지식인들조차도) 동아시아를 교화 대상인 후진지역으로 사고하는 경향이 강했다. 하지만 역사적으로 볼 때 동아시아는 유럽인들이 흔히 생각하는 그런 변방이기는커녕 세계에서 가장 찬란한 문명을 꽃 피워온 곳이다. 다만, 유럽 세계가 봉건의 질곡을 넘어 새로운 발전을 이룩하던 시기에 동아시아 세계는 여전히 봉건적 질곡에서 정체와 퇴보를 반복함으로써 결국 1800년을 기점으로 문명의 중심을 유럽세계로 넘겨주게 된 것이다.

　　동아시아가 굴욕적인 역사에 마침표를 찍고 세계정세를 움직이는 능동적 존재로 탈바꿈한 것은 사회주의자들이 주도한 일련의 혁명을 거치면서부터였다. 중국, 조선, 베트남 등에서 진행된 이들 혁명은 주변 지역에서까지 봉건적 요소를 타파하도록 하는 압력 요인으로 작용하였다. 이는 이후 동아시아가 세계 최고의 경제성장 지역으로 떠오르도록 하는 사회적 토대가 되기도 하였다.

　　우리는 이러한 동아시아 혁명을 통해 혁명의 새로운 유형을 발견할 수 있다. 곧 소수정예의 힘으로 상황을 돌파했던 러시아 혁명과 달리 보다 광범위한 민중의 지지와 동참 속에서 진행된, 한층 예술적인 혁명이 역사의 무대 위에 펼쳐졌다. 물론 동아시아 혁명이 새로운 유형을 창조하기까지는 숱한 난관을 극복해야 했다. 무엇보다도 '권위에의 굴종' '기성의 것에 대한 맹목적 추종' 등이 거듭 혁명을 실패로 몰고 가면서 무의미한 희생을 강요하였다.

중국혁명, 그 기나긴 장정

　　　　　　　　　중국은 13세기부터 19세기까지 명
실상부하게 세계에서 가장 발전되고 강력한 통일국가였다. 폴 케네
디Paul Kennedy는 그의 《강대국의 흥망》에서 "근대 이전의 문명 가
운데 중국 문명만큼 앞서고 자부에 찬 문명은 일찍이 없었다"고 말
하기도 하였다.[1]

　폴 케네디도 지적한 바 있지만 중국을 중심으로 한 동아시아의
장기간에 걸친 번영을 뒷받침했던 것은 과학기술의 발전이었다. 사
실 인류문명 발전에 커다란 획을 그었던 중요한 발명은 바로 동아시
아에서 이루어졌다. 이들 발명품이 유럽에 전달되거나 유럽에서 독
자적으로 발명된 것은 그로부터 한참 후의 일이었다. 〈도표 1-2〉에
서는 그 중 중요한 몇 가지 사례를 소개하고 있다.

　이러한 과학기술의 발달은 통신과 운송수단, 도로 등의 발달을
촉진시켰고 그 결과 동아시아에서는 중국 진나라 이후 중앙집권적
인 관료제도가 전국을 지배할 수 있었다.

　문제는 봉건지배층이 토지에 일차적인 이해를 두고 있는 조건에
서 그 같은 관료제도의 발전은 상공업 발전의 강력한 질곡으로 작용
하였다는 데 있었다. 봉건지배층은 지나친 상공업의 발달은 농민을
토지로부터 이탈시킬 수 있다는 우려에서 국가의 통제를 벗어난 상

〈도표 1-2〉 중국의 발명과 유럽에 전래되기까지의 기간

	발견/발명	발견된 해	서양에 전래되기까지의 기간
농업	이랑경작법	BC 600	2,200
	쇠쟁기	BC 600	2,200
	회전식 키	BC 200	2,000
	다관多管 파종기	BC 200	1,800
천문학·제도법	태양흑점과 태양계현상	BC 200	2,000
	계향제도법	AD 200	1,300
	태양을 발견	AD 600	1,400
공학	주철	BC 400	1,700
	공기/액체 겸용 피스톤 풀무	BC400	1,900/2,100
	수력발전	AD 100	1,200
	증기엔진	AD 500	1,200
	침몰선 인양작업	AD 1100	800
	석유·천연가스 사용	BC 400	2,300
	종이	BC 500	1,400
	환등기	AD 200	1,800
	낚시 릴	AD 300	1,400
	도자기	AD 300	1,700
	생물학적 페스트 예방제	AD 300	1,600
	우산	AD 400	1,200
	성냥	AD 577	1,000
	장기	AD 600	500
	브랜디·위스키	AD 700	500
	자동시계	AD 725	585
	놀이카드	AD 900	500
	물레	AD 1100	200
의학	혈액순환	BC 600	1,800
	24시간 주기 생체 리듬	BC 200	2,150
	내분비학	BC 200	2,100
	결핍증	BC 300	1,600
	당뇨병	AD 700	1,000

출처 : 로버트 로이드 조지, 선경투자자문주식회사 옮김, 《세계는 어디로 가는가》, 넥서스, 1994. 32쪽.

공업의 발전을 철저히 억눌렀다.

이런 가운데 중국의 마지막 왕조인 청나라가 붕괴되면서 각 성의 실질적 지배자로 군림하게 된 군벌들은 봉건지주와 결탁하여 민중을 극렬하게 수탈하였다. 왕조 말기에 최고조에 달했던 전형적인 이중수탈이 20세기 초반에 그 마지막 발악을 다하는 듯한 양상이었다. 이러한 조건에서 민중, 그 중에서 인구의 절대다수를 차지하는 농민은 혁명적 행동에 돌입할 수밖에 없었다.

바로 그때 민중의 혁명적 에너지를 효과적으로 결집하여 최종적인 승리자로 안내할 수 있는 세력이 등장하였다. 중국공산당이 바로 그들이었다. 중국공산당은, 왕조 말기마다 농민반란을 통해 기존 지배질서를 무너뜨리기는 하였으나 새로운 지배질서로 편입되었던 2000년 동안 반복해온 악순환의 고리를 끊고 민중의 오랜 염원을 실현할 수 있는 전망과 방법을 제시한 것이다.

1921년 12명이 참가한 '1차 전국대표자회의'를 출발로 중국공산당은 노동조합을 조직함으로써 세력을 확장시켜 나갔다. 그러던 중 1922년 쑨원孫文으로부터 국공합작 제의가 들어왔다. 군벌을 지원하면서 이권 쟁탈에만 열을 올리는 자본주의 열강에 환멸을 느낀 쑨원이 "소련의 조직 기술과 훈련 방법을 배우는 것만이 혁명 승리의 유일한 길"이라는 판단을 내리고 소련의 원조를 받아들이면서 중국공산당과의 합작을 제의한 것이다.

중국공산당은 이러한 합작 제의를 받아들였고, 그에 따라 공산당원은 국민당 당적을 지니면서 국민당 정부에도 참가하였다. 국공합작으로 힘을 키운 국민당은 마침내 1926년 북방의 군벌을 토벌하기 위해 북벌을 감행하였다. 국공합작의 혁명은 군벌에 넌덜머리가 난 민중의 열화와 같은 성원에 힘입어 일거에 화남 일대를 점령하였다.

이러한 가운데 중국공산당은 노동운동의 발전에 힘입어 1927년 초에는 5만 8000명의 당원을 확보할 수 있었다. 이는 1924년에 당원이 불과 500명 수준이었음을 감안하면 놀라운 성장이었다. 공산당 세력의 급격한 성장은 곧바로 쑨원 사후 국민당을 이끌던 장제스蔣介石 일파를 긴장시켰다. 결국 장제스는 1927년 4월 12일 쿠데타를 일으키고 말았다. 난징과 상하이 일대에서 노동자에 대한 일대 학살이 벌어졌고 공산당원은 모두 국민당에서 축출되었다. 대학살의 소용돌이 속에서 공산당은 당원의 5분의 4를 잃어야 했다. 4.12쿠데타와 함께 장제스의 국민당은 분명하게 지주계급과 대자본가계급 편에 섰으며 동시에 제국주의 열강의 전폭적인 지원을 받게 되었다. 그리하여 군벌을 토벌하러 나섰던 장제스의 국민당은 가장 강력한 군벌로 변질되고 말았다.

한편 막대한 피해를 입은 중국공산당은 소련식 모델을 추종하는 리리싼李立三 노선에 따라 도시노동자 봉기를 통해 국민당에 저항하였다. 그러나 거듭되는 도시에서의 봉기는 참담한 패배로 끝나고 말았다. 도시는 장제스 군대의 아성이었던 데 반해 노동자의 역량은 매우 미약했기 때문이었다.

도시에서의 봉기 노선이 실패로 마감되고 있던 시기 이후 중국공산당의 새로운 지도자로 부상한 마오쩌둥毛澤東은 후난성湖南省에서 농민 조직화에 전념하고 있었다. 그는 북벌 시기에 농민의 광범위한 지지와 참여를 보면서 농민의 혁명성을 확신하게 되었다. 한 걸음 더 나아가 마오쩌둥은 농민이 혁명의 주요 세력이며 혁명은 광둥,

상하이 등 제국주의 열강과 국민당, 군벌에 장악된 대도시가 아니라 농촌을 무대로 일어날 것이라고 단언하였다. 이는 명백히 대도시의 산업노동자를 기반으로 하는 소련식 혁명 모델로부터 과감하게 탈피한 것이었다.

마오쩌둥은 후난성에서 최초의 노동자·농민 부대를 만든 뒤 1927년 9월 추수봉기를 일으켰다. 이어서 마오쩌둥은 추격하는 국민당 군대를 따돌리고 1000명의 병력과 함께 징강산井岡山에 유격 근거지를 마련하였다. 이로부터 역대 왕조 말기의 농민 봉기, 《수호지》의 양산박 근거지, 《삼국지》의 제갈공명 전법이 절묘하게 결합된 새로운 투쟁 정형이 창조되었다.

징강산에 근거지가 마련되자 각지에서 지원병이 찾아들어 나날이 그 세력이 커져갔다. 이러한 세력을 바탕으로 마오쩌둥은 후난성 변방에서 최초의 소비에트 정부를 수립할 수 있었다. 소비에트 지역에서는 농민의 오랜 숙원인 토지개혁이 단행되고 무상교육이 실시되는 등 각종 혁명적 조치가 취해짐으로써 민중의 혁명적 열기를 고조시킬 수 있었다. 중국 민중은 백 마디 말보다도 소비에트에서 벌어진 현실을 통해 자신의 처지가 근본적으로 바뀔 수 있다는 확고부동한 신념을 갖게 된 것이다.

이 같은 성공은 곧바로 주변으로 확산되어 장시성江西省, 후난성, 푸젠성福建省 일대의 방대한 지역에 소비에트가 건설되었고, 더불어 징강산 유격대는 불과 2년 만에 4만 명 규모의 대부대로 성장하였다. 이들 유격부대는 장제스의 국민당 군대인 백군과 대비되는 홍군으로 불리면서 일약 거대한 중국 대륙을 혁명의 소용돌이 속으로 몰아넣었다.

소비에트가 확장되고 홍군이 급성장하자 위기감을 느낀 장제스는 대부대를 동원하여 대대적인 토벌전을 감행하였다. 하지만 네 차례에 걸친 토벌전은 홍군의 강력하고도 효과적인 저항에 부딪혀 실패하고 말았다. 홍군은 특유의 유격전 원리에 따라 백군이 진격하면 도망치고 백군이 진을 치면 크고 작은 공격을 가했으며 백군이 후퇴하면 매몰찬 공격을 퍼부었다. 신속한 분산과 집중을 거듭하며 신출귀몰한 전술을 구사하는 홍군의 작전에 말려들면서 장제스의 백군은 치욕스런 패배를 거듭했으며 막대한 군수물자를 홍군에게 헌납하는 결과만 초래하고 말았다.

마침내 장제스는 1933년 10월부터 이듬해 10월까지 90만 대군을 동원하여 전례 없는 토벌전을 감행하였다. 이번에는 독일인 군사고문의 조언에 따라 진지전과 초토화 작전을 결합한 새로운 전법을 구사하였다. 장제스의 백군은 도로와 토치카를 건설하면서 느리게 진군하였으며, 홍군의 근거지인 농촌을 무자비하게 불태우고 닥치는 대로 농민을 학살하였다. 이 과정에서 무려 100만 명의 농민이 목숨을 잃는 참변이 발생하였다.

당시 홍군의 규모는 총병력 18만에 소총 10만 정이 전부였다. 병력이나 장비로는 백군의 상대가 될 수 없었다. 문제는 어떠한 전술로 백군의 공세를 돌파하느냐에 달려 있었다. 당시 중국공산당의 주도권은 소련에서 돌아온 이른바 '28인의 볼셰비키'가 쥐고 있었다. 이들 '볼셰비키들'은 장제스 군대의 초토화 작전에 유격전으로 맞서는 대신 진지전으로 정면 대응했다. 결과는 홍군의 참패였다. 홍군은 주력 부대를 잃지는 않았지만 6만의 손실을 입어야 했다. 그 결과 홍군은 한때 난공불락의 요새와 같았던 징강산 일대의 소비에트를 지키는 것이 더 이상 불가능해졌다. 급박한 위기 상황에 직면한 가운데 1934년 1월에 장시성 루이진瑞金에서 소집된 전중국소비에트 대회에서 혁명의 본거지를 서북내륙지방으로 옮기는 문제를 검토하기 시작하였다. 마침내 10월 16일, 군사회의는 장정 개시 명령을 내렸다.

홍군은 장시성 남부에 집결한 뒤 장제스 군대의 요새에 예기치 못한 공격을 퍼부으면서 남서쪽을 향해 이동하기 시작했다. 세상 사람들을 경악케 한 대장정의 막이 오른 것이다. 대장정은 단순한 군사이동이 아니라 말 그대로 하나의 국가가 이동하는 것이었다. 9만 명의 주력군이 앞서고 수십만 명의 농민이 남녀노소 가릴 것 없이 국민당과 군벌의 착취를 피해 그 뒤를 따랐다.

약 1년간에 걸친 대장정 기간 동안 홍군은 겹겹이 에워싼 국민당군의 봉쇄와 지방 군벌들을 헤쳐 나가면서 하루 한 번꼴로 크고 작은 전투를 벌였으며, 그 중 15일은 밤낮을 꼬박 전투로 보내야 했다. 이들은 평균 130킬로미터를 행군한 후에 한 번의 휴식을 취하면서 중국 대륙을 남쪽으로 반 바퀴 돌면서 약 1만 2000킬로미터를 걸었다. 이는 미국 대륙을 두 번 횡단하는 거리다. 좀더 구체적으로 이야기하면 홍군은 대장정 기간 동안 17개의 강을 건넜고 18개의 산맥을 넘었는데 그 중 5개의 산맥은 만년설로 뒤덮인 대산맥이었다. 그들은 12개의 성省을 지나면서 62개의 도시를 점령했으며, 장제스 군대의 포위를 10번이나 돌파했다. 그들은 백군의 공격뿐 아니라 혹한, 폭염, 굶주림, 산과 강 그리고 늪지 같은 장애물, 독충, 질병, 갈증 등 인간이 겪을 수 있는 최악의 고통과 싸워야 했다. 때로는 열흘 이상 풀뿌리와 날음식만을 먹었고, 때로는 맨발로 만년설이 뒤덮인 대산맥을 넘어야 했다. 그리고 장대비 속에서 서로 껴안고 잠을 잤고 물 한 모금 마시지 못한 채 며칠씩 사막을 행군하기도 했다.[2]

장시를 떠날 때 약 8만 6000명이던 홍군 주력부대는 쓰촨성四川省에 도착했을 때 약 절반으로 줄어 있었다. 중간에 충원된 병력을 감안하면 무려 5분의 4가 죽거나 낙오한 셈이었다. 그 가운데 여성은 35명만이 살아남았다. 쓰촨성을 지나 목적지인 산시성陝西省으로 가는 마지막 도정에서 또다시 절반이 죽었다. 마침내 목적지인 산시성에 도착했을 때 살아남은 병력은 겨우 8000명이었다. 결국 3만 리에 걸친 대장정에서 10명 중 1명꼴로 '살아남은 것 자체'가 승리인 투쟁이었다.[3]

홍군은 대장정 기간 동안에 약 2억 명을 만났으며, 그들 속에 혁명의 씨앗을 광범위하게 뿌렸다. 홍군은 마을을 점령할 때마다 대중집회를 열고 연극을 공연하며 많은 노예들을 해방시킴과 동시에 '민족반역자'의 재산을 몰수하여 가난한 사람들에게 나누어주었다. 그리고 마을을 떠날 때는 간부들을 남겨 유격대를 조직하는 임무를 맡겼다. 그 결과 홍군은 군사적으로는 장제스 군대에 쫓기는 듯하면서도 움직이는 거리만큼이나 자신의 영향력을 확대시키는, '후퇴하면서도 승리하는' 독특하고도 절묘한 전술을 보여주었다.

산시성에 도착한 홍군은 옌안延安을 중심으로 안정된 근거지를 구축하였다. 곧이어 산시陝西는 물론 인접한 간쑤甘肅, 산시山西 등에 이르기까지 광범위한 소비에트가 건설되었다. 대륙을 동서로 양분하여 장제스의 근거지와 정반대되는 위치에 드넓은 해방구가 마련된 것이다. 이로써 '불패의 홍군' 신화가 창조되었다.

1936년 옌안을 중심으로 한 소비에트 지구의 인구는 대략 900만

명 정도였다. 공산당은 여전히 장제스의 국민당에 비하면 매우 약한 존재에 불과하였지만 젊고 활기차며 수억 중국 민중들에게 폭넓은 지지를 받고 있었다. 그리하여 공산당군과 국민당군 사이의 세력 판도가 역전되는 상황이 시시각각 다가오고 있었다.

중국공산당이 옌안을 근거지로 세력을 확장해가고 있을 바로 그 무렵 중국은 일본의 전면적인 침략 위협 아래 놓여 있었다. 마침내 일본은 1936년 10월 만주국의 괴뢰군을 앞세워 중국 영토인 내몽고 지역을 침공하기 시작했다. 곧바로 중국 전역은 일본의 만행을 규탄하고 항일전쟁을 선포하는 항일의 기운으로 들끓었다. 그러나 장제스 군대는 일본군과 싸우기보다는 홍군을 토벌하는 데 더 많은 힘을 쏟고 있었다. 이러한 장제스 군대의 행태는 중국 민중의 거센 반발을 불러일으켰으며 마침내 유명한 시안西安사건을 야기하고 말았다.

1936년 12월 12일 장쉐량張學良(1898~2001) 군대가 홍군과의 전투를 독려하기 위해 시안을 방문한 장제스를 감금하였다. 장쉐량은 '내전 중지, 일치 항일'을 골자로 하는 8개 항목을 장제스에게 요구했다. 중국식 표현으로 병간兵諫이 발생한 것이다. 사태는 젊은 장교들이 장개석 처형을 요구하는 것으로 발전했다. 도리 없이 장제스는 급히 날아온 홍군 지도자 저우언라이周恩來와 내전 중지를 약속할 수밖에 없었다. 저우언라이는 단 한 장의 합의문서도 받지 않고 장제스를 돌려보내는 데 동의했고, 장쉐량은 자신의 전용기로 장제스와 함께 국민당 근거지인 난징으로 날아가 처벌을 기다렸다.

이듬해인 1937년 2월 10일 공산당은 국민당에 역사적인 전문을 타전했다—"공동 구국이 실현되면, 1. 반국민당 무장폭동을 중지한다. 2. 소비에트 정부의 명칭을 '중화민국 특별구 정부'로 바꾸고 홍군을 국민혁명군으로 개칭하여 국민당군의 지휘 아래 둔다. 3. 특별구 내에서는 보통선거에 의한 민주제도를 실시한다. 4. 토지 몰수 정책을 중단한다."[4] 장제스는 이러한 공산당의 제안을 "공산당에게 새로운 삶을 시작할 기회"를 주겠다는 말로 사실상 수락하였다. 이로써 2차 국공합작이 성립되었다.

그러던 중 1937년 7월 8일 베이징 근처에서 훈련 중이던 일본군은 중국군으로부터 총격을 받았다는 이른바 노구교사건을 빌미로 베이징으로 진격하였다. 마침내 중일전쟁이 터진 것이다. 국민당과 공산당은 2차 국공합작을 실천에 옮겼다. 소비에트 정부는 자치 정부로 바뀌었고 홍군은 형식적으로 국민당 산하 8로군으로 편제되었다. 항일전 기간에 공산당은 토지 몰수 계획을 중단하였고 그 대신 소작료를 감축했다. 아울러 기존 소비에트 체제를 대신하여 공직자에 대한 직접선거가 실시되었는데, 공산당은 3.3체제에 따라 자당의 대표를 3분의 1로 제한하였고 국민당과 당파에 속하지 않은 나머지 사람들이 3분의 2를 유지하도록 노력했다.[5]

한편 중일전쟁 개시와 함께 현대식 장비로 무장한 일본군은 파죽지세로 중국 대륙을 유린하였다. 일본군은 이르는 곳마다 방화와 학살, 강간, 약탈을 자행하였다. 난징에서는 무려 30만 명을 학살하는 만행을 저질렀다. 그러나 일본군은 중국 전역을 점령하는 데는 이르지 못했다. 중국은 촌락 수만도 100만 일본군의 두 배나 많은 200만 개에 이를 정도로 실로 광대하기 짝이 없는 나라였기 때문이다. 각 마을마다 일본군 병사 1인을 배치한다고 해도 절반의 부락밖에 채울 수 없는 셈이다. 결국 일본군은 철도와 도로를 통해 이동하면서 해안을 따라 발달한 대도시를 점령하는 데 역점을 두었다. 이러한 일본군의 작전 전개 때문에 대도시를 기반으로 삼고 있는 국민당의 행정조직은 남김없이 무너졌고 국민당 군대 역시 그 기반이 급속히 약화되고 말았다.

이러한 상황에서 국민당은 해안지대를 포기하고 내륙 깊숙한 곳에 있는 충칭重慶으로 본거지를 옮겨야 했다. 상황이 이토록 불리하게 전개됨에도 불구하고 국민당의 관심은 여전히 항일전이 아닌 공산당의 진출을 견제하는 것이 우선인 듯했다. 가령 서북지역에 배치되어 있던 국민당 3개 집단군은 일본군에 대한 방어를 포기하고 변구邊區라 불린 공산당 근거지를 포위하는 역할을 맡고 있었다. 이는 명백히 국민당 스스로 자신의 존재가치를 부정하는 것에 다름 아니었다. 여기에 더하여 국민당의 부패는 갈수록 극에 달하고 있었다. 관리와 장교들은 전쟁을 이용하여 돈벌이하는 데만 열중하였다. 전선의 장교들 중에는 미국의 지원으로 흘러들어온 무기를 일본에 몰래 팔아먹는 자들도 있었다. 금융기관을 독점하고 있는 이른바 4대가족은 항일전이 시작되기 이전에 비해 7300배에 이를 정도로 무제한으로 지폐를 발행하고, 환투기와 공채 인수를 통하여 막대한 이익을 챙겼다. 또 소금, 술, 차, 성냥, 담배 등에 대해 실시되었던 전매제도는 여러 경로를 통해 이들 4대가족이 독점적 이익을 추구하는 수단으로 전락하였다.[6]

일본군에 대한 저항의 포기, 극심한 부패는 수억 중국 민중으로 하여금 국민당으로부터 완전히 등을 돌리도록 만들었다. 바로 이러한 상황에서 공산당은 항일전을 주도함으로써 국민당에서 이탈한 민심을 거침없이 흡수해갔다.

홍군은 마오쩌둥의 지구전 원리에 따라 일본군의 발길이 미치지 않는 광활한 농촌을 무대로 유격전을 전개함으로써 역량 손실을 최소화하면서도 일본군을 효과적으로 공격했다. 홍군이 일본군을 상대로 불패의 신화를 이어가자 일본군과 국민당을 증오하는 사람들이 다투어서 홍군에 입대하였다. 장제스의 군대 가운데 낙오한 병사들 역시 애국심에 이끌려 홍군에 합류하였다. 그리하여 공산당과 홍군은 항일전이 지속되면서 세력이 급속하게 커졌다. 1945년 항일전이 승리로 끝날 무렵 공산당원은 120만 명으로 늘어났고 홍군은 90만 대군으로 성장하였다. 그뿐 아니라 일본군의 배후에서는 홍군을 지원하는 700만 민병대가 조직되었고 각종 항일단체에 1200만의 민중이 조직되었다. 그리하여 항일전이 승리로 끝날 무렵 공산당의 정치적 역량은 국민당을 훨씬 능가하게 되었다.

1945년 유럽에서의 세계대전이 끝나고 일본의 패색이 짙어지자 국민당과 공산당은 일본의 지배 아래 있던 화북지역과 만주지역을 향해 경쟁적으로 밀려들어갔다. 이후 중국 대륙을 누가 차지하는가를 둘러싼 본격적인 대결이 시작된 것이다. 일본이 항복한 직후 양측은 소련의 권고로 한때 연립정부 수립을 모색하기도 하였으나 얼마 안 가 결렬되고 말았다. 공산당으로서는 회생 불능의 지경에 빠진 국민당과 연립정권을 구성할 어떤 이유도 없었다. 그리하여 항일전 시기에 불안정한 휴전 상태를 유지했던 국민당과 공산당은 재차 전면적인 내전에 돌입하게 되었다. 장제스의 국민당 군대는 미국의 강력한 지원 덕분에 병력이나 장비 면에서 우세했음에도 불구하고 홍군을 이길 수 없었다. 1948년 만주전투에서 결정적인 패배를 당하자 국민당 군대는 급속히 허물어지기 시작했다. 국민당 군대는 다투어서 항복하였고, 견디다 못한 장제스는 소수의 병력을 이끌고 타이완으로 달아나고 말았다.

마침내 1949년 3월 중국공산당 중앙위원회는 홍군과 함께 베이징에 입성했다. 나머지 지역에서의 내전이 평정된 후 10월 1일 베이징 천안문 광장에서 중화인민공화국 수립이 선포되었다. 공산당이 국민당을 물리치고 최종 승자가 된 것이다. 1927년 징강산에서 유격전을 시작한 지 22년만의 일이었다. 공산당의 승리와 함께 민중은 자유와 토지를 얻었다. 수천 년 동안 계속되었던 농민봉기는 이로써 최종 승리를 맛보게 되었다.

중국혁명은 어느 모로 보나 소련의 그것과는 다른 매우 독특한 경로를 통해 성공에 이르렀다. 중국의 혁명세력은 농민을 주된 기반으로 한 유격전을 통해 권력 획득에 이를 수 있었다. 또 중국의 혁명세력은 항일전 속에서 민족적 에너지를 효과적으로 결집함으로써 급속히 세력을 키울 수 있었다. 물론 이 같은 중국식 혁명 모델을 창조하기까지는 상당한 우여곡절을 겪어야 했다. 초기 중국공산당을 주도한 세력은 소련식 모델에 강하게 집착하면서 노동자를 기반으로 하는 도시봉기를 시도했다가 거듭 실패하고 말았다. 그러던 중 마오쩌둥 등이 징강산을 근거지로 유격전을 시도하자 공산당 지도부는 마오쩌둥을 당 정치국에서 해임하고 모든 관계를 단절하는 조치를 취하기까지 했다. 이러한 과정을 거치면서 마오쩌둥은 덮어놓고 소련식 모델을 추종하는 교조주의자들에 대해 극단적인 반감을 갖게 되었다. 교조주의에 대한 마오쩌둥의 반감이 어느 정도였는지는 다음과 같은 그의 말 속에 잘 표현되어 있다.

마르크스-레닌주의를 종교적 교의로 여기는 사람들은 맹목의 무지를 드러내는 것이다. 우리는 그들에게 공개적으로 "너의 교의는 똥만도 못하다"고 점잖지 못한 말을 써야 한다. 개똥은 들판에 거름으로 쓰일 수 있고 사람의 똥은 개가 먹을 수도 있다는 것을 우리는 안다. 그러나 교의라고 하는 것은 들판을 비옥하게 할 수도 없고, 개에게 먹일 수도 없다. 그것이 무슨 쓸모가 있겠는가.[7]

중국혁명이 소련식 모델을 거부하고 독자적인 노선을 취하게 됨으로써 소련 지도부는 중국혁명을 상당히 경계하는 눈길로 바라보게 되었다. 이러한 소련의 태도는 중국공산당 지도자들의 심기를 몹시 불편하게 만들었고, 이후 두 나라 관계가 결코 순탄치 않을 것임을 예고하였다.

파란과 곡절을 딛고 선 조선혁명

1920년대 식민지 조선에서의 비타협적인 민족해방운동은 크게 세 방면에서 전개되고 있었다. 만주를 무대로 하는 독립군의 무장투쟁과 사회주의사상운동 그리고 노동자·농민운동이 바로 그것이었다. 이러한 세 흐름은 일제의 만주 강점 직후 만주를 무대로 하는 항일무장투쟁으로 승화되기에 이르렀다. 곧 투쟁 형식은 무장투쟁이면서 사회주의를 사상적 기조로 삼고 노동자·농민을 주요 세력 기반으로 삼은 것이다. 항일무장투쟁의 중심 무대였던 동만주가 사회주의자들 사이에서 조선혁명의 요람으로 간주되었던 것은 이러한 맥락에서였다.

1932년 3월, 조선과 중국이 만나는 동만주의 안도에서 최초의 조선인 항일유격대가 창설되었다. 그 이후 동만주의 왕청, 연길, 훈춘, 화룡, 북만주의 주하, 요하, 밀산, 영안, 당원, 남만주의 유하 등에서 연이어 조선인 항일유격대가 창설되었다. 이 시기에 항일유격대가 집중적으로 창설된 것은 당시 정세와 무관하지 않았다.

일제는 1931년 9.18사변을 일으켜 만주를 한순간에 집어삼켰다. 이 과정에서, 만주를 지배하고 있던 장쉐량張學良 군벌(동북군)은 제대로 싸워보지도 못하고 패주하고 말았다. 하지만 일제가 만주 전역을 조밀하게 통치하기에는 좀더 많은 시간이 필요했다. 일제는 겨우 철도를 중심으로 하는 주요 수송로만을 확보하고 있었을 따름이다. 그리하여 만주는 일시적으로 통치의 공백 상태로 접어들게 되었다. 반일유격대는 바로 이러한 틈새를 뚫고 우후죽순처럼 일어났던 것이다.

반일유격대가 창설되고 얼마간의 전투 경험이 쌓이자 유격 근거지 창설의 필요성이 강력히 제기되었다. 안정된 유격 근거지가 있어야 무장부대를 조직하고 훈련시키며 필요한 보급 문제를 해결할 수 있을 뿐더러 민중을 정치적으로 조직하고 훈련하기에 용이했기 때문이다. 그 결과 훈춘, 왕청, 연길, 안도 등 동만주 일대에 해방구 형태의 유격 근거지가 건설되었다. 그리고 그 주위에는 해방구는 아니지만 항일무장부대의 실질적인 통치력이 미치고 있는 반유격구가 광범위하게 자리잡고 있었다. 유격 근거지가 건설됨으로써 조선인의 항일무장투쟁은 비약적으로 성장할 수 있게 되었다. 무엇보다도 유격 근거지 안에 '인민혁명정부'를 수립하고 독립 이후의 새로운 사회를 예고함으로써 항일무장투쟁에 대한 민중의 지원과 동참을 이끌어내는 데 기여하였다.

유격 근거지가 창설되자 일제는 조선주둔군 19사단을 '간도임시파견대'로 구성하여 대대적인 토벌을 감행하였다. 1932년 4월부터 이듬해 3월까지 한 해 동안만 해도 무려 281번에 이르는 토벌을 감행하였다. 이러한 토벌전은 유격 근거지의 민중을 대량 학살하고 집과 마을을 모조리 불태우는 초토화 작전의 양상을 띠었다. 그 때문에 여기에 맞선 항일유격대의 방어투쟁 역시 처절하게 전개될 수밖에 없었다.

조선인 항일유격대는 부대 규모나 무장 수준에서 일본군과 비교할 수 없었으나 민중의 긴밀한 협조와 효과적인 전술 구사를 통해 매번의 전투를 승리로 이끌었다. 이러한 항일유격대의 전술 구사 능력은 절대적으로 불리한 상황에서 진행된 소왕청 방어전투에서 극적으로 발휘되었다. 소왕청은 유격 근거지 중에서도 심장부에 해당하는 곳으로 일제는 이곳을 토벌하기 위해 최대 5000명에 이르는 대부대를 투입하였다. 한 달 이상 지속된 공방전 끝에 일본군의 만행으로 유격구의 집과 식량은 모조리 불타 없어지고 외부와의 연계도 끊어진 채 탄알마저 부족한 상황이 벌어졌다. 참으로 급박하기 짝이 없는 시점에서 항일무장부대는 부대를 둘로 나누어 한 부대는 포위망을 뚫고 일본군의 후방을 기습했다. 완전히 허가 찔린 일본군은 어찌할 바를 모르고 허둥댔다. 도리 없이 일본군은 그들의 생명선인 후방을 방어하기 위해 유격구에서 철수할 수밖에 없었다. 마침내 소왕청 방어전투가 항일유격대의 승리로 끝난 것이다.

조선혁명은 소련과 중국이라는 거대한 나라의 혁명과 밀접한 관계 속에서 진행되었다. 그러다보니 두 나라의 영향력이 다양한 형태로 스며들 수밖에 없었다. 조선혁명은 바로 이러한 소련과 중국의 일방적 영향력으로부터 독자적 영역을 구축하기 위한 투쟁의 역사라고 해도 과언이 아니다.

거대한 두 나라와 인접해 있다는 사실은 조선의 지식인들로 하여금 쉽게 큰 나라에 의지해서 자신의 문제를 해결하고자 하는 유혹에 빠지도록 만들었다. 성숙하지 못한 상태에서 일어나는 이 같은 유혹은 곧바로 내부 파쟁으로 이어졌다. 조선공산당 건설을 둘러싼 극심한 파쟁은 이러한 현상을 집중적으로 드러내는 대목이었다.

러시아 혁명의 성공은 조선의 사회주의자들에게 당 조직의 중요
성을 깨닫도록 했다. 하지만 많은 사회주의자들이 당 조직만 장악하
면 모든 것이 다 해결될 것이라는 환상에 빠지고 말았다. 결국 조선
인 사회주의자들 사이에 조선공산당 건설을 둘러싸고 극심한 파쟁
이 발생하였다. 그들은 각자 따로 당을 만들고는 (소련이 세계혁명
을 지도할 목적으로 만든) 국제당(코민테른)의 승인을 받기 위해 치
열한 경쟁을 벌였다.

사태가 걷잡을 수 없이 악화되자 마침내 코민테른은 조선공산당
해체를 결정하면서 "하나의 나라에는 오직 하나의 당만이 존재한
다"는 '일국일당一國一黨' 원칙을 제시하기에 이르렀다. 일국일당 원
칙은 당의 존재 이유에 비춰보면 특별히 새로운 것이라고 보기는 힘
들었다. 그런데 조선인 항일무장부대 대부분이 중국 영토인 만주 땅
에서 활동하고 있음으로써 문제가 발생하였다. 일국일당 원칙이 기
계적으로 적용됨에 따라 만주에서 활동하고 있던 조선인 사회주의
자들은 모두가 중국공산당에 가입해야만 했던 것이다.

중국공산당에서는 이러한 사정을 감안하여 조선인이 절대다수를
차지하고 있는 동만주지역에 동만특위를 설치하여 운영하였다. 이
과정에서 많은 조선인 사회주의자들이 중국공산당에 자신의 혁명
성을 입증하고 인정받는 것에 우선적인 관심을 갖게 되었다. 그 결
과 조선혁명의 주체이기를 포기하는 사태마저 속출했다. 조선혁명
에 집착하는 것은 '국제주의 원칙'에 어긋나는 민족주의적 발상이라
는 것이었다.

그런데 1930년대 초 중국공산당은 좌경적인 리리싼李立三 노선이
지배하고 있었다. 결국 리리싼 노선을 맹목적으로 추종하던 조선인

사회주의자들은 극좌노선으로 치달았고, 마침내 1930년 5.30 폭동을 야기하였다. 5.30 폭동은 조금이라도 착취계급의 요소가 있으면 무조건 반대하는 극좌모험주의로 일관하였다. 다소의 토지를 갖고 있는 지주라면 친일지주이든 반일지주이든 모조리 타도 대상이 되었다. 심지어는 착취를 위한 수단이라 하여 교육시설과 발전시설마저 파괴하였다. 결국 5.30 폭동은 대중의 이반을 초래했을 뿐 아니라 일제와 중국 군벌의 대대적인 반격을 부른 나머지 극심한 혁명역량의 파괴를 초래하였다.

이러한 양상은 일시적인 것에 그치지 않고 유격구 건설 과정에서도 계속 이어졌다. 초기 유격구 건설 과정에서는 중국공산당을 추종하던 사회주의자들이 동만특위의 요직을 차지하면서 유격구 정책을 좌지우지하고 있었다. 그 결과 초기 유격구 정책 역시 극좌노선에 의해 지배되었다. 유격구 형태에 대해서는 해방구만을 고집하면서 다른 지역과 대립시켰다. 일제의 통치 아래 있는 민중을 백색파로 분류하면서 경계하였고 중간에 거주하는 민중은 양면파라는 딱지를 붙였다. 유격구의 정부 형태에 대해서는 '공농 소비에트'라 하여 노동자와 빈고농貧雇農(빈농과 고농)만을 주체로 삼고 나머지는 배척하였다. 그들은 리리싼을 중심으로 하는 중국공산당 지도부와 마찬가지로 소련에서처럼 소비에트만 도입되면 당장 혁명이 성공하는 것으로 생각했던 것이다.

이 같은 상황은 쉽게 치유되지 않은 채 계속 악화되었고 끝내 반민생단투쟁에 이르러서는 엄청난 비극을 불러일으키고 말았다. 일제는 만주 지배를 효과적으로 달성하기 위해 그 지역에 거주하는 중국인과 조선인 사이의 분열을 부채질하였다. 그 일환으로 간도에서의 친일 조선인을 중심으로 간도의 자치를 내건 민생단 조직을 만들었다. 이러한 민생단은 조선 민중의 저항으로 성공하지 못했음에도 불구하고 중국인들 사이에 조선인에 대한 엄청난 불신과 경계심을 야기하는 효과를 거두었다. 조선인에 대해 배타적인 입장을 갖고 있던 중국인 공산당 간부들은 걸핏하면 조선인 혁명가들과 민중을 민생단으로 의심하였다. 심지어 그들은 조선인 항일무장부대의 80~90퍼센트가 민생단 가담자라는 극단적인 결론을 내리기까지 하였다. 결국 조선인에 대해 배타적 입장을 취했던 중국인과 그들에게 잘 보이려 애쓰던 조선인들이 다수의 조선 민중을 민생단으로 몰아 처형하는 극단적 상황이 벌어졌다. 이런 식으로 억울하게 목숨을 잃은 조선인 혁명가와 민중은 무려 2000명에 이르렀다. 이는 세계혁명사에 유례가 없는 일이었다. 일제의 문헌에 따르면 실제 민생단으로 활동하던 숫자는 7~8명에 불과했음에도 불구하고 중국과 조선인 사회주의자들 내부의 극단적 편향이 이런 엄청난 결과를 초래한 것이다.

극악한 조건에서 김일성 등을 중심으로 한 조선인 항일무장부대의 주역들은 좌경적 요소와의 힘겨운 투쟁을 계속해 나가야 했다. 너나 할 것 없이 걸핏하면 민생단으로 몰려 처형당하는 상황에서 그 투쟁은 종종 목숨을 걸 각오를 하지 않으면 안 되는 아슬아슬한 순간의 연속이었다.

먼저 초기 유격구 정부 형태였던 공농 소비에트를 해체하고 반일 지주까지를 망라하는 인민혁명정부를 새로 수립했다. 이를 기초로 극좌노선을 걸고 있던 유격구 시책을 당시 민중의 요구에 부합하는 방향으로 개조해 나갔다. 자산가라 하더라도 반일성향이 있으면 그

신변과 재산을 보호했으며 학교, 병원 등 민중의 실질적 요구에 맞는 기관을 설립하는 데 주력하였다. 농민은 가급적 자기 땅에서 농사를 짓도록 하되 지주 땅인 경우는 낮은 소작료만 물도록 했다.

이러한 가운데 극좌적인 반민생단투쟁의 오류를 청산하기 위한 노력이 경주되었다. 반민생단투쟁의 오류를 극복하는 투쟁은 억울하게 민생단으로 몰린 사람들의 누명을 벗기는 작업으로부터 시작하였다. 경우에 따라서는 민생단으로 몰린 사람에게 총을 쥐어주고는 일제 첩자를 처단하는 임무를 부여하였다. 만약 그가 정말 민생단이라면 총구를 혁명가를 향해 겨누었을 것이다. 이러한 투쟁의 성과를 기초로 1935년 조선인과 중국인 당 간부들이 모인 다훙왜회의에서 반민생단투쟁의 오류에 대한 심각한 비판을 제기하였다. 이 자리에서 김일성은 조선인 항일무장부대가 민생단이라면 그들은 목숨을 걸고 상전인 일제를 타도하기 위해 싸웠다는 이야기인데, 이는 있을 수 없는 일이라고 지적하였다. 격렬한 논쟁을 거치면서 결국 반민생단투쟁의 오류가 드러나고 말았다.

험난한 과정을 거치기는 했지만 좌경적 오류를 청산하기 위한 투쟁은 마침내 승리를 거두었다. 이 과정에서 조선혁명과 관련된 중요한 원칙이 확립되었다. 지금까지 살펴본 대로 만주의 조선인 사회주의자들을 사로잡았던 좌경적 요소는 중국공산당에 대한 맹종과 밀접한 연관이 있었다. 그에 따라 그간의 좌경적 오류를 청산하는 과정은 조선혁명의 자주성을 확보하는 것으로 이어질 수밖에 없었다. 결국 조선인 사회주의자들은 비록 일국일당 원칙에 따라 중국공산당에 가입해 있지만 기본적으로 "조선 사람은 조선혁명을 해야 하며, 조선혁명은 조선 민중의 힘에 의거하여 수행해야 한다"는 원칙이 적극적인 지지를 얻었다.

극단적 편향과의 투쟁에서 일정한 성과를 거두자 항일무장부대는 1935년 요영구회의를 거쳐 전반적인 방침에서 일대 전환을 모색하였다. 그 핵심은 유격 근거지를 해산하고 보다 광활한 영역으로 진출하는 것이었다. 유격구에서 축적된 혁명의 불씨를 보다 넓은 곳으로 퍼뜨림과 동시에 항일유격대 역시 자유자재로 이동하면서 보다 주도적인 입장에서 일본군을 공격하는 것이 주된 목적이었다. 항일무장부대는 이러한 방침 전환을 통해 훨씬 넓은 지역을 무대로 일본군을 향해 파상적인 공세를 펼칠 수 있었다.

그러나 항일무장부대가 방침 전환을 통해 궁극적으로 의도했던 것은 국경지대로 진출하여 항일투쟁의 불길을 국내로 확산시키는 것이었다. 이를 위해 항일무장부대는 백두산 일대에 새롭게 장백 근거지를 개척하여 국내 진출의 거점으로 삼았다. 마침내 국내 진출을 위한 첫 시도가 이루어졌다. 1937년 6월 김일성 등이 지휘하는 일단의 항일무장부대가 압록강변에 위치한 보천보를 기습하여 일제 통치기관을 공격하였다. 항일무장부대는 집결한 민중을 향해 연설한 다음 유유히 사라졌다. 당황한 일제는 뒤늦게 추격하였으나 도리어 간삼봉에서 일망타진되고 말았다. 당시 일제는 2000명에 이르는 대부대를 투입했는데 그 중 1500명 정도가 살상되거나 포로로 잡히고 말았다. 보천보 진격은 안팎으로 엄청난 파장을 불러일으켰고 그로 인해 일제가 받은 충격은 실로 대단한 것이었다.

하지만 일제의 반격 또한 만만치 않았다. 일제는 이른바 갑산·혜산사건을 일으켜 국내에서 활동하는 혁명가 2000명을 검거한 뒤 "국내 혁명조직은 일망타진되었으며 항일무장부대 또한 전멸했다"

고 대대적으로 선전하였다. 항일무장부대는 이러한 상황에서 자신의 건재를 과시할 필요성을 절감하였다. 결국 김일성 등이 이끄는 항일무장부대는 1938년 12월부터 100여 일간에 걸친 '고난의 행군'을 통해 재차 국경지대로 진출하는 데 성공하였다. 고난의 행군은 100년 이래 최고치를 기록한 눈길 속에서 일본군과의 전투를 반복해야 하는 극한상황의 연속이었던 것으로 알려지고 있다.

한편 1937년 일제가 중국 대륙을 거침없이 유린하면서 침략의 판도를 급격히 확대시켜 나가자 조선의 지식인들은 아연실색하고 말았다. 오랜 기간 동안 세계 문명의 중심이라고 여겨왔던 거대한 중국을 한입에 집어삼키는 모습을 보면서 일제의 강대함을 다시 한 번 확인한 것이다. 결국 조선의 지식인들은 민족주의자든 사회주의자든 가리지 않고 강대한 일제와 맞서 독립을 쟁취하는 것은 무모하다는 생각에 사로잡히게 되었다. 그리하여 지식인들은 다투어서 일제에 투항하거나 민족해방투쟁을 청산하는 길로 들어서게 되었다.

하지만 일제와 첨예한 대결을 벌이고 있던 항일무장부대는 지식인들과는 전혀 다른 판단을 하고 있었다. 항일무장부대가 보기에 일제의 중국 침략은 섶을 지고 불에 뛰어드는 것이나 다름없는 명백한 자살행위였다. 중국 침략은 수억 중국 인민을 일제의 적으로 만들었기 때문이다. 그에 따라 항일무장부대는 일제의 패망은 확정적이며 시간문제일 뿐이라고 보고 최후의 결전을 준비해야 할 시기가 왔다고 판단하였다.

이러한 맥락에서 항일무장부대는 1940년 소할바령회의를 통해 종전의 대부대 중심의 활동을 소부대 활동으로 전면 전환했다. 소부대 활동은 일제의 발악적인 공세로부터 역량을 효과적으로 보존함과 동시에 일본군의 배후를 지속적으로 교란하면서 결정적인 순간에 민중을 총궐기시키는 작업을 전개하기에 용이했기 때문이다. 아울러 항일무장부대의 본부를 소련 영내인 연해주로 이동시킴으로써 안전을 꾀함과 동시에 소련과의 협조체계를 구축했다.

그러던 중 일본의 패망이 확실해지자 항일무장부내는 소련군의 진주에 발맞추어 한반도를 향해 일제히 진격하였다. 국내 민중은 전면적인 무장봉기로 호응하여 식민통치기관을 허물어뜨렸다. 그 결과 적어도 북한지역 대부분에서는 소련군이 진주하기 이전에 식민통치를 대체하는 새로운 민중자치기관으로서 인민위원회가 수립되기에 이르렀다. 곧이어 인민위원회를 중심으로 일련의 혁명적 조치가 취해지기 시작하였다. 토지개혁을 통해 농민들은 땅을 얻었고 일본인 기업에 대한 국유화 조치가 단행되면서 8시간 노동제가 실시되었다.

북한의 해방은 이웃에 있는 중국과 관련해서 보더라도 특별한 의미가 있었다. 북한이 중국혁명의 유력한 배후 근거지가 된 것이다. 최후의 승부를 다투는 국공내전이 고조되던 무렵 북한은 홍군에 10여 만 정의 소총을 제공하였고 정예부대를 파견하여 고난도의 작전을 수행함으로써 홍군에 결정적 승리를 안겨주기도 하였다. 또 홍군이 북한지역을 경유하여 국민당 군대의 허를 찌르는 작전을 펼칠 수 있도록 도와주었다. 이러한 북한의 지원은 국공내전에서 최후의 승부처라 불린 동북 3성 전투에서 결정적 의의를 갖게 되었다. 중국혁명에 대한 북한의 지원은 큰 나라에서 혁명이 이루어지면 이를 배후기지로 주변의 작은 나라들에서 혁명이 일어난다고 하는 일반적 인식을 뒤집는 것이다. 곧 북한과 중국의 관계에서는 일반적 인식과는 정반대의 현상이 발생한 것이다.

항일무장투쟁은 그 주역들이 이후 북한 정권의 담당 세력이 되면서 자연스럽게 북한 사회 형성의 역사적 뿌리로 간주되었다. 항일무장투쟁과 북한 사회 형성 사이에 역사적 일관성이 성립된 것이다. 하지만 이러한 항일무장투쟁의 의의는 북한지역을 크게 벗어나지 못했다. 항일무장투쟁의 영향력은 그 중심 무대가 만주지역이 되면서 한반도 남쪽지역에 대한 영향력은 상대적으로 약할 수밖에 없었다. 기묘하게도 이러한 특징은 분단이 되면서 더욱 고착화되고 말았다. 그 결과 항일무장투쟁의 정통성은 한반도 절반에서만 인정받게 되었다.

작은 거인의 분투, 베트남 혁명

베트남을 80년간 식민지배한 프랑스는 베트남 민족의 단결을 저지할 목적으로 베트남 민족을 통킹, 안남, 코친차이나로 나누어 분할통치하였다. 이러한 가운데 베트남의 민족해방투쟁은 중국 및 조선과 마찬가지로 적잖은 풍랑을 겪었다. 1930년대 초에 소비에트 건설을 둘러싼 좌경적 후과를 경험해야 했으며, 일국일당 원칙을 기계적으로 적용함으로써 베트남 안에 당이 세 개나 만들어지는 현상을 빚기까지 하였다. 이러한 양상은 호치민Ho Chi Minh의 주도로 베트남 전체를 포괄하는 단일한 베트남공산당을 건설함과 동시에 좌경적인 소비에트 노선의 청산을 바탕으로 광범위한 민족통일전선을 형성함으로써 비로소 극복될 수 있었다.

베트남 민족해방투쟁사의 본격적인 드라마는 2차 세계대전이 발발하면서부터라고 할 수 있다. 2차 세계대전이 시작되면서 독일 파시즘은 프랑스를 유린하였고, 일본 군국주의는 베트남을 석권하면서 프랑스군을 궤멸시켰다. 마침내 일본은 1945년 프랑스군을 완전히 몰아낸 뒤 바오 다이Bao Dai 황제를 앞세운 괴뢰정부를 수립하였다.

이러한 조건에서 베트남공산당을 중심으로 하는 혁명세력은 일본의 종국적인 패배와 함께 프랑스를 포함한 연합군 세력이 다시 밀려들 것을 예상하면서 광범위한 통일전선 결성을 위한 일련의 방침

을 결정하였다. 먼저 계급적·당파적 이익을 민족의 이익에 복종시
킨다는 전제 아래 각계각층의 민족혁명세력을 총결집시킨 베트남
독립동맹(베트민)을 조직하였다. 이를 위해 "지주의 토지 몰수와 농
민에의 분배"라는 종전의 슬로건을 철회하고 "제국주의와 매국노의
토지 몰수와 빈농에의 우선적 분배"라는 슬로건을 내걸었다.

베트민은 다가오는 일본의 패배에 대비하여 각계각층 속에 구국
회를 건설하고 무장봉기를 위한 준비 작업에 박차를 가했다. 그러던
중 1945년 8월 13일 패망을 눈앞에 둔 일본이 포츠담 선언을 수락하
자 베트민은 즉각적으로 전면적인 무장봉기에 돌입하여 베트남 전
역을 장악하였다. 곧바로 베트민은 각 지역에 민중자치기관인 행정
위원회를 설치한 다음 바오 다이 괴뢰정권을 타도하고 호치민을 수
반으로 하는 베트남민주공화국을 선포하였다.

이렇게 하여 베트남은 완전히 독립된 민주국가를 수립하였다. 그
러나 베트남 혁명세력이 정확히 예측했던 대로 2차 세계대전이 끝
나자 연합군은 다시금 베트남으로 밀려들기 시작했다. 북부에는 20
만 명에 이르는 장제스의 국민당 군대가 진주했고, 남부에는 영국군
이 상륙했으며, 그 뒤를 이어 쫓겨났던 프랑스 군대가 다시 밀려들
어 왔다. 프랑스는 '젖과 꿀이 흐르는 식민지 베트남'을 도저히 포기
할 수 없었던 것이다.

프랑스 군대는 유럽 전장에서 맹위를 떨친 비행기, 장갑차, 대포
를 앞세워 베트남민주공화국에 대한 전면적인 공격을 감행했다. 프
랑스는 개전 초기에 하이퐁 항을 폭격하여 일시에 6000명의 사상자
를 내는 등 곳곳에서 살육의 만행을 저질렀다. 한 걸음 더 나아가 프
랑스 군대는 1949년 6월에 이르러 프랑스로 도망갔던 바오 다이를

다시 불러들여 사이공에 '프랑스 연방 내의 베트남 왕국'이라는 괴뢰정권을 세웠다. 영국과 미국은 바오 다이 괴뢰정권을 공식 승인했다. 장제스의 국민당 군대는 프랑스를 위해 일찌감치 베트남에서 손을 뗀 상태였다.

이로부터 베트남 민중은 다시금 프랑스 제국주의와의 장기항전에 돌입해야 했다. 항전 초기 베트남 민주공화국 군대는 식량과 탄약을 등에 지거나 자전거에 싣고 운반해야 했으며 무기라고는 고작 소총뿐이었다. 그러나 민중의 절대적인 지지를 받으면서 베트남 군대는 나날이 전력이 강화되었다. 농민들은 정글 속에서 게릴라전을 수행하는 베트남 군대에게 식량을 가져다주었고, 프랑스군에 점령된 도시 주민들은 약품과 장비를 조달하였다.

이러한 민중의 전폭적인 지원을 바탕으로 베트남군은 사면팔방에서 불시에 프랑스군을 기습하여 타격을 가했다. 베트남군의 게릴라들은 소총으로 프랑스군의 비행기를 격추했고, 귀신같이 방어망을 뚫고 들어가 활주로를 폭파했으며, 프랑스군의 보급로와 콘크리트 진지를 사정없이 파괴했다. 더불어 프랑스군을 밀림 속으로 유인한 뒤 원시적인 죽창과 함정을 이용하여 괴롭혔다.

베트남 혁명의 지도자 호치민은 이러한 전쟁 양상을 코끼리와 호랑이의 싸움에 비유하여 설명하였다.

그것은 코끼리와 호랑이의 싸움이 될 것입니다. 만일 호랑이가 가만히 서 있다면 코끼리가 그 막강한 엄니로 호랑이를 짓누르겠죠. 그러나 호랑이는 가만히 있는 것이 아닙니다. 그는 낮에는 밀림에 숨어 있고 밤에 나타납니다. 호랑이는 코끼리 등에 뛰어올라 코끼리의 가

죽을 찢어놓고 다시 어두운 밀림 속으로 뛰어들어 갑니다. 그러면 코끼리는 천천히 피를 흘리며 죽어갑니다. 이것이 인도차이나 전쟁이 될 것입니다.[8]

한편 베트남군과 프랑스군이 치열하게 접전을 거듭하고 있는 사이에 국제 정세에 많은 변화가 있었다. 가장 중요한 변화는 중국에서 일어났다. 한때 베트남에 진주했던 장제스의 국민당이 중국공산당에 패배하여 대륙에서 쫓겨난 것이다. 대륙을 석권한 중국공산당은 전략적 요충지인 베트남이 적대국에 의해 점령되는 것을 막기 위해 베트남에 대한 적극적인 지원에 나섰다. 여기에 자극받은 소련 역시 베트남에 대한 지원을 시작했다. 한편 프랑스가 베트남에 몰두하고 있는 동안 한국전쟁에 발이 묶여 있던 미국은 1953년 휴전과 함께 베트남에 본격적으로 힘을 싣기 시작했다. 미국은 군수물자를 제공하고 대규모 군사고문단을 파견하는 등 프랑스군을 적극 지원했다. 이렇게 하여 베트남과 프랑스 사이의 전쟁은 국제적 성격이 한층 강화되었다.

피로에 지쳐 있던 프랑스군은 미국의 적극적 지원을 받게 되자 하루 빨리 전쟁을 마무리하기 위해 서둘렀다. 마침내 프랑스군은 운명의 승부수를 던졌다. 바로 베트남과 프랑스 사이의 전쟁을 마지막으로 판가름하게 될 디엔비엔푸 작전 계획을 수립한 것이다.

프랑스군 총사령관 나바르H. Navarre와 미국 군사고문단은 중국 국경과도 가깝고 라오스 국경과도 인접해 있는 디엔비엔푸 분지에 강력한 전진기지를 건설하여 베트남군의 주요 보급로를 차단하기로 결정하였다. 나바르는 이러한 프랑스군의 작전은 틀림없이 위기의식을 느낀 베트남군의 전면적인 공격을 야기할 것이며, 그렇게 되면 베트남군을 디엔비엔푸 기지로 유인하여 섬멸할 수 있다고 자신하였다. 이러한 작전 계획에 따라 1953년 11월 낙하산부대를 디엔비엔푸에 투하시켜 방대한 규모의 요새를 구축하였다. 프랑스군은 불도저를 공수하고 소수민족까지 동원하여 비행기 활주로를 만들면서 7개에 이르는 기지를 건설하였다. 더불어 전차와 야포 등 현대식 무기가 계속 공수되는 가운데 1월말 5100명이었던 디엔비엔푸 주둔 프랑스군의 규모는 최대 1만 5000여 명으로 늘어났다.

한편 디엔비엔푸에서의 프랑스군의 움직임을 예의주시하던 호치민은 베트남군 총사령관 보 구엔 지압Vo Nguyên Giap에게 디엔비엔푸에 대한 공격명령을 내렸다. 호치민의 명령은 한마디로 프랑스군을 그들 자신이 판 함정 속에 빠뜨리라는 것이었다. 마침내 보 구엔 지압의 지휘 아래 약 7만 명의 베트남군이 전격적으로 작전을 개시하였다. 이는 사실상 베트남군의 전부가 참여했다고 해도 과언이 아니다. 베트남군 입장에서도 디엔비엔푸 전투를 전쟁의 운명을 가르는 승부처로 상정했던 것이다.

베트남군은 자전거와 소, 말 등을 이용해 약 100킬로미터의 정글지대를 지나 디엔비엔푸로 군수물자를 실어 날랐다. 아울러 중국과 소련이 제공한 200문이 넘는 (보통은 차량으로 운반했던) 75미리 및 105미리 곡사포를 맨손으로 끌어당기면서 힘겹게 정글을 통과해 디엔비엔푸로 이동시켰다. 이어서 베트남군은 초인적인 노력을 바탕으로 곡사포를 디엔비엔푸 주변의 험준한 산 위로 끌어올리는 데 성공했다. 이렇게 하여 디엔비엔푸를 둘러싸고 있는 11킬로미터에 이르는 산 위는 베트남군의 잘 위장된 기지가 조밀하게 형성되었다.

각 기지에 배치된 베트남군은 참호를 파고 들어가 프랑스군을 훤히 내려다볼 수 있게 되었다. 수개월에 걸친 각고의 노력 끝에 프랑스군을 완벽하게 포위하는 데 성공한 것이다. 반면 프랑스군은 이러한 베트남군의 작전을 전혀 눈치채지 못하고 있었다. 주변 산악지대가 워낙 험준한 탓으로 그 같은 작전은 인간으로서는 절대 불가능할 것이라 믿었던 것이다.

기회를 엿보며 병력과 화력을 최대한 증강하고 있던 베트남군은 1954년 3월 13일 저녁, 일제히 총공세를 펼쳤다. 200여 문의 포문이 한꺼번에 열리면서 프랑스군의 진지를 향해 포탄을 퍼부어댔다. 활주로에 대기 중이던 전투기들이 맥없이 박살났고 프랑스군은 포탄이 어디서 날아오는지조차 파악하지 못한 채 속절없이 당해야 했다. 아무런 대응도 하지 못한 프랑스군 포병 지휘관은 심한 자책감으로 결국 자결하고 말았다. 이후 베트남군은 참호를 파들어 가면서 프랑스군을 압박했고 불시에 기습전을 전개하여 상대편 진지를 하나둘씩 점령해갔다. 포위된 프랑스군은 완강하게 저항했으나 군수보급이 차단된 상태에서 탄약과 보급품 부족으로 고전을 거듭해야 했다. 견디다 못한 프랑스군은 마침내 1954년 5월 7일 항복하고 말았다. 이 전투에서 프랑스군은 약 1만 명이 항복하고, 약 5000명이 전사하였다. 치욕적인 참패를 당한 것이다. 이 한 번의 전투로 프랑스군은 완전히 전의를 상실하고 말았다. 프랑스군이 베트남에 다시 들어온 뒤 8년만의 일이었다.[9]

프랑스는 만신창이가 된 상태에서 1954년 7월 21일 베트남민주공화국과의 휴전협정에 응할 수밖에 없었다. 휴전협정의 내용은 북위 17도선을 잠정적인 경계선으로 하여 2년을 경과한 뒤 자유선거를 실시하는 것을 골자로 하고 있었다. 자유선거를 실시하게 되면 호치민이 압도적인 지지를 얻어 승리할 것이 매우 분명했다.

사실 베트남 혁명세력의 핵심 간부들 상당수는 프랑스와의 휴전을 반대하면서 계속 몰아붙일 것을 주장하였다. 이미 패색이 분명해진 프랑스 군대를 상대로 휴전협정을 체결한다는 것 자체가 불필요한 선택이라는 것이다. 그러나 최고지도자 호치민은 그러한 주장에 대해 단호하게 반대하였다. 호치민이 주목한 것은 퇴각하는 프랑스가 아니라 그 뒤에 버티고 있는 미국이었다. 호치민은 미국이 반드시 개입할 것이며 그에 따라 장기간에 걸친 미국과의 전쟁이 불가피할 것으로 내다보았다. 그러한 미국과의 장기항전에 대비하여 당시 베트남 민중에게 가장 절실한 것은 바로 휴식이었다. 휴전은 그 휴식을 위해 반드시 필요한 조치였던 것이다.

호치민의 판단은 정확했다. 프랑스의 굴복은 제국주의 침략전쟁의 끝이 아니라 미국이라는 더욱 강력한 세력의 개입이 본격화되는 출발점에 다름 아니었다. 이에 관해서는 뒤에서 좀더 자세히 다룰 것이다.

주석

1 폴 케네디, 이일수 외 옮김, 《강대국의 흥망》, 한국경제신문사, 1991. 20쪽.

2 유시민, 《거꾸로 읽는 세계사》, 푸른나무, 1993. 109~110쪽.

3 코지마 신지小島晋治·마루야마 마츠유키丸山松幸, 박원호 옮김, 《중국근현대사》, 지식산업사, 1992. 131쪽.

4 코지마 신지·마루야마 마츠유키, 위의 책. 141~142쪽.

5 존, K. 페어뱅크 외, 김한규 외 옮김, 《동양문화사》(하), 을유문화사, 1992. 615쪽 참조.

6 코지마 신지·마루야마 마츠유키, 위의 책. 158~159쪽 참조.

7 유시민, 위의 책. 133쪽.

8 1946년 9월 11일 《뉴욕타임스》 통신원 쇼에브런과 한 인터뷰에서. 윌리엄 J. 듀이커, 정영욱 옮김, 《호치민 평전》, 푸른숲, 2003. 515쪽.

9 디엔비엔푸 전투에 관한 보다 자세한 내용은 'http://blog.naver.com/rectek2/10012689836, http://blog.naver.com/rectek2/10012724719, http://blog.naver.com/rectek2/10012999015, http://blog.naver.com/rectek2/10012916050, http://blog.naver.com/rectek2/10023613020'을 참조할 것.

革命의 追憶
未來의 革命

PART
02

역사는 한계를
딛고 **전진**한다

© 연합뉴스

제2차 세계대전이 끝나자 세계는 자본주의와 사회주의 두 진영으로 확연하게 갈렸고, 두 진영간에 장기간에 걸친 냉전이 지속되었다. 냉전이 시작될 때만 하더라도 사회주의 진영은 매우 공세적 입장에서 있었고 자본주의 진영은 수세적 입장을 취할 수밖에 없었다. 두 차례의 세계대전을 거치면서 소련과 중국이라는 두 초강대국이 주축을 이룸에 따라 사회주의 진영은 비약적으로 확장되었기 때문이다.

그러나 승자와 패자의 위치는 냉전이 마무리되어가면서 정반대로 바뀌었다. 두 진영의 체제 대결에서 사회주의가 패배하고 자본주의가 승리하게 된 것이다. 중요한 것은 두 진영 사이의 승부는 결코 한순간에 이루어진 것이 아니라는 점이다. 그것은 냉전의 전과정에 걸쳐 벌어진 수많은 현상이 누적되면서 빚어진 결과였다.

21세기 새로운 사회를 꿈꾸는 사람들에게 이 시기에 대한 성찰은 반드시 통과해야 할 필수 절차라고 할 수 있다. 냉전은 자본주의와 사회주의 두 체제 모두 이전 시기에 상상했던 것과는 판이하게 다른 모습으로 자신을 검증했던 시기였다. 이 과정에서 구름 위를 떠돌던 이상은 냉혹한 현실의 한복판으로 끌어내려졌으며, 모든 도그마는 자신의 살가죽이 벗겨지는 고통을 겪어야 했다. 정녕 우리가 주목해야 할 것은 그 과정에서 남겨진 수많은 생채기들이야말로 21세기의 새 살을 돋워내는 혁신과 창조의 지점이라는 사실이다. 변함없이 문제 속에 답이 들어 있다.

© 연합뉴스　　　　프랑스 파리, 68혁명 5월 투쟁 당시 현장

자본주의 세계의 3중주, 기묘한 역설을 말하다

대공황의 일격과 파시즘의 난동, 2차 세계대전의 참상을 거치면서 자본주의는 자칫하면 총체적인 체제 붕괴에 직면할 수 있음을 절감하게 되었다. 그로부터 자본주의는 지난날의 쓰라린 실패를 반복하지 않기 위해 철저한 자기 성찰에 돌입하였다. 더불어 혁명의 위협으로부터 자신을 지키기 위해 지독한 자기 개혁에 착수했다. 그 결과 전례 없는 장기 호황을 연출함으로써 온갖 위험을 잠재우는 데 성공하였다.

이러한 과정을 통해 자본주의는 위기의 순간에 충분한 자기 억제력을 발휘할 수 있게 되었으며, 그럴수록 더욱 눈부시게 발전할 수 있다는 것을 입증했다. 흥미로운 것은 자본주의로 하여금 그 같은 억제력을 발휘하도록 한 결정적 요소는 바로 사회주의 진영의 비약적 확장으로부터 비롯한 체제위협이었다는 점이다. 사회주의 혁명의 확대가 자본주의의 번영을 이끌어내는 기묘한 역설이 성립된 것이다. 이 역설이야말로 그 누구도 부정할 수 없는 '총량적 관점에서의 역사의 전진'이라고 할 수 있다.

미국, 자본주의 세계의 중앙정부

제2차 세계대전 이후 자본주의 진영이 해결해야 할 여러 가지 숙제 가운데 하나는 두 차례에 걸쳐 세계대전을 야기했던 상호간의 분열과 대립을 억제하는 것이었다. 이러한 과제는 다음과 같은 세 가지 요인에 의해 비교적 성공적으로 해결될 수 있었다.

첫째, 식민지의 연쇄적인 독립에 따라 제국주의 열강 사이에 식민지 재분할을 둘러싼 갈등이 크게 약화되었다. 앞서 살펴본 대로 고전적 제국주의 시대는 특정 식민지에 대한 배타적인 지배가 확립된 시기였다. 이러한 특성이 식민지의 재분할을 둘러싼 갈등을 야기했고 마침내 세계대전으로 치달았던 것은 앞서 확인한 대로다. 그런데 식민지들이 정치적 독립을 획득함에 따라 그러한 배타적 지배 또한 사라지게 되었다. 영향력 확대를 둘러싼 경쟁은 여전히 존재하였지만 다른 쪽을 밀어내야만 확보할 수 있다는 극단적인 대립은 더이상 불필요해진 것이다.

둘째, 사회주의 진영의 존재가 자본주의 내부의 분열을 억제하는 기능을 하였다. 사회주의 진영의 비약적 확대는 자본주의 진영으로서는 자신을 위협하는 공동의 적이 등장하였음을 의미하는 것이었다. 이러한 조건에서 또 다시 분열된다면 그것은 곧 자본주의 세계 전체의 파국으로 이어질 가능성이 높았다.

셋째, 미국이라고 하는 압도적인 힘의 우위를 지닌 헤게모니 국가가 등장하였다. 2차 세계대전 당시까지 다툼을 벌였던 제국주의 열강들은 비교적 힘의 우열 관계에서 결정적 차이가 나지 않았다. 후발주자들이 선발주자들의 기득권에 도전할 수 있는 여지가 충분했던 것이다. 그러나 2차 세계대전 이후에는 미국의 헤게모니에 도전할 자본주의 국가는 존재하지 않았으며 대부분은 미국에 의존할 수밖에 없는 형편이었다.

이러한 요인들로 하여 2차 세계대전 이후 자본주의 세계는 미국의 헤게모니를 중심으로 결속하게 되었다. 말하자면 미국은 자본주의 세계의 정치적 단결을 위한 구심점이 된 것이다. 고전적인 식민지 지배체제의 붕괴는 이러한 미국의 헤게모니 확립에 더욱 큰 힘을 실어주었다. 식민지에 대한 배타적 독점체제가 허물어지면서 영국과 프랑스 등 기존 제국주의 열강들은 그 지위가 크게 약화되었다. 반면 미국은 배타적 독점이라는 장벽이 제거된 조건에서 모든 나라에 대해 영향력을 행사할 수 있게 되었다. 일본의 식민지였던 한국, 프랑스의 식민지였던 베트남, 영국의 식민지였던 중동의 여러 나라가 미국의 직접적인 영향 아래 들어간 것은 그 단적인 예다.

미국은 자본주의 세계에서의 헤게모니를 확고하게 하기 위하여 경제와 군사 영역에서 여러 가지 제도적 장치를 도입하였다. 먼저 경제영역부터 살펴보자.

미국은 2차 세계대전의 주요 교전국이면서도 일본의 진주만 기습을 제외하고는 국토가 전쟁의 직접적인 피해를 입은 일은 전혀 없었다. 덕분에 생산 시설을 고스란히 유지할 수 있었음은 물론이고 유럽 국가들에게 전쟁물자를 공급함으로써 방대한 채권을 확보할 수 있었다. 더불어 새로운 군사기술 개발을 위한 막대한 투자는 산업기술의 비약적 발전을 촉진하였다. 그리하여 2차 세계대전 직후에 미국의 생산력은 전세계 생산량의 3분의 2를 차지할 만큼 막강한 지위를 자랑하게 되었다.

이러한 미국의 높은 생산력을 바탕으로 자본주의 세계는 철저하게 미국을 중심으로 한 새로운 질서를 갖추게 되었다. 미국의 달러를 기축통화로 하는 브레튼우즈 체제Bretton Woods System[1]는 그러한 질서에서 핵심축을 형성하였다. 브레튼우즈 체제 아래서 자본주의 세계의 나라들은 달러를 국제 결제수단으로 삼게 되었고 환율 역시 달러를 기준으로 고정시켰다. 브레튼우즈 체제 아래서 언제든지 미국 중앙은행의 금과 달러를 교환할 수 있는 금태환제가 유지되었으나 실제 금과 교환하고자 하는 경우는 거의 없었다. 미국의 생산력 우위가 유지되는 한 이러한 체제는 충분히 작동할 수 있었다. 어느 나라든지 달러를 보유하는 것은 매우 안전할 뿐 아니라 충분한 가치가 있었기 때문이다.

미국은 자국의 통화(달러)를 세계 통화로 삼은 그 자체만으로도 자본주의 세계를 지배할 수 있는 강력한 수단을 확보하게 된 것이다. 이 점이 무엇을 의미하는지는 자본주의 세계를 하나의 국가라고 가정한다면 매우 명확해진다. 개별국가의 중앙정부가 경제를 통제할 수 있는 강력한 수단 중 하나는 중앙은행을 통한 화폐발행권이다. 그런데 미국은 자본주의 세계 전체를 포괄하는 화폐발행권을 확보하게 된 것이다. 결국 브레튼우즈 체제는 미국에게 자본주의 세계

중앙정부의 지위를 부여한 것이나 다름없었다. 실제로 미국은 국제
금융시장을 좌지우지해왔으며, 달러 제공을 지렛대로 식민지 종속
국들에 대해 강력한 통제력을 발휘하게 되었다.

국제부흥개발은행IBRD 곧 세계은행과 국제통화기금IMF은 달러
가 세계통화로서의 기능을 원활하게 수행하도록 하기 위해 세운 기
관이다. 세계은행은 전후 각국의 전쟁 피해 복구와 경제 개발을 지
원하는 과정에서 달러를 공급하는 역할을 담당했고, IMF는 달러가
무역 결제수단으로 원활하게 기능하도록 하는 역할을 맡았다. 두 기
관 모두 미국 재무부와 긴밀한 협의관계를 유지하는 가운데 미국의
엄격한 통제 아래 움직여왔다. 미국은 세계은행 총출자액 중 45퍼센
트를 차지하고 있는 최대주주로서 사실상 총재 지명권을 행사해왔
다. 또 IMF 출자금 중에서 미국이 차지하고 있는 지분은 18.5퍼센트
인데 이는 협정 변경 등 중요한 사항은 85퍼센트 이상의 찬성이 있
어야 가능한 점을 고려할 때 IMF가 미국의 이익에 반하는 결정을 절
대 할 수 없다는 것을 의미한다.

이렇게 하여 미국은 자본주의 세계를 자신을 중심으로 재편하는
데 성공했다. 중요한 것은, 미국을 중심으로 한 자본주의 질서가 원
만하게 작동하려면 참여 국가들에게 실질적인 이익을 안겨주어야
한다는 점이었다. 그렇지 않고 미국이 이익을 독점한다면 그 질서는
결코 오래 가지 못할 것이다. 미국은 바로 그 점에서 분명한 답을 주
었다. 우선 미국은 패전국인 서독과 일본에 광범위한 경제 원조를
제공함으로써 두 나라의 경제 재건을 도왔다. 독일 경제 재건을 목
적으로 기획된 마셜플랜Marshall Plan 실행을 위해 미국이 1948년부
터 3년간 투입한 자금만도 102억 달러에 이르렀다. 더불어 거대한

미국 시장 개방을 통해 자본주의 세계 모두에게 성장의 기회를 안겨주었다. 미국의 존재가 자본주의 세계에서는 더할 나위 없는 활력소가 된 것이다.

같은 맥락에서 과거 식민지였던 개발도상국들을 포섭하기 위한 새로운 전략이 모색되었다. 2차 세계대전 이전 식민지 경영은 종주국에 1차 원료를 공급하게 하고 반대로 종주국에서 생산된 공산품을 소비시키는 데 주로 초점을 맞추고 있었다. 그런 만큼 식민지 종속국의 공업화는 극도로 억제될 수밖에 없었다. 하지만 1960년대에 접어들어 노동집약적인 경공업이 개발도상국으로 대대적인 이전을 하면서 양상이 크게 달라지기 시작하였다.

경공업 생산기지의 개발도상국으로의 이전移轉은 선진 자본주의 국가의 소비자 대중에게 상대적으로 값싼 제품을 공급할 수 있는 길을 열어주었다. 그 결과 노동대중의 실질구매력은 크게 상승하였다. 더불어 노동집약적인 산업을 해외로 이전시키는 대신 고부가가치 산업에 집중함으로써 높은 이윤과 상대적 고임금을 동시에 달성할 수 있었다. 이러한 가운데 개발도상국들의 토착 지배세력은 공업화와 함께 자신의 몫이 증대되면서 자발적으로 세계 자본주의 체제 유지에 협력하게 되었다. 자본주의 체제를 한층 안정화할 수 있는 조건이 마련된 것이다.

의심할 여지없이, 생산기지 이전에 따른 새로운 국제 분업체제는 기본적으로 개발도상국들의 저임금 노동력을 수탈하는 체제다. 실제로 선진국은 국제무역업자와 도소매자의 유통이윤, 운송·저장 등 물류비용, 상품이 선진국을 통과할 때 매겨지는 관세와 판매될 때 부과되는 부가가치세 등을 통해 개발도상국에서 생산된 상품가치의 대부분을 취득한다. 놀랍게도 〈도표 2-1〉이 보여주듯이 제3세계 저임금 공장에서 생산되는 셔츠를 기준으로 할 때 이런 방식으로 선진국이 취득하는 몫은 상품 총가치의 97퍼센트에 이르고 있다. 불과 2~3퍼센트만이 임금과 제조업자의 이윤이라는 형태로 개발도상국들의 몫으로 남겨질 뿐이다.

이렇게 하여 자본주의 세계는 미국을 정점으로 한 중층적인 서열구조를 갖게 되었다. 최상층부에는 사실상의 중앙정부인 미국이 자리잡고 있고, 그 아래는 미국의 하위 파트너인 선진자본주의 국가들이 위치해 있으며, 맨 아래는 그보다 훨씬 많은 수의 식민지 종속국들이 자리잡게 된 것이다. 쉽게 이해될 수 있는 문제지만 이 같은 수직적 위계질서 내부에는 지배하고 지배받으며 빼앗고 빼앗기는 온갖 형태의 모순이 뒤엉켜 있게 마련이다. 그럼에도 불구하고 한 가지 분명한 사실은 자본주의 세계가 극심한 분열과 대립으로 홍역을 치

〈도표 2-1〉 제3세계 제조업의 소득분배

소득분배	소득	판매가 대비 비율
1. 제조국가(제3세계의 소득)	8.00	2.7
1)임금	5.00	1.7
2) 순생산이윤	3.00	1.0
2. 선진국의 소득	284.60	97.3
1) 원단, 액세서리, 생산설비	30.00	10.2
2) 운송 및 수수료	4.00	1.4
3) 본선인도가격에 대한 관세	4.00	1.4
4) 도·소매업 임금	10.00	3.4
5) 유통이윤, 임대료 및 유통업자의 소득	210.00	71.8
6) 재무부가 징수하는 판매세(소매가의 10%)	26.60	9.1
3. 최종 소매가(판매세 포함)	292.60	100.0

출처 : 미셸 초스토프스키, 이대훈 옮김, 《빈곤의 세계화》, 당대, 1998. 100쪽.

르던 이전 시기와는 확연히 다른 상태에 접어들었다는 사실이다.

미국은 달러 중심의 세계질서를 추구함과 동시에 자본주의 진영 전체를 자신이 통제하는 군사 시스템 속에 묶어두기 위해 노력해왔다. 각종 군사조약 체결, 미군의 현지 주둔, 다양한 합동군사훈련 등은 이러한 미국의 노력을 뒷받침하는 요소들이다.

〈도표 2-2〉는 냉전 이후 해외 주둔 미군에 관한 자료인데 몇 개 지역이 추가된 것을 제외하고는 기본적으로 냉전시대 상황과 크게 다르지 않다. 그에 따르면 가장 많은 해외 미군이 주둔하고 있는 나라는 독일과 일본이다. 이는 2차 세계대전 당시 교전국에 대한 관리 정책의 연장이라고 할 수 있다. 또 북한과의 준전시상태를 유지하기 위해 대규모 미군이 주둔하고 있는 한국을 제외하면 영국, 이탈리아, 스페인, 벨기에 등 서유럽 국가들이 해외 미군의 주요 주둔국으로 되어 있다. 이는 북대서양조약기구NATO를 통해 서유럽 국가들을 미국의 확고한 동맹국으로 묶어두기 위한 방안이었다. 이로부터 미국의 군사전략은 자본주의 세계 내부의 분열을 예방하는 것에 최우선순위를 두어왔음을 알 수 있다. 그 밖에 이집트, 터키, 파나마 등에 주둔하고 있는 미군은 해당 지역의 전략적 요충지를 장악·통제하는 데 기여하고 있다. 그럼으로써 해외 주둔 미군은 자본주의 세계의 중앙정부로서 미국의 위상을 뒷받침하는 확고한 담보가 되고 있다.

이렇듯 방대한 군사체계를 유지하기 위해 막대한 군사비 지출이 불가피하였다. 미국의 군사비 지출이 GNP에서 차지하는 비중은 보통 3~5퍼센트를 오르내렸는데, 이는 1~2퍼센트 수준인 다른 선진

〈도표 2-2〉 1998년 현재 해외에 파병된 미군

200명 이상 파병된 국가	
독일	60,053
일본	41,257
한국	35,663
이탈리아	11,677
영국	11,379
보스니아-헤르체고비나	8,170
이집트	5,846
파나마	5,400
헝가리	4,220
스페인	3,575
터키	2,864
아이슬란드	1,960
사우디아라비아	1,722
벨기에	1,679
쿠웨이트	1,640
쿠바(관타나모)	1,527
포르투갈	1,066
크로아티아	866
바레인	748
디에고 라그시아	705
네덜란드	703
마케도니아	518
그리스	498
온두라스	427
오스트레일리아	333
아이티	239
합계	259,871
지상군	218,957
해군	40,914

출처 : 엠마누엘 토드, 주경철 옮김, 《제국의 몰락》, 까치, 2003. 114쪽.

국들과 비교해보면 압도적으로 높은 수준이다. 더욱이 미국 경제의 크기에 비례해서 군사비의 총규모 또한 커질 수밖에 없는데, 대략 세계 군사비의 절반 이상을 미국이 지출하고 있다고 보면 된다. 군사비만 갖고 따지면 세계의 나머지 나라를 모두 합쳐도 미국 하나를 당하기 어려운 것이다.

방대한 군사비 지출은 군수산업의 비대화를 초래하였다. 미국의 군수산업은 두 차례에 걸친 세계대전 기간 동안에 급속하게 팽창하면서 주요 산업으로 자리잡기에 이르렀다. 대표적인 군수업체로는, 전자 및 미사일 발사 시스템을 생산하는 록히드마틴, 미사일 유도 시스템을 생산하는 레이시언, 전투함과 탱크를 생산하는 제너럴다이내믹스 등이 있으며, 록히드마틴은 매출액 250억 달러, 종업원 13만 명에 이르는 초대형 기업이다. 오늘날 전세계 무기시장 규모는 연간 약 2조 달러인데 그 가운데 60퍼센트를 바로 이들 미국의 군수업체들이 차지하고 있다.

군수산업의 비대화가 초래한 비극적 결과의 하나는 군수업자들과 정부 관료들의 이해관계가 긴밀하게 결합된 군산복합체의 형성이다. 군산복합체가 가동되면서 무기 판매 확대를 위한 다양한 시도가 이루어졌다. 미국 정부는 군비 지출을 늘리기 위해 인위적인 긴장과 대결 국면을 조성했으며 나아가 직접적으로 전쟁을 유발하기까지 했다. 그러다보니 전쟁이 나서 무기를 파는 것이 아니라 무기를 판매하기 위해서 전쟁을 일으키는 경향이 갈수록 강해졌다. 미국 의회에서 폭로되었다시피 통킹 만 사건 조작을 통한 베트남 전쟁의 확대는 그 단적인 예라고 할 수 있다.

케인스, 자본주의의 도약대 마련

　　　　　　　　　제2차 세계대전 이후 자본주의
세계에 던져진 또 다른 숙제는 이전 시기 모든 위기의 출발점인 대
공황 재발을 방지하는 것이었다. 이러한 목표는 비교적 쉽게 공유되
었고 심각한 의견 대립 없이 추진되었는데, 이는 몇 가지 역사적 경
험과 정치 지형의 변화에 따른 것이었다.

　　1929년 대공황은 오랫동안 자본주의 세계를 지배했던(국가의 개입
을 최소화하고 가능한 모든 것을 시장에 맡기고자 했던) 자유주의 교리를
일거에 허공으로 날려버렸다. 대공황은 시장의 기능에 대한 불신을
확산시켰으며, 그동안 금기시되었던 국가의 개입을 선호하는 분위
기가 팽배하도록 만들었다. 이는 대공황 시기 이전에는 상상할 수도
없던 일이었다.

　　대공황의 충격으로부터 태동한 '시장을 불신하고 국가를 신뢰하
는 사고'는 자본주의와의 관계를 끊었던 유일한 나라인 소련이 대공
황으로부터 안전하였다는 사실에서 결정적인 영향을 받았다. 대공
황 시기, 소련의 극적인 약진은 이미 파탄의 길을 걷고 있던 자유주
의에 확실한 종지부를 찍게 만들었다. 그리하여 자유주의 관점에서
는 결코 용납될 수 없었던 국가 주도의 '계획'과 '개입'이 강력한 설
득력을 얻게 되었다.

정치 지형의 변화는 이러한 흐름에 결정적인 힘을 실어주었다. 최악의 상황을 경험한 노동대중은 2차 세계대전을 거치면서 뚜렷하게 좌파적 색채를 띠기 시작한 것이다. 그 결과 2차 세계대전 종전과 함께 서유럽에서는 사회민주주의 계열의 좌파 정당들이 대거 집권하게 되었다. 영국의 노동대중 역시 전쟁 영웅 처칠Winston Churchill이 이끄는 보수당을 버리고 노동당 정부를 선택했다. 이로써 좌파 정당들이 강조해온 시장에 대한 국가의 개입이 현실화될 수 있는 매우 유리한 환경이 조성되었다.

바로 이때 자본주의 개혁의 전도사로 등장한 인물이 영국의 경제학자 존 메이너드 케인스John Maynard Keynes(1883~1946)였다. 역사에 등장한 천재들이 으레 그러하듯이 케인스는 대공황의 경험, 소련의 성공, 노동대중의 정치적 입장 강화라는 세 가지 요소를 절묘하게 결합시켜냈다. 그리하여 자유주의 교리에 따라 작동되던 이전의 자본주의와는 상당히 다른 새로운 시스템을 개발하는 데 성공했다.

케인스 고민의 출발점은 공황 발생 요인인 유효수요 부족 문제를 어떻게 해결하는가에 있었다. 케인스는 노동대중의 임금소득이 낮은 수준에 머물게 됨으로써 유효수요 부족 현상이 발생한다는 점을 정확하게 간파하였다. 케인스가 보기에 이러한 문제를 해결할 수 있는 주체는 바로 국가였다. 국가가 공공지출을 늘림으로써 고용을 창출하고 복지정책을 통해 노동자의 사회적 임금을 증대시키는 것만이 유효수요를 확대하는 길이었다. 그렇다면 이러한 비용은 어떻게 조달할 것인가. 이에 대해 케인스가 내린 결론은 국가의 재정을 경기순환에 맞게 신축적으로 운용하는 것이었다.

케인스 이론에 따르면 불황 시기에는 국가가 재정적자를 통해 유효수요를 확대해야 한다. 그렇다면 국가는 실제 재정 수입보다도 많은 지출을 하기 위해 어디에선가 차입을 하지 않으면 안 된다. 이때 기존 소득에서 차입한다면 유효수요를 확대시킬 수 없을 것이다. 이 문제에 관한 케인스의 해답은 중앙은행이 지폐를 추가로 발행하고 이를 국가가 차입하여 지출하는 것이었다. 이때 차입한 돈은 호황 시기의 흑자 재정을 통해 갚으면 된다. 결국 케인스의 발상은 미래의 소득을 미리 끌어다 사용하는 시스템이라고 할 수 있다. 다시 말해, 지출이 늘어나는 호황 시기의 소득을 미리 끌어다 불황 시기에 투입함으로써 전체적인 시장균형을 유지하자는 것이었다. 이러한 맥락에서 케인스주의는 '소득의 시간적 재분배 시스템'이라고 할 수 있다.

케인스주의적 시스템은 국가의 재정 운용에만 머물지 않고 기업과 개인으로까지 확대되었다. 곧 일반 금융기관이 중앙은행이 추가로 발행한 지폐를 대출받아 이를 기업과 개인에게 다시 대출하는 시스템이 자리잡게 된 것이다. 기업과 개인이 현재의 소득보다 많은 지출을 할 수 있게 되면서 자본주의 시장 규모는 급속도로 팽창하였다. 중앙은행의 지속적인 추가 지폐 발행과 금융기관에 의한 신용 창조는 필연적으로 화폐 증가에 따른 인플레이션을 야기하였다. 그리하여 케인스주의적 시스템은 '인플레이션에 의한 공황 억제'를 구조화하게 되었다.

이 같은 케인스의 거시경제정책은 미국과 유럽, 나아가 아시아 일부 국가들에 의해 폭넓게 채택되었다. 그로부터 선진자본주의는 케인스주의적 거시경제 관리를 바탕으로 새로운 도약의 발판을 마련할 수 있었다. 지속적인 유효수요 창출은 시장을 꾸준히 팽창시켰고, 그 결과 자본주의는 전례 없는 장기 호황을 구가하게 되었다.

확실히 1950~60년대는 자본주의 역사에서 보기 드문 폭발적 성장의 시기였다. 1950년대와 1970년대 초반 사이에 전세계 공산품 생산량은 4배로 늘었으며 공산품의 세계 교역량은 10배로 확대되었다. 이러한 놀라운 팽창은 유례가 없는 현상이었다. 그런데 이러한 급격한 팽창은 대부분 선진자본주의의 번영에 따른 것이었다. 전세계 생산고의 4분의 3과 전세계 공산품 수출액의 80퍼센트를 미국, 서유럽, 일본 등 선진자본주의 국가들이 차지한 것이다. 그 중에서도 2차 세계대전에서 패전한 서독과 일본의 성장률은 참으로 놀라운 것이었다. 서독의 경우 1950년에서 1960년에 이르는 동안 연평균 8.6퍼센트 성장했고 국민총생산은 10년 새에 2배로 성장했다.

이로부터 미국과 서유럽을 포함하는 선진자본주의는 황금시대를 맞이하였다. 2차 세계대전 이전에는 그토록 살인적인 모습으로 다가왔던 호황-불황 주기는 케인스주의의 거시경제 관리 덕분에 일련의 가벼운 파동으로 바뀌었다. 공황의 상징이었던 대량실업도 그와 함께 자취를 감추었다. 1960년대의 실업률은 서유럽 1.5퍼센트, 일본 1.3퍼센트로 거의 완전고용에 가까운 수준이었다. 생활수준 또한 현저하게 높아졌다. 과거에는 사치품이었던 TV, 전화기, 자가용 등이 대중소비재의 하나가 되었다. 아울러 사치로 간주되었던 해외여행이 일상화되었다. 그 결과 이탈리아와 스페인에는 연간 5000만 명이 넘는 외국인 관광객이 찾아들었다. 존 케네스 갈브레이스John Kenneth Galbraith(1908~2006)의 표현대로 '풍요로운 사회'가 도래한 것이다.

당시 사람들에게 이러한 번영은 영원히 지속될 것처럼 느껴졌다.

예컨대 유엔 보고서는 "성장추세가 1970년대 초중반에도 1960년대와 마찬가지로 계속될 것임을 의심할 만한 특별한 이유가 전혀 없다"고 밝혔다. 또 경제협력개발기구OECD는 1970년대의 예상 성장률을 상향 조정하기도 하였다. 뒤에서 좀더 살펴보겠지만 정치적으로 좌파 진영에 속하는 사회민주주의자들까지도 이러한 낙관주의의 포로가 되어 있었다.

그러나 선진자본주의의 이러한 번영과 그에 따른 낙관적 분위기는 어디까지나 대다수 인류가 여전히 가난과 질병에 시달리고 있는 가운데 빚어진 것이었다. 좀더 정확히 표현하면 선진자본주의 번영의 상당 부분은 저개발 혹은 개발도상에 있는 국가들의 저임금 노동력을 희생하여 이루어진 것이었다. 게다가 1950~60년대에 걸친 선진자본주의의 번영도 역사상 그 유례가 없는 것이기는 하지만 여전히 특정 시기에 나타나는 일시적 현상에서 벗어나지 못했다. 케인스주의적 처방에 따른 일련의 개혁에도 불구하고 자본주의에 내재해 있는 모순은 결코 해결되지 않았던 것이다. 다만 그 모순의 폭발이 완화되거나 유보된 것에 불과했음이 드러났다. 1970년대를 넘어서면서 선진자본주의는 그간의 장기호황을 되갚기라도 하듯 장기불황의 늪에 빠져들었던 것이다.

복지국가와 사회민주주의

케인스주의의 일차적 목표는 대공황의 예방에 있었지만 궁극적으로 혁명의 위협을 제거하고 자본주의 체제의 정치적 안정을 확보하는 것이었다. 이를 위해서는 일정한 양보를 통해 노동계급을 자본주의 틀 안에 묶어두는 것이 필수적이었다. 케인스가 자신에 대한 비판자들을 향해 "타협하라! 타협하지 않으면 모두가 망한다"고 거듭 강조했던 것은 이러한 문제의식을 표현한 것이다.

노동계급에 대한 양보를 구조화하기 위해 케인스주의가 창조해낸 소득의 시간적 재분배 시스템을 제도적 바탕으로 한 국가 주도의 소득 재분배 시스템이 고안되었다. 곧 미래소득을 끌어다가 노동계급에게 우선 배분한 것이다. 이러한 과정을 통해 계급타협을 기초로 한 복지국가 모델이 탄생하였다.

놀라운 사실이지만 자본주의 역사에서 사회복지제도가 본격적으로 도입된 것은 2차 세계대전을 경과하면서부터다. 이 사실은 자본주의 국가에서의 사회복지가 어떤 배경에서 태동하였는지를 설명해준다. 사회복지제도는 대공황으로부터 촉발된 자본주의 체제의 심각한 위기에 대한 수습책의 일환으로 도입된 것이다. 이러한 맥락에서 복지국가는 선진자본주의 국가에서는 정치적 좌우를 떠나 일반적인 지지를 받는 모델이 되었다. 독일에서는 보수우파인 기독민주당이 복지정책을 주도하기도 하였다.

하지만 복지국가와 관련해서 가장 주도적 역할을 수행한 것은 영국의 노동당과 스웨덴의 사회민주당을 포함한 사회민주주의 정당들이라고 할 수 있다. 사회민주주의 정당들에게 사회복지는 자신들의 정체성이나 다름없었다. 그런 점에서 유럽의 사회민주주의 정당의 역사를 바로 이해하는 것은 복지국가의 실체를 파악하기 위한 필수조건이다.

유럽의 사회민주주의 정당들은 대체로 19세기 말에서 20세기 초에 마르크스주의의 영향과 노동조합의 확대를 바탕으로 태동하였다. 이들 정당은 비교적 빠르게 성장하였고 큰 어려움 없이 30퍼센트의 지지를 획득하는 데 이르렀다.

이러한 고속성장의 촉매제가 된 것은 다름 아닌 선거권 확대였다. 소수 자산가계급만이 선거권을 행사하고 있던 시기에 사회민주주의 정당들은 노동계급과 여성으로의 선거권 확대를 위해 필사적으로 투쟁했다. 마침내 투쟁에서 승리하면서 새롭게 선거권을 획득한 다수의 노동자와 여성들이 자연스럽게 사회민주주의 정당에 표를 던졌다. 이렇듯 유럽에서의 사회민주주의 정당의 역사는 대체로 선거권 확대의 역사와 밀접한 연관을 갖고 있다.

그런데 사회민주주의 정당들이 너무나 빨리 제도권에 안착하면서 근본적인 문제가 발생하였다. 의석 확보는 그 자체로서 기존 권력의 일부를 향유하는 것이기도 하였다. 노동계급의 투사들은 그러한 권력의 단맛에 쉽게 매료되었고, 시간이 흐르면서 그들의 의식은 자본주의 체제 내부에 갇히게 되었다. 그 후부터 사회민주주의 정당들은 대체로 폭력적 방법을 거부하고 제도 변화를 통해 점진적인 사회개혁을 추구하는 경향을 보였다. 또 자본주의 제도를 인정한 조건에서 국가의 개입을 통해 노동자의 생활수준을 향상시키는 데 주력하였고 이를 통해 자본주의 사회의 통합과 안정에 기여하기도 하였다. 말하자면 사회민주주의는 계급 대립과 계급 타협의 양면성을 갖게 된 것이다.

1차 세계대전 직후 끔찍한 경험을 한 유럽 민중은 기존 질서에 대한 정치적 반작용으로 사회민주주의 정당을 적극 지지하였다. 그 결과 대부분의 사회민주주의 정당들이 종전과 함께 집권에 성공하였다. 세계대전이라고 하는 파국적 상황이 예기치 않은 선물을 안겨준 것이다. 다만 단독 집권이 아닌 온건한 보수세력의 지원을 얻거나 그들과 연립정부를 수립하는 형태로 집권하였다.

영국 노동당은 1922년 총선거에서 제2당이 되었고, 1924년 자유당의 협력을 얻어 맥도널드 내각을 성립시켰다. 프랑스 사회당의 전신인 사회주의인터내셔널 프랑스 지부SFIO는 공산당 등과 함께 인민전선을 형성하여 1936년에 연립내각을 구성하였다. 혁명의 전통이 여전히 가슴속에 끓고 있던 프랑스 노동자들은 인민전선 집권과 함께 즉각적으로 공장 점거에 돌입하기도 하였다. 독일은 사회민주당이 1919년 총선거에서 제1당이 된 뒤 여러 정치세력을 포괄한 바이마르공화국을 수립하였다.

당시 바이마르공화국은 가장 민주적인 헌정체제를 수립하였음에도 불구하고 1차 세계대전 패배의 후유증으로 상당한 고전을 겪어야 했다. 신화 속에서나 가능할 법한 천정부지의 인플레이션은 그

대표적인 현상의 하나였다. 시간이 흐르면서 극단적인 상황은 진정되었으나 그 사이에 사회민주당은 대중의 지지를 상당부분 상실하고 말았다.

이렇듯 유럽의 사회민주주의 정당들이 집권세력으로서 나름대로 수업을 쌓고 있을 무렵 모든 것을 뒤흔들어놓은 상황이 발생했다. 바로 대공황이 엄습한 것이다. 자본주의 체제 내부에서의 개혁을 추구하고 있던 사회민주주의 계열의 정당 입장에서 볼 때 대공황은 개혁의 밑그림을 엉망으로 만들어버리는 사건이었다. 결국 대공황의 일격 앞에 대부분의 사회민주주의 정당들은 극도로 무기력해졌고, 갈피를 잡지 못한 채 자신의 정치적 입지 축소를 그저 바라봐야 했다.

독일 사회민주당은 대공황에 대해 이렇다 할 대책을 내놓지 못한 가운데 나치와 공산당의 급성장을 맥없이 지켜봐야 했고, 결국 권력을 상실한 상태에서 나치의 집권을 맞이하고 말았다. 사태가 이렇게 전개된 데는 공산당과의 격렬한 투쟁이 크게 한몫했다. 독일 공산당은 사회민주당을 개량주의 세력으로 규정짓고 주요 타격 대상으로 삼았다. 그 결과 사회민주당과 공산당은, 눈앞에서 진짜 적이 급부상하고 있음에도 불구하고 서로를 타격하는 데 힘을 소진하고 말았다. 공산당은 이후에 소련의 권고로 파시즘의 위협에 공동 대처하기 위해 사회민주당과의 통일전선을 모색했지만 매우 거칠기 짝이 없었고 그마저도 이미 때가 늦었다.

영국의 노동당 정부는 또 다른 지점에서 극도의 혼란에 빠져들었다. 맥도널드James MacDonald 수상은 급증하는 실업자를 구제할 목적으로 증세를 추진했으나 자본가계급의 반대로 난관에 봉착하였다. 결국 맥도널드 수상은 보수파의 협력을 이끌어내기 위해 보수파가 참여하는 거국내각 구성을 추진하였다. 그러자 당이 강하게 반발하면서 맥도널드를 제명하는 사태가 발생하고 말았다. 이러한 혼란은 이어진 총선거에서 노동당 의석수가 4분의 1로 축소되는 결과를 낳고 말았다. 그 후 영국 노동당은 2차 세계대전 시기에 파시즘에 대항할 목적으로 보수당 주도의 연립내각에 참여하면서 전후 복지정책에 대한 합의를 이끌어내는 데 주력하였다.

전통적 사회주의자 입장에서 보자면 자본주의의 모순이 극렬하게 폭발하는 대공황의 시기는 매우 좋은 기회이기도 하였다. 자본주의 체제 극복에 대한 절박감이 그 어느 때보다도 강렬할 수 있기 때문이다. 독일에서의 공산당의 약진은 이를 반증하는 것이었다. 하지만 이미 자본주의 체제의 기득세력으로 자리잡고 있던 사회민주주의 정당들은 그럴 안목도 능력도 상실한 상태였다. 그 결과는 앞서 살펴본 것처럼 사회민주주의 정당들이 대공황을 정치적 도약의 기회로 삼기보다는 거꾸로 대공황의 격랑 속으로 휩쓸려가는 것으로 나타났다. 이러한 가운데 거의 유일하게 스웨덴 사회민주당만이 전혀 다른 행보를 취함으로써 이후 북유럽 모델의 기초를 닦는 데 성공할 수 있었다.

스웨덴 사회민주당은 다른 유럽의 사회민주주의 정당처럼 1차 세계대전 이후 좌우 여러 정당들과 함께 연립내각을 구성하고 있었다. 그러던 중 대공황을 맞이하였는데, 개방적 시장경제를 유지하고 있던 스웨덴은 한층 심각한 타격을 받게 되었다. 만약 여기서 어정쩡한 태도를 취했다면 스웨덴 사회민주당 역시 유럽의 다른 사회민주주의 정당과 비슷한 운명을 겪었을 것이다.

무언가 중대한 선택을 해야 하는 상황에서 스웨덴 사회민주당은 연립정부에 고율의 상속세 법안을 제출하였다. 예상했던 대로 법안은 우파 정당의 반대로 통과되지 못했다. 그러자 사회민주당은 상속세 법안 거부를 명분으로 주저없이 연립정부에서 탈퇴하였다. 아울러 야당 입장에서 맞이한 1932년 총선거에서는 사회주의적 색채가 짙은 계획경제 도입을 주장하였다. 이때는 케인스가 그의 이론을 정립하기 이전이었다. 사회민주당의 파격적인 주장에 유권자들은 호응했고 결국 사회민주당은 40퍼센트의 득표로 단독집권에 성공하였다. 이 순간부터 사회민주당은 이후 스웨덴 혹은 북유럽 모델로 알려진 제도들을 하나씩 도입하기 시작했다.

비교적 오랜 시간에 걸쳐 정착된 스웨덴 모델의 골격은 대략 이런 것이다. 첫째, 노동조합 조직률을 최대 90퍼센트 수준으로 끌어올리는 것을 기초로 연대임금제를 도입함으로써 노동계급의 힘을 극대화시켰다. 연대임금은 동일노동 동일임금을 실제적으로 적용함으로써 노동계급 내부의 임금 격차를 최소화한 것이다. 이는 임금 격차에 따른 노동계급의 내분을 방지하는 데 궁극의 목적이 있었다. 둘째, 노동계급의 탄탄한 역량을 바탕으로 자본가계급으로 하여금 복지정책에 승복하도록 하는 계급대타협을 추진했다. 이처럼 스웨덴에서의 계급대타협은 노동계급의 주도성이 관철되는 가운데 성립되었다. 셋째, 적극적 시장개방 정책과 생산성이 낮은 부문의 노동력을 높은 부문으로 재배치하는 능동적 구조조정을 통해 생산성을 지속적으로 상승시켰다. 이를 통해 사회적 재분배 능력을 강화했다. 곧 자본가가 노동자에게 양보하면서도 적정한 이윤을 보장받을 수 있는 조건을 창출한 것이다. 처음부터 성장과 분배 문제를 분리시키지 않고 통합적으로 접근한 경우라고 할 수 있다. 이러한 정책

구사는 성공적인 결과를 낳았고, 덕분에 스웨덴 사회민주당은 장장 50년간에 걸친 장기집권에 성공하게 되었다.

그러나 스웨덴 모델의 성공과 관련하여 결코 **빼놓을 수 없는** 매우 중요한 사실이 하나 있다. 2차 세계대전 중 스웨덴은 표면상 중립을 지켰지만 속내는 양쪽 진영 모두에게 무기를 판매하는 것이었다. 이 과정을 통해 스웨덴 경제는 대공황의 위기에서 벗어나 비약적으로 발전했고, 이후 복지국가 운영에 필요한 안정적인 재정 기반을 마련하였다. 보기에 따라 매우 현명하게 보일 수도 있고 기회주의적으로 보일 수도 있는 스웨덴의 처신은 냉전시대에도 그대로 이어졌다. 곧 스웨덴은 줄곧 중립국을 표방하면서 자본주의와 사회주의 진영 모두로부터 실리를 챙겼던 것이다. 세계의 분열을 이익 극대화의 기회로 활용했던 점이야말로 스웨덴의 또다른 성공비결이었다.

제2차 세계대전이 끝난 직후 연합국에 점령된 서독을 제외하고는 서유럽의 교전국들 모두에서 사회민주주의가 우세한 지위를 차지하거나 집권에 성공하였다. 일순간에 정치적 주류로 등장한 사회민주주의 정당들은 대공황 시기의 뼈아픈 실패를 곱씹으면서 한번 거머쥔 기회를 놓치지 않기 위해 나름대로 최선을 다했다. 다행히도 그들을 둘러싼 환경은 이전 시기에 비해 한층 호전되어 있었다. 파시즘의 등장 가능성은 적어도 당분간은 희박해보였을 뿐 아니라 보수파까지도 케인스주의에 기초한 복지국가 모델에 동의하고 있는 추세였기 때문이었다. 더욱이 2차 세계대전 중에 이미 복지국가 모델 도입에 성공한 스웨덴 사례가 있었다.

이러한 시대적 분위기 속에서 서유럽과 북유럽 국가들 대부분이 복지국가로 자리잡게 되었는데, 이는 공공지출 중 복지비용이 차지하는 비중을 통해 뚜렷이 확인된다. 서유럽과 북유럽의 선진자본주의 국가들 대부분이 정부 예산의 60퍼센트 이상을 복지비용으로 지출하였다. 또 사회복지활동 종사자는 공공부문 중 최대 고용집단을 형성하게 되었다. 영국에서는 공공부문의 40퍼센트, 스웨덴에서는 공공부문의 47퍼센트 정도가 사회복지 분야에 종사하고 있었다.

물론 이 같은 복지국가 모델은 높은 노동생산성과 지속적인 경제성장을 필수조건으로 하였다. 곧 자본가계급의 입장에서 복지비용을 부담하면서도 적정한 이윤을 보장받을 수 있을 때 가능한 것이었다. 좀더 정확히 표현하면 복지비용 부담과 이윤 사이에 특별한 대립이 발생하지 않는다는 전제조건이 확보되어야 했다. 1950~60년대의 장기호황은 바로 그 같은 조건을 충족시켜 주었다고 할 수 있다. 이 시기에 지출된 사회복지비용은 노동생산성 향상을 촉진하고 소비재 판매시장을 확대함으로써 궁극적으로 이윤율 상승에 긍정적으로 기여하였다. 이는 뒤집어서 말하면 경기가 불황국면으로 돌아서고 복지비용 부담이 이윤을 심하게 압박하고 있다고 느낀다면 복지국가는 바탕에서부터 흔들릴 수 있다는 것이기도 하였다. 이후 실제 그런 일이 일어났지만 말이다.

여기서 우리가 주목해야 할 또 하나의 사실은 복지국가 모델은 '사회적 합의' 혹은 '합의 정치'를 바탕으로 성립되었다는 점이다. 집권에 성공한 사회민주주의자들은 자본주의를 폐기할 의사도 없었고 또 어떻게 자본주의를 폐기해야 하는지에 대해 전혀 알지 못했다. 그들이 원하는 최상의 목표는 자본주의 제도를 유지하는 조건에서 복지정책에 대한 사회적 합의를 이끌어내는 것이었다. 사회주의 진영으로부터의 체제 위협은 자본가계급이 그러한 사회적 합의에 좀더 쉽게 응하도록 하였다. 이런 점에서 보자면 복지국가는 사회주의 혁명의 부산물이기도 하였다. 실제로 소련의 위협이 사라지면서 자본가계급은 복지정책에 대한 사회적 합의를 경쟁적으로 철회하기 시작했다.

이로부터 복지국가 모델은 특수한 역사적 국면에서 작동 가능한 것이었음이 확인된다. 추상적 개념이 아닌 역사 속의 실재로서 복지국가 모델은 사회민주주의 정당과 노동운동이 계급타협을 추구했다는 사실이 아니라 자본가계급이 계급타협을 수용했다는 데 그 핵심이 있었다. 곧 복지국가 모델은 자본가계급이 노동계급에게 양보할 경제적 능력이 있고 그럴 의사가 있는 조건에서만 가능했던 것이다. 바로 이 점이야말로 동일하게 사회민주주의 정당이 집권했음에도 불구하고 2차 세계대전 이전과 이후에 상반된 결과가 나타난 진정한 요인이다.

결론적으로 복지국가는 일부 순진한 사람들이 생각하는 것처럼 모델을 차용하기만 하면 언제 어디서든지 유사한 결과를 낳는 것이 결코 아니었던 것이다.

체제에 대한 도전, 68혁명

　　　　　　　　　　외관상 튼튼하게만 보였던 황금기의 자본주의가 불시에 혁명의 물결에 휩싸이면서 체제의 취약성을 드러내고 말았다. 대중행동에 의한 혁명의 가능성을 뇌리에서 지워버리고 있던 사람들에게 이 순간은 한없이 불가사의하게 느껴질 수밖에 없었다. 68혁명은 그렇게 갑작스러우면서도 예기치 않은 모습으로 자본주의 세계를 강타했다.

　　자본주의가 케인스주의를 바탕으로 장기간에 걸친 안정된 호황을 누리던 시기는 사회혁명을 꿈꾸던 사람들 입장에서 보면 지극히 혼란스럽기 그지없던 시기였다. 이 시기 자본주의는 강력한 경제 발전을 바탕으로 모든 불만 요소들을 체제 내부로 흡수하고 있었다. 노동자들은 나름대로 만족스런 삶을 향유하면서 자본주의에 대한 저항을 포기해갔다. 적어도 현상으로는 그렇게 보였다. 그 결과 선진자본주의가 자기 안에 내재되어 있던 모순을 극복하는 데 성공했다는 생각이 널리 확산되기에 이르렀다.

　　이러한 맥락에서 사회민주주의자들 중에는 골치 아픈 혁명 없이 자본주의 자체의 발전과 함께 모든 문제가 원만하게 해결되기를 희망하는 경우가 많았다. 심지어 영국인 앤서니 크로스랜드Anthony Crosland는 그의 저서 《사회주의의 미래Futuer of Socialism》에서

"1950년대 영국을 두고 자본주의 사회라 부르는 것은 적절하지 않으며, 계급투쟁은 이미 과거의 일이 되었다"고 주장하기도 했다. 또 1930년대 마르크스주의 전파에 앞장섰던 존 스트래치John Strachey 는 "대중민주주의와 케인스가 발견한 정부의 개입주의 덕분에 자본주의가 '계획'되고 있다"고 말하기도 했다.

이러한 낙관적 개량주의의 다른 한편에 비관적 혁명주의가 별도의 흐름을 형성하고 있었다. 미국의 마르크스주의자 폴 바렌Paul Baran과 폴 스위지Paul Sweezy는《독점자본주의Monopoly Capitalism》에서 "선진국 노동자계급이 더 이상 자본주의를 위협하지 못할 것이며, 그러한 위협은 과거 식민지였던 '제3세계'나라들로부터 형성될 것"이라는 결론을 내렸다. 반체제 사회학자 라이트 밀즈Wright Mills는 조금은 다른 각도에서 잠재적인 변혁의 주체는 노동자가 아니라 학생과 지식인이라고 보았다. 비슷한 맥락에서 프랑스의 앙드레 고르즈André Gorz는 "가까운 미래에 노동자대중을 혁명적 대중 파업으로 몰고갈 정도의 극적인 위기가 유럽 자본주의에 찾아오는 일은 없을 것"이라고 단언했다.

두 가지 입장은 상반된 듯이 보이지만 매우 중요한 지점에서 공통점을 갖고 있다. 선진국의 노동자계급은 혁명성을 상실했다고 보는 것이다. 하지만 이러한 사고는 68혁명을 통해 분명히 드러났듯이 현상의 표면만 보고 그 이면을 들여다보지 못한 결과였다.

일상 시기에 선진자본주의 국가의 노동계급 모습은 분명 혁명과 거리가 먼 듯이 나타났다. 그들은 체제변혁에는 별다른 관심을 기울이지 않았고 주로는 경제적 이익을 증대시키는 데 주력했기 때문이다. 노동조합은 이러한 노동자들의 요구에 순응하였고 그에 따라 노동자들의 모습은 지극히 실용주의적 방향으로 굳어졌다. 그럼에도 불구하고 노동자들은 체제로부터의 발생하는 소외감과 상대적 박탈감, 분노 그리고 사회모순에서 파생하는 갖가지 상처로부터 한순간도 자유로울 수 없었다. 이러한 소외, 분노, 상처는 오랜 시간 축적되면서 어느 순간 거대한 폭발을 일으킬 잠재적 에너지가 되었다. 대부분의 경우 당사자조차 감지하지 못한 채 지나갈 수 있지만 역사는 이 점이 부인할 수 없는 진실임을 입증해주고 있다. 68혁명은 바로 그러한 잠재적 에너지가 폭발하는 과정이었다.

특징적인 것은, 68혁명에서 노동자대중의 투쟁을 자극하는 선두주자로 나선 것은 대학생이었다는 사실이다. 대학생은 2차 세계대전 이후 그 수가 급격히 확대되면서 과거 지배 엘리트로 흡수되던 시기와는 확연히 다른 처지에 놓여 있었다. 대학생들 다수의 일상은 고급 노동력 수요의 충당이라는 정책적 요구에 의해 지배되고 있었다. 그로 인해 대학생들 내면에는 노동자들과 비슷한 소외와 분노가 축적되었다. 이러한 사실은 68혁명의 원류가 되었던 미국 버클리 대학의 1964년 12월 2일 집회에서 확연하게 그 단초를 드러냈다. 6000여 명의 학생들이 참여한 집회에서 21세의 학생 마리오 사비오 Mario Savio는 다음과 같은 내용의 연설을 했다.

만약 대학이 하나의 기업이고 대학 이사회가 회사의 이사회이며 커 총장이 사실상의 경영자라고 한다면, 교직원들은 종업원이 되며 우리들은 생산 원료가 된다. 그러나 우리는 아무 생산물이나 만들 수 있는 원료가 아니다. 또 대학의 일부 고객들에게 팔리는 것으로 끝나는 원료가 아니다. 우리는 인간이다.[2]

다소 관념적이기는 하지만 당시 학생들의 문제의식을 잘 드러낸 연설임이 분명하였다. 학생들은 인격체가 아니라 대학이라고 하는 대량생산 시스템에서 만들어지는 하나의 상품에 불과하다는 것을 절실하게 토로하고 있는 것이다. 이러한 불만은 학생들로 하여금 정치·사회적 이슈들에 한층 민감하도록 만들었다. 그리하여 미국에서는 베트남전 개입으로 인한 반전투쟁과 인종차별에 대한 항의가 대학가를 뒤덮었고, 마침내 전사회적인 투쟁으로 발전하였다.

미국에서 불붙기 시작한 투쟁은 베트남전 반대투쟁을 매개로 유럽으로 번져갔다. 투쟁은 1968년 각국의 사정과 결합한 다양한 이슈를 제기하면서 연속적인 폭발음을 냈다. 서독, 이탈리아, 포르투갈, 스페인 등이 투쟁의 불길에 휩싸였고 상대적으로 극적 사건이 적었던 영국에서조차 투쟁은 가파른 상승세를 탔다. 그뿐 아니라 체코 프라하에서 소련의 간섭과 관료 지배에 반대하는 투쟁이 벌어지는 등 투쟁의 회오리는 동구권 일원을 강타하기도 하였다. 이러한 가운데 68혁명을 통틀어 가장 극적인 장면이 1968년 5월 프랑스에서 연출되었다.

1960년대 프랑스는 드골Charles De Gaulle 정부 치하에 있었다. 드골 정부는 강한 프랑스 재건을 내걸고 고속성장 정책을 추진하고 있었다. 그로 인해 노동자를 비롯한 프랑스 민중은 이중의 고통을 감내해야 했다. 1966년까지 프랑스 노동자들은 유럽 공동시장 안에서 두 번째로 낮은 임금을 받고 있는데다 가장 긴 노동시간에 시달리고 있었다. 게다가 세금까지 가장 많이 내야 했다. 이러한 상황은 드골 정부의 권위주의적 통치에 의해 합리적 해결이 봉쇄되었다. 가령 임금과 고용 정책은 노조와 상의하지 않은 채 시행되었고, 국영 라디오와 TV 방송은 노골적으로 정부의 통제를 받았다. 그 결과 노동자들 사이에 불만이 광범위하게 쌓여가면서 프랑스 사회는 폭발의 순간만을 기다리는 거대한 화약고가 되어가고 있었다.

그런데 바로 화약고에 불을 붙이는 사건이 예기치 않은 지점에서 터졌다. 학생투쟁이 불붙으면서 경찰의 저지선을 돌파한 것이다.

프랑스 대학생들의 처지는 정부의 긴축정책 때문에 매우 궁핍한 상태에 놓여 있었다. 경제적 수요를 충당하기 위해 대학생 수는 급속히 팽창했지만 그에 맞게 대학 환경 개선 작업이 이루어지지 못했던 것이다. 그 때문에 대학생의 5분 3이 학업을 제대로 마치기가 어려웠다. 이러한 요인들은 체제 자체로부터 오는 소외감과 결합되어 프랑스 대학생들을 적절한 계기가 주어지면 일거에 폭발할 수밖에 없는 집단으로 만들어버렸다.

1968년 3월 22일, 파리 외곽에 있는 낭테르 대학에서는 반전시위대에 대한 경찰의 폭행에 항의하는 집회가 열렸다. 집회에서는 투표를 통해 하루 동안 본관을 점거하기로 결정했다. 하지만 점거농성은 1만 2000명의 학생 중에서 불과 142명만이 참가했을 뿐이다. 이들이 소수의 위치에서 벗어나는 데 결정적인 도움을 준 것은 바로 대학당국과 경찰이었다. 대학당국이 강의실과 도서관을 폐쇄해버리고 주동 학생들을 징계조치함과 동시에 경찰이 핵심 인물을 체포·구금하자 그에 항의하기 위하여 일단의 학생들이 소르본 대학으로 진입했다. 바로 여기서 대학의 학장과 교육장관이 학생투쟁의 확산에 결정적으로 기여하는 조치를 취하고 말았다. 파리 대학교 전체를 폐쇄할 것임을 발표한 것이다. 동시에 경찰이 학내에 투입되어 집회에 참가한 500명의 학생들을 체포하였다.

사태는 일순간에 돌변했다. 그동안 무관심한 태도를 취했던 일반 학생들이 대거 투쟁에 가세하기 시작한 것이다. 마침내 2000~3000명쯤 되는 학생들이 가두로 진출하여 경찰저지선을 향해 몰려들었다. 경찰의 대응은 한마디로 거리를 쓸어버리는 것이었다. 누구든 학생처럼 보이기만 하면 곤봉을 휘둘렀고, 아무나 모여 있기만 하면 최루탄을 퍼부어댔다. 최루 가스에는 며칠 동안 시력을 잃게 하고 경련과 구토를 일으키는 성분이 포함되어 있었다.

경찰의 가공할 폭력은 학생과 노동자, 시민들을 격앙시켰고 결국 이들의 동참을 이끌어내는 직접적인 계기가 되었다. 이러한 분위기에서 학생들의 호소로 5월 13일 노동자 파업을 포함한 대규모 시위가 추진되었다. 수십만의 노동자들이 하루 파업을 단행하고 수만 명에 이르는 학생들의 투쟁 대열에 합류하였다. 1944년 나치 점령에서 파리가 해방된 이래 최대 규모의 투쟁이 벌어진 것이다. 드골 정부는 이날의 시위가 학생 소요의 마지막일 것이라고 기대했다. 노조 지도자들 역시 그렇게 생각하고 있었다. 파업 시위를 통한 투쟁 지원은 그날 하루로 충분하다고 생각한 것이다. 그러나 대중의 바닥정서는 그들의 생각과는 전혀 다른 방향으로 흘러가고 있었다.

학생들과의 연대는 노동자 입장에서 볼 때 매우 유리한 결과를 안겨주었다. 무엇보다도 비교적 여유 있는 집안의 자제들로 구성된 학생들의 투쟁은 중산층의 호응을 이끌어내는 구실을 하였다. 노동자들 입장에서는 우호적인 시민 여론을 등에 업고 투쟁을 전개할 수 있는 절호의 기회이기도 했다. 마침내 5월 15일 낭트의 쉬드 아비아시옹과 클레옹의 르노 공장의 노동자들은 거의 동시에 공장 점거에 돌입했다. 노조 상층 지도부의 의중과는 무관하게 진행된 이 같은 투쟁은 일거에 전국으로 확산되었다. 불과 2~3일 만에 프랑스 전역이 파업 물결에 휩싸였고 900만에서 1000만 명을 헤아리는 노동자들이 파업에 참여하였다. 거대한 파업의 물결은 프랑스를 멈추게 만들었다. 거의 모든 공장과 조선소들이 작업을 멈추었고, 기차와 버스도 다니지 않았으며, 유류 공급이 중단되었고 은행도 문을 닫았다. 결국 병원, 극장, 박물관 등 노동에 의존하던 모든 기관이 운영을 중단해야 했다.

거대한 파업의 물결은 정부와 자본가가 그에 대항하기 위해 준비해둔 모든 장벽을 일거에 무너뜨렸다. 공무원들은 파업 전 5일 동안 경고기간을 갖도록 되어 있었다. 그러나 정부는, 이 기간을 무시하고 파업에 돌입한 교사나 우편 노동자들이라도 해직할 수 없었다. 사정은 사기업도 마찬가지였다. 고용주들은 5월 13일 파업은 정치파업이므로 참가자는 모두 해고하겠다고 으름장을 놓았지만 정작 직장폐쇄를 포함한 어떤 대응조치도 취할 수 없었다. 그들이 취할 수 있는 조치라고는 그저 이 사태가 하루 빨리 끝나기를 바라는 것뿐이었다. 그만큼 총파업은 위력적이었으며 여기서 한 걸음만 더 나아가면 해묵은 과제를 일거에 해결할 수도 있는 그런 상황이었다.

노동자 학생의 연대투쟁은 전문직에 기반을 둔 다른 사회계층의 투쟁을 자극했다. 체제에 불만을 품고 있던 건축가들은 그들의 활동을 규제했던 건축협회 사무실을 점거했다. 정부의 기획과 통계 업무를 담당하는 전문가들은 모임을 갖고 "이윤을 추구하는 자본"에 의해 그들의 기술이 착취당하고 있는 것을 비난하는 성명을 발표했다. 의대생과 인턴, 레지던트 등은 병원의 고질적인 위계질서 종식을 선언했다. 또 프로축구 선수들은 그들의 요구를 관철하기 위해 축구연맹 본부를 점거했고, 영화 제작자들은 영화산업을 자본의 지배에서 구제할 수 있는 방안을 모색하기도 하였다. 이러한 가운데 5월 24일 낭트와 렌에서 시위에 참가한 농민들이 노동자들의 투쟁을 적극 지지하고 동참할 것을 결의하였다.

사면초가에 빠진 프랑스 정부는 상황 통제 능력을 완전히 상실하고 말았다. 정부가 의존할 수 있는 마지막 수단은 군대와 경찰이었는데 이마저 사정이 여의치 않았다. 전체 16만 8000명의 군인 가운데 12만 명을 헤아리는 징집병들은 노골적으로 파업에 동조하고 있었다. 경찰은 경찰대로 강경진압의 책임을 자기들한테 떠넘기는 정부에 대해 불만을 품고 있었다.

이러한 가운데 중간층 여론은 이 혼란을 수습할 수 있는 길은 하루 빨리 좌파 정부가 들어서서 노동자들을 진정시키는 것뿐이라는 쪽으로 흐르고 있었다. 나름대로 파업대열 쪽에 승리의 손을 들어줄 마음의 준비를 하고 있었던 것이다. 모든 점에서 드골 정부가 상황을 역전시키는 것은 불가능해보였다. 그런데 바로 그때 드골의 노회한 정치력이 힘을 발휘하기 시작했다.

6월초, 독일 방문을 마치고 돌아온 드골은 자신의 지지자들로 구성된 대규모 파업반대 시위를 조직함과 동시에 파업 진영에 조기 총선거를 제안했다. 더불어 이 제안을 받아들이지 않으면 내전이 불가피함을 상기시켰다. 내전과 조기 총선거 중 하나를 선택하라는 것이었다. 이러한 드골의 정치적 협박은 곧바로 효과를 나타냈다. 파업을 이끌고 있던 공산당과 프랑스 노동총동맹CGT(Confdration Gnrale du Travail) 지도부는 조기 총선거를 받아들이는 것으로 결론을 내린 것이다. 이어지는 그들의 행동은 불만스러워하는 노동자들을 설득하여 파업을 중단시키는 것이었다. 파업의 여진은 6월 한 달 내내 계속되었지만 공산당과 CGT의 결정을 넘어서지는 못했다. 무려 1000만에 가까운 노동자가 참여한 사상 초유의 파업투쟁은 이렇게 해서 막을 내렸다.

공산당과 CGT가 내전과 총선거 중 하나를 선택하라는 드골의 협박에 넘어간 것은 그들의 심각한 정치적 무능력을 드러내는 것이었다. 그들은 내전 발생 가능성을 두려워했지만 사실 내전 가능성은 희박했고, 설령 드골 측에서 내전을 시도했다고 하더라도 이는 오히려 혁명의 눈부신 승리에 기여할 가능성이 높았다. 왜냐하면 당시 시민의 여론은 군부대 투입에 대해 매우 부정적이었을 뿐 아니라 결정적으로 군부대의 다수가 파업에 동조하고 있었기 때문이다.

그 무엇보다 큰 문제는 공산당과 노조 지도부가 정치적 승부에 결정적 영향을 미치는 중간층의 속성을 전혀 파악하지 못했다는 데 있었다. 중간층은 언제나 질서 회복을 희망하며 이를 주도할 권능을 가진 집단을 지지한다. 조금 전에 언급했듯이 파업이 절정에 이르렀을 때에는 중간층에 속하는 많은 사람들이 좌파 정부만이 이 질서를 회복할 수 있다고 믿고 있었다. 그런데도 좌파 진영은 이 점을 제대로 주목하지 않았다. 반면 드골 정부는 중간층의 속성을 정확히 간파하고 있었다. 그들은 의도적으로 질서 회복을 위한 갖가지 제스처를 취했고, 이를 통해 질서 회복은 오직 자신들의 권능에 속하는 것임을 입증했다. 파업대열에 대한 강력한 응징은 그러한 제스처의 일환이었다. 그러자 얼마 전까지 좌파 정부 수립을 통한 질서 회복을 바라던 사람들까지도 드골 정부 지지로 돌아섰다.

이 모든 것의 결과는 6월말 실시된 총선거에서 드골 측이 승리한 것으로 나타났다. 반면, 파업을 자제시키며 조기 총선에서 정치적 승리를 기대했던 좌파 연합세력은 쓰라린 패배를 맛봐야 했다. 다음 해 실시된 대통령 선거에서는 좌파의 대표주자나 다름없는 사회주의인터내셔널 프랑스 지부SFIO 후보 드페르Defferre가 5퍼센트의 지지밖에 얻지 못하는 부진을 보였다. SFIO는 이 충격으로 곧바로 사회당으로 명칭을 바꾸고 대대적인 체질개선 작업을 통해 집권에 다가서게 되었다.

프랑스 총파업투쟁의 진행 과정을 살펴보면 선진자본주의 국가에서조차 대중의 혁명적 열정이 오롯이 살아 있음을 확인할 수 있다. 대중 자신의 직접행동을 통해 상황을 혁명적으로 변화시킬 수 있는 가능성을 충분히 보여준 것이다. 하지만 그간의 제도권 안의 합의정치에 너무나 익숙해져 있던 좌파 정당과 노동조합 관료집단은 이러한 가능성을 제대로 읽지 못했다. 좌파 진영의 상층부는 대중의 직접행동을 통해 권력을 장악함과 동시에 부분적으로라도 아래로부터 새로운 권력을 창출할 가능성을 전혀 고려하지 못한 것이다. 그들의 사고 속에서 대중의 행동은 어디까지나 선거에 유리한 환경을 조성하는 수단에 불과했다. 결국 완벽하리만치 의회주의의 포로로 전락해 있던 좌파 상층부의 편향이 1968년 5월 사상 초유의 파업투쟁을 실패로 결말짓게 만들었다.

그럼에도 불구하고 68혁명은 역사적으로 매우 중요한 전환점이 되었고, 그 여진은 긴 시간에 걸쳐 계속되었다. 68혁명은 무엇보다도 일체의 권위주의를 부정하고 자유롭고 독립적인 개인과 그들 사이의 연대를 복원하는 출발점이 되었다. 이러한 반권위주의 투쟁 대상에는 전통적으로 진보적 색채를 띠었던 정당과 노동조합의 상층부까지를 포괄하는 것이었다. 이 경우는 이미 일련의 투쟁 속에서 자신의 한계를 드러내는 즉시 권위를 상실했다고 보는 것이 정확할 것이다. 이런 점에서 68혁명은 문화혁명으로서의 성격이 매우 강했다고 볼 수 있다.

이러한 68혁명의 성격으로부터 자연스럽게 시민사회의 자발적 네트워크에 의한 아래로부터의 운동이 새롭게 태동하였다. 의제 또한 평화, 인권, 생태, 인종, 여성, 소비, 공동체 등 인간 삶의 영역에 관계된 모든 것이 자유롭게 분출되었다. 그리하여 의제를 중심으로 한 수평적 네트워크가 사회운동 조직화의 중요한 형태로 떠올랐다. 이는 권위를 중심으로 위계질서를 갖춘 기존 사회운동과는 사뭇 다른 형태의 운동이 시작되었음을 의미하는 것이었다.

아울러 68혁명은 국민국가의 틀을 벗어나서 이전과는 사뭇 다른 의미의 세계성을 보여주었다. 68혁명은 자본주의와 사회주의 진영, 제3세계를 두루 망라하여 전개되었을 뿐 아니라 정보통신과 교통혁명을 바탕으로 각각의 투쟁은 신속하게 상호 영향을 미치면서 거대한 하나의 흐름을 만들어갔다. 가령, 파리의 학생들은 워싱턴의 동향에 촉각을 곤두세우면서 행동 여부를 판단하는 중요한 근거의 하나로 삼았다. 그러나 그 어느 곳에도 전세계적 투쟁을 이끌어가는 중심은 존재하지 않았을 뿐 아니라 그 필요성을 느끼는 사람도 없었다. 각자가 세계의 중심이었고 모두가 이를 인정하였기 때문이었다.

주 석

1   1944년 미국 브레튼우즈에서의 회의를 통해 수립되었다고 해서 붙여진 이름이다.

2   크리스 하먼, 이수현 옮김,《세계를 뒤흔든 1968》, 책갈피, 2004. 61쪽.

© 연합뉴스　　브라질 대선 결선투표를 앞두고 유세 중인 룰라

제3세계,
새로운 지평을 열다

냉전이라는 이름의 강제된 평화 속에서 미국을 중심으로 한 자본주의 진영과 소련을 중심으로 한 사회주의 진영은 각자의 질서에 따라 안정화되어 갔다. 자본주의 진영은 케인스주의 시스템 덕분에 이렇다 할 체제 위협 없이 안정을 누릴 수 있었고, 소련은 스탈린 시대 이후 상대적으로 평온한 시기를 누리고 있었다.

그러나 이 두 진영 사이에 광범위하게 존재하는 제3세계는 전혀 사정이 달랐다. 극히 일부를 제외하고는 대부분의 제3계 국가들은 격랑의 한 시기를 보내야 했다. 제3세계는 반복되는 정변, 혁명과 반혁명의 대결, 노골적인 강대국의 개입 등으로 한순간도 편하게 지낼 수 없었다. 한마디로 제3세계는 끊임없이 폭발을 반복하는 거대한 화산지대였다.

거듭되는 시련과 역경 속에서 제3세계 민중은 자신의 힘을 극대화할 수 있는 지점을 향해 거듭 앞으로 나아갔다. 그 과정에서 대중이 명실상부한 무대의 주역으로 떠올랐고 이를 통해 종전의 통념을 깨는 전혀 새로운 정치운동의 원리와 방법론을 창조하였다. 이는 곧 제3세계 민중이 21세기 새로운 지평을 여는 디딤돌을 마련했음을 의미하는 것이었다. 우리가 제3세계 민중의 투쟁에 주목해야 하는 이유가 바로 여기에 있다.

냉전의 최전선 한반도,
그 격정의 드라마

제2차 세계대전 종전과 함께 미
소간의 냉전은 두 나라 군대가 한반도를 분할점령한 것으로 가시화
되기 시작했다. 그로부터 한반도는 분단의 비운을 맞이하였다. 전범
국인 일본은 분단을 면하고 일제의 식민지배에 치열하게 저항한 조
선이 분단되는 기가 막힌 상황이 벌어진 것이다. 분단으로 인한 대
결구조가 한국전쟁으로 비화됨으로써 상황은 한층 비극적으로 흘
렀다.

그동안 한국전쟁의 기원에 대해서는 다양한 견해가 충돌해왔다.
그럼에도 불구하고 한 가지 분명한 사실은 당시 한반도의 모순구조
가 전쟁을 잉태하면서 이해당사자들은 그에 대비하고 있었다는 점
이다. 이 점에 관해서는 미국 역시 마찬가지였다. 한국전쟁을 집중
연구해온 미국의 부르스 커밍스Bruce Cumings는 기밀 해제된 미국
정부 자료를 바탕으로 다음과 같이 증언한 바 있다.

미 국방부와 중앙정보부 등 일부에서 공산주의에 대한 반격 전략
을 주장하고 대상 지역으로 동아시아가 자주 거론됐다. 미 국방부는
1950년 6월 중순 북한이 침략할 경우 신속히 후퇴해 다시 세력을 결
집한 뒤 인천항으로 상륙, 반격작전을 편다는 전쟁계획을 마련했다.[1]

결과적으로 한국전쟁의 초기 양상은 미국의 계획대로 진행되었다. 미국은 개전 초기 남한군의 거듭되는 패배를 부각시킴으로써 개입에 필요한 국내 여론을 조성할 수 있었다. 참전 명분을 유효적절하게 구사한 뒤 미군은 인천상륙작전의 성공을 통해 대반격에 나섰다. 미군은 '38선 회복'이라는 당초의 유엔 결의를 무시하고 승리의 여세를 몰아 곧바로 38선을 넘어 북으로 진격했다. 미군은 남한군과 더불어 압록강 가까이 진격함으로써 북한 전역을 손에 넣는 듯했다. 미군 최고사령관 맥아더Arthur MacArthur는 크리스마스를 고향에 가서 즐길 수 있을 것이라고 호언장담하였다. 그러나 한국전쟁은 북한 지역에서 유격전이 치열해지는 가운데 중국이 전격 참전함으로써 새로운 국면을 맞았다.

중국의 참전 동기는 매우 분명했다. 미국은 태평양을 사이에 두고 남한과 멀리 떨어져 있지만 중국은 북한과 국경을 맞대고 있었다. 이런 조건에서 북한 인민군이 설사 부산을 점령한다 해도 미국 본토가 군사적으로 위협을 받을 일은 전혀 없지만 중국으로서는 북한이 미국의 수중에 떨어질 경우 직접적인 위협을 받을 수 있었다. 실제로 당시 중국 최고지도부는 미국의 한국전쟁 개입은 궁극적으로 중국을 겨냥하고 있는 것으로 파악하고 있었다. 결국 중국은 자국의 안보를 위해 한국전쟁에 참전한 것이다.

이렇게 하여 한국전쟁을 통해 성격을 달리하는 두 개의 세계가 정면충돌하였다. 두 세계의 충돌은 서로 성격을 달리하는 두 힘의 충돌을 야기했으며 이는 두 세계의 군사작전을 통해 절묘하게 표현되었다.

본디 미국의 작전 교리는 자본주의의 높은 생산력을 바탕으로 한 뛰어난 기동성과 강력한 화력을 위주로 하고 있었다. 미 지상군은 트럭에 장비를 싣고 도로를 따라 이동하였고, 그것도 특별한 경우가 아니면 낮 시간에 국한되었다. 아울러 적군과 만나게 되면 일정한 거리를 두고 공군기의 지원 아래 압도적으로 우세한 화력을 이용해 적을 격퇴하는 것을 기본으로 삼고 있었다. 당연히 미국의 일차적인 전력 평가 기준은 보유하고 있는 군사장비의 우수성에 있었다. 이러한 맥락에서 미국은 군사장비 면에서 보잘것없는 북한과 중국의 전투력을 대단히 낮게 평가할 수밖에 없었다. 그러나 미국은 한국전쟁을 통해 자신들의 전쟁 교리로는 쉽게 설명할 수 없는 전혀 다른 전쟁 방식을 경험해야 했다.

북한의 인민군과 중국의 인민지원군(이하 조중연합군)은 미 지상군의 약점을 철저히 이용하는 방식을 취했다. 조중연합군은 미군이 움직이지 않는 야간에 작전을 전개했으며 마찬가지로 미군의 발길이 미치지 않는 산악지대를 통해 이동하였다. 이를 바탕으로 미군의 방비가 허술한 틈을 타서 야간 기습공격을 벌인 뒤 상대방과 뒤섞인 채 백병전을 전개했다. 이러한 백병전은 미군의 막강한 화력을 무력화하는 데 매우 효과적이었다. 아군과 적군이 뒤엉켜 있는 상태에서 총검을 휘두르는 것 이외에 다른 무기를 사용하는 것은 전혀 불가능했기 때문이다.

물론 이러한 전술을 구사하려면 특별한 조건이 필요하다. 먼저 산악지대에서는 길을 잃기 쉽기 때문에 지형에 대해 잘 알고 있어야 한다. 동시에 산악지대는 후방 보급이 여의치 않기 때문에 식량 등 보급물자를 현지에서 조달할 수 있어야 한다. 이러한 문제들은 인민의 협조를 얻으면 비교적 쉽게 해결될 수 있었다. 실제로 한국전쟁 시기 각 지역의 북한 인민이 조중연합군의 눈귀가 되고 손발이 되어준 것으로 알려지고 있다.

이러한 조건에서 조중연합군이 즐겨 사용한 또 하나의 전술은 미군의 후방을 교란하는 것이었다. 본디 미국의 작전체계는 전방은 직접 전투를 수행하고 후방은 보급을 담당하는 전후방의 유기적 협조를 바탕으로 하고 있었다. 그러나 조중연합군은 현지 조달을 통해 보급 문제를 해결할 수 있었기 때문에 전후방 구분이 별 의미가 없었다. 이러한 점을 이용해 조중연합군은 야간에 산악행군을 통해 전선을 손쉽게 돌파한 뒤 미군의 후방을 기습하는 작전을 전개할 수 있었다. 이를 통해 조중연합군은 미군의 후방 보급을 차단함과 동시에 앞뒤로 협공함으로서 괴멸적인 타격을 가할 수 있었다.

조중연합군이 사용한 또 하나의 전술은 심리전이었다. 전쟁도 사람이 수행하는 것이기 때문에, 전쟁을 수행하는 사람의 심리상태에 크게 영향을 받을 수밖에 없다. 아무리 무기 성능이 뛰어나다고 해도 그것을 사용해야 할 사람이 겁에 질려 있거나 의욕을 잃어버리면 무용지물이 될 수도 있는 것이다. 조중연합군이 즐겨 사용한 기습공격도 이러한 심리적 효과를 극대화하는 작용을 했다. 언제 어디서 적군이 나타날지 모르는 상황에서 미군은 항상 불안에 떨어야 했다. 아울러 조중연합군은 야간 기습공격을 가할 때에는 여러 가지 음향효과를 동원함으로써 미군의 불안심리를 한층 고조시켰다. 특히 인근 지역 주민이 가세하여 고함을 지르게 함으로써 실제 이상으로 병력이 많은 것처럼 느끼게 한 전술은 미군을 위축시키는 데 결정적으로 작용하였다.

이 같은 전술들이 효과를 발휘하면서, 압록강까지 진출한 미군은 거의 제대로 싸워보지도 못한 채 후퇴만 거듭하였다. 결국 미군은 새로 부임한 리지웨이 사령관 주도로 몰살작전을 전개함으로써 거듭되는 패배로부터 간신히 벗어날 수 있었다. 몰살작전은 영토를 빼앗는 것을 위주로 하는 종래의 작전과는 달리 인명 살상을 위주로 하는 작전이었다.

이로부터 전쟁은 그 어느 쪽도 완전한 승리를 거두지 못한 채 장기화될 조짐을 보였다. 그러자 곳곳에서 무의미한 살상과 파괴만 거듭 일삼는 전쟁을 중단하고 휴전협정을 체결하라는 여론이 확산되었다. 미국으로서는 휴전 성사 여부가 대통령 선거 결과에 지대한 영향을 주게 되었고, 비동맹국들은 휴전협정 체결 추진을 계기로 결속력을 다졌다. 극심한 파괴와 출혈을 경험한 북한과 중국 또한 휴전 성사를 최우선의 과제로 삼게 되었다.

결국 3년에 걸친 한국전쟁은 수백만의 인명을 앗아가고 국토의 대부분을 잿더미로 만든 상태에서 1953년 휴전협정 체결과 함께 일단 포성을 멈추었다. 휴전협정은 말 그대로 전쟁의 종결이 아니라 전쟁의 일시 중지일 뿐이었다. 휴전상태에서 미국은 3~5만에 이르는 대규모 군대를 휴전선 이남에 상주시켰다. 아울러 미국은 한국군에 대한 지휘권을 확보함으로써 한국군을 북한과의 대결구조에 편입시켰다. 북한 또한 이에 대처하기 위해 사력을 다하였다. 그리하여 한반도에서는 미국과 북한 사이의 첨예한 군사적 대치상태가 장기간 지속되었다.

1960년대 초반에 전후 복구 작업을 겨우 완료한 북한은 주변 상황으로 인해 극도의 긴장상태에 빠져들었다. 1960년 1월 19일 미일

안보조약이 개정됨으로써 미일군사동맹이 한층 강화되었다. 한미 군사동맹이 이미 구축되어 있는 조건에서 한일관계만 풀리면 한미일 삼각군사동맹이 구축될 수 있는 상황이었다. 그러던 중 1961년 남한에서 군사쿠데타가 발생하였다. 쿠데타의 주역은 일본 관동군 장교 출신 다카키 마사오, 곧 박정희였다. 예상대로 박정희는 한일관계 복원을 통해 한미일 삼각군사동맹의 남은 고리 하나를 연결시키는 데 앞장섰다.

누가 보아도 한미일 삼각군사동맹은 동북아시아에서 사회주의 진영에 대한 압박을 목표로 한 것이었다. 북한은 지정학적 위치로 인해 일차적 타격 대상이 될 수밖에 없었다. 위기의식을 느낀 북한은 신속하게 소련 및 중국과 군사동맹을 체결했다. 그러나 얼마 지나지 않아 북한은 소련과 중국은 결코 믿을 만한 상대가 아님을 깨달았다.

사실 북한 지도층은 오래전부터 소련을 신뢰하지 않았다. 무엇보다도 북한 지도층이 보기에 소련은 미국에 대해 심각한 콤플렉스를 갖고 있었다. 이 점을 여실히 보여준 역사적 사건이 '베를린 봉쇄' 시도였다. 소련은 1948년 6월 24일부터 1949년 5월 12일까지 베를린을 봉쇄함으로써 미국 관할 아래 있는 서부 베를린에 대한 물자 공급을 차단하려 하였다. 그러나 미국은 이를 무시하고 공군기를 통해 물자를 계속 실어 날랐다. 문제는 그 다음에 발생했다. 소련은 미국에 대해 이렇다 할 대응도 못하고 구경만 하고 말았다. 미 공군기를 격추하는 것은 아예 엄두조차 내지 못했다. 결국 소련은 미국과의 기 싸움에서 참패를 겪으면서 약점만 잡히고 말았다. 처음부터 베를린을 봉쇄하지 않은 것만 못한 꼴이 되고 만 것이다.

그렇다면 중국은 어떠한가. 북한 지도층의 눈에 비친 중국은 너무 극단적이었다. 나중에 살펴보겠지만 중국은 대약진운동, 우경적 개혁 시도, 문화대혁명 등 일련의 과정을 거치면서 거듭 극과 극을 오갔다. 북한 지도층은 이런 모습을 보면서 중국이 미국과의 관계에서도 그 어떤 극단적인 선택을 할지 모른다는 우려를 갖게 되었다.

결국 북한이 믿고 선택할 수 있는 유일한 카드는 단독으로 미국의 군사적 압력에 저항하는 것뿐이었다. 이는 경제 발전의 지체 등 엄청난 희생을 요구하는 것이었다. 그럼에도 불구하고 북한은 '전인민의 무장화, 전지역의 요새화, 전군의 간부화, 전장비의 현대화'로 표현되는 4대 군사노선을 통해 총력방위태세 구축으로 치달았다. 북한 인민은 한국전쟁의 악몽을 되새기며 결코 만만치 않은 이 길에 적극 동참하였다.

먼저 미국의 공습에 대비하여 대부분의 군사시설이 지하 요새에 설치되었다. 1990년대 초에 완성된 것으로 알려진 이러한 지하 요새는 미국의 어떤 최신예 폭격기로도 파괴할 수 없을 정도로 견고한 것이었다. 더불어 북한 전역에는 빈틈없이 방공망이 설치되었다. 요행히 미사일 공격을 피해 날아든 미 공군기가 있다 하더라도 지상에서 한꺼번에 발사되는 집중적인 고사포 공격으로부터 살아남기는 쉽지 않을 것으로 보고 있다.[2]

남쪽으로부터의 지상군 공격에 대해서도 역시 빈틈없이 대비하고 있는 것으로 알려지고 있다. 휴전선 근방의 최전선에는 견고한 지하격납고 속에 1만 3000문의 장거리 다연발 로켓포가 설치되어 있다. 다연발 로켓포는 사정거리가 70킬로미터로 미군의 로켓포에 비해 2배나 되며 파괴력도 가공할 수준인 것으로 알려져 있다. 만약

미 지상군이 남측으로부터 북한을 공격하면 이들 다연발 로켓포가 일제히 불을 뿜으며 미군기지를 일거에 박살낼 수도 있다. 이 점은 이후 주한미군으로 하여금 기지를 한강 이남으로 이전시키도록 하는 중요한 압력 요인으로 작용하였다.

미 해군의 함포 공격과 해병대의 상륙작전에 대한 대비 역시 마찬가지다. 널리 알려진 대로 미 해군의 함포 공격과 해병대 전력은 세계 최강을 자랑한다. 그러나 미 해군과 해병대도 북한에서는 통하지 않을 것으로 보인다. 북한 해안 전역에는 강력한 공격에도 버틸 수 있도록 바위지대를 뚫고 설치된 연안포대 미사일 기지가 자리잡고 있다. 아울러 연안에는 기뢰가 조밀하게 부설되어 있다. 이러한 방어망을 뚫고 북한 해안에 접근하는 것은 현실적으로 불가능에 가깝다. 아무리 성능이 우수한 최신예 함정이라도 기뢰나 대함순항미사일 공격에 취약할 수밖에 없다는 것은 그간 수많은 사례를 통해 입증되었기 때문이다.

이렇게 하여 북한은 영토 전체를 외부세력이 쉽게 발을 들여놓을 수 없는 난공불락의 요새로 만들었다. 이런 사실을 그 누구보다도 잘 알고 있는 것은 바로 미국이었다. 실제로 미국은 여러 차례 북한에 군사적 공격을 꾀한 적이 있었으나 막대한 피해가 예상되자 번번이 포기해야 했다. 이런 점에서 1968년 푸에블로호 사건은 미국으로서는 참으로 기억하기 싫은 장면 중 하나일 것이다.

베트남 전쟁이 확전일로로 치달음으로써 동아시아에서의 군사적 긴장이 한창 고조되던 1968년 1월 21일 미국 정보수집함 푸에블로호가 북한 영해를 침범한 나머지 북한 해군 함정에 의해 나포되었다. 나포 과정에서 미군의 저항이 있자 북한군이 발포하게 되어 미군 1명이 사살되고 4명이 부상을 입은 끝에 결국 82명의 미군이 포로가 되었다.

푸에블로호가 나포되자 미국은 일본 요코스카에 있는 세계 최강 7함대의 주력 기동부대를 북한 해역으로 급파하였다. 구축함과 원자력잠수함, 보급함을 거느린 항공모함 엔터프라이즈호가 북한을 향해 진격해갔다. 그 뒤에는 또다른 3척의 항공모함을 중심으로 미군 함정이 대거 집결한 상태로 출동태세를 갖추었다. 동시에 수소폭탄이 탑재 가능한 B52 전략 폭격기, F4·F105 전투기 편대 수백 기가 남한의 오산과 군산 비행장으로 날아들었다. 미국은 자신만만했다. 북한이 굴복하는 것은 시간문제라고 보았다. 다행스럽게도 소련과 중국은 관망 자세만을 취하고 있었다.

그러나 미국의 생각과는 달리 북한은 초강수로 나왔다. 북한은 1968년 2월 8일 "눈에는 눈, 이에는 이, 보복에는 보복, 전면전에는 전면전"을 선포하면서 조선인민군과 각 준군사조직, 전인민에게 전시동원 태세를 명령했다. 북한의 태도는 협상의 여지조차 없이 전면 대결을 기정사실화하는 듯이 보였다. 의외의 강경대응에 놀란 미국은 주춤거리기 시작했다. 미국이 북한과의 기 싸움에서 밀리는 양상을 보인 것이다. 거의 동시에 미 해군 작전 입안자들 사이에서 북한을 침공할 경우 당장 전투기 100기 중 70~80기가 추락할 것이라는 예측이 나오고 있었다. 결국 미국은 조용히 물러나고 말았다.

문제는 그 다음부터였다. 북한은 푸에블로호 선원을 풀어주지 않은 채 미국에 대해 '과오를 인정하고 사과할 것, 재발 방지를 보장할 것' 등을 요구했다. 미국은 이를 전면 거부했다. 그 바람에 양측은 판문점에서 무려 28회에 걸쳐 회담을 거듭해야 했다. 하지만 시간은 북한 편이었다. 미국은 자국 내 여론의 압력을 견디다 못해 북한의 요구를 들어줄 수밖에 없었다. 그때서야 북한은 미군 포로들을 석방했다. 억류 236일이 지난 다음이었다. 약속한 대로 미국은 영해 침범 사실을 인정하는 사죄문을 발표했다. 미국 외교사상 처음 있는 치욕스런 순간이었다.

미국과의 군사적 대치상태의 지속은 북한을 줄곧 준전시상태에 묶어두었다. 그 같은 상황은 2007년 현재까지 무려 50년이 넘게 이어져왔다. 이는 미국과 군사적 대치상태를 경험한 나라로서는 가장 긴 시간에 해당하는 것이었다. 이 대목에서 많은 사람들은 미국 바로 코 밑에 위치해 있는 쿠바를 떠올린다. 하지만 쿠바는 미국과 소련의 암묵적 합의 덕분에 미국의 직접적인 군사적 위협에서 일정하게 비껴날 수 있었다. 또 미국과의 10년 전쟁을 경험한 베트남은 1975년 최종 승리와 함께 미국과의 군사적 대결상태에서 벗어났다.

이러한 북미 군사 대결을 떠나서는 북한 체제의 여러 특징을 제대로 이해할 수 없다. 가령 외부 세계에서 종종 거론되는 북한의 '개혁개방'은 그 필요성이 인정된다 하더라도 이러한 준전시 상황에서는 대단히 비현실적인 이야기가 될 수밖에 없다. 수령제로 표현되는 북한의 독특한 정치 체제 역시 마찬가지다.

일반적으로 전시 혹은 준전시 상황에 있는 나라들은 정치적 균열을 극도로 억제하는 속성을 보여준다. 약간의 균열도 치명적인 결과를 초래할 수 있기 때문이다. 그런데 북한은 지정학적 특성으로 인해 그러한 균열이 발생할 가능성이 매우 많은 나라였다. 인접한 소련과 중국의 영향력이 강하게 작용해왔기 때문이다. 1958년에 발생한 이른바 '8월 종파사건'도 주변 강대국의 정치적 개입과 연관이 있었다. 중국과 소련의 지원을 받은 일단의 세력들이 공공연하게 권력에 도전한 것이다. 이러한 정치적 도전을 극복하는 과정을 통해 북한은 최고지도자인 수령의 절대적 권위를 중심으로 일체의 정치적 균열을 배제하는 방식으로 국가를 운영하게 되었다.

이러한 수령제는 북한 사회가 높은 수준에서의 통합력을 바탕으로 미국의 위협에 맞설 수 있도록 하였다. 하지만 그 부작용 또한 만만치 않았다. 무엇보다도 수령의 요구에 맞게 사고하고 행동하는 데 익숙해지면서 인민 모두가 지나치리만치 순응적으로 되어버렸다. 이 점은 1990년대 위기의 순간에 사후적으로 확인되었다시피 사회의 역동적 발전에 상당한 제약 요인으로 작용하였다.

이러한 맥락에서 보자면 북한의 수령제는 아주 특수한 상황이 빚어낸 특수한 정치 시스템이라고 할 수 있다. 곧 일반적 기준에 입각해서 북한의 수령제를 악의 상징으로 보거나 반대로 그에 절대적 가치를 부여하는 것 모두 잘못된 태도다. 북한의 수령제는 시간이 흐르고 상황이 변화하면 어떤 형태로든지 변화할 수밖에 없을 것이다.

혁명의 활화산

제3세계는 과거 식민지를 경험하였다는 공통점을 지니고 있다. 한때 제3세계 일원임을 자처했던 중국조차도 20세기 전반기에 반식민지 상태에 있었다. 그런데 제3세계의 정치적 독립은 어떤 형태로든지 제국주의 지배에 맞선 힘거운 투쟁 과정을 통해 쟁취한 것이었다. 2차 세계대전 직후 유럽에서 사회민주주의 정당이 집권하면서 식민지 포기 정책을 취하기도 했지만 이 역시 식민지 민중의 투쟁에 대한 화답이었을 뿐이었다.

제3세계는 이 같은 역사적 경험으로 인해 사회혁명에 대해 정서적 친화력을 갖게 되었으며, 제국주의에 각을 세웠던 사회주의에 대해서도 우호적인 감정을 갖게 되었다. 이러한 현상은 독립 이후 자본주의적 발전을 추구하는 나라들에서조차도 폭넓게 나타났다. 예를 들면 독립 이후 인도를 이끈 네루Jawaharlal Nehru 수상은 소련에 대해 매우 우호적 태도를 취했으며 가급적 많은 사회주의 정책을 수용하기 위해 노력했다. 이러한 양상은 1970년대 이후 군사쿠데타가 발생한 아프리카 나라들에서도 나타났다. 예를 들면 1975년 군사쿠데타를 통해 마다가스카르를 장악한 세력은 사회주의에 대한 헌신을 약속했고, 콩고를 다스리고 있던 군부 역시 인민공화국으로서 성격을 강조하였다.

말하자면 제3세계는 때로는 수면 아래로 잠기기도 하고 때로는 수면 위로 치솟기도 하지만 항상 혁명의 기운이 감도는 지역이었다. 곧 언제든지 혁명의 불꽃이 다시 타오를 수 있는 상태였다. 그런데 식민지로부터 독립 이후 대부분의 제3세계 나라들은 새로운 모순에 직면해 있었다. 비록 정치적 독립은 이루었지만 강대국의 간섭과 경제 잉여 수탈은 계속되었고 그와 결탁한 토착 지배세력의 횡포 또한 갈수록 노골화되었다. 이러한 상황에서 제3세계 민중은 다시금 혁명투쟁에 자신의 운명을 걸 수밖에 없었다.

대략 1960년대까지 제3세계 혁명투쟁의 중심을 이룬 것은 농촌을 거점으로 삼은 게릴라 투쟁이었다. 이러한 게릴라 투쟁은 라틴아메리카 대부분을 휩쓸었으며 아시아와 아프리카의 상당수 나라들을 뒤흔들어놓았다. 그 중에서도 가장 대표적인 경우는 미국 코앞에서 성공한 쿠바 혁명과 거인 미국을 침몰시킨 베트남 전쟁이라고 할 수 있다.

카리브 해의 기습, 쿠바 혁명

쿠바는 콜럼버스가 처음 상륙한 곳이며, 수도 아바나는 아메리카 대륙에서 가장 오랜 역사를 지닌 도시다. 쿠바는 외부인들 눈에는 지상낙원으로 비칠 만큼 천혜의 조건을 갖추었다. 아울러 1950년대 후반 인구가 700만을 넘는, 카리브 해 최대의 국가이기도 하였다. 하지만 1950년대 후반까지 쿠바는 미국의 확고한 지배 아래서 장기간에 걸친 독재와 부패로 인한 극심한 빈부격차에 시달려야 했다. 당시 쿠바 민중의 삶이 어느 정도로 고통스러운 것이었는지는 농촌노동자들의 상태에 대한 다음의 보고서를 통해 명백히 드러난다.

앙케이트 조사 응답자 가운데 육류를 한 번이라도 먹어본 사람은 4퍼센트에 불과했다. 어류를 먹어본 사람은 1퍼센트 이하, 계란을 먹어본 사람은 21.12퍼센트다. …… 더욱이 평범한 음식물인 빵을 먹고 있는 사람조차도 농업노동인구의 3.36퍼센트에 지나지 않았다. …… 대부분의 병자는 전혀 치료를 받지 못하고 있다. …… 불과 8퍼센트만이 국가의 무료진단을 받고 있다.[3]

사정이 이러한데도 당시 마르크스주의 정당을 자처했던 인민사회당은 쿠바 민중의 혁명적 에너지를 결집하는 데 무능했다. 인민사회당은 상당한 지지 기반에도 불구하고 전체 민중을 하나의 행동으로 묶어낼 안목을 갖추고 있지 못했던 것이다.

쿠바 민중의 행동을 촉발한 계기는 전혀 엉뚱한 곳에서 마련되었다. 1953년 7월 26일 피델 카스트로Fidel Castro를 중심으로 하는 100여 명의 청년들은 바티스타Battista 정권의 보루였던 몬카다 병영을 급습했다. 이 기도는 실패로 끝났고 카스트로 등은 체포·구금되었다. 당시 인민사회당은 '몬카다 기습'을 모험주의라고 비난하였으나 카스트로가 재판정에서 행한 최후 변론 "역사는 나에게 무죄를 선고할 것"이라는 말은 곧 쿠바혁명의 출발점이 되었다.

1955년 카스트로와 그의 동료들은 사면으로 석방되었다. 당시 바티스타 정권의 눈에 카스트로 등의 행동은 분별없는 철부지들의 행동쯤으로 비쳤던 것이다. 석방된 카스트로와 그의 동료들은 멕시코로 망명하여 '7월 26일 운동' 결성을 시작으로 무장투쟁을 준비하였다. 마침내 1956년 11월 카스트로와 그의 동료들은 작은 요트 그람호를 타고 쿠바 상륙을 시도했다. 애초의 계획은 무장부대 상륙과 함께 무장봉기를 일으켜 바티스타 정권을 전복하는 것이었다. 하지만 지극히 낭만적인 이 계획은 수포로 돌아갔다. 무장봉기는 일어나지 않았으며 카스트로 일행은 바티스타군의 공격을 받고 30여 명만이 살아남은 채 시에라마에스트라 산으로 들어가야 했다.

이렇게 하여 혁명은 시에라마에스트라 산악지대를 근거지로 새로운 국면을 맞이하였다. 혁명의 진척을 위해 가장 중요한 것은 노동자·농민의 지지를 획득하면서 거점을 확대하는 것이었다. 이를 위해 라디오 방송국을 설치하는 등 다양한 시도가 이루어졌다. 쿠바 민중에 대한 조직화 사업이 성과를 거두면서 무장혁명군도 약 300명으로 늘어났다. 이러한 가운데 게릴라전이 본격화되면서 곳곳에서 의미 있는 승리를 거두었다. 아르헨티나 의사 출신 체 게바라Ernesto Guevara가 게릴라 지도자로 급부상한 것도 대략 이때쯤이었다.

사태의 심각성을 깨달은 바티스타 정권은 1958년 5월 전차, 항공기를 보유한 1만 3000명의 병력을 동원하여 혁명군 근거지인 시에라마에스트라를 에워싸고 총공세를 펼쳤다. 그러나 바티스타군은 소수의 혁명군을 제압하지 못했다. 도리어 작전 중에 505자루의 소총과 10여만 발의 탄환을 빼앗기고, 다수의 병력이 포로가 되는 사태가 발생하고 말았다. 반면, 혁명군은 바티스타군의 총공세에 맞서는 과정에서 800명 이상으로 확대되었다.

바티스타군의 총공세 실패는 곧바로 바티스타 정권의 권위를 결정적으로 실추시켰다. 무엇보다도 총공세 실패는 바티스타군 병사들 사이에 급격한 심리적 동요를 불러일으켰다. 바티스타군은 혁명군을 두려워했으며, 기회가 있어도 공격하기를 주저하였다. 바티스타 군대는 내부로부터 형편없이 무너져 내리고 있었다. 이와는 대조적으로 방어전을 승리로 이끈 혁명군은 민중들 사이에서 위상이 급격히 상승하였다. 여기에 덧붙여 시에라마에스트라 지역에서 농지 개혁이 추진됨으로써 혁명군에 대한 민중의 지지는 되돌릴 수 없는 확고한 대세가 되었다.

마침내 혁명군은 바티스타군의 총공세를 격퇴한 직후인 1958년 7월 체 게바라의 진두지휘 아래 드넓은 평원으로 진출하였다. 이는 민중의 투쟁과 결합하여 바티스타 정권에 최후의 일격을 가하기 위한 시도였다. 혁명군의 진출과 더불어 민중은 다양한 형태의 투쟁으로 호응하였다. 총파업의 물결이 일거에 전국을 마비시켰고 다양한 무장투쟁이 혁명군의 진출을 거들었다.

민중의 전폭적인 지원에 힘입어 혁명군은 연거푸 승리를 거두었고 마침내 12월 하순에 이르자 정부군과 대등한 화력을 보유하게 되었다. 상당수의 바티스타군은 투항하였고 나머지는 병영에 갇혀 옴짝달싹하지 못했다. 결국 견디다 못한 바티스타는 1959년 1월 1일 국외로 도망치고 말았다. 마침내 혁명군이 최종 승리를 거둔 것이다. 피델 카스트로와 그의 동료들이 몬카다 병영을 기습한 이후 5년 6개월 만의 일이었으며, 시에라마에스트라 산악지대에 근거지를 구축한 이후 2년 만에 벌어진 일이었다. 말 그대로 쿠바 혁명은 전광석화처럼 전개된, 역사상 유례가 없는 혁명이었다.

쿠바 혁명이 단기간에 성공할 수 있었던 것은 불꽃만 닿으면 폭발할 만큼 쿠바 민중의 상태가 극도로 열악했다는 것 외에 다음과 같은 세 가지 요인이 작용했기 때문이었다.

먼저 몬카다 병영 습격 이후 보여준 카스트로 일행의 행동은, 용감한 인물을 선호하는 라틴아메리카 특유의 정서에 비춰볼 때 민중의 호응을 얻기에 안성맞춤이었다. 다음으로 바티스타 정권은 결정타 한 방에 무너질 수 있을 만큼 취약한 상태였고, 카스트로 일행은 그 한 방을 먹일 수 있는 행운을 거머쥐었다. 마지막으로 미국의 CIA는 카스트로 일행이 공산주의자가 아니라고 판단함에 따라 직접적인 군사 개입을 하지 않았다. 실제로 카스트로가 중심이 되어 결성한 '7월 26일 운동'의 색체는 사회주의적이라기보다는 중산층 구미에 맞는 개혁적 성향이 강했다.

한편 쿠바 혁명세력은 1959년 2월 카스트로가 수상에 취임하면서 본격적인 개혁 작업에 돌입하였다. 카스트로 정권은 1차 농지개혁법 공포, 전화회사 접수, 전셋값 인하 등의 민주적 개혁을 단행했다. 어느 모로 보나 카스트로 정권이 추진하는 일련의 조치는 민주주의 혁명의 일환이었다.

그러나 이러한 민주주의 혁명조차도 곧바로 미국의 이익과 정면으로 충돌할 수밖에 없었다. 민주적 개혁의 대상이었던 대농장과 기업들은 미국인이 직접 소유하고 있거나 미국과 밀접한 이해관계를 맺고 있었기 때문이다. 이러한 조건에서 미국과의 정면대결을 회피한다면 민주주의 혁명은 수포로 돌아갈 수밖에 없었다. 결국 쿠바는 미국과의 대결을 기꺼이 받아들였다. 1960년 8월부터 10월에 걸쳐 쿠바는 석유정제, 전화, 전력, 은행, 철도, 담배 등 미국 자본의 이해관계가 걸려 있는 대기업을 국유화했다. 동시에 미국 자본이 깊숙하게 개입되어 있는 대농장을 접수하여 농지개혁을 단행하였다.

쿠바에서의 일련의 혁명적 변화에 맞서 1961년 1월 미국은 국교 단절로 응수하였다. 긴장감이 고조되는 가운데 같은 해 4월 미국의 지원을 받는 반혁명군이 쿠바의 피그 만에 상륙하였다. 하지만 반혁명군은 순식간에 격퇴되고 말았다. 반혁명 공작이 어이없이 실패로 끝나자 미국은 다음해인 1962년 1월 쿠바를 미주기구에서 제명하고 전면적인 경제봉쇄를 단행했다. 미국과의 전면대결이 돌이킬 수 없는 상황으로 치닫자 쿠바는 사회주의 노선을 천명하면서 사회주의권과의 관계 강화에 박차를 가했다. 소련과는 1962년 9월 무기원조협정을 체결했다.

그러던 중 이른바 '쿠바 위기'가 발생하였다. 1962년 10월 23일 미국의 케네디John F. Kennedy 대통령이 갑자기 TV에 출연하여 소련이 쿠바에 미국을 겨냥한 미사일 기지를 건설하고 있으며 미국은 소련에게 이를 철회할 것을 요구하고 있다고 발표했다. 미국은 대서양 함대를 총동원하며 무력 시위를 벌였으며, 소련 함대를 발견하는 즉시 격침시키겠다고 협박했다. 이로부터 핵보유국 미소간의 긴장이 극도로 고조되었다. 일촉즉발의 위기 상황에서 미국은 쿠바를 공격하지 않을 것을 약속하였고, 소련은 이를 대가로 쿠바로부터의 미사일 철거를 발표하였다. 이러한 소련의 선택에 대해 중국과 북한 등 사회주의권의 반응은 매우 복잡했다. 그럼에도 불구하고 쿠바는 미소간의 합의 덕분에 미국의 군사적 위협으로부터 일정하게 벗어날 수 있었다.

쿠바에만 초점을 맞춘다면 소련의 작전은 나름대로 성공적이었다고 평가할 수도 있다. 그러나 쿠바 위기를 계기로 시작된 소련의 평화공존 노선은 결과적으로 미국이 중국을 압박하는 데 힘을 집중하도록 도와주는 꼴이 되고 말았다.

민중의 위대한 힘, 베트남 전쟁

1960년대 후반까지 미국의 전략은 중국 봉쇄에 초점이 맞추어져 있었다. 이러한 미국의 전략에 비춰볼 때 중국 대륙과 인접한 인도차이나 반도와 한반도는 더할 나위 없이 중요한 군사적 가치가 있었다. 그런데 한반도는 이미 한국전쟁을 통해 실패를 경험한 곳이었다. 결국 미국이 중국을 압박하기 위해 새롭게 도전해볼 수 있는 곳은 베트남이 속한 인도차이나 반도일 수밖에 없었다.

이러한 맥락에서 미국은 일찍부터 베트남에 대한 개입을 확대하였다. 미국은 그 첫 출발로 1951년 바오 다이 정권과 상호방위조약을 체결하고 베트남에 군사고문단을 파견함과 동시에 4억 달러의 군사지원을 제공하였다. 그러던 중 쿠바 위기를 계기로 1963년부터 소련과의 평화공존이 시작되자 어느 정도 여유가 생긴 미국은 곧바로 베트남에서의 군사작전에 돌입하였다. 이렇듯 미국은 소련과 중국을 분리시켜 한 쪽의 발을 묶고 다른 쪽에 공세를 집중하였는데 이 같은 전략은 냉전이 끝날 때까지 일관되게 유지되었다.

긴장이 고조되고 있던 1964년 8월 4일 오전 미국의 존슨 대통령은 "북베트남 통킹 만 밖 공해상을 순찰 중이던 미 구축함 매독스호가 북베트남 어뢰정의 공격을 받고 미 항공모함 탑재기가 이에 반격을 가했다"고 발표했다. 다음날 미 공군은 북베트남 어뢰정 기지와 석유저장소 4개소를 폭격하고 선박 25척을 격침시켰다. 하지만 미국이 베트남 전쟁을 전면화하는 구실로 삼은 통킹 만 사건은 1972년 미 국방성 기밀문서가 미국 언론에 폭로됨으로써 조작된 사건이었음이 드러났다. 미국은 통킹 만 사건이 있기 전부터 북베트남 철도와 교량 등을 파괴하고 연안을 폭격했으며 요인을 납치하는 등 북베트남의 대응 공격을 유도하기 위한 은밀한 작전을 수행하고 있었다. 통킹 만 사건 5일 전인 7월 30일경에 이르러서는 통킹 만에 있는 두 개의 섬을 공격한 후 사건 하루 전인 8월 3일에는 공군기에 의한 함상 포격이 가해졌음이 폭로되었다. 아울러 공식 발표되었던 사건, 곧 북베트남이 매독스호를 실제 공격했는지조차 확실치 않다는 증거가 발견되었다. 아무튼 미국은 통킹 만 사건을 이유로 북베트남에 대한 폭격을 본격화했고 전쟁은 남북 베트남을 가리지 않고 베트남 전역을 휩쓸면서 10년간 계속되었다.

이로부터 베트남 민중은 다시금 세계 최강 미국을 상대로 한 10년간의 장기항전에 돌입해야 했다. 당시 남베트남 민중의 투쟁을 이끈 조직의 구심은 1960년에 결성된 남베트남 민족해방전선NLF이었다. 남베트남 민족해방전선은 베트남의 통일·평화·중립·독립을 지지하는 정당과 사회단체, 개인을 망라하는 통일전선조직이었다. 남베트남 민족해방전선은 이후 미국과의 항전이 본격화하면서 자체 군사력을 확보함과 동시에 해방된 지역에 대한 행정집행을 담당함으로써 사실상의 정부기구로 성장해갔다.

한편 미국의 공세는 베트남 민중이 상상했던 것 이상으로 전면적이었고 또 더없이 난폭했다. 미국은 베트남 전쟁에 2700억 달러 이상의 전비를 쏟아부었고 하나의 민족에 대항하기 위해 일찍이 경험한 바 없는 대규모 군대를 동원하였다. 미군의 규모는 최대 52만 명에 이르렀으며, 세계 4위 전력으로 평가된 사이공 정부군은 100만 이상으로 증강되었고, 한국을 포함한 동맹국 군대 6만여 명이 추가로 투입되었다. 이러한 가운데 미국은 170만 톤의 고엽제와 40만 톤의 네이팜탄을 포함해 2차 세계대전 때보다도 많은 양의 폭탄을 베트남에 투하했다. 그 결과 인류 역사상 제한된 지역에서 최대의 파괴가 자행되었다. 북베트남의 공업시설은 잿더미가 되었고, 그 밖의 북베트남 경제 중심지는 말 그대로 석기시대로 돌아갔다. 아울러 게릴라 근거지를 말살하기 위해 살포한 고엽제와 제초제는 밀림을 극도로 황폐화시켰다.

그러나 미국은 그토록 막대한 물자와 대군을 투입했음에도 불구하고 베트남 민중의 강인한 저항 의지를 제압할 수 없었다. 베트남 민중의 강인한 저항 의지는 군수 보급과 군대 이동을 돕기 위한 그들의 피나는 투쟁을 통해 역력히 드러났다. 베트남 민중은 미군의 폭격으로 보급이 어려워지자 2만 킬로미터 이상의 '호치민 루트'를 통해 자전거로, 등짐으로, 수레로 물자를 날랐다. 또 폭격으로 인해 농사를 짓기가 어려워지자 밤을 틈타 농사를 지었다. 아울러 미군이 융단폭격으로 초토화작전을 개시하자 '해방전사'의 은신과 이동을 돕기 위해 깊이 10미터, 폭과 너비가 60센티미터인 지하 터널을 전국에 4만 5000킬로미터 이상 건설하여 대항했다.

이러한 민중의 전폭적인 지지와 지원을 등에 업고 베트남의 '해방전사'들은 미군을 헤어날 수 없는 수렁에 빠뜨렸다. 베트남에 상륙한 미군이 제일 먼저 만나야 하는 것은 남베트남 민족해방전선의 게릴라들이었다. 이들은 도시와 농촌을 막론하고 어디에서나 민간인 속에 섞여 있다가 불시에 공격을 가해왔다. 불시의 공격에 시달리고 나면 그 다음에는 소규모 지방군의 기습적인 기동전이 미군을 덮쳐왔다. 이때쯤이면 의미도 모른 채 바다를 건너온 미군 병사들은 넌덜머리를 내기 시작하였고 너나 할 것 없이 "빌어먹을 전쟁!"이라고 투덜거렸다. 바로 그 즈음 밀림 속에 숨어 있는 '민족해방전선'의 정규군이 모습을 드러내면서 결정적 타격을 가했다. 그러면 미군은 포병과 항공기를 동원해 그 지역 밀림을 쑥대밭으로 만든 뒤 재차 진입을 시도하지만 이미 해방전사들은 온데간데없이 사라진 뒤였다. 정작 중요한 것은 그 다음이다. 해방전사들은 지하통로를 통해 재빨리 이동하여 불시에 미군의 후방에 있는 포병 부대와 전투사령부, 기갑부대들을 기습하는 것이었다.

이것이 전형적인 전투 양상이었다. 신출귀몰하게 미군 부대의 앞뒤 좌우에서 출몰하면서 전후방도 없이 뒤엉켜 공격해오는 바람에 미군의 고성능 전투기와 대포는 제 기능을 발휘할 새도 없었다.

말 그대로 미국에게 베트남은 헤어날 수 없는 수렁이었다. 미국이 만신창이가 된 상태에서 베트남에서 빠져나올 수 있는 방법은 오로지 패배를 시인하는 것뿐이었다. 결국 패배가 뚜렷해지고 있던 시점에서 미국은 평화회담에 응할 수밖에 없었다. 회담의 상대는 북베트남과 남베트남 민족해방전선이었다. 미국은 남베트남 민족해방전선을 사실상 하나의 정부기구로 인정할 수밖에 없었다. 이는 당시 남베트남 민족해방전선이 남베트남 영토를 80퍼센트 가까이 지배하고 있는 상황에서 불가피한 선택이었다.

결국 미국은 파리평화협정을 체결하고 베트남에서 물러나고 말았다. 미국이 패퇴하자 그동안 미군에 의존하던 남베트남 경제는 송두리째 마비되고 말았다. 더불어 남베트남 군대는 완전히 전의를 상실한 채 스스로 무너져 내리고 말았다. 남베트남 병사들은 도망치기 위해, 보유하고 있던 소총과 민간인의 의복을 예사로 맞바꾸었다. 남베트남 정부는 미국이라는 실체가 빚어낸 일시적 허상이었음이 분명하게 드러난 것이다. 그로부터 얼마 후 북베트남군과 민족해방전선 병력이 사이공에 진주하면서 베트남은 통일국가가 되었다.

베트남 민중의 승리는 두 차례에 걸친 세계대전 시기처럼 제국주의 진영 내부의 모순이 격화된 조건에서 그 틈새를 뚫고 거둔 것이 아니었다. 그렇다고 해서 소련이나 중국 등 사회주의 강대국으로부터 전폭적인 지원을 받아 거둔 승리도 아니었다. 베트남 민중이 미국이라는 골리앗을 패퇴시킬 수 있었던 결정적 요인은 어떠한 난관에도 굴복하지 않고 끝까지 저항했다는 사실이었다.

사실 미국은 민족해방전선의 전사들로부터 끊임없이 괴롭힘을 당했지만 개별 전투에서 패배를 겪은 적은 별로 없었다. 적어도 군사적 의미에서는 그랬다. 그러나 미국은 전체 전쟁에서 실패하고 있었으며, 정치적으로는 명백하게 패배하고 있었다. 베트남 민중의 완강한 저항 탓에 미국은 전쟁을 통해 이루고자 하는 목표에 도달할 수 없었을 뿐 아니라 그 과정에서 엄청난 인명 손실과 경제적 출혈을 겪어야 했다. 전쟁 10년 동안 미군 병사 5만 명 이상이 목숨을 잃었으며, 그보다 훨씬 더 많은 병사가 심각한 부상 후유증과 정신질환에 시달려야 했다. 또 초기에는 전쟁 특수를 누렸던 미국 경제도 과도한 전비 조달로 재정적자가 심화되는 등 매우 위태로운 지경에 이르고 있었다. 대다수 미국인들에게 베트남 전쟁은 무의미했을 뿐더러 시간을 끌면 끌수록 손해만 보는 전쟁이 되고 말았다.

결국 미국 사회 전반에 반전 여론이 확산되기 시작했고, 국제사회에서도 미국의 야만행위를 규탄하는 목소리가 높아갔다. 어느 모로 보나 미국은 사지死地에 몰리고 있었다. 미국이 패배를 시인하고 물러난 것은 더 이상 선택의 여지가 없는 외길이었다.

제3세계주의의 확산

　게릴라 투쟁은 원칙적으로 인민전쟁이었지만 그 주역은 엄연히 게릴라들이었고, 민중은 주로 이들을 지지하고 지원하는 역할을 맡았다. 게릴라전이 조직되던 초기 단계에서 게릴라들은 주로 진보적 지식인들에 의해 충원되었다. 의사 출신 체 게바라는 이를 상징적으로 보여준다. 게릴라들은 군사작전뿐 아니라 라디오 방송 등의 선전 매체를 통해 자신의 존재를 알렸으며 종종 유력 매체와의 인터뷰를 활용하기도 하였다. 이럴 경우 게릴라라는 그 존재의 특수성으로 인해 적잖은 파급효과를 거두었다.

　제3세계에서의 게릴라 활동은 선진자본주의 세계 곧 제1세계의 진보적인 지식인들의 혁명적 감수성을 강하게 자극하였다. 제1세계 지식인들은 이미 살펴본 바와 같이 자기들 나라에서의 혁명 가능성은 매우 희박하다고 판단하고 있었다. 그로 인한 절망에 허덕일 때 열대우림 속에서 싸우는 유색인종 게릴라들은 세계혁명에 대한 새로운 출구를 제시하고도 남음이 있었다. 분명 제3세계 게릴라들의 활동은 제1세계 지식인들에게 풍부한 영감을 제공하는 원천이었고, 모든 이론의 출발점이기도 하였다. 그러한 영향 탓으로 갈수록 많은 좌파 계열의 문헌들이 자본주의 세계 체제 아래서 '중심국들에 의해 착취당하는 주변국들'을 해방시키는 것만이 세계가 해방될 수 있는 유일한 길이라는 신념을 토로하였다. 이른바 제3세계주의가 개화한 것이다.

　제3세계 게릴라들로부터 촉발된 제1세계의 급진적 흐름은 단순한 지적 유희에 그치지 않고 종종 격렬한 형태의 행동으로 표현되었다. 단적으로 1960년대 제1세계에서 핵무기 반대를 제외하고는 좌파를 가장 많이 동원한 것은 제3세계 게릴라들에 대한 지지와 그들을 제압하기 위한 파병에 반대하는 것이었다. 베트남 파병 반대투쟁은 그 대표적인 경우였다. 이러한 투쟁 현장에서는 베트남 혁명의 지도자 호치민("호, 호, 호치민!")과 쿠바 혁명의 게릴라 지도자 체 게바라의 이름이 가장 많이 불렸다. 또 수많은 젊은이들이 국적을 뛰어넘어 세계혁명에 헌신한 체 게바라의 초상을 가슴속에 간직하였고 도쿄의 학생시위대는 그를 우상처럼 떠받들었다.

제3세계 게릴라들이 제1세계에 미친 영향은 대항문화를 통해 보다 광범위하게 퍼져나갔다. 게릴라는 종종 대항문화의 중요한 소재가 되었으며, 대항문화 참가자들 스스로를 게릴라에 비유하기도 하였다. 1969년 우드스톡 음악제에 모인 젊은 청중들이 자신들을 '평화적 게릴라'로 표현한 것은 그 한 예다. 이러한 대항문화를 통해 제3세계 게릴라들은 다소는 신비화된 모습으로 대중 속으로 파고들어갔다. 특히 턱수염을 기르고 베레모를 쓴 미남 체 게바라는 비정치적인 사람들까지도 가슴 뛰게 만들었다.

이 모든 것은 제3세계가 세계혁명의 새로운 원동력으로 떠오르고 있다는 뚜렷한 징표였다. 이는 동시에 제3세계가 반혁명 진영으로부터 가장 강력한 압박을 받을 것임을 예고하는 것이기도 하였다. 결론적으로 제3세계가 혁명과 반혁명 진영 사이에 가장 첨예한 전선으로 떠오르고 있었다.

이러한 맥락에서 제1세계 진보적 지식인들이 제3세계가 지니는 잠재력에 주목하고 그에 적극적 의의를 부여한 것은 상당히 가치가 있는 것이었다. 특히 제3세계의 게릴라 투쟁에 자극받아 적극적 행동에 나선 것은 매우 의미심장하다고 할 수 있다. 그러나 여기서 놓쳐서는 안 되는 대목이 있다. 곧 제3세계주의가 제1세계에서의 혁명에 대한 소극성 혹은 경직성을 은폐하는 기능을 하기도 했다는 점이다.

우파의 세계는 제1세계가 제3세계를 압도적으로 규정해왔다. 제1세계의 거대자본이 제3세계의 자본을 규정해왔고 미국 CIA가 제3세계 군부 동향을 좌우해왔다. 반면 2차 세계대전 이후 좌파 세계는 제3세계가 제1세계를 규정해온 측면이 강했다. 제1세계 좌파 지식인들은 제3세계의 혁명으로부터 혁명을 구체적으로 사고할 수 있는 근거를 마련해온 것이다. 이것은 상당히 강력한 마취효과를 낳았고, 그 결과 종종 혁명은 게릴라전이나 무장봉기와 같은 형태여야 한다는 사고 경향을 낳았다.

제1세계에서 게릴라전이나 무장봉기 형태의 혁명이 성사될 가능성이 극히 희박한 것은 분명했다. 그렇다고 모든 형태의 혁명이 불가능한 것은 결코 아니었다. 68혁명은 제1세계 역시 체제 전환을 요구하는 에너지가 다양한 형태로 존재함을 확인해주었다. 아울러, 아래로부터의 자발적 운동은 제1세계가 자신의 고유한 환경에 맞는 독특한 혁명을 창조할 가능성을 키워왔다. 문제는 혁명에 대한 틀에 박힌 사고가 그러한 가능성을 읽는 것을 어렵게 만들었다는 데 있다. 제3세계주의 역시 상당부분 그러한 방향에서 역기능을 해왔다고 볼 수 있다.

미국의 개입

제3세계가 게릴라전의 불길에 휩싸여갈 때 그 위로 상이한 두 개의 시선이 교차하고 있었다. 바로 미국과 소련이라는 적대적인 두 강대국의 시선이었다.

의심할 여지없이 제3세계는 미국과 소련의 영향력 확대를 위한 각축전의 무대가 될 수밖에 없었다. 하지만 두 강대국에 대한 제3세계의 초기 대응은 그 어느 쪽의 편도 들지 않는다는 것이었다. 이후 중국, 북한, 쿠바 등 사회주의 국가들까지 가세한 비동맹운동은 그러한 대응이 집단화한 결과라고 할 수 있다. 인도, 인도네시아 등의 주도로 전개된 비동맹운동은 제3세계의 많은 나라들을 포괄하면서 1950년대에는 세계질서의 의미 있는 한 축을 형성하기까지 하였다. 그러나 비동맹운동은 주축을 이루었던 인도네시아의 수카르노 정권이 친미 군부쿠데타로 전복되는 등 심각한 혼란에 직면하였다. 결국 1970년대를 거치면서 비동맹운동은 사실상의 해체과정을 거치게 되었다. 뒤에서 살펴보겠지만 여기에는 중국의 '이탈'이 결정적으로 작용하였다.

이러한 가운데 소련은 매우 조심스럽게 제3세계에 접근하였다. 미국과 서방세계가 생각했던 것과 달리 제3세계에 대한 소련의 정책은 결코 공격적이지 않은 것으로 확인되고 있다. 소련이 직접적으로 군사 개입을 단행한 것은 아프가니스탄 정도가 전부이고, 비군사적 지원을 제공한 경우도 그렇게 많지는 않다. 소련이 이러한 태도를 취하게 된 원인은 제대로 밝혀지지 않고 있는데, 이전 시기 과도한 개입이 이탈과 반발을 불러일으켰던 것에 대한 반작용일 가능성이 크다.

하지만 소련의 태도와 관계없이 제3세계에 대한 미국의 태도는 매우 비타협적이면서도 공격적이기 짝이 없었다. 제3세계를 보는 미국의 시각을 지배한 것은 한 쪽 선수의 실점은 곧 상대 선수의 득점으로 간주되는 제로섬 게임 법칙이었다. 요컨대 소련의 개입 여부와 관계없이 제3세계에서 미국의 패권에 도전하거나 이탈하는 경우는 예외 없이 소련의 팽창정책 결과로 간주되었다. 이 같은 미국의 사고 패턴은 곧바로 국제공산주의 세력의 팽창을 저지하기 위한 적극적 개입으로 이어졌다.

2차 세계대전 이후 자본주의 세계의 경찰 임무를 떠안은 미국은 때로는 사회주의 세력의 확장을 저지하기 위해, 때로는 좀더 공격적인 입장에서 크고 작은 다양한 군사작전을 전개했다. 미국은 1947년 이후 100여 개 국가에 대해 200여 회에 걸친 개입을 감행했으며, 최대 2000만 명 정도의 인명을 살상하는 데 직간접적으로 기여했다. 이러한 희생의 대략 절반 정도는 동아시아의 두 곳 곧 한반도와 베트남에서 이루어졌다. 한반도에서는 한국전쟁 기간에 남북을 합쳐 전체 인구 3000만 명 중에서 줄잡아 500만 명이 목숨을 잃었다. 그밖에 아프리카에서 350만 명, 중동지역과 라틴아메리카에서 각각 50여만 명 정도의 인명이 희생되었다.

직접적인 군사 개입 외에도 다양한 형태의 개입이 이루어졌다. 친미 군부쿠데타와 그에 뒤이은 억압 정치는 그 전형에 해당한다. 미국이 개입의 중요한 수단으로 군부쿠데타를 채택한 이유는 매우 분명해보인다. 군부는 쿠데타를 통해 권력을 장악하기에 가장 좋은 위치에 있는 집단이었다. 문제는 국내 토착지배세력의 동의를 구하고 이후 정권 유지에 필요한 조건을 확보하는 것이었다. 미국은 바로 이 점에서 CIA의 공작을 통해 토착지배세력의 동조를 이끌어냄과 동시에 이후 경제·군사 지원을 통한 정권 안정화를 약속하는 것으로 해답을 제시했다. 군부는 이러한 미끼를 무는 순간 숙명적으로 친미노선을 걸을 수밖에 없다. 덕분에 미국은 군부가 장악하고 있는 물리력을 좌파 세력의 진출을 봉쇄하는 데 효과적으로 동원할 수 있게 되었다.

1961년 한국에서 발생한 군부쿠데타는 이러한 친미 군부쿠데타의 출발점 중 하나였다. 당시 미국은 공식적으로 쿠데타에 동의하지 않는 듯한 제스처를 취했지만 한국군이 미군의 지휘권 아래 있다는 사정을 감안하면 이는 어불성설이었다. 이러한 친미 군부쿠데타는 인민주의적 경향을 보였던 브라질(1964년)과 인도네시아(1965년) 등에서 연거푸 일어났고, 사회주의를 표방한 칠레의 아옌데 정권도 친미 군부쿠데타로 붕괴되었다(1973년). 계속해서 친미 군부쿠데타는 아르헨티나, 우루과이, 볼리비아 등 라틴아메리카 국가들을 포함하여 아시아와 아프리카 여러 나라로 확산되었으며, 결국 제3세계 정치에서 가장 친숙한 현상이 되고 말았다.

일련의 친미 군부쿠데타는 대량살육을 포함한 광범위한 인권유린을 수반하였는데, 그 중에서 인도네시아에서 일어난 일은 아직까지도 수많은 사람들의 치를 떨게 하고 있다.

1950년대 인도네시아는 진보적 성향의 수카르노Achmed Sukarno

정권의 통치 아래 비동맹 진영의 주축을 형성하고 있었다. 이러한 수카르노 정권은 미국의 표적이 될 수밖에 없었고, 결국 친미 군부 쿠데타로 전복되는 운명을 맞고 말았다. 새롭게 정권을 장악한 수하르토Suharto 일파는, 수카르노 정권의 엄호 아래 당원 수가 300만에 이르렀던 공산당에 대해 전면적인 공격을 감행했다. 공격은 CIA가 제시한 명단을 근거로 공산당원이거나 공산당원으로 의심되는 사람들에 대한 대대적인 살육을 진행하는 것으로 이루어졌다. 이 과정에서 무려 50여 만 명이 목숨을 잃는 참변이 벌어졌다. 단일 사건으로서는 인류 역사상 최대 규모의 정치적 학살이 자행된 것이다.[4]

친미 군부쿠데타로 인해 발생한 비극 중에서 전세계인의 기억에서 쉽게 지워지지 않는 장면이 또 하나 있다. 칠레 아옌데 정권의 전복이 바로 그것이다.

세계 최대 구리 생산국인 칠레는 풍부한 광물자원에도 불구하고 이 모든 것이 제국주의와 소수 기득권세력에게 장악당한 채 대다수 민중은 빈곤의 나락에서 허덕이고 있었다. 그러한 칠레에서 마침내 정치혁명이 일어났다. 1970년 9월 4일 인민연합United Popular 후보인 살바도르 아옌데Salvador Allende가 우파인 기독교민주당 후보를 꺾고 대통령에 당선되었다. 세계 최초로 '선거를 통한 사회주의 정부'가 수립된 것이다. 칠레의 혁명시인 파블로 네루다는 "구리가 묻힌 저 저주스런 언덕에서도 자유의 힘찬 물결이 솟아올랐다"고 당시의 감격을 토로하기도 하였다.

아옌데 대통령의 인민연합 정부는 개혁 공약을 착실히 이행했다. 농지개혁을 실시하고, 임금과 복지를 개선하고, 칠레 인민의 젖줄인 구리광산의 국유화를 단행했다. 이러한 조치들은 기득권층과 미국

기업들에 많은 손실을 안겨주었다. 무엇보다도 국유화 조치는 미국을 격분시켰다. 결국 미국은 CIA를 중심으로 아옌데 정권 전복을 위한 음모에 착수하였다.

아옌데 정권 전복을 위해 약 400명의 CIA 요원과 막대한 자금이 투입되었다. 공작은 약 3년간 지속되었다. CIA가 가장 먼저 착수한 것은 군부의 정치 개입을 완강하게 반대하고 있는 군 참모총장 레네 슈나이더를 제거하는 것이었다. 결국 슈나이더는 CIA에 매수된 일단의 군부세력에게 암살당하고 말았다. 1차 목표를 달성한 미국은 군부쿠데타에 유리한 조건을 확보하기 위해 아옌데 정부를 정치·경제적으로 불안정하게 만드는 작업에 착수했다.

미국은 칠레의 구리광산 국유화에 맞서 자신이 비축한 구리를 일시에 방출함으로써 국제가격을 15.7퍼센트나 떨어뜨렸다. 그 결과 칠레의 무역수지가 크게 악화되었다. 더불어 미국은 모든 영향력을 동원하여 세계은행과 수출입은행의 대출을 차단하고 외채상환을 독촉함으로써 칠레 경제를 궁지로 몰아넣었다. 또 미국은 칠레 자본가계급 및 기득권층이 '자본파업'을 통해 아옌데 정권을 흔들도록 종용했다. 그에 따라 1971년 9월 칠레의 경제단체장들이 회동을 갖고 신규투자를 중단하고 암시장에 돈을 풀어 인플레이션을 조장한다는 일련의 '행동 계획'을 마련했다. 한 걸음 더 나아가 CIA 요원들이 노동자들 속에 침투하여 불법파업과 시위를 배후조종하였다. 그에 따라 1972년 10월 CIA로부터 비밀자금을 지원받은 트럭 운송업자들이 대규모 파업을 일으켰다. 칠레의 지정학적 구조상 트럭 운송업자들의 파업은 곧바로 국가경제의 마비로 이어질 수밖에 없었다.[5]

국가경제가 극심한 혼란에 빠지자 중산층들이 심각한 동요를 일으키며 아옌데 정권으로부터 이반하기 시작했다. 안타깝게도 아옌데 정권은 이러한 사태를 돌파하기 위해서 자원에 대한 국가적 통제 강화 혹은 민중적 접수 등을 포함한 혁명적 조치를 강구하지 않았다. 곧 위기를 혁명의 비약적 국면을 여는 기회로 삼지 못했다. 설상가상으로 아옌데 정권과 민중 사이에도 괴리가 나타나기 시작했다. 민중은 선거를 통해 기존의 국가권력을 접수하는 것에 만족하지 못하고 민중자치 권력을 행사하려는 움직임을 보였다. 아옌데 정권은 이러한 민중의 움직임을 경계하고 비판하는 태도를 보였다. 그럼으로써 아옌데 정권은 마지막으로 의지할 수 있는 힘으로부터도 멀어지고 말았다. 아옌데 정권의 또 다른 실책은 군부에 대한 통제를 소홀히 한 것이었다. 이는 혁명에서 물리적 힘이 얼마나 중요한지 파악하지 못하고 있었다는 반증이며 동시에 슈나이더 암살을 통한 경고 메시지를 전혀 접수하지 않았음을 의미하는 것이었다.[6]

일각에서 비판했듯이 아옌데 정권은 선거를 통해 '행정권의 일부'를 인수한 것에 불과했음에도 불구하고 권력의 전부를 얻은 것으로 착각하였다. 흔히 선거를 통한 권력 획득 과정에서 직면할 수 있는 함정에 고스란히 빠져버린 것이다. 그럼으로써 "기존 권력을 약화시키고 새로운 혁명 권력을 창출해야 한다"는 혁명의 일반적 발전 법칙을 등한시하는 오류를 범하고 말았다. 그 결과는 매우 치명적인 것이었다.

아옌데 정권이 곳곳에서 허점을 보이는 가운데 미국은 군부쿠데타를 위한 작전계획을 착실하게 실행에 옮겼다. 칠레 군부는 이미 CIA에 완전히 포섭되어 있는 상태였다. 마침내 1973년 9월 11일(공교롭게도 9.11이다!) 미국의 후원을 업은 피노체트Augusto Pinochet의 육

해공 연합 쿠데타군은 대통령 집무실을 공격하기 시작했다. 칠레에서 일어난 이 친미 군부쿠데타의 암호는 "산티아고에 비가 내린다"였다. 아엔데 대통령은 고립무원 상태에서 쿠데타군의 망명 권유를 거부하고 여성들과 경호원 대부분을 밖으로 내보낸 뒤 직접 기관총을 잡았다. 그리고 소수의 경호원과 함께 마지막까지 저항하다가 장렬하게 최후를 마쳤다. 그는 죽기 직전 마지막 대국민 성명을 통해 현실에서의 패배에도 불구하고 역사에서는 반드시 승리할 것이라는 의미를 담은 메시지를 남겼다.

쿠데타군이 대통령궁을 점령한 후로부터 약 한 달간 피의 광풍이 몰아치면서 약 10만 명의 사람들이 피노체트 일당에게 살해당하거나 실종되었다. 상황은 여기서 그치지 않았다. 피노체트가 집권했던 1973~90년에 수천 명이 살해, 고문당하거나 행방불명되었고, 100만 명이 국외로 추방당하거나 도피해야만 했다. 그리하여 피노체트 독재정권 치하의 칠레는 극악한 인권의 사각지대로 전락해야만 했다.

친미 군부쿠데타로 발생한 비극 중에서 결코 지나칠 수 없는 역사의 한 페이지가 있다. 바로 1980년 5월 한국의 광주에서 발생한 대량살육이다. 1980년 5월 광주에 대해 특별히 주목해야 하는 것은 바로 그곳에서 친미 군부쿠데타를 격퇴할 수 있는 반전의 계기가 마련되었기 때문이다.

1980년 봄, 한국은 민주화의 봄을 맞이하여 상당히 흥분되어 있는 상태였다. 1961년 5.16군사쿠데타로 등장한 박정희 정권이 18년간의 장기집권 끝에 붕괴한 직후였기 때문이었다. 그러나 상황은 전두환을 중심으로 한 신군부의 재집권 음모가 가시화되면서 매우 복잡해지고 말았다. 신군부의 음모를 눈치챈 학생·시민은 강력한 저항을 개시했고, 그해 5월 15일에는 약 30만 명의 학생·시민이 서울역 앞에 집결하여 신군부를 압박하기에 이르렀다. 학생·시민 세력은 승리를 눈앞에 두는 듯했으나 불행하게도 군 투입 위협에 굴복하여 자진해산하고 말았다. 기선을 제압한 신군부는 5월 17일 쿠데타를 단행하여 정권을 장악하였다. 미국은 이러한 신군부의 쿠데타를 시종일관 적극 후원하였다.

　신군부의 5.17쿠데타에 대해 대부분의 지역이 침묵을 지키는 가운데 유일하게 광주 지역 학생들이 가두시위를 통해 저항하였다. 신군부는 이러한 사태를 방치할 경우 전국으로 시위가 확산될 것을 우려하여 잔혹한 진압을 전개하였다. 그 과정에서 다수의 사상자가 발생하였고, 불안한 시선으로 사태를 지켜보던 광주 시민들이 이를 계기로 적극 가세하였다. 통상적인 학생시위에서 시민항쟁으로 발전한 것이다. 그에 따라 계엄군과의 공방전은 한층 치열해졌다. 마침내 5월 22일 도청 앞 광장에서 계엄군의 집단 발포로 다수의 사상자가 발생하자 광주시민들은 즉각 무장을 단행하기에 이르렀다. 결국 시민군은 계엄군을 시 외곽으로 밀어냄으로써 광주를 해방시키는 데 성공했다.

　바로 그 즈음 한국군에 대한 작전지휘권을 쥔 미국은 국가안전보장회의NSC를 소집하여 최종 진압을 위한 군부대 투입을 결정하였다. 그에 따라 5월 27일 밤 약 2만 명의 잘 훈련된 정예부대가 광주에 투입되었다. 시민군은 승산이 없는 것을 분명히 알고 있었지만 항쟁의 거점이었던 도청을 사수하기로 결심하였다. 군부의 총칼 앞에 비겁하게 물러나지 않았다는 용기를 보여주려는 단 하나의 이유에 목숨을 걸었다. 그날 밤 80만 광주시민 모두가 뜬눈으로 지새우는 가운데 자국 국민에 대한 무자비한 진압작전이 전개되었다. 살아남은 시민군들은 '포로'가 되어 이루 형언할 수 없을 만큼 가혹한 보복을 당했다.

5.18광주민중항쟁은 이렇게 하여 약 2000여 명의 사상자와 씻기 어려운 역사적 상처를 남긴 채 그 막을 내렸다. 하지만 이것은 패배가 아니라 진정한 승리의 출발점이었다. 광주는 난자당한 바로 그 순간부터 시퍼렇게 두 눈을 부릅뜨고 역사의 한복판을 뚜벅뚜벅 걸어가기 시작했던 것이다. 광주에서의 학살은 군부독재와 그 후원자인 미국의 본질을 낱낱이 폭로하였다. 그 결과는 한국 민중의 광범위한 정치적 각성이었다. 더불어 광주시민들의 목숨을 건 항쟁을 지켜보면서 다수 민중들은 죽음을 두려워하지 않고 민주주의의 적에 항거할 결심을 갖게 되었다.

광주가 미친 이러한 영향은 거대한 에너지로 결집되면서 마침내 1987년 민주화항쟁을 통해 폭발하고 말았다. 군부와의 일전을 두려워하지 않는 시민들이 한 도시가 아니라 전국을 가득 메운 상태에서 군부대 투입을 통한 진압은 이미 불가능한 상황이었다. 여기에다 민주화 열기에 휩싸여 있던 군 장병들이 시위 진압 명령을 거부할 가능성이 매우 컸다. 결국 군부는 사실상의 항복을 선언(6.29선언)하고 말았다. 바로 그 순간은 한국 사회에 대한 미국의 통제 고리 중의 하나가 여지없이 끊어져 나가는 과정이기도 하였다.

민중의 반격

미국은 자신이 갖고 있는 역량을 최대한 동원하여 제3세계의 혁명적 진출을 봉쇄하고자 기를 썼다. 하지만 제3세계는 미국이 감당하기에는 너무 광범위하고 다양했으며 또 생각했던 것 이상으로 완강했다. 때로는 사력을 다한 곳에서, 때로는 예기치 못한 것에서 미국의 지배를 거부하는 혁명이 발생했다.

이런 점에서 보자면 1970년대 중후반은 미국으로서는 악몽으로 기억될 만하다. 1975년 미국은 총력전을 전개했던 베트남에서 결국 패배를 인정하고 떠나야 했고, 그로부터 얼마 후인 1979년 중동의 대국 이란과 중남미의 작은 나라 니카라과에서의 혁명 성공을 맥없이 지켜봐야 했다.

농촌에서 도시로

페르시아의 후예인 이란은 팔레비Pahlevi 왕조 치하에서 원유 판매 대금을 바탕으로 서구식 근대화를 추진하였다. 하지만 이러한 근대화 작업은 각 부문간의 불균등과 부의 불평등을 심화시킴으로써 팔레비 왕조에 대한 불만을 극도로 팽배시켰을 뿐이었다. 이란 사회가 새로운 출구를 찾아 요동치고 있을 바로 그 무렵 망명 중이던 아야 툴라 호메이니Ayatollah Khomeini는 왕정을 비이슬람적이라고 비난하면서 철저한 이슬람 정부를 세울 것을 주창하였다. 호메이니의 적극적인 고무 아래 이슬람 성직자들은 혁명투쟁에 나서기 시작했고 대중은 그들 주위로 몰려들어 호메이니의 주장에 귀를 기울였다.

그러던 중 1978년 이슬람 성도에서 젊은 학생 신자들이 비밀경찰에 의해 암살당하는 사건이 발생했다. 호메이니는 즉각적인 반격을 명령했고, 40일 간격으로 애도 시위가 추진되었다. 애도 시위는 횟수를 거듭할수록 규모가 커졌으며 그 해 말에는 수백만 명이 팔레비 왕조에 반대하는 시위를 벌였다. 결정적 국면이 임박하자 소강상태에 있던 좌파 게릴라들은 다시 행동에 들어갔고, 노동자들은 유전을 폐쇄하고 총파업을 단행했으며, 상인들은 일제히 가게 문을 닫았다. 결국 나라 전체가 마비되기에 이르렀다. 팔레비는 긴급히 군대를 투입했으나 군대마저 진압을 거부하고 말았다. 1979년 팔레비는 망명길에 올랐고, 이슬람 세력이 주도한 이란 혁명은 마침내 승리를 거두었다. 아울러 팔레비 왕조를 적극 후원한 미국에 대해서는 미처 피신하지 못한 테헤란 주재 미국 대사관 직원들을 무려 400여 일이나 감금하는 것으로써 충분한 답례를 보냈다.

비슷한 시기에 인구 400만 명 규모의 비교적 작은 중남미 국가인 니카라과에서도 거대한 폭풍이 몰아쳤다.

1934년, 미군에게 훈련받은 국가경비대의 소모사Anastasio Somoza Garcia 장군은 니카라과 민중지도자 아우구스토 C. 산디노Augusto C sar Sandino를 암살하였다. 그런 다음 1937년 부정선거를 통해 대통령이 되었다. 소모사는 이후 20년 동안 독재자로 니카라과를 지배했고, 엘살바도르만한 크기의 토지와 엄청난 개인 재산을 부정축재했다. 비록 1956년 소모사는 사살됐지만 그의 아들이 소모사 왕조의 지배를 1979년까지 이어갔다. 이러한 압제에 대한 반대는 오랫동안 널리 퍼져 있었지만 니카라과의 전계층에 걸쳐 반대가 확산된 것은 1972년 대지진을 겪으면서부터였다. 지진 피해로 수많은 국민이 고통을 당하고 죽어가는데도 다량의 국제 원조물자가 모두 소모사 일족의 주머니로 들어가자 민중의 불만이 극에 이르렀던 것이다.

이러한 가운데 결성된 산디니스타 민족해방전선FSLN이 산악지대를 거점으로 게릴라전을 전개하기 시작했다. 그러던 중 1978년 독재정권에 비판적이던 신문인 라 프렌사의 편집인 차모로Pedro, H. Chamorro가 암살당하자 국민들의 분노가 폭발했고 노동자들은 일제히 총파업을 단행하기에 이르렀다. 수도 마나과에서는 민중봉기가 일어났으며 다수의 중도주의자들이 소모사 정권을 전복시키기 위해 FSLN에 합류하였다. 마침내 소모사는 쫓겨났고 FSLN은 1979년 7월 19일 승리자가 되어 마나과에 입성할 수 있었다.

혁명을 통해 수립된 산디니스타 정부는 문맹과 가난에 찌든 니카라과를 탈바꿈하기 위한 작업에 매달렸다. 우선 소모사 소유의 토지를 국유화하고 새롭게 설립된 농업조합에 넘겼다. 아울러 엄청난 규모로 수행된 교육 캠페인을 통해 문맹률을 50퍼센트에서 13퍼센트까지 낮췄으며, 면역예방 프로그램을 도입하여 소아마비를 없애고 유아사망률도 혁명 전의 3분의 1 수준으로 끌어내렸다.[7]

1979년 이란 혁명과 니카라과 혁명은 제3세계 혁명에서 중대한 분기점을 형성하였다. 곧 주요 거점이 농촌에서 도시로 이동하면서 투쟁 형태 또한 게릴라 투쟁에서 도시형 대중투쟁으로 전환하는 조짐을 보여주었다. 이란 혁명은 명백히 프랑스 대혁명과 러시아 혁명 등 고전적 혁명처럼 대도시 중심으로 전개되었다. 니카라과 혁명은 게릴라전 중심의 장기항전과 도시에서의 민중봉기가 결합된 경우인데 그 중에서도 최종 순간 승부를 갈랐던 것은 자유주의 세력이 합류한 도시에서의 민중봉기였다.

혁명의 거점이 농촌에서 도시로 이동한 것은 공업화·도시화의 진척에 따른 필연적 결과였다. 이러한 변화는 무엇보다도 노동자의 정치적 비중을 크게 증대시켰다. 1970년대 이후 중화학공업이 선진국에서 한국, 브라질 등으로 이전함에 따라 대규모 노동자집단이 급속히 확대되었다. 이를 바탕으로 노동자들의 총파업은 일시에 전국을 뒤흔들 정도의 파괴력을 지니게 되었다. 실제로 브라질과 한국의 노동자들은 종종 정부와 맞대결을 펼칠 만큼의 투쟁력을 과시하기도 하였다. 그 결과 노동자들은 기존 질서에 대항할 수 있는 가장 유력한 집단으로 부상하기에 이르렀다.

여기에 덧붙여 68혁명에서 확인되었던 학생세력의 선도적 역할이 제3세계에서도 점차 일반화되어갔다. 제3세계에서의 대학생 수역시 나라마다 큰 차이가 있기는 했지만 경제적 수요에 의해 급격히 증대했다. 그 수는 보통 수십만에서 많게는 수백만 단위를 헤아리게 되었다. 그 자체만으로도 강력한 파괴력을 발휘할 수 있을 만큼의 총량을 갖춘 것이다. 이러한 양적 규모와 함께 학생세력은 다수의 시민들을 거리로 이끌어낼 수 있는 몇 가지 강점을 갖고 있었다. 학생들은 대학이라는 지식공장 안에서 자유롭게 토론하면서 쉽게 동원될 수 있는 조건을 갖추고 있었다. 또 학생들은 어느 나라든 수도에 집중해 있게 마련이어서 정치인들과 언론매체의 주목을 끄는 데 유리했다. 이와 함께 학생들은 비교적 안정된 중간계급의 자녀들이 많았기 때문에 중간층 여론을 움직일 수 있는 강점을 지니고 있었다.

노동자·학생을 주축으로 도시형 투쟁이 정착되면서 기존의 토지혁명을 대신하여 정치적 민주화가 가장 중요한 요구로 부상하였다. 민중이 보기에 자유로운 발언과 행동이 보장되고 자유롭게 정부를 선택할 수 있는 것이 모든 문제 해결의 지름길이었다. 그럼에도 불구하고 비민주적 정부가 그 가능성을 차단하고 있었다. 그로부터 제3세계 민중은 집회, 시위, 언론의 자유를 획득하기 위해 투쟁했고 자유선거 실시를 적극 요구하였다. 제3세계 반정부 세력은 이러한 정치적 민주화를 앞세움으로써 다양한 계층을 포괄할 수 있었고 다중을 일시에 집중시켜 정치적 압력을 극대화할 수 있었다.

무대의 새 주역, 피플 파워

정치적 민주화를 향한 제3세계 민중의 투쟁은 1880대 이후 세계 곳곳에서 '피플 파워People power' 돌풍을 일으켰다.

피플 파워라는 용어가 처음 등장한 것은 1986년 필리핀에서였다. 1986년 2월 25일 필리핀 민중은 부패하고 무능한 독재정권을 청산하기 위하여 대통령궁을 에워싸고 페르디난도 마르코스Ferdinand Marcos 대통령의 퇴진을 요구했다. 다급해진 마르코스는 군부대를 투입했으나 장병들은 진압 명령을 거부하고 시위 군중과 교감을 나누었다. 결국 마르코스는 헬기를 이용해 도피하지 않으면 안 되었다. 그로부터 15년 뒤인 2001년 1월 수만 명의 필리핀 민중이, 각종 뇌물 스캔들에 휩싸여 있던 조셉 에스트라다Joseph Estrada 필리핀 대통령의 퇴진을 요구하며 시위를 전개했고 결국 에스트라다는 사임

하고 말았다.

유사한 현상이 태국, 미얀마, 인도네시아, 네팔, 레바논 등 곳곳에서 일어났다. 태국에서의 피플 파워는 1992년 민중의 힘으로 군부정권을 붕괴시킨 것으로부터 가능성을 보이기 시작했다. 이러한 태국의 피플 파워는 2006년 부패 혐의를 받고 있던 탁신 총리를 퇴진시키면서 또 다시 확인되었다. 1998년 인도네시아를 32년간이나 철권통치해온 수하르토를 퇴진시킨 것 역시 학생시위로부터 촉발된 피플 파워였다. 1987년 군부의 항복을 받아낸 한국의 6월 민주화항쟁 또한 피플 파워가 폭발한 것이라고 볼 수 있다.

피플 파워는 많은 제3세계 나라들에서 군부독재를 퇴진시키거나 적어도 옆으로 비켜나도록 만들었다. 중남미 일원을 휩쓸었던 군부독재 흐름 역시 1980년 후반을 거치면서 크게 퇴조하였다. 이러한 조건에서 새롭게 등장한 미국의 지배 수단은 금융자본을 통한 경제지배였다. 총의 자리를 돈이 대신한 것인데 이에 관해서는 별도로 살펴볼 것이다.

그런데 여기서 놓쳐서는 안 되는 대목이 있다. 역사의 흐름을 크게 바꾼 피플 파워는 전통적 의미에서 혁명가집단이 주도한 것이 결코 아니었다. 피플 파워의 원조격인 필리핀의 민중항쟁도 필리핀 공산당 등 혁명가집단이 계획하고 주도했다는 증거는 그 어디에도 없다. 학생 시위로 촉발되거나 종교인 혹은 야당 정치인의 행위를 계기로 발생한 경우가 대부분이었다. 이는 한국에서 일어난 1980년 5월 광주민중항쟁이나 1987년 6월 민중항쟁 역시 마찬가지였다.

여러 가지 많은 한계에도 불구하고 대중의 자발적인 행동이 역사를 만들어가는 것은 거역할 수 없는 대세가 되었다. 대중은 권력을 직접적으로 행사하는 데 이르지는 못했지만 권력의 향배를 결정할 수 있게 된 것이다. 이 과정에서 또 다시 의미심장한 변화가 일어났다.

지난 세기를 되돌아보면 혁명 이후에 건설된 새로운 사회는 대체로 권위주의에 입각해 작동했음을 발견할 수 있다. 권위야말로 짧은 시간 안에 기존 질서를 파괴하고 새로운 질서를 형성하는 가장 강력한 매개물이었던 것이다. 문제는 그러한 권위가 어떤 과정을 통해 형성되었으며 민중에 의해 어떻게 수용되었는가에 있다. 소련 사회를 지배한 권위는 공포를 수반하는 다분히 위로부터 강제된 권위였다. 그런 만큼 소련은 약간의 충격을 받더라도 권위가 쉽게 해체되면서 사회 전체가 응집력을 상실할 가능성이 컸던 것이다. 반면 게릴라 투쟁을 통해 권력을 회득한 경우는 비교적 민중의 자발적 의사에 의해 권위가 부여된 측면이 강했다. 성공적인 게릴라 투쟁의 과정은, 민중은 게릴라를 적극 지지하고 게릴라는 지휘관에 절대복종하는 관계를 형성시킨다. 이러한 관계는 혁명 성공 이후 지도자를 정점으로 당과 인민 사이의 수직적 위계질서를 성립시키는 것으로 이어졌다. 나라마다 시기마다 강도와 표현 방식이 다르기는 했지만 중국, 북한, 베트남, 쿠바 등이 대체로 여기에 해당한다고 할 수 있다. 이들 나라들이 소련, 동유럽과 비교해볼 때 상대적으로 정치적 안정을 보여온 것은 상당 정도 사회통합용 권위의 성격이 다른 데서 연유한다고 할 수 있다.

그런데 대중이 직접적인 행동을 통해 정세를 주도하면서 권위의 성격을 문제 삼는 것이 아니라 권위 자체를 부정하는 경향을 보이기 시작하였다. 이미 대중이 변화의 주역으로 떠오른 조건에서 그 위에 존재하는 권위는 있을 수 없다는 사고에 따른 것이었다. 1987년 민주화 투쟁 승리 이후 한국 사회에서 탈권위주의가 지배적 흐름으로 자리잡게 된 것도 이러한 맥락에서 이해할 수 있다.

탈권위주의적 경향은 다시금 정치적 의사결정구조에 중대한 영향을 미치게 되었다. 처음부터 대중적 토론을 통해 모아진 의견만이 대중적으로 수용 가능해진 것이다. 그에 따라 과거처럼 당의 최고지도부가 결정하고 수직적 위계질서를 통해 대중을 교화시키는 방식은 더 이상 통용되기 어렵게 되었다. 비공개적이고 수직적인, 위로부터의 의사결정 과정을 공개적이고 수평적인 아래로부터의 의사결정 과정으로 대체하도록 하는 압력이 증대하고 있는 것이다. 특수한 상황에서 당 지도부 혹은 1인 지도자가 비상대권을 발동할 수는 있겠지만 이 역시 대중적 토론과 의결을 거쳐 일시적으로 위임되어야 할 것으로 간주되고 있다.

의사결정구조의 질적인 변화는 한 걸음 더 나아가 정당마저도 대중 자신이 만들고 운영해야 하는 것으로 발전하고 있다. 이는 대중을 당 건설의 주체에서 배제했을 뿐 아니라 사실상 처음부터 당 지도부에 비상대권을 부여했던 레닌의 전위정당 이론을 부정하는 것에 다름 아니다. 지극히 엘리트주의적인 레닌의 당 이론은 그 당시에는 옳을 수 있어도 대중이 무대의 주역으로 떠오르고 있는 시점에서는 더 이상 유효하지 않게 된 것이다.

이렇듯 피플 파워의 등장은 모든 형태의 권위주의에서 벗어나 진정한 의미에서 대중을 주역으로 하는 새로운 정치 운동을 창출할 것을 요구하게 되었다. 이런 점에서 처음부터 엘리트주의 정당과 거리를 두었던 브라질 노동자당에 대해 살펴보는 것은 여러 가지 측면에서 의미가 있다.

합법 정치활동의 기수, 브라질 노동자당

세계에서 다섯 번째로 넓은 땅에 인구가 1억 7000만 명에 이르는 나라 브라질. 이 거대한 나라는 불행하게도 1964년 친미 군부쿠데타이후 줄곧 군부 통치 아래 놓이게 되었다. 중남미의 다른 국가들에 비해 상대적으로 덜 억압적인 성격을 지녔던 브라질 군부 체제는 1974년 가이젤Ernesto Geisel 정권 이후 점진적인 자유화를 추진하기 시작하였다. 군부의 엄격한 통제와 야당 세력의 일정한 협조 아래 추진된 이러한 자유화 프로그램은 1989년 대통령 직선제 도입으로 일차 완료되었다.

그러나 정치적 자유화에도 아랑곳없이 노동자들의 처지는 여전히 최악의 상태에 놓여 있었다. 단적으로 공업부문과 서비스부문의 성장으로 고용이 크게 증가했음에도 불구하고 1970년대의 실질 최저임금은 1963년보다 15퍼센트나 하락했다. 반면 노동조합은 조직률이 25퍼센트에도 못 미치는 가운데 상층부는 군부에 의해 철저하게 통제되고 있었다. 노동조합이 노동자의 처지 개선에 거의 기여하지 못하고 있었던 것이다.

이러한 가운데 금속노조 등에서 현장과 밀착된 새로운 지도력이 형성되었고 이들이 중심이 되어 1978년과 이듬해인 1979년에 대규모 파업을 단행하였다. 이 파업투쟁을 통해 일약 대중 지도자로 부상한 인물이 바로 루이스 이나시오 다 실바Luiz Inacio Lula da Silva, 일명 룰라였다. 가난한 농부의 아들로 태어난 룰라는 길에서 땅콩이나 사탕을 팔아 생계비를 보태다가 어머니의 고집으로 10세 때 초등학교에 등록했다. 그나마 상파울루로 이사를 가면서 룰라의 짧은 학력은 중단되었고, 급사나 심부름꾼으로 전전하던 끝에 13세 때 선반공으로 취직했다. 그때부터 룰라는 줄곧 노동자의 삶을 살아가게 되었다.

일련의 파업투쟁을 경험하면서 룰라와 그의 동료들은 정치적 환경의 개선 필요성을 절감했고, 결국 노동자당PT 결성을 결심하기에 이르렀다. 이들의 초기 문제의식은 여전히 노동운동이 중심이었고 정당운동은 이를 보조하는 것이었다. 그러나 얼마 지나지 않아 정당운동은 정치권력 획득을 통한 새로운 사회 건설이라는 독자적 목적을 갖게 되었다.

노동자당은 정당운동에 대한 다양한 의견으로 우여곡절을 거친 끝에 1982년에 정식으로 창당 과정을 밟았다. 파업투쟁을 이끌었던 산업노동자들을 주축으로 무토지 농민운동과 학생운동, 교회 기초 공동체 및 이들과 밀접한 연관이 있는 지역주민운동, 좌파 계열의 정파 조직, 소수이기는 하지만 기존 야당에 몸담고 있던 의원단 등 다양한 세력이 노동자당에 참여하였다. 이렇게 하여 브라질 역사상 최초로 엘리트 집단이 아닌 현장 대중의 손으로 만들어진 정당이 탄생하였다.

브라질 노동자당의 이념은 복잡한 내부 구성만큼이나 스펙트럼이 매우 넓다. 그럼에도 불구하고 공식적으로는 민주적 사회주의 정당을 표방했는데 그에 대해서는 당 최고지도자인 룰라의 견해를 살펴보는 것이 도움이 될 것이다. 룰라는 제3세계 노동자로서 애초부터 유럽식 사회민주주의를 거부했다. "사회민주주의는 오직 라틴아메리카와 아시아 그리고 아프리카에 노예가 있기 때문에 존재할 수 있다"고 생각했기 때문이다. 소련과 동유럽 사회주의권에 대한 태도 역시 단호했다. 룰라는 노동자당 출범 당시 "민주주의와 자유가 결핍된 사회주의, 노동자들이 자유롭게 조직할 수 있는 권리가 없는 사회주의는 현재 우리가 달성하려는 사회주의와는 모순"이라고 밝혔다. 룰라는 현실사회주의는 그러한 결핍증 때문에 관료주의와 순응주의를 체질화하면서 생산과 성장에서 정체를 겪을 수밖에 없다고 지적했다. 이러한 룰라의 견해는 소련과 동유럽 사회주의권이 붕괴되기 이전에 나온 것이어서 특별히 주목할 가치가 있다.

노동자당은 당내 민주주의를 확립하기 위해서 대표적으로 두 가지 장치를 도입하였다. 하나는 모든 수준에서 표본 당원들이 참여하는 예비대회pre-convention를 먼저 열고, 여기서 결정된 것을 전국대회에서 공식 비준하는 것이었다. 실제로 공식적 전국대회는 지역별 예비대회에서 의결된 사항을 재가하는 데 그쳤다. 또 하나는 당의 누끄레오nucleus(핵심세포) 조직을 도입한 것이다. 노동자당의 누끄레오는 전통적인 좌파 정당의 기본 단위(셀)와 형태상 비슷하긴 하지만, 실제 내용에서는 고도로 분권적인 가톨릭교회의 기초공동체 조직에 가깝다고 할 수 있다. 곧 누끄레오는 당원들의 의견을 결집하여 중앙에 반영하고 나아가 사회운동의 의견을 당내로 반영하는, 아래로부터의 조직 운영을 보장하는 기관이다.

합법적 대중정당으로 출발한 노동자당은 곧바로 선거 참여라는 매우 복잡하고 어려운 문제에 직면하였다. 선거에 참여하지 않은 한 정당은 곧바로 정체성 문제에 부딪치면서 존립 근거를 상실할 수도 있었다. 따라서 선거 참여는 불가피했다.

노동자당이 선거 참여를 본격화하자 야당 진영으로부터 비난이 쏟아졌다. 저항세력을 분열시킨다는 것이 주된 요인이었다. 노동자당은 그에 대해 야당과의 본질적인 차이를 부각시키면서 독자적인 정치세력화가 불가피함을 역설하는 것으로 대응했다. 그럼에도 불구하고 야당으로부터의 그 같은 비난은 중간층과 지식인들에게 영향을 미치면서 노동자당의 정치적 진출에 적잖은 난관을 조성하였다.

여러 난관에도 불구하고 노동자당은 정치적 진출을 꾸준히 확대해갔다. 당내 민주주의 확립을 통한 당원의 능동적 참여, 민중 속으로 파고들기 위한 활동가들의 헌신적인 노력, 다양한 출신의 후보군 형성, 중앙정치 무대에서의 적극적인 발언 등이 노동자당에 대한 지지를 확대하는 주요 원동력이었다. 이러한 원동력을 바탕으로 노동자당은 1982년 선거에 처음 참여한 이후 20년 동안 주요 도시와 연방 의회에 당원들을 당선시켰다. 당선 지역에서는 지방예산 50퍼센트를 주민들의 참여로 책정하도록 한 참여예산제를 도입하고 민중평의회를 실험하는 등 직접민주주의 요소를 강화한 새로운 민주주의를 실천했다. 또 노동자당은 1989년, 1994년, 1998년 대통령 선거에 룰라를 출마시켜 17퍼센트, 25퍼센트, 33퍼센트를 득표함으로써 수권정당으로서의 면모를 과시했다.

이 과정에서 노동자당은 '디레타스 자Diretas Ja!'(당장 직접선거를!) 운동을 통해 대통령 직선제 도입을 주도하였는데 이는 상당한 플러스 효과를 발휘했다. 유럽의 예에서 확인되었듯이 개선된 선거제도가 도입되면 그에 공헌한 쪽에 표가 쏠리는 경향이 있다. 마찬가지로 1989년 대통령 선거에서 직선제가 도입되자 많은 브라질 유권자들이 직선제 도입에 가장 공로가 큰 노동자당 후보에게 적극적으로 투표했다.

한편 1994년 이후 카르도수 정권이 추진한 신자유주의 정책은 국내산업 기반을 붕괴시키고 사회적 불평등을 극도로 심화시키고 말았다. 단적으로 21세기 문턱을 넘어선 시점에서 5400만 명이 하루 1달러 미만의 돈으로 살아야 했으며, 실업률은 15퍼센트를 넘어섰다. 또 인구 3퍼센트가 무려 3분의 2의 토지를 차지한 반면 극빈층 40퍼센트가 차지한 토지는 고작 1퍼센트에 지나지 않는 등 토지 소유의 극단적인 불평등이 여전히 해소되지 않고 있었다. 이와 함께 국가의 조세 수입은 남미에서 가장 높은 수준임에도 불구하고 상당 부분이 기하급수적으로 불어나는 외채상환에 돌려지면서 사회복지는 전무한 상태에 놓인 채였다. 그 결과 빈민지역에는 대중교통, 학교, 병원 등 기초 사회시설이 거의 갖추어지지 않았을 뿐더러 인구의 3분의 1이 여전히 문맹상태에 있었다. 이러한 상황은 민심의 급속한 이반을 초래했고 노동자당에 대한 기대를 크게 확산시키는 요인이 되었다.

2002년 대통령 선거는 바로 이러한 분위기 속에서 치러졌다. 노동자당 후보 룰라로서는 네 번째 대통령 선거에 도전하는 것이었다. 결과는 61.5퍼센트를 득표한 룰라의 압승이었다. 초등학교도 졸업하지 못한 채 노동자로 살았던 룰라가 남미의 대국 브라질 대통령에 당선된 것이다. 세계는 이 사실을 하나의 혁명으로 받아들였다. 물론 이러한 성공은 노동자당 활동가들의 헌신이 일구어낸 결과이면서 브라질 민중의 위대한 선택이 빚어낸 작품이기도 하였다.

노동자당을 중심으로 한 브라질 민중의 정치실험은 제3세계 민중에게 많은 시사점을 던져주었다. 무엇보다도 노동자당은 민중이 일회적 투쟁을 통한 지배층 내부의 권력교체에 머물지 않고 일상적이고 지속적 실천을 통해 권력을 획득할 수 있는 길을 제시하였다. 동시에 평가는 다양할 수 있지만, 룰라를 수반으로 한 노동자당 정부는 반혁명세력의 줄기찬 공세에도 불구하고 중도하차하지 않고 재선에 성공할 만큼 안정적인 국정 운영 능력을 보여주었다.

민주화가 진척되고 그에 따라 자유로운 선거가 보장된 조건에서는 합법 정당을 중심으로 선거를 통해 권력을 획득하는 것이 당연하다. 왜냐하면 대부분의 경우 자유선거는 대중적 노력을 통해 획득된 것인 만큼 대중적 합의 사항에 속하기 때문이다. 그런데 합법 정당을 중심으로 선거를 통해 권력을 획득하는 것은 다른 방식에 비해 언뜻 쉬워 보이지만 사실은 가장 어려운 방식일 수도 있다.

러시아 혁명은 소수파로서 권력을 획득한 경우다. 쿠바의 혁명세력 또한 소수의 힘으로 일거에 권력을 획득하는 데 성공했다. 그러나 합법적 권력 획득은 다수에 영합하지 않으면서도 다수의 (암묵적 지지가 아닌) 명시적 지지를 얻을 때 가능하다. 바로 여기서 간단치 않은 문제가 발생한다. 유권자의 다수는 언제나 다양한 경로를 통해 지배 이데올로기로부터 절대적 영향을 받고 있기 때문이다. 설령 권력 획득에 성공하더라도 이를 혁명적으로 사용하기가 결코 쉽지 않다. 왜냐하면 혁명의 과정이 기존 권력의 분쇄를 수반하는 봉기 노선과 달리 합법적 권력 획득은 일단 기존 권력기구를 인수하는 절차를 밟아야 하기 때문이다. 곧 기득권세력이 고스란히 자신의 지위를 유지한 상태에서 출발해야 하는 어려움이 있는 것이다.

이러한 점들을 감안할 때 노동자당이 합법적 집권과 관련하여 기여한 바가 매우 큰 것이 사실이지만 동시에 숱한 과제를 남기기도 하였다. 합법 정당 활동의 경우는 비합법 정당 활동이나 게릴라전과 달리 일상적으로 목숨을 걸지 않고도 정치 활동을 전개할 수 있다. 이런 이유로 해서 출세주의자들이 쉽게 정당의 상층부를 장악할 수 있게 된다. 더욱이 이러한 사실은 식별조차 잘 되지 않는다. 문제는 이런 상태가 사전에 치유되지 않은 채 권력 획득에 이르게 되면 온갖 특권으로 가득 찬 기존 권력기구에 쉽게 동화된다는 점에 있다. 브라질 노동자당은 바로 이 문제를 온전히 해결하지 못한 상태에서 집권에 이르렀다고 할 수 있다. 이러한 한계는 룰라 정부가 혁명의 가장 본질적인 지점에서 과감한 돌파를 시도하는 것을 어렵게 만들었다.[8]

룰라 정부는 이전 정권의 신자유주의 정책으로 피폐해진 국가경제를 회생시키는 것을 우선과제로 삼았다. 이러한 선택은 나름대로 불가피한 것이었다. 문제는 룰라 정부가 자본의 생산적 투자를 확대시키는 것을 위주로 경제회생 정책을 구사했다는 점에 있다. 이러한 정책적 선택에는 다양한 평가가 엇갈리겠지만 한 가지 분명한 점은 기득권세력과의 타협을 전제로 하지 않으면 추진이 불가능했다는 것이다. 그 결과는 혁명적 구상을 상당히 후퇴시키는 것으로 나타날 수밖에 없었다. 결국 룰라 정부는 우파가 망친 경제를 좌파가 살려냈다는 긍정적 평가에도 불구하고 명실상부한 '브라질 혁명'을 창조하는 데는 실패하고 말았다.

주 석

1 권태선, 〈'한국전쟁…2' 펴낸 브루스 커밍스가 밝히는 '새로운 사실'〉, 《한 겨레》, 1990. 12. 15.

2 북한의 방위 태세에 관해서는 김명철 지음, 윤영무 옮김, 《김정일의 통일 전략》, 살림터, 2000. 36~46쪽 참조.

3 바니아 밤비라, 김현식 옮김, 《쿠바 혁명의 재해석》, 백산서당, 1985. 105쪽.

4 조희연, 〈제3세계의 영웅적인 민주주의 투쟁과 한국의 민주화투쟁〉, 인터 넷 전문자료 참조.

5 http://blog.naver.com/shj578/140024458005 참조.

6 http://blog.naver.com/jhj7725/140038322571, http://blog.naver.com/ shj578/140024458005 참조.

7 산디니스타 정부는 미국의 경제봉쇄와 콘트라 반군 지원으로 계속 고전해 야 했고, 결국 1988년 차모로(피살된 차모로의 부인)에게 정권을 이양한 다음 장기 간의 잠수 과정을 거쳐야 했다. 이후 산디니스타 세력은 2006년 대통령 선거에 서 (혁명 성공 후 정부수반이었던) 오르테가가 승리함으로써 재집권에 성공할 수 있었다.

8 이에 관해서는 '조세 꼬레아 레이치, 전소희 옮김, 〈브라질 노동자당, 역사 상 가장 심각한 위기에 직면〉, http://blog.naver.com/ngoking/80015090595'을 참조할 것.

© 한겨레엔   욱일승천하는 중국 경제의 상징 상하이의 야경

중국의 변신,
새로운 전범을 만들다

중국의 사회주의 건설 과정은 끊임없는 실험의 연속이었다. 대약진운동, 문화대혁명, 개혁개방 등은 그러한 실험에서 대표적인 위치를 차지하고 있다. 이러한 실험 가운데 온전한 성공작으로 꼽힐 만한 것은 나타나지 않았다. 그리하여 중국의 사회주의 건설 역사를 보노라면 도대체 "정답이 있을 수 있는 것인가?"라는 회의적 시각을 가질 수도 있다. 오늘날 중국을 움직이는 현실적인 이데올로기가 중화주의라는 사실에 직면할 때 그러한 회의감은 더욱 증폭될 수 있다. 그러나 진리는 거듭되는 회의 속에서 발견되는 법이다. 그런 점에서 중국은 탁월한 '반면교사'가 되고 있다. 중국은 그 세계의 크기만큼이나 많은 교훈을 던져주고 있다. 우리가 중국의 혁명 여정에 깊은 관심을 가져야 하는 이유다.

역사를 거꾸로 돌린 대약진운동

중화인민공화국 수립과 함께 중국공산당이 해결해야 할 가장 중요한 과제는 토지개혁이었다. 농민은 인구의 절대다수를 차지함과 동시에 혁명의 주요 동력이었다. 그런 점에서 농민의 가장 절실한 요구인 토지개혁을 시행하는 것이야말로 혁명 승리의 가장 분명한 징표였다. 일련의 계급투쟁 시기를 거쳐 지주에게서 몰수한 토지는 농민들에게 분배되었고 농민은 분배받은 토지에 자신의 모든 땀과 열성을 쏟아부었다. 이 같은 토지개혁의 결과 1949~56년에 곡물생산고는 70퍼센트 이상 증가하였다.

공산당은 개별 농민의 토지 소유를 핵심으로 하는 이른바 신민주주의 단계가 매우 오랫동안 지속될 것이라고 이야기하였다. 그러나 얼마 가지 않아 공산당 지도부의 생각은 크게 바뀌었다. 중국공산당 지도부는 세 가지 이유로 농업의 집단화가 조기에 추진되어야 한다고 판단하였다. 첫째, 농업 집단화를 통해서만 부농 등 사회주의 혁명에 적대적인 계급의 등장을 차단할 수 있다. 둘째, 농업생산성을 빠르게 향상시키기 위해 기계화 사업 등을 추진하려면 집단화가 불가피하다. 셋째, 농업생산물을 효과적으로 공업화에 투입하는 데는 개인이 알아서 처분하는 소농 경영보다 집단화가 유리하다.

이러한 맥락에서 중국은 1955년경부터 전격적으로 농업 집단화를 추진하였다. 다만 토지 소유에 대한 농민의 열망이 뿌리 깊은 점을 고려하여 국영농장이 아닌 50명 정도의 농민을 농업생산합작사로 묶는 방식을 채택하였다. 혁명에 대한 농민의 높은 지지 덕분에 농업 집단화 계획은 비교적 원만하게 진행되었다. 그 결과 1956년에는 전체 농민의 10분의 9가 합작사에 가입하였다.

그러나 농업 집단화는 기대했던 농업 생산성의 급격한 향상을 가져다주지 못했다. 1952~57년에 인구는 30퍼센트 정도 늘어났지만 정부의 곡물 징수는 거의 늘어나지 않았다. 농업생산성이 정체상태에 빠져든 것이다.

농업 집단화가 성공하려면 무엇보다도 농민들에게 더욱 많은 이익을 안겨줄 수 있어야 한다. 예를 들면, 개인으로서는 엄두를 내기 어려운 농업 기계화가 집단화를 통해 쉽게 달성되고 그에 따라 평균 소출이 늘어날 때 농민은 집단화에 매력을 느끼는 것이다. 그런데 공업화가 미약한 조건에서 농업 집단화를 추진하다보니 필수적인 기계화 등이 제때에 이루어지지 못했다. 따라서 여전히 농업 활동은 육체노동에 크게 의존한 상태여서 농업생산성은 농민의 근로의욕에 크게 좌우되었다. 문제는 대부분의 농민이 여전히 자기 땅에 농사를 짓는 것에 관심을 갖고 있다는 데 있었다. 결국 집단화는 농민의 근로의욕을 떨어뜨리면서 농업생산성의 정체로 이어질 수밖에 없었다.

이러한 상황은 농업생산성을 향상시켜 공업화에 필요한 재원을 조달하고자 했던 애초의 계획에 심각한 차질을 빚게 되었다. 중국공산당 지도부는 이 같은 현상에 직면하여 딜레마에 빠졌다. 농업생산성이 뚜렷한 향상을 보이지 않은 탓에 공업화가 힘 있게 추진되지 못하고, 또 공업화의 진전이 부진한 탓에 농업 기계화가 지체되는 악순환의 늪에 빠진 것이다.

　지극히 난감한 상황에서 마오쩌둥은 혁명투쟁 시기 체험한 인민의 강렬한 힘에 주목하였다. 마오쩌둥의 뇌리 속에 각인된 인민은 하고자 마음만 먹으면 산을 움직일 수도 있고 폭풍을 몰아치게 할 수도 있는 존재였다. 마오쩌둥은 모든 문제는 인민의 잠재력이 제대로 발휘되지 않기 때문에 나타난 것이며 인민의 잠재력을 억누르고 있는 것은 농민의 소자산가적小資産家的 습성이라고 파악하였다. 이로부터 중국공산당은 농민의 소자산가적 습성을 제거하는 것을 포함하여 제반 문제를 일괄적으로 해결하는 것을 목표로 인민공사를 단위로 한 전대미문의 실험에 착수하였다.

　인민공사는 노동자, 상인, 학생, 병사가 일체화된 체계로서 모든 생산수단은 공사의 소유였다. 개인이 가진 조그만 땅도 모두 인민공사에 귀속되었다. 제대로 이루어지지는 않았지만 식사도 인민공사에서 운영하는 커다란 식당에서 함께 하도록 하는 등 가능한 한 가족을 뛰어넘는 공동생활 영역을 확대시키고자 하였다. 모든 노동은 공사에 의해 배분되고 통제되었으며 임금은 노동성과에 따라 지급되었다. 아울러 전형적인 인민공사는 교역, 조세, 회계 등 경제활동뿐 아니라 지방 정부의 기능인 군사와 보안 업무까지도 떠맡았다. 한마디로 인간생활의 모든 영역을 포괄하는 공산주의적 공동체를 구현하고자 한 것이다.

　마오쩌둥은 이러한 인민공사를 통해 농민의 소자산가적 습성을 근원적으로 뿌리뽑으면서 대단위 노동력의 효율적인 편성을 통해 단위 면적당 생산량을 증가시키고자 하였다. 아울러 인민공사를 통해 관개와 홍수 통제, 경작지 개간 등 농민들이 개별적으로 해결하기도 어렵고 그렇다고 당장 국가가 대신 해줄 수도 없는 과제를 해결하고자 했다. 인민공사를 추진하게 된 또 다른 배경은 농촌의 노동력을 최대한 활용함으로써 취약한 공업기반을 보충하는 것이었다. 이를 위해 인민공사의 관장 아래 농촌 공장들이 대대적으로 건설되었다. 마오쩌둥은 농촌 공장들이 근대적 공장으로부터 많은 도움을 받지 않으면서도 도리어 근대공업이 필요로 하는 제품을 생산·공급할 수 있을 것으로 기대하였다.

중국공산당은 1958년부터 인민공사를 기초 단위로 대약진운동을 전개하였다. 대약진운동은 조속한 시일 안에 영국을 추월하여 미국을 따라잡는 것을 목표로 하였다. 대약진운동은 가지각색의 결과를 가져왔다. 수만 명의 사람들이 삽과 괭이를 들고 대산맥을 넘는 도로를 만드는 등 순전히 사람의 근육 힘만으로 중국의 면모를 변화시켜 나갔다. 수만 개의 저수지, 수천 개의 작은 수력발전소, 수백 킬로미터에 달하는 철로, 큰 강을 건너는 다리들, 새 운하와 고속도로가 건설되었고 더 많은 광산이 발견되고 더 많은 경작지가 개간되었다.

그러나 얼마 가지 않아 대약진운동을 장식하던 요란한 구호는 허구임이 드러나고 말았다. 무엇보다도 마오쩌둥이 인민공사를 통해 기대했던, 농민들이 소자산가적 습성을 버리고 열정적으로 생산성을 향상시키는 일은 일어나지 않았다. 도리어 생산의욕은 더욱 감퇴되고 말았다. 수천 년 동안 이어져 내려온 가족 단위의 생활습성은 집요하게 살아 있었고 그 결과 인민공사와 농민의 요구 사이에는 뚜렷한 불협화음이 발생하였다.

아울러 인민공사를 통해 취약한 공업기반을 보충하고자 했던 시도 역시 곳곳에서 비효율성을 드러냈다. 대표적인 예로, 대약진운동의 절정이라고 할 수 있는 철강증산운동을 들 수 있다. 공산당은 종전의 생산량에 비해 두 배나 되는 1070만 톤의 철강 생산을 목표로 한 전인민 철강증산운동을 전개했다. 이를 위해 약 9000만 명의 인민들이 원시적인 방법을 모두 동원하였고, 간이 제철용광로가 전국 어디를 막론하고 세워졌다. 제철 원료가 모자라 밥솥을 부수어 넣고 심지어 쟁기, 호미까지 용광로에 쓸어넣었다. 연료가 부족하여 나무를 마구 찍어냈기 때문에 수많은 산이 삽시간에 민둥산이 되었고, 벽돌이 부족하여 민가를 헐고 벽돌을 뜯어냈다. 그러다보니 처음에는 철강 생산이 비약적으로 늘어난 듯했으나 얼마 안 가 다시 곤두박질치고 말았다.

이러한 가운데 대약진운동이 시작된 이듬해인 1959년 농산물 생산이 지속적으로 하락하였고 가축 생산은 1949년 수준에도 못 미쳤다. 엎친 데 덮친 격으로 대기근이 농촌과 도시를 휩쓸면서 1959년에서 1961년 사이의 사망률은 건국 이후 최고치를 기록하였다. 재앙에 가까운 결과를 낳은 것이다.[1] 인민은 지치다 못해 냉담해졌다. 수송망은 파괴되었고 덩달아 공업도 침체되었다. 그 결과 1960년의 국민총생산은 대약진운동이 출발할 때의 3분의 1로 줄어들었다.

공산당은 대약진운동에서 나타난 문제점을 해결하기 위해 인민공사 구조를 개선하려 노력했다. 1958년 12월 공산당 중앙위원회는 인민공사로의 권한 집중에 따른 관료적 경직성을 타개하기 위해 결정 기관을 하급 단위인 생산대대로 끌어내렸다. 그래도 사정이 계속 나빠지자 1960년에 이르러 인민공사는 더욱 분권화되었고, 최종적으로는 함께 일할 수 있는 40가구의 생산대가 기본 단위가 되었다.

더불어 개인 소유의 채소밭들도 다시 도입되었다.[2]

그러나 이러한 조치에도 불구하고 사태는 호전되지 않았다. 여기에다 중소분쟁이 격화되면서 소련의 지원이 중단됨으로써 사태는 한층 악화되었다. 어느 모로 보나 대약진운동의 실패는 매우 분명한 사실이었다. 대약진운동은 처참한 실패를 통해 혁명의 역사에 귀중한 교훈을 남겼다. 그것은 바로 '악'으로 규정할 수 있는 요소를 일거에 제거하고 유토피아로 직행하려는 시도처럼 위험스러운 것은 없다는 것이다.

극단을 향해 치달은 문화대혁명

1966년부터 몇 년 동안 세계의 시선은 온통 중국으로 모아지고 있었다. 그리고 수많은 사람들이 흥분된 모습으로 문화대혁명이라는 전대미문의 실험을 지켜보았다.

관료화된 현실 사회주의와 권위적인 자본주의 사회에 넌덜머리를 느끼고 있던 서구의 좌파 지식인들은 문화대혁명에서 새로운 희망을 발견하였다. 그들이 보기에 문화대혁명은 마르크스주의 본래의 취지에 맞게 대중의 자발성에 기초한 인간적 사회주의를 창출하는 과정이었다. 그에 따라 수많은 서구 지식인들이 중국의 문화대혁명 이념을 소개하는 데 열을 올렸으며 "모든 반란은 정당하다"는 마오쩌둥의 말을 실천하기 위해 애썼다.

당시 분위기 속에서 진정한 지성의 모범은 시험 답안지 귀퉁이에 자신은 공장노동자로서 시험 공부할 시간이 없었다는 메모를 적어 제출한 중국 대학생이었다. 덕분에 이 대학생은 나중에 교육차관으로 임명되었다.[3]

하지만 1977년 중국공산당 지도부는 문화대혁명을 "국가를 혼란에 빠뜨린 10년간의 재앙"으로 규정했다. 서구 좌파 지식인들이 생각했던 것과는 전혀 다른 평가를 내린 것이다. 그렇다면 문화대혁명의 진실은 무엇인가. 문화대혁명 시기의 교묘한 선전이 서구 지식인들을 현혹했다는 것인가? 아니면 중국공산당에서 권력교체가 일어나면서 평가가 달라진 것뿐인가?

문화대혁명은 혁명의 영도기관으로 규정되어온 당이 주도하지 않았다. 도리어 당의 공식기구는 문화대혁명 기간 동안 줄곧 공격의 대상이 되었다. 또 문화대혁명은 아래로부터 촉발되지도 않았으며 혁명의 중심 세력이었던 농민이 주도적으로 만들어간 것도 아니었다. 문화대혁명은 오직 단 한 사람에 의해 촉발되었다. 그 한 사람은 다름 아닌 마오쩌둥이었다.

대약진운동이 실패함에 따라 마오쩌둥은 국가주석에서 물러나고 그 대신 국가주석은 류사오치劉少奇가, 공산당 총서기는 덩샤오핑鄧小平이 맡았다. 마오쩌둥은 비록 혁명 승리의 주역으로서 여전히 인민들 사이에서 절대적 권위를 누리고 있었지만 정치적 고립은 더 이상 피할 수가 없었다. 1965년을 경과하면서 마오쩌둥은 당내에서 더욱 고립되어 갔고 그에 따른 초조감은 정도를 넘어섰다. 결국 마오쩌둥은 권력을 회복하기 위한 대규모 프로젝트를 추진하였으니 문화대혁명은 바로 그 결과물이었다.

문화대혁명의 불을 붙인 장본인이 마오쩌둥인 것은 분명한 사실이지만 이것만으로 문화대혁명 전모를 설명하기에는 매우 불충분하다. 문화대혁명은 중국 대륙을 뒤흔들 정도의 폭발력을 발휘했는데 이는 그만한 사회적 분위기가 조성되어 있지 않는 한 불가능한 것이었기 때문이다. 바로 여기서 류사오치를 수반으로 하는 새로운 중국의 지도 체제가 어떤 길을 갔는지 살펴볼 필요가 있다.

대약진운동 실패와 함께 새롭게 출범한 류사오치·덩샤오핑 체제는 계급투쟁을 기본적으로 마무리지었으며, 인민의 수요와 생산력 사이의 모순을 해결하는 것이 주요 과제라는 판단에 입각하여 모든 문제를 풀어갔다. 이를 위해 먼저 '인민대중'의 역할과 국가행정기관의 역할을 뚜렷이 분리시켰다. 그런 다음 인민대중이 각자 자유스럽게 자신의 이익을 추구하도록 유도하였다. 개인 경작지가 허용되고 자유시장이 활성화되었으며 독립채산제가 새롭게 도입되었다. 아울러 과거 인민공사 속에서 인민대중에게 수행하도록 했던 많은 기능은 이제 국가행정기관에 의해 대체되었다. 참담한 실패의 후과로 이전과는 정반대의 방향을 추구하게 된 것이다.

그러나 인민대중과 국가행정기관의 분리는 대중 위에 군림하는 관료를 양산하고 말았다. 당과 정부, 군에 자리잡은 관료집단은 일반노동에는 관심을 보이지 않은 채 상층계급이 되려고 노력했다. 그들은 자신의 경력과 다시 출현한 가문에 관심을 갖기 시작했으며 더 나은 교육과 사사로운 재산 축적을 추구하였다. 혁명가들이 구체제를 대신할 때 나쁜 버릇부터 배운다는 속설을 입증하는 듯했다.

이러한 가운데 당은 당대로 급속히 관료화되어 갔다. 당원과 비당원이 엄격히 구분되고 정기적인 회합, 비판과 자기비판이 계속 유지되었지만 이는 당원으로서 지위를 유지하기 위한 의례적이고 기술적인 절차에 불과했다. 당원은 자신의 모습이 지나치게 노출되어 비판의 대상이 될 것을 두려워하여 다른 당원과 깊이 만나는 것을 회피하였다.[4]

이런 모든 상황은 온갖 불편부당과 부조리를 낳으면서 곳곳에서 불만이 넘치도록 만들었다. 예를 들면 대학생들은 노동자·농민의 자제보다는 엘리트 집단의 자제들을 우선하는 대학선발제도에 강한 불만을 품고 있었다. 고용 상황이 악화되면서 도시 청년들을 강제로 농촌으로 보낸 조치 역시 비슷한 작용을 하였다. 상당수에 이르렀던 시골 출신 계약노동자들도 갖가지 차별로 인해 극도의 불만에 휩싸여 있었다. 바로 이러한 불만이 수많은 대학생들과 젊은 노동자들이 문화대혁명의 기폭제가 되도록 만든 요소였다.

한편 정치적 고립상태에서 벗어나기 위해 절치부심하고 있던 마오쩌둥은 이러한 사태 전개를 날카롭게 주시하고 있었다. 마오쩌둥은 류사오치와 덩샤오핑을 중심으로 새로운 지배계급이 형성되고 있으며, 새로운 당 지도부가 자본주의로 가는 길을 택하고 있다고 규정했다. 마오쩌둥은 이러한 상황을 타개하기 위해서 "계급투쟁을 절대로 잊어서는 안 된다"는 것을 거듭 역설하였다. 결국 마오쩌둥은 1962년 계급투쟁을 고취하는 방향에서 사회주의 교육을 쇄신할 것을 당 지도부에 제기하였다. 하지만 당 지도부는 마오쩌둥의 요구를 받아들이지 않은 채 계속 꾸물거리기만 했다.

당 차원에서 문제를 해결하기 어렵다고 판단한 마오쩌둥은 군軍으로 눈을 돌렸다. 마오쩌둥은 국방장관 린뱌오林彪와 밀착하여 전반적으로 허물어져 있던 군부대의 당 위원회를 재건하는 작업에 착수하였다. 군 내부로 새로운 당원이 흘러들어갔고 중대에서 분대에 이르기까지 당 조직 체계가 서면서 독립된 지휘 체계가 마련되었다. 군내 당 조직 정비 작업이 어느 정도 마무리되자 1964년 "인민해방군에게 배운다"는 본받기 운동이 전국적 규모로 벌어졌다. 이러한 운동은 1965년 가을에 이르자 군이 강력하게 지원하는 '무산계급 문화를 창출하는 문화대혁명'으로 발전하였다. 마침내 문화대혁명이 막을 올린 것이다.

마오쩌둥의 움직임에 대해 공산당 내에서는 엄청난 비판이 제기되었다. 이러한 당내 움직임에 대해 마오쩌둥은 당 밖에서 세력을 형성하여 공격하는 것으로 응수했다. 마오쩌둥을 지지하는 수백만의 젊은이들이 홍분에 사로잡혀 격정적인 행동에 돌입하였다. 이들 젊은이들은 군이 제공하는 무기를 지닌 채 사상적 순결성을 지키는 부대라는 의미의 홍위병을 결성하였다. 때맞추어 린뱌오의 주도로 발간된 붉은 소책자《마오쩌둥 어록》은 홍위병들이 마오쩌둥의 요구에 열광적으로 헌신하게 만드는 불가사의한 힘을 발휘하였다. 홍위병에 참가했던 인물들의 회고에 따르면 당시의 상황은 영문을 알 수 없는 집단최면상태에 가까운 것이었다. 물론 이러한 현상은 류사오치·덩샤오핑 체제에 대한 우려와 불만이 그만큼 젊은 층 사이에 광범위하게 누적되어 있음을 반영하는 것이었다.

1966년 가을에 1100만 명으로 늘어난 홍위병들이 베이징에 모여 일련의 대중집회를 가진 뒤 그들 나름대로의 장정을 수행하기 위하여 각지로 흩어져 갔다. 홍위병들은 4구舊(낡은 이념과 사상, 습관 및 관습)를 대표하는 사람들과 사물들을 난폭하게 공격하였다. 극단적인 광기가 휘몰아치는 가운데 지식인들과 전문가들을 향해 무차별적인 공격이 이루어졌고 곳곳에서 테러가 난무하였다. 사찰 등 각종 문화재들은 낡은 사상의 표본이라 하여 무참하게 파괴되었으며 혼란의 와중에서 대학과 학교는 여러 해 동안 문을 닫아야 했다.

1967년 1월에 마오쩌둥은 혁명을 더욱 격화시켜, 1871년 파리 코뮌에서와 같이 '혁명적 대중'이 당 기구 자체를 공격하여 아래로부터 권력을 장악하도록 선동하였다. 많은 당 간부들이 개별적으로 공격을 받으면서 조직적으로 대응할 기회를 잃어버린 채 철저하게 분쇄되었다. 류사오치와 덩샤오핑 등 지도자들은 '자본주의적 길을 택한 당국자'로 숙청되었다.

마침내 마오쩌둥은 낡은 권력 질서를 대체하기 위해 정부의 각급 기관에 '혁명위원회' 설치를 추진하였다. 이 위원회는 새로운 피로서 '혁명적 대중'과 군부 및 적절하게 혁명화한 옛 간부들을 포함하였다. 사태가 이렇게 되자 남아 있던 기존 당 지도부는 자기들의 적위대赤衛隊를 내세워 격렬하게 저항하였다. 곳곳에서 적위대와 홍위병간에 화기를 사용한 전투가 벌어졌다. 비슷한 시기에 21개 지방에서 농민들이 국가 구매자와 홍위병을 향해 격렬한 공격을 가하는 일들이 발생했다. 이렇게 하여 문화대혁명은 사실상 내란상태로 빠져들었다. 결국 군부대가 직접 개입함으로써 상황이 수습되기는 했으나 결과적으로 군의 주도권을 확고하게 해주었다.[5]

29개의 성과 주요 도시들에 혁명위원회가 설치되고 난 후 마오쩌둥은 1968년 가을에 홍위병을 해산하고 사태 수습에 돌입하였다. 지난 날 홍위병을 포함한 젊은이들은 대거 농촌으로 하방下方되었다. 이어서 1969년 4월 새로운 권력구조를 출범시키기 위한 9차 전당대회가 개최되었다. 전당대회는 군부를 중심으로 하는 새로운 중앙위원회를 선출하고 국방장관 린뱌오를 마오쩌둥의 후계자로 명시했다.

9차 전당대회를 통해 문화대혁명은 공식적으로 마무리되었으나 내용으로 보면 마오쩌둥이 사망한 1976년까지 지속되었다고 할 수 있다. 1970년에 이르러 대학과 학교가 다시 문을 열었으나 이전과는 매우 다른 양상이 연출되었다. 학생들은 일하는 생산 단위의 평판을 기준으로 선발되었고 중학교를 졸업한 뒤 출신 공동체로 돌아가 2년간 봉사해야 했다. 도시의 기능공 역시 '5.7 학교'라는 이름의 농장에 교대로 보내져 맨손으로 일을 했다. 이러한 프로그램은 다분히 농촌이야말로 혁명의 모태라는 마오쩌둥의 신념이 반영된 것이었다.

문화대혁명은 장장 10여 년에 걸친 초대형운동으로, 제2의 혁명이었음이 명백했다. 마오쩌둥은 문화대혁명을 통해 다시금 정치의 중심에 서게 되면서 그가 신봉하던 혁명 원칙을 전면적으로 실현하고자 하였다. 그 원칙은 혁명 투쟁 시기에 형성된 것으로, 혁명의 중심은 철저히 대중이며 간부는 그러한 대중의 이익에 무조건 복무해야 한다는 것으로 집약되었다.

그럼에도 불구하고 문화대혁명에 대해서는 당초 그 목표가 무엇이었는지에 관계없이 시간이 흐르면서 부정적 평가 쪽으로 기울었다. 무엇보다도 홍위병의 무분별한 테러로 인해 100만 명이 넘는 사람들이 투옥, 폭행, 고문, 심하게는 살해당했다는 점이 지적되고 있다. 공식적인 사망자만 해도 3만 4000명에 이르고 있는데 실제로는 이보다 훨씬 더 많은 사람이 살해당했을 것이라는 것이 대체적인 관측이다.[6] 물론 대부분의 과정은 합당한 절차와 무관하게 발생했다. 마오쩌둥의 이름으로 처단한다는 말 한마디가 모든 법을 대신했던 것이다. 더욱 심각한 문제는 이러한 희생자들 중 상당수가 혁명을 함께 책임지고 나아가야 할 지식인, 전문가들이라는 점에 있었다. 문화대혁명은 낡은 사상문화를 퇴치하기보다는 그러한 사상문화를 주로 간직하고 있다고 여겨지는 사람 자체를 공격하고 배척하는 것으로 귀결되고 말았다. 이는 사회 발전에 반드시 필요한 역량을 심각하게 파괴했을 뿐 아니라 혁명의 목적 자체를 의심하게 만들기에 충분하였다.

극심한 혼란과 전문역량의 파괴로, 문화대혁명 기간 동안의 경제
는 대약진운동 기간처럼 추락하지는 않았지만 매우 느리게 발전할
수밖에 없었다. 문화대혁명 기간을 '잃어버린 10년'으로 간주하는
것은 이 같은 사정을 반영하는 것이라고 할 수 있다.

개혁개방의 길

1976~78년 동안 마오쩌둥 이후의 지도 체제를 둘러싼 격렬한 투쟁이 벌어지면서 마침내 마오쩌둥의 처 장칭江靑을 포함하여 문화대혁명을 주도했던 이른바 4인방이 몰락하였다. 곧이어 덩샤오핑을 중심으로 개혁개방을 추구하는 새로운 지도체제가 출범하였다.

1979년부터 본격화된 개혁개방은 총설계사 덩샤오핑의 지도 아래 생산력 발전을 최우선목표로 진행되었다. 생산력 발전에 도움이 된다면 생산관계가 사회주의인지 자본주의인지는 크게 중요하지 않게 되었다. 이러한 개혁 추진 세력의 관점과 태도는 흑묘백묘론黑猫白猫論 곧 "흰 고양이든 검은 고양이든 쥐만 잘 잡으면 된다"는 쓰촨四川지방 속담을 통해 곧잘 설명됐다.

중국의 개혁개방은 매우 신중하고도 점진적인 과정을 거쳐 이루어졌다. 여기에는 노련한 혁명가 덩샤오핑의 용의주도함이 크게 작용하였다. 덩샤오핑은 과거 1960년대 초 류사오치와 함께 추진했던 개혁 작업이 대중의 강력한 반발을 불러일으키면서 문화대혁명에 의해 좌초되었던 경험을 끊임없이 되새겼다. 무엇보다도 국가행정기관의 주도로 성급하게 개혁 작업을 추진하는 것은 심각한 문제를 야기할 수 있다는 점을 깊이 염두에 두었다. 덩샤오핑은 과거의 잘

못을 반복하지 않기 위해 마오쩌둥의 혁명적 군중노선을 개혁 작업에 접목시키고자 노력하였다. 예컨대 개혁개방 작업은 어느 한 부분에서 성과를 입증한 다음 이를 일반화하는 방식을 취함으로써 인민의 적극적 지지와 동참 속에서 개혁을 추진시켰다. 이 같은 덩샤오핑의 접근 방식은 상당히 주효했고 덕분에 중국은 심각한 정치적 혼란을 수반하지 않은 채 개혁개방을 추진할 수 있었다.

그러나 중국의 개혁개방과 관련하여 결코 빼놓을 수 없는 점이 있다. 곧 중국은 미국과 화해함으로써 자본주의 세계에 대한 체제 위협 세력이기를 포기한 조건에서 개혁개방을 추진한 것이다. 개혁과 개방은 불가분의 관계에 있으며 여기서의 개방은 실질적으로 자본주의 세계와의 협력을 의미하였다. 개혁개방이 미국과 정식으로 국교가 수립된 1979년부터 본격적으로 시작되었다는 사실은 이러한 상관관계를 뒷받침해주고 있다.

중국이 미국과의 화해를 추진하게 된 직접적인 계기는 뒤에서 살펴보게 될 중소분쟁의 격화였다. 소련과의 관계가 극도로 악화되면서 중국은 소련을 멀리하고 미국을 선택한 것이었다. 중국의 이 같은 선택은 미국과 함께 소련에 대해 공동전선을 구축한 것을 의미하였으며, 이는 소련 붕괴의 직접적 요인으로 작용하였다. 아울러 소련의 붕괴는 미국의 유일 패권 확립과 신자유주의 세계화로 이어졌다. 전 지구적 관점에서 보자면 중국의 개혁개방은 미국의 세계지배전략에 편승하여 이익을 추구한 과정이었다고 해도 크게 틀리지 않다.

덩샤오핑이 이끄는 개혁세력이 가장 먼저 착수한 것은 농촌 개혁이다. 1978년 중국이 개혁의 첫발을 내디딜 무렵 전체 인구의 80퍼센트 정도가 농촌에 거주하고 있었다. 그런 만큼 개혁에 대한 농민의 지지를 확보하는 것은 개혁의 진로와 관련하여 절대적인 비중을 차지하였다. 아울러 인구의 압도적 다수가 빈곤상태에 머물러 있는 한 공업과 상업의 발전은 기대할 수 없었다.

당시 4억의 노동력 중 3억이 농업에 종사하였지만 식량과 부식은 여전히 부족하여 매년 외국으로부터 양식, 면화, 콩기름을 수입해도 역부족이었다. 1977년 중국 전역에서 3억 4500만 톤의 알곡을 생산하였는데 이는 노동일을 300일로 계산했을 때 농업노동력 1인당 하루 평균 3.83킬로그램을을 생산한 것에 불과한 것이다. 이는 미국의 하루 평균 생산량(1975년 기준) 81.72킬로그램의 약 21분의 1에 불과하다. 그리하여 농업인구 1명은 2.1명의 식량을 공급하는 수준에 머물렀고, 4.8인의 농민이 겨우 1명의 도시인에게 식량을 공급할 수 있었다.[7]

이렇듯 낮은 농업생산성으로 식량 문제를 해결하려면 어쩔 수 없이 노동력의 4분의 3이 농업에 매달려야 했다. 상공업 발전에 필요한 노동력을 확보하는 것은 애초에 불가능한 일이었다. 어떤 형태로든지 농촌개혁이 불가피한 상황이었다.

농촌개혁의 핵심은 '포산도호包産到戶' 곧 토지에 대한 소유는 기존의 공유제를 그대로 두되 가족단위로 생산한 다음 생산량의 일정 비율을 국가와 공사에 바치고 나머지를 가족의 몫으로 하는 것이었다. 일종의 토지 소유권과 경영권의 분리라고 할 수 있다.

농촌개혁은 쓰촨성과 안후이성安徽省 등 가장 빈곤한 곳에서부터 시범적으로 실시되었다. 애써 가장 빈곤한 곳을 택한 것은 그곳에서 성과를 이루어냈을 때 파급효과가 극대화될 것이라는 기대감에서였다. 1978년 안후이성에서는 유래 없는 가뭄으로 땅이 갈라터지고 식수조차 구하기 어려운 지경에 이르렀다. 큰 가뭄 속에서 안후이성 비시현 산난구에서는 봄에 빌려준 땅을 기준으로 가정별 생산도급제를 실시하였다. 그 결과 극심한 가뭄 속에서도 풍작을 이루어 밀 생산은 역사상 최고 기록보다도 7175톤을 초과 달성하였다. 같은 안후이성 리위안공사 소생산대에서도 일찍부터 가정별 생산도급제를 실시하였다. 이곳은 소문난 빈촌이었으나 도급제를 실시한 첫 해만에 1년 생산량이 지난 7년 동안의 총생산량에 이르렀으며 1인당 수입 역시 6배로 뛰었다.[8] 함께 가정별 생산도급제를 실시한 쓰촨성에서도 결과는 엇비슷하였다.

이 같은 결과로 가족별 생산도급제가 짧은 기간 내에 중국 전역으로 확산되었으며, 전체적인 농업생산성 또한 급속도로 향상되었다. 개혁 초기에 해당하는 1979년에서 1984년에 이르는 기간 동안 중국의 농업은 연속적인 풍작을 기록하면서 매년 평균 2040만 톤의 증가세를 보였다. 그리하여 1인당 평균생산량이 농업선진국 수준에 도달하였다.

농업생산성 향상으로 자신의 몫이 늘어난 농민들은 소비를 하고 난 나머지, 곧 잉여생산물을 시장에 판매할 수 있게 되었다. 한 걸음 더 나아가 처음부터 시장에 판매할 목적으로 생산을 하는 경우가 빠른 속도로 확대되었다. 곧 농업 분야에서의 상품 생산이 확산되기 시작한 것이다. 농업생산성 향상은 상품 생산의 확대와 함께 대량의 잉여 노동력을 발생시켰다. 과거에는 세 사람의 농민이 감당하던 것이 두 사람 혹은 한 사람의 농민만으로도 충분해졌기 때문이다.

이러한 농촌에서의 잉여 생산물과 잉여 노동력의 발생을 바탕으로 향진기업으로 불리는 중소 규모 농촌기업이 급속도로 발전하였다. 곧 농촌지역의 유휴노동력을 흡수하면서 농업생산물을 원료로 하는 기업이 농촌에 광범위하게 자리잡기 시작한 것이다. 통계에 따르면 1990년 현재 중국 전역에 1920만 개의 향진기업이 있으며, 이곳에 고용된 농촌 노동력은 9200만 명에 이른다.

이러한 농촌개혁의 성공으로 개혁에 대한 의지가 더욱 확산되었고 개혁에 대한 지지 또한 그만큼 확고해졌다.

농촌개혁의 성공을 바탕으로 상공업 분야에서의 개혁이 추진되었다. 중국의 상공업개혁은 사회주의적 소유구조와 시장경제의 결합에서 그 특징을 찾을 수 있다. 곧 기업의 이윤추구를 허용하되 소유제도는 여전히 공적 소유를 기본으로 한 것이다. 마찬가지로 주식회사제도를 도입했지만 기존 국영기업 주식의 상당 부분은 공공기관 소유로 되어 있다. 이렇듯 중국의 상공업개혁은 사회주의제도의 기본 골격을 유지하기 위해 애쓴 흔적이 역력하다. 이 사실은 이후 소련에서의 개혁개방과 본질적인 차이를 나타내는 부분이다. 중국의 상공업개혁은 대략 다음과 같은 세 가지 특징을 지니고 있다.

첫째, 기업의 자주권 확대.

이전의 기업은 거대한 행정기관의 일부였다. 기업 운영에 관한 모든 권한과 책임은 중앙정부에 집중되어 있었다. 그로 인해 기업은 자체의 문제를 자체의 힘으로 해결하려 하지 않고 마냥 국가기관에 의존하려고 하면서 나날이 체질이 약해지고 말았다. 결국 국가의 재정 기반이 되어야 할 국영기업이 적자 누적으로 국가 재정을 갉아먹는 것으로 나타났다. 국영기업의 이익으로 국가 재정을 충당해왔는

데 반대로 국가 재정으로 국영기업의 적자를 메워야 하는 상태에 이른 것이다.

이 같은 문제점을 해결하기 위해서 불가피하게 선택한 것이 바로 기업의 자주권 확대였다. 기업의 자주권 확대는 1978년 충칭重慶강철공사를 비롯한 쓰촨성의 6대 기업에서 시작되었다. 이들 기업은 자체적으로 그 해의 생산 목표와 수입증가 목표를 정하고 목표 달성 후 이익의 일부를 직원들의 상여금으로 지급하기로 결정하였다. 이 조치는 시작하자마자 효과를 얻기 시작했다. 직원들의 적극성은 크게 높아졌고 생산량 또한 큰 폭으로 증가하였다. 이 같은 성과를 바탕으로 1979년에는 쓰촨성에 있는 모든 기업에 자주권을 적용하였고 마침내 1981년에는 중국 전역에서 80퍼센트에 이르는 기업들이 기업 자주권을 실시하기에 이르렀다.

둘째, 시장경제의 도입.

사회주의 국가에서는 일반적인 현상이었지만 본격적인 개혁이 이루어지기 이전의 중국 역시 농산물과 공산품의 가격은 국가에 의해 지정되고 있었다. 1978년 당시 94퍼센트의 농산물과 거의 100퍼센트의 공산품이 국가지정가격으로 판매되고 있었다. 이러한 국가지정가격은 대부분 시장가격과 무관한 것이었다. 예를 들면 석탄의 경우 일반적인 시장가격의 5~10퍼센트 수준이었다.

이 같은 국가지정가격제도 아래에서 기업이 국가 의존에서 벗어나 자주적으로 운영되는 것은 매우 어려운 일이었다. 생산제품 가격이 극도로 낮게 책정된 경우는 국가 지원을 필요로 하였고, 반대로 제품 가격이 높게 책정된 경우는 그만큼 많은 이익을 국가에 바쳐야 했다. 기업이 얼마나 많은 노력을 기울이는가 하는 문제는 기업 자신의 이익과는 직접적인 관련이 없었다. 결국 기업은 국가가 원하는 만큼의 제품만을 생산하면 되는 수동적인 존재로 전락할 수밖에 없다.

이러한 맥락에서 기업이 생산성 향상에 적극적으로 나서도록 만들려면 기업의 자주권 확대와 함께 시장경제 도입이 불가피하다고 판단하였다. 그에 따라 제품 가격을 시장가격으로 자율화하고 기업은 이윤 개념에 입각해서 활동하게 하였다. 이런 조건에서 생산성 향상에 적극적인 기업은 이익이 높아지는 반면 그렇지 못한 기업은 이익이 줄거나 파산을 면치 못하게 되었다.

문제는 시장가격 자율화가 야기할 수 있는 극심한 혼란이다. 일반적으로 사회주의권에서는 수요 부족보다는 공급 부족에 시달리는 경우가 많았다. 그 결과 구소련이나 동유럽에서 보였듯이 급격한 가격자율화는 극심한 물가 폭등과 혼란만을 초래하게 된다. 하지만 중국은 가격자율화에도 불구하고 이 같은 물가 폭등을 피할 수 있었다. 공급능력의 확대에 맞추어 점진적인 가격자율화를 꾀했기 때문이다. 그리하여 1992년에 이르러 70퍼센트 이상의 농산물과 공산품이 가격자율화가 되었음에도 불구하고 최악의 해였다고 하는 1988년조차도 18.5퍼센트 상승에 머물 정도로 물가는 매우 안정된 상태를 유지할 수 있었다.

셋째, 노동집약적 경공업의 우선적 발전.

소련에서 첫선을 보인 사회주의 경제 건설의 모델은 대체로 중공업을 우선하는 특징을 지니고 있었다. 그러나 중국은 이러한 종래의 관점에서 벗어나 경공업 투자를 우선하는 정책을 취했다. 이러한 경공업우선정책은 몇 가지 점에서 확실한 효과를 안겨주었다.

먼저 중공업은 대체로 막대한 투자비용이 들면서 본격적인 대량

생산에 돌입하기까지는 많은 시간이 걸린다. 반면 경공업은 적은 투자로도 짧은 시일 내에 대량생산이 가능했다. 이러한 맥락에서 경공업은 단기간에 많은 노동력을 흡수하기에 적합했다. 그 결과 농촌에서 대규모 유휴노동력이 배출되었음에도 불구하고 실업 문제를 상당 부분 해결할 수 있었다. 그뿐 아니라 경공업우선정책으로 만성적인 소비재 부족을 해결함으로써 가격자율화에도 불구하고 가격 폭등을 방지할 수 있었다. 또 경공업 제품을 전략상품으로 하여 수출을 늘림으로써 경제 건설에 필요한 외화를 획득할 수 있었다. 이는 한국, 대만, 홍콩 등이 1960년대와 1970년대에 섬유, 의류, 신발, 완구, 소규모 전자제품 등으로 세계시장에 진출했던 것과 매우 유사한 전략이라고 할 수 있다.

중국 정부는 빈약한 자본을 보충하고 선진 기술과 경영 기법을 도입하려면 반드시 개방이 필요하다고 판단하였다. 그러나 개방은 외래 문물의 무분별한 유입으로 사회적 혼란을 조성할 우려가 있었다. 이 같은 문제점을 최소화하기 위하여 중국이 선택한 개방노선은 특구로부터 출발하여 단계적인 개방을 실시하는 것이었다. 곧 다른 지역과 구별되는 특별지구를 선정하고 이곳에 외국의 자본과 기술을 집중 유치한 뒤 가공수출지역으로 육성하고자 한 것이다.

그에 따라 중국은 1979년 홍콩과 인접해 있는 선전深圳, 마카오 옆의 주하이珠海, 타이완 맞은편의 샤먼厦門, 산터우汕頭 등을 특구로 지정하였고, 1988년에는 하이난성海南省 전체를 대특구로 지정하기에 이르렀다. 홍콩, 마카오, 타이완 등의 자본과 기술을 흡수하는 것이 목표임을 쉽게 알 수 있다. 이 같은 전략은 적중했다. 홍콩은 값싼 토지와 저임금 노동력을 확보하기 위해 선전특구에 집중적으로 자본을 투자하기 시작하였다. 그 결과 선전특구를 포함한 광둥성廣東省 일대에만도 홍콩 기업에 고용된 노동자가 300만 명에 이르게 되었다.

특구의 성과를 바탕으로 중국은 1984년 상하이, 톈진, 다롄 등 14개 연안 도시를 개방하였고 한 걸음 더 나아가 양쯔강, 주강, 민강 삼각주와 산둥山東 반도 및 랴오둥遼東 반도를 연해경제개방구로 지정하였다. 그리하여 경제특구–연해개방도시–연해경제개방구라는 일련의 개방 전초기지가 형성되었으며 포괄하고 있는 인구도 1억 5000만 명에 이르게 되었다.

이러한 개방정책의 확대에 따라 외국자본의 대중국 투자가 급증하였다. 개혁 시작 첫 10년간 200억 달러가 넘는 외국자본이 중국에 투자하였으며, 그 이후 투자액은 더욱 큰 폭으로 늘어났다. 1992년 한 해에만 112억 달러의 외국자본이 투자되었고, 575억 달러에 달하는 투자계약을 체결하였다. 이는 건수로 보면 4만 7000개의 외국자본 투자가 승인된 것이다.[9] 이러한 과정을 거쳐 대중국 외국인 직접투자 누적액은 1996년경 2700억 달러에 이르렀으며, 외자기업 수는 약 12만 개나 되었다. 이들 외자기업은 중국 무역의 47퍼센트를 점하였고 수출은 전체의 43퍼센트를 차지하였다. 외자기업들이 수출 증가와 함께 경제 성장의 견인차 역할을 하고 있는 것이다.

특징적인 것은 중국에 진출해 있는 외국자본 중 80퍼센트 이상을 홍콩 자본을 포함하여 화교 자본이 차지하고 있다는 점이다. 일종의 고향을 찾아 돌아온 자본인 셈이다. 이러한 이유로 중국은 대외개방 확대에도 불구하고 미국이나 일본 등 선진자본주의 진영의 간섭으로부터 상대적으로 자유로울 수 있었다.

사회주의 국가들은 종종 실패보다는 성공으로 인해 위기를 맞이한다. 성공에 안주하여 새로운 과제 해결을 등한시한 결과 심각한 위기에 직면하는 것이다. 이 점에서 중국의 경우는 정반대라고 할 수 있다. 중국은 개혁개방 이전에 뚜렷이 성공했다고 할 만한 대목이 없었다. 1950년대 대약진운동, 1960년대 초 개혁 시도, 이어지는 문화대혁명은 모두가 실패한 실험들이었다. 중국이 실패 확률을 최소화하는 방향에서 개혁개방을 주도면밀하게 추진할 수 있었던 것은 상당 부분 이러한 실패 경험을 통해 얻어진 학습효과 때문이었다. 덕분에 중국의 개혁개방은 결정적인 패착에 직면하지 않고 순항을 거듭할 수 있었다. 그 과정에서 소련 붕괴의 요인이었던 국가로의 과도한 권력 집중을 피하면서 하부 단위의 자율성을 증대시킬 수 있었으며, 심각한 혼란 없이 시장경제를 도입할 수 있었다. 개혁개방의 총설계사 덩샤오핑의 탁월한 안목이 돋보이는 대목이라고 할 수 있다.

성공적인 개혁개방은 지속적인 경제 성장으로 나타났다. 무엇보다도 사회주의적 요소와 시장경제의 결합은 세계시장에서 높은 경쟁력을 보장했다. 토지공유제는 토지임대료에 대한 부담을 최대한 낮추었으며 시간이 흐르면서 약화되기는 했지만 주택, 교육, 의료 등 분야에서의 국가 지원은 임금을 낮은 수준에 묶어둘 수 있도록 하였다. 이러한 요인들로 인해 수출이 급속히 확대될 수 있었고 동시에 외국자본의 폭발적인 유입이 가능해졌다.

그 결과 중국은 개혁개방 이후 연평균 7~10퍼센트라는 초고속 성장을 거듭하면서 급속히 경제 규모를 키워왔다. 2007년 현재 실질 구매력 기준으로 보면 중국의 국내총생산 규모는 미국 다음이며, 외환보유고는 1조 달러를 넘어섬으로써 일본에 이어 세계 2위 자리를 차지하고 있다. 이러한 가운데 중국은 세계의 공장으로서 전세계 투자자본을 빨아들이는 블랙홀로 부상하고 있다. 자본주의 세계에서조차 중국은 최고의 블루오션으로 통하고 있다. 그 무엇보다도 내륙을 향해 끊임없이 팽창하는 거대한 시장이 무한한 가능성을 열어주고 있다. 덕분에 중국은 소련과 같은 급격한 체제 붕괴의 위기에서 벗어날 수 있었음은 물론이고 미국의 패권에 도전할 수 있는 가장 강력한 후보가 되었다.

표면화되는 중화주의

　　　　　　　　　　　외교와 투자라고 하는 세속적 잣
대로 접근할 때 중국은 말 그대로 무한한 가능성을 지닌 나라다. 그
런데 정작 사회혁명을 꿈꾸는 사람들은 아무도 중국을 모델로 삼지
는 않는다. 현대 중국 속에서 혁명적 가치를 발견하기란 쉽지 않은
것이다. 도대체 이 같은 극단적 차이는 어디에서 발생하는 것일까.
　　앞서 이야기했듯이 중국은 철저하게 생산력 발전을 최우선의 목
표로 개혁개방을 추진하였다. 이러한 목표에 비춰보았을 때 단기간
에 최대의 성과를 낼 수 있는 방법은 외국자본을 끌어들이는 것이
다. 외국자본은 생산력 발전을 자극할 있는 자본, 기술, 시장의 문제
를 짧은 기간에 가장 확실하게 해결해주기 때문이다. 실제로 중국
경제의 고도성장을 이끈 견인차는 바로 외국자본이었다. 그런데 외
국자본이 진출하게 되면 단지 돈뭉치만 들어오는 것이 아니라 자본
주의라고 하는 생산관계가 함께 들어오게 된다. 이 사실은 중국의
사회주의 시장경제가 실제로는 자본주의적 생산관계를 중심축으로
작동해왔다는 것을 의미한다.
　　더욱 중요한 것은 이러한 경제 시스템이 중국인들의 가치체계에
직접적이고도 광범위한 영향을 미쳐왔다는 점이다. 생산력 발전에
기여한다는 이유로 자본주의적 생산방식이 적극 지지되고 옹호되

는 조건에서는 필연적으로 돈을 많이 번 사람일수록 높게 평가되는 분위기가 형성되게 마련이다. 실제로 중국인들 사이에서 돈을 버는 것이 최고의 목표로 간주되는 경향이 급속히 강화되고 있다. 그 결과 중국 사회는 누구나 느끼듯이 사람 냄새보다는 돈 냄새가 더욱 짙게 풍기는 곳으로 변화하고 말았다.

이러한 과정을 거쳐 중국 사회는 자본주의 시장경제가 발생시키는 각종 부작용을 고스란히 드러내었다. 무엇보다도 고위층의 비리가 누적되는 가운데 계층간·지역간 소득격차가 지속적으로 확대되었다. 개혁개방 이전 중국은 비록 모두가 절대빈곤에 묶여 있기는 했지만 가장 평등한 나라로 손꼽혔다. 그러나 개혁개방 이후 중국은 오늘날 세계에서 가장 불평등한 나라의 하나로 둔갑했다. 실제로 베이징과 상하이 등에 거주하는 중산층 이상의 고소득자들은 자본주의 세계의 중산층을 능가하는 풍요를 누리고 있다. 그러나 8억 명에 이르는 농민과 도시 하층민들은 여전히 빈곤한 삶에서 벗어나지 못하고 있다. 더욱이 경제발달의 상징이 된 해안도시와 여전히 낙후된 서부내륙은 서로 다른 세기를 살고 있다고 할 만큼 크게 격차가 벌어졌다. 문제는 이러한 차이가 좁혀지기는커녕 갈수록 벌어지고 있다는 점이다.

결국 중국은 성공적인 개혁개방 덕분에 소련과 같은 체제 붕괴를 모면하기는 했지만 체제의 변질이라는 전혀 다른 상황에 직면하게 되었다.

이러한 상황은 중국 인민들 사이에 심각한 불만을 야기하였다. 불만의 수위는 종종 체제를 위협할 정도에 이르고 있는 것으로 확인되고 있다. 단적으로 중국 공안당국에 따르면 2004년 한 해에만 7만

4000여 건에 이르는 시위가 발발하였다.[10] 그럼에도 불구하고 거대한 중국이 유지되는 데는 몇 가지 이유가 있다. 먼저 악명 높은 공안기관의 감시와 억압을 들 수 있다. 공안기관은 종종 대량살상도 불사함으로써 인민들 사이에 두려움의 대상이 되고 있다. 당원이 6000만 명이 넘는 공산당의 존재 또한 간과할 수 없는 중요한 요소다. 중국 역사상 중국 전체를 포괄하는 조직으로서 이토록 거대한 조직은 없었다. 비록 다양한 특권에 의해 유지되고 있더라도 공산당이 중국을 하나로 묶는 강력한 구심이 되고 있는 것은 분명한 사실이다. 그러나 인민들의 불만이 체제를 직접적으로 위협하지 않는 가장 중요한 요인은 다른 곳에 있다. 그것은 바로 불만이 거침없이 폭발할 경우 자칫 중국이 분열될 수도 있다는 두려움이다.

중국의 장구한 역사는 분열과 통일을 반복하는 과정의 연속이었다. 그리고 분열의 시기는 대체로 북방민족에 의한 지배로 이어졌다. 중국 역사 3000년을 되돌아보면 한족에 의한 통일왕조는 3분의 1을 조금 넘을 뿐이다. 이러한 사실은 중국인들의 마음속 깊은 곳에 중국은 언제든지 분열될 수 있다는 두려움이 자리잡도록 만들었다. 중국 지도층은 이 점을 매우 중시해왔다. 마침내 후진타오胡錦濤 시대에 이르러서는 중국 지도층은 단순히 분열 가능성을 예방하는 수준을 넘어 영광스런 중화제국의 재현을 공공연한 목표로 내걸게 되었다. 거대하고 복잡하며 내부모순으로 가득 차 있는 중국 사회를 통합시킬 수 있는 것은 오직 중화주의 이데올로기뿐이라고 판단한 것이다.

중화주의 실현과 관련하여 긴급하게 제기된 과제는 분리를 주장할 가능성이 큰 소수민족 문제를 해결하는 것이었다. 이를 위해 중국은 한족과 이민족을 구별했던 전통적인 역사관을 크게 수정해왔다. 곧 소수민족의 역사를 중국 변방의 역사가 아니라 중국 내부의 역사로 자리매김하기 시작한 것이다. 아울러 중국 정부는 방대한 인구를 지닌 한족을 소수민족 거주 지역으로 이주시키는 정책을 추진해왔다. 그럼으로써 이들 지역 역시 한족이 다수를 차지하는 곳으로 탈바꿈시키고 있다. 티베트와 연변 조선족 자치주는 그 대표적인 경우라고 할 수 있다.

이렇듯 중국 정부는 내부 통합력을 강화하는 한편 세계의 중심으로 부상하기 위한 노력을 동시에 기울여왔다. 중국은 일차적으로 전통적인 동아시아 맹주의 지위를 회복하는 것에 초점을 맞추어왔다. 그 일환으로 1991년 남한과의 수교를 성사시켰고 홍콩 복귀를 순조롭게 추진했으며 동남아시아에 대한 영향력을 꾸준히 확대하였다.

먼저 중국은 남한과 수교를 성사시키고 경제 교류를 강화함으로써 짧은 기간에 한국의 중요한 교역 상대국으로 떠올랐다. 그 결과 중국은 한반도에 대한 영향력에서 미국과 일본에 비해 다소 유리한 입장에 서게 되었다. 비슷한 시기에 북한과 적대관계에 있던 미국과 일본은 한반도의 절반에 대해서만 영향력을 미칠 수 있었기 때문이다.

다음으로 홍콩의 복귀를 살펴보자. 인구 600만의 홍콩은 13억 중국 본토에 비하면 매우 작은 규모다. 그러나 홍콩 복귀의 정치적 의미와 경제적 효과는 매우 크다. 우선 홍콩의 복귀는 아편전쟁 이후 계속되었던 제국주의 열강의 중국에 대한 침탈이 완전히 종식된다는 것을 의미한다. 아울러 중국은, 1인당 국민소득이 종주국이었던 영국을 능가하고 대외무역량이 상당한 수준에 이르고 있는 홍콩의 복귀를 통해 매우 큰 경제적 이익을 얻을 수 있었다. 이런 점에서 아편전쟁 이후 영국의 식민지였던 홍콩이 중국에 복귀하는 과정은 노예로 팔려간 자식이 갑부가 되어 돌아온 격이라고 할 수 있다.

그렇다면 최근 중국이 영향력을 급속히 확대시키고 있는 동남아시아로 시선을 돌려보자. 동남아시아에 대한 중국의 영향력 확대 과정에서 보이지 않는 지렛대로 작용하고 있는 것은 이 지역에 광범위하게 퍼져 있는 화교 집단이다. 전세계에 흩어져 있는 화교는 대략 5700만 명 정도인데 그 중 5300만 명이 동남아시아를 중심으로 하는 아시아 지역에 거주하고 있다. 1993년도 미국 오하이오 대학의 조사 보고에 따르면, 이들 화교가 산출하는 연간 부가가치는 5조 달러이고 자산총액은 20조 달러를 넘는 것으로 추산되고 있는데, 이는 일본 총자산의 3분의 2에 상당하는 것이다.[11] 이러한 막대한 재산을 바탕으로 화교는 특히 동남아시아 경제에서 절대적 비중을 차지하게 되었다. 먼저 말레이시아는 전체 인구의 35퍼센트에 해당하는 중국계가 부의 절반을 차지하고 있다. 그러나 이 정도는 매우 양호한 편에 속한다. 인도네시아는 인구의 4퍼센트에 불과한 화교가 부의 70퍼센트를 차지하고 있고, 태국은 인구의 3퍼센트인 화교가 부의 60퍼센트를, 필리핀은 인구의 4퍼센트인 화교가 부의 60퍼센트를 점하고 있다.[12] 바로 이들 화교들이 국경을 넘어 본토인과 함께 눈에 보이지 않는 대중화大中華 네트워크를 구축하고 있는 것이다. 이는 중국이 동남아시아를 자신의 영향권 안으로 끌어들이는 데 강력한 담보가 되고도 남음이 있다.

이러한 중국의 진출을 견제하기 위해 미국은 중국에 대한 적극적인 포위 전략을 구사해왔다. 먼저 중국에 대한 일본의 견제 역할을 강화시키는 것을 목표로 1996년 4월 17일 미일신안보선언을 발표하고 신미일방위협력지침을 마련하였다. 또 미국은 다시 타이완 끌어안기에 나섰는데, 이는 1996년 3월 타이완 총통 선거 당시 중국이 타이완 내 분리주의 움직임을 견제하기 위하여 인근 해협에서 무력시위를 벌였을 때 항공모함 2척을 급파하는 것으로 표현되었다. 아울러 과거 10년간 전쟁을 벌였던 베트남에 대해서는 신속한 국교정상화를 통해 포섭 전략을 구사하였다.

미국의 포위 전략에 맞서 중국은 1996년 4월 27일 베이징 선언을 통해 러시아와의 동맹관계를 돈독히 하는 한편 북한과 베트남과의 유대를 강화하는 것으로 응수했다. 중국 당국이 반복해서 강조했듯이 중국과 미국을 두 축으로 하고 러시아와 일본이 합류하는 새로운 냉전이 전개되기 시작한 것이다.

이렇듯 국제관계에서의 경쟁과 대립이 격화될수록 중국 지도층은 더욱 강력한 중국을 만드는 데 집착하게 마련이다. 이미 '경제 성장'과 이를 기초로 한 '강력한 중국 건설'이라는 전략적 목표는 중국 지도층의 사고를 확고하게 지배하고 있는 상태다. 전통적인 부국강병이 현대 중국의 국가적 목표가 된 것이다. 중화주의는 그 이데올로기적 표현이라고 할 수 있다.

이렇게 하여 수천 년 동안 중국인들을 지배해온 중화주의 이데올로기가 불과 100년의 역사밖에 되지 않은 사회주의보다 훨씬 강력한 힘을 발휘하게 되었다. 새삼스럽게 장구한 역사의 힘을 느끼게 하는 대목이 아닐 수 없다. 어쩌면 사회주의는 의식의 영역에 속하는 것이라면 중화주의는 본능의 영역에 속하는 것인지도 모른다. 본능은 일시적으로 억제될 수 있지만 한번 분출하기 시작하면 거침이 없다. 바로 지금 그 분출이 시작된 것이다.

분명한 것은 중화주의는 향후 국제정치 지도를 바꾸는 핵심적 요소의 하나가 될 것이라는 사실이다. 한편으로는 미국 중심의 일극체제를 약화시키는 요소가 되겠지만 다른 한편으로는 새로운 패권국가의 등장으로 이어질 가능성이 크다. 그로부터 중국 주변의 국가들은 이 두 가지 가능성 사이에서 최적의 지점을 찾아내야 하는 어려운 숙제를 떠안게 되었다.

주 석

1 중국역사유물주의학회 편, 이필주 옮김, 《21세기 중국의 도전》, 매일경제 신문사, 1994. 29~30쪽 참조.

2 존 K, 페어뱅크 외, 김한규 외 옮김, 《동양문화사》(하), 을유문화사, 1992. 643~644쪽 참조.

3 토마스 헤버러, 〈문화대혁명(1966~1976)〉, 페터 벤데 엮음, 《혁명의 역사》, 시아출판사, 2005. 342~343쪽 참조.

4 존 K, 페어뱅크 외, 위의 책. 655쪽 참조.

5 존 K, 페어뱅크 외, 위의 책. 659~656쪽 참조.

6 토마스 헤버러, 〈문화대혁명(1966~1976)〉, 페터 벤데 엮음, 위의 책, 355쪽. 토마스 헤버러는 문화대혁명 기간 동안의 실제 사망자 수가 400만 명이 넘을 것이라고 소개하고 있으나 근거는 제시하고 있지 않다.

7 중국역사유물학회 편, 위의 책. 69쪽.

8 중국역사유물학회 편, 위의 책. 72쪽.

9 중국역사유물학회 편, 위의 책. 26~27쪽.

10 노주희, 〈오늘날 세계가 떠안는 미국發 스트레스들〉, 《프레시안》, 2006. 1. 20.

11 미쓰비시연구소, 채홍식 옮김, 《전예측아시아 1996》, 나남, 1996. 91쪽.

12 존 나이스비트, 홍수원 옮김, 《메가트랜드 아시아》, 한국경제신문사, 1996. 34~35쪽 참조.

© 연합뉴스　　　소련 강경파의 쿠데타에 맞선 옐친(1991년 8월, 모스크바)

소련의 붕괴,
한쪽 날개가 사라지다

초강대국 소련의 붕괴는 어쩌면 20세기 최대의 불가사의인지도 모른다. 소련은 결코 외부의 침략으로 붕괴하지 않았다. 그렇다고 공산당의 반대 세력에 의해 전복된 것도 아니었다. 소련은 그 자체로 무너져 내리고 말았다. 마치 그로기 상태에서 비틀거리듯이 쓰러지고 만 것이다.

우리는 소련의 붕괴 과정을 통해 국가사회주의가 잉태한 관료주의, 지도자의 정치적 무능, 엘리트 집단의 사상적 빈곤 등이 어떻게 하여 거대한 국가를 붕괴로 이끌 수 있는지를 확인하게 될 것이다. 아울러 우리는 외관상 강고해 보였던 소련 사회주의가 내부의 의견 충돌조차 흡수할 수 없을 만큼 '체제의 면역성'이 매우 허약했다는 사실을 발견할 수 있을 것이다.

중소분쟁과 소련의 고립

미국은 소련과 중국이라는 두 초강대국을 동시에 상대하는 것은 매우 무모한 짓이라는 것을 일찍부터 깨닫고 있었다. 그리하여 사회주의 진영을 향한 미국의 전략은 일관되게 소련과 중국을 분리시키는 것이었다.

이러한 맥락에서 1960년대까지 미국의 전략은 가급적 소련을 자극하지 않으면서 중국을 포위·압박하는 데 주력하는 것으로 나타났다. 미국은 "패전국 일본을 아시아의 후방 병참기지로 전환시키고 한반도, 타이완, 베트남을 각각 군사적 진공을 위한 교두보로 삼으며 중국 대륙의 회복을 최종 목표로 한다"는 전략방침을 수립하고 이를 실행에 옮겼다. 이 점은 1954년 2월 미국 하원에서 로버트슨 국무차관보가 행한 "종래와 같이 중국을 회복하기 위해 직접 행동에 나설 것이 아니라 중공에 내부 붕괴가 일어나기를 기대하며 중공 주변에 무력공격의 위협을 가해야 한다"는 발언을 통해서도 어느 정도 짐작할 수 있다.[1] 그러나 이러한 미국의 전략은 뜻대로 이루어지지 못했다. 최종적으로 중국을 겨냥하고 추진된 한국전쟁과 베트남전쟁에서 연속 실패하였기 때문이다.

분명 베트남 전쟁에서의 패배는 그동안 미국이 추구해온 전략이 완전히 실패로 돌아갔음을 확정짓는 것에 다름 아니었다. 하지만 곧

경에 처한 미국을 기사회생시키는 일이 벌어지고 말았다. 미국의 전략가들을 일제히 흥분 속으로 몰아넣었던 희대의 사건은 다름 아닌 최악으로 치닫고 있던 중소분쟁이었다.

중소분쟁의 뿌리는 매우 깊다. 그것은 중국과 소련이 기본적으로 전혀 다른 환경에서 다른 방식의 혁명을 추진한 데서부터 비롯하였다. 사회주의 종주국인 소련은 코민테른을 통해 전세계 혁명운동을 지도하려 하였고, 그 일환으로 소련식 혁명 모델을 세계로 전파하고자 하였다. 그러나 1931년 장시江西 소비에트의 예에서 드러나듯이 소련식 모델을 중국에 기계적으로 적용한 것은 완전한 실패로 끝났다. 그로부터 중국은 농민을 주력으로 하는 독자적인 장기 항전 모델을 추구하였다. 소련은 그러한 중국이 자신들의 지도를 거부하고 독자적인 길을 걷지 않을까 하는 의구심을 품게 되었다. 이미 이때부터 두 나라 사이에는 갈등의 씨앗이 뿌려지기 시작한 것이다.

한편 마오쩌둥을 위시한 중국 혁명 지도자들은 소련과는 전혀 다른 방식으로 혁명을 성공시킨 것에 크게 고무되었다. 그들은 식민지 혹은 반식민지 국가들은 대체로 자신들과 거의 동일한 방식으로 혁명에 성공할 수밖에 없을 것이라고 확신했다. 이러한 확신은 곧바로 중국이 식민지·반식민지 나라들의 혁명에 대한 지도권을 행사해야 한다는 것으로 발전하였다. 소련과의 관계에 대해서는 중국이 독자적 지위를 형성하는 데 필요한 군사적·경제적 지원을 받는 데 초점이 맞추어졌다. 스탈린은 이 같은 중국인들의 사고를 극도로 불온하게 여겼고 이를 통제할 방안을 찾고자 애썼다.

이렇듯 서로 다른 생각을 품고 있던 소련과 중국 사이의 갈등은 마오쩌둥의 소련 방문을 통해 여실히 드러나고 말았다. 마오쩌둥이 군사 지원을 얻기 위해 소련 방문 의사를 밝힌 것은 1947년 말이었다. 그러나 스탈린은 마오쩌둥을 길들일 목적으로 차일파일 미루었고, 결국 방문은 2년 뒤에야 성사되었다. 마오쩌둥은 1949년 12월 6일 열차를 타고 소련으로 출발하였다. 그런데 정작 소련과 조약을 체결한 것은 이듬해 2월 21일이었다. 무려 90일 만의 일이었다. 이 기간 동안 마오쩌둥은 치욕적인 푸대접을 받아야 했다. 대부분의 기간을 스탈린과의 면담을 기다리는 데 소모해야 했고 다른 나라 수반을 만나는 것도 차단되었다.

소련이 신생 중국에 제공하기로 한 원조는 마오쩌둥의 기대에 한참 못 미치는 것이었다. 그것도 막대한 보상을 지불해서 얻은 결과였다. 마오쩌둥은 비공식 합의를 통해 신장과 만주 지역 광물 채굴에 대한 독점권을 소련에게 부여했고, 중국에 파견된 소련 기술자에게 고액 급료를 지불하기로 약속하였다. 아울러 중국 주재 소련인들에게 치외법권을 인정하는 치욕을 감수해야 했다. 결국 소련은 이후 덩샤오핑이 언급했다시피 자신들이 제공한 것보다도 많은 것을 중국에서 가져갈 수 있었다. 이러한 과정을 겪으면서 마오쩌둥을 위시한 중국 혁명 지도자들은 가슴속에 깊은 응어리를 안게 되었다.[2]

겉보기에 별다른 문제가 없는 듯이 유지되던 소련과 중국의 관계는 후르시초프의 등장과 함께 일거에 악화되고 말았다. 그동안 잠복해 있던 갈등이 폭발한 것이다. 당시 중소분쟁은 종종 이념논쟁의 형식을 취하였는데 두 나라는 세계의 기본모순과 반제투쟁의 기본동력, 사회주의 건설 과도기에 관한 문제, 프롤레타리아 독재에 관한 문제 등을 둘러싸고 사사건건 대립하였다. 이러한 가운데 중국은

1966년 8기 중앙위원회 11차 총회에서 소련을 '사회제국주의'로 규정하였고 소련은 중국을 '반레닌주의적 대국주의'로 응수하는 등 두 나라의 관계는 극도로 악화되기에 이르렀다. 결국 두 나라의 분쟁은 전세계를 경악하게 만든 국교 단절로 치닫고 말았다.

중소분쟁은 이념분쟁의 형식을 취하기는 했지만 그 내면에는 세계혁명의 주도권을 둘러싼 대립이 존재하였다. 소련은 사회주의 종주국으로서 응당 자신이 세계혁명에 대한 지도권을 행사해야 한다고 생각했고, 중국은 반식민지 상태에서 혁명을 성공시킨 자신이 제3세계 민족해방운동을 지도해야 한다고 생각했다. 중국은 사회주의 국가이면서 제3세계 비동맹국가의 일원으로 활동한 것은 이러한 맥락에서였다. 물론 이후 역사는 두 나라의 지도권 다툼이 지극히 허무맹랑한 것임을 보여주었다. 소련은 망해버렸고 중국은 비동맹 국가이기를 포기했기 때문이다.

두 나라 사이가 서로를 용납할 수 없을 만큼 악화되고 있는 와중에 중국은 먼 곳의 적을 끌어들여 가까운 적을 견제하는 전통적 전략에 강하게 이끌리고 있었다. 두말할 필요도 없이 가까운 적은 소련이었고 먼 곳의 적은 미국이었다. 그리하여 베트남 전쟁이 한창 막바지를 향해 치닫고 있을 무렵 중국은 기존 대미전략에 대한 재검토 작업에 돌입하였다. 결론은 미국과 화해하는 것이었다.

비슷한 시기 헨리 키신저Henry Kissinger를 위시한 미국의 고위 관리들은 중소분쟁에 대한 대응전략을 마련하기 위해 치밀한 계산에 착수하였다. 사실 미국은 중국 봉쇄 전략이 실패로 끝난 마당에 중국의 존재를 인정한 전제 위에서 전략을 새롭게 짤 수밖에 없는 처지였다. 결론은 중국을 승인하는 것이었다. 마침내 1971년 7월 미국

무장관 키신저가 비밀리에 중국을 방문했고 뒤이어 이듬해 2월에는 닉슨 미국 대통령이 처음으로 중국을 공식 방문하였다. 그 결과 두 나라는 상하이 공동선언을 통해 상호간의 적대정책을 포기하고 화해할 것을 선언하기에 이르렀다. 두 나라의 화해는 매우 대등하고 우호적으로 이루어졌다. 하지만 '화해'를 대하는 두 나라의 태도에는 본질적인 차이가 있었다.

중국은 미국과의 화해를 사실상 자본주의 세계에 대한 체제 위협 세력이기를 포기하는 것으로 받아들였다. 어느 정도 시간이 흐른 다음에는 자본주의 세계 역시 중국을 더 이상 체제 위협 세력으로 간주하지 않았다. 중국이 미국과 화해를 하면서 비동맹운동과 거리를 두기 시작한 것이나 개혁개방과 함께 막대한 양의 자본이 거침없이 중국으로 밀려들어간 것은 모두 그러한 맥락에서 이해할 수 있다. 그렇다면 미국의 태도는 어떠했는가. 미국은 결코 중국과의 화해를 사회주의 진영에 대한 위협을 포기하는 과정으로 간주하지 않았다. 진실은 정반대였다. 미국은 중국과의 화해로 소련을 고립시킴으로써 궁극적으로 사회주의 세력을 쓸어버리는 기회로 삼았다. 미국은 사회주의에 대한 체제 위협 세력이기를 결코 포기하지 않았다.

어느 모로 보나 미국과 중국의 화해는 두 나라가 소련에 대항해 손을 잡는 것을 의미하였다. 이는 곧바로 국제사회에서 소련의 고립으로 이어졌다. 소련은 이러한 상태에서 벗어나기 위해 사력을 다하기는 했으나 전략적 사고 능력에서 미국에 결정적으로 뒤지고 있었다. 중소 두 나라를 일관되게 분리시키려고 했던 미국 지도층의 전략적 사고가 (언제나 전략의 대가임을 자처했던) 소련의 지도층 사이에서는 전혀 자리잡지 못했던 것이다. 소련이 집중적으로 노력한 것은 미국과 중국의 분리가 아니라 중국을 포위·압박하는 것이었다.

소련은 세계에서 가장 긴 국경선인 중소 국경선에 대규모 군대를 배치하는 것은 물론이고 중국을 포위·압박하기 위한 보다 다양한 조치를 취했다. 1970년대 후반부터 중국과 인접한 몽골에 소련군을 증강 배치하였고, 베트남의 통킹 만에 소련 해군기지를 건설하였다. 또 1979년에는 중국을 배후에서 압박할 목적으로 아프가니스탄을 군사적으로 점령하였다. 적어도 이 순간만큼은 소련은 저승사자와 다름없는 미국보다는 중국에 대한 대응조치에 보다 많은 관심을 기울이는 듯했다.

이렇게 하여 프롤레타리아 국제주의를 표방해온 사회주의 진영은 극심한 분열에 휩싸인 반면 분열과 대립을 거듭했던 자본주의 진영은 미국을 중심으로 공고하게 단결하는 기묘한 양상이 벌어졌다. 이미 여기서 자본주의와 사회주의 진영 사이의 대결은 절반 이상 승부가 났다고 해도 과언이 아니다. 단적으로 미국은 그 동안 중국과의 대결에 쏟았던 군사력까지 동원하여 소련을 압박할 수 있게 되었다. 반면 소련은 사실상 홀로 미국을 중심으로 하는 서방 자본주의 진영의 압박을 견뎌내면서도 동시에 그에 못잖은 힘을 중국을 압박하는 데 할애해야 하는 이중의 부담을 지게 되었다.

한편 미국의 레이건Ronald Reagan 정권은 신자유주의로의 전면적인 이행을 모색하고 있었는데 이를 위해서는 반드시 소련을 제거해야 한다고 판단하였다. 신자유주의 정책이 유발할지도 모르는 사회혁명의 위험을 제거하는 데는 (모든 사회혁명의 배후로 지목되어온) 소련을 없애는 것이 가장 유용하다고 본 것이다. 결국 미국은 초강대국 소련을 붕괴시키겠다고 결심하였고 이를 위한 구체적인 행동에 돌입하였다. 그 중 하나는 무한군비경쟁을 통해 소련에 대해 총체적인 압박을 가하는 것이었다.

1983년 1월 16일, 미국의 UPI 통신은 레이건 정권의 군사정책의 방향을 정리한 문서인 '1984~88년도 미 국방 지침'을 폭로하였다. 문제의 문서는 1982년 3월에 미국 군사 분야의 최고위급 관계자들이 참여하여 작성한 것으로 30여 명의 고급관료들에게만 배포된 그야말로 1급 극비문서였다. 그 주요 내용을 살펴보면 다음과 같다.

−대기권 우주공간 신무기 체계를 개발하여 우주공간을 새로운 전쟁의 장으로 하는 우월적 지위를 확보한다. 그 목적을 위해서 미국은 우주무기 개발을 제한하려는 제안이나 조약은 거부한다.
−1980년대 중반에 소련은 경제적으로 중대한 곤란에 처할 것으로 예상되며, 이 상황을 이용해서 소련의 무기 체계를 일소해버리도록 군비증강 계획을 추진한다.
−무한군비경쟁으로 소련의 경제·군사적 기반을 약화시켜 사회적 불안을 유도하며, 마침내는 미국에 유리한 조건으로 소련이 정치적으로 굴복해 들어오도록 만든다.[3]

이러한 목표를 뒷받침하기 위해 미국은 레이건 정권 8년 동안 약 1조 5000억 달러에 이르는 천문학적인 예산을 군사비로 지출하였다. 이러한 미국의 무한군비경쟁 게임은 즉각적으로 효과를 발휘했다.

미국의 힘을 과대평가하고 있던 소련은 순진하게도(?) 상대방이 쳐놓은 군비경쟁의 그물망에 걸려들고 말았다. 당시 소련은 국민총

생산의 3분의 1을 군사비로 쏟아붓고 있었다. 그로 인해 소련은 극심한 출혈이 계속되면서 결국은 더 이상 체제를 유지하기 힘든 상태로 내몰렸다. 물론 소련 체제의 위기는 단지 과도한 군사비 지출만으로 설명할 수 없다. 보다 중요한 것은 그러한 압박을 견뎌낼 수 없을 만큼 내부가 취약해져 있었다는 점이었다.

정체의 늪에 빠진 소련 체제

              냉전은 군사적 대결 양상을 띠었지만, 더 중요하게는 자본주의와 사회주의 두 체제간의 첨예한 우열경쟁이었다. 이와 관련하여 적어도 1960년대까지만 해도 소련의 엘리트 집단은 사회주의의 우월성에 대해 확고한 믿음을 갖고 있었다. 이는 사상 이론적인 신념을 넘어 실질적 경험을 통해 획득한 것이다.

   먼저 소련은 사회주의 제도 아래서 급속한 산업화를 통해 미국과 맞설 수 있는 초강대국의 반열에 올라설 수 있었다. 소련은 국민소득이나 공업총생산의 증가율에서 1950년대까지는 연 5퍼센트가 넘는 높은 수준을 유지했다. 물론 자본주의 나라에서와 같은 파멸적인 공황도 겪지 않았다. 또 소련 체제는, 별로 높은 수준은 아니지만 포괄적인 사회보장제도와 사회경제적 평등, 사회주의의 전통적 열망의 하나인 '게으를 권리'를 제공하였다. 이러한 시대적 환경 속에서 소련 인민은 체제에 순응했고 체제 또한 나름대로 인민에게 순응했다. 소련 사회주의 체제는 그런대로 인민의 기본욕구를 충족시키면서 인민의 지지를 획득하였던 것이다. 그간의 사회주의의 성과와 관련하여 러시아과학아카데미의 한 경제학자는 다음과 같이 언급하였다.

사회주의 체제에서 우리의 생활수준은 높지 않았다. 하지만 모두에게 일자리가 있었고 서구인들의 기준으로 보면 이류일지 모르지만, 인간의 기본욕구가 실현되고 핵심적인 사회 서비스가 무료로 제공되었다.[4]

그러나 1970년대를 넘어서면서 소련 엘리트 집단을 지탱시켰던 신념체계는 하나씩 허물어지기 시작했다. 무엇보다도 소련 엘리트들이 보기에 현실 속에서 사회주의가 자본주의에 뒤지고 있었다.

1970년대에 접어들어 국내총생산, 공업생산고, 농업생산고, 자본투자액, 노동생산성, 1인당 국민소득 등 모든 경제지표에서 소련의 발전 속도는 현저히 둔화되고 있었다. 무엇보다도 1950년대까지 서구세계에 대해 확실한 우위를 지켰던 연간 경제성장률이 현저히 떨어지기 시작했다. 1950년대에 연간 5.7퍼센트를 기록했던 소련의 GNP 증가율은 1960년대에 5.2퍼센트, 1970년대 전반에 3.7퍼센트, 1970년대 후반에는 2.6퍼센트, 1980년대 전반에는 2퍼센트로 계속 떨어졌던 것이다. 국제무역 구조 역시 소련 경제의 쇠락을 입증하고 있었다. 1960년대에 소련의 주요 수출품은 기계류, 운송 수단, 금속 및 금속제품이었지만 1985년에는 수출의 53퍼센트를 석유와 천연가스 등 천연자원이 담당한 데 반해 수입품의 60퍼센트 정도를 기계류, 금속 등과 소비재 공산품이 차지하였다. 국제무역이 선진국형에서 후진국형으로 전락한 것이다. 이런 총체적인 난국으로 인해 소련 사회주의는 인민의 삶의 질 개선에 무기력해지기 시작했다. 예컨대 인민의 삶의 질을 나타내는 지표의 하나인 평균수명에서 소련이 서방세계에 뒤지고 있었다.

이 같은 상황이 발생한 데에는 여러 가지 원인이 있겠지만 가장 중요한 원인으로는 전반기에 소련을 고도 산업사회로 끌어올렸던 시스템이 후반기에 이르자 생산력 발전을 가로막는 비효율적이고 경직된 체계로 전락하였다는 점을 들 수 있다.

소련의 국가사회주의는 소수의 엘리트 집단이 주도하는 철저한 중앙집권적 계획경제를 유지했다. 소련은 사실상 중앙집권적 계획경제와 사회주의를 동일시한 나라라고 할 수 있다. 이는 기업마저 중앙집권적 계획경제에 부합되는 형태를 지녔다는 점에서 단적으로 확인된다. 소련은 중앙에서의 계획이 생산 현장에 쉽게 전달되도록 하기 위해 철저히 거대기업을 중심으로 기업을 운영하였다. 이러한 거대기업 비중은 2억 8000만 명에 이르는 소련 인민에게 공급되는 생산품 가운데 77퍼센트 정도가 하나밖에 없는 대규모 공장에서 만들어졌을 만큼 대단한 것이었다.[5]

문제는 중앙집권적 계획경제와 관료주의의 상관관계였는데 이에 대해서는 다양한 견해가 있어 왔다. 일부에서는 노력하기에 따라 관료주의에 오염되지 않고 중앙집권적 계획경제를 효율적으로 운용할 수 있을 것으로 내다보았다. 또 다른 입장에서는 중앙집권적 계획경제와 관료주의 사이에는 필연적 연관이 있는 것으로 봤다. 소련 경제 전문가 알렉 노브Alec Nove는 그러한 사람 중 한 명이다. 그의 이야기를 들어보자.

시장을 계획으로 대체하고, 교역을 행정적 자원 분배로 대체하면서 보이지 않는 손을 보이는 손으로 대체하려 한다면 중앙집권적 통제는 필연적으로 야기된다. 계획의 거대한 복잡성을 전제한다면, 수많은 상호연관된 결정들은 그 성격상 민주적 선거 절차에 의거하지 않고 복합적인 관료구조를 통해 처리될 수밖에 없다. 어떠한 사회에서도 선거를 통해 소집된 의회가 가죽 10톤을 어디에 분배할지를, 또는 추가되는 황산 100톤을 생산해야 할지를, 115표 대 73표의 차이로 결정할 수는 없을 것이다.[6]

사실 소련의 국가사회주의 작동 메커니즘을 자세히 들여다보면 알렉 노브의 말이 고스란히 현실이었음을 알 수 있다. 중앙집권적 계획경제 아래서 인민이 생산 활동과 관련한 의사결정 과정에 참여할 여지는 거의 없었다. 오직 결정은 국가계획위원회를 중심으로 한 관료조직의 상층부에서 하고 관료조직은 이를 체계적으로 아래로 전달하며 인민은 이를 이의 없이 수행하는 것만이 가능했을 뿐이다. 이 과정이 반복되면서 거대한 소련 사회 전체가 아래는 위에서 결정해주기만을 기다리고, 위는 결정을 아래로 내리는 데 익숙해져 버렸다. 요컨대 관료주의가 체질이 되고 만 것이다.

이러한 관료주의 타성은 인민을 그저 상부의 명령만을 기다리고 있다가 주어진 할당량만을 채우는 수동적인 존재로 전락시켰다. 극단적으로 만약 할당량의 기준이 톤이라면 무게가 많이 나가는 물건을 만들면 되었고, 총가치의 기준이 루블이라면 비싼 자재를 이용해 물건을 만들면 되었다. 이러한 가운데 공장의 노동자는 어떻게 하면 좀더 좋은 품질의 제품을 많이 생산할 수 있을까 고민하지 않았고, 국영식당 아주머니는 어떻게 하면 맛있는 음식을 만들 것인가 고민하지 않았다. 그리하여 소련 사회는 시간이 흐르면서 심각한 무기력

중으로 가득 차게 되었다.

더욱이 계획의 과정이 몇몇 관료가 책상머리에 앉아서 작성되는
것으로 대체되면서 문제는 한층 심각해질 수밖에 없었다. 소련 경제
의 커다란 약점의 하나인 농업을 예로 들어보자. 브레즈네프 시기
소련의 최고지도층은 정체된 농업생산력을 획기적으로 향상시킨다
는 목표 아래 비료 공급을 대대적으로 늘리려고 노력했다. 분명 이
러한 계획은 수확의 증대에 기여하는 조치였다. 하지만 비료를 담는
자루와 운송 수단, 보관 시설, 살포 기계 등이 동시에 공급되지 못했
다. 그 결과 비료의 대부분이 농토에 뿌려지지 않은 채 철도 야적장
에 방치되고 말았다.[7]

중앙집권적 계획경제는 소련 경제가 양적 성장에서 질적 성장으
로 전환하는 시점에서 본질적인 한계를 드러내기 시작했다. 다시 말
해, 생산력 발전의 질곡으로 작용하기 시작한 것이다. 무엇보다도
중앙집권적 관리 시스템은 날로 다양해지는 제품 공급의 요구를 감
당할 수 없었다. 중앙에서의 계획은 어떤 제품에 관해 언제까지 얼
마만큼 생산한다는 양적 목표만을 제시할 수 있을 뿐이지 제품의 기
능과 디자인을 다양하게 발전시키는 데에는 제대로 역할을 할 수 없
기 때문이다. 예를 들면 1년에 신발을 1000만 켤레 생산한다는 양적
목표를 제시할 수는 있어도 각각의 신발이 인민의 요구를 어떻게 충
족시켜야 할지에 대한 질적인 요소를 제시하는 것은 불가능에 가까
웠다. 포괄적으로 인민의 요구에 맞게 다양한 디자인을 생산한다는
단서를 달긴 했지만 생산현장에서는 별다른 의미를 갖지 못했다.

소품종 대량생산에서 다품종 소량생산으로의 전환 곧 양적 성장
에서 질적 성장으로의 전환은 보편적인 경제 발전 방향이다. 이러한

다품종 소량생산에 맞는 시스템이 되려면 수요가 개별생산에 직접적으로 반영될 수 있어야 한다. 이는 기업과 소비자, 기업과 기업이 수평적 관계를 형성하는 것을 의미하며, 그러자면 필수적으로 시장을 매개로 하지 않으면 안 된다. 시장의 도입을 바탕으로 한 경제 시스템의 개혁은 선택의 여지가 없는 사항이었다. 실제로 브레즈네프 시대의 소련 경제 역시 중앙으로부터의 독립된 수평관계를 발전시키지 않으면 경제 자체가 원만히 돌아가지 않는 상황에 도달해 있었다. 이미 하부 단위는 마땅한 활로를 찾지 못한 채 자포자기 상태에 빠지거나 지극히 비정상적인 방법을 찾아 나서고 있는 실정이었다. 하부기관끼리 뇌물을 주고받으며 거래 관계를 형성한 것은 그 같은 현상의 일부였다.

마르크스에 따르면, 생산관계는 일정 단계에 도달하면 생산력 발전의 질곡으로 작용한다. 이 명제는 결코 자본주의만이 아니라 사회주의 경제를 포함해서 끊임없이 진화하는 경제 제도 모두에 적용되는 것이었다. 소련 경제 역시 예외일 수 없었고 결국 그 같은 상황에 봉착하고 만 것이다.

분명 소련 경제 시스템은 전면적인 변화가 불가피한 상태에 있었다. 그러나 소련의 엘리트 집단은 여전히 중앙집권적 통제만을 고집하였다. 도대체 왜 이런 현상이 나타난 것일까. 가장 근본적인 원인은 관료집단 스스로가 관료적 통제에 이해관계를 갖는 기득권세력이 되었다는 데 있었다.

소련 사회의 관료주의는 스탈린 시대에 집중적으로 형성되었다. 문제 발생의 원천인 스탈린 체제에 관해서는 당시의 급박한 상황에서 상당 부분 불가피한 선택이었다고 최대한 너그럽게 평가해줄 수도 있다. 그러나 소련 사회가 어느 정도 안정된 이후까지 그러한 시스템이 계속 유지되었다면 이야기는 완전히 달라진다. 불행하게도 스탈린 이후의 소련 지도층은 스탈린 시대의 부정적 유산을 극복하기 위한 치열한 노력을 전개하지 않았다. 이러한 가운데 소련의 당 간부, 관료, 과학기술자 등 엘리트 집단은 관료적 통제기구에 기대어 특권의 포로로 전락해갔다. 빈번한 뇌물 수수와 공공자산 횡령은 그 같은 특권이 빚어낸 일상적 현상이었다.

관료주의가 뿌리라면 부정부패는 그로부터 자라나는 줄기이며 종종 그 위에 죽음의 꽃이 피게 된다. 소련의 앞날에 기다리고 있는 운명은 바로 그와 같은 것이었다.

고르바초프 실험의 실패

소련 사회가 서구 자본주의와의 경쟁에서 뒤지고 있음이 분명해지자 소련의 지도적 엘리트 집단 내부에서는 사회주의의 우월성과 승리에 대한 회의적 분위기가 팽배하기 시작했다. 이러한 회의적 분위기는 급기야 자본주의 시장경제로 전환하는 것만이 소련 사회의 정체를 극복하는 최선의 길이며 그 변화는 가능한 한 빠를수록 좋다는 사고로 발전하였다.

앞서 언급한 대로 소련 경제가 시장이라는 기제의 도입을 필요로 했던 것은 틀림없는 사실이었다. 그러나 놀랍게도 소련 지도층의 상당수가 시장경제 도입과 자본주의 경제로의 전환 사이의 경계선을 제대로 이해하지 못했다. 사실상 둘을 동일시하는 판단착오를 일으키면서 결국 자본주의를 향해 항로를 잡은 것이다. 이렇듯이 소련 엘리트 집단은 사상적 혼란 상태에 빠진 채 고르바초프 시대를 맞이하였다. 바로 이 점이야말로 이후 소련의 행적을 규정짓는 결정적 요소였다.

1985년 3월 15일 미하일 고르바초프Mikhail Gorbachev가 새로운 소련 공산당 서기장으로 선임되었다. 고르바초프는 가까운 장래에 소련 사회에 커다란 변화가 일어날 것이라는 안팎의 관측이 우세한 가운데 등장하였다. 이는 앞선 브레즈네프 시대부터 소련 사회의 결함에 대한 광범위한 문제 제기와 비판이 있었음을 반영하는 것이었다. 실제로 고르바초프 등장 당시 소련 경제는 위험수위를 넘어서고 있었다. 특별한 해결책이 제시되지 않는 한 가까운 장래에 소련 경제가 무너질 수도 있다는 관측마저 나돌고 있었다. 이러한 조건에서 고르바초프는 소련이 안고 있는 문제를 해결하기 위한 대대적인 실험에 돌입하였다.

고르바초프 앞에 던져진 첫 번째 과제는 미국을 중심으로 한 서방 진영의 압박을 해소하는 것이었다.

소련 경제가 뚜렷이 정체 현상을 빚고 있는 상태에서 미국과의 무한군비경쟁은 피로에 지친 사람의 숨통을 조이는 결과를 빚었다. 그런 만큼 고르바초프가 미국과의 소모적 군비경쟁을 종식시키지 않는 한 소련 경제가 소생할 가능성이 없다고 본 것은 매우 정확한 판단이었다. 그러나 고르바초프는 그 해결책을 찾아나서면서 결정적 오류를 범하고 말았다. 그는 소련의 과도한 군사비 부담을 해소하는 문제에 대해 너무 급하게 서둘렀다. 그 결과 고르바초프와 그를 중심으로 하는 소련의 개혁집단은 미국과의 대결 자체를 포기하는 것으로써 문제를 해결하고자 하였다. 고르바초프는 소련의 과도한 군사비 부담에 결정적 요인이 되고 있는 미국과 중국의 반소연합전선을 해체시키고 사회주의 진영의 단결을 회복하는 문제는 전혀 진지하게 검토하지 않았던 것이다.

결국 고르바초프의 구상은 1989년 몰타 회담에서 그 진면모를 드러내었다. 몰타 회담을 통해 미소 두 강대국은 반세기를 끌어온 냉전 종식을 공식 선언하였지만, 이는 어디까지나 미국의 제국주의적 패권 정책을 용인하는 전제 위에서 가능한 것이었다. 이 사실은 몰타 회담 직후 미국의 패권적 행동이 한층 노골적으로 드러남으로써 극명하게 확인되었다. 미국은 몰타 회담의 여운이 채 가시기도 전에 파나마를 침공하여 눈엣가시였던 최고 실권자 노리에가Manuel Noriega를 체포하였다. 그러나 그 누가 보아도 주권국가에 대한 침략행위가 명백한 이 사태에 대해 소련은 아무런 대응책도 내놓지 못했다. 이같은 소련의 무기력한 모습은 이어지는 걸프 전쟁에서도 그대로 재현되었다.

결국 미소냉전의 종식은 소련이 미국에 백기를 드는 것으로 그 막을 내렸다. 덕분에 고르바초프는 서방세계에서 평화의 사도이자 20세기 마지막 영웅이라는 최고의 찬사를 받을 수 있었다. 그러나 정작 고르바초프 자신이 몸담고 있는 소련 내부의 반응은 서방세계의 그것과는 사뭇 달랐다. 냉전 종식이라는 이름 아래 사실상 미국에 백기를 든 선택은 10월 혁명 이후 반제국주의 투쟁의 중심에 서 있었다고 자부해온 소련 인민들에게 씻을 수 없는 상처를 안겨주었다. 그 결과 몰타에서의 냉전 종식 선언과 함께 소련 내에서의 고르바초프에 대한 지지는 급속히 줄어들었고 더불어 당 지도부에 대한 냉소적 분위기가 확산되고 말았다.

그 나름대로의 방식으로 냉전 체제를 해소하는 데 성공한 고르바초프는 소련의 내부 문제를 해결하는 데 전적으로 매달렸다. 고르바초프로 대표되는 소련의 개혁집단이 중병에 걸린 소련을 치유하기 위해 내건 기치는 글라스노스트glasnost와 페레스트로이카perestroika였다. 글라스노스트는 흔히 개방으로 풀이하는데 개방을 통한 정보 공유를 포함한다. 페레스트로이카는 말 그대로 개혁을 의미한다. 이러한 점에서 고르바초프의 정책은 중국이 선택한 개혁개방노선을 그대로 답습한 듯한 인상을 준다. 그러나 소련은 개혁개방 추진 과정에서 중국의 그것과는 사뭇 다른 길을 걸었다. 무엇보다도 글라스노스트와 페레스트로이카 사이에는 심각한 모순이 잉태되고 있었다. 이 모순은 이후 소련 붕괴의 결정적 요소가 되었다.

글라스노스트가 주로 초점을 맞춘 것은 정치제도의 변화로, 페레스트로이카 추진에 적합하도록 국가 기능을 정상화하고 강화하는 것을 주요 목표로 하고 있었다. 이를 위해서 대통령과 의원을 자유선거를 통해 선출하는 등 일련의 입헌적·민주적 국가 운영을 도입하였다. 그럼으로써 당과 국가를 엄격히 분리하고 실질적인 통치권을 당에서 국가로 이동시키고자 하였다. 이러한 글라스노스트는 자유선거 보장 차원에서 매체와 문화, 학술 분야에서의 광범위한 개방을 수반할 수밖에 없었다. 그 결과 그간 금기시되었던 활동들이 폭발적으로 전개되기 시작했다.

저널리스트들은 1920년대 이후 소련에서의 실제 생활이 어떤지에 대해 쓸 수 있었다. 그 결과 상층 관료들의 도를 넘는 부패, 심각한 환경오염, 보건의료 서비스의 악화, 널려 있는 빈곤과 미신 등 각종 문제들이 거침없이 다루어졌다. 더불어 금기되었던 소설이나 미술품 등이 선보였고, 경제학자들은 60년간에 걸친 거짓말의 실상을 드러내었으며, 역사학자들은 스탈린 시대의 진실을 폭로하였다.

이러한 개방 물결은 체제에 순응하면서 자신의 욕구를 억제하는 데 익숙해 있던 소련 인민들을 강렬하게 자극했다. 인민들은 뭔가 자신들이 기만당했다는 것을 느끼기 시작했고 결국 적극적으로 자신의 요구를 분출하는 것으로 나아갔다. 그에 따라 곳곳에서 허가받지 않은 집회와 시위, 파업투쟁이 빈번하게 발생했다.

바로 여기서 고르바초프는 이후 소련의 운명과 직결되는 결정적 오류를 범하고 말았다. 고르바초프는 소련 인민을 불온시하기 시작했다. 그는 개혁을 향한 인민들의 열정을 자신의 정치적 목표를 추진하는 에너지로 흡수하는 안목을 갖지 못했다. 거꾸로 고르바초프는 인민들을 점점 멀리하면서 여전히 당내 다수파를 구성하고 있는 보수파에 기대는 모습을 보였다. 허가받지 않은 시위를 금지하는 법령에 서명한 것은 그 단적인 예다. 그렇다고 해서 자신의 정치적 입장을 보수파와 확고하게 일치시킬 수도 없었다. 그동안 자신이 공언해온 것이 있었기 때문이다.

　　고르바초프와 인민들 사이에 균열이 점점 커져가는 가운데 보수파와 급진개혁파는 동시에 고르바초프를 공격하기 시작했다. 보수파는 무분별한 개혁 요구를 확고하게 억누르지 못한 것을, 급진개혁파는 개혁의 속도를 늦추고 있는 것을 문제 삼았다. 개혁을 요구하던 인민들 역시 고르바초프는 더 이상 믿을 만한 인물이 못 된다는 생각을 품기 시작했다. 고르바초프는 말 그대로 사면초가에 빠진 것이다.

　　이렇게 하여 최고권력자 고르바초프는 모든 상황을 주도하던 주인공에서 아무것도 통제할 수 없는 무기력한 존재로 전락해갔다. 이는 그 무엇보다도 대중을 자신의 편으로 끌어들이기보다는 불신하고 적대함으로써 빚어진 당연한 결과였다. 요컨대 인민대중의 힘에 의거해서 문제를 해결하지 못했던 것이다. 그런 점에서 고르바초프는 대중의 불만을 흡수하는 데 성공했던 중국의 덩샤오핑이나 러시아 초대 대통령 보리스 옐친에 비해서도 정치적으로 매우 무능한 인물이었다.

고르바초프의 고립은 곧 정치적 구심이 사라지고 있음을 의미하는 것이었다. 그러자 소련을 구성했던 주요 기구들은 극심한 내분에 휩싸이면서 빠르게 해체의 길을 걸었다. 소련 체제의 구심 역할을 해온 당은 정치적 입장에 따라 보수파와 급진개혁파로 완전히 갈라져 있었다. 1990년 말 소련의 두 번째 도시인 레닌그라드에서는 당내 서로 다른 파벌이 조직한 두 개의 집회가 경쟁적으로 개최되었다. 여기에 머물지 않고 급진적 반대파들은 민주 플랫폼Democratic Platform이라는 이름의 공개 조직을 결성하기도 하였다. 이러한 가운데 리투아니아당이 소련공산당으로부터 독립을 선언하는 사태까지 발생했다.

체제의 마지막 보루로 간주되는 군대 역시 아래로부터 해체 과정을 겪고 있었다. 사병들은 저마다의 정치적 입장을 갖고 다양한 조직에 가입하였고 각종 행사에 참여하였다. 그로 인해 약속한 기일 안에 귀대하지 않은 경우가 빈번했는데 이를 통제하는 것조차 어려운 상황이었다. 장교들은 장교들대로 개혁에 대한 입장 차이로 극심하게 분열되어 있었기 때문이다.

당과 군대 내부에서 발생한 혼란은 곧바로 국가기구 일반으로 확산되었다. 결국 소련의 국가기구 해체는 더 이상 돌이킬 수 없는 상황이 되고 말았다. 이러한 과정을 통해 소련은 자본주의 사회에서는 일상적으로 발생할 수 있는 내부의 의견 차이조차 흡수할 수 없을 만큼 지극히 경직된 체제였음이 드러났다. 곧 체제의 면역성이 지극히 취약했음이 드러난 것이다.

애초에 고르바초프가 글라스노스트를 추진한 것은 페레스트로이카의 기관차 구실을 할 국가의 성능을 개선하는 것이었다. 그런데 개혁을 향해 열차가 출발하려고 하는 순간 기관차가 고장나버린 것이다. 급기야 페레스트로이카 추진에 필요한 최소한의 조절과 통제 기능조차 작동되지 않고 있었다. 단적으로 1989년부터는 소련 경제 정책의 골간을 이루었던 5개년 계획조차 수립되지 못했다.

문제 해결을 더욱 어렵게 만든 것은 고르바초프가 농업과 경공업의 발전을 경시한 채 지나치게 중공업에 집착했던 점이었다. 중공업은 그 자체로서는 산업과 국방의 기초라는 점에서 이전과 다를 바 없이 중요성을 갖고 있음에 틀림없다. 그러나 중공업은 대규모 자본이 필요하면서도 생산을 통해 수익을 얻는 기간이 매우 길었다. 무엇보다도 중공업은 인민의 생필품을 공급하는 데도 한계가 있었다. 그 결과 소련사회주의를 특징지었던 만성적인 물자 부족 현상을 타개할 수 없었다. 고르바초프는 바로 이 점을 놓친 것이다.

이러한 가운데 시장경제 도입을 골자로 하는 개혁 프로그램을 급속도로 실행에 옮겼다. 예컨대 고르바초프 시절 작성되었으면서 서방세계로부터 전적으로 환영받았던 '사탈린 계획Satalin Plan'은 소련에 존재하는 대부분의 산업을 500일 이내에 사유화하는 것을 목표로 삼고 있었다. 하지만 이러한 방식의 개혁 프로그램은 급격한 가격자율화를 거치면서 파멸적인 결과를 빚고 말았다. 무엇보다도 만성적인 공급 부족 현상이 해소되지 않은 상태에서 진행된 급격한 가격자율화는 살인적인 물가 상승을 초래하였다. 가격자율화의 여파로 1991년에는 91퍼센트에 이르렀던 물가상승률이 1992년에는 2000퍼센트라는 살인적인 수치를 기록했고, 이듬해인 1993년에는 이보다 심한 3000퍼센트에 이르렀다.

극심한 인플레이션은 연쇄적인 파괴효과를 낳았다. 가장 먼저 직격탄을 맞은 것은 농업이었다. 1992년 6월 농기구 가격은 전년에 비해 70배나 올랐지만 농산물 가격은 그에 턱없이 못 미쳤다. 예를 들어, 우유 가격은 7배 밖에 인상되지 않았다. 또 자유시장을 통해 공급되는 사료는 농민들로서는 엄두도 못내는 가격으로 판매되었다. 농민들로서는 농업 생산활동을 지속하기가 어렵게 된 것이다. 그 결과는 농업의 심각한 붕괴로 이어졌다.[8] 극심한 인플레이션으로 기업들은 투자를 꺼렸고, 생산활동이 여의치 못하게 되면서 곳곳에서 연쇄부도가 발생하였다. 이러한 경제적 혼란은 소련이 그토록 집착하였던 외국자본의 유치마저 가로막는 요소가 되었다.

급진적 개혁이 빚어낸 사회경제적 혼란은 인민들로 하여금 개혁 정책에 등을 돌리도록 만들었다. 농민은 농민대로, 노동자는 노동자대로, 지식인은 지식인대로 불만에 가득 차 있었다. 사회주의 체제의 마지막 보루로 믿었던 군부조차 불만의 목소리를 높여갔다. 그러나 이러한 불만을 흡수하고 조절할 기관은 그 어느 곳에도 존재하지 않았다. 소련 사회는 총체적인 무정부 상태로 돌입하고 있었던 것이다.

기묘한 소연방의 해체

제정 러시아의 유산 위에 세워진 소연방은 적어도 1988년까지는 별다른 이상 징후가 발견되지 않았다. 소연방으로부터 완전 분리하여 독립하고자 하는 움직임은 그 어느 곳에서도 감지되지 않았다. 다만 1차 세계대전까지는 독립국이었다가 스탈린 시대에 강제로 소련에 편입된 발트 3국(에스토니아, 라트비아, 리투아니아)에서 해당 지역 공산당 조직에 대한 공격이 있었고, 특수하게는 국경을 인접하고 있는 아르메니아와 아제르바이잔 사이의 분쟁이 있었을 뿐이다. 그때까지만 해도 각 공화국의 분리독립 움직임에 의해 소연방이 위협받고 있다고 판단할 뚜렷한 근거는 없었다고 볼 수 있다.

도리어 각 공화국이 독자적 움직임을 모색하게 된 것은 소연방 중앙이 삐걱거리면서부터라고 할 수 있다. 앞서 말했듯이 1989년부터는 소연방 전체를 포괄하는 경제계획조차도 마련되지 않고 있었고 중앙으로부터의 지침 전달이나 자원 배분은 사실상 사라지고 있었다. 이러한 조건에서 각 공화국은 독자적으로 살 길을 찾아 나설 수밖에 없었다. 그로부터 각 공화국에서는 필요한 자원을 자체 조달하거나 소연방을 거치지 않고 다른 공화국과 직거래하는 현상이 급속도로 번져나갔다.

이러한 과정을 거쳐 1989년 이후 소련 사회에서는 각 공화국이 유일한 정치적 실체로 부각되기에 이르렀다. 그럼에도 불구하고 공화국의 독자적 역할 증대가 곧바로 소연방 해체 움직임으로 이어진 것은 아니었다. 1991년 3월의 국민투표 결과는 이 점을 잘 확인해주고 있다. 당시 소련 유권자의 76퍼센트는 "어떤 민족에 속한 사람이든 권리와 자유를 완전히 보장받는, 동등한 주권을 가진 공화국들의 연방으로 쇄신된 소연방을 유지하는 쪽"에 찬성표를 던졌던 것이다. 아울러 이미 분리독립을 선언한 발트 3국을 제외하고는 연방과 각 공화국의 그 어떠한 정치가도 소연방 해체를 정책으로 내건 경우는 없었다.

그러나 돌이킬 수 없을 만큼 연방 중앙의 권위가 급속히 무너지면서 소연방은 막다른 골목으로 내몰리고 있었다. 그러던 중 의외의 사건을 계기로 소연방 해체는 결정적 국면을 맞이하였다.

1991년 4월말 고르바초프는 9개의 공화국들(에스토니아, 라트비아, 리투아니아 등 발트 3국과 그루지야, 불분명한 이유로 불참한 키르키즈스탄, 소연방과 국가기구가 대부분 일치하는 러시아연방을 제외한 나머지 공화국)과 새로운 연방조약에 서명하였다. 하지만 당 지도층을 포함한 기존 권력층 대부분은 이 조약을 묘비명으로 받아들이고 있었다. 새로운 연방 조약 발효 이틀 전에 소연방의 거의 모든 유력자들, 곧 국방장관, 내무장관, KGB 국장, 연방 부통령과 수상, 그 밖의 당 핵심 인물들이 대통령 겸 당 서기장이 없으므로 비상위원회가 권력을 인수할 것이라고 선포하였다. 당시 고르바초프는 휴가 중에 연금된 상태였다. 말하자면 쿠데타가 발생한 것이다.

그런데 당시의 쿠데타는 기묘하기 짝이 없었다. 정적에 대한 체포와 방송국 접수 등 쿠데타의 필수 절차가 집행되지 않았다. 쿠데타 주체들은 실질적인 권력이 어디 있고 그 권력기구들이 여전히 작동하고 있음을 확인해주는 것에 모든 초점을 맞추고 있는 듯했다.

소련 인민은 쿠데타에 대해 대체로 침묵으로 응답했다. 소련 인민이 선택한 것은 쿠데타에 대한 적극적인 호응이나 그에 대한 거부 어느 쪽도 아니었다. 당시 여론조사를 보더라도 소련인 48퍼센트가 쿠데타를 지지한다는 모호한 결과가 나왔다. 다만 당 위원회의 70퍼센트 정도가 쿠데타를 지지했고 외국 정부 사이에서는 쿠데타의 성공을 바라는 경우가 그렇지 않은 경우를 넘어선 것으로 확인되었다.[9]

참으로 밋밋하기 그지없는 분위기 속에서 사태를 일거에 뒤집은 것은 보리스 옐친Boris Yeltsin을 중심으로 하는 일단의 정치집단이었다. 얼마 전 큰 표 차로 러시아 연방 대통령에 당선된 옐친은 동물적 감각을 가지고 쿠데타에 대한 저항을 선언했다. 그러자 수천 명의 지지자들이 몰려들어 옐친을 에워쌌다. 쿠데타에 동원된 탱크들은 당황해 어쩔 줄 몰라 했고 옐친 진영은 그러한 탱크들을 가볍게 무시했다. 이러한 장면이 전세계 텔레비전 화면에 소개되자 누구나 대세는 옐친 쪽으로 기울었다고 판단하였다. 결국 쿠데타는 철회되었고 옐친은 일방적 승리를 거두었다.

옐친은 승리의 여세를 몰아 소연방 해체 작업에 착수했다. 옐친이 소연방 해체 작업에 착수한 이유는 매우 간단했다. 본디 소연방과 최대 공화국인 러시아 연방의 기구는 대부분 긴밀히 결합된 상태에서 그 경계가 뚜렷하지 않았다. 옐친이 보기에 이러한 상태는 러시아 연방의 권력을 소연방이 잠식하고 있는 것에 다름 아니었다. 옐친은 그러한 소연방의 권력기구를 모두 러시아 연방으로 귀속시키고 싶어 했다. 더욱이 소연방의 권력기구들은 쿠데타 당시 옐친과 대결을 벌임으로써 반反옐친 진영의 거점이 되어버렸다.

이러한 조건에서 옐친이 러시아 연방의 독립을 선언하자 소연방은 간단히 해체되고 말았다. 곧 소연방을 구성하고 있던 대부분의 인적·물적 자산을 러시아에 귀속시키는 순간 소연방은 존립 근거를 잃고 가볍게 공중분해되고 만 것이다. 소연방이 사라짐과 동시에 마지막 순간까지 소연방 유지를 위해 함께 노력했던 9개 공화국은 선택의 여지없이 독립의 길을 걷게 되었다. 그로부터 몇 달 뒤에 소련은 역사의 공식 무대에서 완전히 사라지고 말았다. 더불어 고르바초프라는 한 비극적 인물은 사람들의 기억 속에서 빠른 속도로 지워졌다.

과거 소련의 중심이었으면서 소련 붕괴 과정에서 주도적 역할을 한 러시아는 국제연합UN 등 국제무대에서 소연방의 후계자로 대우받게 되었다. 하지만 새롭게 국제무대에 등장한 러시아의 모습은 이전 소련의 그것과는 사뭇 다른 위상이었다. 소련 붕괴 직후 러시아의 현실 속에는 초강대국 소련의 위용은 사라지고 3류 국가로 전락한 초라함만이 남아 있었다.

옐친이 이끄는 러시아는 곧바로 국제통화기금IMF과 서구자본에 점령되었다. 그에 따라 러시아의 주요 기업과 기술은 헐값에 서구세계로 팔려나갔다. 루블화는 가치 폭락을 겪으면서 화폐로서의 기능을 상실해갔고 물가는 통제 불능의 상태로 치솟았다. 이 모든 상황이 빚어낸 최종 결과는 러시아 경제의 거듭되는 추락이었다. 러시아 경제의 국내총생산GDP 규모는 1990~91년에 17퍼센트, 1991~92년에 19퍼센트, 1992~93년에 11퍼센트나 떨어졌다. 이렇듯 악화일로를 걷던 러시아 경제는 마침내 1998년에 이르러 국가부도라는 최악의 상황을 맞이하고 말았다.

당연한 결과로 러시아 인민은 깊은 실의와 좌절에 빠져들었다. 그리고 내면 깊숙한 곳에서 분노의 불길이 타오르게 되었다. 하지만 러시아 인민은 자신 앞에 놓여 있는 절망적 상황을 타개할 능력이 없었다. 소련 붕괴와 함께 인민의 힘도 더불어 해체되었기 때문이다.

20세기 전세계를 놀라게 했던 대표적인 사건 둘을 꼽으라면 러시아 혁명과 소련 붕괴를 들 수 있을 것이다. 두 개의 사건은 공통적으로 소련이라는 한 나라의 운명과 관련된 것이었다. 다만 하나는 처음이고 다른 하나는 끝이라는 차이점이 있을 뿐이다.

그런데 이 차이는 대단히 큰 것이었다. 러시아 혁명은 이후의 과정이 어찌되었든 인간의 힘으로 기존 질서를 타파하고 새로운 질서를 수립할 수 있다는 확신을 안겨주었다. 그러나 소련 붕괴는 정반대의 영향을 미쳤다. 소련 붕괴는 현존하는 자본주의 질서에 대한 도전과 새로운 실험을 지극히 허망한 것으로 만들어버렸다. 그에 따라 사회혁명을 꿈꾸던 사람들은 극심한 혼돈과 지적 공황 속으로 빠져들어 갔다. 소련의 붕괴와 함께 전세계적 차원에서 자본주의에 대한 저항의 마지노선이 함께 붕괴된 것이다.

이런 점에서 소련 붕괴는 냉전시대 자본주의와 사회주의 두 체제의 경쟁에서 사회주의의 패배를 확정짓는 사건이 되었다. 이 패배는 곧 승자인 자본주의 입장에서는 아무런 제약 없이 질주할 수 있는 기회가 왔음을 의미하였다. 신자유주의 세계화는 그로부터 야기된 직접적 결과였다.

주 석

1   데라오 고로寺尾五郞 외, 〈한일회담의 전개 과정〉, 김성환 외,《1960년대》, 거름, 1984. 255쪽.

2   장융·존 할리데이, 황의방 옮김,《마오》(하), 까치, 2006. 462~463쪽 참조.

3   리영희, 〈한반도는 강대국들의 핵 볼모가 되려는가〉,《민중》(제1권), 청사, 1983. 160~161쪽.

4   미셸 초스드프스키, 이대훈 옮김,《빈곤의 세계화》, 당대, 1998. 154쪽에서 재인용.

5   레스터 C. 써로우, 유재훈 옮김,《자본주의의 미래》, 고려원, 1997. 88쪽.

6   알렉 노브, 대안경제연구회 옮김,《실현 가능한 사회주의》, 백의, 2001. 179쪽.

7   알렉 노브, 김남섭 옮김,《소련 경제사》, 창작과비평사, 1998. 415쪽.

8   윌리엄 H. 오버홀트,《초강대국으로 가는 중국》, 한·언, 1994. 38쪽.

9   에릭 홉스봄, 이용우 옮김,《극단의 시대 : 20세기 역사》(하), 까치, 1997. 676쪽.

革命의 追憶
未來의 革命

신자유주의 세계화,
바닥을 드러내다

    20세기 후반에 이르러 자본주의 모순이 과잉자본을 누적시키면서 선진자본주의 국가에는 돈이 넘쳐흘렀다. 따라서 더 이상 이윤 획득 기회를 찾지 못하고 손발이 묶인 과잉자본이 속출하였다. 그렇게 시장에서 퇴장하는 거대한 돈뭉치만큼 상품 또한 창고 안에 갇힘에 따라 긴 호황을 누린 대가를 치르기라도 하듯 불황의 그림자는 생각보다 길게 늘어졌다.

    과잉자본은 이미 통상적인 경기순환으로 해소될 수준을 넘어섰다. 이 문제는 오직 두 가지 자유―아무런 제약 없이 전세계를 자본의 활동 무대로 삼으면서 자유롭게 이윤을 창출하는 것―를 획득할 때만이 해결할 수 있게 되었다. 자본주의에 이러한 자유의 날개를 달아주고자 한 것이 바로 신자유주의였다.

    미국의 레이건 정권은 이러한 신자유주의로의 전격적인 이행에 가장 큰 걸림돌로 사회혁명을 상정하고, 소련을 붕괴시킴으로써 그러한 위협을 제거하는 데 일차 성공하였다. 그와 동시에 신자유주의가 전광석화처럼 '세계화'되었고 이를 통해 거대자본이 무제한의 권리를 행사하기 시작했다.

    그러나 거역할 수 없는 대세라고 간주되던 신자유주의는 그 자체의 모순으로 인해 몇 걸음 가지 못해 휘청거리기 시작했다. 무엇보다도 신자유주의 세계화의 정치적 담보였던 미국의 유일 패권이 '10년 천하'를 크게 넘기지 못하였기 때문이다. 그리하여 자본주의는 자신의 모순을 일점 돌파하기는 했으나 결국 더 높은 수준에서 모순을 확대재생산함으로써 헤어날 수 없는 상황으로 빠져들었다.

© 연합뉴스   자본주의의 상징 월스트리트 증권시장 내부 모습

CHAPTER
08

자본주의,
위기에서 탈출하다

언뜻 보기에 자본주의는 엉성하고 잡다하기 그지없는 사회다. 수많은 자본은 오직 자기 이익만을 위해 움직이면서 끊임없이 경쟁하고 다툰다. 그러면서도 이익만 된다면 그 어떤 이교도와도 거리낌 없이 거래를 한다. 애덤 스미스가 자유주의적인 자본주의 사회를 가리켜 '위대한 사회'라고 명명한 것도 이처럼 다양한 가치와 목적을 지닌 집단들이 공존할 수 있는 상황을 염두에 둔 것이었다. 자본주의는 바로 그 같은 다양성과 개방성을 바탕으로 고도의 탄력성을 확보할 수 있었고 이는 곧바로 위기의 순간에 뛰어난 돌파력을 발휘하는 것으로 이어졌다.

전일적인 사고방식을 요구했던 사회주의와 달리 자유분방한 자본주의의 사회는 새로운 사고와 실험이 유입된다고 해서 전체 사회가 흔들리거나 해체되지 않는다. 이미 그 자체로서 잡다하기 때문이다. 온갖 형태의 모험이 쉽게 허용되고 수용되는 사회가 바로 자본주의 사회. 가령 사회주의 나라들이 대공장 중심의 산업사회에 안주해 있을 때 자본주의는 불황의 한복판에서 극소전자공학혁명을 거쳐 정보화시대를 열어 나갔다. 말하자면 사회주의가 하드웨어 위주의 사고에 머물러 있을 때 자본주의는 소프트웨어 중심의 사고를 실천하기 시작한 것이다.

자본주의는 이러한 역동성을 바탕으로 장기간의 불황을 낳은 구조적 모순을 탈피해갔다. 그럼으로써 종전과는 전혀 다른 모습으로 자신을 재창조하였다. 그 과정은 개별 기업에서 국가 혹은 자본주의 세계 전체 차원에서 다양하게 전개되었다.

장기 불황과 신자유주의의 부상

황금기를 구가하던 자본주의가 1973~75년에 이르러 고전적인 주기적 공황과 매우 유사한 상황에 직면하고 말았다. 이 기간 동안에 선진자본주의 국가들의 공업생산고는 매년 10퍼센트씩 떨어졌고 국제무역량 역시 13퍼센트씩 감소하였다. 마냥 잘 나가던 경제가 급작스럽게 곤두박질친 것이다. 이러한 양상은 1980년대 초반에 다시 한 번 발생하였다. 1973년과 1980년대 초 공황은 부분적으로는 자원민족주의로부터 빚어진 두 차례의 석유위기로부터 비롯한 것이었다. 두 번의 공황 모두 두 차례의 석유위기와 그 시기가 정확히 일치했다.

문제는 이러한 주기적 불황의 내습이 아니었다. 전반적으로 볼 때 1970년 이후 선진자본주의 경제는 이전 시기와 비교해 성장세가 뚜렷하게 둔화되고 있었다. 이른바 장기 불황에 직면한 것이다. 경기순환과 거의 동일한 운동을 하는 제조업 생산 연평균 성장률이 이를 뒷받침해주고 있다.

1970년대 자본주의 세계가 침체국면에 빠져들고 있었지만 그렇다고 하여 모든 나라가 평균적으로 같은 양상을 보인 것은 아니다. 문제가 집중적으로 발생한 것은 황금의 시기 세계 자본주의 성장을 이끌었던 미국 경제였다. 미국 경제가 1970년대 이후 생산력에서의

<도표 3-1> 제조업 생산의 연평균 성장률

	1966~70	1971~75	1976~80	1981~85	1986~90
세계	7.4	5.0	5.0	2.4	3.5
선진국	5.6	2.2	4.3	1.9	3.1
발전도상국	6.7	8.0	5.6	4.2	8.2
북아메리카	3.5	3.0	5.0	2.5	3.5
카리브해 연안, 중앙아메리카 및 남아메리카	7.8	8.4	5.1	0.3	8.1
아시아	15.1	3.4	7.5	5.5	6.9
일본과 이스라엘을 제외한 아시아	5.6	7.4	6.4	9.6	10.5
서유럽	6.2	1.5	3.0	0.8	2.1
동유럽 및 (구)소련	11.3	10.6	6.5	3.6	1.7
오세아니아	4.7	2.0	1.3	0.5	1.3

출처 : 이메뉴얼 월리스틴 외, 백승욱 김영아 옮김, 《이행의 시대》, 창작과비평사, 1999. 84쪽.

우위를 상실하면서 뚜렷한 쇠퇴 조짐을 보이기 시작한 것이다. 자본주의 세계가 침체의 늪에 빠진 가장 결정적 요인 또한 이러한 미국 경제의 쇠퇴였다. 말하자면 미국이라는 기관차의 성능에 문제가 발생하면서 자본주의 세계라는 열차의 속도가 급격히 떨어진 것이다. 미국 경제의 쇠퇴와 관련해서는 대략 다음과 같은 네 가지 원인을 들 수 있다.

본디 미국 경제는 포드 시스템에 입각한 대량생산, 대량소비의 전형을 이루고 있었다. 포드 시스템은 장기 호황의 시기에 급격한 노동생산성 상승과 함께 값비싼 사치품을 대중소비재로 전환시켰다. 미국 경제가 생산력 우위를 확보할 수 있었던 결정적 요인도 여기에 있었다. 그러나 노동의 극단적인 분할과 정교한 통제를 생명으로 하는 포드 시스템은 인간 육체가 갖는 한계와 더불어 그 한계를 드러내고 말았다. 특히 지루하기 짝이 없는 단순반복적 노동은 노동자의 의욕을 떨어뜨렸고 창의성을 고갈시키고 말았다. 더욱이 1960년대에 이르러 상대적으로 여유로운 교육을 받은 학생들은 기계의 부속품이 되기를 거부하였고, 그 결과 대량생산체제를 뒷받침할 노동자를 구하기가 매우 힘들어졌다. 디트로이트의 철강산업과 자동차산업의 쇠퇴는 이를 상징적으로 보여주는 현상이었다.[1] 이로부터 노동생산성은 더 이상의 급격한 상승을 멈추고 정체상태로 빠져들었다. 성장의 중요한 동력 하나가 고갈된 것이다.

생산기지의 해외 이전 또한 미국 경제의 약화를 초래한 요인이었다. 고임금 압박이 강해지면서 소비재 대부분과 생산재 상당 부분의 생산라인이 해외로 빠져나갔다. 개별 자본 입장에서 볼 때 생산라인은 비용이 덜 드는 해외로 이전시킨 뒤 브랜드를 무기로 마케팅에 주력하는 것이 훨씬 이익이었던 것이다. 단적으로 1970년대 이후에는 생산기지의 해외 이전에 따른 기업 내부거래가 전체 무역의 40퍼센트 이상을 차지하였다. 하지만 그 결과는 산업공동화를 촉진함과 동시에 해외로부터의 수입 증가에 따른 무역적자 누적으로 나타났다. 결국 다국적기업의 증가는 개별 자본의 이익을 증가시켰지만 미국 경제를 내부적으로 약화시키는 요인이 되었다.

자본주의 세계의 불균등 발전 또한 미국 경제를 크게 압박하였다. 1950~80년대에 최대 경제대국 미국은 비교적 느린 속도로 성장한 반면 서독과 일본, 한국 등 동아시아 국가들은 훨씬 빠른 속도로 성장했다. 이러한 불균등 발전은 고성장 국가들이 높은 생산성을 바탕으로 미국 시장을 파죽지세로 공략하는 것으로 이어졌다. 그 결과 미국 경제는 기업의 연쇄도산과 엄청난 무역적자에 직면해야 했다.

마침내 1981년만 해도 순해외자산이 3740억 달러에 달했던 세계 최대 채권국 미국은 1986년부터는 채무국으로 전락하고 말았다. 1992년 미국의 외채 규모는 5210억 달러에 이르렀다.[2]

패권 유지를 위한 과도한 군사비 지출 또한 미국 경제의 약화를 재촉하는 큰 요인으로 작용하였다. 군수부문은 생산의 결과물이 재생산 과정에 재투입되지 않고 단순 소모된다는 특징이 있다. 군사비 지출이 확대될수록 그만큼 사회적 낭비가 증대하는 것이다. 2차 세계대전을 경과하면서 위력을 과시했던 기술혁신의 파급효과 또한 군사기술의 특수성이 강화되면서 크게 떨어졌다. 어느 모로 보나 막대한 군사비 지출은 경제 성장을 억누르는 멍에가 되고 있었다. 베트남 전쟁으로 인한 군비지출 확대와 미국 경제의 추락이 시기적으로 일치했던 것은 이를 뒷받침해준다. 그럼에도 불구하고 미국은 패권 유지라는 정치적 이유로 이러한 상태에서 벗어날 수 없었다. 도리어 소련과의 무한군비경쟁을 시도한 레이건 정권이 들어서면서는 군사비 지출이 더욱 확대되었다. 1980년대 중반 미국의 군사비는 대략 3000억 달러에 이르렀으며 1981년에서 1991년까지 지출된 군사비 총액은 3조 달러를 넘어섰다.[3]

미국 경제의 위축은 곧바로 미국 시장으로의 수출 확대를 통해 이루어졌던 자본주의 세계의 지속적 성장을 어렵게 만들었다. 미국은 무역적자 누적을 해소하기 위해 한편으로는 보호무역 장벽을 강화함과 동시에 타국에 대해서는 시장개방 압력을 강화하는 양면작전을 전개하였다. 이러한 미국의 노력은 종종 경제 외적 강제력을 동원하기도 하였는데 1985년 플라자 합의는 그 대표적인 사례다. 1985년 뉴욕 플라자 호텔에서 미국, 영국, 프랑스, 일본의 재무장관들이 당시 GDP 대비 3.4퍼센트에 달했던 미국의 경상적자 문제를 해결하기 위해 달러 가치의 인하 및 파운드, 프랑, 엔 가치의 인상 조정에 전격적으로 합의하였다. 이 합의의 결과로 엔/달러 환율은 1년 남짓한 기간에 243엔에서 157엔까지 대폭 하락했고 덕분에 미국은 시급한 대외불균형의 불을 끌 수 있었다. 반면 1970~80년대 중반 기간 동안 막대한 대미 흑자를 기록하였던 일본은 일시에 대미 수출품 가격이 두 배 가까이 오르면서 끝내 장기 불황의 늪으로 빠져들었다.[4] 개별 국가의 성장 능력과 무관하게 미국 경제의 쇠퇴가 자본주의 세계 전체의 위축으로 이어지고 있음을 극명하게 드러내는 대목이다.

이와 같이 미국 경제의 쇠퇴 여파로 각국의 실물경제가 위축되면서 장기 불황이 지속되자 미래의 소득을 끌어다 현재의 유효수요 부족을 보충했던 케인스주의 시스템은 전혀 힘을 발휘하지 못하게 되었다. 결국 케인스주의는 실물경제에서의 성장동력이 안정적으로 확보될 때만이 정상적으로 작동할 수 있는 시스템이었던 것이다. 한 걸음 더 나아가 장기 불황의 시기에 케인스주의 시스템은 문제를 완화하기보다 도리어 악화시켰다.

먼저 국가 재정을 보자. 실물경제에서의 성장이 둔화된 조건에서 불황을 타개하기 위해 재정적자에 의존하더라도 이를 보충할 만큼 호황이 뒤따라주지 않기 때문에 재정적자는 그대로 누적되었다. 그 결과 시간이 흐르면서 재정적자는 눈덩이처럼 불어났다. 문제가 심각했던 미국 연방정부의 경우 재정적자를 메우기 위해 차입한 부채 규모가 1980년에 9100억 달러에서 1990년에는 3조 2100억 달러가 되었으며, 1997년 말에는 6조 달러를 넘어서고 말았다.

이러한 현상은 비단 국가 재정에서만 나타난 것이 아니었다. 케인스주의 시스템 아래서 기업이나 개인 역시 신용대부 형태로 미래의 수입을 미리 끌어다 쓰는 관행이 자리잡게 되었다. 그런데 이러한 차입은 장기 불황과 함께 고스란히 부채 누적으로 이어졌다. 그 결과 1998년 현재 전세계의 부채(기업·정부·가계 부채의 총합)는 33조 달러를 넘어섰으며, 매년 그 규모가 6~8퍼센트의 비율로 증가하고 있는 추세다.[5]

부채 누적은 국가가 재정적자를 확대하는 데 분명한 제약 요인이 되었으며, 기업과 개인이 미래의 소득을 끌어다 투자와 소비를 늘리는 것을 어렵게 만들었다. 거꾸로 부채의 원리금 상환 압력은 재정지출과 투자 및 소비지출을 억제하기까지 하였다. 1950~60년대 장기호황의 시기에는 미래의 소득이 현재의 구매력을 키워주었으나 이제는 정반대로 과거의 부채가 현재의 구매력을 약화시키는 상황이 빚어진 것이다.

이 모든 것은 케인스주의적 거시경제 관리가 더 이상 제 기능을 발휘할 수 없게 되었음을 의미한다. 무엇보다도 위기 관리자인 국가가 거대한 부채더미에 짓눌리면서 극도로 무기력해진 것이다.

실물경제에서의 성장동력이 약화되고 이를 치유할 수 있는 국가의 능력이 뚜렷하게 한계를 드러내자 상황을 한층 악화시키는 2차적인 문제가 발생하였다.

2차 세계대전 이후 장기 호황이 지속되면서 선진자본주의 나라들에서는 본래적인 의미에서 자본가계급뿐 아니라 어느 정도 소득 수준이 높은 사람들은 상당한 여유자금을 갖게 되었다. 그들은 여유자금을 다양한 형태로 증식하기를 원했다. 그러나 이러한 여유자금이 거대한 독점자본이 지배하고 있는 생산영역에 독자적으로 진입하는 것은 거의 불가능했다. 그래서 이들 여유자금은 대체로 생산영역 밖에서 이윤을 획득할 수 있는 방법을 찾게 되었다. 이러한 방법으로는 크게 세 가지가 있었다. 첫째는 자본가에게 대부를 해주고 이자를 확보하는 것, 둘째는 부동산 등 실물자산에 투자해서 시세차익을 얻는 것, 셋째는 유가증권 등 각종 금융상품에 투자하는 것이다.

이러한 투자는 대체로 증권회사나 각종 투자회사들이 소액자본을 모아서 투자 업무를 대행하는 식으로 이루어졌다. 이렇게 하여 크고 작은 여유자금이 모여 각종 펀드, 기금, 연금, 보험, 증권 등의 형태로 거대한 금융자산을 형성하였다.

경제가 안정적으로 성장하게 되면 이 같은 금융자본이 이윤을 획득할 기회는 충분할 수 있다. 그러나 성장세가 둔화되면 상황은 정반대가 된다. 1960년대 말 장기 호황이 수명을 다하면서 생산영역에서의 이윤 창출이 급속히 줄어들었다. 그러자 1970년대 접어들어 미국 사회에서는 부동산 투자 등 '비생산적 투기' 영역이 기형적으로 확대되었는데 그 속도는 노동생산성 향상에 따른 사회적 이윤 총량의 확대를 훨씬 상회하는 것이었다. 문제는 이 같은 투기영역은 그 자체로는 가치를 창출하지 못한다는 사실에 있다. 결국 투기영역에서의 과잉투자(?)는 실제 가치를 상회하는 거품을 발생시키며, 때가되면 거품 붕괴로 이어질 수밖에 없다. 바로 그 순간부터는 투자는 이익이 아니라 손실을 발생시키는 과정으로 전락한다.

상황이 이 정도까지 되면 자본은 관망 자세를 취한 채 최대한 운동을 자제하게 된다. 그 결과 화폐 유통이 축소되면서 상품 판매가

부진해졌고, 경제 전반은 더욱 깊은 불황의 늪으로 빠져들었다. 과잉자본이 엄청난 무게로 미국 자본주의의 숨통을 짓누른 것이다. 실물경제에서의 성장동력 약화가 과잉자본의 누적을 촉진하고 다시 과잉자본이 실물경제의 숨통을 조이는 악순환의 고리가 형성된 것이다. 그 결과 실물경제에서의 약간의 호전 기미가 있다고 해도 호황으로 이어지지 않는 장기적이고 구조적인 불황이 발생하게 되었다. 1970년대에서 1980년대에 이르기까지 무려 20여 년간에 걸쳐 미국 자본주의가 장기 불황을 겪은 결정적 원인이 바로 여기에 있다.

지극히 전망이 어두운 상황에서 부르주아 경제학자들은 자본주의를 장기 불황에서 탈출시킬 방법을 찾기 위해 필사적인 노력을 기울였다. 다양한 모색이 이루어지는 가운데 예상했던 대로 케인스주의에 대한 공공연한 문제 제기와 비판이 이어졌다.

케인스주의 비판론자들의 주장은 자유방임적인 시장경제에 대한 케인스주의의 역사적 수정을 철회함으로써 시장의 권능을 회복하는 데 초점이 맞추어져 있었다. 그렇다고 해서 구체적 방식까지 모두가 일치했던 것은 아니었다. 무엇보다도 장기 불황을 야기한 이중 구조 곧 실물경제에서의 성장동력 소진과 과잉자본의 누적 중에서 어느 부분의 해결에 우선순위를 두느냐를 놓고 다양한 의견이 개진되었다. 하지만 대체적인 결론은 금융자본이 활발하게 움직일 수 있는 조건을 만들면 소득 증가에 따른 소비지출 확대로 실물경제 또한 회복할 수 있다는 쪽으로 모아졌다. 이러한 결론을 뒷받침하기 위해 무엇보다도 미국은 압도적 우위를 자랑하는 금융자본을 앞세울 때 세계경제 지배력을 회복할 수 있다는 점이 집중적으로 강조되었다.

문제는 어떻게 하면 금융자본이 이윤을 획득할 수 있는 기회를 획기적으로 확대할 수 있는가에 있었다. 다양한 논의와 정책적 모색을 거쳐 새로운 방향 전환의 윤곽이 잡혔다. 비판론자들이 '신자유주의 세계화'라 부른 방향 전환의 내용은 대략 다음과 같다.

　첫째, 투자 공간을 전지구적으로 확장한다. 이를 위해 기존 국민국가 단위의 장벽을 허물고 세계시장을 단일하게 통합시킨다. 둘째, 사적 자본의 활동을 제약하였던 국가의 기능을 축소 혹은 철폐한다. 각종 규제는 폐지해야 하고 공기업은 민영화해야 하며 재정적자 해소를 목표로 사회복지부문은 전면적으로 축소한다. 국가는 더 이상 시장 위에 군림하여 조절하고 통제하는 존재가 되어서는 안 된다. 셋째, 노동의 유연화를 통한 이윤율을 극대화할 수 있어야 한다. 노동력은 더 이상 국가의 보호 대상이 아니라 자유롭게 구매하고 처분할 수 있는 상품의 하나로 간주되어야 한다. 무엇보다도 대대적인 인원 감축과 노동 강도의 강화가 자유롭게 추진되어야 한다.

　이 같은 신자유주의 세계화 전략이 영향력을 얻기 시작한 것은 미국의 레이건과 영국의 대처가 권좌에 오르면서부터였다. 이 둘은 공교롭게도 같은 앵글로색슨족으로서 케인스주의의 파탄을 가장 처절하게 경험하고 있는 나라의 지도자였다. 그러나 이때까지만 해도 신자유주의는 결코 다수파라고 보기 힘들었다. 신자유주의자들은 시장의 전지전능한 능력에 관한 설교를 끊임없이 늘어놓았지만, 정작 자유방임주의적 시장경제가 1929년 대공황을 발생시킴으로써 자본주의를 파멸적 위기로 내몰았던 역사적 경험에 대해서는 애써 외면하였다. 그 결과 신자유주의는 케인스주의적 거시경제 관리에 입각한 복지국가 정책의 강력한 관성을 깨뜨릴 수 없었다. 보다 많은 사람들이 신자유주의는 불안한 요소가 매우 많은 모델로 받아들였던 것이다. 무엇보다도 시장논리에 따른 이윤 추구의 극대화는 자본주의 자체를 반대하는 사회혁명을 자극할 수도 있다는 우려가 많았다.

바로 그때 신자유주의에 결정적으로 날개를 달아주는 사건이 일어났다. 소련·동유럽 사회주의 진영이 붕괴한 것이다. 소련·동유럽 사회주의 진영의 붕괴는 그 자체로 국가의 개입이 갖는 해악을 이념적으로 확증해주었다. 결국 스탈린 시대 소련의 성공이 국가의 역할에 대한 믿음을 강화시켰다면, 이번에는 소련의 붕괴가 시장의 역할에 대한 믿음을 결정적으로 강화시켜준 것이다. 더불어 소련 붕괴는 신자유주의를 전면적으로 실행하는 데 최대의 불안 요소인 사회혁명 가능성을 지워버리는 듯했다. 많은 사람들이 보기에 74년간 노동자 국가로 존재해온 소련이 붕괴하고 말았다는 사실은 자본주의를 넘어서는 사회혁명의 공허함을 입증하기에 충분했다.

이렇게 하여 신자유주의는 소련의 붕괴라는 역사적 사건에 의존하여 일거에 대세로 자리잡았다. 복지국가의 전통이 뿌리 깊은 유럽의 나라들도 신자유주의 물결에 휩쓸렸으며, 마침내 국가 주도의 독특한 경제운용 시스템을 보여주었던 동아시아 국가들까지 신자유주의 대열에 강제로 편입되었다. 의심할 여지없이 신자유주의의 이같은 확산은 극히 비이성적 광기에 가까운 것이었으며, 결코 이론적·실천적 검증을 바탕으로 한 것은 아니었다.

초국적자본의 세계 정복

자본주의는 역사 이래로 세계시장에 대한 의존도를 꾸준히 증가시켜왔다. 곧 자본은 줄기차게 세계화를 지향해온 것이다. 다만 각 경제활동 영역마다 세계화의 속도는 매우 다르게 나타났다. 2차 세계대전 이후에는 제조업 성장보다 무역이 빠르게 확대되었고, 무역 확대보다 해외직접투자 증가율이 한층 높은 수준을 유지했으며, 해외직접투자 증가보다도 금융자본의 이동이 더욱 빠르게 확대되었다.

먼저 제조업에서의 생산과 무역 증가율의 차이를 살펴보자. 1963년에서 1979년 사이에 제조업은 149퍼센트 성장한 반면 공산품 수출은 281퍼센트 확대되었다. 1980년에서 1988년까지 제조업 연평균 성장률이 3.5퍼센트였던 반면 제조업 무역 연평균 성장률은 5퍼센트였다. 갈수록 해외시장에서의 판매 비중이 높아져온 것이다. 1980년대에 접어들면서 무역 증가율이 상대적으로 둔화된 것은 같은 시기 세계시장의 통합이 국제무역보다는 해외직접투자에 의해 주도된 데 따른 것이었다. 실제로 1975년에서 1989년 사이에 금융 이동을 제외한 경상수출액이 3.5배 늘어난 반면 해외직접투자는 7배 증가하였다.

무역 증가율이 상대적으로 둔화되고 해외직접투자가 빠른 속도로 확대된 것은 당시 세계시장의 상황과 밀접한 관련을 갖고 있었다. 1970년대 이후 세계자본주의가 장기 불황의 늪에 빠지면서 각국은 관세장벽을 높이는 등 보호무역주의를 강화하는 경향을 보였다. 그에 따라 현지 생산을 목적으로 하는 해외직접투자가 크게 증가하였다. 이 점은 해외직접투자의 3분의 2 정도가 미국, 유럽, 일본 등 선진국 사이에서 이루어졌다는 사실을 통해 확인된다. 물론 저임금 노동력을 노린 개발도상국으로의 직접투자 역시 빠른 속도로 확대되었다. 그리하여 각종 생산라인은 생산과 판매에서 최적의 조건을 갖춘 나라로 대이동을 하게 되었다. 어느 모로 보나 자본에게 더 많은 나라는 더 좋은 기회, 더 많은 이윤을 의미하였다.

정보통신 및 교통에서의 급속한 혁명은 전지구적 범위에서 최적의 위치에 생산라인을 배치하는 것이 가능하도록 하였다. 그에 따라 하나의 제품을 만들기 위해 시카고, 싱가포르, 타이 등에서 작업을 나누어 진행하는 것은 매우 낯익은 장면이 되었다. 1세기 전, 어느 한 도시에만 위치해 있던 공장은 이제 "지구 위에 위치해 있다"고 표현하는 것이 적절한 상황이 된 것이다.

예를 들어보자. 오랫동안 세계 최대의 자동차 제조업체로 군림해 온 GM(제너럴모터스)의 수뇌부는 미국 디트로이트에 있다. 그곳 디트로이트에서 GM의 자동차 개발 계획이나 판매 계획, 경영 전략이 수립된다. 그러나 엔지니어들은 꼭 디트로이트에 있을 필요가 없다. 이들은 디트로이트는 물론 프랑크푸르트, 도쿄 또는 인도의 봄베이 등에 흩어져 있다. 그럼에도 불구하고 자동차 개발을 위한 공동 작업에는 아무런 지장이 없다. 정보통신혁명 덕분에 다른 사람의 작업 결과를 컴퓨터 화상으로 지켜보면서 자신의 의견을 개진할 수도 있고 직접 수정을 가할 수도 있기 때문이다. 그럼으로써 이들은 지구 곳곳에 흩어져 있으면서도 마치 하나의 사무실에서 일하는 것처럼 작업을 진행한다. 이런 방식으로 완성된 설계도는 곧바로 지구 구석구석에 자리잡고 있는 부품공장과 조립공장으로 전송되어 작업라인에 적용된다. 여기에는 아무런 시간 차이가 존재하지 않는다.

이러한 과정을 거쳐 여러 나라에 자회사를 둔 다국적기업이 등장하였다. 미국의 주요 기업들 대부분은 이미 1950년대에 다국적기업으로 성장하였으며, 1970년대 이후에는 일본과 유럽의 기업들 또한 이러한 흐름 속으로 합류하였다. 그리하여 세계적인 독점자본과 다국적기업은 거의 동일한 의미로 통하게 되었다.

다국적기업은 범세계적 활동을 끊임없이 확대해나가면서 마침내 국가의 규제와 개입으로부터 상대적 자율성을 획득하였다. 《포춘》의 표현대로 "그들은 새로운 시장을 포착하고 국지적 수준에서 기업을 운영하는 경쟁자들을 집어삼키고자 국경을 사정없이 갈아엎은" 것이다. 그리하여 여러 국적을 가진 기업이라는 의미의 다국적기업이라는 용어는 퇴장하고 국적 자체를 초월하고 있다는 의미의 초국적기업 혹은 초국적자본이 일반적 용어로 자리잡게 되었다.

오늘날 세계자본주의는 명실상부하게 초국적자본의 수중에 있다. 1980년에 초국적기업 수는 대략 1만 개이며, 이들이 거느린 계열사는 적어도 9만 개 정도로 추산되었다. 1990년대 초에는 그 수가 크게 늘어나 17만 개의 계열사를 거느린 3만 5000개의 초국적기업이 활동하고 있는 것으로 파악되었다. 이들 초국적기업이 생산 활동에서 차지하는 비중은 가히 절대적이라고 할 수 있다. 대략의 추정에 따르면 초국적기업이 전세계 생산에서 차지하는 비중은 1960년대

중반의 17퍼센트에서 1982년에는 24퍼센트로, 다시 1995년에는 30퍼센트 이상으로 급속히 확대되었다. 그러나 이러한 수치는 평균적 수치일 뿐 개별분야로 들어가면 양상은 크게 달라진다. 예컨대 1990년대 초 컴퓨터의 경우는 최상위 10개 기업이 전세계 생산량의 60퍼센트 정도를 차지하고 있다.

초국적자본의 세계 지배는 거의 모든 분야를 망라한다. 그 중에서도 핵심 분야에 해당하는 것은 바로 금융자본이었다. 생산, 무역, 직접투자, 금융자본의 국제적 이동 등 주요 경제지표 중에서 가장 큰 폭으로 성장해온 것은 금융자본의 국제적 이동이었다. 이러한 금융자본의 국제적 이동의 확대는 선진자본주의 국가에서의 금융자본의 급격한 성장과 독자적 운동에 근원을 두고 있다.

그동안 탈출구를 찾지 못하고 웅크리고 있던 금융자본은 '일정한 계기'가 마련되자 실물경제와 분리된 채 독자적으로 운동하기 시작하였다. 그 결과 각국의 환율, 금리, 주식 시세, 부동산 가격이 수시로 변동하는 조건에서 가장 높은 수익을 얻을 수 있는 곳을 찾아 지구 곳곳을 헤집고 다니는 현상이 급속히 확산되었다. 더불어 환투기와 같은 각종 금융투기가 촉발되었다. 이렇게 하여 오갈 데 없던 금융자본은 일시에 '돈이 돈을 버는 투기자금'으로 탈바꿈하고 말았다. 생산과정에 직접 참여하여 이윤을 획득할 수 없게 되자 생산의 결과를 빨아들이는 기생자본으로 변질된 것이다.

그렇다면 여기서 말하는 '일정한 계기'란 구체적으로 무엇을 말하는지 알아보자. 환투기 등 금융투기가 가능하려면 특별한 국제적 환경이 마련되어야 한다. 그러한 국제적 환경을 마련해준 것이 바로 고정환율제에 기초한 브레튼우즈 체제의 붕괴와 WTO(세계무역기구)의 출범을 전후한 자본시장의 자유화였다.

만약 고정환율제 아래서 각국의 환율이 안정되어 있다면 환투기와 같은 금융투기는 일어날 수 없다. 이는 부동산 가격이 장기간에 걸쳐 안정되어 있다면 부동산투기가 일어날 수 없는 것과 똑같은 이치다. 실제로 고정환율제가 유지되던 시기에 환투기는 그 개념조차 존재하지 않았다. 그런데 고정환율제가 붕괴되고 각국의 환율이 수시로 변동하게 되자 통화 자체가 투기 대상으로 떠오르게 되었다. 이렇듯 국제적인 금융투기는 극도로 불안정한 국제금융 시스템을 바탕으로 이루어질 수 있었다. 안정된 국제금융 시스템은 투기적인 금융자본에게는 무덤이나 다름 없다.

마찬가지로 금융자본의 국제적 이동이 자유롭지 않다면 국제적 금융투기는 이루어질 수 없다. 실제로 자본시장이 자유화되지 않은 1980년대까지는 환투기와 같은 금융자본의 운동 방식은 극히 생소한 것이었으며, 미국 투자자가 유럽 증시에서 주식을 사고파는 행위 역시 극히 드물었다. 이러한 가운데 오갈 데 없는 민간 금융자산이 극도로 넘쳐흐르면서 국제적인 자본시장 자유화를 본격적으로 압박하게 되었다. 마침내 금융자본의 강력한 압력은 WTO 출범을 전후하여 둑을 무너뜨리듯이 각국의 자본시장을 연쇄적으로 개방시켰다. 이러한 맥락에서 보면 오늘날 전세계를 뒤흔들고 있는 각종 금융투기는 그다지 오래된 이야기가 아니다. 아무리 늘려잡아도 1990년대 이후에 벌어진, 극히 최근의 현상이다.

그렇다면 이러한 국제금융시장에서 움직이는 금융자산 규모는 어느 정도일까. BIS(국제결제은행)에 따르면 1998년 4월 현재 국제금융시장에서 움직이는 금융자산은 10조 달러가 넘으며 하루 거래액 만도 1조 4900억 달러에 이른다. 이 가운데 수출입 같은 무역이나 공장 신설에 따른 자금 이동 등 실물경제 관련 자금은 10퍼센트 미만에 불과한 반면에 단기차익을 노리고 국제금융시장을 떠도는 투기자본이 대부분을 차지하고 있다. 여기에다 각종 공사채, 선물환, 파생금융상품 등을 합하면 실제로 움직이는 국제투기자본의 하루 거래액은 적어도 3조 달러가 넘는다.

이러한 국제금융자본 중에서 미국의 금융자본이 압도적인 비중을 차지한다. 1990년 당시 전세계 금융자산 총액은 44조 4250억 달러였는데, 그 중 50퍼센트가 넘는 22조 4175억 달러가 미국 투자자들의 수중에 있었다.[6] 아울러 미국의 금융산업은 기법과 시스템에서 그 어느 나라보다 앞서 있다. 이와 함께 미국의 달러는 여전히 가장 강력한 세계통화로 군림하고 있다. 그 결과 다른 나라 금융자본이 국제금융자본으로 변신하려면 무역흑자 달성 등 어려운 과정을 거쳐 달러를 확보해야 하는데 미국은 그런 과정 없이 곧바로 국제금융자본이 될 수 있다. 이로부터 미국은 세계 최대 채무국임에도 불구하고 국제금융계에서 무제한의 권력을 행사할 수 있게 되었다.

신자유주의 세계화의 요체는 초국적자본이 개별국가의 울타리를 벗어나 지구 전체를 점령하는 것에 있었다. 여기서 주축이 된 것은 단연 국제금융자본이었다. 말하자면 신자유주의 세계화는 국제금융자본이 군대가 되어 전개하는 매우 독특한 형태의 정복전쟁이라고 할 수 있다.

국제금융자본이 주축이 된 초국적자본의 세계정복전쟁에서 희대의 금융투기꾼 조지 소로스는 금융 공격을 담당하는 선봉장의 한 명이었으며, 국제신용평가 기관인 무디스와 스탠더드앤푸어스(S&P)는 심리전에서 탁월한 역할을 수행했다. 아울러 IMF(국제통화기금)는 점령 정책을 수행하는 점령군으로서 기능했다. 이러한 초국적자본의 세계정복 작전은 대체로 네 단계로 나누어 진행되었다고 할 수 있다.

첫 번째 단계에서는 국제금융자본이 자유롭게 진출할 수 있도록 각국의 자본시장을 개방시키는 것이었다. 그런 다음 두 번째 단계에서 일시에 밀려든 국제금융자본은 '기업의 과잉중복투자 → 기업과 금융기관 집단 부실화 → 외환위기'라는 일련의 사태를 유도한다. 세 번째 단계는 IMF 구제금융을 지렛대로 신자유주의 구조조정 프로그램을 시행한다. 마지막으로 네 번째 단계는 국제금융자본이 진주하여 해당 국가의 경제를 전면적으로 접수하는 것이다. 결국 개방과 함께 밀려든 국제금융자본은 홍콩의 《아시아위크》 표현대로 "영국이 중국에 가지고 들어간 아편"과 같은 역할을 수행한 것이다. 이러한 초국적자본의 점령 작전이 어떻게 구체화되는지는 뒤에서 살펴볼 한국의 외환위기를 통해 생생하게 확인할 수 있을 것이다.

국제금융자본을 중심으로 한 초국적자본이 가장 먼저 정복한 곳은 미국의 뒷마당으로 불린 중남미대륙이었다. 중남미는 1980년대 일련의 경제위기를 겪으면서 일찌감치 신자유주의 구조조정을 겪었다. 이 과정에서 멕시코의 살리나스Carlos Salinas 정권, 브라질의 카르도수Fernando Cardoso 정권, 아르헨티나의 메넴Carlos Menem 정권은 경쟁적으로 신자유주의 정책을 수용했다. 공통적으로 미국과 최대한 가까워지고 미국 시스템과 유사해지면 최고의 결과를 낳을 것이라는 확신이 이들 나라를 지배하고 있었다.

초국적자본 입장에서 볼 때 거저 줍다시피한 곳은 구소련 지역 나라들과 동유럽이라고 할 수 있다. 먼저 IMF를 앞세운 초국적자본은 구소련을 승계한 러시아를 순식간에 장악하였다. 다른 동유럽 국가들 역시 일정한 차이가 있으나 기본적으로는 초국적자본의 영향력으로부터 자유로울 수 없었다. 가령 민영화가 가장 빨리 진행된 헝가리는 1999년 당시 은행의 90퍼센트, 증권회사의 60~65퍼센트 정도가 외국자본의 영향 아래 있었다.[7]

국제금융자본이 마지막으로 노린 집중 공격 대상은 한국을 포함한 아시아 국가들이었다. 1997년 국제금융자본은 미국 월가의 진두지휘에 따라 아시아 국가들을 향해 일제히 공격을 개시하였다. 국제금융자본은 각국의 중앙은행이 발행하는 통화에 공격의 화살을 집중하였다. 그들의 공격 방법은 전형적인 치고빠지기 방식이었다. 아시아 국가들은 밀려들어온 달러를 허겁지겁 소비해버린 상태에서 일거에 자본이 빠져나가자 곧바로 심각한 외환부족 사태에 직면하게 되었다.

외환부족 사태는 환율을 급상승시켰다. 1997년 7월부터 이듬해 1월까지 7개월 동안 아시아 각국의 통화가치는 40~50퍼센트 폭락했다. 가장 심각했던 인도네시아 루피아화는 달러당 2400루피아에서 1만 6500루피아로 폭락하며 거의 휴지조각으로 변했다. 또 1997년 6월까지만 해도 달러당 24바트였던 태국의 바트화는 달러당 54.50바트로, 달러당 800원대이던 원화는 달러당 최고 1900원대까지 떨어졌다. 아시아 각국의 환율이 이처럼 순식간에 급등한 것은 자본주의 화폐제도를 도입한 이후 처음 있는 일이었다.

환율의 급격한 상승은 수입가격의 폭등과 외채상환 부담을 급증시키면서 경제 전반을 파국으로 몰아가게 된다. 이러한 사태를 막기 위하여 각국 정부는 중앙은행이 보유하고 있던 외환을 긴급히 시장에 매각하는 방법으로 환율방어에 나섰으나 실패하고 말았다. 도리어 외환 사정이 극도로 악화되면서 대외채무 상환불능 상태로 내몰리고 말았다. 마침내 견디다 못한 아시아 각국은 태국을 시발로 인도네시아, 한국에 이르는 순서로 IMF 구제금융을 신청하기에 이르렀다. 국제금융자본에게 두 손을 들고 만 것이다. 예외적으로 말레이시아만이 IMF 구제금융을 거부하고 고정환율제로의 복귀, 외환거래 통제 등의 방법을 동원함으로써 이러한 사태에서 벗어날 수 있었다.

이렇게 하여 국제금융자본을 위시한 초국적자본은 일거에 세계를 자신의 발 아래 둘 수 있었다. 그에 따라 약 100여 개 나라가 신자유주의 구조조정의 칼날에 의해 잔혹하게 요리되었다.

주주자본주의의 태동

신자유주의 세계화를 이끈 두 나라는 영국과 미국이었다. 신자유주의 흐름과 관련해서 언제나 '영미식'이라는 수식어가 붙은 것은 이러한 이유에서였다.

영국과 미국은 공통적으로 한 시대 자본주의 세계 지배를 주도한 나라였다. 영국은 20세기 초까지 대영제국을 경영하였으며 미국은 20세기 중반부터 자본주의 세계를 이끈 주인공이었다. 이렇게 두 나라는 자본주의 세계의 정점에 있으면서 세계의 부를 끌어모았고 그 과정에서 금융자산만으로 먹고사는 계층을 지속적으로 확대시켜왔다. 오늘날 뉴욕과 런던이 세계금융시장의 중심이 된 것은 그곳에 엄청난 규모의 금융자산이 형성되었기 때문이다. 그만큼 미국과 영국은 신자유주의로의 전환에 대한 압력을 강하게 받았다고 할 수 있다.

이러한 맥락에서 영국과 미국은 강력하게 신자유주의 세계화 전략을 추진하였고 그에 맞게 경제 시스템을 전면적으로 변화시켰다. 이 과정에서 이전 시기의 자본주의와는 질적으로 다른 '주주자본주의' 시스템이 확립되었다. 곧 주식시장이 금융자본의 이윤 추출을 위한 핵심 통로로 기능하기 시작한 것이다.

주식시장은 그 자체로서는 오랜 역사를 갖고 있었지만 이전 시기 주주들이 자신의 이익을 극대화하기에는 여러 가지 많은 제약이 있었다. 영국과 미국조차도 케인스주의 시기의 주주들은 기업 경영에 관해 그다지 영향력 있는 존재가 아니었다. 케인스주의가 지배하던 시기 노동자의 고용은 제도적으로 보장되었고 금융은 국가의 엄격한 통제 아래 놓여 있었다. 기업 경영은 한국의 재벌처럼 총수 1인의 독재가 지속되거나 선진자본주의에서처럼 전문경영인의 지배가 확립되었다. 갈브레이스의 표현대로 '경영자 자본주의'가 일반적 모습이었다.

이러한 경영자 자본주의 아래서 주주들은 기업 운영과 관련하여 별다른 권한을 행사할 수 없었다. 그들은 다만 주식시장 동향에만 촉각을 곤두세웠을 뿐이었다. 설령 권한을 행사한다 해도 자신의 이익을 극대화하기에는 다양한 법적·제도적 제약이 뒤따랐다. 예를 들면 적대적 인수합병 등의 수단을 통해 경영자를 압박하는 것은 거의 불가능에 가까웠다. 무엇보다도 냉전 시기 체제 위협이 상존한 조건에서 무제한의 이윤 추구에 대한 사회적 저항이 매우 강했다.

그런데 신자유주의 개시와 함께 상황이 급변하고 말았다. 그동안 주주들의 행동을 제약했던 각종 제도적 장치들이 빠른 속도로 제거되었다. 그와 함께 거대한 규모의 금융자본이 주식시장에 진입하여 주주총회를 장악했다. 이제 주주들은 자유롭게 적대적 인수합병을 통해 경영권을 인수하거나 경영자를 굴복시킬 수 있었다. 실제로 1991~92년 동안 미국의 주주들은 이사회를 움직여 GM, IBM, 아메리칸익스프레스, 웨스팅하우스 등 초대형 기업의 CEO를 해고했다. 동시에 스톡옵션 부여는 주가를 끌어올리면 막대한 이익이 경영자에게 돌아가도록 함으로써 경영자를 주주이익의 절대적 옹호자로 만드는 데 기여하였다. 결국 CEO는 주주이익 극대화에 절대 복종하

고 자신도 믿기지 않을 만큼의 고액 보수를 거머쥐든가 아니면 해고
되든가 둘 중의 하나를 선택해야 하는 입장에 서게 되었다.

　그렇게 하여 주주들은 권력을 자신의 손에 집중시키는 궁정쿠데
타를 성공적으로 완수하였다. 자연스럽게 CEO는 주주라는 종주국
의 이익을 위해 기업이라는 식민지를 통치하는 총독의 지위를 부여
받았다. 반면 노동자(종업원 혹은 직원)들은 기업이 오직 주주의 이익
을 위해 자유롭게 처분될 수 있는 식민지 백성으로 내몰렸다. 제국
주의 지배 체제의 정점에 있는 미국과 영국 사회 내부에 또 다른 형
태의 식민지들이 수없이 형성된 것이다.

　이러한 조건에서 주주가치 곧 주주이익을 극대화하기 위한 다양
한 시도들이 봇물처럼 쏟아졌다. 우선 대량 감원 및 비정규직 확대를
포함한 고강도 구조조정은 인건비 절감효과에 의해 단기간에 주가
를 상승시키는 가장 확실한 방법으로 통용되었다. 또 기업이 기업자
금을 동원해 자기 회사 주식을 매입하는 자사주 매입을 통해 주가를
인위적으로 끌어올렸다. 예를 들면 GM은 1992년 22억 달러 어치의
보통주를 매각했지만 그 후 6년에 걸쳐 그 3배에 달하는 물량의 자사
주를 매입했다. 아울러 이전 시기와 비교가 되지 않을 정도로 초고배
당이 이루어졌으며 이를 위해 기술개발투자 등 장기투자를 축소시
키는 일일 빈번하게 발생했다. 기업의 장기투자는 주주의 단기이익
을 잠식하는 것으로 간주되었던 것이다. 구조조정으로 인해 발생한
여유자금도 생산에 재투자하기보다는 주주에게 배당하는 것 역시
낯익은 장면이 되었다. 그 결과 주주들의 이익은 급격한 증가세를 보
였다. 배당과 시세차익을 포함한 주주들의 총지분수익률은 미국의
경우 1973~82년에는 6.6퍼센트였으나 1983~92년에는 16.2퍼센트

로, 1993~2003년에는 21.0퍼센트로 가파르게 증가하였다.[8]

이렇듯 주주자본주의는 주주의 이익을 극대화하기 위해 기업의 이익을 희생시키는 것을 불사했다. 그 결과 주주의 손에서 기업에 흘러들어간 돈보다 기업에서 주주의 수중으로 흘러들어간 돈이 훨씬 많은 상황이 되었다. 미국의 경우 1981년 이후 주식시장에서 기업에 더 많은 돈이 흘러들어간 예가 거의 없었으며, 일부 통계에 따르면 1981년 이후 기업과 주주 사이의 자금 흐름에서 기업에서 주주에게로 흘러간 돈이 5400억 달러나 더 많은 것으로 나타났다.[9] 주주자본주의 아래서 주주의 기업 활동 기여도는 확실하게 마이너스였던 것이다.

이 같은 마이너스 기여도를 갖고도 기업에 대해서 100퍼센트 권리를 주장하는 체제가 바로 주주자본주의다. 그래서 머저리 캘리 Marjory Kally는 그의 저서 《자본의 권리는 하늘이 내렸나The Divine Right of Capital》를 통해 주주자본주의를 경제 귀족주의라고 비판하기도 하였다. 곧 봉건시대에 귀족들이 생산 활동에 실질적인 기여를 하지 않으면서도 토지 소유를 기반으로 생산물에 대해 전권을 행사한 것과 본질적으로 다름없다는 것이다.

하지만 주주자본주의 옹호론자들은 이러한 비판적 견해를 가볍게 무시해왔다. 그들은 매우 당당한 자세로 주주가 기업의 권리를 독점하고 자신들의 이익을 극대화하는 것이야말로 전체 경제를 성장시키는 지름길이라고 주장한다. 놀랍게도 현실은 주주자본주의 옹호론자들의 손을 들어주는 듯했다. 주주자본주의로 완전 진입한 1990년대 미국 경제는 역사상 유례없는 장기 호황을 누렸던 것이다. 그것을 압축적으로 보여주는 현상으로 당시 미국의 종합주가지수가 꾸준히 상승했다는 점을 들 수 있다. 좀더 구체적으로 이야기하면 10년을 주기로 사이클을 그리던 종전의 경기순환에서 벗어나 무려 10여 년간 지속적으로 상승하는 이변을 연출했다. 내로라하는 경제학자들이 기존 경제이론으로는 도무지 설명할 수 없는 새로운 현상 앞에서 당혹감을 감출 수 없었다. 신경제라는 용어의 등장은 당시 이 같은 사정을 반영한 것이다.

도대체 어떻게 해서 이러한 현상이 가능했는가. 먼저 1980년대 이후 강도 높게 진행된 일련의 구조조정에 주목할 필요가 있다. 빈번한 인수합병, 엄청난 규모의 감원, 파트타임 등 비정규직의 증가 등 일련의 구조조정은 주주가치를 상승시키는 효과를 가져왔다. 아울러 1990년대 이후 신자유주의 물결이 전세계로 확산되는 것에 발맞추어 거대한 규모의 국제자본이 전세계로 뻗어나갔다. 그들은 각종 투기적 방법으로 이윤을 뽑아올렸고 이를 다시금 미국 시장에 쏟아냈다. 그 결과 미국의 종합주가지수는 상승일로를 걸었다.

폭발적인 주가 상승은 거꾸로 외국자본의 미국 시장으로의 유입을 증대시켰다. 외국자본의 순유입은 1990~93년까지 590억 달러에

〈도표 3-2〉 각국의 주식가치 총액(10억 달러)

	1990	1998	증가율
미국	3,059	13,451	340%
일본	2,918	2,496	−15%
영국	849	2,374	180%
독일	355	1,094	208%
프랑스	614	992	216%
캐나다	242	543	124%
이탈리아	149	570	283%

출처 : 엘마누엘 토드, 주경철 옮김, 《제국의 몰락》, 까치, 2003. 131쪽.

서 1994년과 1995년에는 약 1400억 달러로, 1996년에는 1950억 달러, 1997년에는 2640억 달러로 급증했다. 이러한 외국자본은 주식시장에 유입되어 미국의 주가를 계속 고공비행하도록 만들었다. 그 결과 1998년 기준 주가는 1993년보다 무려 150퍼센트나 상승했다.

이러한 주가 상승 효과는 확실히 대단한 것이었다. 단적으로 미국인들의 소득 중에서 주가 상승에 따른 금융소득이 차지하는 비중은 절반에서 많게는 3분의 2에 이르렀다.[10] 그러다보니 지속적인 주가 상승으로 인한 소득 증대는 소비 지출을 늘렸고 이는 다시 생산을 확대시키면서 추가적인 주가 상승을 촉발시키는 선순환구조를 형성하였다. 이러한 맥락에서 미국 경제는 철저히 주가 상승에 초점을 맞추게 되었고 주가 상승을 위해서라면 어떤 희생도 감수하는 방향으로 갔다.

우리는 여기서 매우 중요한 사실 하나를 발견하게 된다. 그것은 적어도 소득구조를 기준으로 보면 미국인의 절대다수가 자본가와 유사하거나 동일한 이해관계를 갖게 되었다는 점이다. 이는 미국인의 절대다수가 세계 위에 군림하여 초과이윤을 뽑아올리는 데 이해관계를 함께 하고 있음을 의미하는 것이기도 하다. 미국 자본주의가 온갖 모순에도 불구하고 끄떡없이 버티는 이유가 바로 여기에 있다.

주석

1 이상락, 〈지식기반경제의 계급적 성격〉, 김형기 엮음, 《현대자본주의 분석》, 한울아카데미, 2007. 240~242쪽 참조.

2 해미시 맥레이, 김광진 옮김, 《2020년》, 한국경제신문사, 1995. 212~213쪽.

3 이메뉴얼 월러스틴 외, 백승욱·김영아 옮김, 《이행의 시대》, 창작과비평사, 1999. 50쪽.

4 노주희, 〈오늘날 세계가 떠안는 미국發 스트레스들〉, 《프레시안》, 2006. 1. 20 참조.

5 전태일을 따르는 민주노조운동연구소 편역, 《신자유주의와 세계민중운동》, 한울, 1998. 87쪽.

6 이메뉴얼 월러스틴 외, 위의 책. 70쪽.

7 《한겨레》, 1999. 11. 15.

8 권우현, 〈금융주도 축적체제의 미시-거시 연관 분석〉, 김형기 엮음, 《현대자본주의 분석》, 한울아카데미, 2007. 459쪽.

9 머저리 캘리, 강현석 옮김, 《자본의 권리는 하늘이 내렸나》, 이소출판사, 2003. 80쪽.

10 장영희, 〈한국경제 '장기입원' 하는가〉, 《시사저널》, 2001. 4. 26 참조.

© 경향포토

1997년 외환위기 당시 IMF에 반대하는 시민들

포획당한 한국 경제,
허울만 남다

고속 성장을 거듭하던 한국 경제는 1997년 외환위기에 직면하였다. 같은 시기에 동남아시아 여러 나라들도 같은 위기에 봉착했는데, 이 위기의 배경에는 IMF를 내세운 초국적자본의 '음모'가 있었다. 이 음모의 본질을 제대로 파악하지 못한 한국 정부는 그에 냉정하게 대처하지 못하고 그저 발등의 불만 끄면 된다는 식으로 '자본'의 횡포에 철저하게 굴복하고 말았다. 이를 계기로 한국 경제는 신자유주의 세계화 흐름 속에 깊숙이 편입된 채 전혀 다른 시스템으로의 전환을 강요당했다. 이 과정에서 초국적자본의 세계 정복 작전의 전형이 드러났다. 따라서 외환위기를 전후하여 한국 경제를 둘러싸고 벌어진 일들을 살펴봄으로써 국제금융자본이 어떤 방식으로 세계를 정복하였고 그 결과가 무엇인지를 구체적으로 파악할 수 있다.

성장의 원동력과
시스템 사이의 모순

　　　　　　　　　　　　외환위기 이전 한국 경제의 고도
성장을 뒷받침했던 시스템은 다음 세 가지 요소로 구성되어 있었다.

　첫째, 철저한 국가주도형 성장 전략을 구사하였다. 국가는 차관
도입 보증과 통화증발 등의 방법으로 자본을 조달하였고, 수출기업
에 대한 각종 특혜 지원을 제공했으며, 강력한 노동통제를 통해 저
임금 구조를 유지하였다. 이런 점에서 국가주도형 성장 전략은 강력
한 정치적 억압을 수반하는 개발독재로 이어질 수밖에 없었다.

　둘째, 재벌 중심의 지배체제를 구축했다. 국가주도형 성장 전략
에서 정부의 파트너가 된 것은 재벌이었다. 재벌은 한국의 독특한
기업구조로, 일가에 의해 지배되는 선단식 복합기업체다. 이러한 재
벌은 상호보증과 독점적 시장 제공 등을 통해 연속적인 기업의 창업
과 고도성장을 가능하게 하였다. 반면 재벌은 정경유착과 전근대적
인 지배구조를 정착시켰을 뿐 아니라 기업 부실화의 온상이 됨으로
써 국민경제에 막대한 피해를 안겨주기도 하였다.

　셋째, 수출주도형 공업화 전략을 구사하였다. 수출주도형 공업화
전략은 출혈을 감수하고라도 수출을 확대하여 외화를 벌어들인 다
음 이를 통해 공업화에 필요한 기술과 기계, 부품, 원자재 등을 조달
하는 전략이었다. 이를 위해 정부는 수출기업에 대해 조세감면과 특

혜금융 등을 통해 적정 이윤을 보장하는 수출 드라이브 정책을 구사하였다. 수출주도형 공업화 전략은 적어도 외형상으로 보면 상당한 성공을 거둔 것으로 나타났다. 일련의 공업화 정책은 1960년대 경공업 중심에서 1970년대 중화학공업화로 한 단계 도약하였으며 1980년대 자동차·전자산업을 거쳐 1990년대에는 IT산업을 중심으로 새로운 도약을 이루었다. 거의 10년 단위로 공업화의 새로운 단계를 열어나간 셈이다.

외형적 성과만을 놓고 볼 때 이러한 고도성장 시스템은 상당한 효율성을 발휘했다고 할 수 있다. 적잖은 논자들이 박정희 정권 시기에 만들어진 고도성장 시스템에 대해 긍정적 재평가의 필요성을 제기하는 것도 이러한 이유 때문이라고 할 수 있다.

그런데 결코 놓쳐서는 안 되는 것은 시스템 자체만으로 고도성장이 가능했던 것은 결코 아니라는 사실이다. 가령 똑같은 시스템을 다른 개발도상국가에 적용하더라도 동일한 결과는 나오지 않는다. 시스템은 어디까지나 충분한 원동력이 존재할 때만이 제 기능을 할 수 있을 뿐이다. 고도성장의 원동력은 시스템과 전혀 다른 문제이며 시스템보다 일차적 의미를 갖는다.

이 문제를 제대로 이해하려면 비슷한 시기 고도성장을 구가한 다른 동아시아 국가들을 주목할 필요가 있다. 뒤늦게 고도성장 대열에 합류한 중국까지를 포함할 때 동아시아 각국의 경제 성장 시스템은 저마다 달랐다. 타이완은 재벌을 배제한 철저히 중소기업 위주의 경제 시스템을 운용했으며, 홍콩과 싱가포르는 통상 이익을 추구하는 전형적인 개방형 도시국가 길을 걸었다. 중국은 개혁개방을 통해 사회주의 시장경제를 지향했다. 이렇듯이 고도성장을 구가한 동아시아 각국은 시스템이 매우 달랐음에도 불구하고 한 가지 공통점을 지니고 있다. 바로 고도성장의 원동력이 대체로 일치했다.

일각에서는 동아시아 국가들의 고도성장을 가능하게 한 주된 원동력으로 광범위한 외국자본의 유입을 꼽아왔다. 절대적인 자본 부족에 시달리던 경제 건설 초기 단계에서는 외국자본이 매우 중요한 역할을 한 것은 분명한 사실이다. 그러나 외국자본이 진출한다고 해서 반드시 장기간에 걸친 고도성장이 일어나는 것은 아니다. 가령 미국 자본이 가장 많이 진출한 곳은 중남미임에도 불구하고 그곳에서는 동아시아에서와 같은 고도성장이 일어나지 않았다. 더욱이 동아시아 국가들의 자본 형성에서 외국자본이 차지하는 비중은 생각만큼 그리 높지 않았다. 재벌 형성 과정에서 차관과 직접 또는 합작 투자가 큰 역할을 했던 한국조차 전체 자본 중 외국자본이 차지하는 비중이 10퍼센트를 넘은 적이 별로 없었다.

저임금 노동력을 고도성장의 주된 원동력으로 보는 시각에도 동일한 평가를 내릴 수 있다. 저임금 노동력을 다량으로 보유하고 있는 나라는 세계 곳곳에 존재하지만 그들 모두가 결코 고도성장을 구가한 것은 아니다. 더욱이 동아시아 각국은 일정 단계에서 고임금 추세를 보였음에도 불구하고 고도성장을 지속했다. 저임금 노동력이 고도성장의 일차적 요소가 될 수 없음이 더욱 분명해진 것이다.

결국 동아시아 각국의 고도성장을 가능하게 했던 원동력은 전혀 다른 지점에서 찾을 수밖에 없다.

첫째, 높은 저축률 덕분에 고도성장에 필요한 자본 조달이 원만하게 이루어질 수 있었다. 1987년의 GNP(국민총생산) 대비 저축률을 보면, 한국 37.0퍼센트, 타이완 38.8퍼센트, 일본 32.3퍼센트, 말레이시아 37.8퍼센트로 미국의 12.7퍼센트에 비해 3배 정도 높았다. 이러한 높은 저축률은 곧바로 높은 투자율로 반영되었다.[1]

둘째, 양질의 고급 노동력이 지속적이고도 광범위하게 형성됨으로써 산업구조가 고부가가치 중심으로 꾸준히 고도화될 수 있었다. 동아시아 지역의 두드러진 특징 중 하나는 이해할 수 없을 정도의 높은 교육열이다. 한국의 경우 1970년 당시 8.8퍼센트였던 대학진학률(18~21세 인구 중에서 전문대, 교육대, 4년제 대학 등을 합친 대학 재학생 비율)은 빠른 속도로 증가하면서 1980년 16퍼센트, 1990년 38.1퍼센트, 1995년 54.6퍼센트를 거쳐 2006년에는 83퍼센트를 넘어서기에 이르렀다. 공교육 시스템이 충분히 갖춰지지 않은 조건에서 민중의 희생으로 이 정도의 교육 수준에 도달했다는 것은 실로 놀라운 사실이 아닐 수 없다. 동아시아 각국은 이렇듯 높은 교육 수준 덕분에 비록 초기에는 외국에서 기술을 도입해야 했지만 곧바로 이를 자신의 것으로 소화할 수 있었고, 한 걸음 더 나아가 신기술 개발을 촉진할 수 있었다. 특히 21세기를 선도할 정보통신산업과 관련해 많은 분야에서 미국과 어깨를 나란히 하거나 심지어는 앞서갈 수 있었던 것은 바로 높은 교육 수준 덕분이라고 할 수 있다.

셋째, 중소기업인들의 적극적 창업과 왕성한 투자 열기는 동아시아 특유의 역동성을 만들어내는 결정적 요소가 되었다. 동아시아 각국의 중소기업인들은 가족의 자산을 털어넣는 것은 물론이고 적잖은 빚을 내면서까지 주저없이 창업에 뛰어들었다. 아울러 구미세계에는 경이롭게 비쳐질 만큼 공격적 투자 확대를 거듭해왔다. 이러한 중소기업의 자발적인 창업과 투자 확대는 동아시아 각국이 짧은 기간 안에 고도산업사회로 탈바꿈할 수 있는 밑바탕이 되었다. 한국의 경우 1981년부터 1988년 사이 중소기업 설비투자는 3배 이상 증가했고, 그 중 기계 및 장치에 들어간 투자 비중은 같은 기간에 46.0퍼센트에서 56.0퍼센트로 증가했다. 그 결과 1981년에서 1987년 사이에 전체 중공업 매출액이 3.3배 늘어난 데 비해 주로 중소기업이 담당하는 부품산업 매출액은 5.3배 늘어났다. 덕분에 전자, 자동차, 조선 등에서 부품의 수입의존도는 1978년 40.5퍼센트에서 1985년 29.3퍼센트로 낮아질 수 있었다.[2] 중소기업들이 한국의 중공업이 세계적 수준의 경쟁력을 갖추는 데 결정적으로 기여한 것이다.

종합적으로 판단해볼 때 동아시아에서의 장기간에 걸친 고도성장은 높은 저축률과 교육열 그리고 중소기업인들의 왕성한 창업과 투자 열기를 바탕으로 이루어진, 말 그대로 민중의 피와 눈물이 빚어낸 한 편의 드라마였다.

이런 점에서 한국 경제의 성장을 뒷받침한 원동력은 지극히 자생적이며 민중적인 성격이 강했다고 할 수 있다. 한국 경제는 바로 이러한 자생적이고 민중적인 성장 원동력과 비민주적이고 전근대적이며 대외의존적인 성장 시스템 사이의 모순에 의해 규정되어왔다. 따지고 보면 1997년 외환위기도 성장 시스템의 대외의존성 때문에 빚어졌다고 할 수 있다.

문제는 외환위기를 거치면서 성장의 원동력과 시스템 사이의 모순이 한층 격화되었다는 데 있다. 성장의 원동력은 왕성하게 살아 있음에도 불구하고 새롭게 선보인 경제 시스템이 이를 짓누르는 현상이 발생한 것이다. 저성장의 구조화는 그로부터 발생한 결과였다. 이로부터 한국 경제는 성장의 원동력에 부합되는 방향으로 시스템을 근본적으로 쇄신해야 하는 과제를 안게 되었다.

새로운 점령군

1997년 한국인들은 외환위기에 직면하면서 엄청난 충격과 함께 그나마 남아있는 자존심이 송두리 채 뭉개지는 아픔을 맛보아야 했다. 절망과 분노가 교차되는 분위기 속에서 도대체 누가 무슨 잘못을 저질렀기에 이런 끔찍한 일을 겪어야 했는지에 대해 끝없는 물음이 던져졌다.

가장 쉽게 표적이 된 것은 재벌들이었다. 폐쇄적이고 낙후된 재벌 지배구조가 한국 경제를 병들게 하면서 끝내 외환위기를 불러왔다는 것이다. 외환위기와 관련해서 재벌이 단단하게 일조한 것은 분명하다. 그러나 재벌에게 모든 책임을 돌리는 것은 외환위기의 본질을 정확히 파악하는 것을 어렵게 만든다.

이후 그 전모가 드러났지만 외환위기는 미국의 월가를 배경으로 하는 국제금융자본에 의해 치밀하게 의도되고 연출된 결과였다. 한국의 외환위기는 '금융시장 개방 → 과잉투자 유발 → 외환위기 유도 → IMF 관리체제 → 국제금융자본의 진출'이라는 국제금융자본의 일반적인 공격 수순에 따라 촉발되었다.[3] 이러한 맥락에서 볼 때 외환위기는 이미 1990년대 초반 미국이 한국의 금융시장 개방을 관철시키면서부터 잉태되었다고 할 수 있다.

금융시장이 개방되자 지구 곳곳을 떠돌던 거대한 국제금융자본이 빠른 속도로 유입되기 시작하였다. 1990년대 초중반 불과 몇 년 사이에 1000억 달러 이상의 자금이 밀려들어 왔다. 그 결과 1993년 400억 달러 수준이었던 외채 규모는 1997년 1280억 달러에 이르고 말았다. 자금 공급이 급속하게 확대되자 곧바로 재벌기업을 중심으로 과잉중복투자가 일어났다. 결국 과잉중복투자는 1997년초 한보철강을 필두로 하는 대기업의 연쇄부도 사태로 이어지고 말았다. 덩달아 국제금융자본을 국내에 공급하는 교량 역할을 하였던 금융기관들이 집단적으로 부실화되었다. 마침내 한국은 외채상환이 어려워지면서 외환위기라는 최악의 상황으로 내몰렸다. 새롭게 도입된 외채의 70퍼센트가 상환기간이 1년 미만인 단기외채였다는 점에서 마땅한 출구가 없어보였다. 이러한 가운데 미국 정부는 일본의 한국 지원을 차단함으로써 한국 정부가 꼼짝없이 IMF 앞에 무릎을 꿇도록 유도했다. 결국 한국 정부는 1997년 11월말에 이르러 외채상환용 구제금융을 제공받는 대가로 IMF 관리체제를 수용하고 말았다.

그러나 문제가 여기서 끝난 것이 아니었다. 한국 정부가 IMF와 협약을 체결했음에도 불구하고 월가의 큰손들은 한국에 투자했던 자금을 계속해서 빼내갔다. 그 결과 자칫하면 한국은행 외환잔고가 머지않아 마이너스로 돌아설 상태에 이르렀다. 국가 부도의 징후가 갈수록 농후해졌던 것이다. 결국 한국 정부는 경제 특사를 워싱턴에 파견하여 미 재무부에 자본시장의 전면 자유화와 노동시장 유연화 등 신자유주의 구조조정을 약속할 수밖에 없었다. 이렇듯 한국 정부가 완전하게 백기를 들자 그때서야 미 재무부는 연방은행을 통해 한국으로부터의 자금 인출을 중단시키고 100억 달러 규모의 IMF 구제금융을 조기 집행하도록 하였다.[4]

그로부터 얼마 후 한국 정부는 긴급한 외환 조달을 촉진한다는 이유로 국제금융자본의 진출을 보장할 조치들을 잇달아 발표했다. 대부분의 국민들은 외환위기의 충격으로 외국자본을 끌어들이려면 그 어떤 희생도 감수해야 한다는 자세로 정부 정책에 동조하였다. 그에 따라 불과 2~3년 안에 한국 경제 시스템을 완전히 바꾸는 급진적인 변화가 일어났다. 이는 노벨상 수상자이자 콜롬비아 대학의 경제학자인 조셉 스티글리치Josephe Stiglitz가 지적한 대로 그 어느 나라에서도 찾아볼 수 없는 극단적인 것이었으며 IMF가 내세웠던 대출금의 회수 보장이라는 재무적 목표를 한참 벗어난 것이었다.

이러한 가운데 한국 정부는 외국인의 주식·채권 투자를 허용하는 등 자본시장 개방을 더욱 확대하였고 외환의 유입과 유출 또한 한결 자유롭도록 만들었다. 더불어 영미식 주주자본주의가 원활하게 작동할 수 있도록 하는 일련의 조치를 취했다. 그동안 억제되었던 M&A(인수합병)를 활성화하기 위한 제도 개선을 추진했고, 소액(소수)주주[5] 권익 보호를 위한 제도적 장치를 도입하였으며, 자본시장의 공시 및 투명성 제고를 위한 방안을 도입하였다. 한 걸음 더 나아가 한국 정부는 1999년도를 '자본시장 육성의 해'로 선포하면서 뮤추얼펀드[6]의 도입, 건전한 기관투자가 육성, 기업 공개 및 상장 요건 완화, 증권 위탁 거래 전문회사 및 채권 전문 딜러 회사 설립 요건 완화, 신용평가기관의 육성 등 주주자본주의 작동을 위한 제도적 보완 조치를 잇달아 발표했다. 이로써 주주들이 절대권력을 바탕으로 기업의 이익을 제한 없이 추출할 수 있는 조건이 두루 갖춰졌다.

최적의 조건이 마련되자 국제금융자본은 빠른 속도로 한국 경제의 핵심을 장악해 들어갔다. 국제금융자본은 우선적으로 집단적 부실을 겪은 뒤 정부 관리 아래 있던 금융산업을 가볍게 장악하였다. 한국 정부는 IMF와의 사전 약속에 따라 100조 원 이상의 공적자금을 투입해서 소생시킨 금융기관들을 잇달아 국제금융자본의 손에 넘겼다.

그에 따라 국제금융자본이 대부분의 주요 은행들을 잠식하였다. 2004년 말 현재 국민은행 77.8퍼센트, 신한은행 64.3퍼센트, 하나은행 65.5퍼센트 등 주요 은행의 외국인투자자 주식 보유 비율이 대체로 50퍼센트를 넘어서고 있다. 여기에 머물지 않고 제일은행은 뉴브리지캐피탈에, 한미은행은 칼라일펀드에, 외환은행은 론스타펀드에 각각 매각되면서 아예 외국인 소유 은행으로 탈바꿈되고 말았다. 그 중 제일은행의 경우는 7조 원의 부실채권을 한국 정부가 떠안는 것을 조건으로 국제금융자본인 브리티시컨소시엄으로 불과 5000억 원에 팔려나갔다. 모두 은행업을 제대로 해본 적이 전혀 없는 투기펀드들에게 넘어간 것이다. 이 같은 양상은 생명보험사 등 제2금융권으로 확대되었고 그에 따라 금융산업 전반에 대한 외국자본의 장악력이 급속도로 강화되었다.

사정이 이러하다보니 금융기관이 국민경제 요구와는 무관하게 돌아가는 경우가 빈번하게 발생하였다. 단적으로 매각 이후 제일은행의 경우 영업 기반이 전혀 없는 미국에서 이사회가 열리는 진풍경이 벌어졌고, 사외이사의 상당수는 제일은행과 단 한 번의 거래조차 없던 미국인들로 채워졌다. 심지어 문제가 심각해지자 금융당국이 사외이사들의 월급통장을 공개하라고 요구했지만 당사자들은 이를 간단히 무시했다.

국제금융자본의 손길은 금융산업에 머물지 않고 제조업과 공기업 쪽으로도 확산되었다. 그 결과 종묘(씨앗), 제지의 경우는 업종 자체가 외국자본의 독과점 지배로 넘어갔다. 대기업 중에서도 2004년 말 현재 삼성전자 주식의 58퍼센트, 현대자동차 주식의 55퍼센트를 외국인이 소유하게 되었고, SK텔레콤, 만도기계, 한라공조, LG금속 등의 최대주주 또한 외국자본이다. 공기업 역시 민영화 과정을 거쳐 외국인 투자자의 손에 넘어갔다. 예를 들면 대표적인 우량 공기업인 포스코는 외국인 지분이 70퍼센트 수준에 이르렀다.

　전체적으로 보면 2004년 말 현재 외국인 투자자의 주식 점유율은 46퍼센트에 이르고 있다. 이는 핀란드에 이어 세계 2위로서 일본의 8퍼센트, 타이완의 20퍼센트와는 비교도 안 될 정도로 높은 수준이다. 그런데 한국에 진출한 국제금융자본은 대체로 장기적 투자 전망보다는 단기차익을 노리고 들어온 투기자본의 성격이 매우 강했다. 한마디로 국제투기자본이다. 이 사실은 그들이 한국 땅에 발을 들여놓은 뒤 본격적인 작전을 전개하면서 일순간에 확인되었다.

　먼저 국제금융자본은 집단적 부실을 경험한 금융기관과 기업들을 헐값에 매입한 뒤 강도 높은 구조조정을 단행했다. 그에 따라 대대적인 정리해고를 수반하는 강제적 퇴출과 합병 등이 뒤를 이었다. 예를 들면 브릿지증권을 인수한 BIH는 직원을 814명에서 230명으로 감원시켰고, 론스타는 외환카드 직원의 30퍼센트, 외환은행 직원의 20퍼센트를 감원하였다. 이러한 과정을 통해 국제금융자본은 인위적인 주가 상승을 유도함으로써 막대한 시세차익을 거둬들일 수 있었다. 몇 가지 예를 들어보자.

　1997년 국내 은행들은 진로그룹이 부도나자 채권 회수가 불가능하다고 판단한 뒤 1조 4659억 원어치의 채권을 8퍼센트에 불과한 1261억 원에 한국자산관리공사에 매각하였다. 자산관리공사는 이를 국제투기자본인 골드만삭스 등에게 2742억 원을 받고 팔아 넘겼다. 몇 년 뒤 골드만삭스 등은 진로그룹의 재매각을 추진했는데 그로 인한 차익은 3조 원 정도에 이른 것으로 알려졌다.[7] 비슷한 방식으로 칼라일펀드는 한미은행을 헐값에 인수한 뒤 시티은행에게 재매각하면서 3년 만에 수익률 145퍼센트에 이르는 7017억 원을 챙겼다. 마찬가지로 인수 과정에 대해 강한 의혹을 받아왔던 론스타는 외환은행을 자신들의 의도대로 매각할 경우 4조 원이 넘는 차익을 남길 것으로 예상되었다.

IMF 관리체제 이후 한국에서 진행된 각종 구조조정의 배후에는 바로 이들 국제금융자본의 움직임이 있었다. 국민은행과 주택은행의 합병을 추진한 것도 국민은행의 최대 주주가 된 미국의 골드만삭스의 입김이 강하게 작용하면서 이루어진 것이었다.

주가 상승에 따른 시세차익 외에 배당이익 또한 폭발적으로 증가하였다. 외국인의 배당이익은 2004년 5조 원을 돌파하였는데 이는 IMF 이전에 비해 10배 증가한 것이었으며 1년 전과 비교해서도 40퍼센트 증가한 것이었다. 이러한 배당이익은 국제금융자본이 주주총회를 움직여 초고배당을 실시하도록 유도함으로써 이루어진 것이다. 실제로 국제금융자본의 주식 잠식 정도가 높을수록 배당률이 높은 것으로 나타났다. 외국인 지분이 70퍼센트에 이른 포스코는 2006년 연간 수익의 50퍼센트를 주주들에게 배당했으며, KT 역시 비슷한 수준에서 배당을 실시했다.[8] 구체적으로 파고들면 배보다 배꼽이 더 큰 경우가 허다했다. 예를 들면 조지 소로스의 퀀텀펀드는 서울증권을 인수한 뒤 2001년도 당기순이익 471억 원의 170퍼센트에 해당하는 801억 원을 주주에게 배당하도록 하였다. 또 메리츠증권의 대주주가 된 미국의 파마Pama는 2002년 당기순이익 3억 원의 1432퍼센트인 50억 원을 배당하도록 하였다.[9]

이렇게 하여 2004년도 경우 외국인 총투자평가액은 36조 원에 이르게 되었으며, 1998년 이후 7년 동안 줄잡아 외국인 투자자들이 직접 회수한 이익은 70조 원에 이르는 것으로 알려졌다.

국제금융자본이 한국 경제의 중심부에 진출하면서 일순간에 주주자본주의 시스템이 본격 가동되기 시작하였다. 한국 경제의 생리 구조 또한 주주자본주의 속성에 부합되는 방향으로 빠르게 변모해 갔다. 그에 따라 '자유롭고도 완전한 경쟁이 사회를 발전시킨다' '돈을 잘 버는 자가 도덕적으로도 우월하다' '승자가 모든 것을 차지한다'는 신자유주의 원리가 여과 없이 한국 사회에 이식되었다. 아울러 국가의 개입 축소 등 국제금융자본에 유리한 환경을 조성하기 위한 모든 노력은 글로벌 스탠더드Global Standard에 맞는 선진 시스템 도입으로 칭송되었다.[10]

심지어 외국자본에 팔려나가는 것이 외국자본을 유치한 것으로 표현되는 전도된 사고가 횡행하였다. 그러는 사이 국제금융자본은 '시장'이라는 이름으로 모든 것을 규정하고 심판하는 절대강자로서의 지위를 구축하게 되었다. 언론의 경제 관련 기사조차도 '시장'의 요구와 의도가 모든 문제를 판단하는 절대기준인 것처럼 작성되었다. 그러는 동안 다수 국민들은 문제의 본질을 파악할 여유도 갖지 못한 채 신자유주의 흐름에 자신의 가치관을 적응시켜야 하는 참으로 현기증나는 과정을 겪어야 했다. 한국은 외환위기라는 충격파 속에서 전대미문의 사회변동을 경험한 것이다.

이러한 과정이 빚어낸 가장 심각한 결과는 국내 주주들이 국제금융자본의 이익과 자신의 이익을 일치시키게 되었다는 점이다. 주주들의 공통적인 관심사는 주가 상승이다. 그런데 외환위기 이후 주식시장에서 국제금융자본이 절대적인 비중을 차지하면서 이들의 동향에 따라 주가가 크게 좌우되었다. 이러한 조건에서는 가능한 많은 국제금융자본이 유입되어야만 주가가 상승한다. 문제는 더욱 많은 국제금융자본이 유입되려면 그만큼 더욱 많은 이익을 그들에게 보장할 수 있어야 한다는 데 있다. 그것은 궁극적으로 민중의 희생을 바탕으로 한 경제 잉여 추출의 증대를 의미한다. 결국 국내 주주들은 노동자의 막대한 희생을 초래하는 구조조정 등 주주가치 상승을 위한 모든 조치에 대해 적극적인 지지를 보낼 수밖에 없다.

이렇게 하여 국제금융자본은 주가 상승이라는 이해를 공유함으로써 국내 주주들을 확실한 동반자로 확보할 수 있게 되었다. 이는 주한미군이 무기체계 공유를 통해 군부를 동반자로 만든 것 이상의 강력한 힘을 갖는 것이었다. 여기서 우리는 새삼 총의 지배보다 돈의 지배가 더욱 무서운 힘을 발휘한다는 사실을 발견하게 된다.

문제는 많은 사람들이 이 모든 과정을 불가항력적인 경제 법칙에 따른 것으로 보고 싶어 한다는 것이다. 그러나 지배의 역사라는 것은 언제나 그러했듯이 온갖 기만과 폭력으로 가득 차 있게 마련이다. 외환위기의 한국에서 벌어진 일련의 사태 역시 그 범주에서 크게 벗어나지 않는다.

외환위기와 함께 진주한 IMF가 한국 경제 시스템에 대한 대대적인 수술 작업을 진행한 것은 한국 경제의 상태가 극도로 악화되어 있다는 진단에 따른 것이었다. 그런데 한국은 외환위기를 겪은 지 불과 2년 만에 외환보유고가 적정 수준인 750억 달러를 넘어서면서 IMF로부터 빌린 구제금융을 모두 상환하였다. 덕분에 한국은 IMF 관리체제를 조기에 졸업할 수 있었다. 불과 얼마 전에 외환위기를 겪은 나라라고 하기에는 믿기지 않을 정도로 한국 경제의 회복 속도는 빨랐던 것이다. 요컨대 외환위기 자체는 지극히 일시적 현상에 불과했던 것이다. 뒤늦은 얘기지만 한국 정부가 단기간의 지불유예(모라토리엄)를 선언하든가 최소의 조건으로 IMF 구제금융을 제공받았더라도 외환위기를 극복하는 것은 충분히 가능하였던 것이다. 그럼에도 불구하고 IMF는 대대적인 수술을 거쳐 한국 경제를 최종적으로 국제금융자본의 손에 넘기고 말았다. 이는 명백히 일시적 혼란을 틈타 이루어진 기만적 점령 행위에 다름 아니었다.

저성장의 구조화

　　　　　　　　　　외환위기를 거치면서 한국 경제
는 모든 점에서 이전과는 다른 모습을 보였다. 그 중에는 긍정적인
점도 있었다. 외환위기 이전 대부분의 대기업들은 정부의 보호 아래
서 차입경영과 과잉중복투자를 일삼는 등 방만한 경영에 익숙해 있
었다. 그 결과 대기업의 부채비율이 보통 200~300퍼센트를 넘어섰
다. 그러나 외환위기 이후 혹독한 구조조정을 거치면서 기업들은 부
채비율을 두 자리 수로 끌어내리는 등 부실 요인을 과감하게 털어버
렸다.

　이러한 과정을 거쳐 기업들은 이전보다 강력한 경쟁력을 확보할
수 있었고 이는 수출 호조로 이어졌다. 그에 따라 상장기업들 수익
률 역시 2004년 사상 최고치를 기록할 만큼 매우 양호했다. 성장의
원동력은 왕성하게 살아 있었고 기업과 국가 차원에서의 돈벌이 실
적 또한 어느 때보다도 좋았다는 이야기다.

　문제는 이러한 성과들이 국민경제의 성장으로 이어지고 있지 않
다는 데 있다. 1998년 한국 경제는 외환위기의 충격으로 마이너스
성장이라고 하는 최악의 상황을 경험하였다. 이후 플러스 성장을 회
복하기는 했지만 이전 시기의 고도성장은 더 이상 나타나지 않았다.
2000년 8.5퍼센트의 비교적 높은 경제성장률을 보인 것은 상당 정도

벤처투자 붐이 일어난 덕이었다. 또 2002년 7퍼센트 성장을 보인 것
은 대대적인 신용카드 보급을 통해 인위적으로 내수경제를 끌어올
린 덕이었다. 신용카드의 공급 확대는 실질소득 이상의 지출을 유도
함으로써 일시적인 경제부양 효과를 거두기는 했으나 이후에는 신
용불량자를 대규모로 양산함으로써 도리어 내수시장을 위축시키는
결과를 초래하고 말았다. 이러한 특수한 계기에 따른 성장률 상승
이외에는 2000년 이후 경제성장률은 줄곧 하락해왔다. 한국은행에
서 발표한 자료 〈도표 3-3〉을 보면 이 점을 잘 보여주고 있다.
GNI(국민순소득) 역시 같은 흐름을 보여주고 있다. 마침내 2005년도
이르러 경제성장률은 위험 수준이라고 할 수 있는 3퍼센트대로 곤
두박질치고 말았다.

수십 년간 한국경제의 성장을 이끌었던 수출은 계속해서 호조를
보이고 있었다. 일각에서 구형 취급을 받기는 했어도 수출이라는 이
름의 성장엔진은 비교적 잘 작동하고 있었던 것이다. 그런데도 경제
성장률은 계속 내리막길을 걸어왔다. 이는 외환위기 이전의 시각으

〈도표 3-3〉 GDP(국내총생산) 및 GNI(국민순소득) 추이

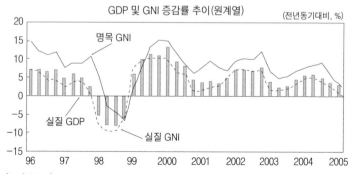

출처 : 한국은행

로 본다면 쉽게 이해되지 않는 대목이다. 외환위기 이전에는 한국 경제가 수출주도형 공업화 전략을 추구함에 따라 수출 증가는 곧바로 국민경제의 성장으로 이어졌기 때문이다. 그렇다면 도대체 어떻게 해서 이런 일이 벌어진 것인가. 결론부터 이야기하자면 외환위기를 거치면서 이식된 영미식 주주자본주의가 한국경제의 성장엔진으로 기능하기보다는 거꾸로 브레이크 구실을 한 것이다.

기업의 투자 능력 잠식

한국에 진출한 국제금융자본은 부실로 쓰러진 금융기관과 기업들을 헐값에 매입함과 동시에 투자가치가 높은 우량기업들의 주식을 집중적으로 매입하였다. 그 결과 삼성전자, 현대자동차, KB(국민은행), SK텔레콤, 포스코 등 한국을 대표하는 우량기업들은 외국인 투자자들의 지분이 50~80퍼센트 수준에 이르게 되었다. 이러한 변화가 과연 기업 경영에 어떤 영향을 미쳤을까.

국제금융자본은 지분의 절반 이상을 확보한 조건에서 이익 극대화를 위한 다양한 작전을 전개하였다. 고강도 구조조정은 기본이었고 기업 가치 상승을 위해 금융 관행과 기업지배구조 개선까지를 요구하기도 한다. 이러한 요구를 관철시키기 위해 국제금융자본이 동원하는 일반적 무기가 바로 적대적 인수합병 위협을 가하는 것이다. 실제로 그 같은 일이 곳곳에서 일어났다.

결과에서는 실패로 끝나고 말았지만 국제투기자본의 하나인 소버린이 SK그룹의 최태원 회장의 퇴진을 요구하면서 경영권을 위협했던 것은 적대적 인수합병이 언제든지 현실화될 수 있음을 입증하

〈도표 3-4〉 주요 기업들의 외국인 지분율 변화

기업(2000년 주식가치 순위)	1997. 11.(위기 이전)	2000. 12.	2004. 3. 19
삼성전자 (1)	24.2	54.2	59.4
SK텔레콤 (2)	26.0	53.2	48.9
KT (3)	-	19.4	49.0
한국전력 (4)	10.6	26.1	29.0
POSCO (5)	20.8	49.0	66.8
국민은행 (6)	25.8	58.2	75.3
주택은행 (7)	37.0	65.4	*
외환은행 우선주 (9)	-	100	**
현대차 (12)	23.6	41.0	52.1
신한은행 (13)	21.9	48.9	64.3
삼성전기 (15)	5.1	30.0	28.1
현대전자 (17)	7.2	35.5	5.1***
SK (20)	13.7	25.3	56.2
삼성전자 우선주 (21)	26.0	33.8	17.0
LG화학 (27)	17.4	28.0	34.1
한미은행 (30)	31.3	61.5	91.2
신세계 (39)	10.7	39.3	49.8
외환은행 (42)	3.6	26.4	70.1

* 국민은행에 합병. ** 우선주 소멸. ***하이닉스로 변화.
자료 : 금융감독원, 증권거래소.
출처 : 이찬근 외,《한국경제가 사라진다》, 21세기북스, 2004. 68쪽.

는 계기가 되었다. 또 영국계 투기자본 헤르메스펀드가 삼성물산에 대한 인수합병 가능성을 흘린 적이 있었고, 같은 영국계 TCI펀드는 KT&G 지분 4퍼센트를 확보한 상태에서 경영진 교체를 요구한 적이 있었다. 물론 한편에서는 국제금융자본들이 단기적인 투기이익을 노리고 들어온 만큼 장기투자를 전제로 하는 경영권 인수 가능성은 그다지 높지 않다는 분석도 있다. 그러나 투기자본의 본고장이라고 할 수 있는 미국에서 경영권을 인수한 뒤 대대적인 구조조정을 통해 주주가치를 끌어올린 뒤 재매각하는 일이 종종 있었던 점을 감안하면 그 가능성을 완전히 배제할 수 없다.

아무튼 기업들은 경영권을 지키기 위해서 국제금융자본을 위시한 주주의 이익을 증대시켜야 하는 어려운 지경에 놓이게 되었다. 종전과는 비교할 수 없을 정도로 높은 수준에서 배당을 해야 했고, 장기적으로 노동생산성 하락을 수반하는 구조조정의 고통을 견뎌야 했다. 그럼에도 불구하고 해당 기업의 경영진은 이러한 상황에 정면으로 저항하고 있지 않지 않다. 오히려 적극적으로 협력하는 태도를 보이는 것이 일반적이다. 도대체 어찌된 일인가.

바로 이 지점에서 우리는 주주자본주의에서 일반적으로 나타나는, 기업의 이익과 경영진의 이익이 급속히 분리되는 현상에 주목할 필요가 있다.

이윤의 많은 부분이 주주에게 배당되면 기업은 사내유보금이 줄어들면서 투자 능력이 약화되는 불이익을 보게 된다. 그러나 처음부터 막대한 양의 주식을 보유하고 있는 대주주는 물론이고 다량의 스톡옵션을 부여받은 경영진 역시 상당한 이익을 얻을 수 있다. 주요 대기업 임원 1인당 평균 연봉은 종업원 1인당 평균 연봉에 비해 삼성전자 160배, 현대자동차 27배, 두산 26배에 이를 만큼 고액이지만 이는 스톡옵션 보상에 비교하면 푼돈에 불과하다. 1999~2006년 6월에 상장법인이 임원들에게 부여한 스톡옵션은 총 1억 1779만 주에 달했는데, 2007년 7월 기준으로 행사되지 않은 스톡옵션의 평가차익은 무려 3조 2000억 원에 이르는 것으로 추산되고 있다. 임원 1인당 적어도 수십억 원에서 수백억 원의 수익을 거두었다는 이야기다. 예를 들면 김정태 전 국민은행장은 연봉 1억 원으로 출발하였으나 스톡옵션 40만 주를 부여받아 4년 만에 110억 원을 벌었다.[11]

이러한 조건에서 한국의 대기업 경영진들 역시 미국과 마찬가지로 철저하게 주주의 이익을 대변할 수밖에 없다. 그런 점에서 대기업 경영진들은 자의든 타의든 국제금융자본의 확실한 공범자라고 할 수 있다. 재벌기업들의 경영진이 겉으로는 국제금융자본의 행각에 대해 불만을 토로해왔지만 이면에서는 전혀 다른 행동을 보여온 것이다. 말하자면 자본가계급으로서 이해관계를 공유해온 것이다. 그런 점에서 2003년 말 김정태 국민은행장이 "나는 주주 아닌 그 누구의 눈치도 보지 않는다"고 선언한 것은 차라리 솔직한 자기표현에 해당한다고 할 수 있다. 참고로 당시 국민은행의 외국인 지분은 70퍼센트(2006년 5월 현재는 84.57퍼센트)를 넘어서고 있는 상태였다.

그동안 대기업의 경영진이 주주이익을 증대시키기 위해 기울인 노력은 가히 필사적인 것이었다. 대기업 경영진은 주주이익의 극대화를 통해 경영권을 보장받음과 동시에 자신들의 이익을 증대시킬 목적으로 막대한 양의 기업자금을 투입해왔다. 지난 2004년 대기업이 이러한 용도로 비축하고 있는 자금은 대략 20조 원 정도에 이르고 있으며 그 중 적잖은 액수를 자사주 매입 등의 형태로 지출해왔다. 가령 2004년 삼성전자는 경영권 방어를 위해 5조 6000억 원의 기업자금을 지출했다. 물론 이 돈은 주가 상승을 통해 고스란히 주주의 이익으로 돌아갔다. 삼성전자 직원의 1년간 수입을 모두 합쳐도 2조 원이 안 되는 점을 감안하면 엄청난 액수의 돈을 주주들에게 갖다 바친 것이다.

이렇듯 대기업 경영진이 국제금융자본과 공생관계를 형성하는 가운데 주식시장은 기업에게 자금을 공급하기보다는 도리어 기업의 자금을 추출하는 역할을 하게 되었다. '기업이 (노동자를) 착취'하는 것과 달리 '(주주가) 기업을 착취'하는 현상이 벌어진 것이다. 실제로 2003년의 경우 국내 상장기업들은 주식시장으로부터 11조 1686억 원을 조달한 반면 배당금, 자사주 매입 형태로 주식시장에 15조 1557원을 분배하였다. 약 4조 원의 자금이 기업으로부터 주식시장으로 유출된 것이다.

2004년 들어 주식시장의 역기능은 더욱 심각해졌다. 금융감독원에 따르면, 2004년 상반기 동안 기업들의 유상증자와 기업공개를 통해 주식시장에서 조달한 자금은 4조 1836억 원에 그쳤다. 반면 같은 기간 동안 상장기업들이 주주배당금으로 지급한 금액은 7조 2266억 원으로 사상 최고치를 기록했다. 이와 함께 같은 기간 동안 자사주 매입에 투입된 자금은 4조 3110억 원에 이르렀다. 이렇게 하여 2004년 상반기 동안 상장기업들로부터 주식시장으로 빠져나간 자금이 유입된 것보다 7조 3549억 원이 더 많았다.[12]

결국 주주이익을 극대화하기 위해 기업 이익마저 희생시키는 현상이 나타난 것이다. 말하자면 주주자본주의 아래서 기업은 주주에 의한 착취 대상으로 전락한 셈이다.

주주들이 기업자금을 잠식하고 적잖은 규모의 자금이 경영권 방어용으로 금고에 비축되면서 기업의 투자 능력은 크게 약화되고 말았다. 단적으로 1990~97년 37퍼센트에 이르렀던 기업의 평균투자율은 2000년 이후 25퍼센트 수준으로 떨어졌다. 경제 성장을 좌우하는 설비투자를 들여다보면 상황이 한층 심각하다. 2005년 11월 산업은행이 발간한 《한국의 설비투자》에 따르면 2005년 국내 설비투자

금액은 모두 78조 원으로 1996년 보다 1조 원 늘어난 데 불과했다. 10년 동안의 증가율이 1.3퍼센트에 불과한 것이다. 2001년부터 2007년 상반기까지의 설비투자 증가율은 이보다 더 떨어진 연평균 0.8퍼센트로 나타났다.

한국의 설비투자가 매우 낮은 수준에 머물러 있다는 사실은 미국과 일본의 설비투자율과 비교해보면 한층 분명하게 드러난다. 외환위기 이전 한국의 설비투자 증가율은 한강의 기적이라는 수식어에 걸맞게 미국과 일본의 그것을 크게 앞서 있었다. 그러나 2001년 이후 2007년 상반기까지의 설비투자 증가율은 미국은 3.0퍼센트, 일본은 2.4퍼센트에 이르렀는데 반해 한국은 불과 0.8퍼센트에 그쳤다.[13] 이는 대단히 충격적인 일로, 어느덧 한강의 기적은 흘러간 옛말이 되었음을 입증하고도 남는 것이었다.

사회양극화와 내수경제의 위축

자본주의 시장경제에서 돈은 사람 몸의 피와 같은 존재다. 아무리 잘 먹어 영양 섭취가 충분해도 피가 제대로 돌지 않으면 건강을 유지할 수 없다. 마찬가지로 수출이 호조를 보여 돈벌이가 잘되더라도 그 돈이 제대로 돌지 않으면 경제는 위축된다. 외환위기 이후 한국 경제가 바로 이 같은 증상을 앓기 시작한 것이다.

한국 자본주의가 수십 년에 걸친 고도성장을 거듭하면서 부유층은 상당한 규모의 잉여자금을 축적하게 되었다. 부유층은 이러한 잉여자금을 부동산투기나 증권시장을 오가며 끊임없이 규모를 불려왔다. 그 결과 토착 투기자본이 거대한 규모로 성장하였다.

토착 투기자본 입장에서 볼 때 외환위기 이후의 상황은 더 없는 호시절이었다. 국제금융자본 움직임에 보조를 맞추기만 하면 덩달아 한몫 잡을 수 있었기 때문이다. 실제로 외환위기 이후 외국인 투자자들의 움직임에 맞추어 국내 투자자들이 떼 지어 몰려다니는 현상이 일반화되었다. 그리하여 토착 투기자본은 전례 없이 빠른 속도로 몸집을 불렸다. 2007년 기준으로 언제든지 투기자금으로 변신할 가능성이 있는 시중 유동자금은 줄잡아 500조 원이 넘는 것으로 추정되었다.

그러나 토착 투기자본은 과잉 축적으로 인해 상대적 투자 기회 부족 현상에 직면하였다. 500조 원이면 한국의 경제 규모에 비춰볼 때 지나치게 큰 규모다. 한때 부동산 투기 쪽으로 막대한 자금이 유입되었으나 2006년부터 거품 붕괴 우려가 높아지면서 그마저 여의치 않게 되었다. 마침내 불안감이 고조되는 분위기 속에서 투자 기회를 찾지 못한 상당 규모의 자금이 관망 자세를 취하기 시작했다. 곧 시장에서의 운동을 일시 중단한 것이다. 그만큼 자금 흐름이 둔화되었다는 이야기다.

이처럼 한편에서는 돈이 너무 넘쳐나서 주체를 못하는 반면 다른 한편에서 정반대의 현상이 나타나고 있었다. 곧 빈약한 자금 사정으로 호주머니가 쉽게 열리지 않는 현상이 나타난 것이다.

주주자본주의 아래서 주주의 환호소리와 노동자의 비명소리는 언제나 함께 터져나온다. 외환위기 이후 이러한 현상은 지극히 일상적인 것이 되었다. 다음은 이를 뒷받침하는 장면의 하나다.

1998년 6월 18일 한국의 금융감독위원회는 IMF의 권유에 따라 55

개의 퇴출기업 명단을 발표했다. 역사상 그 유례를 찾아볼 수 없던, 부실기업에 대한 집단 사망선고를 내린 것이다. 그에 따라 해당 기업의 노동자들은 자신의 일터가 하루아침에 사라지는 것을 두 눈 뜬 채로 지켜봐야 했다.

그러나 퇴출기업에서 나오는 비명소리가 주식시장에는 흥분제로 작용했다. 기다렸다는 듯이 주가는 폭등세를 보였던 것이다. 종합주가지수는 303.81에서 325.49로 무려 7.1퍼센트(21.68포인트)나 올랐다. 거의 사상 최대의 상승률이었다. 사망선고를 받은 기업의 노동자들에게는 엄청난 충격이었으나 주식시장에서는 거꾸로 호재로 작용했던 것이다.[14]

주주가치 상승을 목적으로 한 거듭되는 구조조정은 고용안정을 파괴시켰고 그에 따라 임금소득 또한 하락하였다. 특히 전체 노동자의 절반(정부 통계로는 2007년 기준 35퍼센트)을 넘어설 정도로 급격히 증대한 비정규직은 악화된 고용상황을 집약적으로 드러내보였다. 평균 근속연수 또한 2002년 현재 5.6년 정도로 크게 줄었는데 이는 유럽의 절반 수준이면서 신자유주의 본고장인 미국보다도 짧다. 이러한 가운데 신규노동력의 진입이 어려워지면서 20대 청년층의 고용사정이 극도로 악화되었다. 여기에 머물지 않고 노동자들의 고용사정 악화는 연쇄적으로 자영업의 과잉팽창을 초래하면서 자영업자들의 상태를 크게 악화시켰다.

이 모든 요인으로 해서 노동자를 위시한 다수 민중들은 소득의 하향평준화를 겪게 되었다. 한 여론조사에 따르면 외환위기 직전 한국 국민 중에서 자신이 중산층에 속한다고 생각한 경우는 전체의 41

퍼센트 정도였다. 절반 가까이가 넉넉하지는 않지만 그런대로 먹고
살 만하다고 여긴 것이다. 그러나 외환위기 이후 10년을 넘기면서 그
비율은 28퍼센트로 크게 줄었다.[15] 그 대신 국민의 60퍼센트 정도가
자신은 서민이나 빈민에 속한다고 생각하기 시작했다. 중산층은 서
민으로, 서민은 빈민으로 일제히 하향이동한 것이다. 그에 따라 중산
층이라는 낱말 자체가 신문기사에서조차 찾아보기 힘들 정도로 사
람들 입에서 사라졌다.

그런데 인구의 다수를 차지하는 '서민'들은 더 어려울 때를 대비
해 그나마 얄팍해진 호주머니를 쉽게 열지 않는 특성이 있다. 2008
년 현재 한 해 1000만 원을 웃도는 대학교육비, 여전히 과잉출혈을
요구하는 의료비, 막대한 주택 구입비 등을 감안하면 지갑에서 지폐
한 장 꺼내는 것이 결코 쉽지 않은 일이 된 것이다. 그 결과 서민들
의 소비지출이 크게 위축되면서 서민 중심의 내수시장 역시 꽁꽁 얼
어붙을 수밖에 없었다. 이러한 내수시장 위축은 기업의 투자를 축소
시켰고 그 결과 고용 사정이 더욱 악화되면서 사회양극화가 한층 심
화되는 악순환으로 이어지게 되었다.

이렇듯 외환위기 이후 심화된 사회적 양극화는 구체적 원인은 서
로 다르기는 하지만 모든 계층에서 자금 흐름을 둔화시켰고 궁극적
으로 경제 활성화를 억제시키는 요인으로 작용하였다.

선순환구조의 파괴

신자유주의 경제 메커니즘이 성장엔진이 아닌 브레이크로 작용
해왔다는 사실은 경제의 선순환구조를 파괴하였다는 사실에서도

여실히 드러난다.

외환위기 이전에 수출이 전체 경제의 성장을 이끌 수 있었던 것은 대기업의 수출 확대가 부품 공급을 담당한 중소기업의 생산 확대를 촉진했고 고용 확대와 임금소득 향상을 통해 내수시장을 활성화시켰기 때문이었다. 이러한 선순환구조가 비교적 안정화 추세를 보였던 것은 1987년 이후라고 할 수 있다. 1980년대 후반 해외 기술 사용료가 급증하게 되자 국내 기업들은 독자적 기술 개발에 박차를 가했고 이 과정에서 중소기업들은 부품 공급 능력을 크게 강화할 수 있었다. 또 1987년 노동자대투쟁 이후 노동조합이 급증함으로써 임금소득 또한 꾸준히 상승하였다. 이러한 임금소득의 상승은 내수시장의 폭발적 확대를 야기했는데 노동자들 사이에서 승용차 보유가 일반화된 것은 그 대표적인 징표라고 할 수 있다.

그런데 외환위기 이후 이러한 선순환구조는 급속히 파괴되기 시작했다. 곧 (대기업의 수출 확대에 따른) 중소기업의 생산 확대와 고용 및 임금소득 증가라는 선순환구조를 형성하는 두 개의 고리가 크게 약화되거나 끊어져버린 것이다.

대기업의 수출 확대가 중소기업의 생산 확대로 충분히 이어지지 않은 것은 중소기업의 부품 공급 능력이 약화된 데 따른 것이다. 이러한 중소기업의 부품 공급 능력을 약화시킨 가장 중요한 요인은 다름 아닌 은행이 공적인 자금 배분 기능을 상실한 데 있었다.

외환위기 이후 한국의 금융기관이 국제금융자본의 수중에 떨어지면서 주주자본주의 논리에 따라 운영되기 시작했다. 그로 인해서 발생한 가장 심각한 문제의 하나가 중소기업에 대한 대출 감소였다. 은행들이 공적 기능보다는 철저하게 주주이익 중심으로 운영되면서 위험부담이 크다는 이유로 중소기업 대출을 대폭 줄인 것이다. 그 결과 1999년 이후 전체 대출에서 중소기업 대출이 차지하는 비중은 2.5퍼센트에 지나지 않았다. 결국 중소기업들은 심각한 자금난에 직면하면서 각종 문제점을 낳게 되었다. 단적으로 기술혁신이 지체되면서 대기업들이 그동안 국내 중소기업에 의존하였던 부품의 많은 부분을 해외 수입에 의존하도록 만들었다. 그 결과 대기업의 수출 확대가 중소기업의 생산 확대로 이어지지 않게 되었다.

이 점을 단적으로 보여주고 있는 것이 2000년대 들어와 한국의 수출을 주도하고 있는 IT산업의 외화가득률[16]이다. 1995년도 전기전자업종의 외화가득률은 65.3퍼센트였다. 그런데 2004년 반도체, 휴대폰, 통신장비 등 IT제품을 포함한 전기전자업종의 외화가득률은 40.0퍼센트로 크게 떨어졌다. 반도체, 휴대폰 등에서 부품의 해외의존도가 그만큼 높다는 이야기다. 이는 달리 해석하면 해당 분야에서 국내 중소업체의 부품 공급능력이 향상되지 못했다는 것을 말해준다.

선순환구조의 또 하나의 고리인 고용 확대와 임금소득 향상은 '고용 없는 성장'에 의해 무참하게 파괴되었다.

주주가치 극대화를 위한 일련의 구조조정이 고용안정을 심각하게 파괴해왔다는 사실은 앞서 살펴본 대로다. 이러한 고용안정 파괴는 비정규직 증가뿐 아니라 기업의 고용 능력을 크게 감소시키는 것으로 나타났다. 개별기업이나 산업의 생산 규모가 확대되더라도 고용은 기대만큼 늘지 않거나 심지어 줄어드는 현상마저 발생한 것이다. 예를 들면 1997년 이후 연간 20퍼센트 수준으로 고속성장한 전자부품, 영상, 음향 및 통신장비 산업 종사자 수는 1996년 32만 8000명이었는데 2003년 36만 5000명으로서 7년 동안 불과 4만 명 늘어나는 데 그쳤다.[17] 매년 고용 증가율이 산업생산 증가율의 10분의 1인 2퍼센트 정도 수준에 머문 것이다. 생산성 증대를 감안한다 해도 지나치게 낮은 수준임에 틀림없다.

구조조정과 고용의 상관관계를 살펴보면 문제는 좀더 명확하게 드러난다. 구조조정이 집중적으로 이루어진 대기업은 고용기여도가 1993년 12.4퍼센트에서 5.3퍼센트로 크게 감소하였다. 50대 기업만 놓고 보면 사정은 한층 심각하다. 1999년과 2004년을 비교해보면 50대 기업의 매출은 247조 원에서 415조 원으로 115퍼센트, 영업이익은 21조 원에서 46조 원으로 115퍼센트, 당기순이익은 12조 원에서 39조 원으로 215퍼센트 신장되었다. 그런데 같은 기간 고용은 49만 2977명에서 49만 957명으로 도리어 0.4퍼센트 줄어들었다. 얼마 되지 않는 고용마저도 고급인력 빼가기의 경력직 채용이 82퍼센트를 차지하고 있다. 이러한 경력직 채용 비율은 1997년 41퍼센트에 비해 무려 2배나 늘어난 것이다. 결국 실질적인 신규 고용은 얼마 되지 않았다는 이야기다. 이러한 가운데 중소기업은 고용을 꾸준히 늘리면서 신규 고용의 86.7퍼센트(2002년)를 차지했다. 결국 외환위기 이후 그나마 이루어진 고용의 대부분은 중소기업에서 감당했다고 해도 과언이 아니다.

이렇듯 대기업 중심으로 '고용 없는 성장'이 지속되면서 전반적으로 고용 불안정이 증대되고 내수시장은 더욱 위축될 수밖에 없었다. 곧 성장효과를 파급시키는 중요한 고리가 끊어져 나간 것이다.

지금까지 살펴본 대로 주주자본주의로 표현되는 신자유주의 시스템은 일각에서 기대했던 신형 성장엔진으로서 기능하기보다는 도리어 성장 속도를 억제시키는 브레이크 구실을 해왔다. 무엇보다도 주주이익 극대화를 위한 구조조정의 남발은 '고용안정 파괴 → 임금소득 하향평준화 → 소비지출 억제 → 내수시장 위축'이라는 연쇄적 악순환의 고리를 형성시키면서 안정적 성장 기반을 파괴하고 말았다. 한국 경제의 저성장이 일시적인 경기순환이 아닌 구조적인 요인에 따른 것임이 분명하게 드러나고 있는 것이다. 이런 점에서 한국 경제는 제조업을 중심으로 한 실물경제가 비교적 견실한 상태임에도 불구하고 금융 분야의 대외 종속으로 인해 구조적인 저성장에 빠져든 전형적인 경우에 속한다고 할 수 있다. 한국경제가 신자유주의 세계화 흐름 속으로 강제 편입됨으로서 얻은 결과였다.

한미FTA(자유무역협정) 추진은 이러한 신자유주의 세계화로의 편입 과정을 제도적으로 완성하기 위한 것이라고 할 수 있다. 일반적으로 FTA는 세 가지 핵심 내용으로 구성된다. 첫째, 관세 및 비관세 장벽을 제거함으로써 무역을 촉진시킨다. 둘째, 공공영역 혹은 공공기관이 주도하고 있는 영역(예를 들면 의료, 교육, 체신, 미디어 등)으로 자본의 진출을 허용한다. 셋째, 투자자-국가소송제 등을 통해 정부의 시장 개입 능력을 무력화시킨다. 결론적으로 자본의 자유로운 이동과 제한 없는 지배를 완전하게 보장하자는 것이 자유무역협정이다.

한편에서는 한미FTA가 한국 경제에 새로운 성장동력을 제공할 것이라고 목소리를 높이고 있지만 이는 논쟁할 가치도 없는 이야기라고 할 수 있다. 초국적자본의 추가 유입이 기업 투자 능력 잠식과 사회양극화를 완화하고 선순환구조를 복원하는 데 기여할 가능성은 전혀 없다는 것은 그간의 경험만으로도 충분히 설명될 수 있기 때문이다.

1 폴 케네디, 변도은·이일수 옮김,《21세기 준비》, 한국경제신문사, 1993. 257쪽.

2 강만길,《고쳐쓴 한국현대사》, 창작과비평사, 1998. 338쪽.

3 한국의 외환위기가 월가의 사전 계획에 의해 발생한 것임은 이교관의《누가 한국경제를 파탄으로 몰았는가》, 동녘, 1998.에 비교적 자세하게 소개되어 있다.

4 이에 관해서는 KBS 스페셜, 〈2만 달러 국가와 88만원 세대〉, 2007. 11. 18. 을 참조하기 바람.

5 영어로 표기하면 Minerrity Stockholder로서 경영권을 쥐고 있는 대주주 Majority Stcckholder가 아닌 나머지 주주를 가리킨다. 소수주주의 지분을 합치면 일반적으로 대주주의 지분을 훨씬 능가하며 개별 소수주주의 지분이 대주주보다 많은 경우가 충분히 있을 수 있다. 곧 그런 의미에서 액수가 적은 주주라는 의미로 해석되기 쉬운 소액주주라는 표기는 적절하지 않다고 할 수 있다.

6 개별투자자의 자금을 모아 대규모로 투자금을 형성한 것을 펀드라고 하는데 뮤추얼펀드는 그 중 하나다. 뮤추얼펀드는 일반투자자들로부터 자산을 모아서 주식, 채권, 단기금융상품에 투자하는 회사로서, 법인 형태나 신탁수익증권 형태로 운영되고 있다.
참고로 헤지펀드hedge fund는 금융감독기관이나 증권거래소에 등록할 필요가 없는 사적 투자 파트너십으로서 여러 시장에 투자하고 거래하는 펀드다. 펀드의 구성은 보통 100만 달러 이상의 투자를 하는 100명 이내의 투자자로 구성한다. 투자자를 비공개로 모집하기 때문에 투자자들에 주기적으로 펀드의 가치나 투자 내용을 알리도록 하는 감독을 받지 않는다. 펀드의 또 다른 형태로서 사모펀드private equity fund가 있는데 창업기업에 투자하거나 공개된 기업의 주식을 매수해 구조조정을 거친 후 되팔아 이익을 얻는 펀드다. 이 펀드의 매수

기업에 대한 투자기간은 대체로 3년에서 5년 정도다.

7   이선근, 〈외국계, 진로 2000여 억 원에 사들여 3조 원 벌어〉,《프레시안》, 2005. 4. 1.

8   통계자료에 따르면 외국인 지분율이 40퍼센트 이상인 기업은 배당률도 40퍼센트 이상인 것으로 나타났다. 반면 외국인 지분율이 10퍼센트 이하인 기업은 배당률도 10퍼센트 이하인 것으로 확인되었다.

9   장화식, 〈투기자본의 제2금융권 지배와 그 폐해〉, 이찬근 외,《한국경제가 사라진다》, 21세기북스, 2005. 172~174쪽 참조.

10   사실 신자유주의 옹호자들은 신자유주의라는 용어를 사용하지 않는다. 신자유주의 의미를 담은 것으로 그들이 즐겨 사용하는 단어는 '글로벌 스탠더드'다.

11   조계완, 〈임원 스톡옵션 돈잔치〉,《한겨레21》, 2007. 7. 25.

12   정승일, 〈주주이익 극대화의 함의〉, 이찬근 외,《한국경제가 사라진다》, 21세기북스. 364쪽.

13   금융경제연구소,《금융산업, IMF사태에서 한미FTA까지》. 19쪽 참조.

14   이해준,《자본의 시대에서 인간의 시대로》, 한울, 1999. 229쪽.

15   권재현, 〈"나는 중산층" 41% → 28%…〉,《동아일보》, 2007. 11. 12.

16   외화가득률이란 수출이 이루어질 경우 외국에서 필요한 부품 소재를 사오느라 지급한 외화를 빼고 실질적으로 얼마의 외화를 벌어들였는지를 보여주는 지표다. 예를 들어 수출을 100달러어치 했는데 외화가득률이 50퍼센트라 함은 50달러를 부품 소재 수입에 지출함으로써 실제 벌어들인 외화는 50달러라는 이야기다.

17   조계완, 〈IT강국은 갈수록 배고프다〉,《한겨레21》, 2005. 8. 16. 77쪽.

革命의 追憶
未來의 革

© 연합뉴스   미국 포트베닝 육군사관학교 앞에서 벌어진 반전시위

신경제 10년 천하,
무덤이 가까워지다

달도 차면 기운다. 모든 사물은 그렇게 반전에 반전을 거듭한다. 소련 붕괴 이후 유일 패권을 행사하였던 미국도 그러한 운명에서 결코 벗어나지 못했다. '10년 천하'를 가능하게 하였던 기제들이 고장을 일으킴과 동시에 국제 환경 또한 정반대로 뒤바뀌기 시작한 것이다.

세계 유일 패권국이라는 자아도취에 빠져 세계를 '경영'하느라 정작 자기 주제는 돌보지 못한 미국의 몰락은 처음부터 예고된 비극이었다. 우리는 여기서 로마 제국의 몰락에서 보듯이 견제 없는 권력의 몰락은 외부가 아니라 그 내부로부터 시작된다는 사실을 다시 한 번 확인할 수 있다. 결국 '천상천하 유아독존' 미국은 유사 이래 그 어떤 국가도 갖지 못했던 그 막대한 역량을 공존이 아니라 대립, 평화가 아니라 전쟁, 건설이 아니라 파괴, 나눔이 아니라 독식에 소모함으로써 스스로 쳐놓은 자본의 탐욕이라는 거대한 덫에 걸리고 만 것이다.

미국의 몰락은 적잖은 혼란과 불안을 수반하겠지만 새로운 세계질서를 태동시키는 출발점이 될 것이다. 세계 민중의 입장에서 볼 때 이러한 상황은 고통스럽기는 해도 보다 희망스런 내일을 창조할 수 있는 기회이기도 하다.

퇴로를 상실한 신경제

전세계의 수많은 통치자들과 식자층이 미국 신경제의 고공비행을 목도하면서 그 흐름에 몸을 실으면 성공을 보장받을 것이라는 환상을 가졌다. 결과는 예외 없이 참담한 실패로 나타났다. 조금만 냉철하게 접근했다면 그러한 오류는 충분히 피할 수 있는 것이었다. 왜냐하면 미국 신경제의 성공은 거품 위에서 이루어진 일시적 현상에 불과했기 때문이다.

미국 신경제가 장기간 고공비행을 할 수 있었던 것은 '지속적인 구조조정'과 '기업의 투자 능력 잠식' 그리고 '국제금융자본의 활동' 때문이었다. 문제는 이 같은 요소들은 표면상 주가를 상승시켰으나 이면에서는 이윤의 원천인 생산기반을 파괴했다는 데 있다. 이는 기생적 활동이 보여주는 전형이라고 할 수 있다. 이 과정을 좀더 구체적으로 살펴보자.

첫째, 주주가치 극대화를 위한 지속적인 구조조정은 대량 감원, 비정규직 증대 등 고용안정을 붕괴시키면서 노동생산성을 정체시켰다.

미국에서 다운사이징Downsizing(감원, 감량)이라는 이름의 사람 자르기가 본격화된 것은 1980년대 중반부터였다. 이후 1990년대 초까지 1000대 대기업 중 85퍼센트가 넘는 기업이 대대적인 사람 자르기에 나섰고 그 결과 500만 명이 넘는 인원이 해고되었다. 세계 최대의 자동차회사 GM은 1991년 한 해 동안에 17만 4000명을 감원했고, 시어즈 백화점은 5만 명을 해고했다. 또 AT&T는 1995년에 4만여 명을 해고했으며, 체이스맨하튼은행은 케미컬은행과 합병하면서 1만 2000명을 해고했다. 《뉴욕타임스》에 따르면 1980년 이래 이 같은 사람 자르기 열풍 속에서 미국인의 4분의 3(자신 20퍼센트, 가족 14퍼센트, 친척·친구 및 이웃 40퍼센트)이 직간접적으로 실직을 경험했다.[1]

이 같은 대량 감원은 곧바로 실업자 대열의 급증으로 이어졌다. 1993년 당시 미국 사회에는 870만 명의 완전실업자, 정규 고용을 원하는 610만 명의 파트타임노동자, 100만 명 이상의 직업 탐색을 포기한 실업자가 존재하였다.[2] 또 다른 자료에 따르면 미국 사회에서 한 주에 두 곳 이상에서 일하는 노동자 비율이 1979년 4.9퍼센트에서 1995년 6.4퍼센트로 증가했고, 1995년 임시노동자 수는 3500만 명으로 민간 노동자의 25퍼센트에 달했으며, 이 중 2300만 명은 파트타임노동자로 주당 35시간 이하밖에 일하지 못했다. 이들 불완전 취업자를 고려하면 미국의 실질실업률은 1995년 현재 공식실업률 5.9퍼센트의 2배에 가까운 10퍼센트 수준에 이른다.[3]

고용안정의 붕괴는 장기적 관점에서 볼 때 '노동자의 심리적 안정 붕괴 → 작업 집중성 약화 → 창의성 저하 → 노동생산성 둔화'로 나타난다. 특히 지식정보산업의 발달과 함께 노동자의 창의성이 차지하는 비중이 커지면서 단기적 노동생산성 상승효과보다는 장기적 저하 요인이 보다 많은 영향을 미치게 되었다. 그 결과 고용안정 파괴는 경제 잉여의 산출 자체를 축소시키는 결과를 초래했다. 실제로 미국경영학회가 대량 감원이 경영에 미치는 영향을 조사해본 결과 대량 감원을 실시한 업체의 절반 이상이 별 효과를 거두지 못했거나 도리어 역효과를 본 것으로 나타났다.[4] 반대로 도요타, 미쓰비시, 혼다 등 종신고용제를 채택하고 있는 일본 기업들의 고용안정은 장기적으로 노동생산성 향상에 긍정적 영향을 미친다는 것을 입증해주었다.

둘째, 단기적인 주주가치 극대화는 생산적인 장기투자보다는 비생산적 이윤 추구에 집착하도록 만들었다.

주주가치 극대화 논리는 기술개발 등 생산적인 장기투자를 축소하면서 M&A나 금융사업 등 비생산적 방식을 통해 수익을 창출하려는 시도를 강화시켰다. 그 결과 주주가치를 극대화할수록 생산기반은 더욱 허약해질 수밖에 없다. 최근 미국의 자동차산업 빅3가 붕괴되는 과정은 이 점을 여실히 입증하고 있다.

GM, 포드, 다임러클라이슬러 등 자동차산업 빅3는 오랫동안 미국의 산업을 대표해왔다. 그런데 지난 2005년 5월 미국의 신용평가사인 스탠더드앤푸어스S&P가 미국 자동차 산업의 간판인 GM과 포드의 신용등급을 투기등급으로 강등했다. 많은 전문가들이 이를 두고 미국 자동차산업은 물론 제조업에 사망선고를 내린 것이나 다름없다고 보았다. 미국 자동차업계가 이렇게까지 추락한 것은 핵심 산업인 자동차의 품질 개선에 집중하지 않고 M&A 등에 주력하는 등 기초를 소홀히 했기 때문이라는 것이 전문가들의 공통적인 결론이었다. 예를 들면 GM은 M&A로 브랜드를 무려 12개로 늘렸다. 기존의 캐딜락, 뷰익, 올즈모빌, 시보레, 폰티악, GMC, 새턴, 허머 등 8개 외에 호주의 홀덴, 독일의 오펠, 영국의 복스홀, 스웨덴의 사브, 한국의 대우 등 5개를 사들였다. 내부는 곪고 있는데 덩치만 키운 셈이다. 결과는 계열사끼리 경쟁하면서 '역逆시너지' 효과를 발생시키는 등 최악으로 나타났다. 본업에 소홀한 채 시류에 편승하여 비핵심 분야인 금융사업에 치중한 것 역시 중요한 요인의 하나로 꼽혔다. 가령 GM은 2005년 1/4분기 금융 자회사인 GMAC에서 7억 달러의 흑자를 냈다. 그러나 정작 회사의 모체인 자동차부문에서는 13억 달러의 손실을 기록했다. 주객이 완전히 전도된 것이다.[5]

셋째, 국제금융자본의 활동은 전세계에 걸쳐 수많은 나라의 국민경제를 황폐화시켰다.

앞서 살펴본 대로 미국의 신경제는 미국 안과 밖 모두에서 철저하게 실물경제의 희생을 바탕으로 성립된 것이다. 그러다보니 미국 자본이 진출한 나라들은 지속적인 이윤 흡수로 인해 과잉 출혈을 겪게 됐다. 가장 먼저 신자유주의 구조조정을 겪은 중남미 국가들은 이 점을 생생하게 입증해주고 있다.

멕시코는 1992년 미국과 나프타NAFTA(북미자유무역협정)를 체결하면서 미국 경제와의 통합을 가속화시켰다. 그러나 결과는 전혀 다르게 나타났다. 멕시코는 1995년 또 다시 외환위기를 겪으면서 IMF의 관리체제로 들어갔고 그동안 간직해온 독립 지향성을 거세당한 채 미국 경제의 하청기지로 전락하였다. 무엇보다도 값싼 미국 농산물의 유입으로 농촌이 붕괴하였고 그 결과 실업자와 노점상이 도시의 거리를 가득 메우게 되었다. 브라질 역시 독자적인 재생산기반이 붕괴되면서 극빈층이 폭발적으로 증가하였다. 아르헨티나는 좀더 극단적인 모습을 보였다. 아르헨티나는 달러를 국가 화폐로 채택하고 미국의 투자회사 중역을 경제총책으로 임명하면서까지 자국 경제를 미국 경제 흐름에 편입시키겠다는 확고한 의지를 보였다. 하지만 결과는 극단적인 선택을 한 만큼이나 국가경제의 극단적인 붕괴로 나타났다. 상황이 극도로 악화된 2000년경에는 실업자가 무려 50퍼센트에 육박하기까지 했다.

비슷한 방식으로 신자유주의 구조조정을 겪은 100여 개가 넘는 나라들이 경제적 파탄을 맞이하거나 적어도 심각한 위축을 경험해야 했다. 이러한 상황은 금융자본이 지속적으로 이윤을 흡수해서 미국 시장에 쏟아낼 수 없게 되었음을 의미하는 것이었다. 미국의 종합주가지수를 지속적으로 끌어올릴 수 있는 또 하나의 연료 공급선이 바닥을 드러낸 것이다.

분명 투기적 금융자본은 스스로 이윤을 창출하지 못한다. 오직 실물경제에 기생해서 이윤을 뽑아올릴 수 있을 뿐이다. 이 과정은 곧바로 실물경제의 생산기반을 잠식하고 파괴하는 것으로 이어졌다. 그 결과 투기적 금융자본의 운동 속도가 빨라질수록 실물경제의 성장 속도는 느려질 수밖에 없다. 곧 투기적 금융자본의 운동 속도와 실물경제의 성장 속도 사이에는 반비례 관계가 성립된 것이다. 바로 이것이 미국의 신경제를 관통했던 법칙이면서 동시에 투기적 금융자본이 지배했던 세계경제를 관통했던 법칙이기도 하다. 〈도표 3-5〉는 1990년대 미국과 프랑스 경제에서 비금융기업과 금융기업의 이윤율이 상반된 양상을 띠고 있음을 보여주고 있다.

이러한 맥락에서 볼 때 투기적인 금융자본이 맹렬하게 활동하던 시기의 세계 경제는 성장률이 계속 둔화될 수밖에 없었다. 통계 자료에 따르면 OECD국가들의 평균 경제성장률은 1980년대 이후 줄곧 하락해왔다. 1970년대에 비해 1980년대가, 1980년대에 비해 1990년대가, 1990년대 비해 2000년대 이후가 경제성장률이 낮았다.

〈도표 3-5〉 미국과 프랑스의 비금융기업과 금융기업의 이윤율

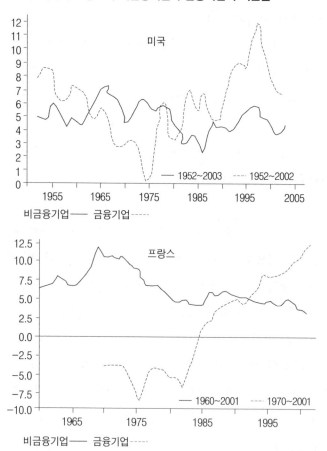

자료 : Dunénil and Lévy(2005).
출저 : 김형기 엮음, 《현대자본주의 분석》, 한울아카데미, 2007. 461쪽.

이러한 맥락에서 주가 상승과 실물경제와의 괴리는 갈수록 커질 수밖에 없었다. 미국 경제의 고공비행은 명백히 거대한 거품 위에서 이루어진 셈이었다. 실물경제가 뒷받침하지 못하는 상태에서 그 같은 거품이 꺼지는 것은 그야말로 시간문제였다.

그러던 중 결국 주가 폭락 사태가 빚어지고 말았다. '밀레니엄'의 구호가 요란하게 울려 퍼지던 2000년 4월 뉴욕 증시가 대폭락 사태를 맞이한 것이다. 승승장구하며 상승세를 거듭하던 나스닥시장이 한 주 동안 무려 25.3퍼센트나 급락하였다. 이는 한 주간의 낙폭으로서는 미국 종합주가지수 사상 최고치에 해당하는 것이었다. 특히, 한 주의 장을 마감하는 금요일에는 무려 1조 달러가 주식시장에서 증발했다. 윌셔어소시에이츠 사에 따르면 화폐가 등장한 이후 하루 최대의 손실액이었다.

뉴욕 증시의 파장은 급속히 전세계로 퍼져나가면서 세계 증시의 동반 폭락 사태를 불러왔다. 한국 증시는 그 파장이 매우 심각해 주식시장에서 주가의 등락폭이 갑자기 커질 경우 주식 매매를 일시 정지하는 제도인 서킷브레이커Circuit Braker를 사상 처음으로 발동하기도 했다. 세계는 일순간 경악 속으로 빠져들었고, '불황은 없다'고 자신 있게 이야기하던 매스컴들도 연일 불길한 예언을 쏟아냈다.

전적으로 주가 상승에 의존해온 미국 경제 입장에서 볼 때 주가 폭락은 신경제의 기반이 송두리째 붕괴되고 있음을 의미하는 것이었다. 심각한 위기 상황이 발생한 것이다. 다급해진 미국 정부는 주가폭락을 인위적으로 저지하기 위해 필사적으로 노력했다. 그 주된 방법은 금리 인하를 통해 주식시장에 지속적으로 자금을 공급하는 것이었다. 그리하여 2001년에는 무려 11차례에 이르는 금리인하 조치가 이루어짐으로써 초저금리시대가 시작됐다. 이러한 연속적인 금리인하 조치에 입각한 통화 팽창 정책은 주가를 일정 정도 다시 끌어올리는 데 기여하였다. 일단 파국적 상황은 피한 것이다.

문제는 많은 경제전문가들이 지적하듯이 미국 경제의 불안정성은 여러 가지 응급처방에도 불구하고 전혀 개선될 기미를 보이지 않고 있다는 데 있다. 주가를 지탱하기 위한 초저금리 정책에 따른 통화 팽창은 도리어 달러 가치의 지속적 하락을 야기함으로써 더욱 심각한 위기를 낳고 있다.

미국 경제가 위기에 직면한 이후 모든 처방은 주가 부양에 집중되어 왔다. 하지만 위기의 근원은 비생산적인 금융부문이 실물경제를 질식시키고 있는 데 있다. 이윤에 굶주린 자본이 마침내 자기 살을 파먹고 자기 피를 빨아마시는 지경에까지 온 것이다. 말하자면 과잉 번식한 자본이 먹잇감이 절대적으로 부족해지자 광기에 휩싸여 몸부림치고 있는 셈이다. 이 대목에서 우리는 마르크스가 분석한 이윤율의 장기적 하락이 최종적으로 어떤 장면을 빚어내는지를 확인할 수 있을 것이다.

그런데 진정으로 곤혹스러운 지점은 이러한 사정을 충분히 인지한다고 해도 미국은 절대 금융 중심의 시스템을 포기할 수 없다는 데 있다. 금융자본의 규모가 실물경제의 소화 능력을 훨씬 상회하고 있는 조건에서 금융자본의 기생적인 이윤 추구는 선택의 여지가 없는 것이기 때문이다. 그로 인해 빚어진 가장 비극적 결과는 미국 경제가 생산력 우위를 회복할 수 있는 가능성이 빠르게 사라지고 있다는 사실이다. 단적으로 미국은 전세계 고급인력의 60퍼센트를 점유하고 있는 등 지식기반경제를 주도할 수 있는 매우 유리한 조건을 갖추고 있지만 실물경제 기반의 약화로 인해 제대로 빛을 내지 못하고 있다.

이렇듯 미국 경제는 헤어날 수 없는 위기 속으로 빨려들어 가고 있다. 이는 불가피하게 미국 경제를 중심으로 작동해온 자본주의 세계 전체의 위기로 이어질 수밖에 없을 것이다. 이와 관련하여 전 백악관 경제보좌관 로버트 린지Robert Lindsay는 "자본주의는 역사상 최대의 위기에 직면해 있다"고 지적하였다. 그의 말을 빌리자면 "위기의 진정한 원인은 위기가 발생하고 있다는 사실 자체가 아니라 위기를 타개할 방법을 아무도 갖고 있지 않다"는 데 있다.[6] 곧 신경제 이후 미국 자본주의는 퇴로를 상실한 것이다.

무너지는 달러 제국

주가 대폭락 사태 이후 미국 안 팎에서 미국 경제 비관론이 빠르게 확산되어왔다. 그런데 정작 미국 경제의 현실은 그러한 비관론의 확산보다 더욱 심각하게 악화되어 왔다. 이 모든 것을 압축적으로 표현하고 있는 것이 다름 아닌 달러 의 급격한 가치 하락이다.

2차 세계대전 이후 자본주의 세계의 유기적 통일성을 매개했던 것은 기축통화로서의 달러였다. 달러는 몸속의 피가 돌듯이 자본주 의 세계를 순환하였고 그로 인해 자본주의 세계는 미국을 심장으로 온전히 한 몸이 될 수 있었다. 그러나 1960년대까지는 확고해보였던 달러의 지위는 1970년대 접어들면서 서서히 흔들리기 시작하였다

케인스주의 시스템 아래서 달러는 생산 규모의 확대를 넘어서 공 급되었고, 그 결과 달러 가치는 장기간에 걸쳐 하락할 수밖에 없었 다. 여기에 덧붙여 미국 경제의 생산력 우위가 상실되면서 달러 가 치 하락은 한층 가속화되었다. 그 결과 1933년에는 금 1온스 구입에 35달러를 지급해야 했으나 1990년에는 400달러를 지급해야 했다. 그 기간 동안 달러 가치가 10분의 1 이하로 떨어진 것이다. 이러한 달러 가치의 하락은 독일의 마르크화, 일본의 엔화와 비교해도 두드 러진 것으로, 달러는 1950년에서 1990년대 초에 이르는 동안 마르크

화와 엔화에 대해 60퍼센트 이상 가치가 떨어졌다.[7] 달러 가치의 하락은 결국 달러 가치의 우위를 바탕으로 유지했던 브레튼우즈 체제의 해체로 이어지고 말았다. 결국 미국은 1971년 달러의 금태환 정지를 선언했고 각국은 고정환율제를 포기하고 변동환율제로 전환했다.

이 같은 변화에도 불구하고 기축통화로서 달러의 지위를 의심할 정도는 아니었다. 자본주의 세계가 여전히 세계 최대 시장인 미국 경제에 의지해 움직이고 있는 조건에서 어떤 형태로든지 달러는 각국 경제의 재생산에 필수적이었기 때문이다. 하지만 이러한 현상은 미국 경제의 위기 감지 능력을 약화시키면서 보다 근본적인 위기를 잉태하고 말았다.

미국의 생산력 우위 상실은 미국 경제가 금융자본 중심으로 시스템을 전환하면서 더욱 심화될 수밖에 없었다. 반면 오랫동안 체질화된 고소비구조는 그대로 유지될 수밖에 없었다. 이러한 생산기반의 약화와 고소비구조 사이의 모순은 무역적자의 지속적인 확대로 나타났다. 2004년 미국의 경상수지 적자는 GDP의 5.7퍼센트인 6659억 달러였는데, 이 중 99퍼센트 이상이 무역수지 적자 때문에 발생한 것이었다. 이렇게 누적된 미국의 대외순채무 잔액은 2004년 말 기준으로 3조 2856억 달러에 달했다.[8] 이는 미국 GDP의 28퍼센트에 해당하는 것이다.

일반적으로 무역적자가 지속되면 자국 통화의 평가절하를 통해 수입을 감소시키는 조정국면을 거치게 된다. 그런데 미국은 그러한 조정국면을 거치지 않은 채 계속해서 무역적자를 확대해왔다. 도대체 어찌된 일인가. 그 비밀은 바로 달러의 국제순환에 있다. 현재 세계에서 미국의 달러를 가장 많이 보유하고 있는 나라는 중국, 일본, 타이완, 한국 등 동아시아 국가들이다. 이들 나라들은 공통적으로 미국 시장에 대한 의존도가 매우 높다. 그런 만큼 미국의 소비가 위축되면 수출이 줄면서 함께 타격을 받을 수밖에 없는 처지다. 그래서 어떻게 해서든지 미국 소비자들이 계속 돈을 쓰도록 만들어야 한다. 이를 위해서 동아시아 국가들은 미국 시장에 수출해서 벌어들인 달러로 미국 정부가 발행한 국채를 매입해왔다. 덕분에 미국은 이 돈으로 무역적자를 보충할 수 있었다. 이런 식으로 미국 정부가 2004년 한 해 발행한 국채만도 5950억 달러에 이른다. 결국 미국의 높은 수준의 소비와 동아시아의 지속적인 수출 확대, 다시 말해 미국의 무역적자와 동아시아의 무역흑자가 두 개의 톱니바퀴처럼 서로 맞물려 돌아갔던 것이다.

무역적자 누적과 함께 미국 경제의 목줄을 죄고 있는 굴레는 재정적자 누적이다. 미국 경제의 생산력 우위가 사라지고 기생성이 강화될수록 군사력을 중심으로 한 경제 외적 요소는 그만큼 중요해진다. 이러한 이유로 미국은 냉전체제의 해체 이후에도 계속해서 높은 수준의 군사비를 유지해왔다. 군비감축을 약속했던 클린턴 행정부조차 얼마 안 가 군사비 확대로 돌아서고 말았다. 그런데 레이건 정권 이후 지속된 신자유주적인 감세정책으로 인해 높은 군사비는 필연적으로 재정적자 확대로 이어질 수밖에 없었다. 실제로 누적 재정적자 규모는 1997년 말 현재 6조 달러를 넘어설 정도로 심각한 양상을 보여왔다. 엄청난 규모의 빚더미가 미국 경제의 숨통을 조이고 있는 것이다. 그럼에도 불구하고 재정적자 행진은 멈출 줄 몰랐다. 2004년 한 해 동안 미국의 재정수지 적자는 GDP의 3.4퍼센트인

3972억 달러에 이르렀다.

이렇게 하여 무역적자와 재정적자가 동시에 확대되는 쌍둥이 적자 현상이 미국 경제를 대표하는 현상이 되고 말았다. 쌍둥이 적자의 누적은 미국 경제의 장래에 대한 불안감을 가중시켰다. 1971년 달러의 금태환 정지 선언 이후 달러 가치를 유지시켜준 유일한 힘은 미국 경제에 대한 신뢰였다. 그런데 쌍둥이 적자 누적으로 인해 미국 경제가 언제 파산할지 모르는 상태에서 바로 그 '신뢰'에 결정적으로 금이 가기 시작한 것이다. 그 결과는 달러 가치의 급속한 하락으로 나타났다.

이렇듯 달러 가치가 급락하고 있던 중 2007년 미국 경제에 내재해 있던 모순이 폭발하면서 사태는 결정적으로 악화되고 말았다.

미국 FRB(연방준비제도이사회)는 2000년 주가 폭락을 거치면서 초저금리 정책을 지속해왔다. 통화 공급을 확대함으로써 주가를 끌어올리기 위한 목적이었다. 초저금리로 통화 공급이 확대되자 덩달아 소비지출이 촉진되었고, 그 일환으로 주택담보대출이 크게 늘었다. 그러나 이러한 인위적 소비 확대는 실물경제 회복을 동반하지 않는 것이어서 애초에 지속가능성이 극히 허약했다. 결국 주택담보 대출금 상환에서부터 부실이 발생하기 시작했다. 그러자 그 파장은 곧바로 주택담보대출금에 대한 원리금상환 청구권을 바탕으로 발행된 각종 파생 금융상품에 미치게 되었다. 이른바 서브프라임 쇼크가 발생한 것이다.

서브프라임 쇼크는 미국 경제가 자칫 파국으로 치달을 수 있다는 불안감을 증폭시켰다. 달러를 보유하고 있는 것 자체가 매우 위험한 상황이 만들어진 것이다. 결국 달러 혹은 달러 표시 자산을 매각하고 유로 등 다른 화폐로 교환하거나 상대적으로 안전하다고 여긴 중국과 인도의 금융시장으로 진출하는 경우가 폭증했다. 동시에 원유, 곡물, 금 등 실물 자산을 보유하려는 경우가 크게 늘었고 그 결과 2008년 초 국제 원유가는 100달러를 넘어서는 등 고공행진을 거듭했다. 곡물 가격 역시 (바이오 연료 증산으로 인한 곡물 수요 확대 등 여러 가지 요인이 작용한 탓이기는 하지만) 2007년 한 해 국제 콩 가격이 89퍼센트 상승하는 등 천정부지로 뛰고 있다. 달러로부터의 대탈주가 세계시장을 뒤흔들고 있는 것이다. 그에 따라 2004년 말에서 2007년 말 사이 달러 가치는 유로 대비 17퍼센트나 폭락하였다. 한국의 원화에 대해서는 그보다 훨씬 큰 폭인 30퍼센트나 폭락했다.

문제는 여기서 그치지 않는다. 미국 IIE(국제경제연구소)의 윌리엄 클라인William Klein은 2005년 9월에 발간한 보고서《채무국 미국The Debtor Nation, USA》에서 "미국이 현재의 재정정책 등을 수정하지 않으면 2010년에는 경상수지 적자가 1조 2000억 달러로 GDP의 7.5~8퍼센트, 대외순채무는 8조 달러로 GDP의 50퍼센트에 이를 것"이라며 "나아가 2024년에는 경상수지 적자가 GDP의 14퍼센트, 대외순채무는 GDP의 135퍼센트를 기록하게 될 것"이라고 내다봤다.[9]

그런데 전문가들의 공통된 견해에 따르면 2007말 현재 GDP의 6퍼센트에 이르는 미국의 경상수지 적자가 8퍼센트에 이르게 되면 대처 불가능한 상황이 발생할 수 있다는 것이다. 곧 전세계 모든 나라의 경상수지 흑자로 발생한 잉여저축을 전부 동원해도 미국의 적자를 보전할 수 없는 상황이 발생하는 것이다. 그렇게 되면 미국은 한편으로는 세계 각국의 달러를 흡수하기 위해서 고금리 정책을 취할 수밖에 없으며, 다른 한편으로는 달러를 마구 찍어내 적자를 보전할 수밖에 없다. 전자의 경우는 미국 내에서 신용불량을 양산하면서 급격한 소비 위축을 가져올 것이고, 후자는 달러 가치의 걷잡을 수 없는 폭락을 초래할 것이다. 이런 상황에서 달러의 보유는 바보짓이 되고 만다.[10] 이는 곧 달러가 기축통화로서의 지위를 상실하는 것을 의미한다.

물론 미국 경제의 파국이 세계경제에 미칠 영향을 고려할 때 국제사회는 어떤 형태로든지 이런 상황을 막기 위해 노력할 것이다. 실현 가능성이 높진 않지만 제2의 플라자 합의를 포함해서 미국 경제의 연착륙을 위한 다양한 조치가 강구될 수 있다. 그에 따라 미국 경제의 파국은 더 늦추어질 수도 있고 강도가 완화될 수도 있다. 여기서 가장 중요한 변수는 그동안 미국의 경상수지 적자를 보전해온 동아시아 국가들이다.

2006년 현재 동아시아 각국 중앙은행의 외환보유고는 2조 5000억 달러에 이르는데, 그 중 60퍼센트 정도가 미국의 채권 등 달러 표시 자산에 투자되어 있다. 이러한 상황에서 달러 가치의 하락은 동아시아 국가들의 막대한 국부 감소로 이어지게 된다. 일부 연구에 따르면 달러 가치가 10퍼센트 하락하면 한국은 GDP의 3퍼센트, 싱가포르와 타이완은 8퍼센트의 손실이 발생한다고 한다. 그렇다고 해서 외환보유액을 달러 위주에서 금이나 유로 등으로 다변화하는 것 역시 쉽지 않다. 자칫 달러의 붕괴를 촉진함으로써 수출시장을 상실하는 것은 물론이고 보유하고 있는 엄청난 규모의 미국 채권이 휴지조각이 될 수 있기 때문이다. 이러한 조건에서 동아시아 국가들이 선택할 수 있는 최선의 길은 미국 경제의 연착륙을 유도하면서 미국 시장에 대한 의존도를 점차 줄여나가는 것이 될 것이다. 동시에 미국으로부터의 금융 독립을 위해 AMF(아시아통화기금Asia Monetary Fund) 창설과 아시아의 단일화폐 아쿠ACU(Asian Currency Unit)의 적극적 채택을 모색할 수도 있다. 만약 이러한 길을 찾지 못한다면 동아시아 국가들은 추락하는 미국 경제에 덜미가 잡힌 채 계속 막대한 출혈을 감수해야 하는 상황이 이어질 수밖에 없다. 그 결과는 동반 추락이 될 것이다.

동아시아가 독자적인 통화체계를 갖춘다는 것은 달러의 기축통화 지위 상실을 사실상 확정짓는 선고가 될 것이다. 이래저래 달러의 기축통화 지위 상실은 더 이상 피할 수 없는 현실로 다가오고 있다. 이는 미국 시대의 종말을 고하는 분명한 징표임과 동시에 미국을 중심으로 이루어졌던 자본주의 세계의 통일성 붕괴를 의미한다. 아마도 그 뒤를 잇는 것은 북미, 유럽연합, 동아시아를 중심으로 하는 수많은 경제 블록들 사이의 치열한 각축전일 것으로 보인다. 지극히 불안정하면서도 역동적인 상황이 펼쳐지게 되는 것이다.

미국 경제가 연착륙에 성공하더라도 미국을 중심으로 통일되었던 세계 경제가 다양한 경제 블록들 사이의 각축전으로 이행하는 과정에서 크고 작은 위기가 계속 발생할 것으로 보인다. 무엇보다도 달러 가치 급락으로 한편에서는 원유와 곡물, 금 등 실물자산의 가격이 폭등하고 다른 한편에서는 주가 폭락이 연이어지면서 석유대란, 식량대란, 금융대란 등이 동시에 촉발될 가능성을 배제할 수 없다. 그렇게 되면 금융부문과 실물경제가 함께 압박을 받으면서 세계 경제의 급속한 위축으로 이어질 것이다. 2008년 현재 그 같은 조짐은 이미 곳곳에서 발생하고 있다.

그러나 우리가 상상할 수 있는 최악의 시나리오는 미국 경제의 연착륙을 위한 국제사회의 노력이 무위로 돌아가면서 미국 경제가 순간적인 파국을 맞이하고 끝내 세계대공황으로 치닫는 상황일 것이다. 불행하게도 그 가능성을 암시하는 이야기들이 곳곳에서 쏟아져 나오고 있다. 가령 GMI(세계시장연구소) 소장인 프레드 버그스텐 Fred Bergsten은 2005년 9월 "미국의 쌍둥이 적자는 미국 달러화와 미국 경제는 물론 세계경제의 경착륙을 초래할 수 있다"며 "미국의 쌍둥이 적자가 국제금융체제를 붕괴시킬 가능성은 75퍼센트"라고 강력하게 경고한 바 있다.[11]

결국 이러한 상황에서 취할 수 있는 최선의 선택은 최악의 상황을 염두에 두면서 서둘러 대처 방안을 마련하는 것이다. 특히 한국처럼 위험한 요소를 두루 갖춘 나라는 비상한 노력이 필요하다. 한국은 이렇다 할 방화벽도 설치하지 않고 세계 금융시장에 접속하고 있다. 자칫 악성 금융 바이러스에 의해 시스템 전체가 망가지는 치명상을 입을 수 있는 상태인 것이다. 또 식량자급률은 2007년 현재 25퍼센트에 불과하며 연간 1500만 톤이 넘는 곡물을 수입하고 있는 실정이다. 이와 함께 한국은 석유 한 방울 나지 않는 상태에서 연간 8억 배럴의 원유를 수입하는 세계 3위의 석유수입 대국이다. 금융대란, 식량대란, 석유대란이 발생할 경우 가장 심각한 타격을 받을 수 있는 상태에 놓여 있는 것이다.

일극체제에서 다극체제로

　　　　　　　　사실 탈냉전 시대와 함께 미국의
유일 패권이 확립되었지만 그것이 그다지 오래 가지 않으리라는 것
은 충분히 예견 가능한 일이었다. 탈냉전 시기 미국의 힘은 이전 시
기와 비교해서 크게 달라지지 않았다. 반면 미국의 영향력은 탈냉전
시대에 접어들어 전세계로 확장되었다. 그 결과 개별국가에 대한 미
국의 평균적인 지배 밀도는 이전 시기보다 크게 약화되고 말았다.
여기에 덧붙여 소련의 붕괴는 공동의 적에 대항하기 위해 미국에 의
존할 필요성을 제거해버렸다. 그 결과 미국의 일방적 영향으로부터
벗어나 독자적 영역을 확보하기 위한 움직임이 전세계적 차원에서
동시다발로 진행되었다. 미국의 유일 패권이 확립되는 과정은 동시
에 그것의 붕괴를 가속화하는 과정이기도 하였다.

　첫째, 유럽연합이 미국의 경쟁세력으로 떠오르고 있다.
　20세기에서 21세기로 넘어오면서 세계 역사의 흐름을 좌우할 가
장 중요한 사건 가운데 하나를 꼽는다면 유럽 통합을 빼놓을 수 없
을 것이다. 수많은 종족과 언어로 나뉘어 있고, 종종 극심한 분쟁을
겪었던 유럽이 하나의 정치적 실체로 거듭난다는 것은 사실 상상조
차 쉽지 않았던 일이다. 그런데 그 놀라운 일이 장장 50년에 걸쳐 진

행되었다. ECSC(유럽석탄철강공동체)에서 출발하여 EEC(유럽경제공동체)를 거쳐 오늘날 의회와 집행기구, 공동의 중앙은행과 화폐(유로)를 갖는 EU(유럽연합)를 건설하기에 이른 것이다. 비록 회원 국가들의 느슨한 연합 수준에 불과하다고 하더라도 매우 괄목할 만한 진전이라고 할 수 있다.

이렇듯 불가능해보이기만 했던 유럽 통합을 촉진시킨 것은 다름 아닌 미국의 헤게모니 확립이었다. 유럽인들이 보기에 미국은 역사적으로 자국내 하층민들이 건너가 세운 나라에 불과했다. 그러한 미국이 세계정세를 좌지우지하는 것을 지켜보면서 유럽인들은 심각한 자존심의 손상을 느껴야 했다. 유럽 통합은 바로 그러한 자존심의 회복을 위한 전략적 선택이었다고 할 수 있다.

유럽연합은 미국의 세계지배 파트너이면서 동시에 경쟁자다. 이러한 두 가지 측면 중에서 갈수록 경쟁자로서의 측면이 부각되고 있다. 유럽연합 건설 속에는 미국과 겨룰 수 있는 통합된 유럽의 건설이라는 목표가 작동하고 있다. 단일통화로서 유로 채택 역시 달러에 겨룰 수 있는 세계통화 확보를 겨냥하고 있다. 유로 화폐는 이미 기축통화로서 달러의 지위를 위협하고 있다. 달러 가치가 급락하고 있는 상황에서 달러의 대체수단으로 유로를 선택하는 경우가 급속히 확산되고 있는 것이다. 인도 타지마할 묘에서 입장료를 달러가 아닌 유로로 받고 있는 것은 이를 상징적으로 보여주고 있다. 이러한 맥락에서 찰스 A. 쿱찬Charles A. Kupchan은 그의 저서 《미국 시대의 종말The End of The American Area》을 통해 가까운 장래에 미국의 패권에 맞설 가장 강력한 도전자는 유럽일 것이라고 단언하였다.[12]

유럽이 미국의 패권에 도전할 것이라고 하는 것은 그동안 여러 방면에서 확인되어왔다. 특히 유럽연합을 이끌고 있는 독일과 프랑스는 주요 정책을 둘러싸고 종종 미국과 대립각을 세워왔다. 2003년 미국의 이라크 침공에 대해 두 나라가 강력히 반대한 것은 그 중 하나다. 뒤에서 살펴보겠지만 미국의 이라크 침공은 유럽을 통제할 수단을 확보하고자 하는 의도가 숨겨 있었다. 프랑스가 아프리카에 대한 영향력 확대 등을 통해 미국 주도의 세계질서를 흔들고 있는 것 또한 주목해야 할 지점 중 하나다. 결론적으로 유럽연합은 미국과 정면충돌을 피하겠지만 가능한 미국과 대등한 관계에서 경쟁하고자 하는 강한 욕구를 지니고 있는 것이다.

둘째, 동아시아에서 미국의 패권에 맞서는 새로운 질서가 태동하고 있다. 새로운 동아시아 질서 태동의 출발을 알리고 있는 것은 중국과 러시아, 북한의 동맹 강화다.

중국은 단일국가로서는 미국의 패권을 위협할 수 있는 가장 강력한 후보다. 인구 13억의 거대국가 중국은 개혁개방 추진 이후 고도성장을 거듭하면서 2030년이 지나면 GDP 규모에서 미국을 능가할 것이라는 전망을 낳기에 이르렀다. 이러한 가운데 장쩌민江澤民 시기까지는 미국 중시 정책을 유지했으나 후임 후진타오胡錦濤는 사실상 이를 폐기하기에 이르렀다. 그 대신 중국은 미국의 패권에 맞서는 독자노선을 강화하는 것으로 대외노선을 재정립하였다. 미국의 공공연한 중국 압박 정책으로 인해 중국인들의 반발이 확산된 것이 주된 요인이었다.

한편 소련 해체 이후 극심한 혼란에 빠졌던 러시아는 푸틴Vladimir Putin 집권 이후 빠르게 반전되어왔다. 푸틴은 선임자인 옐친과 달리 이른바 주권민주주의를 내세우면서 서방세계에 대해 자주노선을 취하였다. 그 일환으로 세계 최대 가스 생산업체인 가즈프롬과 석유산업의 50퍼센트 정도를 국유화하는 등 전략산업에 대한 국가통제를 강화하였다. 덕분에 원유 생산량 세계 2위인 러시아는 국제 원유 가격 상승과 함께 풍부한 외화 수입을 거머쥘 수 있었다. 이를 바탕으로 푸틴 집권 7년 동안에 러시아 경제는 연평균 6.5퍼센트 이상의 성장률을 기록하였고 임금은 50퍼센트 정도 상승했으며 외환보유고는 세계 3위에 이르렀다.[13] 정치적 억압과 그에 따른 민주주의 후퇴가 간단치 않은 문제로 부각되고 있지만 적어도 경제 분야에서만큼은 상당한 성공을 거둔 셈이다.

이러한 가운데 러시아는 미국의 MD(미사일 방어Missile Defence) 시스템을 무력화할 수 있는 신형 다탄두 미사일 실험에 성공하는 등 미국의 패권에 적극 대응하기 시작했다. 미국과 반목하고 있는 이란을 포함해 카스피 해 연안 국가와의 동맹관계를 추진하는 등 독자적인 세력 구축에 전력을 기울이고 있는 것도 같은 맥락에서 이해될 수 있다.

러시아의 대외정책 중 주목할 만한 대목의 하나는 아시아 중시 정책이다. 그동안 러시아는 유럽과 아시아에 걸쳐 있는 나라임에도 불구하고 중심부가 유럽에 위치해 있음으로 해서 유럽 국가로 인정되어왔다. 러시아 스스로도, 아시아 지역에 걸친 영토가 훨씬 더 넓음에도 불구하고 아시아 지역을 변방으로 취급하는 경향이 강했다. 그러나 오늘날 유럽의 판도가 EU와 러시아 세력권으로 양분되면서 사정이 크게 달라졌다. 러시아는 거대한 EU에 맞서 독자적인 생존 기반을 마련하기 위해서라도 영토가 두 대륙에 걸쳐 있는 점을 십분 활용하지 않으면 안 되었던 것이다. 그리하여 러시아는 아시아에서 힘을 얻어 유럽에서 목소리를 높이는 전략을 구사하기에 이르렀다. 러시아가 시베리아 철도와 한반도 철도를 연결하는 데 깊은 관심을 보이고 있는 것도 같은 맥락에서 이해될 수 있다.

이렇듯 독자노선을 취하고 있는 중국과 러시아 두 나라는 군사동맹 수준으로 외교관계를 강화하고 있다. 여기에 북한까지를 포함해서 대륙 수준에서의 전방위적인 관계 강화로 나아가고 있다. 구체적인 예를 들자면 중국, 러시아, 북한 세 나라는 두만강 지역을 공동자유경제무역지대로 선포하고, 중국과 러시아는 에너지 협력을 강화하는 알타이 프로젝트를 추진하고 있다. 또 북한과 중국 그리고 북한과 러시아 사이에 경제협력 사업이 다양한 형태로 강화되고 있다.

셋째, 과거 제3세계 국가들 사이에서 미국의 영향력에서 벗어나고자 하는 경향이 확산되고 있다. 제3세계 나라들은 소련 붕괴 이후 대체로 미국의 신자유주의 공격에 각개격파당했다고 말할 수 있다. 그러나 최근 그 반작용으로 대륙 혹은 지역 단위로 미국의 영향에서 벗어나고자 하는 경향이 강화되고 있다. 그 중에서도 중남미에서의 변화는 매우 괄목할 만하다.

중남미는 전통적으로 미국의 강력한 지배를 받으면서 미국 경제를 보완하는 기능을 해왔다. 그러나 이러한 미국에의 경제 종속은 장기간에 걸친 경제 성장의 지체, 극심한 사회적 불평등만을 낳았다. 특히 1980년대 후반부터 멕시코, 브라질, 아르헨티나 등에서 실시된 신자유주의 정책이 참담한 실패로 끝났음은 이미 살펴본 대로다. 그로 인해 중남미에서 신자유주의는 완전히 설득력을 잃고 말았다. 이러한 현상은 급기야 2000년 이후 중남미에서 잇달아 좌파 정권이 수립되는 것으로 이어지고 말았다.

이들 중남미 좌파 정권들은 긴밀하게 연대하여 미국의 패권에 맞서는 대륙 수준의 독자적인 지역협력체를 만들기 위해 다양한 노력을 기울여왔다. 먼저 중남미 에너지공동체 실현을 목적으로 남미 대형 가스관 프로젝트가 추진되었다. 이 프로젝트는 베네수엘라, 브라질, 페루, 볼리비아, 콜롬비아, 우루과이, 아르헨티나, 칠레를 잇는 약 1만 킬로미터에 이르는 대형 프로젝트다. 에너지공동체 건설과 더불어 중남미 지역의 정체성을 통일시키는 것을 목표로 2005년 7월 24일 베네수엘라 수도 카라카스에서 남미판 알자지라Aljazeera '텔레수르Telesur'가 첫 방송을 시작했다. 텔레수르는 쿠바와 베네수엘라가 브라질과 우루과이, 아르헨티나와 함께 협정을 맺어 설립한 최초의 중남미 위성방송국이다. 텔레수르는 그동안 중남미권 뉴스를 독점해온 미국과 유럽의 국제 뉴스 방송에 맞서 지역의 뉴스를 독자적인 시각으로 알리는 것을 목적으로 삼고 있다. 텔레수르 방송 개시와 함께 2006년 10월에는 '중남미 의과대학'이 문을 열었다. 이 대학은 10년 안에 20만 명의 의사를 배출하는 것을 목표로 삼고 있는데, 대학 졸업자들을 중남미 전역에 배치하여 가난한 농민과 원주민에 대한 의료 활동을 펼칠 예정이다. 이는 중남미 대륙이 하나의 활동무대로 통합되고 있음을 상징적으로 드러내는 장면이다.

이상과 같은 맥락에서 보면 미국의 국제적 지위는 냉전시대에 비해서도 한층 불리한 상태라고 할 수 있다. 중소분쟁으로 분열되었던 중국과 러시아가 강력한 동맹을 맺고 있는 데 반해 파트너십을 발휘했던 유럽 세력은 경쟁관계로 돌변하고 있고, 미국의 뒷마당이던 중남미가 노골적으로 반기를 들고 있기 때문이다.

이러한 가운데 2001년 출범한 부시 행정부는 힘에 의한 일방주의를 추구하는 네오콘neocons(neo-conservatives의 줄임말. 신보수주의를 의미)의 주도 아래 일극체제 복원을 위해 사력을 다했다. 이 같은 부시 행정부의 노력을 집약적으로 표현한 것이 바로 석유전쟁이다.

2003년 4월 8일 미국의 부시 정부는 이라크를 전격 침공했다. 그로부터 얼마 뒤인 5월 1일 부시George Bush 대통령은 에이브러햄 링컨 함선 위에서 기세 좋게 이라크 전쟁의 승리를 선언했다. 세계 여론은 이러한 미국의 이라크 침공을 석유전쟁이라고 표현했다. 이는 두 가지 의미가 있다.

먼저 미국은 내부적으로 해외 석유자원 확보가 사활이 걸린 과제가 되고 있었다. 2004년 현재 미국의 연간 석유 소비량은 72억 배럴에 이르렀다. 전세계 소비량의 4분의 1에 해당하는 양이다. 그런데 미국 내 채굴 가능한 원유 매장량은 300억 배럴 수준이다. 절대적으로 많은 부분을 해외로부터의 수입에 의존할 수밖에 없는 상황이다. 이런 점에서 원유 매장량이 1100억 배럴에 이르는 이라크는 미국의 구미를 당길 수밖에 없었다.[15] 석유전쟁이라는 낱말 속에 포함되어 있는 또 다른 의미는 미국이 세계 석유자원을 통제함으로써 유일패권을 유지하려고 했다는 점이다. 미국의 패권에 도전하고 있는 중국과 유럽연합은 공통적으로 석유의 많은 부분을 해외에 의존하고 있다. 이런 점에서 미국은 석유자원을 장악하면 이를 지렛대로 중국과 유럽연합을 통제할 수 있다고 보았다.

그러나 이 모든 것은 이라크전 실패와 함께 심각한 차질을 빚고 말았다. 미국은 이라크를 군사적으로 점령하는 데는 성공했지만 정치적 점령에는 성공하지 못했다. 엄청난 인명 희생과 천문학적인 전비는 세계 여론은 물론이고 미국 내 여론조차 등을 돌리게 만들었다. 영국 일간 《인디펜던트Independent》가 이라크전 개시 이후 1000일을 기준으로 제시한 통계에 따르면 미군 점령에 저항하다 숨진 사람은 공식적으로 5만 3470명에 달했다. 미군을 비롯한 연합군 병사는 총 2339명이 사망했고 1만 5955명이 부상당했다. 이라크 전쟁에서 미국이 지불한 전비는 하루 평균 2000억 원에 이르는 천문학적인 금액이다.[16] 조셉 스티글리츠 박사는 미군 부상자에 대한 의료비용 등 모든 항목을 포함하면 전쟁 비용은 최대 2조 달러에 이를 것으로 보았다.[17]

결국 고조되는 비판 여론에 밀려 부시 자신마저 이라크전의 실패를 시인하지 않을 수 없었다. 이라크전의 실패는 미국이 더 이상 무소불위의 힘을 자랑하는 절대강자가 아님을 입증한 것이다. 더불어 석유자원의 통제를 통해 세계지배를 안정적으로 구축하려고 한 전략적 목표 또한 실현 불가능해지고 말았다.

1991년 1차 이라크 전쟁 곧 걸프전에서의 승리는 미국을 유일 패권 국가로 부상시키는 계기가 되었다. 그러나 2003년 2차 이라크전은 미국을 유일 패권 국가 지위에서 끌어내리는 확실한 계기가 된 것이다. 흥미로운 사실은 두 개의 전쟁 중 하나는 아버지 부시가, 다른 하나는 아들 부시가 수행했다는 점이다.

석유전쟁의 실패는 미국이 더 이상 상황을 반전시킬 능력이 없음을 의미하는 것이다. 그에 따라 미국 중심의 일극체제 붕괴는 더 이상 돌이킬 수 없는 현실이 되고 말았다. 미국은 자신의 힘을 초과하여 영향력을 확대한 결과 곳곳에서 탈진하여 주저앉는 모습을 보이

고 있다.[18] 급기야 중남미에서 좌파 정권이 잇달아 등장하고 미국의
패권에 공공연하게 도전장을 내밀어도 효과적으로 대처하지 못하
고 있다.

미국 중심의 일극체제가 붕괴된다는 것은 곧 신자유주의 세계화
흐름에 난기류가 형성됨을 의미하는 것이다. 신자유주의 세계화 자
체가 미국의 유일 패권을 전제로 추진된 것이기 때문이다. 찰스 A.
쿱찬은《미국 시대의 종말》에서 세계화와 관련하여 이렇게 언급하
였다.

> 세계화의 긍정적 효과는 미국의 힘과 분리될 수 없는 것이다. 미
> 국이 국제경제를 기획하고 운영하며 보증한다는 사실이 세계화가
> 뿜어내는 매력 자체다. 달러는 각 국가들이 앞 다투어 보유하는 화폐
> 다. 세계 최상위 100대 기업의 절반 이상이 미국 국적을 보유하고 있
> 다. 미국 재무부는 많은 국가의 국내 경제에 해당 국가의 재무부보다
> 더 많은 영향력을 행사한다. 미국이 이끄는 세계경제 게임에는 거의
> 모든 나라가 참여하고 있다. 이것이 지구에서 벌어지고 있는 유일한
> 게임이다. 세계화는 바로 미국화다.[19]

그렇다면 세계화의 전제조건이었던 미국의 유일 패권이 무너져
내리고 있는 상황에서 신자유주의 세계화는 어떤 운명에 직면할 것
인가. 그에 대해 쿱찬은 미국이 더 이상 통제할 수 없게 되는 순간,
세계화라는 브레이크 없는 기관차는 궤도를 이탈하고 말 것이라고
결론내리고 있다.

역사상 대제국의 몰락 과정이 항상 그러했듯이 미국의 유일 패권

이 붕괴된 뒤에는 혼돈의 시대가 뒤따를 가능성 크다. 그 과정에서 갖가지 재앙이 엄습해올 수 있다. 미국 중심의 일극체제 해체를 두고 마냥 즐거워할 수 없는 이유가 바로 여기에 있다. 혼돈의 시기를 거쳐 등장하게 될 세계의 모습은 블록 경제를 바탕으로 한 다극체제일 것이 분명하다. 다극체제는 온갖 형태의 합종연횡이 줄을 잇는 매우 복잡하고도 혼란스런 상황의 연속일 것으로 예상된다.

블록 경제에 기초한 다극체제가 일반화되면 불가피하게 자본의 자유로운 이동과 이익 극대화를 목적으로 하였던 FTA(자유무역협정)와는 사뭇 다른 국제협력 방식을 요구한다. 원칙적으로 표현하자면 그것은 주권국가들간의 수평적이면서 상호보완적인 관계에 기초한 지역공동체 형태가 될 공산이 크다. 이에 관해서는 베네수엘라가 주축이 되고 있는 남미 지역공동체의 실험 결과가 상당히 많은 시사점을 줄 것으로 보인다.

동아시아 역시 궁극적으로 이러한 방향에서 지역협력 강화로 나아갈 수밖에 없을 것이다. 그럴 때만이 에너지 협력, 물류 수송 체계의 유기적 통합, 공동시장의 창출 등을 통해 불안정한 세계시장으로 인해 발생되는 문제들을 해소 혹은 완화시킬 수 있기 때문이다.

문제는 중국과 일본 두 강대국 사이의 오랜 반목이 동아시아에서의 협력관계 형성을 어렵게 만들고 있다는 점이다. 바로 여기서 한반도의 역할이 중요하게 부각된다. 요컨대 한반도가 평화의 완충지대 역할을 해준다면 러시아까지 참여하는 새로운 동아시아 협력 모델을 창출할 수 있는 것이다. 한반도는 지정학적 위치나 국가 규모로 볼 때 패권 경쟁에 가세하기보다는 패권국들간의 조정자가 되는 것이 자신의 가치를 격상시키는 최선의 전략이 될 것이다. 두말할 필요도 없이 이를 위해서는 분단 극복이 필수다.

　이러한 가운데 한반도는 다른 나라를 침략하거나 지배한 패권의 역사가 없다는 것을 강점으로 삼아, 강대국에 대한 피해의식을 갖고 있는 중앙아시아, 동남아시아, 중남미 나라들과 긴밀한 협력 네트워크를 구축할 필요가 있다. 결국 한반도는 시종일관 패권과 인연을 끊을 때 독립적인 생존에 필요한 국제적 조건을 확보함과 동시에 한 걸음 더 나아가 패권 없는 세계질서 창출의 주역으로 떠오를 수 있다.

저항의 세계화

소련 붕괴와 함께 신자유주의 세계화 물결은 지구 곳곳을 거침없이 휩쓸었다. 노동자 농민을 위시한 각국의 민중세력은 이러한 상황을 속수무책으로 맞이해야 했다. 곳곳에서 시장개방과 구조조정을 저지하기 위한 치열한 방어전이 벌어졌으나 사태를 역전시키기에는 역부족이었다. 이미 신자유주의 세력이 공격자의 위치를 확고하게 선점하고 있는 조건에서 승패는 처음부터 예정된 것이었다.

무엇보다도 신자유주의를 넘어설 대안 부재의 상황이 대응을 어렵게 만들었다. "그 어느 곳에도 대안은 없다"는 TINA(There is no aiternative)의 논리가 새로운 이데올로기가 되어 대중의 뇌리를 사로잡았다. 이럴 경우 남는 것은 기존 사회에 순응하여 살아남기 위해 몸부림치는 것뿐이다. 그 결과 10명 중 불과 한두 명에게만 허용하는 성공의 티켓을 거머쥐기 위해 너도나도 운명의 사다리를 기어올랐다.

그러나 거칠 것 없어보였던 신자유주의 세계화 광풍도 결국 도처에서 심각한 도전에 직면하였다. 무엇보다 의미심장한 것은 국경의 벽을 허물어버린 세계화의 흐름이 저항마저 세계화시켰다는 점이다. 한 지점에서의 반세계화 투쟁은 곧바로 지구 전체의 주목을 받으면서 새로운 투쟁을 자극하였다. 한 걸음 더 나아가 지구 곳곳에 산재해 있는 반세계화 세력들은 인터넷의 힘을 빌려 일상적으로 의사소통을 할 수 있게 되었으며 종종 한 곳에 집중하여 투쟁을 전개하기도 하였다. 전지구적 차원에서의 소통과 연대가 이루어지기 시작한 것이다.

사파티스타 봉기

1994년 1월 1일, 약 3000여 명의 사파티스타Zapatista 농민군이 단 하루 만에 멕시코 남부의 치아파스 주 일곱 개 마을을 점령했다. 중남미에서 오랜 역사적 전통을 갖는 게릴라 봉기가 일어난 것이다. 봉기의 주체인 사파티스타 농민군은 주로 마야 원주민들로 구성되어 있었으며, 1910년 살해당한 멕시코의 혁명 영웅 에밀리아노 사파타 Emiliano Zapata의 이름을 딴 것이었다.

멕시코 정부의 대응은 신속하고 강경했다. 곧바로 치아파스 주에 1만 5000명의 군 병력을 투입하였다. 군용 헬기가 원주민 마을을 폭격해 150명을 살해했고, 특수부대가 마을에 투입되어 사파티스타 부대원들을 색출했다. 긴박한 상황에서 사파티스타 부대원들은 봉기 단행 시점으로부터 24시간도 안 돼 점령지로부터 후퇴를 단행했다. 이렇게 하여 봉기는 별다른 성과 없이 흐지부지 끝나는 듯했다.

바로 그 순간 아무도 예상치 못한 일이 벌어졌다. 사파티스타 농민군의 봉기 소식이 전해지자 멕시코 전역에서 이를 지지하는 열풍이 불기 시작한 것이다. 그러한 여론의 움직임으로 인해 멕시코 정부는 몹시 곤혹스런 상태에 빠지고 말았다. 결국 정부는 12일 만에 휴전을 선포하고 말았다. 그 사이 사파티스타 부대원들은 열대우림 속을 홀연히 나타났다가 홀연히 사라지기를 반복하고 있었다.

사파티스타의 봉기는 여러 모로 세계의 이목을 집중시켰다. 먼저 봉기가 일어난 배경에 관심이 모아졌다. 봉기의 직접적 원인을 제공한 것은 바로 멕시코가 1992년에 미국, 캐나다 등과 함께 체결한 나프타NAFTA(북미자유무역협정)였다. 멕시코 정부는 나프타 체결을 위해 토지개혁과 농민의 토지 소유를 보장한 혁명헌법 27조를 폐기하였다. 그로 인해 멕시코 농민의 토지 소유는 극도로 불안정해졌다. 이러한 가운데 옥수수를 비롯한 값싼 미국 농산물이 대거 밀려들어 왔다. 그로 인해 멕시코의 곡물 가격은 1년도 채 안 되어 절반 이하로 떨어지고 말았다. 안정적인 토지 소유를 보장받지 못한 조건에서 곡물 가격까지 폭락하자 농민들은 치명적인 타격을 입을 수밖에 없었다. 사파티스타 봉기는 바로 이러한 상황에서 나프타 체제를 정면으로 공격하면서 감행되었다.

사파티스타 봉기가 관심을 끌게 된 또 다른 이유는 그들의 독특한 주장 때문이었다. 그들의 주장 속에는 전통적인 혁명세력들의 언사를 찾아보기 힘들었다. 사파티스타는 자신들과 정부군 사이에 시민사회가 있어야 함을 강조했고 프롤레타리아 독재 대신 민주주의 부활을 강조했다. 또 권력을 획득해야 할 그 무엇이 아니라 해체하여 민중에게 돌려주어야 한다고 주장했다.

그러면 사파티스타의 이러한 주장은 과연 얼마나 현실에 기반을 둔 것일까. 또 그들은 충분한 대중적 지지를 받고 있는 것일까. 이 모든 것에 대한 해답은 바로 사파티스타 농민군의 활동 근거지인 마야 원주민 마을에 있었다.

1994년 1월 1일 봉기가 단행된 이후로 사파티스타 농민군과 살리나스 정권 사이에 기나긴 숨바꼭질이 계속되고 있었다. 바로 그해 12월 사파티스타를 지지하는 68개 마을이 스스로 '자치구'임을 선포했다. 치아파스 주의 3분의 1에 해당하는 지역이다.

차지구역은 정부와 지주가 지원하는 무장단체로부터 거센 압력을 받으면서도 놀라운 생명력을 발휘하며 끈덕지게 살아남았다. 자치구역은 직접 지방정부를 관리하고, 대표자를 고용하거나 해고하며, 공공서비스를 운영하고 교사와 의사를 양성했다. 권력은 분명 아래로부터 형성되고 있었고 주민들이 직접 권력 행사의 주체로 나서고 있었다. 이는 모든 것을 선거에 의존하는 기존의 대의민주주의와는 질적으로 다른 것이었다. 그러면서도 외부 사람들에게는 자신들의 실험은 어디까지나 자신들에게 독특한 것으로서 따라하지 말것을 당부했다. 다양한 여러 실험 중의 하나임을 강조한 것이다.

이렇듯 사파티스타는 봉기를 통해 나프타 체제에 직접적인 공격을 가함과 동시에 다른 한편에서는 대안의 세계를 실험하였다. 신자유주의 극복을 열망하는 세계인의 주목을 받을 충분한 가치가 있었던 것이다.

반세계화 공동투쟁

1999년 11월 30일에서 12월 3일에 이르는 동안 세계의 이목은 WTO(세계무역기구) 각료회의가 개최된 미국 시애틀로 집중되었다. WTO 각료회의에서 중대한 결정이 이루어져서가 아니었다. 그곳에서 아무도 예상하지 못했던 일이 벌어진 것이 그 이유였다.

당시 시애틀은 전세계에서 몰려든 적어도 5만 명이 넘는 반세계화 시위대에 의해 도시 전체가 마비되다시피 하였다. 마침내 저항의 세계화를 실현하는 세기의 투쟁이 그 모습을 드러낸 것이다. 미국 땅에서 벌어진 투쟁으로는 베트남 전쟁 당시의 반전시위 이후 최대 규모였다.

시위대는 다종다양한 목표와 이슈를 가진 다양한 집단들의 집합체였다. 멕시코 어선들의 무차별 어획에 반대하여 제왕나비와 바다거북 복장을 한 어족자원 보호 운동가들, 일본에 수출될 목재를 위해 남벌되는 숲을 지킨 나무 위의 파수꾼들, 중국인민해방군 복장을 한 티베트의 승려들과 반공주의자들, "자유무역이 아니라 공정한 무역"의 문구가 적힌 플래카드를 앞세운 수만 명의 노동조합원들, 카길과 몬산토 같은 곡물 및 농업 관련 다국적기업들에 대항하여 가족농업을 지키기 위해 투쟁해온 농민들, 복지 프로그램 삭감으로 인한 교육환경의 악화에 분노한 대학생들, 국가의 파괴를 외치며 검은색 복장으로 행진한 무정부주의자들 등 온갖 스펙트럼을 대표하는 단체들이 오합지졸로 뭉쳐 세계화 반대라는 추상적인 구호 하나로 시위를 벌였다.

이 같은 엉성하기 짝이 없는 행동만으로도 WTO 각료회의는 개막식을 치르지 못했을 뿐 아니라, 새로운 협상이 될 '시애틀 라운드'를 출범시키는 데 실패했다. 이 정치적 성과는 비록 상징적인 것에 불과했지만, 그 파급효과는 모든 이의 예상을 뛰어넘는 것이었다.

시애틀 투쟁은 반세계화 대열이 갖는 특성을 비교적 분명하게 드러냈다. 시애틀 투쟁은 그 어느 곳에도 지도부가 존재하지 않았다. 아무도 통제하지 않으면서 동시에 모두가 통제를 하였다. 또 시위대열에서 그대로 확인되었듯이 반세계화 투쟁 대열의 정체성은 결코 단일하지 않았다. 그들은 세계무역기구에 대해서도 개혁에서 해체까지 입장이 매우 다양하였다. 이러한 다양성은 'One no, many yes'라는 말로 압축되었다. 곧 신자유주의 세계화에 대한 반대에서는 하나로 일치했지만 구체적 방식에 대해서는 저마다 생각이 달랐던 것이다.

이러한 특성은 20세기 혁명 전통의 기준으로 보자면 치명적인 약점이었다. 물론 오늘날의 기준으로 보더라도 약점이 존재하는 것은 틀림없다. 동시에 전반적인 연대의 수준이 매우 낮음을 의미하기도 하였다. 그러나 그보다 중요한 것은 반세계화 투쟁 대열의 '다양성'이 갈등과 대립이 아닌 풍부함을 낳는 원천이 되고 있다는 점이다. 이 점은 세계화가 강요한 획일성에 대한 분명한 안티테제로서 이후 반세계화 대열의 가장 중요한 특징으로 봐야 할 지점이다.

한편 시애틀 투쟁에서 촉발된 반세계화 공동투쟁은 이후 워싱턴 투쟁(2000년 4월), 프라하 투쟁(2000년 9월), 퀘벡 투쟁(2001년 4월), 제노바 투쟁(2001년 6월), 바르셀로나 투쟁(2002년 6월)으로 이어졌다. 제노바 투쟁과 바르셀로나 투쟁은 각각 30만 명 정도가 시위에 참여하였는데 이를 계기로 이탈리아와 스페인에서 반세계화 투쟁이 크게 활성화되었다.

반세계화 공동투쟁은 계속해서 2003년 9월 칸쿤 투쟁을 거쳐 2005년 12월 홍콩 투쟁으로 이어졌는데, 이곳에서는 한국의 농민들이 결합함으로써 전투성이 한층 고양되었다. 칸쿤 투쟁에서는 한국의 농민운동가 이경해 씨가 "WTO kill farmers"를 외치며 자결함으로써 커다란 충격과 슬픔을 안겨주었다. 이경해 씨는 자신의 고국에서는 충분한 평가를 받지 못했지만 세계 농민운동 진영에서는 반세계화 투쟁의 상징적 인물로 기억되고 있다. 홍콩 투쟁에서는 1000명이 넘는 한국의 농민들이 참여하여, 10여 일간에 걸쳐 삼보일배, 촛불집회, 해상시위 등 다양한 행동을 선보이기도 하였다. 강도 높은 투쟁에 놀란 홍콩 당국은 시위대 전원을 연행한 뒤 한국인 시위대 11명을 구속하기도 하였다. 두 번의 투쟁 모두 WTO 각료회의를 겨냥한 것이었으며, 비록 여러 가지 요소들이 복합적으로 작용한 것이기는 했지만 회의를 무산시키는 데 성공하였다.

세계사회포럼

반세계화 시위는 WTO를 위시한 세계화 기구의 움직임에 타격을 가하고 봉쇄하는 것을 주된 목적으로 삼았다. 그러면서 세계화 기구의 회의에 맞서 대안적 회의를 조직하기도 하였다. 이러한 경험을 통해 전세계의 활동가들이 머리를 맞대고 대안을 모색할 필요성이 커졌다.

그에 따라 프랑스 반세계화 운동가들의 지원 아래 브라질의 활동가들이 주축이 되어 2001년 세계사회포럼WSF(World Social Forum)을 개최하였다. 장소는 좌파 노동당이 10년째 지방정부를 집권하고 있는 브라질의 포르투알레그리였다. 조직위에서는 전세계에서 2000명 정도 참여할 것으로 예상했으나 실제로는 훨씬 많은 1만 2000명 정도가 참여했다. 이후 세계사회포럼은 폭발적인 호응 속에서 매년 개최되었는데 4차 뭄바이 대회 이후부터는 참가자가 10만을 넘어섰다.

세계사회포럼은 공동의 강령이나 단일한 요구도 없으며 전체를 대표하는 지도부 또한 존재하지 않는다. 그뿐 아니라 세계사회포럼은 어떤 단일하고 특정한 입장을 대변하지 않으며 모두가 동의해야 하는 최종 선언문도 채택하지 않는다. 세계사회포럼은 참가하는 단체와 운동들의 다양성을 인정하고, 참가자들 또한 이를 존중하는 것을 원칙으로 삼고 있다. 다만 "또 다른 세계는 가능하다!"는 것을 유일한 슬로건으로, 자본의 세계지배와 거대기업이 주도하는 세계화를 반대하는 것을 공동의 기치로 삼고 있을 뿐이다. 세계사회포럼은 이러한 전제를 동의한다면 누구든지 참여하여 주장할 수 있고 토론할 수 있는 개방된 공간인 것이다. 실재로 세계사회포럼은 상상하는 것 이상으로 다양한 세력들이 참여하고 있다. 많은 연구자들이 세계사회포럼 참가자들의 성향을 분석하고 나름대로의 방식으로 분류하는 것을 취미로 삼을 정도다.

그동안 세계사회포럼을 통해 갖가지 대안들이 선보여 왔다. 나름대로 치밀하게 설계된 것도 있지만 그렇지 않은 대안들이 더욱 많았다. 그러다 보니 과연 세계사회포럼에서 제시되는 대안들이 실현 가능성이 있는 것인가 하는 회의적인 반응들이 자주 등장하였다. 이러한 문제 제기에 대해서는 2차 세계사회포럼에 참여했던 노엄 촘스키Noam Chomsky의 답변이 가장 적절하지 않을까 한다.

"200년 전에 당신이 내게 똑같은 질문을 했다고 가정해봅시다. 노예 없이 굴러가는 사회, 의회민주주의가 운영되는 사회, 여성의 권리가 보장되는 사회의 예를 들라고 했다고 합시다. 나는 예를 들 수 없었을 것입니다. 하지만 '그러니까 우리가 그런 사회를 만들자'고 대답했을 것입니다. 사람들은 정말로 그런 사회를 만들었습니다. 여기 모인 많은 분들이 수많은 사안에 대해서 상세하고 명확한 대안적 프로그램을 제시했습니다. 실현할 수 있습니다. 실현해야 합니다. 비전이 있다면 열정이 생깁니다."[20]

세계사회포럼이 횟수를 거듭하면서 또 다른 세계는 가능하다는 확신이 넓게 확산되어갔다. 대안의 상이 모호하고 구체적이지 않다는 비판적 지적이 끊이지 않고 있고 과학성의 결핍이 거론되고 있지만 그 자체로 의미 있는 성과라고 할 수 있다.

분명한 것은, 세계사회포럼 자체가 대안을 생산하는 공간이 될 수는 없다는 것이다. 대안은 어디까지나 민중의 삶의 터전 한복판에서 치열한 실천을 통해 창출될 수밖에 없다. 그 형태 또한 지구 곳곳의 삶의 양식과 환경의 차이만큼이나 다양하리라고 본다. 세계사회포럼은 그 같은 다양한 경험들이 서로 소통함으로써 심층적인 지구적 연대를 보장하는 공간으로 봐야 할 것이다. 세계사회포럼은 결코 그 어떤 대안에 대한 합의를 도출하거나 이를 기초로 공동행동을 모색하는 공간이 아니다.

주석

1 이재광 외, 〈40代 직장인들 비전이 없다〉, 《이코노미스트》, 중앙일보사, 1996. 5. 6. 22~40쪽 참조.

2 제레미 리프킨, 이영호 옮김, 《노동의 종말》, 민음사, 1996. 30쪽.

3 한국사회경제학회, 《노동가치론의 재평가》, 풀빛, 1997. 157쪽.

4 이재광 외, 위의 글. 22~40쪽 참조.

5 이경호, 〈미 자동차업체, 펀더멘털을 망각했다〉, 《머니투데이》, 2005. 5. 16 참조.

6 장영희, 〈한국경제 '장기입원'하는가〉, 《시사저널》, 2001. 4. 26 참조.

7 이찬근, 《IMF 시대 투기자본과 미국의 패권》, 연구사, 1998. 249쪽과 269쪽 참조.

8 노주희, 〈파탄난 미국경제가 여전히 굴러가는 이유는?〉, 《프레시안》, 2006. 1. 17.

9 노주희, 〈미국 빚 폭탄 도화선에 불붙었나?〉, 《프레시안》, 2006. 1. 18.

10 이봉현, 〈달러의 몰락, 그 스산한 예언〉, 《프레시안》, 2006. 1. 16 참조.

11 노주희, 위의 글.

12 찰스 A. 쿱찬, 《미국 시대의 종말》, 김영사, 2005. 227쪽.

13 김환영, 〈절대권력 쥔 21세기 '차르' 야심은 어디까지〉, 《중앙SUNDAY》, 2007. 12. 7.

14 박상희, 〈푸틴 돌풍 내년에도 이어진다〉, 《민중의 소리》, 2007. 12. 26.

15 신의순, 〈이라크 전쟁과 석유위기〉, http://blog.naver.com/cubot/140029930785

16 http://blog.yonhapnews.co.kr/medium90/parksj@yna.co.kr

17 김유미·안재석, 〈변화의 싹 움트는 이라크 : 치솟는 전쟁 비용〉, 《한국경제신문》, 2007. 11. 4.

18 이에 대한 좀더 자세한 내용은 '백승욱, 〈신보수파 주도 하의 미국 중심의 새로운 세계질서〉, 민주대학컨소시엄이 출범 4주년 학술 심포지엄 발표 자료'를 참조할 것.

19 찰스. A 쿱찬, 위의 책. 101~102쪽.

20 폴 킹스 노스, 김정아 옮김, 《세계화와 싸운다》, 창작과비평사, 2005. 305~306쪽.

PART
04

대반전,
이제 다시 '사람'이다

이제 바야흐로 구체제가 그 근본부터 흔들려 무너져 내리는 징조가 감지되고 있다. 지평선 저 너머로 밀려오는 변화의 거대한 해일은 준비된 자에게는 대도약의 에너지가 될 것이며, 그렇지 못한 자에게는 죽음의 대재앙으로 다가올 것이다. 이럴 때 사고를 자본주의 틀 안에 가둬두고 있는 것은, 불길에 무너지는 집 안에 틀어박혀 있는 것이나 다름없다. 아울러 모든 형태의 낡은 도그마 역시 앉은 자리에서 대재앙을 맞게 하는 무시무시한 족쇄가 될 것이다.

　　따라서 21세기 사회혁명은 분명하게도 20세기 현실사회주의의 실패로부터 교훈을 찾지 않으면 안 된다. 거꾸로 자본주의를 넘어서기 위해서라도 자본주의를 제대로 이해하고 배울 필요가 있다. 모름지기 모든 도그마로부터 자유로운 비판적인 이성만이 위기를 기회로 전환시킬 구원의 힘이 되어줄 것이다.

　　4부에서는 먼저 현재 진행 중인 다양한 모색을 통해 새로운 세기 사회혁명의 패러다임이 어떻게 변화하는지를 가늠해보고, 경제적 토대가 자본의 지배를 극복하는 방향에서 어떻게 재구축되어야 하는지를 살펴본다. 그리고 삶의 양식에서 총체적 변화를 수반하게 될 가치혁명을 다룬 다음, 새로운 권력의 창출을 중심으로 한 정치혁명의 구조와 경로를 살펴볼 것이다.

OMBIA Y VENEZUEL

LA PAZ Y LA UNIDA

ATINOAMERICANA

© 연합뉴스　　　중남미 반미 좌파연대의 반反세계화 반反이라크전 연합시위

CHAPTER
11

전환기,
창조적 파괴의 현장들

고대 그리스의 어느 철학자는 똑같은 강물에 두 번 들어갈 수 없다고 했다. 강물은 끊임없이 흐르기 때문이다. 역사 또한 끊임없이 흐르면서 어제의 새 것을 오늘의 낡은 것으로 전락시킨다. 변화한 시대 환경에 맞게 새로운 가치, 새로운 모델을 모색해야 하는 이유가 여기에 있다. 나무도 해마다 묵은 가지를 버리고 새로 돋는 가지에서 꽃을 피우고 열매를 맺는다.

여기에서 소개하는 사례들은 신자유주의 세계화를 넘어서기 위해서 유념해야 할 다양한 지점을 깨쳐주고 있다. 그 중에서도 가장 집중적으로 제기되고 있는 것은 20세기 후반기를 지배했던 국가주의 모델은 더 이상 지속될 수 없다는 사실이다. 이는 자본주의 시장경제를 국가적 소유와 계획으로 일괄 대체하고자 했던 20세기 사회주의 모델은 명확히 구시대적 모델임을 선언하는 것이다. 마찬가지로 자본의 지배를 용인하는 가운데 국가의 개입에 의존하여 문제를 해결하고자 했던 사회민주주의 역시 비슷한 운명을 맞이하고 있음을 확인해주고 있다.

생사의 갈림길에 선 사회민주주의

　　　　　　　　　　전세계적으로 사회민주주의에
대한 관심이 부쩍 높아진 것은 그것이 전성기를 누린 한참 뒤인 소
련 사회주의권 붕괴를 전후해서였다. 그 첫 번째 계기는 소련 붕괴
직전 고르바초프가 기존 소련 모델을 대체할 가장 이상적인 모델로
스웨덴을 지목하면서 마련되었다. 그러다가 소련 붕괴 후 현실 사회
주의에 내재해 있던 수많은 문제점이 드러나자 보다 많은 사람들이
사회민주주의에 대해 적극적인 관심을 기울이게 되었다.

　분명 소련식 국가사회주의와 미국식 시장만능주의 모두에 염증
을 느끼고 있는 입장에서 볼 때 사회민주주의는 여러모로 매력 있는
모델이었다. 사회민주주의는 자본주의 시장경제에 대한 국가 개입
을 통해 불평등을 완화하면서 실질적인 삶의 질을 개선했으며, 성숙
된 시민사회를 바탕으로 민주주의를 발전시키는 데 성공했다. 더불
어 '돌발적 혁명'이 아닌 '점진적 개혁'을 추구함으로써 한층 평화스
러운 방법으로 사회 진보를 이루어냈다. 이러한 점에서 사회민주주
의는 많은 사람들이 대안으로 받아들일 수 있을 만큼의 충분한 호소
력을 지니고 있었다.

　사회민주주의의 가치와 방법론 중에는 계승해야 할 대목이 많은
것이 사실이다. 무엇보다도 극단주의에서 벗어나 인간적이고 민주

적인 가치를 중심으로 문제를 합리적으로 해결하고자 노력한 점은 어떤 형태로든지 계승되어야 할 것이다. 그러나 복지국가에서 집약적으로 확인되듯이 사회민주주의는 어디까지나 특수한 역사적 조건에서 성공할 수 있는 모델이었다. 냉정히 말해 사회민주주의 역시 20세기 모델이었다.

일반적으로 자본주의는 부르주아계급이 국가와 경제활동 모두를 통제하고 사회주의 국가는 노동자계급 정당이 국가와 경제활동 모두를 통제한다. 바로 이러한 전일적인 계급지배를 거부한 것이 사회민주주의였다. 사회민주주의는 경제활동 영역에서는 자본의 지배권력을 인정하되 국가는 사회민주주의 정당이 통제하는, 일종의 권력균점을 통한 계급타협을 모색한 것이다. 국가의 시장개입을 강화함으로써 계급불평등을 완화하고 삶의 질을 개선하는 복지국가 모델은 그 최종 결과물이라고 할 수 있다. 비록 기업과 국민경제 수준에서 자본의 권력을 제한하고 노동자의 경영 참여를 위한 다양한 제도적 모색이 있었지만 경제활동에서 자본의 지배권력을 부정하는 수준은 결코 아니었다. 흔히 말하는 유럽식 이해당사자 자본주의 역시 자본의 주도권을 인정한 조건에서 종업원, 지역주민 등의 대표를 기업 의사결정 과정에 참여시키는 것이었다. 가령 독일의 경우 기업 감사회의 3분의 1에서 2분의 1을 노동자 대표에게 할애했지만 의장은 반드시 주주의 대표가 맡도록 되어 있었다. 그 결과 종국에는 자본의 의견이 관철될 수밖에 없었다.

사회민주주의 복지국가 모델의 특징은 압도적으로 높은 정부 재정의 비중에 있었다. 서유럽과 북유럽의 복지국가들에서 국민총소득 가운데 정부 재정이 차지하는 비중은 (1970년대 후반을 기준으로 볼 때) 보통 50퍼센트를 넘어섰으며 스웨덴의 경우는 66퍼센트에 이르렀다. 이는 사실상 국민경제가 정부 재정을 중심으로 움직였다는 것을 의미한다. 사회민주주의 복지국가 모델은 노엄 촘스키가 정확히 분류했듯이 국가자본주의의 전형에 해당한다고 할 수 있다. 말하자면 국가사회주의와 함께 20세기 후반을 지배했던 국가주의 모델의 하나였던 것이다.

이러한 사회민주주의 모델이 성공하려면 두 가지 조건을 갖춰야 한다. 먼저 원칙적으로 자본이 양보를 통해 계급타협을 수용할 능력이 있고 이를 불가피한 것으로 받아들여야 한다. 그리고 국가의 시장개입이 보다 높은 수준의 삶의 질을 보장하는 것으로 이어져야 한다. 만약 이러한 조건을 갖추지 못하면 사회민주주의는 현실성을 상실하게 된다.

이런 점에서 20세기 말에 벌어진 여러 가지 상황 변화는 사회민주주의에게는 매우 중대한 도전이 아닐 수 없었다.

먼저 자본주의가 장기 불황에 빠지고 이어서 소련 붕괴와 동시에 신자유주의 세계화 공세가 강화되면서 복지국가 모델의 기본적인 성립 조건을 파괴하는 요인이 되었다. 곧 자본이 양보를 통해 계급타협을 수용할 의지나 능력을 더 이상 유지하기 어렵게 되었으며, 동시에 계급타협을 더 이상 불가피한 것으로 받아들이지 않게 된 것이다.

먼저 자본주의가 장기 불황의 늪에 빠져들고 케인스주의 시스템의 문제해결 능력이 사라지자 복지비용과 자본가의 이윤 사이에 뚜렷한 대립점이 형성되었다. 지속적인 생산성 향상을 통한 충분한 이윤 획득과 복지비용 지출의 동시보장이라는 복지국가의 기본전제가 그 바탕에서부터 흔들리기 시작한 것이다. 신자유주의 세계화는 이러한 상황을 더욱 격화시켰다. 전지구적으로 전개되는 극렬한 경쟁은 개별기업의 이윤을 압박했고 완전고용과 고임금에 기초해서 운영되던 복지국가들의 기업들은 존립 자체를 위협받게 되었다.

이러한 상황은 복지국가 모델을 둘러싼 상황을 정반대로 바꾸어 놓고 말았다. 케인스주의 시스템이 정상적으로 작동되던 황금기에는 '복지비용 지출 → 노동계급의 소비 지출 확대에 따른 유효수요 증대 → 자본의 이윤율 상승 → 복지비용 증가'라는 방식으로 선순환구조가 형성되었다. 그러나 황금기가 마감되고 자본주의가 장기 불황에 빠져들면서 양상은 정반대로 바뀌었다. 불황 시기에 높은 복지비용 부담은 기업의 투자 감소를 초래했고 이는 다시 '고용 축소 → 유효수요 감소 → 기업의 투자 감소'라는 악순환구조로 이어진 것이다.

이러한 악순환구조에서 실업의 증대는 실업 급여에 대한 수요를 증대시켰으나 불황으로 인해 조세 수입이 감소함으로써 국가의 재정 상태를 극도로 악화시켰다. 실제로 1970년대에 대부분의 복지국가들이 심각한 재정적자에 시달리기 시작하였다. 만약 이러한 상황을 타개하려면 기업의 조세 부담을 늘려야 하겠지만 이는 '투자 감소 → 고용 축소 → 실업 증대'라는 악순환을 낳을 수밖에 없다. 복지국가 모델을 유지하기 위해 노력했던 독일 등 유럽 대륙의 국가들이 미국과 영국에 비해 높은 실업률을 기록한 것은 이를 반증해주고 있다. 더욱이 세계화 시대에 복지비용 부담 증가는 종종 기업의 해외 이전을 촉진시킴으로써 상황을 더욱 악화시키는 요인으로 작용하였다. 실업자 구제를 시도하면 실업자가 늘어나는 아이러니한 상황이 발생한 것이다. 이는 복지국가 모델의 지속가능성에서 빨간불이 켜진 것을 의미한다.

이 같은 복지국가의 위기에 대해 각국은 다양한 대응책을 모색해 왔는데, 그 양상은 사회·정치적 조건에 따라 다소 차이가 있지만 대체로는 신자유주의와 타협하는 방향에서 진행되었다. 예를 들면 1998년에 출범함 독일의 슈뢰더Gerhard Schröder 사회민주당 정부가 가장 주력한 것은 주주자본주의 틀을 만드는 것이었으며, 북유럽의 핀란드는 세계에서 외국자본의 비율이 가장 높을 만큼 신자유주의 세계화 흐름 속에 깊숙히 편입되어 있다. 이는 경제활동에서 자본의 지배권력을 인정한 조건에서는 선택의 여지가 없는 것이었다.

신자유주의를 주도했던 영국과 미국은 기존 복지정책을 시장논리에 적용시키는 데 초점을 맞추었다. 미국은 보험체계를 사보험 중심으로 전환하는 등 복지 자체를 시장에 내맡기는 것으로 전환하였다. 영국은 미국과 비슷한 맥락에서 공보험과 사보험의 비율을 4:6으로 만들기 위해 노력함과 동시에 기존의 소득보장복지Welfare를 노동연계복지Workfare로 전환해 나갔다. 일할 수 있는 사람에 대해서는 노동을 전제로 급여를 지불하기 시작한 것이다. 하지만 이러한 시도는 저임금 노동력을 공급하는 시스템을 구축하는 것 이상의 의미를 갖지 못했다. 결과적으로 복지 시스템이 시장의 요구에 종속되는 현상이 발생한 것이다.

독일은 1997년 12월 11일에 연방의회에서 '연금개혁법안 1999'를 통과시켰는데 이 법안은 연금재정의 안정화를 위하여 연금 급여 수준을 70퍼센트에서 64퍼센트로 낮추고, 연금수급 개시 연령을 65

세로 상향조정하는 등의 내용을 담고 있었다. 그러나 이것만으로도 문제가 제대로 해결되지 않아 보험체계를 공보험과 사보험 이원체계로 전환해야 한다는 목소리가 갈수록 커지고 있는 상황이다.

복지국가의 모범이자 가장 우수한 사회민주주의 국가로 불리던 스웨덴 역시 이러한 세계적 흐름에서 결코 자유롭지 않았다. 1970~80년대 세계경제가 뚜렷한 후퇴를 보이자 스웨덴은 산업보조금을 지급하고 국가 및 공공부문의 고용을 극적으로 확대시킴으로써 완전고용을 유지하기 위해 사력을 다했다. 말하자면 비상수단을 총동원한 것이다. 그러나 이러한 정책은 기본적으로 과다한 세금 징수와 막대한 재정적자를 통해서만 유지 가능한 것이었다. 결국 완전고용을 위한 정책은 기업과 임금소득자 모두로부터 격렬한 저항을 부르게 되면서 1980년대에는 폐기되고 말았다. 더불어 스웨덴 모델을 지탱했던 기둥의 하나였던 연대임금제도 또한 노동계급 구성이 복잡해지고 상대적 고임금 노동자들의 반발이 거세지면서 폐기되고 말았다. 어느 모로 보나 스웨덴 모델은 후퇴가 불가피해 보였다.[1]

이렇듯 복지국가 모델은 곳곳에서 뚜렷하게 후퇴하고 있다. 이러한 가운데 변화된 환경에 맞는 새로운 복지 모델이 선을 보이기도 하였다. 대표적인 경우로서 북유럽 국가들은 노동시장의 유연성을 강화하는 전제로 실업급여를 제공하는 유연안정성 정책을 도입하였다. 아울러 대체로 일을 하지 않는 자보다 일을 하는 자에게 상대적으로 더 많은 급여가 주어지는 방향에서 극적인 연금개혁을 단행하기도 하였다. 복지체계와 시장경쟁력 강화 사이의 선순환구조 확립을 통해 신자유주의 체제 아래서 생존 가능한 복지국가를 지향한 것이다.

그러나 이 같은 북유럽의 흐름마저도 국민경제가 세계시장에서 절대적 우위를 차지할 만큼 높은 생산성을 유지할 때 성립 가능한 것이다. 북유럽 국가들은 이 문제를 해결하기 위해 노동력 숙련도의 지속적인 향상을 바탕으로 산업구조를 고도화함으로써 세계시장에서 경쟁력 우위를 확보하고자 사력을 다했다. 스웨덴은 보다 선진적인 부문으로의 노동력 재배치를 지속적으로 추진해왔으며, 덴마크 역시 높은 노동시장의 유연성을 바탕으로 생산성을 향상시키기 위해 줄기찬 노력을 기울였다. 그 결과 북유럽 국가들은 높은 경쟁력을 바탕으로 개방적인 세계시장에서 보다 많은 경제 잉여를 추출할 수 있었고 이를 통해 복지체계 유지에 필요한 자금을 조달할 수 있었다. 예를 들어 인구 500만의 소국 핀란드가 높은 수준의 복지를 유지할 수 있었던 것도 휴대전화 제조업체인 노키아Nokia가 세계 1위의 시장점유율을 확보할 수 있었기 때문이다.

한마디로 북유럽 국가들은 복지제도 수립에 앞서 이를 뒷받침해줄 경제적 능력을 확보하는 데 우선적인 관심을 기울였으며, 그 점에서 일정한 성공을 거두었다고 평가할 수 있다. 이처럼 제도보다 능력을 우선적으로 고려하는 관점은 충분히 배울 가치가 있다. 그럼에도 불구하고 북유럽의 복지국가 모델을 일반화하는 것은 매우 위험할 수도 있다. 우선 능력이 뒷받침되지 않은 상태에서의 제도 도입은 과잉 지출로 파산을 초래하거나 능력이 확보될 때까지 복지를 유보하는 상황을 야기할 수 있다. 덧붙여 북유럽 모델 자체도 매우 불안정한 토대 위에서 작동하고 있다는 사실에 주목할 필요가 있다. 세계시장의 불안정성이 나날이 증대하고 있는 추세에 비춰볼 때 북유럽의 경제적 번영도 일시적인 것으로 그칠 가능성이 크기 때문이다. 요컨대 세계시장에서의 경제 잉여 추출이 난관에 봉착하는 순간 북유럽의 복지 모델은 곧바로 균열을 일으킬 수밖에 없는 것이다.

결국 북유럽의 모델은 당장은 빛을 내고 있는지 모르지만 궁극적으로는 복지체계가 지나치게 기업경쟁력에 목을 걸 때 결코 지속가능성을 보장받을 수 없다는 사실을 일깨워주고 있는 셈이다.

자본이 양보할 수 있는 능력과 이를 강제할 요소 모두가 약화되는 가운데 국가주의 복지 모델이 삶의 질을 향상시킬 수 있는 능력에서 갈수록 한계를 드러내기 시작하였다.

무엇보다도 국가 개입의 기본전제인 국가의 재정 능력이 갈수록 취약해지고 있다. 불황이 장기화되면 조세 수입은 감소하는 데 비해 실업자 증대 등으로 인해 복지 분야 재정 지출은 증가한다. 그 결과 재정적자가 누적될 수밖에 없다는 것은 이미 살펴본 바와 같다. 그런데 현재 세계경제의 상태를 살펴볼 때 장래에 1950~60년대와 같은 장기 호황을 연출할 가능성은 거의 없어 보인다. 설상가상으로 초고령사회의 도래 등으로 인해 복지수요는 갈수록 확대되고 있다. 이래저래 국가의 힘만으로는 복지수요를 감당할 수 없는 상황으로 치닫고 있는 것이다. 소득재분배와 사회적 약자 보호 측면에서 정부의 기능은 변함없이 유지되어야 하겠지만 종전처럼 사실상 모든 것을 국가에 의존하는 국가주의 복지 모델은 더 이상 가능하지 않음을 알 수 있다.

이와 함께 천편일률적인 국가 주도의 복지 모델은 갈수록 다양해지는 복지요구를 충족시키기 어려운 점이 지적되고 있다. 또 일방적 시혜의 성격이 강했던 복지정책은 국가에 대한 의존성을 심화시킴으로써 탈산업 시대에 필요한 능동적이고 자율적인 인간의 육성에 장애가 되어왔다는 점이 반복해서 제기되었다. 과거 기초생활보장이 복지의 일차적 목표였던 시절에는 국가 주도의 모델이 매우 유효했지만 그 단계를 벗어나는 순간 완전히 상황이 바뀌어버린 것이다.

한 걸음 더 나아가 복지국가 모델은 부르주아적 개인주의를 기초로 수립된 모델이라는 근본적 한계를 드러내고 있다. 복지국가 모델은 재화와 서비스의 소비 주체로서 개인을 상정하고 국가가 소비 능력을 보충해주는 데 초점을 맞춰온 것이다. 그 결과 복지국가는 사람과 사람 사이의 공동체적 관계를 통해 삶의 양식을 질적으로 변화시키는 것을 소홀히 하도록 만들었다. 극단적으로 돈만 있으면 삶의 문제는 다 해결된다는 사고에서 벗어나지 못했다고 할 수 있다. 요컨대 게오르크 루카치György Lukacs(1885~1971) 등 마르크스주의 비평가들이 집중적으로 제기했던 자본주의 사회에서의 인간의 소외문제에 대한 근원적 해결을 전혀 모색하지 못한 것이다.

이러한 비판은 중앙집중식 복지 모델을 분권화하고 노동연계복지로 전환하는 등 복지국가 개혁에서 일정하게 반영되어왔다. 그러나 이러한 개혁만으로는 해결되지 않는 근본적 문제가 여전히 남아 있다. 그간에 진행된 복지국가 개혁의 양상을 보면 여전히 복지예산을 어떻게 사용하는가에 치중되어 있음을 알 수 있다. 인간 삶에 대한 총체적 파악을 기초로 삶의 양식을 근본적으로 재구성하는 것으로 나아가고 있지 못한 것이다.

새로운 세기는 시혜의 대상에 머물지 않고 사회 구성원 스스로 복지사회를 일구는 주체가 되고, 단절된 개인을 넘어 공동체적 관계를 복원하며 화폐에만 의존하지 않고 따뜻한 피가 흐르는 새로운 복지 개념을 요구하고 있다. 이는 국가가 모든 것을 관장하고 거꾸로 국가에 모든 것을 의존하는, 그런 점에서 다분히 국가주의적인 복지 국가 모델을 뛰어넘을 것을 요구하는 것이다.

분명 사회민주주의 복지국가의 성립을 가능하게 했던 조건은 급속히 약화되고 있고 국가주의 복지 모델의 유효성 또한 사라져가고 있다. 어느 모로 보나 사회민주주의의 역사적 퇴장은 점점 불가피해지고 있는 것이다. 그러나 우리는 이러한 사실 인식에 머물러서는 결코 안 된다. 우리는 사회민주주의에 대한 보다 원칙적 판단을 하기 위해서 신자유주의의 본질적인 지점으로 다가가 문제를 되짚어 볼 필요가 있다.

어느 나라든지 자본주의가 성숙단계에 접어들면 과잉자본이 누적될 수밖에 없고 이는 신자유주의로의 이행을 압박하게 된다. 이미 일본과 유럽을 포함해서 자본주의 나라 대부분이 금융자본의 수익 극대화를 중심으로 국민경제 시스템을 재구축하고 있는 실정이다. 신자유주의는 자본주의 체제의 합법칙적 발전에 따른 필연적 결과물인 것이다. 다만 시기와 형태에서 차이가 있을 뿐이다. 문제는 신자유주의 시대 자본은 경험세계 속에서 확인할 수 있듯이 대단히 비타협적이라는 데 있다. 추출 가능한 이윤은 제한적인 데 반해 이를 노리는 자본은 거대한 규모로 형성되어 있기 때문이다. 이러한 자본의 비타협적인 모습은 기업권력에 대한 배타적 독점, 곧 주주의 절대권력 행사로 표현되고 있다. 신자유주의 시대를 아로새기고 있는 문제들의 대부분은 바로 이 지점에서 발생하고 있다.

이러한 주주의 절대권력을 그대로 둔 상태에서 계급타협을 추구자본의 시녀로 전락할 수밖에 없는 것이다. 불행하게도 오늘날 우리는 토니 블레어Tony Blair 전 영국 수상 등 수많은 사회민주주자들을 통해 그러한 모습을 발견하고 있다.

원하든 원하지 않든 신자유주의를 넘어서기 위한 우리의 노력은 (뒤에서 자세히 논의하겠지만) 주주의 절대권력을 타파하는 것으로부터 출발할 수밖에 없다. 계급타협조차도 이를 전제로 새롭게 모색되어야 한다. 이는 불가피하게 경제활동 영역에서 자본의 지배권을 인정했던 종전의 사회민주주의의 사고 틀을 뛰어넘는 것이다.

물론 모든 사회제도가 그렇듯이 사회민주주의도 근본적인 자기 쇄신을 통해 질적으로 다른 모습으로 진화할 수 있다. 곧 전혀 새로운 모델로 평화적인 이행을 할 수 있는 것이다. 그럴 가능성은 충분히 있다고 본다. 만약 그렇지 않고 종전의 사회민주주의 모델을 계속 고집한다면 이는 흘러간 물로 물레방아를 돌리려고 하는 것과 진배없다. 마찬가지로 일각에서 이야기하는 사회민주주의를 거쳐 자본의 지배를 극복하겠다는 구상 역시 움직이지 않는 물레방아로 발전기를 돌리겠다는 것만큼이나 지극히 비현실적인 발상이다.

베네수엘라의 대담한 도전[2]

　　　　　　　　　　　　　베네수엘라는 석유대국이다. 세
계 8번째의 원유 매장량(800억 배럴)에다 4번째 수출국이다. 그러나
혁명 이전 시기 방대한 베네수엘라의 석유는 민중의 삶을 개선하는
데 아무런 도움을 주지 못하였다. 석유자원은 단지 미국의 거대 석유
자본과 결탁한 소수 지배층의 배만 불려주었을 뿐이다. 그뿐 아니라
석유산업에 대한 과도한 의존은 결과적으로 다른 산업과 농업을 몰
락시키고 말았다. 그 결과 석유 이익을 독식하는 소수 부유층과 석유
로부터 소외된 다수 민중 사이에 극단적인 빈부격차가 발생하였다.
석유는 축복의 씨앗이라기보다 오히려 악마의 저주였던 것이다.

　이러한 베네수엘라 사회의 모순은 1980년대 들어와 한층 격화되
기에 이르렀다. 베네수엘라는 석유 수출을 기반으로 경제 개발에 박
차를 가하면서 외채 도입을 추진하였다. 그러나 지속적인 유가 하락
등의 요인이 작용하면서 외채 위기와 함께 마이너스 성장을 기록할
만큼의 심각한 경제 위기에 직면하였다.

　이러한 베네수엘라 위기는 1980년대 중남미 지역을 휩쓴 경제 위
기와 궤를 같이 하는 것이었다. 미국 경제에 종속된 중남미 지역의
경제 개발은 갖가지 모순을 누적시키면서 연쇄적인 경제위기를 낳
고 만 것이다. 경제 위기는 각국의 재생산구조의 붕괴로 이어졌고

그로 인해 가공할 인플레이션이 진행되었다. 위기가 폭발한 1989년 한 해 동안 인플레이션은 아르헨티나 3700퍼센트, 니카라과 3400퍼센트, 페루 300퍼센트, 브라질 1500퍼센트 수준에 이르렀다. 비교적 양호하다고 하는 에콰도르가 60퍼센트 정도였다. 이런 환경에서는 화폐는 아무런 가치가 없었으며 장기 자본투자를 위해 국민저축률을 제고하는 것 역시 무의미해지고 말았다.[3]

미국의 레이건 행정부는 이러한 중남미 경제 위기에 대한 처방을 모색하였고 그 결과 1985년의 베이커 플랜과 1989년 브래디 플랜을 통해 워싱턴 컨센서스Washington Consensus가 성립되었다. 미국 재무부의 지도 아래 IMF(국제통화기금)가 직접 개입하여 구제금융 제공을 조건으로 남미 경제를 개혁한다는 것이었다. 그 핵심 내용은 긴축재정, 사회보장제 축소, 외채상환 시기 조정, 부채의 주식 전환, 석유 등 국유기업의 민영화, 무역 자유화 등이었다. 한마디로 신자유주의 정책이 본격적으로 가동되기 시작한 것이다.

이러한 가운데 1989년 2월 새로 취임한 페레스Carlos Perez 정권은 베네수엘라가 지불능력을 상실한 상태에서 곧바로 IMF와 협상을 추진했다. 협상 결과는 충분히 예상 가능한 것이었다. IMF는 베네수엘라에 신용을 제공하기로 했고 그 대가로 베네수엘라는 IMF가 제시하는 신자유주의 구조조정 프로그램을 받아들였다. 구조조정 프로그램은 매우 광범위하면서도 강도 높게 진행되었다. 그 효과는 실로 파괴적이기 짝이 없었다. 일례로 가격자유화 정책이 추진되자 일거에 유가가 급등하고 대중교통비가 단 며칠 만에 2배로 뛰었다.

결국 분노한 수도 카라카스 시민은 봉기를 일으키고 말았다. 페레스 정권은 여기에 맞서 군대를 투입했고 결국 2000명이 넘는 시민이 희생되고 말았다. 이로부터 베네수엘라 민중들의 가슴속에서는 신자유주의에 대해 억누를 수 없는 분노가 자리를 잡았고 마침내 새로운 탈출구를 찾아나서게 되었다. 바로 그때 민중 앞에 불현듯이 등장하여 역사의 국면을 뒤바꾸어놓은 인물이 있었다. 바로 우고 차베스Hugo Chavez였다.

혁명 대 반혁명의 대결

베네수엘라는 1958년 푼토피호 협정[4] 이후 군부의 정치 개입이 차단된 가운데 민주행동당과 기독사회당 두 당이 평화적인 정권교체를 반복하였다. 이러한 가운데 진보세력은 1960년대 무장혁명노선이 실패한 뒤 노동자, 학생, 빈민 속에 들어가 저변을 확대하는 활동을 전개했다. 그 결과 1973년에 창당한 급진혁명당은 1988년 3석을 확보하여 의회에 진출하였고, 1993년 대선에서는 22퍼센트의 지지를 받아 제3당으로 부상하였다. 베네수엘라 정치 지형에서 조금은 더디지만 의미 있는 변화가 만들어지고 있었다.

바로 그때 군 장교였던 차베스는 그 같은 변화를 좀더 빠른 시일 안에, 좀더 확실하게 만들 수 있는 길을 모색하고 있었다. 차베스는 베네수엘라 건국의 아버지인 시몬 볼리바르Simon Bolivar 탄생 200주년을 기념하여 1982년 12월 군대 안에 MBR-200이라는 지하 정치조직을 결성하였다. 마침내 1992년 차베스는 MBR-200을 중심으로 쿠데타를 시도했으나 실패하고 말았다. 차베스는 곧바로 수감되었으나 일순간에 베네수엘라 민중 속에 강력한 인상을 심어놓는 데 성공했다.

출소 후 차베스는 선거 참여를 결심하고 MBR-200을 주축으로 각계 진보적 인사들을 망라하는 '5공화국운동'이라는 선거조직을 결성하였다. '5공화국운동'이라는 조직 이름은 차베스가 기존 체제에의 참여가 아니라 새로운 공화국 수립을 통해 체제를 변혁하겠다는 의지를 담은 것이었다. 대선 과정에서도 역시 '의회 해산'과 '새로운 나라 건설을 위한 제헌의회 소집'을 일관되게 주장하였다. 결국 1998년 12월 차베스는 56.2퍼센트라는 사상 최고의 득표율로 대통령에 당선되었다. 선거 참여를 결심한 지 1년 만에 일구어낸 성과였다. 이는 당시 베네수엘라 민중이 얼마나 획기적인 상황 변화를 바라고 있었는지를 반영하는 것이었다.

문제는 그때부터였다. 차베스와 그의 동료들은 선거를 통해 집권하는 데 성공했지만 모든 문제가 수월하게 풀린다는 보장은 그 어느 곳에도 없었다. 일반적으로 선거를 통한 집권은 기존 권력기구를 접수하지만 이를 무기로 강력한 개혁 프로그램을 추진할 경우 심각한 도전에 직면하게 된다. 기존 체제 아래서 기득권세력이었던 관료집단은 자신의 기득권을 위협하는 프로그램에 대해서 강력히 저항하기 때문이다. 이 같은 현상은 관료기구만이 아니라 의회나 재계, 언론 등에서도 두루 나타나게 마련이다. 차베스가 일찍부터 기존 권력기구에 의지해서는 그 어떤 문제도 해결할 수 없다고 생각한 것은 바로 이러한 이유에서였다. 차베스는 권력구조를 재편할 뿐 아니라 궁극적으로 권력의 중심을 민중의 한복판으로 옮기는 것이 필수적이라고 판단하였다. 이러한 판단은 결국 제헌의회 소집과 신헌법 제정 추진으로 이어졌다.

1999년 4월 19일 제헌의회 소집 여부를 묻는 찬반 투표가 실시되었고 86퍼센트 찬성으로 통과되었다. 곧이어 같은 해 6월 25일 제헌의회 의원을 선출하는 선거를 실시한 결과 총 131석 가운데 119명의 차베스 지지자가 당선되었다. 그러자 차베스 지지자들은 의회를 확고히 장악한 가운데 신헌법 제정 작업을 진행하였다. 마침내 1999년 12월 16일 신헌법에 대한 동의 여부를 묻는 국민투표가 실시되었는데 결과는 71.21퍼센트의 찬성으로 나타났다. 이로써 차베스는 취임 후 세 번에 걸친 국민투표로 신헌법인 '베네수엘라 볼리바리안 헌법'을 만드는 데 성공하였고 21세기의 시작과 함께 신헌법을 공표할 수 있었다.

신헌법 제정의 효과는 즉각적으로 나타났다. 신헌법 발효와 함께 당시까지의 모든 헌법기관이 무효화되었고 대법원과 의회는 해산되었다. 그리고 대통령, 국회의원, 자치단체장 등이 새로 선출되었다. 선거 결과는 차베스 지지 세력의 압승으로 나타났다. 그럼으로써 중앙과 지방 모두에서 전면적인 권력 교체가 성공적으로 이루어졌다. 그뿐 아니라 신헌법과 함께 기존 보수적인 양당 정치를 지탱했던 모든 정치제도가 사라져버린 반면 민중이 정치를 직접 통제할 수 있는 여지는 대폭 확대되었다. 아울러 석유 등 국영기업의 민영화를 봉쇄하고 협동조합을 활성화하는 등 사회연대를 기초로 경제를 재구성할 수 있는 원칙이 확립되었다. 말 그대로 신헌법은 베네수엘라 혁명의 근간을 이루게 된 것이다.

신헌법 제정을 통한 권력교체는 여로 모로 탁월한 선택이었다. 무엇보다도 합법적인 경로를 통해 권력교체가 이루어짐으로써 과거 혁명 과정에서 나타난 폭력과 파괴, 유혈사태를 막을 수 있었다. 이는 혁명의 정당성에 대한 폭넓은 인정으로 이어졌다. 그리고 가장 짧은 시간 안에 권력을 교체했다는 장점도 있었다.

　이렇게 하여 합법적 절차와 방식을 중시하는 것은 베네수엘라 혁명의 고유한 특징이 되었고 이는 모든 방면에 고스란히 적용되었다. 다당제에 입각한 자유선거 제도는 그대로 유지되었고 반대파의 언론과 정치활동도 고스란히 보장되었다. 그 결과 반대파의 수중에 있는 언론기관들은 연일 차베스를 비난하는 기사를 쏟아냈고, 수도 카라카스에서는 대규모 차베스 반대 시위물결이 넘실거렸다. 반 차베스 진영은 이러한 정치활동의 자유를 바탕으로 기득권을 위협하는 개혁 프로그램이 본격 시행되는 시기에 맞추어 강도 높은 반혁명 공세를 취하기 시작했다.

　2002년 4월 11일, 사전에 치밀하게 준비된 각본에 따라 반혁명 군사쿠데타가 발생했다. 무조건 사임 요구를 거부한 차베스는 결국 쿠데타군의 군사기지로 압송되었다. 대통령궁을 장악한 쿠데타군은 신헌법을 부정하고 모든 것을 과거로 되돌려놓았다. 곳곳에서 반혁명세력의 테러가 난무하였다. 이로써 민중은 다시금 정치의 중심에서 변방으로 밀려날 위험에 처하게 되었다.

　바로 그 즈음 베네수엘라 혁명의 모든 과정을 관통하는 장대한 드라마가 무대 위에 펼쳐지기 시작했다. 빈민촌이 몰려 있는 언덕 위에서 수많은 민중이 구름처럼 밀려 내려오기 시작한 것이다. 약속이나 한 듯이 민중들의 손에는 볼리바리안 헌법이 쥐어져 있었는데, 그 헌법 333조에는 "이 헌법은 여기에 규정되어 있는 방식 이외의 다른 수단에 의해 폐기되거나 강제적 힘에 의해 기능이 정지되어도 효력을 잃지 않는다. 그럴 경우 모든 시민들은 헌법의 효력을 복구하는 데 협력할 의무를 지닌다"고 되어 있다. 결국 헌법을 부정한 쿠데타군에 대한 민중의 저항은 헌법상 완전히 정당했던 것이다. 마침내 반혁명세력이 진을 치고 있는 대통령궁은 거대한 민중의 바다에 의해 포위되고 말았다. 다급해진 반 차베스 진영의 경찰이 발포를 하여 50여 명의 시민이 희생되었으나 분노한 민중의 발걸음을 되돌릴 수 없었다. 결국 반혁명 쿠데타는 민중의 강력한 저항과 차베스에 동조한 군인들의 역쿠데타로 3일 만에 좌초되고 말았다.

그러나 반혁명세력은 쉽게 물러나지 않았다. 2002년 12월, 이번에는 '사장들의 총파업'(자본파업)이 발생했다. 자본파업은 국영석유회사를 지배하고 있던 반혁명 진영의 자본가들과 어용노동자들이 직장을 폐쇄하는 것으로부터 시작되었다. 반혁명세력은 석유정제소를 파괴하였을 뿐 아니라 가축을 죽이고 우유를 강에 버리는 등 상황을 극단적으로 몰고갔다. 이러한 반혁명 자본파업의 효과는 상당했다. 전체 GDP는 24.9퍼센트나 하락한 반면 물가는 20퍼센트 정도 상승했다. 그에 따라 차베스에 대한 지지도는 한때 20퍼센트 수준으로 떨어졌다.

이러한 상황은 하층 민중의 입장에서 볼 때 혹독하기 그지없는 것이었다. 하지만 지난 반혁명 쿠데타를 통해 단단하게 훈련된 민중은 크게 흔들림 없이 상황을 헤쳐 나갔다. 자본파업에 의해 마비된 석유회사 전산망을 복구하고 긴급 생필품 네트워크를 빠르게 구축해 나갔다. 여기에 덧붙여 쿠바로부터 콩을 가득 실은 배가 도착했고 브라질로부터 식량이 들어오는 등 국제적 지원이 강화되었다. 결국 반혁명 자본파업은 무위로 끝나고 말았다.

자본파업의 실패로 반혁명세력이 낭패감에 젖어 있을 바로 그 무렵 차베스는 신속하게 반격을 가했다. 석유파업에 참가한 국영석유회사 소속의 특권적 노동자 1만 8000명을 피고용자 의무를 방기한 혐의로 노동기본법 10조의 규정에 따라 합법적으로 해고하였다. 이를 통해 국영석유회사는 혁명진영의 확고한 지배 아래 들어가게 되었다. 이후 국영석유회사로부터 나오는 방대한 자금력을 바탕으로 베네수엘라 혁명은 급물살을 타게 되었다. 결국 반혁명세력은 자본 파업을 통해 차베스 진영에 가장 값진 선물을 안겨준 셈이 되고 말았다.

무력과 자본을 이용한 도전에 모두 실패한 반혁명세력은 헌법에 보장된 국민소환을 통해 차베스의 실각을 또 다시 시도하였다. 그러나 이는 이미 실패가 예견된 몽니에 불과한 것이었다. 2004년 8월 15일에 진행된 소환투표는 차베스 지지자들의 열성적인 노력 덕분에 약 200만 표 차이로 부결되었다.

이렇듯 차베스 반대파의 세 번에 걸친 반혁명 기도는 모두 실패로 끝났다. 그렇다면 이 세 번의 반혁명 기도가 남긴 대차대조표는 어떤 것일까.

무엇보다도 중요한 것은 일련의 반혁명을 격퇴하는 과정에서 민중의 역량이 급속히 강화되었다. 이 과정에서 베네수엘라 민중은 20세기 사회주의 국가에서 흔히 나타난 동원되는 수동적 존재가 아니라 스스로 상황을 타개해나가는 능동적인 존재로 탈바꿈해갔다. 더불어 국영석유회사를 접수하는 등 혁명의 전진에 필요한 물질적 고지들을 점령할 수 있었다. 차베스의 표현대로 혁명은 반혁명이라는 채찍을 통해 더욱 강건해지고 더욱 앞으로 나아갈 수 있었던 것이다.

국가에서 민중으로의 권력 이동

미루어 짐작컨대 차베스 일행은 20세기 사회혁명의 성패에 대해 깊이 관찰하고 음미했을 것이다. 특히 소련의 실패에 대해서는 상당한 주의를 기울였을 것으로 보인다. 이러한 성찰은 바탕으로 차베스 일행은 민중이 가급적 당이나 국가기구에 의존하지 않고 자주적으로 문제를 해결하도록 고취하는 방향으로 나아갔다.

이러한 노력은 일차적으로 민중이 공통적으로 추구해야 할 가치, 목표, 행동준칙을 당 강령이 아닌 헌법을 통해 확립하는 것으로 나타났다. 베네수엘라 거리 곳곳에서 작은 책자 형태로 팔리고 있는 새 헌법 곧 '베네수엘라 볼리바리안 헌법'은 베네수엘라 민중의 공동 강령임과 동시에 총괄적인 개혁 프로그램이며 새로운 사회의 기본 틀을 담고 있다. 한마디로 민중은 헌법을 통해 직접적인 합의를 바탕으로 공동의 좌표를 마련할 수 있었다. 이는 지도자, 당 ,민중 사이의 수직적 위계질서에 바탕을 두었던 20세기 사회주의 국가들의 정치적 통일 방식에서 완전히 벗어난 것이었다.

이 같은 헌법의 위상을 뒷받침하기 위해 '볼리바리안 서클'이라는 독특한 조직체가 등장하였다. 볼리바리안 서클은 2000년 헌법을 공부하는 모임으로 처음 만들어지기 시작한 이후 2005년 현재 2600만 인구 가운데 220만 명이 회원으로 활동할 만큼 폭발적으로 확산되었다. 볼리바리안 서클은 일상 시기에는 다양한 영역에서 헌법을 구현하기 위한 대중 활동을 전개하였다. 이를 바탕으로 반혁명 공세가 이루어질 때는 그에 맞서 광범위한 대중의 동참을 이끌어내는 역할을 수행하기도 하였다.

민중이 당이나 국가기구에 의존하지 않고 스스로 문제를 해결하도록 하기 위한 노력은 각종 개혁 프로그램을 추진하는 과정에서도 그대로 드러났다. 이 과정에서 국가기구의 위상과 역할이 좀더 정교하게 재정립되었다.

　　2000년 11월 9일, 베네수엘라 국회는 신속한 개혁을 위해 국회 승인 없이 대통령이 1년간 입법권을 행사할 수 있도록 보장하는 '대통령특별입법권'을 승인하였다. 이를 기초로 차베스는 2001년 11월 10일 토지법, 협동조합법, 어업법 등 49개 개혁입법을 선포하였다. 곧이어 이들 49개 법률을 근거로 사회개혁 프로그램인 각종 '미션'이 수립되었다. 문맹 퇴치를 목적으로 한 미션 로빈슨Mission Robinson, 민중 의료 실시를 목적으로 한 미션 바리오 아덴트로Mission Barrio Adentro, 정부 지원을 받는 슈퍼마켓 창설을 목적으로 한 미션 메르칼Mission Mercal 등은 그러한 미션 중 일부였다. 미션은 이해당사자인 민중이 각 지역별로 토지위원회, 의료위원회 등을 구성한 다음 스스로 결정하고 집행하는 방식으로 이루어졌다. 국가는 여러 미션 수행 조직들 사이의 이견과 이해관계 충돌을 '조정'하고 '지원'하는 임무를 맡았다. 지원에서 가장 중요한 것은 역시 예산 지원으로 전체 국가 재정의 40퍼센트 정도가 미션 수행을 위해 투입되었다.

　　이 모든 과정은 국가에 집중되어 있던 권력의 일부가 민중의 손으로 이동하는 것으로 집약되었다.

　　각종 미션 조직을 통해 산발적으로 이루어지던 권력의 이동은 주민자치위원회CCs 건설을 통해 보다 안정적인 수준에서 제도화되기 시작했다. 법률적 정의에 따르면 주민자치위원회는, 해당 지역 주민이 자신의 요구를 반영한 정책을 수립하고 집행하는 헌법기관이다.

주민자치위원회는 도시에서는 200~400가구, 농촌에서는 약 20가구, 그리고 원주민은 10가구 단위로 조직되었다. 이렇게 작은 단위로 주민자치위원회를 구성한 것은 광역단위로 구성할 경우 주민의 실질적인 참여가 어렵다는 판단에 따른 것이었다. 여기에는 지역공공계획위원회CLPP의 실패 경험이 크게 작용하였다. CLPP의 경우 구성 범위를 너무 넓게 잡은 결과 기성 정당이나 관료들이 자신들의 대표를 투입해 장악하는 결과를 초래하고 말았던 것이다. 이와 같은 주민자치위원회는 2005년 말 일단의 실험 기간을 마친 뒤 본격적으로 건설되기 시작하였다. 그 결과 2006년 11월 현재 수도 카라카스에 약 190개가 건설된 것을 비롯하여 전국적으로 1만 2000개가 건설되었으며 이후에도 계속 건설이 추진되고 있다. 가히 폭발적으로 확산되어온 것이다.

주민자치위원회의 최고의사결정기관은 주민총회이며 집행기관은 주민자치위원회 상임위원회다. 주민총회는 상임위원을 선출하고 소환할 수 있는 권한을 지닌다. 또 해당 지역의 문제를 해결하기 위한 프로젝트를 직접 제안하여 결정할 수 있다. 이러한 주민자치위원회가 건설됨으로써 토지위원회 등 분야별 조직들은 모두 주민자치위원회 산하로 들어오게 되었다. 아울러 분야별로 나뉘어 추진되던 각종 미션은 주민자치위원회가 총괄 조정하게 되었다. 그럼으로써 주민자치위원회는 지역공동체 업무 전체를 관장하는 명실상부한 자치권력 기구가 되었다.

주민자치위원회가 새로운 권력기구로 작동하자 국가기구는 그에 맞게 자신의 역할을 재정비해 나갔다. 국가기구의 동선에 따라 주민조직이 움직이는 것이 아니라 주민조직의 동선에 따라 국가기구가 움직이는 관계가 형성된 것이다. 우선 주민자치위원회법 30조에 따라 전국, 광역, 지역 수준에서 주민자치위원회를 총괄 지원할 '대중권력 국가지도위원회'가 구성되었다. 그 산하에 분권화기금 등 각종 기금과 대중경제부 등 각종 부처가 설치되었다. 이들 기금과 부처는 주민자치위원회가 법적인 절차에 따라 지원을 요청하면 지체 없이 이를 수용하도록 되어 있다.

이렇듯 주민자치위원회는 베네수엘라 혁명의 미래를 좌우할 풀뿌리 권력기관으로 등장하고 있다. 물론 초기 단계인 만큼 주민자치위원회의 미래를 속단하는 것은 아직 이르다. 극단적으로 주민자치위원회가 다시금 국가권력의 하부 기관으로 전락할 가능성도 전혀 없는 것은 아니다. 아마도 그 경우는 베네수엘라 혁명이 초기의 건강성을 잃어버리는 순간이 될 것이다.

21세기 사회주의

차베스가 이끄는 베네수엘라 혁명은 시간이 흐르면서 더욱 더 많은 사람들의 관심을 끌었다. 특히 차베스가 21세기 새로운 사회주의를 언급한 점은 세계인의 관심을 결정적으로 증폭시킨 계기가 되었다. 차베스가 21세기 새로운 사회주의를 공식적으로 처음 언급한 것은 2005년 1월 30일 브라질에서 개최된 제5회 세계사회포럼 자리였다.

"자본주의는 자본주의 자체로부터 초월될 수 없다. 사회주의, 평등과 정의를 지닌 진실한 사회주의를 통해서 우리는 사회주의를 다시 발견해야 한다. 소비에트 연방에서 보았던 그러한 사회주의일 수는 없다. (새로운 사회주의는) 경쟁이 아닌 협조를 기반으로 새로운 체계를 발전시킬 때 출현할 것이다.”

이러한 차베스의 발언은 베네수엘라 혁명이 자본주의 극복을 분명한 목표로 삼고 있음을 시사한다. 자본주의 극복에서 핵심은 생산활동에서 노동자를 주체로 세움과 동시에 기업이 개인의 이익이 아닌 사회적 이익을 위해 운영되도록 지배구조를 변화시키는 것이다. 그렇다면 베네수엘라 혁명은 이 문제를 어떻게 해결하고자 하였는가. 대체로 볼 때 베네수엘라 혁명은 자본주의식으로 운영되는 기존 기업을 바꾸는 것보다 대안적인 기업을 새롭게 창출하는 것을 위주로 하였다. 새로운 것을 키워 낡은 것은 대체해나가는 베네수엘라 혁명의 독특한 전략이 이 지점에서도 그대로 적용된 것이다.

사회주의적 지향을 담은 새로운 기업은 ‘사회적 생산기업’으로 표현되었다. 이는 개인간의 경쟁이 아닌 사회적 연대를 기초로 기업을 운영해야 하고, 이익은 개인의 치부가 아닌 사회를 위해 사용해야 한다는 의미를 담고 있다. 베네수엘라 정부는 사회적 생산기업으로 등록되면 낮은 이자율로 자금을 대출해주고 정부기관에서 발주하는 구매계약에 우선으로 참여할 수 있도록 하는 등 다양한 지원을 제공했다. 그 대신 사회적 생산기업은 이익의 10퍼센트를 지역공동체에 환원하는 등 사회적 연대를 제도화하도록 했다. 이를 위해 이 사회에 지역공동체 대표가 반드시 참여하도록 하였다.

사회적 생산기업은 크게 세 가지 유형이 존재하는데, 기존 국유기업 외에 공동경영기업과 협동조합기업이 있다. 이 중에서 새롭게 선보이고 있는 공동경영기업과 협동조합기업에 대해 좀더 자세히 살펴보자.

공동경영기업은 쉽게 말해서 국가와 노동자가 소유와 경영에서 책임과 권한을 공유하는 기업이라고 할 수 있다. 대체로 초기 출발 단계에서는 국가가 51퍼센트, 노동자가 49퍼센트의 지분을 보유하는데 점차 노동자의 비중을 높여가고 있다. 이사회의 절반 혹은 그 이상이 노동자 대표로 채워졌고 각급 생산 단위별로 노동자 의결기구가 형성되었다. 생산 활동은 이러한 민주적 기구를 통해 조정되고 통제되었다.

공동경영 제도는 20세기 사회주의 경험에 대한 깊은 성찰을 바탕으로 모색되었다. 소련의 경험에서 드러나듯이 국가에 의한 일방적인 경영은 국가경제의 요구를 충실히 반영할 수 있을지 몰라도 상부의 관료주의와 하부의 수동성을 극복하기는 어려웠다. 반면 유고슬라비아에서 시행한 노동자 자주관리는 노동자들의 창의성과 자발성을 높이는 데는 도움이 되었지만 기업이기주의를 피할 수 없었다. 공동경영은 바로 이러한 약점을 함께 극복하고자 도입된 것이라고 할 수 있다. 곧 노동자 경영 참여를 통해 관료주의를 억제하고 아래로부터의 창의성과 자발성을 고취시키면서도 정부 파견 이사를 통해 국가 경제 일반의 요구에 부응하도록 제도화한 것이다.

공동경영이 실질적으로 정착된 것은 2002년 12월 자본파업을 거치면서부터였다. 자본파업의 와중에서 노동자들은 생산을 정상화하기 위해 적극 노력하면서 확고한 경영의 주체로 서게 되었다. 자본파업이 생산 활동에서 피동적 입장에 있던 노동자들을 능동적 경영 주체로 전환시킴으로써 공동경영을 정착시키는 데 결정적으로 공헌한 셈이다.

공동경영의 확산에 대한 자본파업의 기여는 여기에 머물지 않는다. 자본파업을 거치면서 국민경제가 큰 타격을 입었고 민중의 삶이 극도로 피폐해졌지만 파업을 주도한 기업 자신도 심각한 상처를 입었다. 많은 기업들이 가동을 멈출 만큼 회생 불능상태에 빠지거나 수습 곤란한 경영난에 직면하였다. 이런 상태에서 정부는 즉각적으로 유휴공장을 인수하는 작업에 나섰다. 인수 작업은 몰수가 아니라 협상을 통해 기업 소유자에게 가격을 지불하고 매입하는 방식을 취했다. 이렇게 해서 인수된 기업은 대체로 공동경영 기업으로 전환되었다.

또 다른 카드로서 '공장 속으로'라는 이름의, 민간기업이 참여할 수 있는 공동경영 프로그램이 제시되었다. 민간기업이 이 프로그램에 참여하면 정부는 해당 기업에 금융과 기술 지원을 통해 경영을 복구시켜주는 대신 노동자들의 경영 참여와 지역공동체와의 연대를 요구하였다. 자본파업의 후과로 선택의 여지가 없던 많은 기업들이 이 프로그램에 참여하였다.

이렇게 하여 사회주의에 가장 적대적이었던 자본가들은 명백히 사회주의 프로그램의 하나인 공동경영 제도의 확산에 일등공신이 되었다.

협동조합기업은 베네수엘라 혁명이 추구하는 21세기 사회주의를 특징짓는 또 하나의 요소다.

협동조합기업은 사용자와 피고용자의 구분 없이 구성원 모두가 동등한 자격을 갖고 참여하는, 자본축적보다는 집단적 후생을 우선하는 기업 모형이다. 조합원이 사용자이면서 동시에 노동자인 생산자연합체로서 일종의 베네수엘라식 벤처기업이라 할 수 있다. 공동경영이 주요 산업에 종사하는 비교적 규모가 있는 기존 기업에서 이루어졌다면 협동조합기업은 비교적 적은 규모로 농업, 서비스 등 상대적으로 생산성이 낮은 분야에서 새롭게 창출되었다. 이러한 협동조합기업은 2002년 자본파업을 극복하는 과정에서 빠르게 확산되었는데 2006년 현재 15만 3000개의 협동조합에 150만 명의 노동자와 농민이 참여하고 있다.

협동조합기업이 창출되는 과정은 직업 교육을 통한 일자리 창출과 밀접한 연관이 있다. 2004년부터 2005년 5월 사이에만 26만 4570명의 학생이 기술과 경영에 대해 6개월 혹은 1년 단위로 교육 과정을 이수하였다. 직업 교육을 이수한 학생들은 자유롭게 직업을 선택할 수 있는데 다수가 국가의 지원을 받는 협동조합기업 설립을 선호하였다. 그 결과 2004년에는 졸업생의 70퍼센트에 이르는 19만 5095명의 학생이 7592개의 협동조합기업을 만들었다. 평균 25~30명의 학생들이 한 개의 협동조합기업을 설립한 셈이다.

협동조합기업 설립 과정에서 정부는 다양하면서도 구체적인 지원을 하고 있다. 정부는 협동조합기업의 세금을 완전히 면제하였고 신용을 제공함은 물론이고 기술 상담 및 세부적인 경영 지도를 수행하였다. 특히 기술 상담과 경영 지도는 협동조합기업의 성패를 좌우하는 것으로 갈수록 그 중요성이 더해가고 있다.

그런데 협동조합기업은 대체로 영세한 기업이기 때문에 독자적 생존 능력이 낮은 편이다. 이 문제를 해결하기 위해 대중경제부의 적극적인 지원 아래 '내생적 발전지대'라 불리는 협동조합 클러스터를 적극 추진하였다. 여러 협동조합기업들이 한 공간에 모여 토지, 공장, 설비 등을 집약적으로 이용하고 관련 정보를 공유하며 기술 개발과 판로 개척 등의 문제를 공동으로 해결해 나가는 것이다. 대중경제부는 협동조합 클러스터가 필요로 하는 사회 인프라 구축과 신용 제공, 협동조합기업과 다른 기업과의 연계망 구축을 지원하고 있다. 국가기관과의 계약 체결 및 외국 바이어와의 쌍무적 협의 역시 대중경제부가 지원하고 있는 주요 영역이다.

이렇듯 정부는 협동조합기업의 인큐베이터에서부터 지속적인 후원자, 상담자로서의 역할을 담당하고 있다. 그럼에도 불구하고 기업경영의 독립성은 별다른 침해를 받지 않고 있다. 중요한 결정은 총회를 통해 이루어지며 일상적인 업무는 투표로 선출된 행정위원회가 관장하고 있다.

2007년 현재 협동조합기업이 전체 경제에서 차지하는 비중은 대략 10퍼센트 수준이다. 아직은 비중이 그다지 크다고 할 수 없지만 매우 빠르게 확산되고 있는 추세를 감안하면 머지않아 베네수엘라 경제를 이끄는 주요 동력으로 자리잡을 가능성이 높다.

베네수엘라는 이 같은 사회적 생산기업을 주축으로 '내생적 발전 모형'으로 불리는 자립적 경제 발전을 꾀하고 있다. 그간 베네수엘라 경제는 석유 수출에 과도하게 의존하면서 농업과 제조업 등의 발전이 지체되는 기형적 모습을 보여왔다. 단적으로 식량의 70퍼센트 이상과 소비재의 상당 부분을 수입에 의존해야 했다. 이러한 경제 종속을 극복하는 것이 베네수엘라 혁명의 또 하나의 전략적 과제가 되고 있다. 그에 따라 공동경영기업과 협동조합기업을 연속적으로 창출하는 과정은 식량 생산을 증대하고 독자적인 산업기반을 구축하는 것과 밀접한 연관성을 갖게 되었다.

중요한 것은 이 모든 과정이 국민경제 발전과 민중의 삶의 개선으로 이어지고 있는가이다. 새로운 사회주의를 향한 실험의 정당성은 오직 이 지점에서 충분한 성과를 낼 때 인정받을 수 있는 것이다. 사실 이 문제에 관해서는 많은 부분 판단을 유보할 수밖에 없다. 모든 것이 이제 막 출발단계를 벗어나는 상태이기 때문이다. 그럼에도 불구하고 몇 가지 지표는 사태의 추이를 판단하는 데 어느 정도 도움을 준다.

베네수엘라 혁명의 경제적 효과를 판단하려면 먼저 2002년 말 자본파업이 야기한 파괴적 결과를 고려해야 한다. 자본파업 직후인 2003년 2월 실업률은 20.7퍼센트 상승했으며, 인플레이션은 무려 38.7퍼센트 상승했다. 2001년 3.4퍼센트를 기록했던 경제성장률은 2003년 1/4분기 무려 27.6퍼센트나 하락했다. 이 정도라면 경제가 정상으로 회복되는 데만 적어도 수년이 걸릴 수 있다. 다행이 GDP의 25퍼센트, 재정 수입의 절반 정도를 차지하는 석유 판매 수입이 국제 유가 상승에 따라 크게 확대됨으로써 이를 기반으로 경제는 빠르게 회복되었다.

가장 최근 자료인 2006년 경제성장률을 살펴보면 3/4분기 성장률은 10.2퍼센트로 상당한 고성장을 유지하고 있음을 알 수 있다. 중요한 것은 이러한 성장이 대부분 비석유 부문이 담당했다는 사실이다. 사회적 생산기업 창출을 통해 제조업을 중심으로 한 산업기반 구축이 성장세로 이어지고 있음을 알 수 있다. 이 사실은 동시에 사회적 생산기업이 생산성 측면에서도 상당히 성공적임을 말해준다.

이러한 경제 성장을 바탕으로 고용 사정도 점차 개선되어 가고 있다. 2003년 2월 20.7퍼센트를 기록했던 실업률은 2004년 14.5퍼센트, 2005년 11.5퍼센트를 거쳐 2006년 10월에는 9.5퍼센트로 하락했다. 공식적인 빈곤율 또한 1998년 전반기 55.44퍼센트에서 2005년 후반기 43.7퍼센트로 하락했다. 인구의 70퍼센트인 1700만 명에게 건강보험이 새롭게 적용된 점을 감안하면 실제 빈곤율은 35~36퍼센트 수준일 것으로 추정되고 있다. 이러한 가운데 각종 미션이 추진되면서 문맹률이 크게 떨어지고 식량을 보다 싼 가격에 안정적으로 공급받는 등 삶의 질이 전반적으로 향상되었다.

비록 짧은 기간에 걸친 지표지만 베네수엘라 혁명이 어느 정도 연착륙에 성공하고 있음을 알 수 있다. 특히 좌파 정책은 경제 성장에 관해서는 무능할 것이라는 통념을 깨고 고성장을 일궈내고 있음은 눈여겨볼 만한 대목이다.

이러한 성과를 바탕으로 차베스는 21세기 사회주의의 제도적 확립을 시도하였다. 차베스의 시도는 종전과 마찬가지로 사회주의 지향에 맞게 헌법을 개정하는 것으로 나타났다. 그러나 이 시도는 과속운전임이 드러났다. 미국 CIA는 800만 달러의 자금을 투입하여 대학 교수는 물론 학생 대표, 야당 정치인, 언론사 사주 등을 포섭해 폭력 시위를 조장함과 동시에 반 차베스 여론몰이를 조직적으로 주도하였다.[5] 이러한 분위기 속에서 중간층 여론은 개헌 반대로 쏠리게 되었고 결국 2007년 7월에 실시된 개헌 투표는 1.41퍼센트 차로 부결되고 말았다. 차베스로서는 10번의 선거에서 전승을 거둔 이후 첫 패배를 기록한 셈이다. 그에 따라 베네수엘라의 21세기 사회주의는 속도와 수위, 방식에서 상당한 조정국면을 거칠 수밖에 없게 되었다.

쿠바, 농업에서 출구를 찾다[6]

　　　　　　　　사회주의 길을 걸어온 쿠바는 미
국의 코 밑에 있음에도 불구하고 미사일 위기를 계기로 이루어진 미
소간의 합의 덕분에 미국의 직접적인 군사적 공격에서 벗어날 수 있
었다. 그로부터 쿠바는 소련이 주도하는 사회주의 국제 분업에 적극
편입하는 것으로 생존의 길을 찾게 되었다. 이러한 쿠바의 생존 방
식은 소련 붕괴와 함께 심각한 위기에 직면하였다. 하지만 쿠바는
그러한 위기를 보다 대안적인 사회로 이행하는 기회로 삼았다.

쿠바를 살린 유기농과 도시농업

소련 붕괴 이전 쿠바는 사탕수수 재배와 니켈 등 광산물 채취에 주
력했고, 소련은 정치적 고려에서 쿠바의 설탕을 국제가격의 5.4배나
되는 고액으로 수입했다. 반면 소련은 매우 낮은 가격으로 석유를
쿠바에 공급했으며, 쿠바는 그 중 일부를 외화 획득용으로 재수출하
기도 하였다.

　쿠바는 유리한 무역 조건을 바탕으로 소금과 화장지 같은 생필품
에서 농기계, 자동차, 텔레비전 등 공산품에 이르기까지 대부분을
해외에 의존하였다. 더욱이 생존과 직결된 식료품마저 절대적으로

많은 부분을 해외에 의존하였다. 소맥 100퍼센트, 두류 99퍼센트, 곡류 79퍼센트, 쌀 50퍼센트 등을 해외에서 수입했으며, 총 칼로리를 기준으로 보면 식료품의 57퍼센트가 해외로부터 수입되었다.

이러한 가운데 쿠바 농업은 사탕수수와 담배 등 수출을 목적으로 한 환금성 작물에 집중하였다. 그리하여 전세계적으로 보더라도 가장 극단적이고 전형적인 단작單作(Monoculture)[7] 체계가 형성되기에 이르렀다. 대규모 단작을 뒷받침했던 것은 전체 농지의 약 80퍼센트 정도를 담당하던 국영농장이었다. 국영농장에서는 소련제 대형 트랙터가 광대한 농지를 달리며 대부분 해외에서 수입해온 다량의 농약과 화학비료를 마구 뿌려댔다. 트랙터 수는 1헥타르 당 21대로 라틴아메리카 최고 수준이었으며 화학비료 투입량은 미국보다 많았다. 또 평균 3만 헥타르 이상 되는 논에는 비행장이 갖추어져 있어 공중에서 파종하였다. 이렇게 세계에서 가장 앞선 근대적 농업에 의해 생산된 농산물은 다시금 높은 가격으로 사회주의권에 수출되었다.

사회주의 국제분업체계에 깊숙이 편입된 덕분에 쿠바는 무역 이익을 바탕으로 라틴아메리카에서 가장 앞선 사회복지체계를 구축할 수 있었다. 쿠바 인민은 매우 낮은 가격에 생필품을 공급받을 수 있었으며 거의 완벽할 만큼의 무상의료와 무상교육 혜택을 누릴 수 있었다. 한 걸음 더 나아가 매년 2000명 이상의 의료진이 아프리카 등에 파견되어 활동함으로써 쿠바인들의 긍지를 드높이기도 하였다. 적어도 이 대목에서 만큼은 카리브 해의 낙원이 건설되었다고 해도 크게 틀리지 않았다.

그러나 이러한 쿠바의 시스템은 어디까지나 사회주의 국제분업체계가 정상 작동할 경우에만 유지 가능한 것이었다. 쿠바는 사회주의 국제분업체계에 이상이 발생한다면 파국을 피할 수 없는 취약한 구조를 지니고 있었다. 결국 그러한 일이 실제로 일어나고 말았다.

소련이 붕괴되자 그동안 쿠바 경제를 지탱했던 수입과 수출 모두 맥없이 무너지고 말았다. 수입은 1989년 81억 달러에서 1992년 17억 달러로 80퍼센트가 격감했다. 당연한 결과였지만 국제 우대가격 덕분에 무역에서 얻었던 이익 또한 송두리째 사라졌다. 단적으로 1989년에는 설탕 1톤을 7톤의 석유와 교환할 수 있었지만 1993년에는 석유 1.3톤과 교환해야 했다. 이러한 상황은 그동안 수입에 의존하던 농약과 화학비료, 각종 농기계 등의 공급을 어렵게 하였다. 또 석유 부족으로 트랙터 사용과 관개용수 또한 쉽지 않게 되었다. 그 결과 농업생산력이 크게 떨어졌는데, 한 예로 1989년 810만 톤이던 설탕 생산량은 1995년 336만 톤으로 급락하고 말았다.

사태는 미국의 경제봉쇄가 강화됨으로써 더욱 악화되었다. 소련이 붕괴하자 미국은 카스트로 정권을 붕괴시킬 절호의 기회라고 여기고 1961년부터 계속된 경제봉쇄를 더욱 강화했다. 1992년 미국 의회는 국내외의 미국계 기업 및 모든 자회사가 쿠바와 거래하는 것을 금지한 '톨리체리법' 이른바 쿠바 민주화법을 제정했다. 이 법안에 따라 쿠바에 기항한 선박은 미국에 기항할 수 없게 되었다. 또 러시아를 비롯해 소련 붕괴 후 탄생한 나라들이 미국에 원조를 요청하자 미국은 쿠바와의 모든 무역을 중단하라는 조건을 제시하였다. 이러한 미국의 경제봉쇄로 인해 쿠바의 무역은 더욱 축소되었고 그로 인해 무엇보다도 식료품과 의약품 수입이 집중적인 타격을 입었다.

소련의 붕괴와 미국의 경제봉쇄라는 이중의 압박으로 쿠바인들의 삶은 극한상황으로 내몰렸다. 석유, 원료, 기계 공급 차질로 공장의 80퍼센트가 문을 닫았고 노동자의 40퍼센트가 실업자로 전락했다. 그러나 그 무엇보다도 심각한 것은 절대적인 식량 부족이었다. 1991년 제4회 공산당대회에서 행한 카스트로의 보고에 따르면 쌀은 이미 바닥이 났고 콩은 50퍼센트, 분유는 22퍼센트밖에 남지 않은 상태였다.

식량 부족의 부담을 떠안은 남성의 칼로리 섭취량은 1989년 3100킬로칼로리에서 1994년 1860킬로칼로리로 40퍼센트나 떨어졌다. 칼로리 섭취 부족으로 1994년의 경우 남녀 평균 체중이 9킬로그램이나 줄었다. 곳곳에서 기력 부족으로 쓰러져 골절상을 입는 사태가 발생했다. 쿠바가 자랑하던 의료체계 역시 극단의 위기 상황에서 사실상 작동을 멈추어야 했다. 약국의 선반은 비어 있었고 대규모 병상을 확보하고 있는 병원조차 마취제, 항생제 등이 없어 기초적인 의료 행위조차 어렵게 되었다.

위급한 상황에서 가장 시급한 것은 두말할 필요도 없이 식량 문제를 해결하는 것이었다. 온갖 난관 속에서 쿠바가 선택한 것은 농약과 화학비료를 사용하지 않는 유기농으로 전환하는 것이었다. 아울러 도시 스스로 필요한 식료품을 생산하는 도시농업을 정력적으로 추진했다. 특기할 만한 것은, 쿠바는 이러한 전략적 전환을 행정기관에 의존해서 추진하지 않았다는 점이다. 쿠바는 유기농으로의 전면적인 전환을 모든 인민이 참여하는 토론을 거쳐 인민투표에 회부했으며, 93퍼센트의 지지로 확정했다. 이로부터 쿠바 인민은 광범위한 참여 속에서 고도의 창의성을 발휘하기 시작했다.

사실 유기농으로의 전환은 비료와 농약 공급이 80퍼센트 이상 줄어든 조건에서 달리 선택의 여지가 없는 것이기도 하였다. 더욱이 이전 시기 과도한 화학비료 투입으로 인해 이미 토양이 극도로 산성화되어 있는 상태였다. 땅이 죽어가고 있었던 것이다. 농민들이 유기농의 전환을 앞장서서 주장한 것도 이러한 사정과 밀접한 연관이 있었다.

그리하여 쿠바는 어쩔 수 없이 선택한다는 수동적 입장에서 벗어나 보다 긍정적이고 적극적인 관점에서 유기농으로의 전환을 추진하였다. 여기서 큰 힘을 발휘한 것은 풍부한 과학기술인력이었다. 쿠바는 인구가 라틴아메리카 전체의 2퍼센트에 불과하면서도 과학자 비율은 11퍼센트에 이를 만큼 과학기술인력이 풍부한 나라였다. 과학기술인력이 전격적으로 투입된 결과 매우 정교하면서도 창조적인 유기농법들이 다양하게 선보였다. 종전의 화학농약 대신 생물농약과 천적이 이용되었고 내성 품종의 재배와 함께 돌려짓기(윤작), 섞어짓기(혼작), 피목작물 재배 등이 도입되었다. 또 화학비료 대신 생물비료, 지렁이 분변토, 기타 유기질 비료와 천연 인산과 가축 분뇨 등이 사용되었다.

전략적 전환의 또 하나의 축을 형성한 도시농업 역시 매우 괄목할 만한 성과를 거두었다. 시민들은 각지에서 게릴라식으로 도시를 경작하기 시작했다. 이는 당장 먹을 것이 없는 상황에서 별로 선택의 여지가 없는 것이기도 하였다.

시민들의 열정적인 노력에 의해, 방치되어 있던 쓰레기장을 포함해 거의 모든 공터가 농토로 바뀌었다. 그뿐 아니라 시민들은 발코니와 안마당, 옥상 등 손바닥만한 공간만 있으면 농사를 지었다. 심지어 빈 깡통에 농작물을 키우면서 깡통 텃밭이라는 용어가 등장하였다. 그리하여 채소뿐 아니라 약초와 각종 과일, 나아가 닭과 돼지 등 온갖 농축산물이 도시 안에서 길러졌다. 도시 안의 좀더 넓은 공간에는 쌀이 경작되어 부족한 식량을 보충하였다. 수도 아바나에는 가정 텃밭, 개인농가, 기업농장, 협동조합농장, 자급농장(오토콘스모스 Autoconsumos) 등 8000곳이 넘는 도시농장과 텃밭이 만들어졌고, 이를 3만 명의 시민이 경작하였다. 그 면적은 아바나 시 면적의 40퍼센트에 해당하는 것이다. 그 결과 1999년 전체 쌀의 65퍼센트, 채소의 46퍼센트, 오렌지를 뺀 과일류의 38퍼센트가 도시에서 생산·공급되기에 이르렀다.

이렇듯 쿠바에서 도시농업을 빠른 속도로 추진할 수 있었던 것은 무엇보다도 사회주의 특유의 토지 소유관계 때문이다. 쿠바의 토지는 대부분 공유지 형태를 띠고 있다. 이러한 조건에서 쿠바 정부는 원하는 사람이 있으면 즉각적으로 공유지를 임대하여 농사를 짓게 하였다. 덕분에 자본주의 사회에서 흔히 발생할 수 있는 토지 소유자의 반대로 농사를 못 짓는 일은 없었다.

농업에서의 발상의 전환을 통해, 위기에 돌입하던 당시 45퍼센트에 수준에 불과했던 쿠바의 식량자급률은 10년 뒤 95퍼센트 수준까지 급상승하였다. 더욱 다행스러운 것은 이 기간 동안 상당히 굶주렸음에도 불구하고 단 한 명의 아사자도 발생하지 않았다는 사실이다. 극한상황에서 기적을 일구어낸 것이다. 성과는 여기에서 그치지 않았다. 유기농으로의 전환과 도시농업의 발전은 연쇄적인 파급효과를 일으키면서 쿠바 사회를 전혀 새로운 지점으로 안내했다.

새로운 모델의 창출

변화된 농업 체계를 바탕으로 쿠바는 중앙집중적인 기존 국가사회주의 시스템에서 한층 분권화되고 공동체가 주도하는 새로운 사회로 나아가게 되었다. 먼저 농업 시스템 자체에 중요한 변화가 일어났다.

위기 전 쿠바는 전형적인 소련식 농업 구조를 지니고 있었다. 농업의 공업화가 최고 목적이었고 이를 위해서 대규모 국영농장이 전체 농장의 80퍼센트를 차지할 만큼 주류를 이루었다. 그러나 이러한 대규모 농장은 기계적인 역할 분담에는 적합하지만 개별 농민이 생태 흐름 전체를 파악해야 하는 유기농에는 매우 부적합하다. 이러한 사정을 감안하여 쿠바는 국영농장 보유의 농지를 농민들에게 재분배하는 정책을 추진했다. 그 결과 2000년 이후에는 국가 직영농장 20퍼센트, 협동농장CPA과 개인농장이 20퍼센트, 여러 가족농이 구성한 협동생산기초농장UBPC이 60퍼센트를 차지하는 구조로 변화하였다. 공장식 대규모 농장 대신에 소농간의 협업체계로 그 중심이 이동하게 된 것이다. 이를 통해 마르크스 이래 진보주의자들이 오랫동안 꿈꾸어왔던 '자유롭고 독립적인 생산자들의 연합'을 구현하는 새로운 모델의 탄생 가능성을 보여주었다.

이와 함께 종전의 석유 과다소비형 농업을 대신하여 지역의 부산물을 재활용하는 지역순환농업이 자리잡았다. 본디 전통적인 농업은 인간과 동물의 배설물, 음식물 쓰레기 등을 흙으로 되돌려 보내는 지역순환농업 형태를 띠었다. 그러나 근대 이후 도시와 농촌이 분리되면서 도시 안에서 배출되는 인간과 동물의 배설물, 음식물 쓰레기는 대부분 오염물질로 전락하고 말았다. 이러한 도시와 농촌의 분리에 따라 농촌은 부족해진 영양분을 화학비료를 통해 보충하게 되었다. 그에 따라 토양 산성화가 심화되는 악순환 고리가 형성되기에 이르렀다. 인간의 배설물은 흙으로 가면 영양분이지만 물로 가면 오염물질에 불과한 것이다. 그런데 쿠바에서의 유기농으로의 전환과 도시농업의 확산은 바로 도시와 농촌의 분리를 극복하고 지역순환농업을 복원시키는 것으로 이어졌다. 그동안 도시와 농촌이 분리됨에 따라 오염물질로 방출되던 배설물과 음식 쓰레기들은 이제 귀중한 농업자원이 되었다. 이를 위해서 도시지역에서 배출되는 배설물과 음식물 쓰레기를 지렁이 분변토로 재활용하는 등 다양한 방법이 개발되었다.

지역순환농업의 정착은 자연스럽게 파괴된 환경을 복원하면서 도시를 생태도시로 변모시키는 계기가 되었다. 특히 수도 아바나는 이 과정에서 세계가 주목하는 생태도시로 떠올랐다. 무엇보다도 도시농업은 시민들로 하여금 자연스럽게 생태지향적 사고를 갖도록 만들었고 그와 연관된 여러 가지 실천을 병행하도록 만들었다. 220만 아바나 시민들의 적극적인 참여로 시내에 1700만 그루의 나무가 심어졌고 주요 교통수단 또한 공해가 없는 자전거로 대체되었다. 위기 전 3만 대에 불과했던 아바나의 자전거 수는 6년 만에 200만대가 넘게 되었는데, 이는 석유 부족을 극복하기 위한 고육지책이기도 하였지만 시민들의 자발적인 참여 없이는 불가능한 일이었다.

도시농업의 발달로 인해 생산된 농산물이 멀리 이동하지 않고 최대한 가까운 거리에서 소비할 수 있게 된 점 역시 비슷한 효과를 발생시켰다. 농산물의 장거리 이동에 따른 사회적 낭비와 환경오염을 줄이면서 보다 신선한 농산물을 공급할 수 있게 되었다. 이른바 '로컬 푸드Local food' 시스템이 정착된 것이다. 이 과정에서 생산자와 소비자는 서로 얼굴을 아는 사이가 되었고 서로가 무엇을 원하는지 정확히 파악할 수 있었다. 그 결과는 도시 농업을 매개로 도시인들의 교류와 협력이 활성화되면서 지역공동체Community가 소생하는 것으로 나타났다.

공동체가 소생되면서 쿠바 인민들은 각종 문제 해결 과정에서 이전과는 전혀 다른 태도를 갖게 되었다. 일련의 위기를 겪으면서 국가는 더 이상 종전의 기능을 수행할 수 없게 되었다. 이러한 조건에서 쿠바 인민은 자연스럽게 보다 많은 문제를 공동체를 통해 스스로 해결해 나갔다. 그 동안 국가가 전적으로 책임졌던 사회복지의 많은 부분도 공동체 안에서 해결하였다. 의료 문제는 그 대표적인 경우라고 할 수 있다.

앞서 이야기했듯이 소련 붕괴 이후 의약품의 부족으로 기존 의료 시스템은 정상 가동이 거의 불가능해졌다. 결국 전통 의약을 바탕으로 한 녹색약품을 적극 활용하는 것에서 돌파구가 마련되었다. 곧바로 약초에 정통한 고령자 동호회 등을 통해 과거부터 전승되는 민간 요법을 수집·정리하였고 이를 과학적으로 분석·체계화하는 작업이 이루어졌다. 그 결과 전문 의료기관에 의존하지 않고도 민간 수준에서도 질병을 상당 정도 치료할 수 있게 되었다. 가령 어린이들의 기침을 멈추게 하는 데는 프렌치 오레가노가, 신경을 안정시키는 데는 차일로가 사용되었다. 또 수면제 대용으로 보리수 잎사귀를 달여 즙을 내어 먹었고, 심한 편두통은 상록수 추출물로 치료하였다. 중병과 난치병은 힘들더라도 감기, 설사, 두통 등 일상적인 질환의 대부분은 이런 방식으로 치료가 가능한 것으로 확인되고 있다. 보다 의미심장한 것은 녹색약품은 화학약품의 약점인 후유증으로부터 자유롭다는 점이다. 치료비 절감효과가 있는 것은 물론이다. 이러한 녹색약품 활용과 함께 노인들의 주도로 각종 예방의학 프로그램이 공급되었다. 위기 이전에 완비되어 있던 지역주치의 제도는 이를 지원하는 역할을 하였다. 그리하여 공동체 스스로 의료 문제를 해결할 수 있는 능력이 비약적으로 강화되었다.

일련의 과정을 거쳐 쿠바 인민은 위(국가)보다는 옆(공동체)을 먼저 쳐다보게 되었고, 위로부터의 해결을 기대하기보다는 아래로부터의 해결을 먼저 추진하는 보다 능동적인 주체로 변모해갔다. 이는 명백히 그동안 쿠바를 지탱해왔던 소련식 국가사회주의 모델을 극복해가는 과정이었다.

국가와 인민의 관계 재정립

1970년대까지만 해도 쿠바는 소련의 축소판이라고 해도 과언이 아니었다. 모든 책임과 권한은 국가로 집중되었고 인민은 전적으로 국가에 의존했다. 쿠바는 이러한 관계를 적극적인 국가의 지도이념으로 삼았다. 가령 1970년 7월 26일 '몬카다 병영 습격 기념일'에 즈음하여 카스트로는 다음과 같이 연설한 바 있다.

"오늘날 인민 여러분은 국가가 모든 것을 해결해주기를 기대하고 있습니다. 정말 여러분은 옳습니다. 그것이 바로 공산주의적인 의식, 사회주의적 의식입니다. (중략) 인민이 국가에 모든 것을 기대한다는 사실은 혁명이 만든 사회주의 의식이자 인민의 권리인 것입니다."

카스트로의 이러한 발언은 고스란히 현실이 되었다. 쿠바 인민은 지도자의 명령만 묵묵히 따르고 마냥 국가만 쳐다보는, 수동적이고 순응적인 인간형으로 되어 갔다. 쿠바 인민은 정부에 대해 자기주장을 내세우는 법이 별로 없었고 그저 듣는 데만 익숙해져 있었다. 가만히 있으면 정부가 알아서 문제를 해결해주기 때문에 굳이 나서서 주장할 필요가 없었던 것이다. 그러다보니 쿠바 인민은 집이 낡아 페인트칠을 해야 함에도 불구하고 너나 할 것 없이 정부가 해줄 때까지 앉아서 기다렸다.

　그러나 위기가 닥치면서 모든 것이 뒤바뀌고 말았다. 위기의 첫 징후는 국가기구에서 나타났다. 곧 국가기구가 종전처럼 인민의 삶을 전적으로 책임질 수 없게 된 것이었다. 이런 상태에서 국가만 쳐다보고 있으면 돌아오는 것은 굶어죽는 것뿐이었다. 위기의 순간에 쿠바 인민은 스스로 살길을 찾아 나섰다. 유기농으로의 전환과 도시농업 개척을 통해 식량 문제를 해결하고 녹색약품을 통해 의료 문제를 해결한 것은 그 대표적인 사례다.

　이 과정에서 군대가 의미 있는 역할을 수행하기도 하였다. 도시농업을 먼저 시도하고 녹색약품에 먼저 관심을 기울인 것도 군 출신이거나 현역 군부대였다. 그러나 북한처럼 군대가 위기를 돌파하는 중추적인 역할을 맡지는 않았다. 쿠바는 분명하게도 인민의 자발적이고 창조적인 노력을 바탕으로 위기를 돌파했고 이를 통해 새로운 사회의 전형을 창출했다. 무엇보다도 중요한 것은 이러한 과정을 거쳐 쿠바 인민은 이전 시기와는 비교할 수 없을 정도로 자율적이고 독립적인 존재로 변모되었다는 사실이다.

　쿠바 인민의 자율적이고 독립적인 활동을 촉진했던 요소 중의 하나는 위기 이후 2000여 개 이상이나 새롭게 생겨난 비영리기구NPO (Non-Profit Organization)였다. NPO는 시민들에 의해 상향적으로 조직된 시민 NPO와 헌법에 규정된 바에 따라 정부에 의해 하향식으로 조직된 관제 NPO로 나눌 수 있다. 전자를 대표하는 조직으로는 유기농을 주도한 액타프ACTAF(농업기술협회), 지속가능한 개발을 실현하는 것을 목표로 한 펠릭스 발레라 센터, 환경 보호를 목적으로 한 프로 나추엘레자 등을 들 수 있다. 관제 NPO로는 인구의 87퍼센트를 망라하고 있는 혁명방위위원회CDR, 쿠바노동자중앙연합CTC, 대학생연맹FEU, 전국소농협회ANAP 등이 있다.

그런데 이 두 종류의 NPO는 성향에서 대립적이지 않으며 그 경계 또한 뚜렷하지가 않다. 왜냐하면 둘 모두 정부와 협력적 관계를 맺고 있기 때문이다. 중요한 것은 쿠바 인민은 이러한 NPO를 통해 정부기구와 대등한 지위를 유지할 수 있게 되었다는 점이다. 곧 NPO를 통해 정부로부터 독립적인 활동을 전개하면서 자신의 주장을 펼 수 있었고 정부와의 관계도 목적의식적이면서도 선택적으로 맺을 수 있게 된 것이다.

특히 국제연대와 이를 통한 해외 원조 확보에서 NPO들의 역할은 독보적인 것이었다. 예를 들면 액타프는 격년으로 유기농업 국제회의를 주최하는데 이 회의에는 세계적으로 유명한 유기농업 관계자들이 참여한다. 액타프는 이를 통해 쿠바의 국제적 위상을 크게 격상시켰다. 이렇듯 국제연대 등 많은 분야에서 NPO가 전면에서 나서면서 자연스럽게 정부는 이를 지원하는 위치에 서게 되었다.

쿠바 정부 또한 이러한 추세에 맞추어 스스로를 변화시켜 나갔다. 위기의 징후가 뚜렷해진 1990년대 들어와 당과 중앙정부 기구를 대폭 축소하기 시작하였다. 1991년에는 공산당 중앙위원회 조직을 19부서에서 9부로 간소화하고 직원을 60퍼센트가량 줄였다. 또 1994년에는 중앙정부 기구를 984개에서 570개로 줄였고 직원도 1만 1600명에서 4650명으로 줄였다. 이러한 조치는 국가 재정 위기를 해소하기 위한 일환이기도 했지만 국가에 집중된 책임과 권한을 분산시키고자 하는 의도도 함께 포함되어 있었다.

이렇듯 국가와 당 기구를 축소시킨 것과 달리 민의를 대변하는 기구인 퍼프랄의 기능은 더욱 강화되었다. 퍼프랄은 쿠바 전역에 1551개가 있으며 대표자만 1만 4000명가량 된다. 평균적으로 인구 800명당 1명의 대표가 있는 셈이다. 이러한 퍼프랄 대표들은 1992년 헌법 개정 이후 의회 활동에 머물지 않고 자가영업 조정에서 세금 관련 업무에 이르기까지 지역에 밀착된 행정 서비스를 담당하였다. 이를 통해 퍼프랄은 인민과 국가기구가 일상적으로 소통하면서 신속하게 문제를 제기하고 해결하는 기구로 기능하였다.

새로운 출발선에 선 북한

북한은 20세기에 가장 충실했던 국가다. 북한은 20세기가 제기한 과제를 해결하기 위해 가장 치열하게 투쟁한 국가임과 동시에 국가 시스템 역시 20세기의 전형을 보여준 나라이기도 하였다. 이러한 북한 역시 1990년대 혹독한 위기를 거치면서 전략적 전환을 모색하기에 이르렀다.

물론 이 과정은 당사자들이 충분히 감지하고 있듯이 밖으로는 계속되는 미국의 압력을 극복해야 하고, 안으로는 20세기가 남긴 거대한 관성을 넘어서야 하는 참으로 힘들고 복잡한 과정일 수밖에 없다. 북한의 미래는 현재 진행 중인 바로 이 '투쟁'에 의해 크게 좌우될 것이다. 만약 이 투쟁에서 승리하게 되면 북한은 지난 세기와는 전혀 다른 모습의 사회로 변모할 가능성이 크다.

위기의 폭발

북한은 1960년대 이후 국방, 경제, 외교, 사상 등에서 소련과 중국에 의존하지 않는 독자노선으로 일관하였다. 무엇보다도 외부 환경의 변화에 관계없이 생존할 수 있는 자력갱생의 길을 고집스럽게 추구하였다.

이러한 자주노선을 바탕으로 북한은 막대한 군사비 지출이라는 악조건 속에서도 중공업을 중심으로 하는 사회주의 공업화에서 적잖은 성공을 거두었다. 그 결과 대략 1970년대까지는 각종 생산지표에서 남한보다 우위에 설 수 있었다. 또 산악지대임에도 불구하고 식량 자급을 달성할 만큼 농업 분야에서 괄목할 만한 성과를 일구어냈다. 비록 소비재 공급에서 발전된 자본주의 나라 수준에는 이르지 못했다 해도 교육, 의료, 주택 등과 관련하여 기본적인 인민의 요구를 충족시키고 있었다.

　이 시기 동안 북한은 중국처럼 커다란 시행착오를 반복하지 않았으며, 소련처럼 심각할 정도의 무기력한 정체상태에 빠져들지도 않았다. 그렇지만 보다 높은 수준의 소비 생활을 보장하기 위해서는 산업구조를 한층 고도화하지 않으면 안 되었다. 이를 위해서 북한은 대외경제협력 확대를 통해 내부 시스템을 혁신함과 동시에 새로운 성장동력을 확보하고자 노력하였다. 이러한 맥락에서 북한은 1980년대 이후 외국기업과의 합작을 위한 합영법을 제정하고, 나진선봉지구를 자유무역경제지대로 지정하는 등 대외경제협력 확대를 위한 각종 조치를 취하였다.

　그러나 북한의 이러한 노력은 미국의 고강도 군사적 압박과 빈틈없는 경제봉쇄의 벽 앞에서 번번이 좌절되었다. 그동안 미국은 북한을 '테러 지원국'으로 규정함으로써 국제사회에서의 금융지원을 원천적으로 불가능하게 만들었으며 적성국 교역법 적용을 통해 북한에 대한 각종 투자와 물자 반입, 북한산 제품의 미국 시장 진출을 불가능하게 만들었다. 그 결과 북한의 대외경제협력 확대는 이렇다 할 성과를 내지 못했고 내부 시스템의 혁신 또한 지체되면서 경제 전반이 침체상태로 빠져들었다.

그러던 중 1994년 7월, 북한 인민의 정신적 지주였던 김일성 주석이 세상을 떠났다. 그로 인해 북한 인민은 엄청난 정신적 공황상태로 빠져들었다. 참으로 기묘하게도 김일성 주석의 사망과 함께 북한은 계속되는 위기상황에 직면하였다.

위기는 에너지에서부터 발생하였다. 북한은 그 동안 소련 등과 (필요한 재화를 물물교환 형태로 교환하는) 구상무역을 통해 원유를 조달해왔다. 그런데 소련 붕괴 이후 러시아가 경화(달러 등 국제통화) 결재를 요구함에 따라 원유 조달은 심각한 차질을 빚게 되었다. 그 결과 1988년 250만 톤이던 원유 수입량은 소련 붕괴 이후인 1994년에는 91만 톤으로 급감하였다. 전력 에너지 공급에서도 비슷한 현상이 나타났다. 북한의 전력 생산 중 40퍼센트 정도는 화력발전소가 담당해왔는데 발전 설비는 주로 소련에서 도입한 것이었다. 그런데 소련이 붕괴함으로써 필요한 설비 부품을 조달하기가 어려워졌고 그 결과 전력 생산이 급격히 감소하기 시작했다.

에너지 상황의 악화는 곧바로 농업생산 전반에 심각한 타격을 안겨주었다. 무엇보다도 원유 공급 부족으로 인해 비료 생산이 차질을 빚고 농업기계 사용마저 어려워지면서 농업생산 전반이 심각한 난관에 봉착하였다. 설상가상으로 1995년부터 계속된 자연재해는 북한 농업을 파멸적 위기로 내몰았다. 1995년의 대홍수, 그 다음 해에 이어진 보기 드문 가뭄은 통상적인 자연재해의 규모를 뛰어넘는 것으로, 농업기반을 결정적으로 파괴하였다. 수많은 논밭이 대홍수로 인해 폐허로 돌변했고 애써 키운 농작물이 불볕 가뭄 속에서 맥없이 타들어갔다. 이 모든 결과로 북한은 전례 없는 농업 위기, 식량 위기에 직면하면서 곳곳에서 굶주림으로 쓰러져 가는 사람들이 속출하였다. 여러 정황을 종합해볼 때 적어도 수십만에서 많게는 수백만 명이 굶어죽었을 것으로 추정되고 있다.[8]

공업부문 역시 사정은 마찬가지였다. 에너지난과 원료 부족, 수송 곤란 등으로 공장의 조업률이 급속히 떨어졌고 아예 가동을 멈춘 공장들이 속출하였다. 이러한 과정은 연쇄적인 파급효과를 일으키면서 북한 산업을 최악의 상황으로 몰고 갔다. 끝내 북한 산업의 심장이라 할 수 있는 김책제철소의 고로가 식어갔으며, 수도 평양마저 전기 공급 중단 사태를 자주 겪어야 했다. 이러한 상황 속에서 노동자들은 식량난까지 겹치면서 참으로 견디기 힘든 고통을 겪어야 했다. 다음은 식량난이 특히 심했던 북부 공업지대의 노동자들이 겪어야 했던 곤란이 어느 정도였는지를 짐작케 한다.

설비와 원료가 모자라 공장의 일부 시설이 돌아가지 못했고, 식량난을 겪는 노동자들은 풀죽으로 끼니를 때우기도 하였다. 일부 노동자들은 견디다 못해 식량을 얻기 위해 공장을 떠나 농촌에 있는 친척 집으로 갔다.《로동신문》은 이러한 상황에 대해 "우렁찬 동음을 울리지 못하는 기계바다, 일시적으로 생활상 난관 앞에 맥을 놓은 적잖은 로동자들, 텅 비다시피한 자재창고, 불을 끈 가열로"라고 묘사하였다. 이 공장에서 일하는 어떤 노동자의 아내는 아침마다 남편의 점심 곽밥에 나물 절반, 통강냉이 절반인 밥을 눈물과 함께 담으며 한숨을 내쉬다가 집을 나섰고, 남편도 다섯 살 난 아들을 업고 앓고 있는 부모의 병구완을 위하여 고향으로 떠났다. 일부 노동자들은 밥 투정질하는 자식들을 보다 못해 농촌으로 떠났다.[9]

분명 북한이 직면한 경제 위기는 사회주의 제도의 물질적 기반을 뒤흔들어놓을 만큼 심각한 것이었다. 외부 세계에서 보기에 북한은 체력이 극도로 소진된 상태에서 비틀거리다 쓰러지고 말 운명이었다. 수많은 관측자들이 확신에 찬 어조로 북한 붕괴를 이야기하기 시작했던 것도 이 무렵이었다.

북한 자신은 이러한 상황을 항일무장투쟁 시기의 역사적 경험을 빌어 '고난의 행군'으로 표현하였다. 북한은 고난의 행군 시기 동안 한국전쟁 때보다 더 극심한 고통을 겪어야 했으며 2차 세계대전 당시 독일군이 900여 일 동안 소련의 레닌그라드를 봉쇄했을 때보다 더 기나긴 고통을 감수해야 했다고 피력했다. 북한의 공식 발표에 따르면 '고난의 행군'은 1994년부터 적어도 1999년까지 6년에 걸쳐 지속되었다.

그렇다면 우리는 여기서 북한 위기의 진정한 요인이 무엇이었는지 따져볼 필요가 있다. 표면상 북한 위기의 계기는 소련의 붕괴와 일련의 자연재해로 나타났다. 이것은 분명한 사실이다. 그럼에도 불구하고 의문은 여전히 남는다. 북한은 소련에 절대적으로 의존해온 나라가 아니었다. 도리어 소련의 지원 없이 자력갱생하는 것을 목표로 국가 경제 시스템을 구축해왔다. 그런데 정작 소련의 지원이 중단되었을 때 가장 큰 타격을 받았다. 그 정도는 소련에 절대적으로 의존했던 쿠바보다도 심각한 것이었다. 이는 참으로 아이러니가 아닐 수 없다.

결론적으로 1990년대 북한의 위기는 소련 붕괴라고 하는 외부적 충격과 자연재해의 피해를 흡수할 수 없을 만큼 국가 시스템이 극도로 취약해진 데서 원인을 찾을 수밖에 없다. 만약 외부에서 원인을 찾는다면 외부 환경이 개선되지 않는 한 문제의 근본적 해결은 요원할 것이다. 이는 실천적으로도 올바르지 못한 결론이다.

냉정하게 말하면 북한 역시 국가사회주의의 전형을 보여준 나라였다. 협동조합 형태로 묶여 있던 농업을 제외하고는 모든 산업이 국가의 직접적인 관장 아래 있었다. 이는 전체 경제에서 차지하는 국가 재정의 비중이 70퍼센트 수준에 이르렀던 것에서 확연하게 드러난다. 북한이 공식적으로 세금을 폐기할 수 있었던 것도 경제 잉여가 국가에 귀속되었기 때문에 가능한 것이었다.

이 같은 국가사회주의 시스템은 시기와 양상은 다르지만 소련과 흡사한 문제점을 낳고 말았다. 국가사회주의 시스템은 양적 성장이 주가 되던 사회주의 건설 초기에는 자원의 선택과 집중을 통해 고속 성장을 이끌어낼 수 있었다. 이러한 추세는 대략 1970년대까지 이어졌다. 그러나 국가사회주의 시스템 아래서 인민과 기업은 국가에 의존하고 국가는 시혜를 베푸는 것에 익숙해지면서 시간이 흐름에 따라 인민의 자주적 해결 능력과 개별기업의 자생력은 크게 약화되고 말았다. 이는 개별기업과 산업이 설비를 자체의 힘으로 교체하고 쇄신할 능력을 상실해버릴 정도로 심각한 것이었다. 그러한 조건에서 1980년대 이후 북한 경제의 침체로 국가의 공급 능력이 약화되자 곧바로 설비 전반이 노후화되고 말았다. 결국 소련 붕괴라는 외부적 충격이 가해지자 녹슨 기둥에 의지하던 건물이 맥없이 허물어지듯이 경제 전반이 붕괴로 치닫고 말았던 것이다.

농업 역시 외부적 충격과 자연재해에 취약한 구조 상태에 있었다. 산악지대에 적합하지 않은 쌀농사에 대한 과도한 집착은 고에너지 투입을 구조화했고, 다량의 비료가 필요한 옥수수 농사의 확대는 결과적으로 지력을 급격히 약화시켰다. 북한의 농업은 에너지와 비료 공급이 차질을 빚는 순간 곧바로 문제가 야기될 수밖에 없는 상태였던 것이다. 또 토지 개간과 연료 조달을 목적으로 한 무분별한 야산 개간과 인위적인 수로 개발 등은 환경 자체를 자연재해에 취약하도록 만들었다. 자연재해로 인한 끔찍한 피해는 상당 정도 이전 시기에 진행되었던 자연 파괴의 결과였다.[10]

한마디로 북한 경제의 위기는 상당 정도 시스템의 결함으로부터 발생한, 다분히 구조적인 것이었다. 이 과정에서, 인민의 자주적 문제 해결 능력과 기업의 자생력이 뒷받침되지 않은 상태에서 국가적 차원의 자력갱생 노선은 지속가능성을 보장받기 어렵다는 점이 확인되었다. 이 사실은 북한의 엘리트 집단에게 강한 충격을 안겨주었고, 이후 새로운 모색을 위한 치열한 논쟁을 촉발하였다.

미국과의 맞대결

1990년대 북한이 직면한 위기는 단지 경제 분야에 국한된 것이 결코 아니었다. 경직된 국가 시스템으로 인해 경제 위기가 엄습했지만 그 결과는 다시금 국가 시스템 자체의 마비로 이어졌다. 긴급한 상황에서 국가기구는 상황 대처 능력을 상실하였고, 북한 사회를 움직이던 핵심 기구인 당마저도 제대로 기능하지 못한 것이다.

인민 역시 마찬가지였다. 자강도 인민들이 독자적으로 중소형 수력 발전소를 건설하는 등 예외가 있긴 하지만 대부분의 인민들은 달리 해법을 찾지 못한 채 넋을 잃고 주저앉았다. 수많은 사람들이 굶어 죽어가고 식량 위기가 장기화되는 상황에서도 자기 손으로 문제를 해결하기 위한 창발적인 노력은 기대만큼 발휘되지 않았다.

체제 전반이 무너져 내리는 위기 상황에서 정상적으로 기능을 유지한 것은 거의 유일하게 군대뿐이었다. 결국 군대는 위기 상황에서 북한 체제를 유지하는 마지막 보루가 되었으며, 동시에 상황을 앞장서 돌파하는 선도적 기능을 수행하였다. 이 과정에서 군대는 북한 사회에서 주도적인 세력으로 부상하였고, 결국 군대가 앞장서 혁명을 이끄는 '선군혁명영도' 노선이 공식화되기에 이르렀다.

이러한 가운데 핵 카드를 지렛대로 한 미국과의 첨예한 맞대결이 한편의 거대한 드라마처럼 펼쳐졌다. 북한 군부가 운명을 걸고 전개한 이 대결은 한편으로는 미국의 압력을 돌파함과 동시에 북한 인민의 심리적 좌절을 해소시키는 구실을 함으로써 북한 체제를 유지하는 가장 중요한 프로젝트가 되었다.

북한은 한국전쟁 이후 세계에서 유례를 찾아볼 수 없는 장기간에 걸친 미국과의 군사적 대치 상황을 감수해야 했다. 휴전선을 사이에 두고 미국은 다양한 형태로 북한을 압박하였는데 그 중에서도 가장 위협적인 것은 핵무기를 사용할 가능성을 끊임없이 내비친 것이었다.

1958년 1월 29일에 주한 유엔군사령부는 한국에 핵병기를 도입하고 있음을 정식 발표하고, 2월 3일에는 원자포와 지대지미사일 어네스트 존을 공개하였다. 이후 미국 정보센터의 《디펜스 모니터》 1976년 1월호는 "핵 지뢰 25~50발, 서전트 지대지 미사일 12발, 어네스트 존 미사일 80발, 나이키-허큘러스 지대공 미사일 144발, 155미리포 핵폭탄 152발, 203미리포 핵포탄 56발, F-4팬텀전투기

탑재 핵포탄 192발, 합계 646~661발이 한국에 배치되어 있다"고 밝혔다. 또 1987년 4월 9일 《중앙일보》는 《뉴욕타임스》 기사를 인용하여 주한미군이 1000여 개의 핵무기를 보유하고 있음을 전하기도 하였다.[11]

북한은 주한미군이 단순한 협박용이 아닌 실전용 핵무기를 다량 보유하고 있다는 사실에 상당한 공포감을 느꼈던 것으로 알려졌다. 결국 북한은 미국의 핵 공격 위협에 대한 대응책으로 독자적인 핵미사일 개발에 착수하였다. 그러던 중 소련이 붕괴하고 미국 중심의 일극체제가 수립되자 북한의 핵미사일 개발은 전혀 다른 전략적 가치를 갖게 되었다. 피할 수 없는 미국과의 맞대결을 돌파할 수 있는 전략적 카드가 된 것이다. 이러한 이유로 1991년 미국 정부가 (소연방의 해체로 통제불능상태에 빠질 위험성이 컸던 소련내 각 공화국에 배치되어 있는 전술핵무기의 폐기를 유도하기 위한 조치의 일환으로) 휴전선 이남의 핵무기를 긴급히 철수시키고 한반도의 비핵화를 추진했음에도 불구하고 북한은 핵미사일 개발 프로그램을 포기하지 않았다. 무엇보다도 (북한이 1992년 특사 파견을 통해 요구했던) 관계개선을 거부하고 적대정책을 고수함에 따라 북한은 북미협상을 압박할 수단으로 핵 카드의 필요성을 더욱 절실하게 느끼게 되었다. 이로부터 핵 개발을 둘러싼 북미간의 첨예한 대결이 그 막을 올리게 되었다.

북미간의 대결은 미국이 북한을 향해 의심이 가는 모든 시설을 검증할 특별사찰을 요구하고 북한이 그에 대한 맞대응으로 1993년 3월 12일 NPT(핵확산금지조약)에서 탈퇴하면서 절정을 향해 치달았다. 급기야 미국은 1994년 6월에 남한을 기지로 북한에 대한 전면공격에 착수하기에 이르렀다. 전쟁이 기정사실화되자 외국 통신사들이 전쟁 특종을 노리고 대거 한반도로 몰려왔고, CNN은 생중계 준비를 완료한 상태에서 예행연습을 진행하고 있었다. 또 주한 미국인에 대한 소개 작전이 시작되었고, 정보를 입수한 남한 상류층은 전쟁 상황에 대비한 비상 물품을 구입하느라 바삐 움직였다. 참으로 놀라운 사실이었지만 상황이 이토록 극한을 향해 치달았음에도 불구하고 미국은 한국 정부와 사전 논의는 고사하고 통보조차 하지 않았다. 한국 정부는 자기 영토에서 전쟁이 추진되고 있는지조차 모르고 있다가 러시아로부터 정보를 제공받고서야 뒤늦게 대응에 나섰다.

하지만 전쟁 개시 정확히 한 시간 전에 미국은 북한과의 전쟁을 포기하고 말았다. 미국이 입게 될 출혈이 너무 크고 그에 따라 정권이 구렁텅이에 빠질 것이라고 판단했기 때문이었다. 다음은 윌리엄 페리William Perry 국방장관, 게리 럭Gary Luck 주한미군 사령관 등 최고위급 군사관계자들이 클린턴Bill Clinton 대통령에게 보고한 내용이다.

한반도와 같은 인구밀집형 도시 환경에서 현대 무기가 대거 동원된 전면전이 일어날 경우 사망자는 100만 명을 넘게 된다. 미국인도 8만~10만 명이 목숨을 잃는다. 미국이 부담해야 할 비용은 1000억 달러를 넘는다. 남북한과 주변국의 재산 파괴, 경제활동 중단 등에 따른 손실은 (1994년 남한의 국민총생산 3500억 달러의 3배 수준인) 1조 달러를 넘는다. 개전 직후 휴전선 일대의 북한 중장거리포들이 일제히 불을 뿜으면서 서울 등 수도권은 삽시에 아수라장으로 변한다. 원자력발전소 중 하나만이라도 파괴된다면 한반도는 죽음의 재로 뒤덮이게 된다. 한반도를 석기시대로 되돌려놓은 뒤 한미연합군

이 북한을 점령할지 모르지만 중국은 결코 좌시하지 않을 것이다.[12]

상황은 위기 직후 카터 전 대통령이 평양을 방문하고 일련의 협상을 통해 큰 틀에서의 합의에 도달하면서 극적으로 돌파되는 듯했다. 카터의 평양 방문 성과를 바탕으로 북한과 미국은 같은 해 11월 "북한은 문제의 영변 핵시설을 동결하고 미국은 그 대가로 대체에너지 시설을 공급하며 10년 이내에 이 모든 것을 매듭짓고 두 나라는 외교관계를 정상화한다"는 것을 골자로 하는 제네바 합의에 도달하였다. 그러나 미국은 제네바 합의를 이행하지 않았다. 단적으로 북한에 제공하기로 한 경수로 원자로 2기 건설을 계속 미루고 있었고, 약속한 중유를 제공하지 않았으며, 관계 개선을 위한 일련의 조치를 취하지 않았다. 그 이유는 의외로 간단했다. 미국이 보기에 심각한 경제 위기에 빠진 북한은 조만간 무너질 나라였다. 곧 약속을 지킬 필요가 없는 나라였던 것이다.

하지만 이러한 미국의 판단은 완전한 오판이었음이 드러났다. 북한은 극한상황 속에서도 붕괴하지 않았다. 북한 인민이 고통을 견디다 못해 반란을 일으키거나 권력의 주도권이 미국과의 타협을 추구하는 세력에게 넘어가는 그 어떤 일도 일어나지 않았다. 도리어 얼마간의 시간이 흐른 뒤 미국을 극도의 당혹감 속으로 빠뜨리는 사건이 발생하고 말았다.

1998년 8월 31일에 북한은 전세계를 충격으로 몰아넣은 3단 로켓발사 실험을 단행했다. 북한의 발표에 따르면 이 실험은 '광명성 1호'라는 이름의 인공위성 발사 실험이었고, 러시아 항공우주센터는 북한의 주장이 사실임을 확인해주었다. 미국 정보기관이 추적한 바에 따르면 '광명성 1호'는 미국 영토인 알래스카까지 날아간 것으로 확인되었다. 이는 곧 북한이 적어도 미국 본토의 서부지역을 타격할 수 있는 ICBM(대륙간탄도미사일) 개발 능력을 보유하고 있음을 선언한 사건이었다. 참고로 위공위성과 대류간탄도미사실의 추진체인 로켓은 기술적으로 동일한 것이다.

미국은 충격에 사로잡혔다. 먼저 미국이 어떤 형태로든지 결코 북한을 군사적으로 제압할 수 없음이 판명났다. 미국 정보기관의 추정대로 북한이 적어도 2~3개의 핵무기 개발을 완료했을 가능성이 농후한 상태에서 북미간의 군사적 충돌은 자칫 미국 본토에 대한 핵미사일 공격 가능성을 키울 뿐이었다. 이와 함께 미국을 불안하게 만든 것은 일본이 북한의 핵미사일 개발을 이유로 독자적인 핵무기 개발에 착수하는 것이었다. 이는 일본을 미국의 핵우산 아래 둔다는 전제 위에 수립된 미일동맹의 해체를 의미하는 것이었다.

결국 미국의 클린턴 행정부는 남한 정부의 권고를 받아들여 빅딜 Big deal을 성사시키기로 하였다. 다시 말해 미국은 북한에 대한 군사적 위협과 경제봉쇄를 포기하고 그 대가로 북한은 미사일 추가 발사실험과 핵 프로그램을 포기하면서 두 나라의 외교관계를 정상화하는 것이었다. 이러한 구상은 〈페리 보고서Perry Process〉를 통해 북미관계 개선 프로그램으로 구체화되었다. 마침내 2000년 북미 두 나라는 특사의 상호방문을 시작으로 빅딜 성사를 향해 성큼 앞으로 나아갔다.

이렇듯 북미 군사 대결 구조의 해체 가능성이 높아지는 가운데 오랫동안 반목을 거듭했던 남북은 2000년 6월 역사적인 남북정상회담을 성사시켰다. 그 결과로 한반도 통일의 기본 설계도인 6.15공동선언이 탄생하였다. 특히 "남측의 국가연합제와 북측의 낮은 단계의 연방제의 공통점을 취해 통일을 지향한다"는 6.15공동선언 2항은 한반도 통일을 먼 미래의 과제가 아닌 즉각적으로 실천 가능한 것으로 만들었다.[13] 하지만 남북한 모두 행복하기만 했던 이 순간은 그리 오래 지속되지 못했다. 부시 행정부가 들어서면서 상황이 돌변했기 때문이다.

부시 행정부는 〈아미티지 보고서Armitage Process〉가 지적한 대로 클린턴 행정부의 해법대로 간다면 주한미군 주둔의 법적 근거가 사라지면서 남한에 대한 통제력은 사라질 것이며 그 여파는 미일동맹에까지 미칠 것이라고 보았다. 그로부터 부시 행정부의 대북정책은 강경기조로 선회하고 말았다. 하지만 핵 선제공격을 공언하기까지 했던 부시 행정부의 대북 강경정책은 얼마 지나지 않아 난기류에 빠지고 말았다. 북한이 부시 행정부의 대북 강경정책에 대한 대응으로 2005년 2월 10일 핵무기 보유를 공식 선언하고 말았기 때문이다.

도리 없이 미국은 북한과의 협상을 재개했고 결국 '6자합의'라는 틀로 9.19합의가 도출되기에 이르렀다. 9.19합의는 "북한은 핵 프로그램을 폐기한다. 미국은 모든 형태의 북한에 대한 군사적 공격을 포기한다. 북미, 북일 수교를 추진한다. 북한에 에너지를 지원한다. 항구적 한반도 평화를 모색하는 6자회담 참가국 포럼을 추진한다"는 등의 내용을 담고 있었다.

그러나 문제는 그렇게 쉽게 풀리지 않았다. 9.19합의는 곧바로 미국 내 강경 보수파의 반발에 부딪쳤다. 그들은 내심 북한이라는 '악의 축'이 사라짐으로써 군산복합체의 입지가 좁아지지 않을까 우려한 것이다. 그로부터 북한의 인권 문제를 갖고 시비를 거는 등 미국의 시간 끌기 작전이 계속 이어졌다.

이러한 미국의 태도에 대해 북한은 이번에는 핵실험이라는 초강수를 두는 것으로 대응했다. 2006년 10월 9일 지하핵실험 형태로 진행된 북한의 핵실험은 그동안 여러 방면에서 예견되어 왔음에도 불구하고 정작 현실로 옮겨지는 순간 그것이 일으킨 인공지진 이상으로 세계 여론을 발칵 뒤집어놓았다. 인접국 일본의 신문사들은 다투어 호외를 발행했고 TV는 정규 프로그램을 중단하고 긴급 뉴스를 편성하는 등 초대형 뉴스로 북한의 핵실험을 다루었다. 미국인들의 북한 핵실험에 대한 반응 또한 한국 사람들이 보여준 것 이상으로 강렬한 것이었다. 예를 들면 토머스 프리드먼Thomas Friedman은 《뉴욕타임스》에 기고한 〈이제는 포스트 탈냉전시대〉라는 칼럼에서 미국의 절대우위가 지속되었던 탈냉전 시대는 북한의 핵실험을 계기로 끝났다고 주장하였다.

북한의 핵실험 강행으로 미국은 서둘러 협상 재개를 추진했고, 그 결과로 2007년 2월 13일 북한 핵 문제의 단계적 해법을 모색하는 6자합의(2.13합의)가 마련되었다. 북한은 영변 핵 시설의 가동을 중지하고 나머지 6자회담 참여국이 그에 상응하는 경제적 보상 조치를 취하면 다음 단계인 핵 시설 불능화 조치로 이행한다는 것이 합의의 요지였다.

2.13합의가 비교적 원만하게 추진되고 있을 무렵인 2007년 10월 2~4일 평양에서 남북 정상이 회동하였고, '10.04 남북관계 발전과 평화번영을 위한 선언'(10.04선언)을 발표하였다. 10.04선언(일명 천사선언)은 관련국과 함께 한반도 종전 선언을 추진함과 동시에 서해평화협력특별지역 설치 등 남북간에 평화정착과 협력증진을 위한

다양한 방안을 제시하였다. 이런 점에서 10.04선언은 내용만 놓고 보면 6.15공동선언 2항에 입각한 한반도 통일의 실질적인 출발을 알리는 것이었으며, 동시에 이를 통해 북핵 문제의 평화적 해결과 북미 군사대결 구조의 청산에 쐐기를 박은 것이었다고 할 수 있다.

여러 정황을 종합해볼 때 여전히 많은 난관이 존재하는 것이 사실이지만 전반적인 상황은 북한 핵문제의 평화적 해결로 기울고 있는 추세다. 만약 그러한 방향으로 문제가 해결된다면 북한은 북미관계 개선을 통해 외교적 고립에서 완전히 벗어남과 동시에 국제적 지원과 남북협력을 통해 경제적 재도약의 기회를 마련할 수 있을 것이다. 더불어 한반도는 마지막 남은 냉전 지대라는 오명을 벗고 새로운 시대로 진입할 수 있을 것으로 기대된다.

북한이 핵무기를 지렛대로 미국과 맞대결을 벌여온 과정은 한편에서는 제국주의에 대한 통쾌한 일격으로 받아들여지기도 한다. 그런 점이 있는 것은 엄연한 사실이고 그에 대한 평가는 정당하게 이루어져야 할 것이다. 그러나 결코 보편적 가치를 인정받을 수 없는 핵무장을 통해 문제 해결을 시도했다는 점에서 북한은 국제사회에 대해 매우 무거운 빚을 지게 되었다는 사실 또한 결코 간과해서는 안 될 것이다. 아마도 그 빚은 이후 북한이 한반도와 동북아시아의 평화 정착을 위해 적극 기여하는 것으로 갚을 수 있을 것이며, 북한 스스로 그렇게 할 것으로 기대된다.

7.1경제개선조치

북한은 주체사상을 지도이념으로 하면서 인민대중의 자주성 옹호를 사회 운영의 제일의 원칙으로 삼아온 나라다. 그런데 정작 가장 절박한 상황에서 인민은 결코 자주적이지 않았다. 극한상황에서조차 인민은 국가만 쳐다보고 있었다. 수령-당-인민대중 사이의 '수직적 위계질서'에 입각한 국가사회주의 시스템이 한편으로는 제국주의에 대항하여 일사불란한 태세를 갖추도록 작용했지만 다른 한편으로는 인민들 사이에 지나치게 국가에 의존적인 체질을 확산시키게 되었다.

이 점은 북한 지도층 입장에서 볼 때 대단히 충격적인 현상이 아닐 수 없었다. 그 결과 그토록 오랫동안 우월성을 자랑했던 종전의 시스템을 더 이상 고집할 수 없게 되었다. 이른바 '고난의 행군' 시기를 거치면서 생산체계의 전면적 붕괴와 함께 고정관념 또한 함께 붕괴되었다. 그로부터 북한 사회의 시스템을 획기적으로 재구성하기 위한 고난도 모색이 이루어졌다. 결국 고난의 행군 시기는 북한의 역사에서 잃어버린 한 시기였지만 동시에 발상의 전환을 가능하게 한 창조적 순간이기도 했다.

새로운 모색은 두 가지 전제 위에서 출발하였다. 하나는 붕괴되거나 변질되었던 사회주의 국가들의 전철을 반복하지 않는 것이며, 또 하나의 극한의 위기에 내몰렸던 경제 상황을 획기적으로 개선하는 것이었다. 그러나 이 문제를 둘러싼 접근은 결코 단순하지가 않았다. 북한에서 발간되는 《경제연구》를 유심히 살펴보면 고난의 행군 시기를 거치면서 문제의 진단과 해법을 둘러싸고 전문가들 사이

에 격렬한 사상논쟁이 벌어졌음을 알 수 있다.[14]

가령 국가의 통일적 지도와 기업의 창의성·자발성을 결합시키는 문제에서 최영옥은 "국가의 중앙집권적 권한의 범위가 넓으면 국가의 통일적 지도를 보장하는 데서는 유리하지만 기업소의 창발성을 발양시키는 데는 일정한 제한성을 지닌다. 이러한 제한성은 경제 규모가 커지고 생산 단위들 사이의 기술적 연계가 복잡해지고 다양해짐에 따라 더욱 더 심하게 나타난다"고 지적하면서 국가에 집중된 권한을 제한해야 한다고 지적했다.[15]

비슷한 맥락에서 최원철은 물질적 자극을 이기주의로 등치시킨 기존의 논리를 비판하면서 독립채산제를 강화할 것을 주장하였다.[16] 또 서승환은 같은 노동시간을 투입했더라도 노력의 정도에 따라 분배가 달라져야 한다는 견해를 내놓았다.[17] 김운철은 "종전과 같은 기술적 기초 위에서 노동자들의 머릿수를 늘이고 기계 설비 등 노동 수단을 비롯한 생산 자원을 양적으로 확대하여 생산을 발전시키는 조방적 방식"으로는 성장 문제를 해결할 없다며 "선진 과학기술에 기초하여 노동생산 능률을 끊임없이 높일 수 있도록 집약적 생산 방식"으로 전환할 것을 요구하였다.[18]

발상의 전환을 촉구하는 일련의 흐름에서 김정일 총비서는 파격적인 문제 제기를 많이 해온 것으로 알려지고 있다. 예를 들면 김정일 총비서는 2001년 3월 11일 조선노동당 중앙위원회 책임일꾼들과의 담화 중 "20세기는 기계제 산업의 시대였다면 21세기는 정보산업의 시대"라는 시대 규정을 하면서 "정보산업시대는 육체노동이 아니라 지능노동이 주도적 역할을 하며 지난 세기 생산력 발전을 좌우하는 것이 성능 좋은 기계였다면 정보산업시대는 머리 좋은 사람"이라고 주장하였다. 같은 맥락에서 정보산업 시대에 마르크스의 잉여가치학설은 제한성을 가질 수밖에 없다고 하였다. 또 경험적으로 볼 때 일을 잘하고 똑똑한 간부는 대학을 나온 경우인 만큼 간부사업에서 학력을 중시해야 한다고 했다.[19] 이러한 이야기들은 자본주의 국가에서는 전혀 새로운 것일 수 없으나 사회주의 국가에서는 기존의 통념을 뒤엎는 매우 파격적 주장이라고 할 수 있다.

새로운 모색을 둘러싼 사상논쟁 과정에서 사회주의 원칙을 강조하면서 자칫 발생할지 모르는 자본주의 방식의 유입을 경계하는 견해도 만만치 않게 제기되었다. 예를 들면 리명호는 동구 개혁파처럼 자본주의적 방식을 무분별하게 추종하는 견해를 기회주의적 견해로 규정짓고 그 문제점으로 다음과 같은 사항을 제기했다. 첫째, '정치와 경제의 분리' '지배인의 권한 강화'를 명분으로 당과 국가의 지도 관리를 가로막았다. 둘째, 물질적 관심성을 생산적 열의를 추동하는 유일한 요인으로 본 결과 사람들을 돈밖에 모르는 정신적 불구자로 만들었다. 셋째, 상품화폐관계를 경제와 사회의 모든 영역으로 확대하여 사회주의적 관계를 파괴하였다.

이러한 사상논쟁 과정을 거치면서 논점은 결국 무엇을 기준으로 경제 시스템을 재구성할 것인가로 모아졌다. 중국의 경우는 '생산력 발전'이 그 같은 기준으로 채택된 바 있었다. 결론적으로 북한이 채택한 새로운 기준은 '실리'였다. 여기서의 실리란 글자 그대로 풀이하면 기업과 국가경제, 인민의 생활에 실제적인 이익이 되는 것으로서 경제 운영 원리에서의 중대한 변화를 내포하고 있었다. 대표적으로 박삼룡은 "질을 보장하지 못한 양적 성장은 사회적 노동의 낭비"에 지나지 않는다며, 실리의 보장은 "적은 것을 가지고 더 많이, 더

좋게 생산"하는 것이라고 설명하고 있다.[20]

　종전의 기준으로 볼 때 북한의 경제 전문가들이 일련의 사상논쟁을 통해 획기적인 발상의 전환을 한 것은 부인할 수 없는 사실이다. 그러나 냉정하게 평가하면 발상의 전환은 북한 경제 전문가들이 이전 시기에 상당히 낙후되고 편협한 사고에서 갇혀 있었음을 드러내는 것이기도 하였다. 간단한 예를 들어보자.

　노동가치설에 따르면 생산수단은 가치를 창조하지 못하고 단순히 이전시킬 뿐이다. 이러한 노동가치설이 잘못 적용되면 자원과 노동의 투입을 양적으로 확대시켜 가치 총량을 증대시키는 것을 목표로 삼게 된다. 이 경우 생산수단을 합리적으로 이용하고 자원을 절약하려는 유인은 크게 약화되는 반면 더 많은 가치를 창조하기 위해서 더 많은 노동력을 투하하고자 하는 노력 동원 현상이 강화된다. 문제는 이 같은 입장이 북한을 포함해서 사회주의 국가들에서 지배적으로 나타났다는 데 있다. 사회주의 국가들이 '속도'와 '양'을 중시하면서 외연적 성장을 추구한 것은 그 구체적 표현이라고 할 수 있다. 하지만 이러한 관점은 명백히 노동가치설을 잘못 이해한 것이라고 할 수 있다. 노동가치설 입장에서 볼 때 인류 진보의 명확한 징표는 '가치 총량의 확대'보다 개별 상품에 내재되어 있는 '가치의 감소'에 있다. 곧 보다 적은 노동으로 동일한 양의 상품을 생산할 수 있을 때 인류의 삶은 한층 풍요로워질 수 있는 것이다.

　일련의 논쟁을 거쳐 '실리'라는 공통의 기준이 확립되었고 이를 통해 북한 경제는 획기적인 전환을 모색하였다. 마침내 2002년 새로운 경제 시스템의 골격을 담은 7.1경제개선조치가 발표되었다.

7.1경제개선조치 발표와 함께 가장 먼저 착수한 작업은 가격체계를 전면적으로 재조정하는 것이었다. 북한은 그동안 국가에서 가격을 결정하였으며 가격의 최종 결정에는 여러 가지 경제외적 요인이 작용하였다. 식량 등 생필품 가격은 최대한 낮게 책정되었고 사치품은 높게 책정되었다. 이 과정에서 발생하는 손실은 국가보조금으로 충당했다. 그 결과 실제 가치와 가격이 유리되는 현상이 광범위하게 나타났는데 결국 고난의 행군 시기를 거치면서 심각한 문제가 드러나고 말았다. 다음은 가격체계의 문제점에 대한 북한 당국의 솔직한 표현이다.

　"최근 수년간 우리는 사회주의 경제 건설에서 가격 사업을 옳게 실행하지 않아, 나라의 경제 사업에 전반적으로 중대한 나쁜 결과를 초래했다. 현재 국정 가격이 농민시장 가격보다도 낮아서 장사 행위가 성행하고, 국가에는 상품이 부족한데 민간은 상품에 둘러싸여 있는 현상을 초래하고 있다. (중략) 낮게 책정된 국정 가격과의 격차를 이용해 국가 물자를 모두 빼돌려서, 농민시장에서 높은 가격으로 팔고 있는 것이다. 그래서 생산은 국가가 하고 있는데, 상품과 돈의 대부분은 개인의 손에 들어간다."[21]

　이러한 문제점을 해결하기 위해 가격을 현실화하기 위한 조치를 취했다. 그 결과 가격은 평균 25배 정도 올랐는데 그 중에서도 가격이 지나치게 낮게 책정되어왔던 생필품 가격이 대폭 상승하였다. 쌀과 옥수수는 40~50배 정도 올랐다. 이러한 과정을 거쳐 판매가보다 수매가가 10배 정도 비쌌던 식량 가격체계는 판매가격이 수매가격보다 10퍼센트 비싼 것으로 바뀌었다. 식량과 함께 생고무, 석유 등 수입품의 가격이 크게 올랐다. 이러한 가격조정은 한편으로는 필수품의 생산확대를 자극하면서 동시에 수입품의 소비를 억제하기 위한 방안이라고 할 수 있다.

이러한 가격체계의 조정은 북한 사회의 체질을 획기적으로 개선하기 위한 매우 중요한 메시지를 함축하고 있었다. 그것은 더 이상 국가에만 의존하지 말고 스스로의 노력을 통해 수입을 증대시키라는 것이었다.

그동안 북한은 국가 재정에서 '공짜'로 표현된 무상지원액의 비중이 30퍼센트 정도에 이르렀다. 그 결과 북한 노동자의 실질 생활비에서 식비가 차지하는 비율은 3.5퍼센트에 불과하였다. 하루만 일하면 한 달치 식량을 사먹을 수 있었던 것이다. 주택도 거의 무상으로 공급되었고 교육과 의료 또한 무료였다. 북한은 이 같은 과도한 국가 지원이 결과적으로 인민을 의존적으로 만들었다고 판단하고 무상교육, 무상의료 등 필수적인 사회복지 분야를 제외하고는 공짜를 대폭 줄였다. 말하자면 "이제부터 공짜는 없다"는 것을 선언한 것이다. 그에 따라 인민 각자가 자신의 삶을 책임져야 할 영역이 급속히 확대되었다. 반면 이전 시기 북한 체제의 우월성을 상징했던, 무상에 가까운 의식주 보장은 인민을 나약하고 게으르게 만드는 사회악으로 간주되기 시작했다.

공짜가 사라지면서 평균주의를 불식하기 위한 조치가 동시에 취해졌다. 그동안 노동자의 임금은 노력의 차이에 따라 크게 달라지지 않았다. 그러다보니 노동자들이 특별히 애를 쓸 이유가 없었다. 결국 도가 넘는 평균주의는 시간이 흐르면서 노동자들 사이에 적당히 놀고먹는 풍조를 크게 만연시키고 말았다. 그런데 7.1경제개선조치 이후 사정이 크게 달라졌다. 임금은 직업의 특성에 맞게 차별적으로 조정되었고 임금 산정 방식 또한 개인의 노력에 따라 지급 액수가 크게 달라지는 차등임금제로 전환되었다. 무엇보다도 주어진 임금만으로는 식량과 난방비를 해결하는 것도 쉽지 않게 되었다. 평균적으로는 가격은 25배 정도 올랐지만 임금은 평균 18배 오르는 데 그쳤기 때문이다. 결국 추가적인 노력을 통해 임금 수입을 늘리지 않고는 생활 유지가 쉽지 않게 된 것이다.

이 같은 체질 변화가 탄력을 받기 위해서는 인민 각자가 노력한 만큼 성과를 낼 수 있도록 경제 시스템이 함께 변화하지 않으면 안 되었다. 이에 대한 7.1경제개선조치의 해답은 시장기구와 독립채산제를 도입하는 것이었다.

이른바 고난의 행군 시기 절대적인 식량 부족, 국가 공급가격과 시장 판매가격 사이의 큰 차이 등이 작용하면서 국가기구를 벗어난 농민시장이 확산되었다. 북한 당국은 이러한 농민시장을 묵인하는 단계를 거쳐 공식 인정하게 되었다. 한 걸음 더 나아가 농민시장을 흡수하면서 거래 범위를 확대한 종합시장을 적극 설립하였다. 예전 농민시장에서는 농민들이 자기 텃밭에서 생산한 농산물을 파는 것만 공식적으로 허용되었지만, 종합시장에서는 국영기업과 협동농장도 참여하는 가운데 다른 공업 제품 거래도 할 수 있었다. 2004년 기준으로 이러한 종합시장에 소속된 점포는 1400여 개에 이른다. 시장에서는 국가가 일률적으로 가격을 제정하는 것이 아니라 판매자와 구매자의 자유로운 합의 가격에 의해서 결정되고 있다. 그러나 모든 상품이 자유롭게 결정되는 것은 아니고, 쌀, 신발, 비누, 식용유, 조미료를 비롯한 대중 소비품에 대해서는 국가가 정한 한도가격 범위 내에서 가격이 형성되도록 하고 있다. 다만 국가의 한도가격도 고정된 것이 아니라 수급관계에 따라 10일에 한 번씩 검토하여 재산출하고 있다.

시장의 확대는 기업과 개인이 시장에서의 교환을 통해 일정한 이익을 획득할 수 있게 되었음을 의미하는 것이다. 여기에 맞도록 기업의 운영체계를 바꾼 것이 바로 독립채산제 도입이다. 독립채산제는 기업의 소유권은 종전의 국유기업 중심의 공유제를 그대로 유지하되 인사와 회계에서 기업의 자율권을 확대한 것이다. 독립채산제 도입과 함께 노동자들은 국가에 의해 임명되던 기업지배인을 민주적 절차에 따라 선출할 수 있게 되었고, 더불어 국가에서 배정된 의무 양만 채우면 나머지는 시장에서 판매할 수 있게 되었다. 그로부터 발생한 이익은 노동자들의 임금을 올리거나 투자 확대에 사용하는 등 자유롭게 처분할 수 있게 되었다.

분명 7.1경제개선조치는 북한 사회가 의미 있는 변화를 시작했음을 알리는 것이다. 그러나 그것은 말 그대로 변화의 첫걸음을 내디딘 것에 불과하다.

북한은 중국의 개혁개방이 거둔 성과적 측면을 수용하면서도 동시에 부정적 측면을 극복하겠다는 의지를 확고히 갖고 있다. 곧 경제를 활성화시키면서도 비인간적인 자본주의 요소의 확산을 최소화하겠다는 것이다. 북한이 선행주자의 시행착오를 최대한 줄일 수 있는 후발주자의 이점을 지니고 있는 것은 틀림없다. 하지만 시장경제를 제대로 경험해보지 못한 상태에서 '시장의 훈육' 곧 사람을 이기적인 인간으로 만드는 시장의 가공할 영향력을 극복하는 것은 결코 만만치 않은 문제가 될 것이다. 북한의 인민 역시 시장경제에 대해 면역성이 매우 약하기 때문이다.

이러한 맥락에서 북한이 활력 있으면서도 인간적인 새로운 경제 시스템을 구축함으로써 21세기형 국가로 거듭나는 것은 여전히 어려운 숙제로 남아 있다. 아마도 이러한 숙제는 7.1경제개선조치 이후 꿈꿔온 '단번 도약'이 고도산업사회로의 '속도 도약'이 아니라 21세기형 탈산업사회로의 '단계 도약'을 통해 이루어질 때 원만하게 풀릴 수 있을 것이다. 그럴 때 북한은 참신한 매력을 풍기는 21세기형 국가로 탈바꿈할 가능성이 얼마든지 있다. 어느 모로 보나 북한은 역사적으로 새로운 출발선에 서 있는 것이다.

주석

1 이에 관해서는 요스타 에스핑 안데르센, 〈기로에 선 사회민주주의〉, 이병천·김주현 엮음,《사회민주주의의 새로운 모색》, 백산서당, 1993.을 참조할 것.

2 이 글은 기본적으로 다음 두 자료를 바탕으로 작성되었다. 김병권 외,《베네수엘라, 혁명의 역사를 다시쓰다》, 시대의창, 2007. ; 베네수엘라혁명연구회 엮음,《차베스, 미국과 맞짱뜨다》, 시대의창, 2006.

3 폴 케네디, 변도은·이일수 옮김,《21세기 준비》, 한국경제신문사, 1994. 264쪽.

4 민주행동당과 기독사회당 두 당 중에서 어느 당이 선거에서 승리하더라도 공동으로 정권을 구성하기로 한 협정.

5 김영길, 〈차베스, 개헌 국민투표서 美에 판정패?〉,《프레시안》, 2007. 12. 4.

6 이 글은 요시다 타로, 안철환 옮김,《생태도시 아바나의 탄생》, 들녘, 2005. 를 기본 자료로 하여 작성되었다.

7 단일 작물만을 재배하는 것. 본디 생태계는 종 다양성을 기반으로 상호 억제 기능을 통해 자연방제 효과를 발휘한다. 예를 들면 대파를 토마토와 함께 심으면 해충을 막을 수 있다. 그런데 단작은 종 다양성이 파괴됨으로써 그러한 자연방제 효과를 기대할 수 없다. 따라서 불가피하게 농약과 화학비료의 의존도가 높아진다. 그 결과 자연생태계를 파괴하는 것은 물론이고 토양 산성화로 지력이 약화되는 등 농업의 지속가능성 위기를 낳게 된다.

8 강정구,《현대 한국사회의 이해와 전망》, 한울아카데미, 2005. 437~441쪽 참조.

9 한호석, 〈'선군혁명영도'와 '제2의 천리마대진군'〉, 민족민주정론《민》, 2001. 1. 139쪽.

10 북한 농업 위기의 원인과 이후 극복 과정에 대해서는 '장경호, 〈남북 농업협

력의 목표와 단계 및 우선순위 설정에 관한 연구〉, 박사학위 논문'을 참조할 것.

11 한겨레사회연구소 민족분과 엮음,《분단에서 통일로》, 한겨레사회연구소 출판국, 1988. 120~121쪽.

12 한승용,〈1994년과 2002년 한반도〉,《한겨레》, 2002. 2. 5.

13 남측의 국가연합제는 남북이 별개의 국가로 존재하면서 적대관계를 청산하고 협력관계로 전환하는 것을 의미한다. 이런 점에서 국가연합제는 엄밀한 의미에서 통일 방안이라고 할 수는 없으나 통일 여건 성숙에 긍정적으로 기여하는 측면이 있는 것이 사실이다. 북측의 낮은 단계의 연방제는 하나의 국가 두 개의 지역정부를 상정하는 높은 단계의 연방국가로 가기 전 두 개의 국가를 인정하고 교류 협력하는 단계다. 이런 점에서 국가연합제와 매우 유사하다. 6.15공동선언 2항은 바로 이 유사점에 착안하여 낮은 단계에서부터 통일을 시작하자는 합의다.

14 이에 관해서는 새로운사회를여는연구원 여경훈 연구원의 7.1경제개선조치에 관한 연구 논문을 기본 텍스트로 한 것이다. 단, 이하에서는 독자의 이해를 돕기 위해 출처는 1차 자료를 직접 밝히는 것으로 한다.

15 최영옥(1992),〈국가의 통일적 지도와 기업소 창발성을 옳게 결합시키는 것은 세약 사업에서 나서는 원칙적 요구〉,《경제연구》1992년 제1호. 17쪽.

16 최원철(1989),〈대안의 사업체계를 철저히 관철하고 독립채산제를 바로 실시하는 것은 기업관리 개선의 기본 담보〉,《경제연구》, 1989년 제4호. 10쪽.

17 서승환(1990),〈사회주의적 노동보수제는 근로자들의 창조적 노동활동을 추동하는 중요 공간〉,《경제연구》, 1990년 제2호. 16쪽.

18 김운철(1990),〈집약적인 생산 방법은 사회주의적 생산발전을 다그치기 위한 중요 방도〉,《경제연구》, 1990년 제3호. 19쪽.

19 《김정일 선집》(15권). 111쪽

20 박삼룡(2000),〈사회적 생산의 효과성을 높이는 것은 경제사업에서 실리를 보장하기 위한 중요한 문제〉,《경제관리》, 2000년 제3호. 10쪽.

21 KDI(2003),《KDI 북한경제리뷰》. 40쪽.

이제는 컴퓨터 없이는 업무 자체가 불가능하게 된 사무실 풍경

세상의 중심축 이동,
'자본' 에서 '사람' 으로

소련 붕괴 직후 솔제니친은 1993년 11월 23일자 《뉴욕타임스》 기고문에서 이렇게 언급했다. "사회주의-공산주의라는 현재적 이상은 붕괴되었지만 그 이상이 해결하고자 했던 문제들은 여전히 남아 있다. 뻔뻔스러운 사회적 우위의 이용과 돈의 지나친—종종 사건의 흐름을 지배한—위력이 그것이다. 만약 20세기의 전지구적 교훈이 예방주사 역할을 못한다면 거대한 붉은 회오리바람이 그대로 되풀이될지도 모른다."

안타깝게도 이 시대의 주류 집단은 20세기의 교훈을 까마득히 잊어버린 듯하며 사회주의가 해결하고자 했던 문제들은 2차 세계대전 이후 가장 극악한 모습으로 우리 앞에 펼쳐져 있다.

현재 대부분의 국민경제는 자본의 지배 아래 있는 가운데 신자유주의 세계화 흐름과 자신을 일체화해버린 상태다. 더구나 달러 체제의 붕괴에 따라 자본주의 세계가 재앙에 휩싸일 가능성이 커지고 있다. 이러한 조건에서는 민주주의 심화 확장, 국민경제 자주권 확립 등 기본 과제의 해결조차도 자본의 지배 극복 없이는 사실상 불가능하다.

이러한 상황에서 이데올로기적 접근에 입각한 선험적 결론은 문제 해결에 아무런 도움이 되지 않는다. 우리는 일체의 도그마에서 벗어나 보편적 가치를 바탕으로 한 새로운 기준을 마련하지 않으면 안 된다. '자본이 인간을 지배하는 것이 아니라 인간이 자본을 지배하는 것' '주주 가치가 아닌 사회적 가치를 우선하는 것' '권력의 배타적 독점이 아닌 공유를 실현하는 것' 등은 바로 그러한 기준이 될 것이다. 이 모든 것은 한마디로 압축하면 "민주주의의 본원적 가치에 입각하여 경제활동의 모든 영역에서 인민의 지배를 실현하는 것"이라고 할 수 있다.

이런 점에서 보자면 자본주의 안에서 신자유주의를 극복하려는 것이나 민주주의 밖에서 자본의 지배를 극복하려는 것 모두 우리를 무지의 오류에 빠뜨릴 수 있다.

노동혁명, 기계의 노예에서
생산의 주인으로

　　　　　　　　　하나의 계급이 사회를 책임진다
는 것은 기업과 국가, 사회를 능히 '경영'할 수 있다는 것을 의미한
다. 부르주아계급은 시민혁명 시기에 결코 인구에서 다수를 차지하
지 않았음에도 불구하고 학식, 실무기술력을 바탕으로 경영 능력에
서 구지배계급을 포함해서 모든 계급을 압도했기 때문에 새로운 지
배계급이 될 수 있었다.

　그렇다면 과연 신자유주의 이후 새로운 사회의 경영을 책임질 세
력이 준비되고 있는가? 이 물음에 답하려면 20세기 후반부터 본격화
된 노동의 질적인 변화에 주목할 필요가 있다. 이를 통해 노동자계
급이 어떻게 해서 진정한 의미에서 새로운 사회의 지배계급으로 성
장하고 있는지, 그리고 어떤 새로운 과제를 안고 있는지를 확인해야
한다.

새로운 선진계급의 등장

기계제 대공업이 지배했던 산업시대에 생산성을 좌우했던 결정적
요소는 거대한 기계장치였다. 그에 따라 최신 성능의 설비를 도입할
수 있는 능력을 지닌 자본이 부의 창출을 주도할 수밖에 없었다. 반

면 노동력은 철저하게 기계의 움직임을 보조하는 역할 이상의 의미를 갖지 못했다. 기계가 주인이고 노동자는 그 노예였다.

이러한 조건에서 사람을 기계의 일부분으로 간주하고 사람의 동작을 철저히 기계에 복종시키는 것으로서 테일러-포드 시스템이 개발되었다. 미국의 프레드릭 테일러Frederick Taylor에 의해 창안된 테일러 시스템은 노동자의 동작을 시간 단위로 정밀 분석한 것을 토대로 노동행위를 기계의 동작에 최대한 일치시키고자 시도한 것이다. 포드 시스템은 이를 더욱 발전시킨 것으로, 기계와 부품 등 생산요소를 표준화·규격화하는 것을 바탕으로 노동을 극도로 세분화하고 이를 컨베이어라인으로 연결시키는 일괄생산 시스템이었다. 이러한 테일러-포드 시스템이 생산성의 급격한 향상을 가져온 것은 틀림없는 사실이었다. 하지만 그 과정에서 노동의 과정은 더욱 비인간적인 것으로 전락하였다.

생산 공정은 기획과 관리를 담당하는 정신노동과 근육에너지를 지출하는 육체노동으로 철저히 분리되었고 그 결과 대부분의 노동은 두뇌 없는 노동으로 전락하였다. 또 노동 형태가 극도로 단순해지면서 노동력은 언제나 교환 가능한 부품의 하나로 취급되었다. 그에 따라 노동력은 고유한 인간적 가치는 제거된 채 시장에서 언제나 구입할 수 있는 상품의 하나로 전락하였다.

그러나 20세기 후반 생산과 유통에서의 급속한 정보화를 바탕으로 지식기반경제가 본격화하면서 사정은 크게 달라졌다. 지식기반경제는 OECD(경제개발협력기구)에서 공식 채택한 용어로, 지식의 생산과 유통이 생산성을 좌우하고 경제활동의 중심을 이루는 경제를 가리킨다. 지식기반경제는 육체노동이 지배했던 산업시대와 달리

지능노동이 주도적 역할을 하며, 제조업 비중이 상대적으로 줄어들고 전문 서비스업 비중이 급속히 확대되는 경향을 보여왔다. 개별 기업 차원에서도 생산라인보다는 연구개발과 디자인, 마케팅 분야 등 지식을 요구하는 분야의 비중이 커지고 있다. 그에 따라 전통적인 제조업도 지식산업으로 변모하고 있다.

이러한 지식기반경제는 대부분의 자본주의 국가에서 다른 산업에 비해 훨씬 빠른 성장률을 보이면서 점차 경제의 중심으로 자리 잡아가고 있는 추세다. 한국의 지식기반경제는 1991~99년에 연평균 13.7퍼센트 성장했는데, 이는 같은 기간 다른 산업의 평균 성장률 4.1퍼센트에 비해 3배 이상 높은 수치다. 그 결과 지식기반경제가 GDP에서 차지하는 비중은 1991년 14.7퍼센트에서 1999년 20.5퍼센트로 급상승하였다.[1] 다른 나라와 비교해보면 GDP에서 차지하는 비중은 캐나다, 스웨덴과 비슷한 수준이며 성장률에서는 OECD 국가 중 가장 높은 수준이라고 할 수 있다.[2]

지식기반경제가 확산되면서 육체노동을 위주로 하였던 산업노동자 비중이 줄어들고 지능노동을 수행하는 지식노동자가 빠르게 증가하였다.

지식노동자는 한마디로 육체노동을 위주로 하던 노동자와 주로는 지배계급의 이익을 위해 정신노동에 종사하던 지식인이라는 두 대립물이 통일된 결과라고 할 수 있다. 이는 노동자가 산업시대에 잃어버렸던 두뇌를 되찾은 것이기도 하다. 가히 노동의 혁명적 진화가 일어난 것이다. 이러한 지식노동자를 확대시킨 요소로는 노동력의 수요 측면인 지식기반경제의 확대와 함께 노동력의 공급 측면인 대학교육의 급속한 팽창을 들 수 있다. 2차 세계대전 이후 대학교육의 일반화는 농민의 감소와 함께 사회 변동에서 가장 중요한 현상의 하나였다. 그 결과 새롭게 진입한 노동자의 다수가 대학교육을 이수한 나라들이 갈수록 늘어나게 되었다. 한국은 2006년 현재 대학진학률이 83퍼센트에 이르렀다. 대학을 가지 않은 경우가 소수로서 더 이상 대학은 특권층 양성을 위한 기관이 아님을 말해주고 있다.

그런데 지능노동이 위주가 되면 과거처럼 기계의 움직임이 노동하는 사람의 동작을 결정하는 것이 아니라 사람의 창의성이 기계를 지배하게 된다. 기계의 움직임조차 작업자가 어떤 프로그램을 입력하는가에 따라 좌우된다. 기계가 아닌 사람이 경제활동의 중심에 서게 되는 것이다. 이러한 지능노동의 비중이 커지면 거대한 기계장치를 동원해왔던 자본의 비중은 크게 약화될 수밖에 없다. IT산업을 위시한 신기술 분야에서는 극단적으로 최소 규모의 사무실 공간과 컴퓨터 몇 대만 있어도 뛰어난 인재만 있다면 얼마든지 성공이 가능하다. 마이크로소프트나 휴렛팩커드HP 등이 단기간에 급성장할 수 있었던 것도 대규모 자본 동원력이 아니라 창의성이 뛰어난 인재 확보에 있었음은 잘 아는 사실이다. 이와 관련하여 미국의 미래학자이자 현대 경영학의 대부로 알려진 피터 드러커Peter Drucker는 약간 표현의 각도가 다르기는 하지만 다음과 같이 갈파한 적이 있다.

새로운 생산수단은 지식이며 앞으로도 지식일 것이다. 부를 창조하는 중심적 활동은 생산적인 곳에 자본을 배분하는 것도 아니고 (근육에너지의 지출로서) 노동을 투입하는 것도 아니다. 자본과 노동은 19세기와 20세기의 경제이론—그것이 고전경제학파 이론이든, 마르크스 이론이든, 케인스 이론이든, 신고전학파 이론이든 간에—의 두 개의 축이었다.

　가치는 이제 '생산성'과 '혁신'에 의해 창조되는데 생산성 향상과
혁신은 지식을 작업에 적용한 결과다. (그에 따라) 지식사회의 주도
집단은 '지식근로자'가 될 것이다. 마치 생산적인 곳에 자본을 배분
할 줄 아는 자본가처럼 생산성 있는 곳에 지식을 배분할 줄 아는 지
식경영자, 지식전문가, 지식 피고용자들이 지식사회의 주역이다.[3]

이 같은 드러커의 진단은 결코 미래의 이야기가 아니라 현재진행
형으로 봐야 한다. 이미 (노동력 속에 응축된 가치로서) 인적자본의
가치가 물적자본의 가치보다 훨씬 큰 비중을 차지하기에 이르렀다.
가령 미국 예산관리국의 추정에 따르면 2005년 기준 사적으로 소유
된 상업적 건물과 생산설비의 가치는 13조 달러인데 비해 인적자본
의 가치는 48조 달러에 이르는 것으로 나타났다.[4] 또 1995년 세계은
행이 발표한 부의 지수Wealth Index에 따르면 부의 60퍼센트는 사회
적 관계와 지식 등 인적자본으로부터 나오고 있으며, 순수한 의미에
서 자본이 기여하는 비중은 20퍼센트밖에 되지 않는다. 참고로 부의
나머지 20퍼센트를 차지하고 있는 것은 환경 요소다.[5]

　문제는 노동자가 지니고 있는 지적 요소와 그가 관리하고 있는
인적 네트워크가 누구에게 귀속되는가이다. 곧 누구의 자산에 속하
는가의 문제다. 그동안 이를 둘러싸고는 다양한 형태의 논란이 있어
왔다. 부르주아계급은 기업활동 과정에서 형성된 지식과 인적 네트
워크는 기업의 자산에 속한다고 간주한다. 그런데 이는 두 가지 이
유에 의해 대단히 비현실적인 것임이 드러난다. 먼저 지식과 네트워
크는 노동자라는 사람과 인위적으로 분리 불가능하다. 지식을 뇌에

서 파낼 수 없고 인간관계를 강제로 잘라낼 수 없다. 이와 함께 법적으로 고용관계는 전적으로 자유의사에 따른 것이다. 언제든지 노동자는 원하면 회사를 그만둘 수 있다. 결론적으로 기업 활동을 통해 축적된 지식과 인적 네트워크는 그것을 직접 지니고 있고 관리하고 있는 노동자의 자산에 속할 수밖에 없다. 부르주아계급 역시 이러한 현실은 암묵적으로 인정하고 있다. 이는 그들이 빈번하게 다른 회사의 고급 인력을 빼오는 데서도 단적으로 드러난다. 이때 거액의 스카우트 비용을 지출하게 되는데 이는 스카우트 대상이 지니고 있는 지식과 인적 네트워크를 손에 넣기 위한 비용이다.

이렇게 하여 갈수록 많은 기업들이 지식노동자들 속에 축적된 지식과 그들이 구축하고 있는 인적 네트워크를 빼고 나면 남는 것이 별로 없는 상태가 되어 가고 있다. 산업시대 기계에 응축되어 있던 생산력이 이제는 지식노동자라는 사람 속에 응축되어 있는 셈이다. 달리 말해 지식노동자가 축적하고 있는 지식 자체가 가장 중요한 생산수단으로 자리매김되고 있다. 그런 점에서 지식노동자는 생산수단과 완전히 분리되었던 무산계급으로서 프롤레타리아 계급과 질적으로 다르다고 할 수 있다. 이 모든 것은 노동자가 자본의 일방적 지배에서 벗어나 독립적으로 경제활동을 전개할 가능성이 그만큼 커졌음을 의미한다. 뒤에서 다루게 될 기업혁명은 이러한 가능성을 제도혁명을 통해 현실화하는 것이라고 할 수 있다. 영국 런던의 광고대행사 세인트루쿠스Saint Lukus의 탄생 과정은 이 같은 미래의 변혁을 알리는 한 편의 예고편이라고 할 수 있다.

이 회사는 원래 치아트데이Chiat/Day의 런던 지사였는데 1995년 옴니콤Omnicom에게 매각하기로 결정되었다. 그간의 관례에 비춰볼 때 정리해고는 불을 보듯이 분명한 것이었다. 바로 그때 종업원이던 앤디 로Andy Roa와 그의 동료들은 반란을 결심했다. 고객들에게 일일이 전화를 걸어 협조를 구한 다음 일시에 회사를 떠난 것이다. 종업원들과 고객들이 모두 떠나자 회사에는 책상 몇 개와 문서파일만 남게 되었다. 결국 이 회사는 옴니콤에게 단돈 1달러에 매각되었고 옴니콤은 도리 없이 로와 그의 동료들에게 똑같은 1달러를 받고 회사를 재매각하지 않을 수 없었다. 회사를 인수한 로와 동료들은 이름을 세인트루쿠스로 바꾼 뒤 모든 종업원이 공동으로 소유하는 기업으로 만들었다. 루쿠스는 현재까지 관련 업계에서 매우 잘 나가는 회사로 손꼽히고 있다. 참고로 루쿠스 본사의 홀에 걸려 있는 현판에는 이런 내용이 새겨 있다. "이익은 건강과 같습니다. 필요한 것이지만 우리 삶의 목표는 아닙니다."[6]

일반적으로 빠른 속도로 확대되면서 경제 전반의 발전을 이끄는 부문의 생산력을 선진생산력이라고 한다. 또 선진생산력을 담당하는 계급을 선진계급이라 하며 선진계급의 요구를 반영한 것을 선진사상이라고 부르기도 한다. 혁명은 언제나 이러한 선진사상을 바탕으로 선진계급의 주도로 이루어진다고 할 수 있다. 두말할 필요도 없이 오늘날 사회 발전을 이끄는 선진생산력은 지식기반경제 속에 집약되어 있다. 지식노동자는 그러한 지식기반경제를 실질적으로 담당하고 있다. 이는 지식노동자야말로 오늘날을 대표하는 선진계급임을 말해주는 것이다.

(노동자 내부에서조차 점점 다수가 되어가는) 지식노동자는 시민혁명 시기의 부르주아계급에 못지않은 혹은 그 이상의 학식과 실무 기술 능력을 갖추고 있다. 이를 바탕으로 적어도 기업 경영에서만큼

은 확실하게 그 능력을 입증하고 있다. 그동안 많은 노동자들이 기존 기업에서 벗어나 독자적인 창업을 성공시키고 있다. 실제로 성공한 벤처기업의 주역들 상당 부분이 지식노동자 출신이다. 흥미로운 것은 지식노동자들이 모여 자신들이 갖고 있는 원천기술을 바탕으로 자본을 유치하고 전문경영인을 영입하는 경우가 많아지고 있다는 사실이다. 자본이 경영자를 임명하고 노동자를 고용했던 것과 정반대인 것이다. 기존 기업에서조차 경영과 직접 관련된 기획, 연구개발, 마케팅, 컨설팅, 교육 등의 분야는 이미 지식노동자들의 활동 영역이 되어 있다. 국가기관 또한 공공서비스 기관으로서 성격이 강해지면서 비슷한 양상을 보이고 있다. 국가기관의 운영에서조차 전문적 능력을 보유한 지식노동자의 역할이 갈수록 중요해지고 있다.

이렇듯이 지식노동자는 기업 나아가 국가 수준에서의 경영 능력을 키워가고 있다. 무엇보다도 지식노동자는 시민혁명 시기의 부르주아계급에 비해 수적으로 다수라는 강점을 지니고 있다. 그런 점에서 지식노동자는 새로운 사회를 담당할 유력한 세력으로 부상하고 있다. 그러나 지식노동자를 주축으로 노동자계급이 명실상부한 미래 사회의 주역이 되려면 무거운 숙제를 끌어안지 않으면 안 된다.

학습 연마와 정의의 원칙

노동자계급이 새로운 사회를 경영할 수 있으려면 무엇보다도 그만한 실력을 갖추어야 한다. 이러한 실력은 오직 부단한 학습 연마를 통해 얻어질 수 있다. 부르주아계급의 경영 능력 역시 그러한 학습 연마를 통해 얻어졌다는 사실을 잊지 말아야 할 것이다. 결코 자본을 소유했다는 사실 하나만으로 지배계급으로서 지위를 유지했던 것이 아니다. 우리는 유고슬라비아 기업과 스페인 몬드라곤MCC의 차이를 통해 이러한 학습 연마의 중요성을 확인할 수 있다.

사회주의 유고슬라비아의 자주관리기업과 몬드라곤의 협동조합 기업은 공통적으로 노동자가 기업을 공동 소유하는 형태를 취하고 있었다. 최상의 형태라고 할 수는 없어도 노동자가 생산 활동의 주인으로서 지위를 확보하고 있는 경우라고 할 수 있다. 그런데 이 둘은 생산성과 그로 인한 최종적인 운명에서 결정적인 차이가 났다.

유고슬라비아의 자주관리기업 노동자들은 주로 고용된 노동자 수를 줄여서 각자의 몫을 증대시키는 데 관심을 두었다. 그 결과 기업들이 가능한 많은 노동자를 고용하여 배정된 생산량을 처리하려고 함으로써 과잉고용 문제에 시달렸던 소련과 달리 유고슬라비아는 과소고용으로 인해 골치를 앓아야 했다. 이러한 유고슬라비아의 자주관리기업의 운영 관행은 만성적인 실업 문제와 함께 낮은 생산성을 초래하였다. 소련식 중앙집권적 모델에서 탈피하려고 했지만 결과는 신통치 않았던 셈이다. 결국 소련 붕괴를 전후하여 유고슬라비아 모델 역시 해체 운명을 겪고 말았다.

유고슬라비아의 자주관리기업이 낮은 생산성에 머문 것은 자본주의 국가들이 육체노동을 멸시하는 것에 맞서 육체노동을 고평가하는 정책을 사용한 것과도 깊은 연관이 있다. 사회주의 국가에서 일반화된 이 같은 정책은 매우 훌륭한 취지에도 불구하고 지속적인 교육과 재훈련을 통한 노동의 질 고도화에 소홀한 부작용이 있었다. 노동의 질을 끌어올림으로써 가치를 상승시켜야 하는데 거꾸로 낮은 수준에 묶어둔 채 높은 가치를 부여한 것이다.

이는 상당 부분 "가치는 육체노동으로부터 나오며 가치의 양은 노동시간에 의해 결정된다"는 노동가치설을 잘못 이해하고 적용한 데 따른 것이었다. 곧 사회주의 국가들 사이에서 일반적으로 나타났듯이 육체노동만을 가치 창출에 기여하는 것으로 간주하고 그것도 노동시간이라는 양 위주로 사고하는 데 익숙해져 있었다. 이 같은 태도는 정신노동을 경시하는 역편향을 낳았고 결국 지식·정보산업의 중요성을 간과하는 것으로까지 이어졌다. 20세기 후반에 이르러 사회주의 국가의 노동생산성과 산업 발전 모두가 자본주의 국가의 그것에 비해 크게 뒤떨어진 것은 이러한 요인이 작용한 탓이었다.[7]

이런 점에서 몬드라곤은 매우 대조적인 모습을 보여준다고 할 수 있다. 몬드라곤은 자본주의 바다에 절해의 고도처럼 존재하는 협동조합기업이다. 국가로부터 특별한 지원이 있을 리 만무하다. 그럼에도 불구하고 시장 속에서 생존하는 데 성공했을 뿐 아니라 다른 자본주의적 기업을 능가하는 경쟁력까지 갖추었다. 그런 점에서 몬드라곤은 특별히 주목할 만한 가치가 있다.

스페인 북부 피레네 산맥 끝자락에 자리잡은 산악도시 몬드라곤. 이 소도시를 내려다보는 산중턱에 스페인 내 연간 매출 규모 8위, 그리고 일자리 창출 규모로는 3위의 대기업 본부가 있다. 몬드라곤 그룹MCC. 40여 년 전 퇴락한 광산촌락이던 몬드라곤을 현대적인 전원형 공업도시로 탈바꿈시킨 성장 엔진이 바로 MCC다.

신자유주의적 세계화가 '세계화의 표준'이 돼버린 반면 공동체를 지키려는 대부분의 시도가 소규모 자족집단의 건설에 머무르고 있는 시대에 MCC의 위치는 독보적이다. MCC는 빠른 속도로 성장하면서도 '자율적인 인간들의 연대'라는 틀을 지킬 수 있는, 대안적 세계화의 모델로 평가받고 있다.

몬드라곤 그룹은 '1인 1표주의'라는 민주적 방식에 의해 노동자들이 경영에 직접 참여하는 '노동자 자주관리기업'이다. MCC의 조합원들은 각 단위조합에서 임기 4년의 조합장과 경영진을 선출하고 이들이 선출한 조합대표들은 다시 그룹의 최고책임자인 회장을 비롯한 경영진과 감사 등을 선출한다.

유럽의 노동자 자주관리 시도는 대부분 권한이 결국 위로 집중되거나 아래의 눈치만 살피는 비효율적인 조직으로 귀착돼왔다. 몬드라곤은 교육의 힘을 통해 이 같은 위험을 피해왔다. 교육받은 노동자들이 자주적인 조직에서 주어진 권한과 책임을 충분히 이해하고 창조성을 마음껏 발휘할 수 있었다. MCC는 이 때문에 창립 초기부터 교육을 핵심가치로 두고 매년 수익의 10퍼센트 이상을 지역사회의 교육에 투자했다. MCC의 지원으로 설립된 몬드라곤 기술대학은 하버드대, MIT대 등과 교류하는 수준 높은 대학으로 성장해 MCC의 핵심인력을 배출하고 있다.[8]

몬드라곤 사례는 노동자가 기업의 소유자, 경영자로서 의사결정에 참여하면 기업 운영의 효율성을 떨어뜨릴 수 있다는 우려를 불식하는 데 매우 의미 있는 사례가 될 수 있다. 특히 몬드라곤 사례가 보여주는 중요한 대목의 하나는 "교육받은 노동자들만이 자주적인 조직에서 주어진 권한과 책임을 충분히 이해하고 창조성을 맘껏 발휘할 수 있다"는 점이다. 이는 (당사자들은 그런 표현을 사용하지는 않았지만) 노동자가 전통적인 산업노동자에서 벗어나 지식노동자로 진화할 때 높은 생산성을 발휘하면서도 동시에 기업을 자주적으로 운영할 능력을 갖추게 됨을 확인해주는 것이라고 할 수 있다.

이런 점에서 부단히 학습하고 실력을 연마하는 것은 노동자의 새로운 미덕이 되어야 한다. 물론 노동자의 지적 능력을 향상시키기 위해서는 사회적 인프라 구축이 선행되지 않으면 안 된다. 그럼에도 불구하고 개인의 노력이 병행되어야 하는 것 또한 분명하다.

노동자가 노동의 질적인 성장에 대해 목적의식성을 갖게 되면 불가피하게 노동자 개인마다 노력의 정도에 따라 결과가 다르게 나타날 수밖에 없다. 지식기반경제 아래서 기계적 통제가 약화되고 개별적 특성이 강화되면서 이러한 현상은 상당 정도 불가피한 것이 될 것이다. 여기서 새롭게 제기되는 문제는 정당한 노동의 대가를 과연 어떤 기준으로 제공할 것인가 하는 것이다. 과거 산업업종 단위로 적용된 동일노동 동일임금의 원칙을 액면 그대로 적용하기가 곤란한 것은 분명하다. 우리는 여기서 "부의 창출에 기여한 만큼 몫을 가져라!"는 정의의 원칙을 확립할 필요가 있다. 정의의 원칙은 두 측면에서 그 의미를 설명할 수 있을 것이다.

먼저 정의의 원칙은 20세기 사회주의 사회에서 종종 나타난 평균주의에 대한 비판적 극복을 요구한다. 일을 열심히 하든 열심히 하지 않든 단지 노동자라는 이유로 동일한 보수를 제공했던 평균주의는 북한의 표현을 빌리자면 놀고먹는 건달만 양산했을 뿐이다. 이는 생산을 정체시키면서 궁극적으로 모두에게 피해를 안겨주었다. 분명 더 많이 노력하고 더 많이 기여한 사람은 더 많은 몫을 가질 수 있어야 한다. 거꾸로 노력이 적고 기여가 적은 사람은 더 적은 몫을 가져야 한다. 그것이 진정한 의미에서 평등이며 정태적 평등을 벗어나 역동적 평등을 실현할 수 있는 길이다.

정의의 원칙을 자본주의 사회에 적용하게 되면 전혀 다른 각도에서 비판적 결론이 나오게 된다. 정의의 원칙에 비춰볼 때 자본주의의 사회에서는 동일한 기여에 대해서도 동일한 대가를 지불하지 않는 차별(차등이 아닌)이 문제가 되어온 것이다. 신자유주의 시대에 대표적인 이슈 중 하나인 비정규직 노동자 문제는 이러한 문제를 집약적으로 드러내고 있다. 비정규직 노동자는 똑같은 시간 똑같은 질의 노동을 하고서도 정규직 임금의 절반 이하를 받고 있는 것이다. 이는 명백히 정의의 원칙을 위배하는 것이다.

비정규직의 양산과 차별의 실체가 무엇인지는 매우 분명하다. 비정규직 노동자가 양산된 근원은 주주가치 극대화를 위한 구조조정이며 비정규직 노동자가 생산한 가치는 여러 경로를 통해 주주의 이익으로 귀속된다. 직접적으로 그렇지 않다 해도 시장을 매개로 간접적으로 그럴 수 있다. 결국 비정규직의 희생과 주주이익의 증대는 동전의 양면이다. 이는 곧 비정규직 문제 해결의 열쇠는 정의의 원칙을 파괴하는 주주자본주의 극복에 있음을 말해주는 것이기도 하다.

만약 주주자본주의 극복을 전제로 하지 않은 채 비정규직 문제 자체만을 해결하고자 한다면 어떤 결과가 빚어질까. 이와 관련해서 우리가 염두에 두어야 할 것은 자본주의 역사는 한편으로는 노동자의 요구를 수용하면서 다른 한편으로는 새로운 착취 방법을 개발해온 과정의 연속이었다는 사실이다. 더욱이 세계시장의 통합 정도가 갈수록 더해지면서 자본이 선택할 수 있는 경우의 수는 그만큼 많아졌다. 그리하여 힘들게 투쟁해서 비정규직 문제를 해결하더라도 반대급부로 해고자 수가 늘어날 수 있고, 어렵게 해고 문제를 해결하더라도 이번에는 아웃소싱을 확대하거나 아예 공장을 통째로 해외로 이전하는 경우가 충분히 있을 수 있다. 그 어떤 경우도 온전하게 문제가 해결되었다고 할 수 없다.

따라서 비정규직 문제는 그것이 지닌 절박성에 비추어 독립적 해결을 추구하는 것이 일정 정도 불가피하기는 하지만 근본적인 해결을 위해서는 반드시 주주자본주의를 타파하고 노동자 스스로 자신의 운명을 결정할 수 있는 조건을 확보하기 위한 노력을 함께 기울여야 한다. 마찬가지로 정규직 노동자가 비정규직 해소를 위해 자신의 소득 중 일부를 양보하는 것도 매우 의미 있고 훌륭한 것이지만 문제의 근본인 주주자본주의 타파를 위해 함께 투쟁할 때 노동자계급은 가장 실천적으로 연대할 수 있다.

고용과 성장의 선순환 관계

한 계급이 사회를 안정적으로 이끌고 가려면 자신의 이익과 사회구성원 전체의 이익이 일치된다는 것을 확인해주는 것이 매우 중요하다. 그럼으로써 스스로를 보편적 계급으로 만들 수 있어야 한다. 만약 노동자계급의 이익이 그들 자신에게 국한되거나 심지어 사회구성원 일반의 이익과 충돌하는 것으로 비쳐진다면 결코 새로운 사회의 담당세력으로 인정받을 수 없다.

자본주의 사회는 개인의 이익 추구를 숨기지 않을 뿐 아니라 도리어 이를 정당화하고 권장하는 사회다. 그런 점에서 언제나 인민의 이익을 앞세웠지만 실은 특권 관료의 이익을 추구한 타락한 사회주의보다는 훨씬 솔직한 사회라고 할 수 있다. 그런데 보다 중요한 것은 부르주아계급은 애덤 스미스의 가르침 그대로 개인의 이익 추구가 궁극적으로 사회 전체의 이익을 증대시킨다는 것을 일관되게 강조해왔다는 사실이다. 자본주의가 고도로 발달한 나라일수록 부유하다는 사실은 이를 뒷받침할 수 있는 가장 강력한 증거가 되었다. 신자유주의의 이론적 지주인 밀턴 프리드먼Milton Friedman이 "기업의 유일한 사회적 책임은 이익을 창출하는 것"이라고 공언하였던 것 역시 이러한 맥락에서였다. 물론 프리드먼의 주장과 달리 신자유주의 시대에 기업의 이익 추구는 주주가치 극대화에 종속되면서 결과적으로 사회 전체의 이익과 명백히 충돌해왔다.

노동자계급 역시 미래 사회의 주역으로 떠오르기 위해서는 자본주의에 결박된 특수 이익집단(현실에서는 다분히 그런 모습으로 비쳐지고 있지만)이 아니라 보편적 이익을 대표하는 세력으로 자신을 위치 지우는 것이 필수적이다. 그러자면 무엇보다도 고용과 성장의 선순환 관계를 만드는 것이 매우 중요하다.

그동안 고용과 성장은 묘한 불협화음을 거듭해왔다. 한쪽을 강조하다보면 다른 쪽을 소홀히 하거나 침해하였던 것이다. 그러나 최종 결과는 언제나 두 가지를 분리시키는 순간 모두가 만족스럽지 못한 결과를 낳는다는 것이었다. 그로부터 고용과 성장 문제를 동시에 해결할 수 있는 통합적 프로그램을 마련하는 것이 대단히 중요한 과제로 떠오르게 되었다. 다행스럽게도 그러한 프로그램을 작성하는 데 단초가 될 수 있는 실험 결과들이 등장하고 있다. 비록 개별기업 차원이기는 하지만 고용안정과 경제성장과의 선순환 관계를 형성하는 데 적잖이 기여한 한국의 유한킴벌리 사례 역시 그 중 하나라고 할 수 있다.

외환위기 이후 수많은 기업들이 대대적인 구조조정을 단행할 때, 단 한 명의 직원도 감원하지 않고 오히려 일자리 나누기 경영을 실현하고 있는 곳이 있다. 유한킴벌리가 바로 그곳이다. 대다수 기업 경영자들이 구조조정을 통해 최소 인력을 유지하는 것만이 경쟁력 강화의 지름길이라고 믿었지만 유한킴벌리의 사례는 그러한 믿음이 틀렸음을 입증해주고 있다.

IMF 이후 새로운 인력 고용 패러다임을 적용하기 시작하면서 유한킴벌리는 오히려 일반 공장에 비해 현장 인력을 33퍼센트 증원해 가동하고 있다. 반면 작업 일수는 연간 180일로 대폭 줄였다. 유한킴벌리는 뉴 패러다임을 통해 다른 기업 같은 일방적인 인력 감축이 아니라 예비조, 평생학습조, 4조 3교대, 4조 2교대 시스템 등을 통해 일자리를 나누는 구조조정을 실시했다. 특히 종신고용을 보장해 직원들의 해고 불안을 없애 직원들이 회사에 더욱 헌신하도록 만들었다. 이러한 과정은 인건비 증가를 뛰어넘는 생산성 향상으로 이어지면서 오히려 이전보다 더 좋은 실적을 내면서 다시 고용 창출 효과로 이어지고 있다. 유한킴벌리의 생산성은 미국 본사의 생산성을 훨씬 앞지르는 세계 최고의 수준에 이르렀고 주요 생산 품목은 국내시장에서 모두 점유율 1위를 달성했으며, 경영 실적도 매년 증가하고 있다.[9]

유한킴벌리 고용 모델이 함축하고 있는 메시지를 좀더 발전시키면 다음과 같은 결론에 도달할 수 있다.

첫째, 고용안정은 지속적인 노동생산성 향상의 필수조건이다. 이는 경험적으로 충분히 확인되고 있다. 미국의 예에서도 확인되었다시피 지속적인 대량 감원과 비정규직 양산은 심리적 불안을 확산시키면서 작업의 집중도를 떨어뜨리고 회사에 대한 헌신성을 약화시킨다. 이러한 조건에서 노동생산성 향상은 기대하기 힘들다.

둘째, 노동시간 단축은 일자리 나누기와 충분한 휴식을 통한 작업 효율성을 보장하고, 교육훈련 기회를 확대시키기 위한 필수조건이다. 그동안 노동시간 단축이 인원감축보다 기업생산성을 높이는데 한결 효과가 있음을 입증하는 사례들이 여러 곳에서 발견되어왔다. 모토롤라, 3M, 월마트, 디지털이퀴브먼트, 폭스바겐 등은 그 중 일부다. 이들 기업들은 공통적으로 대량 감원 없이 노동시간 단축을 통해서 승승장구해온 경우다. 국가적 차원에서 보면 노동시간 단축이 고용증대에 미치는 효과는 한층 분명하다. 프랑스는 주 39시간을 33시간으로 단축하면서 5퍼센트의 임금삭감이 예상되는 반면 200만 명에게 일자리를 마련해줌으로써 10퍼센트의 고용증가율을 가져올 수 있는 것으로 확인되었다.

셋째, 지식기반경제 시대의 노동생산성 향상은 끊임없는 교육훈련 강화를 통해 이루어진다. 특히 기존 산업노동자들을 지식기반경제의 요구에 맞는 지식노동자로 탈바꿈시키자면 지속적인 재교육과 훈련이 필요하다. 이는 오늘날 급격한 생산성 향상을 통해 경쟁력을 확보한 수많은 기업들이 공통적으로 보여주는 바이다. 기업조직 자체가 학습조직으로 전환하는 것도 이러한 추세를 반영한 것이다.

유한킴벌리 사례는 그 의의가 매우 큼에도 불구하고 여전히 개별기업의 사례라는 한계를 갖고 있다.

숱한 경험이 말해주듯이 고용 문제는 개별기업 차원에서 해결되기 어려운 경우가 매우 많다. 예컨대 사양산업에 속한 기업의 경우는 실제 고용 축소가 불가피할 수도 있다. 정부의 지원으로 고용을 유지할 수도 있지만 이는 명백한 사회적 낭비에 해당한다. 국민경제의 지속적 발전을 보장하는 차원에서 본다면 생산성이 낮은 분야에서 보다 높은 분야로의 지속적인 노동력의 이동이 반드시 필요하다. 이런 점에서 노동자의 고용과 소득의 안정화는 개별기업을 뛰어넘어 역동적으로 해결되지 않으면 안 된다.

오늘날 사회적 이슈가 되어 있는 비정규직 문제도 이러한 방향에서 발전적으로 해결되어야 한다. 곧 주주자본주의 타파함으로써 비정규직의 양산과 차별을 해소함과 동시에 노동력의 재교육, 고부가가치산업으로의 재배치를 통해 고용의 질적 향상과 국민경제의 지속적 발전을 동시에 보장할 수 있어야 하는 것이다. 이런 점에서 덴마크의 적극적 고용 정책은 많은 시사점을 던져주고 있다.[10]

1993년 집권한 덴마크 사회민주당 정부는 1994년부터 대대적인 노동시장 개혁을 단행했다. 그 핵심은 노동시장의 유연화를 전제로 실업자를 취업으로 유도하는 적극적 노동시장 정책이었다.

덴마크는 일감이 부족하거나 노동자의 행동에 문제가 있으면 언제든지 해고가 가능한 나라다. 또 고용기간 9개월 이하 생산직 노동자는 예고 없이도 해고가 가능하며, 부당해고를 해도 12개월의 임금 보상만 하면 된다. 1년에 전체 일자리의 10퍼센트가 없어지고 있다. 노동시장의 유연성이 매우 높은 수준에 이르고 있는 것이다. 이렇게 노동시장의 유연성이 매우 높아도 덴마크 노동자들이 느끼는 고용에 대한 불안감은 매우 낮다. 실업에 처하더라도 소득이 유지되기 때문이다. 실업급여가 임금을 대체하는 비율인 순소득대체율은 한국의 2배 이상인 65퍼센트이며, 이 가운데 저소득집단은 90퍼센트에

달한다. 실업급여를 받는 비율은 3배, 실업급여를 받는 기간은 6배, 실업급여 가입률은 1.5배로 덴마크가 한국보다 높다.

　중요한 것은 실업급여에는 엄격한 조건이 따라붙는다는 점이다. 실업자가 노동사무소에서 제공하는 일자리나 직업훈련 기회를 거부할 경우 실업수당의 지급을 중단하는 제재를 가한다. 덴마크의 실업급여 수급 기간은 총 4년인데 이 가운데 취업교육에 참가하지 않고 실업급여를 받을 수 있는 기간(소극적 기간)은 1년이다. 나머지 3년의 기간은 적극화 기간activation period으로 이 기간에는 의무적으로 국가적 고용안정기관인 노동사무소가 제공하는 직업훈련에 참여해야만 실업수당을 받을 수 있다. 이에 따라 6개월 이상의 실업자는 개인 행동계획을 작성하고 이를 수행할 의무를 갖는다. 이러한 정책을 뒷받침하기 위해 덴마크 정부는 GDP의 4.4퍼센트를 지출해왔는데 그 가운데 취업교육과 같은 적극적 노동시장 정책에 1.74퍼센트의 비용을 지불했다. 이 수치는 한국이 적극적 노동시장 정책에 지불하는 0.17퍼센트의 10배에 달하는 수치다.

　덴마크의 적극적 노동시장 정책은 실업자들에게 실업 탈출에 대한 적극적 의지를 유발하고 숙련 및 자격을 향상시킴으로써 고용기회를 확대시켰다. 동시에 노동자의 숙련 향상은 기업의 혁신과 이를 통한 지속적 성장을 가능하게 했다. 덕분에 덴마크는 1994년 노동시장 정책의 개혁 이후 괄목할 만한 성장을 기록했다. 실업률은 12퍼센트에서 6퍼센트대로 떨어진 반면 물가는 안정되고 경제는 꾸준히 성장했다. 다른 유럽 국가들이 이 기간에 실업과 고용 문제를 해결하지 못할 때 경제성장과 고용안정이라는 두 마리 토끼를 잡은 것이다.

　물론 덴마크 사례가 국가적 차원에서 완성된 고용 프로그램을 제시했다고 보기에는 여러 가지 부족한 점이 많다. 게다가 자본이 주도하는 시장 메커니즘을 비판적으로 극복하기 보다는 그에 적응하는 방향에서 고용 문제 해결을 시도했다는 인상이 짙다. 그럼에도 불구하고 고용과 국민경제의 발전을 통합적으로 접근할 때 모두가 이익을 얻을 수 있다는 것을 입증한 점은 충분히 인정해야 할 것이다.

기업혁명, 주주독재에서
민주적 공동체로

노엄 촘스키도 정확히 지적했듯이 일반적으로 자본주의는 기업 엘리트가 경제와 정치 체제의 상당 부분을 지배하는 기업자본주의 형태를 띠고 있다.[11] 동시에 이러한 부르주아 지배권력을 비판적으로 극복할 수 있는 힘 역시 일차적으로 기업 내부로부터 형성되고 있다. 기업이야말로 온갖 모순이 집약되어 있는 자본주의의 실체다. 이런 점에서 기업 권력구조의 근본적인 변화를 추구하는 기업혁명은 자본에 의한 인간 지배를 극복하는 데서 핵심적 요소를 이룬다.

그런데 주주자본주의 아래서 기업은 주주에 의한 착취의 대상이 되고 있다. 기업혁명은 바로 이러한 착취로부터 기업을 해방시키는 것을 바탕으로 궁극적으로 두 가지 지점에서의 변화를 추구한다. 곧 누가 기업을 지배하는가? 그리고 기업은 누구의 이익을 위해 존재하는가?

현대판 특권귀족, 주주

자본주의 사회에서의 기업은 대부분 주식회사 형태를 띠고 있으며 주주총회를 최고의결기구로 삼고 있다. 주주총회에서 의결권을 행사하는 주체는 주주이며 주주의 의결권은 주식 보유량에 좌우된다. 1주면 1표, 1만 주면 1만 표를 행사하는 것이다. 말하자면 돈이 투표를 하는 것으로, 주식회사는 돈의 지배를 제도화한 것이다.

주주자본주의 등장과 함께 주주들은 법적으로 명시되어 있는 자신들의 권리를 십분 활용하여 주주총회를 점령하였고 기업을 주주들의 이익을 극대화하는 방향으로 운영하도록 몰고 갔다. 인수합병, 경영권 위협, 스톡옵션은 이를 위한 여러 가지 수단 가운데 하나였다.

주주자본주의 아래서 주주는 기업을 지배하는 절대권력자로 군림하였다. 기업은 오직 주주의 이익만을 위해 움직였고 기업 경영에 대한 평가도 오직 주주의 이익을 기준으로 이루어졌다. 머저리 캘리는 이러한 현상을 재무제표를 통해서 탁월하게 분석한 바 있다. 캘리에 따르면 재무제표는 주주가 지배하는 기업의 세계관을 압축적이면서도 단순명료하게 표현하고 있다. 주주자본주의 아래서 기업의 재무제표는 기본적으로 다음의 등식에 따라 작성된다.

이익＝수익－비용(종업원 수입＋자재비용)

여기서의 이익은 곧 주주에게 최종적으로 귀속되는 이익을 말하며 수익은 기업의 활동을 통해 벌어들인 것 모두를 말한다. 아울러 비용은 수익을 창출하기 위해 지출된 모든 비용을 가리키며 인건비로 표현되는 임금 역시 여기에 표현된다. 위 등식에 따르면 명백하게도 주주의 이익과 노동자의 이익은 정면으로 상충된다. 노동자의 임금이 오를수록 비용은 증대하고 주주의 최종 이익은 감소하기 때문이다. 결국 위 등식은 암묵적으로 기업이 주주 이익의 극대화를 위해서 경영되도록 강제하는 기능을 하게 된다.

그럼에도 불구하고 이 등식은 모두에게 낯익은 것으로, 기업에서는 의심할 여지없는 철칙처럼 통용되고 있다. 일종의 자연법칙을 기업회계에 적용한 것으로 이해되기도 한다. 그 결과 주주들에게 많은 이익이 돌아가게 되면 기업은 잘나가는 것으로 간주하는 사회적 분위기가 형성되었다. 그 과정에서 종업원들 중 다수가 해고되었다거나 환경 파괴 등 지역사회의 이익이 희생된 점들은 전혀 고려의 대상이 되지 못한다. 심지어는 주주자본주의가 하나의 지배 이데올로기로 자리잡으면서 노동자들조차 자신의 회사에서 주주들에게 많이 배당한 것을 뿌듯하게 생각하는 경향이 나타났다. 자기 회사가 잘나가고 있다는 증거라는 것이다. "어리석은 정치가는 노예를 쇠사슬로 속박하지만 현명한 정치가는 관념의 사슬로 노예 자신을 더욱 강하게 속박하도록 만든다"는 미셸 푸코의 말이 새삼스럽다.

이 지점에서 우리는 더 이상 머뭇거릴 것 없이 근본적인 질문을 던질 필요가 있다. 과연 기업이 오직 주주의 이익을 중심으로 움직이는 것은 정당한 것일까?

주주들이 기업 지배를 정당화하는 가장 보편적인 논리는 리스크를 감수하고 투자를 함으로써 기업의 생명을 유지시키는 피를 공급한다는 것이다. 한 걸음 더 나아가 주주자본주의 옹호론자들은 주주의 이익을 중심으로 기업을 운영할 때 효율성이 극대화된다고 주장한다. 그들에 따르면 노동자는 기업 경영 실적과 무관하게 정해진 임금을 받지만 주주는 경영 실적이 신통치 않으면 손해를 볼 수도 있다. 그렇기 때문에 주주의 이익에 초점을 맞출 때 기업은 최대한의 실적을 올리기 위해 노력한다는 것이다. 좀더 근본적으로는 주주들이 기업에 대한 독점적 권리를 행사하는 근거로서 소유권 논리가 제시되고 있다. 주식은 기업이 주주들의 소유임을 확인해주는 증서이며 주주총회에서의 의결권 행사는 그러한 소유권 행사에 다름 아니라고 보는 것이다. 사유재산권에 바탕을 둔 자본주의 운영 원리에 비춰볼 때 지극히 당연한 권리 행사라는 주장이다.

자본 공급자로서의 주주의 권리 행사는 20세기 중반까지만 보면 일정한 근거가 있었다. 이때까지만 하더라도 노동력보다는 자본의 존재 여부가 부의 창출을 좌우하였다. 사회주의 나라와 대부분의 제3세계 나라들조차 본격적인 경제 건설을 모색하는 단계에서 장애가 되었던 것은 노동력 부족이 아니라 자본 부족이었다. 따라서 보유한 자본을 낭비하지 않고 생산에 투입하는 것은 매우 의미 있는 것으로서 그 나름대로 기업 지배의 근거가 될 수 있었다.

그러나 저명한 경제이론가 애덜프 벌Adolph Berle(1895~1971)이 일찌감치 간파했듯이 20세기 후반에 들어오면서 기업에 대한 주주의 기여도는 지속적으로 감소하였다. 무엇보다도 주주의 자본 공급 역할이 갈수록 줄어들었다. 금융기관을 통한 차입과 사내 유보금의 비중이 크게 높아지면서 신규 주식 발행의 필요성이 줄어든 것이 중요한 요인이었다. 그 결과 미국과 유럽에서는 수십 년 전부터 주주의 자본 공급 역할이 사실상 의미를 상실하게 되었다. 애덜프 벌은 20세기 후반 주식시장이 차지하는 의미에 대해 이렇게 묘사하였다.

주식시장은 더 이상 '투자의 장'이 아니다. (주식시장은) 생산적인 산업과 기업이 실제로 의존하고 있는 자본 모집 및 활용 시스템과 오직 심리적으로만 연결되어 있을 뿐이다. …… 주식 구매자들은 자신이 저축한 돈으로 기업에 기여하지 않으며 …… 단지 기업의 주가가 오를 가능성만을 노릴 뿐이다. 주식을 구매함으로써 구매자 자신 이외에 다른 사람에게 기여하는 바가 있다면 그것은 자신이 보유하고 있는 주식을 현금으로 전환하려고 하는 다른 주주들을 위해 환금성을 유지시켜주는 점일 것이다.[12]

그런데 주주자본주의 시대에 접어들면서 이러한 주주의 역할은 또 한 번의 국면전환을 맞이하였다. 이전 시기 주변을 맴돌던 주주들은 주주자본주의와 함께 재차 기업의 심장부로 진출하였다. 그러나 그 결과는 주주들의 기업에 대한 기여도가 플러스로 증가한 것이 아니라 거꾸로 마이너스로 전락한 것으로 나타났다. 주주자본주의 시대에 접어들면서 기업이 주주에게 제공하는 자금 액수가 주주가 기업에 제공하는 것보다 커졌다. 기업과의 관계에서 주주는 자금을 공급하는 투자자가 아니라 자신의 파이프 속으로 이윤을 뽑아올리는 추출자에 불과한 것이다.

기업의 효율성에서도 주주들은 마찬가지 영향을 미쳤다. 주주자본주의 아래서 주주들은 주주총회를 장악하고 자신들의 이익을 극대화하기 위해 기업의 장기적인 발전 계획 수립을 어렵게 해왔다. 예를 들면 장기적 기술개발투자는 주주의 단기이익을 잠식한다는 이유로 빈번하게 제지당했다. 기업생산성을 좌우하는 인적자본에 대한 투자는 인위적인 주가 상승을 노리는 구조조정의 남발에 의해 안정성을 보장받을 수 없었다. 그로 인해 기업은 효율성이 급격히 떨어졌고 성장이 둔화되면서 경영 실적 또한 부실해졌다. 주주 이익 극대화와 기업경영의 효율성은 명백히 대립관계에 있었던 것이다.

이런 점에서 보자면 주주는 기업의 실질적인 부의 창출과 관련해서는 철저히 적대적인 외부자라고 할 수 있다. 기업의 진정한 내부자는 부의 창출에 직접 관여하고 기여하는 경영자와 노동자다. 그럼에도 불구하고 정작 창출된 부를 획득하는 과정에서는 이 관계가 정반대로 뒤집어진다. 일상적으로 기업 안에서 근무하면서 기계와 컴퓨터를 껴안고 있는 노동자들은 외부자로 간주되고 기업 안에 한 번도 발을 들여놓지도 않은 주주들이 내부자가 되는 것이다. 이는 과거 식민지배자들이 오랫동안 자기 땅에서 공동체를 일구면서 살아온 사람들을 이방인으로 밀어낸 채 주인 행세를 했던 것과 조금도 다르지 않다.

이러한 맥락에서 보자면 주주들이 기업을 지배할 수 있는 마지막 남은 유일한 근거는 그들이 "기업을 소유하고 있다"는 것이다. 바로 여기서 소유로부터 모든 권리를 발생시키는 자본주의 체제의 근원적 지점이 드러나게 된다.

주주자본주의 시대에 자본주의 모순이 극한에 이르게 되면서 근대 시민혁명 이후 청산의 대상이 되었던 구시대의 악습이 고스란히 되살아났다. 말 그대로 역사의 수레바퀴를 한참이나 되돌려놓는 극단적 반동이 진행된 것이다. 오늘날 주주들의 횡포는 머저리 캘리가 통렬하게 지적했듯이 봉건시대 귀족들과 너무나 흡사한 모습을 띠고 있다.

중세시대 봉건귀족들은 부의 창출에 아무런 기여도 하지 않았다.

한 걸음 더 나아가 귀족들은 논밭을 사냥터로 이용하면서 자주 쑥대밭을 만들어버렸다. 엄밀한 의미에서 귀족들은 농업생산에 마이너스로 작용한 것이다. 그러면서도 귀족들은 단지 "토지를 소유하고 있다"는 이유로 생산물에 대한 절대적인 권력을 행사하였다. 이러한 봉건귀족들의 절대권력은 종종 무자비한 폭력을 수반하기도 하였다. 가령 프랑스의 루이15세 때는 귀족들에게 레르트 드 카셰라는 백지 명령서를 제공했는데, 이 명령서에 이름이 적힌 사람은 누구든지 즉시 투옥되었다.

바로 그 유사한 일이 오늘날 벌어지고 있는 것이다. 주주들은 부의 창출에 마이너스로 작용하고 있음에도 불구하고 주식을 소유하고 있다는 마지막 남은 이유 하나로 기업에 대해 절대권력을 행사하고 있다. 그들은 자신의 이익을 극대화하기 위해 종종 인수합병으로 직장을 일순간에 쑥대밭으로 만들어버리기도 하고 대규모 해고자 명단이 적힌 백지 명령서를 남발하기도 한다.

그런데 중세 봉건귀족과 오늘날의 주주 사이의 공통점은 결코 여기에 머물지 않는다. 더욱 중요한 것은 이 둘 앞을 기다리고 있는 운명의 동일성이다. 절대왕정 이후 봉건귀족들의 농민에 대한 보호 기능은 사라졌다. 말하자면 농민은 귀족에 의존하지 않고도 얼마든지 농사를 지을 수 있었다. 그런 상태에서 아무런 반대급부 없이 일방적 수탈을 계속하자 얼마 안 가 대혁명이 일어났다. 바로 지금 그 유사한 상황이 조성되어 있다. 주주들은 기업의 부 창출에는 마이너스로 작용하면서도 부의 처분에는 절대권력을 행사하고 있다. 반면 지식기반경제 시대에 부의 창출을 주도하고 있는 지식노동자는 권력으로부터 철저히 소외되어 있다. '생산력 구조'와 '권력 구조' 사이에 심각한 모순이 발생하고 있는 것이다. 인류사의 발전도상에서 사회혁명의 불가피성을 역설하는 이보다 더 명확한 근거가 어디 있겠는가!

하지만 여기서 잠시 냉정을 되찾을 필요가 있다. 주주들의 기업 지배의 마지막 근거가 되고 있는 소유권 논리는 우리가 생각하는 이상으로 강력한 힘을 발휘하고 있기 때문이다. "소유하므로 모든 권리가 발생한다"는 것은 부르주아 세계에서는 교리의 제1조와 같은 것이다. 부르주아 지배체제란 바로 이러한 교리를 관철시키기 위해 이데올로기, 법, 물리력 등이 상호긴밀한 연관성을 갖고 움직이는 체제를 말한다. 문제는 발전된 자본주의 국가의 민중마저 대부분 이 교리에 깊이 세뇌되어 있다는 데 있다. 그로 인해 대부분의 경우 소유권 문제를 건드리는 순간 감당할 수 없는 일이 발생할 것이라는 막연한 두려움을 간직하고 있다. 중세 시대 유럽인들이 신의 뜻을 거역하면 천벌을 받을 것이라고 두려워했던 것과 조금도 다르지 않다. 결코 만만치 않은 사상적·심리적 장벽이 우리 앞을 가로막고 있는 것이다. 과연 이 장벽을 어떻게 논리적으로 분쇄할 것인가? 지금부터 우리가 집중적으로 고민해야 할 과제가 바로 이것이다.

민주주의라는 이름의 열쇠

주주자본주의 문제점이 심각해지면서 그 해결 방안에 대한 다양한 모색이 이루어지고 있다. 여기서 일차적으로 중요한 것은 해결의 '방향'이다. 제도적 방안은 그 다음의 문제라고 할 수 있다. 주주자본주의 해결의 방향을 찾아내려면 먼저 인류의 보편적 지향과 주주자본주의가 본질적으로 어느 지점에서 충돌하는지를 알아야 한다. 사물은 대립되는 두 측면의 투쟁 속에서 발전 방향이 결정되기 때문이다. 근대 이후 오늘날에 이르기까지 어느 누구도 부정하지 못하는 인류의 보편적 지향은 민주주의다. 그런데 이러한 민주주의가 온갖 장애물을 극복하고 발전을 거듭하는 과정에서 주주자본주의와 정면으로 충돌하고 있는 것이다.

근대적 의미에서 민주주의는 봉건귀족의 특권을 폐지하기 위한 투쟁 과정에서 태동하였다. 유럽의 봉건귀족은 신분을 모든 권리가 발생하는 원천으로 삼았으며 귀족 신분을 바탕으로 온갖 특권을 누렸다. 물론 신분은 세습되는 것으로, 후천적인 노력과는 무관한 것이었다. 부르주아계급을 위시한 평민계급이 이러한 봉건귀족의 신분적 특권을 공격하기 위해 내세운 논리는 인간은 누구나 똑같은 권리를 갖고 태어난다는 것이었다.

"인간은 누구나 똑같은 권리를 갖고 태어나며 자기 자신 이외의 그 누구로부터도 지배받지 않는다"는 민주주의의 기본 원리는 바로 이러한 과정을 통해 확립되었다. 인간은 누구나 똑같은 권리를 갖고 태어난다는 것은 평등이념을 말하며, 자기 자신 이외의 그 누구로부터도 지배받지 않는다는 것은 자유이념을 말한다. 이런 점에서 민주주의는 오직 자유와 평등을 한 쌍으로 해서 성립할 수 있음을 알 수 있다. 둘이 분리되는 순간 민주주의는 생명을 잃어버리거나 적어도 기형화되어버리는 것이다. 프랑스 대혁명 인권선언 제1조 "인간은 자유롭고 평등하게 태어나서 생활할 권리를 가진다"는 이 점을 압축적으로 표현하고 있다.

그러나 민주주의는 부르주아계급의 지배가 시작되면서 새로운 도전에 직면하였다. 부르주아계급은 시민혁명을 통해 제거된 신분적 특권의 자리에 재산권이라는 새로운 신주단지를 올려놓았기 때문이다.

부르주아세계에서 재산권(소유권)은 모든 것의 중심이며 사물관계는 언제나 재산관계로 표현된다. 그에 따라 세상에 존재하는 모든 것은 재산의 일부인가 아닌가를 위주로 판단되며 여기에는 인간도 포함된다. 실재로 부르주아계급은 자신이 지배하고 있는 사람을 재산의 일부로 간주하였다. 그들에게 소유와 지배는 동의어였다. 예를 들면 19세기 미국의 백인 지배층은 집에서는 하인을, 농장에서는 흑인 노예를, 공장에서는 노동자를 재산으로 소유하고 있었으며 공통적으로 집에 아내라고 하는 재산을 보관하고 있었다. 여성이 결혼하는 순간부터 모든 권리가 남편에게 귀속되어야 했던 것은 남성의 재산이었기 때문이다.

역사적으로 보면 인간을 재산의 일부로 취급하기 시작한 것은 고대노예제 사회부터였다. 고대노예제 시대의 노예는 가축과 동일하게 취급되었다. 결혼도 허용되지 않았고 살해를 해도 살인죄가 적용되지 않았다. 노예는 사람이 아니었기 때문이다. 봉건시대에 와서 독립적인 가족농이 출현했으나 여전히 신분적으로 예속된 반노예 상태에 놓여 있었다. 역사는 이들을 가리켜 농노라고 불러왔다. 자본주의 사회에서 모든 신분적 예속이 사라졌으나 노동자는 시장에서 자신의 노동력을 파는 순간부터 자본가의 노예나 다름없는 신세가 되어야 했다. 근대적 의미의 임금노예가 등장한 것이다. 이처럼 계급사회에서 피지배계급은 형태를 달리하기는 했지만 언제나 지배계급 재산의 일부가 되어야 했으며 노예란 그러한 상태의 사람을 가리키는 공통적인 이름이었다. 사람을 재산의 일부로 간주하는 '노예주의'는 모든 계급사회를 관통하는 공통적인 지배 이데올로기였다. 이런 점에서 부르주아계급의 몸속에도 노예소유주의 피가 흐르고 있다고 할 수 있다.

부르주아계급이 노예제에 대해 정서적 친화력을 갖고 있다고 하는 사실은 16세기 후반에서 19세기 전반기까지 이루어진 대규모 노예제 운영을 통해 뚜렷이 입증된다.

16세기 이후 미국, 서인도제도, 브라질 등 아메리카 대륙에서는 사탕수수, 면화, 담배 등을 재배하는 대농장이 발달하였다. 이들 대농장은 노예제를 기반으로 운영되었으며 그에 따라 흑인노예에 대한 수요가 폭주하였다. 그러자 네덜란드, 스페인, 포르투갈, 영국, 프랑스 등 유럽의 상인들은 정부의 강력한 후원 아래 경쟁적으로 노예무역에 뛰어들었다. 영국은 노예무역을 전담하기 위해 왕립아프리카회사를 설립하기도 하였다. 대체로 유럽을 출발한 노예무역선은 아프리카 해안으로 가서 흑인들을 사냥한 뒤 아메리카로 가서 노예로 팔고 설탕, 면화 등 현지 생산품을 싣고 유럽으로 돌아왔다.

이런 식의 노예무역을 통해 유럽의 상인들은 막대한 이익을 거두었고 자본주의는 이를 바탕으로 융성할 수 있었다. 1771년 당시 영국은 190척이나 되는 노예무역선으로 연간 4만 7000명을 '운반'하여 30~100퍼센트의 높은 이윤을 챙겼다. 노예들은 100톤 규모의 노예선에 400명 이상이 짐짝처럼 실려서 운반되었는데 항해 중에 6분의 1이 죽었으며 길들이는 동안에 다시 3분의 1이 죽었다. 이런 식으로 유럽의 상인들이 신세계에 운송한 흑인노예는 300년 동안에 1500만 명에 이른 것으로 추정되고 있다.[13]

부르주아계급이 사람을 재산의 일부로 간주하는 데 매우 익숙해져 있다는 사실은 투표권에 대한 그들의 태도에서도 고스란히 드러났다. 근대 이후 부르주아 민주정부가 수립된 나라들조차 부르주아계급의 재산의 일부가 되어 있는 노동자나 흑인, 여성들은 투표권을 행사할 수 없었다. 부르주아계급이 보기에 재산의 일부인 그들은 주권을 행사할 수 있는 독립적 인격체가 아니었다. 그 결과 당시로서는 가장 민주적인 헌법질서를 세웠다고 평가받은 미국조차도 1800년대 전반기까지 여성과 흑인은 말할 것도 없고 백인 남성의 절반 이상이 투표권을 갖지 못하였다. 법이 정한 규모 이상의 재산을 갖고 있지 못했다는 것이 유일한 이유였다.

노예주의는 재산을 소유한 사람과 재산의 일부가 된 사람을 가르고 재산 소유자만이 인간으로서의 보편적 권리를 행사하는 것을 당연시했다. 이는 "모든 인간은 똑같은 권리를 갖고 태어났으며 자기 자신 이외에 그 누구로부터도 지배받지 않는다"는 민주주의 원리를 정면으로 위배하는 것이었다. 이로부터 부르주아계급의 지배가 확립된 사회는 노예주의와 민주주의의 사이의 근본적 대립이 형성될 수밖에 없었다. 이는 곧 부르주아계급이 비록 역사적으로 민주주의를 확립시키기 위해 투쟁해왔고 형식적으로는 민주주의를 옹호한다고 해도 본질적으로 민주주의의 적으로 전락해왔음을 의미하는 것이었다.

바로 이러한 이유로 부르주아계급의 지배에 저항하는 모든 투쟁은 우리는 재산이 아니라 당신들과 똑같은 인간임을 선언하는 것으로부터 출발할 수밖에 없었다. 재산 규모에 관계없이 모든 사람에게 동등한 투표권을 부여하는 보통선거 실시 요구는 이를 대표하는 것이었다. 결국 수백, 수천, 수만 명이 한꺼번에 희생당하는 험난한 투쟁의 여정을 통해 국가영역에서만큼은 재산 소유에 따른 인간 차별의 상당 부분을 철폐하는 데 성공할 수 있었다. 민주주의가 노예주의를 누르고 승리한 것이다. 하지만 그것은 넘어야 할 수많은 고비 중 몇 개를 넘은 것에 불과하였다.

"모든 인간은 똑같은 권리를 갖고 태어났으며 자기 자신 이외에 그 누구로부터도 지배받지 않는다"는 원리에 비춰보면 민주주의가 뿌리내린 영역은 그렇지 않은 부분에 비해 극히 일부에 불과하다. 민주주의가 정착되었다고 자처하는 나라들조차 민주주의는 이제 겨우 국가영역에서 제도적으로 정착된 상태일 뿐이며, 그나마 대의민주주의 수준을 크게 넘어서지 못한다. 이런 점에서 인류 역사는 여전히 민주주의 실현 과정에 있으며 지금까지 이룬 것보다 앞으로 이루어야 할 과제가 더욱 많은 상태라고 할 수 있다. 우리는 이 사실을 그 무엇보다도 기업의 세계에서 가장 뚜렷하게 확인할 수 있다.

자본주의 사회에서 기업은 부르주아계급의 숨겨진 지배 욕망을 실현하는 독립왕국으로 존재해왔다. 그 연장선에서 주주로 표현되는 자본소유자는 기업을 자신들이 소유하고 있는 재산으로 보고 있으며 기업에 속한 노동자 역시 재산의 일부로 간주한다. 이는 주주가 절대권력을 행사하는 사실상 마지막이자 유일한 근거로 작용하고 있다.

부르주아 사회에서 재산에 대한 처분권은 오직 재산소유자에게 속하는 것으로 간주된다. 따라서 주주는 자신의 재산인 기업을 어떻게 처분할지 판단하는 것은 오직 자신의 권한에 속한다고 본다. 요컨대 주주는 기업의 의사결정권을 100퍼센트 행사하는 것은 재산권의 정당한 행사이며 재산의 일부인 노동자를 해고 처분하는 것 역시 그 범위 안에 속하는 것으로 파악한다. 주주자본주의는 바로 이러한 주주의 재산권 행사를 극한까지 밀고나간 것에 다름 아니다. 요컨대 주주자본주의는 부르주아적 노예주의의 절정인 것이다.

이러한 맥락에서 주주자본주의를 극복하기 위한 투쟁은 본질적으로 노예주의를 청산하고 민주주의를 온전히 구현하는 것임이 확인된다. 그 출발점은 민주주의를 향한 모든 투쟁이 그러했듯이 노동자는 재산의 일부가 아니라 똑같은 권리를 지닌 인간임을 선언하는 것이다.

과거 산업시대에 노동자는 언제든지 교환 가능한 기계의 부속품으로 존재하였다. 그렇기 때문에 실질적인 가치 창출의 주체임에도 불구하고 현실에서는 철저하게 자본소유자에게 종속될 수밖에 없었다. 그러나 지식기반경제의 발전과 함께 지식노동자의 비중이 확대되면서 상황은 크게 달라졌다. 지식기반경제에서 생산력은 기계가 아닌 지식노동자 속에 응축된다. 이런 조건에서 지식노동자의 독립적인 경제활동 능력은 비약적으로 확대되는 반면 자본소유자의 지식노동자에 대한 의존도는 그에 비례에서 커지고 있다. 아울러 지식노동자의 개별적 특성이 강화되면서 교환 가능성이 줄어드는 반면 자본소유자가 생산활동을 지배할 수 있었던 유력한 요소였던 자본의 희소가치는 유휴자본이 넘쳐나면서 크게 약화되고 있다. 잠재적인 것이기는 하지만 자본이 노동 앞에 줄을 서야 하는 상황이 발생하고 있는 것이다.

이러한 상황은 부르주아계급이 그토록 찬미해 마지 않는 시장경쟁 논리에 비춰보더라도 자본의 인간 지배가 매우 불합리한 것임을 말해준다. 부르주아계급이 쌓아올린 거대한 규모의 자본과 상당 부분 그들의 손으로 양육한 지식노동자가 그들의 지배를 허물어뜨리는 요소로 작용하고 있는 것이다. "자본주의는 그것이 성취한 바에 의해 죽어가고 있다"는 자유주의 경제학자 요제프 슘페터Joseph Schumpeter(1883~1950)의 진단이 고스란히 입증되고 있음을 알 수 있다.

이 대목에서 많은 사람들은 기업의 권력관계를 180도 뒤집고 싶은 충동을 느낄 것이다. 그것은 나름대로 합당한 근거가 있다. 경제활동의 자본의존도가 하락하고 주주의 역할이 마이너스로 작용한 반면 지식노동자의 독립적 활동 능력이 비상히 고양되고 있기 때문이다. 하지만 20세기의 경험을 통해 확인되듯이 어느 한쪽만 강조하는 극단주의는 아무에게도 도움이 되지 않는다. 무엇보다도 극단적 대립으로 인해 발생하는 출혈의 크기가 그로부터 얻을 수 있는 이익을 능가할 가능성이 매우 크다.

우리가 내세운 원칙에도 부합하고 문제 해결에도 도움이 되는 가장 합리적 결론은 "기업을 통해 관계를 맺는 인간들은 원칙적으로, 나아가 현실적으로도 대등하다"는 것이다. 이것만으로도 우리는 충분히 의미 있는 결론을 도출할 수 있다. 곧 기업은 주주가 소유한 재산관계로서가 아니라 '다양한 생산 요소를 지닌 인간들이 경제활동을 위해 협력하는 특수한 사회구조물'로서 성격이 바뀌게 되는 것이다.

이러한 관점은 기업의 구성원은 누구나 똑같은 인간으로서 기본권리 행사를 주장할 수 있는 근거가 된다. 재산 소유가 아니라 함께 기업을 구성하고 있는 사람이라는 점이 일차적인 권리 발생의 원천이 되는 것이다. 더불어 구성원들은 정의의 원칙에 입각해서 저마다 기업의 부 창출에 기여한 만큼 몫을 주장할 수 있다. 주주는 자본을 제공한 것을 근거로 창출된 부에 대해 자기 몫을 주장할 수 있고 노동자는 노동을 제공하는 것만큼 그에 따른 자기 몫을 주장할 수 있는 것이다. 물론 지금까지 이 문제를 보는 시각은 서로 대립해온 것이 사실이다. 우리는 이 지점에서 자본과 노동 중 어느 한 측면만을 강조하는 편향된 태도를 엄격히 배제할 필요가 있다. 자본과 노동 모두 부의 창출에 필수적인 요소이고 플러스로 작용한다면 권리를 주장할 충분한 근거가 되기 때문이다.

노동자가 노동을 제공한 한 사람으로서 권리를 행사할 수 있듯이 주주 역시 자본을 제공한 '한 사람'으로서 권리를 행사할 수 있어야 한다. 두말할 필요도 없이 불법적인 재산축적이 분명한 경우를 제외하고는 주주의 자본 소유는 보호받아야 한다. 자본 소유는 어떤 형태든지 개인의 노력의 결과물일 수 있기 때문이다. 우리가 문제 삼는 것은 자본의 사적 소유 자체가 아니라 어디까지나 소유를 근거로 인간을 지배하는 것이다. 그런 점에서 우리의 입장은 소유권에 근거한 기업 지배권을 기본적 수준에서 인정했던 사회민주주의는 물론이고 소유관계의 변화 곧 생산수단에 대한 사적 소유의 폐지를 중시했던 전통적인 마르크스주의와도 뚜렷이 구분된다고 할 수 있다.

그럼에도 불구하고 모든 부의 원천은 노동이라는 사실은 변함없이 인정되어야 한다. 이는 엄연한 진실이기 때문이다.

사실 노동이 모든 부와 권리를 발생시키는 원천이라는 것은 수많은 사상가들에 의해 천명되고 옹호되어온 진리였다. 존 로크John

Locke(1632~1704)는 "정의는 모든 사람에게 그의 정직한 근면의 산물에 대한 권리를 부여한다"고 천명하였다. 약 100년 후 애덤 스미스는 《국부론》을 통해 "모든 사람이 자신의 노동을 통해 갖는 재산이 …… 다른 모든 재산의 시원적 기초"라고 밝혔다. 이를 뒷받침하기 위해 애덤 스미스는 토지의 사적 소유와 자본의 축적이 있기 이전의 원시사회 상태에서는 노동생산물 전체가 노동자에게 속했음을 환기시켰다.[14] 노예제도를 폐지시켰던 링컨은 좀더 분명한 어조로 이렇게 말했다. "노동은 자본에 앞서고 자본으로부터 독립해 있다. 자본은 노동의 결실일 뿐이며, 노동이 애초에 존재하지 않았다면 존재할 수 없었을 것이다. 노동은 자본보다 우월하며, 더 높은 고려의 대상이 될 만하다."[15]

지금까지의 논의를 통해 우리는 나름대로 기업혁명을 구상할 수 있는 근거를 확보하는 데 성공했다. 원칙적인 수준에서는 답은 이미 나와 있다고 해도 과언이 아닐 것이다. 그렇다면 이제 기업혁명에 관한 결론을 내려보자.

민주주의 원리로 볼 때 기업은 다양한 사람들로 구성되며 그들은 모두가 동등한 권리를 타고난 인간이다. 아울러 지식노동자가 확대됨에 따라 기업 구성원은 현실적으로도 대등한 관계가 되어가고 있다. 그런데도 주주자본주의 아래서 기업의 의사결정권은 100퍼센트 주주가 장악하고 있다. 기업을 작은 국가로 간주한다면 이는 명백한 주주독재(자본독재)라고 할 수 있다. 주주자본주의 아래서 기업은 노엄 촘스키가 통렬하게 지적했듯이 전체주의 체제를 유지하고 있는 것이다.

또 정의의 원칙에 입각해서 보면 기업 구성원은 각자의 기여도에 비추어 몫을 주장할 수 있다. 그러나 지식기반경제 시대에 부의 창출을 주도하는 지식노동자는 기업의 이익 처분에서 철저히 소외되어 있다. 반면 주주는 기업의 부의 창출에 마이너스로 작용하고도 이익을 독식하고 있다. 의사결정권의 독식이 이익의 독식으로 이어지고 있는 것이다.

이 모든 것은, 기업은 새로운 의미에서 민주주의 혁명의 장이 되어야 함을 의미한다. 결론적으로 주주독재는 타도되어야 하고 기업의 권력구조는 민주주의의 기본원리에 따라 재산 중심에서 사람 중심으로 전면 전환되어야 한다. 주주가 '독점'했던 권력을 기업 구성원 모두가 '공유'하는 것으로 탈바꿈해야 하는 것이다. 경영 역시 원칙적으로 구성원 모두가 참여하는 공동경영이 되어야 한다. 그럴 때 기업은 주주의 재산을 넘어서서 다양한 사람들이 경제활동을 위해 협력하는 민주적 공동체로 재구성될 수 있다.

이 과정에서 노동자는 국가영역에서 그러했듯이 기업에서도 시민권을 획득할 수 있다. 머저리 켈리의 이야기를 응용하면 민주국가에서 정부 구조를 바꾸거나 폐지할 수 있는 권리가 국민에게 있는 것처럼 기업 지배구조를 바꾸거나 폐지하는 것 또한 기업 구성원으로서 노동자의 권리에 속하게 되는 것이다.[16] 요컨대 노동자는 자신의 운명을 스스로 결정할 수 있는 조건을 확보하게 된다. 이는 곧 주주는 더 이상 절대권력을 행사할 수 없고 노동자는 어떤 경우라도 자유롭게 처분 가능한 재산의 일부가 될 수 없다는 점에서 주주자본주의의 사망을 의미하는 것이다. 이는 동시에 자본이 더 이상 기업을 전일적으로 지배할 수 없다는 점에서 사실상 자본주의가 역사의

서 퇴장하는 출발점이기도 하다. 이와 관련하여 요제프 슘페터는 "자본주의는 손에 사형선고 판결문을 쥐고 있는 판관들 앞에서 재판을 견디고 있다"고 묘사한 적이 있다.[17] 이제 자본주의는 더 이상 그 재판을 견디기 어려운 상황에 도달한 것이다.

이렇듯 주주자본주의 극복은 기존 자본주의의 제도의 수정이 아니라 전혀 새로운 경제제도의 출현을 선포하는 것이 된다. 말하자면 주주자본주의의 무덤 위에 새로운 제도가 자라게 되는 것이다. 굳이 표현하자면 그것은 사람의 가치, 사람의 권리를 중심으로 기업의 권력구조를 형성하고 경제를 운영한다는 점에서 '사람 중심의 기업' '사람 중심의 경제'가 될 것이다.

민주주의혁명에 기초한 사람 중심의 경제는 마이너스 기여를 하는 주주는 절대권력을 행사하는 반면 실질적으로 생산력을 관장하는 지식노동자는 권력으로부터 소외되어 있는, 생산력구조와 권력구조 사이의 극단적 모순을 해소하는 제도혁명의 결과다. 이러한 제도혁명으로 인해 기업은 주주들의 온갖 갈취와 훼방으로부터 해방되며, 소외되고 억눌렸던 지식노동자의 창조적 에너지 역시 자유롭게 발산될 수 있게 된다. 그럼으로써 기업은 루쿠스의 예처럼 온전히 기력을 되찾음과 동시에 혁신적 발전을 거듭하게 될 것이다. 이는 대부분의 사람들의 이익을 증대시키는 데 기여할 것이다. 아울러 기업 나아가 국민경제가 국제금융자본에 의해 교란되지 않고 자주적으로 운영될 수 있는 조건이 확보된다. 바로 여기서 사람 중심의 경제가 갖는 보편타당성이 입증된다.

남은 과제는 기업혁명의 제도적 방안을 구체적으로 제시하는 것인데 이는 필자의 능력을 넘어서는 것일 뿐 아니라 권한을 벗어나는 일이기도 하다. 다만 여기서는 두 가지 정도를 언급할 수 있을 것 같다. 국가영역 곧 정치적으로 획득한 민주적 권리를 기업에서도 응용할 있다는 점과 주주들이 동원하고 있는 제반 수단을 노동자 역시 사용할 수 있다는 점이다. 이 두 가지 점만 감안해도 제도적 방안은 얼마든지 풍부하게 찾아낼 수 있다. 최고경영자에 대한 탄핵권을 가질 수도 있고 노동자의 이익을 중심으로 한 재무제표를 작성하는 데 회사가 협력할 의무를 갖도록 할 수도 있다. 직장평의회가 기업 결정에 대한 동의권을 행사한 독일의 '공동결정제'도 응용 가능한 제도 중의 하나가 될 수 있을 것이다.

이를 바탕으로 우리는 민주적이고 공동체적인 다양한 형태의 기업을 모색할 수 있을 것이다. 가령 공공성이 강한 국가기간산업에 대해서는 베네수엘라에서 선을 보인 공동경영기업 모델을 적용할 수 있다. 또 인적자본의 비중이 큰 기업은 몬드라곤 형태의 협동조합기업이나 노동자 주도 아래 주주 등 이해당사자들을 의사결정 과정에 참여시키는(이해당사자 자본주의를 거꾸로 뒤집어놓은) 형태를 취할 수 있다. 반면 자본의 주도력이 큰 기존 사기업은 최소한 유럽식 이해당사자 자본주의 모델로의 전환을 모색할 수 있을 것이다. 물론 이마저도 어디까지나 하나의 가능성일 뿐 더 많은 연구 검토가 필요하다.

그런데 개별기업이 주주독재를 극복하고 권력의 공유를 바탕으로 민주적 공동체로 재조직된다고 하더라도 여전히 남는 문제가 있다. 곧 기업은 누구의 이익을 위해 존재하는가 하는 기업혁명의 또 다른 지점이 남아 있는 것이다. 사실 기업혁명이 개별기업 차원에서의 구성원의 권력 공유에 국한된다면 기업이기주의 문제가 발생할 소지가 매우 크다. 그에 따라 기업이 (뒤에서 다루게 될 미래가치를 중심으로 한) 사회적 가치와 규범을 내면화하는 것으로서 사회화의 과제가 제기될 수밖에 없다. 곧 (좌파 혁명가들이 줄기차게 주창해온) '생산수단의 사회화'가 함축하고 있는 두 측면인 기업의 민주화와 사회적 가치 중심의 운영 중에서 나머지 하나가 남아 있는 것이다.

우리는 기업의 사회화와 관련하여 다양한 보완책을 제시할 수 있다. 우선 쉽게 떠올릴 수 있는 것은 국가기간산업 혹은 공공부문 기업을 국가 차원의 조절 통제가 가능한 민주화된 공기업으로 재조직하는 것이다. 우리는 이미 구성원의 권력 공유를 일반적 원칙으로 삼고 있기 때문에 이 경우는 사실상 국가와 해당 기업의 노동자가 공동으로 경영을 책임지는 베네수엘라식 공동경영기업이 될 가능성이 크다.

이러한 공동경영기업 모델은 확산될 수 있는 여지는 매우 많다. 그렇다고 해서 국가의 하향식 통제에만 의존하는 것은 바람직하지 않다. 관료주의 병폐가 나타날 수 있기 때문이다. 더욱이 공동경영기업을 일반화하는 것 또한 분명한 한계가 있다. 따라서 기업의 자율과 독립을 충분히 보장한 조건에서 '아래로부터 사회화'를 실현할 수 있는 방법을 찾을 필요가 있다. 우리는 뒤에서 다루게 될 자본혁명과 시장혁명을 통해 일정하게 그에 대한 해답을 찾을 수 있을 것이다.

실행 가능한 전략

이념은 사람들을 설득하고 마음을 움직이고 행동을 이끌어내는 필수요소다. 오늘날 기업혁명 나아가 사회혁명을 이끌 이념은 민주주의다. 민주주의는 자신의 근본을 되찾을 때 그 어떤 문제에 대해서도 해답을 줄 수 있다. 민주주의는 한도가 없다. 따라서 민주주의를 근본적 관점에서 재조명하고 이를 바탕으로 21세기 민주주의의 좌표를 정립하는 것이 매우 절실하다.

21세기 민주주의의 좌표는 재산이 아닌 사람이 모든 권리 발생의 원천이 되고, 의결과 집행에 개입할 수 있는 권리로서 시민권을 지속적으로 확장하며, 인민주권 원칙에 입각해 인민의 지배를 온전히 구현하는 것 등이 되지 않을까 싶다. 참고로 인민주권을 천명한 프랑스 대혁명 인권선언 제3조를 다시 확인하면 "모든 주권의 근원은 본질적으로 인민에게 있다. 어떤 단체나 어떤 개인도 명백히 인민에게서 유래하지 않는 권력을 행사할 수 없다"고 되어 있다. 이를 액면 그대로 해석하면 민주주의의 본원적 가치는 모든 영역에서 인민의 지배를 실현하는 데 있다고 할 수 있다. 우리는 이 사실을 앞으로 거듭해서 확인하게 될 것이다.

그런데 이념은 현실 속에서 약동하는 에너지와 결합할 때 실체적 힘으로 전환된다. 예컨대 중국혁명에서 사회주의 이념은 수천 년간 이어져 내려온 농민봉기라는 에너지와 결합함으로써 비로소 현실로 전화될 수 있었다. 기업혁명 역시 이러한 현실 에너지를 바탕으로 할 때 실현 가능한 목표가 될 수 있다. 이로부터 다음과 같은 세 가지 행동 계획이 수립될 수 있다.

첫째는 정규전이다. 민주주의를 실현하기 위한 투쟁 전통을 바탕으로 기업혁명을 뒷받침할 법 제도를 마련해야 한다. 이는 기업혁명이 특정 계급 요구에 머물지 않고 민주주의의 심화 확장에 이해관계를 갖고 있는 모든 세력의 열망을 담아 추진되어야 함과 동시에 "모든 곳에 민주주의 깃발을 휘날리게 하자"는 것이야말로 이 투쟁의 가장 중요한 구호임을 말해주는 것이다. 기업혁명은 여기서 결정적 승부가 날 것이며 이를 위해 사회적으로 준비된 모든 힘을 집중해야 한다. 그런 의미에서 정규전의 성격을 갖는다.

　기업혁명과 관련하여 엄격한 주의를 요구하는 지점이 몇 가지 있다. 그 중 하나는 경영자의 자발적 개혁에 너무 의존해서는 안 된다는 것이다. 지금까지 그러했듯이 중소기업, 공공부문, 신기술부문에서 많은 경영자들이 보다 진보적 관점에서 기업을 경영하기 위해 노력할 것으로 보인다. 하지만 몇 몇 조사 결과만 보더라도 경영자 개인의 혁신적 실험이 성과를 내더라도 대부분은 오래가지 않아 후퇴하는 경향을 보였다.

　많은 관심을 끌어온 종업원지주제에 대해서도 똑같이 주의할 필요가 있다. 노동자도 주식을 소유함으로써 주주총회에 참여하자는 취지의 종업원지주제(종업원 스톡옵션제)는 부분적으로 효용성이 있으나 결과적으로 소유권만이 지배권력 발생 근거가 될 수 있다는 관점을 더욱 강화시키는 데 기여한다. 그런 점에서 종업원지주제는 근본적인 문제 해결을 더욱 어렵게 만드는 장애물일 가능성이 크다. 실제로 종업원지주제는 기업 내에서 노동자의 권리를 강화시키는 것보다 자본주의적 소유관계 속으로 노동자들을 포섭하는 데에 더 많이 기여한 것으로 나타났다. 주식을 보유하는 순간 노동자들은 주가 동향에 민감해지면서 무의식중에 주주의 이익과 자신의 이익을 일치시키게 되는 것이다. 이는 노동자들의 집단적인 자기분열증에 다름 아니다.

노동자가 주식 소유 확대를 통해 기업 의사결정에 참여하자는 것은 과거 노동자가 국가영역에서 투표권을 행사하기 위해서 똑같이 재산을 많이 가져야 한다고 생각하는 것만큼이나 완전히 잘못된 사고다. 노동자는 오로지 자신은 재산의 일부가 아니라 동등한 권리를 갖고 태어난 인간이며 나아가 노동을 통해 부의 창출에 기여한다는 것을 근거로 권리 행사를 주장해야 한다.

기업혁명은 반드시 법제화를 통해 사회적 강제력을 확보하는 것을 기본전제로 삼아야 한다. 곧 주주독재를 청산하고 민주화된 기업공동체를 창출하는 새로운 기업조직법을 제정할 필요가 있다. 이러한 법을 통해서만 개인의 주관적 판단이나 노동자의 주식 소유에 의존하지 않고 모든 기업의 근본적인 쇄신을 유도할 수 있다. 다만 궁극적으로 목표는 같다고 하더라도 구체적 방식에서는 주주자본주의가 주로 작동하는 대기업과 그렇지 않은 중소기업은 서로 달리 접근할 필요가 있다. 대기업은 강제를 위주로 하되 중소기업은 자발적 영역으로 남겨두면서 일정한 요건을 갖추었을 때 집중적인 지원을 제공하는 것이 바람직하다. 요컨대 대기업은 채찍을, 중소기업은 당근을 주로 사용할 필요가 있는 것이다. 대기업의 경우도 낮은 단계에서 높은 단계를 향해 점진적으로 접근하는 것이 사회적 합의를 기초로 평화적으로 문제를 해결하는 데 도움이 될 것이다.

여기서 중요한 것은 충분한 사회적 공감과 합의를 이끌어내는 것이다. 법률 제정은 원칙적으로 유권자 다수에 의한 아래로부터의 사회적 합의가 제도화되는 과정이다. 이러한 아래로부터의 사회적 합의를 이끌어내려면 무엇보다도 주주자본주의의 본질을 지속적으로 폭로하는 것이 중요하다. 만약 그 누구인가가 신자유주의 극복을 위해 할 수 있는 한 가지만 이야기해달고 한다면 우리는 이렇게 답해야 할 것이다. "모든 기회를 이용해서 주주자본주의의 정체를 폭로하시오!" 나머지 문제는 전적으로 이 작업이 어느 정도 진척되는가 여부에 따라 판가름날 것이다.

주주자본주의의 정체를 생생하게 폭로할 수 있는 소재는 '뻔뻔스런 그들의 악행' 덕분에 온 천지에 널려 있다. 우리는 주주들이 마이너스로 작용하고도 기업의 권력을 독점하고 있다는 사실을, 주주들의 과도한 이윤 추출이 궁극적으로 기업을 망치고 있다는 사실을, 주주자본주의의 작동이 사회적 양극화와 저성장을 초래하는 진짜 원인이라는 것을 폭로해야 한다. 아울러 오늘날 정치권력을 손에 넣고 주무르고 있는 자들 역시 민주적 선출과 무관한 주주집단들이며 그로 인해 민주주의는 껍데기만 남았다는 사실을 낱낱이 폭로해야 한다.

이러한 작업을 통해 유권자 다수가 주주자본주의의 실체를 파악할 수 있게 된다면 의외로 비약적인 국면이 열릴 가능성이 크다. 달러 제국의 붕괴와 함께 기존 시스템으로는 더 이상 버틸 수 없는 상황이 머잖아 밀어닥칠 것이기 때문이다. 그에 따라 근본적 해결책을 강구해야 한다는 절박감이 확산되면서 우리의 주장은 얼마든지 전폭적인 지지를 얻을 수 있다.

둘째는 게릴라전이다. 구성원이 권력을 공유하는 대안적 기업을 연속적으로 창업함으로써 기존 기업 질서를 포위 압박해야 한다. 소규모 단위의 자유롭고 독립적인 운동을 특성으로 한다는 점에서 게릴라전의 성격을 갖는다.

독자적 경제활동을 갖춘 지식노동자가 확대되고 그들의 무대가 될 지식기반경제가 빠르게 발달하면서 기존 자본으로부터 독립하여 창업하는 경우가 급속히 늘어나고 있다. 많은 경우 노동자들이 기존 기업에서 벗어나 기업을 설립한 뒤 독자적인 기술력을 담보로 '자본을 유치'하고 필요할 경우는 '전문 경영인을 고용'하기도 한다. 이른바 벤처 기업은 이러한 흐름의 한 표현이라고 할 수 있다.

물론 벤처기업은 우리가 보아왔듯이 그 자체가 대안적 기업운동이라고 간주하기는 힘든 모습을 보여왔다. 도리어 투기적 요소를 강하게 드러내는 등 부정적 모습을 많이 보이기도 하였다. 그로 인해 노동자들의 독자적 창업 흐름이 진보적 관점에서 주목받는 경우는 별로 없었다.

하지만 모든 사물은 양면성을 갖게 마련이며 그 어떤 보석도 자연상태에서는 다른 원석과 섞인 혼합물로 존재한다. 긍정적인 면만을 갖고 있기를 기대하거나 액면 그대로 보석의 모습만을 찾는다면 우리가 원하는 에너지는 결코 찾을 수 없다. 지난 20세기 혁명의 원동력을 형성했던 노동자나 농민 역시 현실에서는 종종 이중성을 드러내왔고 정세에 따라 상반된 모습을 보이기 일쑤였다. 그것이 민중의 본래 모습이었다. 따라서 우리는 노동자들의 독자적인 창업 흐름에 대해 표면적인 인식에 머물지 않고 그 이면을 들여다보기 위해 노력해야 한다.

노동자들이 기존 자본의 지배에서 벗어나 독자적 창업을 하는 과정 속에는 우리가 주목해야 할 중요한 지점들이 많다. 일차적으로 독자적 창업은 더 이상 기존 자본에게 자신의 노동력을 판매하는 것을 거부하였다는 의미가 내포되어 있다. 실제 다른 사람 밑에서 부림을 받지 않고 독립적으로 활동하고 싶은 것이 독자적 창업의 가장 중요한 동기 중 하나다. 이러한 관점에서 보자면 독자적 창업은 전통적 산업노동자들이 파업을 통해 일시적으로 노동력 판매를 중단하는 것과 일맥상통한다고 할 수 있다.

노동자들의 독자적 창업과 관련하여 주목해야 할 또 하나의 지점은 많은 경우 개인보다는 집단적 협력을 통해 이루어진다는 사실이다. 이런 경우 구성원은 공동창업자로서 지위를 갖게 되며 그에 따라 수직적인 주종관계보다는 수평적인 협력관계가 보다 중시된다. 기업 경영 또한 구성원 전체의 합의를 기초로 이루어지는 경우가 많다. 작업자의 자율성과 창조성이 강조될 수밖에 없는 지식기반경제의 특성 역시 이러한 경향을 강화시키는 중요한 요소의 하나였다.

우리는 이러한 특성을 바탕으로 보다 대안적이고 규범화된, '사람 중심의 종소기업'을 창업운동의 좌표로 설정할 수 있다. 사용자와 피고용자의 구분이 없는 협동조합기업은 그 중 하나가 될 것이다. 두말할 필요도 없이 이 경우는 창업 주체의 목적의식성과 법제화가 동시에 갖추어질 때 강력한 힘을 발휘할 수 있다. 당연히 법제화 속에는 사람 중심의 중소기업의 요건을 갖출 때는 사회적 차원에서 각종 지원을 제공하는 것을 포함하게 될 것이다.

사람 중심의 중소기업은 권력의 공유를 바탕으로 '사람 중심의 진보적 경영운동'과 '경영을 책임지는 혁신적 노동운동'이 한 몸으로 결합할 수 있는 새로운 형태의 기업이다. 그럼으로써 사람 중심의 중소기업은 계급 갈등으로 인한 소모전을 최소화하고 자율과 협력을 바탕으로 시너지 효과를 극대화할 수 있다. 그럼으로써 높은 수준의 기동성을 바탕으로 창의성을 극대화할 수 있을 것이다. 이는 지식기반경제 시대의 가장 큰 강점이 될 것이다. 따라서 사람 중심의 중소기업은 향후 가장 강력한 경쟁력을 갖는 기업으로 등장할 가능성이 충분하다.

사실 보다 민주적이고 자율적으로 운영되는 중소기업이 특유의 기동성을 발휘하면서 훨씬 높은 생산성을 발휘할 수 있다는 것은 수많은 사례를 통해 직간접적으로 입증되어왔다. 가령 인구 2000만 정도로 그다지 크지 않은 국가인 타이완이 외환보유고 세계 4위를 기록할 수 있었던 것은 바로 철저하게 소규모 기업들 위주로 국가경제를 운영해온 덕분이다. 또 미래학자 앨빈 토플러Alvin Toffler는 그의 저서 《권력이동Power Shift》을 통해 미래 사회를 이끌고 갈 기업은 움직임이 둔한 대기업이 아니라 기동성이 뛰어난 소규모 기업이라고 주장하기도 하였다. 예컨대 미국의 경우 1977년 이래 새로 생겨난 2000만에 이르는 취업 기회의 대부분이 중소기업에 의해 마련되었으며 기술혁신의 대부분도 이들 기업에 의해 이루어졌다는 것이다.[18] 한국 역시 외환위기 이후 고용 증가의 85퍼센트 정도를 중소기업이 담당했다. 일자리 문제의 해답은 중소기업 속에 있는 것이다. 또 벤처기업 비중이 빠른 속도로 증가하면서 장차 벤처기업이 전체 경제를 주도할 가능성이 크다는 전망도 나오고 있는 상태다.

대체로 보면 중소기업은 기술력을 포함한 모든 점에서 대기업과 겨루어서 결코 뒤지지 않는다. 그런데 결정적으로 자금 문제에서 곤란을 겪고 있다. 곧 자금배분에서의 구조적인 불균등으로 인해 기술

개발이나 시장 개척, 직원 훈련 등 모든 점에서 불리한 입장에 서게 되는 것이다.

결국 자금 공급체계가 개선되고 필요한 제도적 뒷받침이 충분히 이루어진다면 사람 중심의 중소기업이 연속적으로 창업될 수 있는 매우 유리한 환경이 조성될 것이다. 이울러 기존의 중소기업이 구체적 형태에서는 일정한 차이가 있을 수 있지만 사람 중심의 중소기업으로 변모할 가능성이 그만큼 커지게 된다. 여기서 중요한 변수가 되는 것은 중소기업인의 선택이다. 일반적으로 중소기업인은 자본 소유자, 전문경영자, 그리고 상당히 많은 경우 노동자로서의 성격을 동시에 갖고 있다. 그런데 한국 경제의 선순환 구조 파괴에서 확인했다시피 주주자본주의 아래서 중소기업은 다양한 형태로 피해를 입어왔다. 동시에 중소기업은 대기업과 달리 자본 동원력보다는 기업 구성원의 창의성과 자발적 열정에 절대적으로 의존할 수밖에 없다. 이런 점에서 중소기업인은 사람 중심의 경제를 적극 지지하는 중요한 하나의 축을 형성할 수 있다.

이렇듯 사람 중심의 중소기업이 확산되면 기존 기업의 지배구조를 혁명적으로 전환시키는 강력한 압력효과를 발생시키게 된다. 일종의 포위압박 전략이 가능해지는 것이다. 고급인력이 지속적으로 대안 기업으로 흡수되는 조건에서 기존 기업은 원하는 인재를 확보하기 위해서라도 기업 운영 형태를 바꿀 수밖에 없기 때문이다.

셋째는 진지전이다. 팀제 도입 등 경영혁신 과정에 능동적으로 개입함으로써 현장권력을 강화해야 한다. 기존 기업 내부로부터의 행동 계획이므로 진지전의 성격을 갖는다.

1990년대를 거치면서 팀제는 자본주의 사회에서 급속히 일반화되는 양상을 보였다. 한때, 팀제를 도입하지 않으면 시대 흐름에서 탈락할 것이라는 강박관념이 기업 경영자를 지배하기도 하였다. 그러나 그 형태와 기능은 팀제의 꽃이라고 하는 '자율경영팀'에서 형식상의 팀제에 이르기까지 그야말로 천차만별이었다. 팀제 도입의 동기 역시 매우 복합적이고 때로는 이중적이기도 하였다.

한편으로는 신자유주의 구조조정의 한 방법으로 팀제를 채택된 측면이 강하였다. 중간층을 제거하고 노동자에 의한 노동자의 통제 시스템을 확립하기 위한 용도로 팀제가 활용된 것이다. 그러나 다른 한편으로는 지식기반경제 시대에 조응하여 기존의 경직된 수직적 위계질서를 허물고 작업자의 자율성과 창의성을 고취시키기 위한 유연하고 탄력적인 시스템을 구축하는 것 또한 팀제 도입의 중요한 동기였다.

연구 결과에 따르면 팀제의 도입은 항상 그런 것은 아니지만 대체로 작업자의 의욕을 고취시키고 시장환경에 대한 탄력적 대응을 강화함으로써 생산성 증대로 이어진 것으로 나타나고 있다. 물론 부작용이 없었던 것도 아니다. 팀제는 전통적인 연공서열제의 파괴를 수반하였기 때문에 고참 직원들로부터 불만의 표적이 되었고 충분히 익숙하지 않은 상태에서 부여된 과도한 책임과 권한은 강한 스트레스를 유발하기도 하였다. 그럼에도 불구하고 과거 피라미드식 위계질서에 비해서는 노동자가 생산 활동에 보다 자주적으로 임할 수 있게 된 것은 분명하였다.

그렇다면 노동자들은 이러한 팀제의 일반화에 대해 어떻게 대응해야 하는가. 1990년대 전반기까지만 해도 한국의 노동운동은 강력한 현장기반을 구축하고 있었다. 부서 라인별 현장 소모임을 기초한 현장조직은 아래로부터의 힘을 발생시키는 강력한 기지가 되었고 현장 대의원은 일상적으로 무시 못할 현장권력을 발휘하였다. 그러나 이후 노동조합이 관료화되면서 이러한 경향이 점차 퇴색하였다. 여기에 경영진의 주도로 위로부터 도입된 팀제 또한 노동자의 현장권력을 약화시키는 것으로 작용했다. 노동자들이 팀제에 대해 효과적인 대응을 못하는 사이 경영진은 팀제를 통해 현장을 통제할 수 있는 기반을 마련한 것이다.

결론적으로 말하면 노동자는 팀제를 현장권력 강화를 위한 디딤돌로 삼아야 한다. 곧 팀제를 점령할 필요가 있다. 그런 점에서 팀제에 대해 좀더 능동적이고 주도면밀하게 대응할 필요가 있다. 기업 권력구조의 혁명적 전환과 맞물린다면 팀제는 매우 의미 있는 기능을 수행할 수 있기 때문이다.

우리는 상상력을 극대화시켜 이러한 기업 시스템을 떠올려볼 수 있다. 먼저 '팀'은 새로운 기업 운영의 기초 단위로 자리잡는다. 작업팀은 더욱 높은 독립성과 자율성을 발휘하면서 실질적으로 생산을 관장하는 기관이 될 수 있다. 작업팀 자체가 공장 안의 작은 공장 혹은 기업 안의 작은 기업처럼 움직이는 것이다. 그러면서도 팀은 서로 긴밀한 유기적 관계를 맺으면서 전체가 하나처럼 움직이게 된다. 그것은 마치 생명 활동 단위인 세포가 모여 하나의 유기체를 구성하는 원리와 같다고 볼 수 있다. 곧 모두가 중심이면서 모두를 위해 지원하고 협력하는 유기체적 원리가 종전까지 기업을 지배했던 기계적 원리를 대체하는 것이다.

이런 경우 무엇보다도 정보 공유가 중요한데 작업자는 누구나 관련 정보를 컴퓨터 온라인을 통해 공급받을 수 있다. 정보혁명 덕분에 정보 독점을 기초로 권력을 독식하는 것은 충분히 방지할 수 있는 것이다. 이를 기초로 노동자는 누구나 구상과 실행의 주체가 될 수 있다. 산업시대에는 확연히 분리되었던 정신노동과 육체노동이 온전히 통일되는 것이다.

팀제 중심의 시스템이 충분히 성숙되었다고 한다면 기업 전체의 이해와 관련된 문제는 팀 대표들이 모여 민주적으로 결정할 수 있을 것이다. 그에 따라 모든 권력이 집중되었던 종전의 기업 중앙조직은 공동지원본부, 공동조정기구로서 그 성격이 변화하게 된다. 그렇게 되면 기업은 일종의 생산자연합체와 같은 성격을 갖게 될 것이다.

비록 상상 속에서 그려본 모습이지만 그렇다고 하여 비현실적인 것은 결코 아니다. 경영이론에서는 이 같은 기업 시스템으로의 전환 필요성을 오래전부터 이야기해왔고 실제 많은 기업들이 부분적이나마 유사한 실험을 해왔기 때문이다. 한 예로 윌리엄 바이햄William Byham 등이 저술한 《자율경영팀Empowered Teams》은 작업팀이 기획과 구매, 회계, 인사 등에서 독자적인 권한을 행사하는 수많은 사례를 소개하고 있다.[19]

이러한 맥락에서 노동자는 생산자연합체로의 발전 전망 속에서 한편으로는 주주의 절대 권력을 타파하기 위한 투쟁을 전개하면서 다른 한편으로는 기업 내부에서 현장 권력을 강화하기 위한 지속적인 노력을 기울일 필요가 있다. 이는 노동자가 진정으로 기업의 주인이 되기 위한 일상적 실천 과제다.

자본혁명, 착취의 도구에서
사회혁명의 동력으로

기업혁명은 주주자본주의 메커니즘을 붕괴시킴으로써 자본혁명의 결정적 돌파구를 마련해준다. 무엇보다도 국제금융자본의 지배를 청산하는 데 일대 전환점이 마련될 것이다. 아마도 기업혁명이 성공하는 조짐이 보이는 순간부터 국제금융자본은 대대적인 철수를 단행할 것이다. 한편에서는 그로 인한 주가 폭락 등 부작용을 우려할 수 있지만 언제까지나 국제금융자본에 목을 매고 살 수는 없다. 일시적 고통을 감수하는 것이 장기적으로 볼 때 훨씬 바람직하다.

이렇듯 기업혁명은 국제금융자본의 가장 중요한 침투경로를 봉쇄할 수 있지만 그렇다고 해서 문제가 다 해결된 것은 아니다. 자본은 기업에 발을 걸치고 있지만 그들이 뛰어노는 공간은 이보다 훨씬 넓으며 자본의 구성 또한 복잡하기 때문이다. 우리가 기업혁명과 구분되는 자본혁명을 별도로 고민해야 하는 이유가 여기에 있다.

이와 관련해서 우리가 주목해야 할 중요한 지점은 자본 소유의 대중화다. 자본소유자가 전통적 의미에서의 자본가계급을 넘어서 노동자계급의 일부까지를 포괄할 정도로 비약적으로 확대된 것이다. 주식시장의 확대와 펀드 열풍(상당 부분은 막대한 수수료 수입을 노린 금융기관의 가증스런 사기극이 연출한 것이었지만)은 그러한 현상을 부추겨왔다. 이러한 자본소유자의 확산은 이중적 의미가 있다. 하나는 자본이득에 직접적인 이해관계를 가진 사람들이 늘어남으로써 자본주의를 지지하는 세력이 확대되었음을 의미한다. 다른 하나는 자본에 대한 대중적 소유를 통해 인민이 자본을 지배하는 것으로서 자본에 대한 사회적 통제 가능성이 열렸다는 점이다. 자본혁명은 당연이 후자 입장에서 문제 해결을 모색한다.

중요한 것은 자본소유자가 다양하게 뒤엉켜 있는 조건에서 아주 특별한 경우를 제외하고는 과거와 같은 자본의 몰수나 폐기는 불가능해졌을 뿐 아니라 바람직하지도 않게 되었다는 사실이다. 도리어 배회하는 자본에게 출로를 열어주지 않으면 안 되는 경우가 빈번하게 발생하고 있다.

자본혁명 역시 기본적으로는 사회적 합의를 기초로 한 법제화를 통해 실현될 수 있다. 사회혁명을 촉진하는 방향에서 자본 운용의 기준을 마련하는 한편 역시 법률적 뒷받침을 받아야 한다. 아울러 일상적 관리 업무를 수행할 정부가 어떤 태도를 취할 것인가가 매우 중요한 의미를 갖는다. 그런 점에서 자본혁명은 정치혁명의 성숙을 필수조건으로 삼는다.

보다 중요한 것은 자본혁명을 단지 자본의 착취적 요소를 제거 혹은 완화하는 소극적 입장에서 접근해서는 안 된다는 것이다. 자본에 대한 인민의 지배가 확립되면 자본은 거꾸로 사회혁명을 추진하는 강력한 힘이 될 수 있다. 자본은 인간의 머리 위에 올라서면 악惡이 되지만 발 아래로 내려가면 선善이 될 수 있는 것이다.

그러면 지금부터 이러한 점을 염두에 두고 자본혁명을 구성하는 4가지 요소를 살펴보자.

첫째, 정부는 국제금융자본의 공격에 대해 강력한 방어벽을 구축해야 한다.

주주자본주의 메커니즘이 무너졌다고 해서 국제금융자본의 공격이 동시에 사라지는 것은 아니다. 국제금융자본은 환투기 등 다양한 수법으로 공격을 가할 수 있으며 극단적으로 예전의 영화를 되살리기 위한 다양한 작전을 전개할 수도 있다. 이러한 국제금융자본의 공격에는 정부 차원의 강력한 대응책 마련이 필수적이다. 1997년 태국에서 출발하여 아시아 여러 나라를 거쳐 러시아와 중남미 일대를 강타했던 일련의 외환위기 당시 일부 국가들의 대응은 이에 대해 많은 시사점을 던져주고 있다.

1990년대 국제금융자본은 중국을 주요 공격 대상으로 설정하고 있었다. 거대한 성장잠재력을 지닌 중국 경제를 국제금융자본의 지배 아래 두는 것이 궁극적인 목표였다. 중국을 겨냥한 국제금융자본들의 작전은 헤지펀드들이 중국으로의 귀속을 눈앞에 두고 있던 홍콩을 공격하는 것으로부터 시작되었다.

그러자 중국의 경제담당 부총리 주룽지朱鎔基는 곧바로 미 재무장관 루빈에게 전화를 걸어 헤지펀드들의 홍콩 공격을 중단하지 않으면 중국이 미국에 예치한 달러를 빼가겠다고 으름장을 놓았다. 곧이어 공격이 잠잠해지는 듯했다. 그러나 바뀐 것은 작전이었을 뿐이었다. 헤지펀드들은 동남아시아에서 일련의 외환위기를 유발함으로써 중국을 압박하는 우회작전을 펼친 뒤, 귀속된 지 얼마 안 된 홍콩에 대해 재차 공격을 감행했다. 이후 1년 동안 4~5차례 홍콩 공격이 전개되었으나 홍콩 달러나 중국의 인민폐는 끄떡도 하지 않았다. 도리어 홍콩 공격에 가담했던 헤지펀드들 중에서 파산하는 회사가 발생하고 말았다. 결국 헤지펀드는 실패를 인정하고 물러나고 말았다.

당시 중국 정부는 헤지펀드들의 공격에 맞서 강력한 자본통제 정책을 실시했다. 무역결제 등 경상거래를 제외한 투기 목적의 자본거래를 일체 금지시켰다. 이러한 조치를 취할 수 있었던 데에는 인민폐의 불태환성이 단단히 한몫했다. 그동안 중국 당국은 합법적인 자금송금, 자본투자 및 대부투자, 외국 기관투자자의 증시 참여의 경우만 외국환과 인민폐의 태환을 허용해왔다. 곧 환투기를 제도적으로 봉쇄한 것이다. 이를 두고 헤지펀드 운용자인 조지 소로스는 중국 경제가 봉건적 폐쇄성에 빠졌다고 비난했다가 사과하기도 하였다.

물론 중국이 헤지펀드들의 공격을 격퇴할 수 있었던 원인에는 인민폐의 불태환성 외에도 풍부한 외환보유고, 직접투자 유치의 상대적 안정성 등이 작용한 것은 사실이다. 그럼에도 불구하고 정부 차원의 강력한 자본통제 정책을 실시하지 않았다면 중국 역시 외환위기에서 벗어나지 못했을 것은 매우 분명하다. 리콴유李光耀 싱가포르전 수상 역시 헤지펀드들의 공격으로부터 중국 경제를 살려낸 것은 자본거래에 대한 중국 정부의 엄격한 통제 덕분이라고 지적하였다.[20]

국제금융자본이 동남아시아를 휩쓸던 당시 같은 동남아시아 국가였던 말레이시아 역시 외환위기를 겪었다. 1998년 8월 헤지펀드 등 단기 투기자본이 말레이시아의 링깃화를 공격하는 일이 벌어졌다. 그 결과 말레이시아 링깃화의 통화가치는 폭락했고 주가지수도 1200에서 260선으로 급락했다. 외환위기가 발생한 것이다.

그러자 말레이시아 당국은 9월 1일 고정환율제(달러당 3.8 링깃으로 고정) 도입과 주식이나 국채, 부동산을 1년 이내에 매각할 경우 해외 송금을 금지하는 등의 자본통제 정책을 전격 발표했다. 두말할 필요도 없이 이 같은 자본통제 정책은 투기적인 단기자본의 이동을 억제하는 데 초점을 맞추고 있었다. 말레이시아의 자본통제 정책은 분명 세계경제의 일반적 추세에 역행하는 것이었다. 그런 만큼 대부분의 시각은 말레이시아 자본통제 정책의 결과를 비관적으로 예상하였다. 하지만 자본통제가 시작된 지 1년이 지나자 결과는 전혀 다르게 나타났다. 말레이시아 경제는 1999년도 2분기 4.1퍼센트의 경제성장률을 기록하며 1999년도 1분기부터 계속되어온 마이너스 성장에 종지부를 찍었다. 치솟던 실업률과 물가상승률도 각각 3퍼센트 선에서 안정되었다. 내수가 살아나면서 국내외 자본의 신규투자도 증가세로 돌아섰다. 자본통제가 시작되던 당시 262.70이었던 종합주가지수는 200퍼센트 가까이 올랐다.[21] 외환위기에서 성공적으로 탈출한 것이다. 비슷한 시기 외환위기를 겪으면서 IMF 관리체제로 편입된 한국과 뚜렷하게 대비되는 장면이 아닐 수 없다.

　이상의 사례는 개별 국가 차원에서도 정부가 확고한 의지만 있다면 국제금융자본의 공격을 격퇴할 수 있다는 것은 입증하고 있다. 중요한 것은 정부가 분명한 입장을 갖고 평소에 자본시장에 대한 개입력을 얼마나 확보해 두는가이다. 이러한 정부의 역할은 국제금융시장의 불안정성이 나날이 높아지고 있는 상황에서 그 중요성이 갈수록 커지고 있다.

　둘째, 투기적인 과잉자본(유휴자본)을 생산적인 자본으로 전환시켜야 한다.

　국제금융자본의 규제는 가능하다. 그러나 그것만으로 끝나는 것이 아니다. 개별 국가 내부에도 상당한 자본이 축적되어 있기 때문이다. 그 중 상당 부분은 과잉자본일 수 있으며 언제든지 투기자본으로 변신할 수 있다. 한국도 2007년 현재 과잉자본 성격이 강한 시중 부동자금이 500조 원을 넘어선 것으로 파악되고 있다. 이런 점에서 자본혁명은 과잉자본 일반으로 확대될 수밖에 없다.

자본혁명은 본질적으로 자본의 성격 전환을 목표로 한다. 그런데 이러한 작업은 매우 복잡하고 까다로운 것이 될 수밖에 없다. 신자유주의 시대 자본은 너나 할 것 없이 이윤에 굶주린 야수로 돌변해 있기 때문이다. 국내 토착자본이라고 해서 온순한 양의 모습만 하고 있는 것이 결코 아니다. 심지어 선량한 서민의 푼돈으로 형성된 펀드도 자본시장에서는 똑같이 야수의 모습을 취한다. 하지만 자본의 광란의 질주가 끝없이 계속 이어질 수는 없다. 이윤 획득을 원하는 자본의 증가가 이윤의 증가를 훨씬 앞지르고 있는 상황에서 언제든지 거대한 추락이 일어날 수 있기 때문이다. 야수들의 포식으로 인해 야수들을 먹여 살리던 생태계 붕괴의 순간이 빠르게 다가오고 있는 것이다. 우리는 이미 미국 신경제의 후퇴에서 그러한 파괴적 메커니즘을 확인한 바 있다.

문제는 자본 스스로 이윤을 향한 무한질주에서 벗어나기가 매우 어렵다는 데 있다. 너무나 많은 펀드를 양산하면서 고객들에게 너무나 많은 약속을 해버렸기 때문이다. 이런 상태에서 남은 것은 더 많은 이윤을 향해 무조건 앞으로 달려가는 것뿐이다. 이는 마치 벼랑을 향해 달려가는 들소의 무리와도 같은 위험스런 상태라고 할 수 있다. 가장 불행한 것은 선두에 있는 들소가 벼랑을 발견하고도 그 자리에 멈출 수가 없다는 점일 것이다. 속도를 줄이고 멈추는 순간 밀려오는 다른 들소들에 의해 짓밟혀 죽을 것이기 때문이다. 결국

들소들을 기다리고 있는 것은 벼랑 밑으로의 연쇄적인 추락이다.

이러한 상황에서 우리는 자본에 대한 응징이 아니라 자본의 구출을 고민할 수밖에 없는 처지가 되었다. 자본의 연쇄적인 가치 파괴는 모두에게 피해를 미칠 수 있기 때문이다. 결국 해답은 야수가 된 자본을 온순한 가축으로 길들이는 것뿐이다. 그들의 이동을 제한할수 있는 울타리를 쳐야 하고 목에 고삐를 매야 하며 다른 한편으로 적당한 먹이를 제공함으로써 인간의 이익에 복종하도록 만들어야 하는 것이다.

한국에서 이 같은 '가축의 우리' 역할을 수행할 수 있는 기관으로는 2005년에 출범한 KIC(한국투자공사)를 들 수 있다. KIC는 출범할 당시 위탁받은 자금 규모가 외환보유액 170억 달러, 외국환평형기금 30억 달러 등 모두 200억 달러 수준인데, 이는 국민 1인당 43만원 정도를 출자한 규모에 해당한다. 10년 뒤에는 그 규모가 대폭 확대되어 1000억 달러를 넘어설 것으로 예상되고 있다. 그렇게 되면 단연 국내 최대 투자회사로 자리잡게 된다.[22] KIC는 한국은행이 보유하고 있는 외환보유고와 국민연금 외에도 중소 규모의 투자자금을 유치할 수도 있다. 전반적으로 과잉자본이 넘쳐나고 있는 조건에서 국가가 일정 수준 이상의 수익을 보장한다면 충분한 흡인력을 가질 수 있다. 2005년경에 우체국이 국가에 의한 수익 보장을 제시하면서 일시에 여신고가 10배 정도로 뛰었던 것은 이 사실을 입증해주고 있다.

이렇게 하여 KIC는 시중 유동자금을 지속적으로 흡수함으로써 투기적인 사적자본이 생산적인 공적자본으로 기능하도록 할 수 있다. 곧 본래적 소유관계에서의 사적자본과 사용 과정에서의 공적자본이라는 대립물이 하나의 자본 속에서 통일된 '특수자본'을 생성시키는 것이다. 이러한 특수자본을 바탕으로 KIC는 새롭게 마련한 기준에 의거하여 사람 중심의 중소기업 등 대안적 기업 창출을 지원하고 사회적 가치의 준수와 자본 공급을 연동시킴으로써 기업의 사회화를 촉진할 수 있다. 그럼으로써 종전의 야수는 유용한 가축으로 변신하게 된다. 자본의 성격 변화가 일어나는 것이다. 물론 투자자 입장에서도 자본 가치의 붕괴 위기에서 벗어나 보다 안정적인 이익을 보장받을 수 있다는 점에서 궁극적으로 이익이 된다. 말 그대로 상생이 가능해진 것이다.

어느 나라든 국가적 수준의 프로젝트를 추진하기 위해서는 그에 상응하는 안정적인 자금원이 필요하다. 가령 베네수엘라는 국영석유회사를 통해서, 푸틴 시대의 러시아는 세계 최대 천연가스 생산업체인 가즈프롬을 통해 새로운 국가 건설에 필요한 자금을 마련할 수 있었다. 그렇다면 한국처럼 자원빈국은 어디서 해답을 찾을 수 있을 것인가. 바로 여기서 한국의 진보진영은 KIC를 주목할 필요가 있다. KIC가 새로운 사회 건설을 위한 강력한 엔진이 될 수 있기 때문이다.

셋째, 금융기관의 공공성 회복을 통해 금융을 사회혁명의 에너지로 전화시켜야 한다.

금융의 경제적 기능은 자원을 집중시켜 적절한 곳에 배분하는 데 있다. 이런 점에서 금융산업은 처음부터 국가기간산업으로서의 성격을 강하게 지니고 있다. 많은 나라들이 금융산업을 국가의 통제 아래 두거나 다양한 규제장치를 확보하고 있는 것은 금융산업이 국민경제에 미치는 영향이 그만큼 절대적이기 때문이다. 한국도 박정희 정권 이후 상당 기간 동안 은행을 중심으로 한 금융부문에 대해 국가통제체제를 유지해왔다. 이는 자금의 효율적 집중과 배분을 통해 고도성장을 뒷받침해야 하는 입장에서 볼 때 지극히 자연스러운 현상이었다.

은행을 위시한 금융기관이 공공성을 지닐 수밖에 없는 것은 금융업 자체가 정부 차원의 다양한 보호와 지원 없이는 유지될 수 없기 때문이기도 하다. 예를 들면 한국은 예금자보호법에 의해 특정 금융기관이 리스크 관리 등의 실패로 파산하게 되더라도 원리금 5000만 원까지는 정부에서 지급보장을 하도록 되어 있다. 그럼으로써 고객들은 보다 안심하고 은행에 자금을 맡길 수 있는 것이다. 또 금융기관이 유동성 위기에 빠졌을 때는 중앙은행이 시중금리보다 싼 이자로 비상자금을 공급하도록 되어 있다. 이러한 맥락에서 은행을 위시한 금융기관은 원칙적으로 개인의 이익 추구를 위한 수단이 될 수 없다. 주주자본주의의 본고장이라고 할 수 있는 미국조차 은행에 대한 공공 통제를 포기하지 않고 있다. 예를 들면 은행지주회사법은 은행 지분의 25퍼센트 이상을 직·간접적으로 보유한 자를 금융당국이 감독하도록 명문화하고 있다.

그럼에도 불구하고 외환위기 이후 한국의 금융기관은 일제히 주주자본주의 지배 아래로 들어가고 말았다. 그 결과 금융기관은 공적인 기능은 대부분 사라진 채 오직 주주의 이익을 극대화하는 방향에서 운영되었다. 단적으로 안전성이 높은 주택담보 가계대출은 1999년 이후 연평균 40퍼센트 증가한 반면 제조업의 경우 생산액(50.8퍼센트)과 부가가치(51.7퍼센트)에서 절반의 비중을 차지하는 중소기업

에 대한 대출은 겨우 2.5퍼센트 수준에 그치고 있다.[23]

이러한 상황은 공적자산의 횡령을 합법적으로 허용하고 있는 것에 다름 아니다. 말 그대로 신자유주의가 양산하는 부조리의 결정판을 보여주고 있는 것이다. 따라서 금융기관의 공공성 회복은 그 무엇보다도 시급한 과제라고 할 수 있다. 두말할 필요도 없이 기업혁명 과정에서 금융기관은 우선적으로 힘을 집중해야 할 대상이다. 이를 통해서 우리는 여러 가지 효과를 거둘 수 있다. 금융기관의 공공성 회복은 민중에게 기업혁명의 긍정적 효과를 가장 빠르게 확인시켜줄 수 있다. 더불어 집중적인 금융지원을 통해 자발적인 기업혁명을 유도할 수 있다. 물론 금융기관이 이러한 역할을 제대로 수행하기 위해서는 그에 걸맞는 지배구조를 확립할 필요가 있다. 앞서 말했듯이 금융기관은 정부 재정과 중앙은행의 지원을 담보로 안정성이 유지되고 있다. 그런 만큼 국가가 주요 이해당사자로서 금융기관의 경영에 참여할 수 있도록 제도적으로 보장해야 한다.

이와 함께 대출 관련 기준을 전반적으로 재정비해야 한다. 가령 중소기업에 대한 대출 하한선을 정하는 등 생산적 기능의 대출을 강화할 필요가 있다. 동시에 환경, 인권, 민주주의, 윤리 등 사회적 가치를 반영한 대출 기준을 마련할 필요가 있다. 더불어 사회적 약자에 대한 대출을 강화함으로써 부분적으로 소득재분배의 기능을 수행하도록 해야 한다. 그럴 때 금융기관은 명실상부하게 새로운 사회 건설의 촉매제가 될 수 있다.

넷째, 연기금을 기업의 사회화를 촉진하는 지렛대로 삼아야 한다. 마르크스 시대에 자본은 사실상 사적자본이 전부였다. 그러나 오늘날에는 사적자본으로 분류하기 어려운 새로운 종류의 자본이 등장하고 있으며 갈수록 그 비중이 커지고 있다. 각종 연기금은 그 대표적인 경우다. 국민연금 등 연기금의 주된 원천은 기업 공제의 과정을 거친 임금소득이다. 그런 점에서 연기금은 사회화된 임금의 일종이라고 할 수도 있다. 그런데 연기금은 자본시장에서 기관투자자와 동일한 형태의 자본 운동을 하기도 한다. 임금과 자본의 속성을 함께 갖고 있는 또 다른 형태의 특수자본인 것이다.

주목할 것은 이러한 연기금의 규모가 매우 빠르게 팽창하고 있다는 점이다. 한국에서 대표적인 연기금으로 꼽히는 국민연금의 경우 2004년 현재 133조 원에 이르고 있으며 2035년에는 단일 기금으로는 세계 최대 규모인 1700조 원까지 늘어날 것이라는 분석도 있다. 연못 속의 고래라는 표현이 나올 법하다. 그만큼 연기금이 자본시장의 지각변동을 일으킬 잠재력이 매우 크다고 할 수 있는 것이다. 한마디로 연기금 중심으로 자본시장이 재편될 가능성이 충분한 것이다. 이와 관련해서 미국의 미래학자 피터 드러커는 이 같은 변화를 통해 '자본가 없는 자본주의'가 등장할 것이라고 예측하기도 하였다.[24]

그러나 정작 중요한 것은 연기금을 자본시장에서 어떤 원칙에 따라 운용하는가이다. 곧 연기금 운용의 원칙을 어떻게 세우는가에 따라 자본주의의 성격이 결정적으로 달라질 수 있는 것이다. 미국에서는 연기금이 철저히 수익률 극대화를 기준으로 운용되고 있으며, 주식투자의 경우 주주가치 극대화를 제일의 원칙으로 삼고 있다. 그 결과 연기금이 투기적인 금융자본의 핵심 세력이 되고 말았다. 말하자면 신자유주의의 기관차 구실을 한 셈이다. 한국도 그럴 가능성이 엿보이고 있다. 국민연금의 주식투자 기준으로 주주가치 극대화를 꼽고 있기 때문이다.

바로 여기서 연기금의 운영 원칙에 대한 새로운 사회적 합의가 요청된다. 이와 관련하여 영국 등 유럽 각국에서 시도되고 있는 사회책임투자에 주목할 필요가 있다. 2007년 영국은 사회책임투자 연금법을 제정하여 모든 연금 펀드는 투자 종목 선정, 보유, 그리고 투자 이익 실현에서 사회적 환경적 요인을 고려하고 있는지와 투자와 관계된 권리 행사(의결권 행사를 포함하여)에서 어떤 정책을 채택하고 있는지를 공개하도록 하였다. 호주 역시 2002년 재정서비스법 개정으로 투자에서 노동, 환경, 사회 윤리 등이 어느 정도 고려되었는지를 공개하도록 하였다. 유사한 법률이 독일, 프랑스, 스웨덴 등에서 만들어졌다.

다소의 차이는 있지만 앞서 소개한 나라들의 연금 관련 법률들은 공통적으로 연금 펀드 운용에서 사회적·환경적·윤리적 요인을 고려하고 이를 공개하도록 하는 데 초점이 맞추어졌다. 이는 강제력 측면에서는 매우 약하지만 사회적 가치를 중심으로 한 투자원칙을 공식화했다는 점에서는 큰 의미가 있다. 만약 사회적 가치를 중심으로 한 투자에 대한 사회적 지지가 강력하다면 강제력은 그만큼 강해질 것이다.

아무튼 사회적 가치를 기준으로 하는 투자 곧 사회책임투자가 현대 자본주의에서 핵심적 흐름으로 부상하고 있음은 매우 분명한 사실이다. 이는 곧 사회책임투자를 제도적으로 더욱 보완하고 발전시킨다면 연기금이 기업의 사회화를 촉진하는 훌륭한 지렛대로 기능할 수 있음을 말해주는 것이기도 하다.

연기금의 사회책임투자 기능이 강화되면 새로운 기준에 따른 투자공사의 자본 공급, 그리고 역시 새로운 대출 기준에 입각한 금융 기관의 대출 등과 연동되어 자율적이고 독립적으로 움직이는 기업들은 자신의 이익을 위해서라도 사회적 가치를 준수하고 공동의 이익을 옹호할 가능성이 커진다. 이는 기업의 사회화가 행정적 수단에 의한 강제 없이도 한층 자발적 형태로 이루어질 수 있음을 입증하는 것이 될 것이다.

이상과 같은 자본혁명이 원만히 추진된 때 매우 중요한 문제 하나를 해결할 조건을 확보할 수 있다.

1929년 대공황 이후 자본주의 사회에서 가장 큰 이슈의 하나는 공황을 예방하는 것이었다. 자세한 논의는 생략하겠지만 공황의 근본 원인은 자본의 양극화로 인한 부문간의 불균형 심화에 있다. 개별국가 차원이든 전지구적 차원이든 자본이 많은 곳은 너무 많아 탈이고 부족한 곳은 너무 없어 탈이다. 이렇듯 자본이 한쪽으로 쏠리면서 끝내 무게를 견디지 못해 무너져 내리는 현상이 공황인 것이다.

케인스주의 시스템은 이러한 자본의 양극화 현상을 완화하는 데 부분적이고 일시적으로 성공할 수 있었다. 그럼으로써 자본주의의 황금기를 연출하는 데 크게 기여할 수 있었다. 하지만 자본주의는 결코 자본의 양극화 문제를 근본적으로 해결할 수가 없었다. 자본주의 세계에서 더 높은 이윤을 향해 움직이는 사적자본을 통제하는 것은 원천적인 한계가 있기 때문이었다.

그런데 민주주의혁명에 기초한 사람 중심의 경제에서 자본의 흐름은 공적으로 조절되고 통제되면서 민주적으로 재분배될 수 있다. 자본혁명은 자본 홍수가 난 지역의 자본이 자본 가뭄에 시달리는 지역으로 흐를 수 있는 물길을 만들어준다. 그럼으로써 자본의 양극화를 해소 혹은 완화시키고 이를 통해 공황을 예방할 수 있다. 이는 자본 입장에서는 파멸의 위기에서 벗어날 기회를 얻는 것이기도 하다. 자본 소유자에게도 분명히 이익이 되는 것이다.

달러 제국의 붕괴와 함께 금융대란이 발생하면 자본의 세계는 격렬하게 요동칠 것이 분명하다. 이럴 때 자본의 흐름을 공적으로 조절하고 통제하지 못한다면 사태는 감당할 수 없는 지경으로 치닫게 될 것이다. 마치 위기의 순간 승객이 한쪽으로 몰리면서 배가 균형을 잃고 침몰하는 것과 비슷한 상황을 맞이할 수 있는 것이다. 그런 점에서 자본혁명은 위기를 예방 혹은 수습하는 필수불가결의 과정일 수밖에 없다. 재난 위기에 처한 배를 구출하기 위해서는 갈피를 잡지 못하는 승객을 통제하고 위치를 잘 잡아주는 것이 필수적인 것처럼 말이다!

시장혁명, 탐욕의 기지에서 사회화의 무대로

기업혁명과 자본혁명을 거치면 자본의 지배를 넘어서는 사회혁명은 기본적으로 성공한 것이라고 할 수 있다. 그런 점에서 지금부터 다룰 시장혁명은 조금은 부담 없이 접근할 수 있다. 시장혁명에 의해 사회혁명의 성패가 결정적으로 좌우되는 것은 아니기 때문이다. 그럼에도 불구하고 우리가 시장혁명을 중시하는 것은 적자생존의 정글 지대와 다름없는 시장을 보다 인간적이고 민주적이며 공동체적인 공간으로 전환함으로써 사회혁명이 한층 성숙되고 안정될 수 있기 때문이다. 특히 이러한 시장혁명을 통해 시장에 대한 인민의 지배를 실현함으로써 민주주의를 더욱 심화·발전시킬 수 있다.

그 동안 시장에 대한 시각은 극단적으로 대립해왔다. 우파는 시장을 보이지 않는 손에 의해 조정되는 가장 효율적인 시스템으로 간주해왔다. 반면 좌파의 눈에 비친 시장은 탐욕과 불평등, 환경 파괴, 문화적 타락을 양산하는 야만스런 공간이었다. 그렇기 때문에 우파는 가급적 시장 안으로 모든 것을 끌어들이려 애를 썼고 좌파는 가급적 시장에서 벗어나고자 하였다.

시장에서 벗어나기 위한 좌파의 노력은 국가 주도의 '계획'을 통해 시장을 대체하는 것으로 나타났다. 계획경제만이 무정부적인 시장경제에서 벗어나 인간의 목적의식성에 기초한 경제 운영을 보장할 것으로 믿었다. 그러나 최종 결과는 애초의 목표와는 전혀 다르게 나타났다. 먼저 계획경제는 필연적으로 중앙집권적 계획을 야기하면서 결국 '계획'이라는 행위는 극소수에게 집중되고 말았다. 절대다수는 목적의식성의 세계에서 소외될 수밖에 없었다. 그나마 생산물의 종류와 질이 무한히 다양해지고 가변화하면서 중앙집권적 계획은 제대로 작동할 수 없었다. 결론적으로 계획은 일정 범위 안에서 여전히 그 필요성이 인정되고 있지만 시장을 완전히 대체할 수 있는 것은 아님이 드러났다.

시장은 그 자체로 존재할 수밖에 없다. 먹을거리나 교육, 의료처럼 공동체적 방법으로 해결해야 할 영역이 분명히 존재하고 더욱 확대될 수 있지만 일반적인 재화의 유통과 소비를 위해서 시장은 필수적이다. 따라서 인간이 선택할 수 있는 것은 시장의 유지냐 폐기냐가 아니라 시장의 작동 범위를 조절하고 시장이 인간의 요구에 맞게 기능하도록 통제하는 것이다. 이 지점에서 우리는 시장에 대한 기존 통념에 과감하게 도전할 필요가 있다.

사실 좌파와 우파는 시장에 대해 대립되는 입장을 갖고 있지만 자세히 들여다보면 인식의 뿌리가 서로 일치하고 있다. 그것은 시장 안에서 사람은 기본적으로 탐욕적일 수밖에 없다는 것이다. 다만 그 탐욕을 악의 근원으로 보는가, 경제활동의 동력으로 보는가에 따라 서로 다른 입장을 취할 뿐이다. 먼저 계몽사상가 볼테르와 그의 뒤를 이은 애덤 스미스는 시장에서의 이기적 이익 추구는 모두에게 이익을 안겨줌으로써 평화로운 세상을 만드는 데 기여한다고 주장하였다. 반면 마르크스는 이러한 탐욕이 빚어내는 파멸적 결과에 주목하면서 (비록 현실 사회주의를 통해 상당히 비현실적인 것임이 드러나기는 했지만) 이타적 헌신과 협력에 입각한 새로운 사회를 그리게 되었다. 그렇다면 과연 시장 안에서 인간은 탐욕적일 수밖에 없다는 가정은 무조건 옳은 것인가? 최근 기업의 사회적 책임을 둘러싸고 나타나는 일련의 현상은 비록 제한적이지만 그러한 가정을 뒤집을 수 있는 가능성을 보여주고 있다. 인간은 노력에 의해 시장 안에서조차 심성의 51퍼센트는 여전히 이기적일 수밖에 없겠지만 49퍼센트는 이타적일 수 있는 가능성을 내비치고 있는 것이다. 다만 이 같은 가능성은 이제 막 시장 맛을 본 가난한 나라보다는 아무래도 시장에 진절머리(?)가 나 있는 선진국에서 좀더 풍부하게 발견되고 있다.

신자유주의 세계화 흐름이 가속화되면서 초국적 자본을 중심으로 한 자본운동은 말 그대로 브레이크 없는 질주를 거듭했다. 이전 시기에 보여주었던 자제력이 순식간에 사라져버린 것이다. 그런데 비록 극히 일부이지만 이러한 경향과는 전혀 다른 모습들이 확인되기 시작했다. 신자유주의 광풍이 거세게 부는 한복판에서 기업의 사회적 책임CSR(Coporate Social Responsibility)에 주목하고 이를 실천하는 양상들이 나타난 것이다. 다음은 그러한 사례 중 일부다.

—이케아Ikea : 인도에 있는 러그rug 제조업자들이 어린이 고용을 금지하고 어린이들이 노동시장에 들어오지 못하도록 이들 가족에 대한 금융 지원을 제공하도록 요구하고 있다.

—홈디포Home Depot : 미국과 유럽의 주요 목재 상품 소매상들과 마찬가지로, 오랫동안 성장했거나 멸종 위기에 있는 숲에서 수확한 제품을 더 이상 팔지 않고 있다.

—시티뱅크Citybank : 개발도상국 내에서 대출 의사결정이 환경에 미치는 영향을 평가하기 위한 기준을 주요 금융기관들과 함께 개발해 냈다.

—치키타Chquita : 중앙아메리카 바나나 공급업자들에게 환경 규약을 지키도록 요구하고 있다.

—팀버랜드Timberland : 자사 직원들이 지역 자선단체에서 일할 수 있도록 매년 일정한 경비를 지급하면서 일주간의 휴가를 허용하고 있다.[25]

이와는 좀 다른 차원에서 기업의 사회적 책임을 실천하는 양상이 나타났다. 예컨대 1992년 리우데자네이루 유엔환경정상회담 결의에 따라 35개국 170개 기업이 '지속가능한 발전을 위한 세계 비지니즈 위원회'에 가입하였다. 또 전세계 1300개 기업이 유엔지구협약에 서명하기도 했다. 기업의 사회적 책임에 관심이 높은 유럽에서는 사회적이라는 라벨이 붙은 제품이 유럽 여러 지역에서 높은 시장 점유율을 확보하고 있다. 공정무역Fair Trade 거피 라벨은 네덜란드에서 시작되었으며 카펫에 부착되는 인권 라벨인 러그마크는 독일에서 개발되었다.

물론 위에서 소개된 기업들이 모든 점에서 기업의 사회적 책임에 부합되도록 움직이고 있는 것은 아니다. 같은 기업이라도 전혀 다른 모습을 보이는 경우가 얼마든지 존재한다. 예를 들면 맥도날드는 환경친화적인 포장용지를 사용하는 것으로 긍정적인 평가를 받았으나 환경파괴적인 공장형 축산업에 원료를 의존하는 이중성을 보이고 있다. 또 휴렛팩커드는 환경 분야와 지역공동체에 기여하는 활동을 전개했지만 노동시간 단축을 통해 고용안정을 보장했던 예전의 정책을 포기하였다. 이러한 맥락에서 보자면 일부 기업이 사회적 책임에 대해 관심을 갖고 실천한다고 해도 그것은 밀턴 모스코비츠 Milton Moskowitz의 표현대로 95퍼센트의 수사학과 5퍼센트의 실천으로 구성된 것에 불과할 수도 있다.

그럼에도 불구하고 갈수록 기업의 사회적 책임에 관심을 갖고 실천하는 빈도수가 확대하고 있고 그에 대한 사회적 관심 또한 폭주하고 있는 것은 분명한 사실이다. 바로 여기서 우리는 왜 기업들이 신자유주의가 기승을 부리는 시기에 사회적 책임에 눈을 돌렸는가 하는 의문을 품게 된다.

1990년대에 접어들어 신자유주의 세계화 흐름이 확산되면서 정부 규제가 급격히 완화되었다. 그 결과 기업은 고삐 풀린 망아지처럼 날뛰게 되었다. 바로 이때 정부 규제를 대신해서 등장한 것이 시민 규제였다. 시민운동이 시장에 개입하여 기업의 태도를 변화시킨 것이다. 기업의 태도 변화에 대해서는 여러 가지 해석이 가능하다. 시민운동의 압력에 응답하지 않으면 기업의 이미지가 손상될 것이라는 우려 때문일 수도 있고, 적극적인 수용을 통해 미래의 가치 상승을 기대한 것일 수도 있다. 중요한 것은 철저히 시장원리에 따라 움직였던 기업들이 비시장적 요소에 반응을 보였다는 사실이다. 물론 이조차도 시장원리로 해석하는 사람들이 많지만 말이다.

아무튼 지금은 작은 싹에 불과할 수도 있겠지만 시민 규제가 시장의 생리구조를 변화시킬 가능성을 내비치고 있는 것은 틀림없는 사실이다. 우리는 이러한 가능성을 더욱 키워나가는 방향에서 보다 진전된 목표를 설정할 수 있다. 다시 말해 우리는 좀더 정교하게 계획되고 지구력을 갖춘 시민운동을 통해 더욱 많은 사람들을 사회적 가치를 기준으로 시장에서 행동하도록 만들 수 있는 것이다. 그러한 사람들이 점점 더 많아지고 마침내 기업이 이들의 눈치를 볼 수밖에 없는 순간 완전히 새로운 국면이 열린다. 곧 보이지 않은 손에 의해 움직이던 시장이 시민들의 보이는 손에 의해 지배되기 시작한다. 달리 말하면 사회적 가치를 중심으로 형성된 시민 네트워크가 몰가치적인 시장권력을 제어할 수 있는 사회권력으로 부상하는 것이다. 이는 시장은 오직 국가에 의해서만 통제 가능하다는 기존의 통념을 극복하는 과정이면서 동시에 인민주권의 원칙 곧 인민의 지배를 시장 영역으로까지 구현하는 의미가 있다.

시장에 대한 인민의 지배를 강화하는 것 곧 '시장의 민주화'는 시장을 탐욕의 재생산기지에서 벗어나 사회 공동의 가치와 규범을 내면화하는 과정으로서 기업의 사회화를 유도하는 선善의 무대가 되도록 할 것이다.

시장의 민주화를 통한 기업의 사회화를 촉진하기 위해 여러 가지 가속장치를 장착할 수 있다. 최근 사회적 책임을 다하는 기업을 '사회 책임 기업'으로 부르는 경우가 많다. 이 용어 속에는 기업은 사회적 책임을 다하고 그 대신 사회는 그 기업이 지속가능할 수 있는 조건을 제공한다는 점에서 기업과 사회는 쌍무적 관계일 수 있다는 메시지가 함축되어 있다. 기업의 지속가능성을 보장할 수 있는 사회적 보상은 여러 가지 형태가 있을 수 있다. 기업 이미지를 개선하는 의식적 활동과 제품 구매 증가가 있을 수 있고, 연기금 등 공공펀드의 투자 등 여러 가지가 있을 수 있다. 그러나 보다 중요한 보상은 내부로부터 발생할 것이다. 그것은 기업 구성원들이 보다 높은 자긍심을 갖게 됨으로써 기업에 대한 충성도가 높아진다는 점이다.

시장이 시민의 보이는 손에 의해 다스려지기 시작하는 순간부터 사회혁명은 한층 질적으로 성숙된 모습을 띠게 될 것이다.

먼저 시장을 둘러싼 그간의 딜레마가 해소된다. 곧 자유방임적 시장주의의 문제점과 시장에 대한 통제를 목적으로 한 국가기구의 과잉 팽창 모두를 극복할 수 있다. 또 시장이 민주화된 조건에서 '사회적 가치를 중심으로 한 지속가능한 기업'은 기업 경영의 가장 중요한 좌표가 될 것이다. 그간 많은 문제점을 낳았던 위로부터 강제된 것이 아닌 아래로부터의 자발적인 기업의 사회화가 이루어질 가능성이 더욱 커진다. 이와 함께 시장의 민주화는 국민경제를 강력한 자기 보호 능력을 갖는 생명의 늪으로 탈바꿈시키게 된다. 곧 초과 이윤을 노리는 외부 침입자에게는 죽음의 늪이면서 사회적 가치를 중심으로 움직이는 내부자에게는 생명의 늪이 될 수 있다.

물론 이런 상태는 상당히 장구한 시간에 걸쳐 지난한 노력을 통해 달성될 수밖에 없다. 결코 단기간에 실현될 수 있는 성질의 것이 아닌 것이다. 무엇보다도 사람들이 사회적 가치에 맞게 자신의 욕구를 조절할 수 있을 만큼 내면세계의 변화와 성숙이 수반되지 않으면 안 되기 때문이다. 경험적으로 보더라도 사람들의 내면의 변화는 제도의 변화보다 한층 어렵고도 더딘 일이다. 그럼에도 불구하고 내면세계의 변화는 결코 포기되거나 유보되어서는 안 된다. 무엇보다도 미래 사회를 지배하게 될 가치체계로서 '미래가치'가 그것을 절실히 요구하고 있다.

1　〈주간 경제동향 Brief〉 158호, 삼성경제연구소.

2　황인성, 〈지식기반경제와 국민계정〉, 삼성경제연구소, 2002.11.4, 한국에서 지식기반경제에 포함시키고 있는 업종을 소개하면 다음과 같다.
첨단농축산업, 정밀화학, 메카트로닉TM, 전자·정보통신기기, 정밀기기, 우주항공, 생명, 신소재, 원자력, 항공, 정보통신서비스, 금융·보험, 소프트웨어, 데이터베이스, 컨설팅, 의료, 방송, 문화산업, 엔지니어링, 연구개발, 광고, 산업디자인, 교육서비스.

3　피터 드러커, 이재규 옮김, 《자본주의 이후의 사회》, 한국경제신문사, 1993. 29쪽.

4　여경훈, 〈해밀튼 프로젝트 : 니 맘대로 경제학을 넘어〉, 이스트플랫폼.

5　머저리 캘리, 강현석 옮김, 《자본의 권리는 하늘이 내렸나》, 이소출판사, 2003. 187쪽.

6　머저리 캘리, 위의 책. 101~102쪽.

7　이와 관련해서는 앨빈 토플러, 이규행 감역, 《권력 이동》, 한국경제신문, 2007. 585~587쪽을 참조할 것.

8　홍은택, 〈공동체마을 현장을 가다3－스페인 몬드라곤 그룹〉, 《동아일보》, 2002. 7. 14. 보다 자세한 내용은 W.F 화이트·K.K. 화이트, 김성오 옮김, 《몬드라곤에서 배우자》, 나라사랑, 1993.을 참조할 것.

9　KBS토요스페셜, 〈이제는 동반성장이다〉, 2003. 12. 22. 보다 자세한 내용은 취재 KBS일요스페셜 팀, 글 정혜원, 《대한민국 희망보고서 유한킴벌리》, 거름, 2005.를 참조할 것.

10　덴마크의 고용 정책에 대한 좀더 자세한 내용은 문병호, 〈고용문제 해결이 경제발전의 원동력이다〉, 《노동세상》, 2007, 8월호를 참조할 것.

11 이에 관해서는 데이비드 바사미언 인터뷰, 강주헌 옮김, 《촘스키, 세상의 권력을 말하다》(1), 시대의창, 2005. 30~43쪽을 참조할 것.

12 머저리 캘리, 위의 책. 81~83쪽에서 재인용.

13 http://blog.naver.com/ulaulala/70003870506

14 애덤 스미스, 김수행 역, 《국부론》(상), 비봉출판사, 2006. 77쪽.

15 머저리 캘리, 위의 책. 197~198쪽 참조.

16 머저리 캘리는 정확히 이렇게 이야기했다. "정부를 바꾸거나 폐지하는 것은 국민의 권리다. 마찬가지로 오늘날 세계를 지배하는 기업을 바꾸거나 폐지하는 것 또한 국민의 권리다." (머저리 캘리, 위의 책. 295쪽).

17 제리 멀러, 서찬주·김창환 옮김, 《자본주의의 매혹》, Human&Books, 2006. 462쪽.

18 앨빈 토플러, 위의 책. 265쪽.

19 윌리엄 바이햄 외, 이상욱·장승권 옮김, 《자율경영팀》, 21세기북스, 1995.

20 한광수, 《미-중관계의 변화와 한반도의 미래》, 삼성경제연구소, 2005. 83~85쪽, 97쪽 참조.

21 김현기, 〈말레이시아 '자본통제' 경제실험 1년〉, 《중앙일보》, 1999. 8. 30.

22 전세계적으로 정부가 직접 투자회사를 만들어 투자에 나서는 경우가 전혀 새로운 것은 아니다. 많지는 않지만 사례를 찾아볼 수 있는데 대표적인 경우로서는 운용자산 규모가 1400억 달러에 이르는 싱가포르투자공사를 들 수 있고 비슷한 경우로 노르웨이석유기금과 중동의 산유국들이 모여 만든 걸프투자회사를 들 수 있다.

23 조계완, 〈공룡은행, 거꾸로 가고 있다〉, 《한겨레21》, 2004. 12. 9. 25쪽.

24 피터 드러커, 위의 책. 128쪽.

25 데이비드 보겔, 김민주·김선희 옮김, 《기업은 왜 사회적 책임에 주목하는가》, 거름, 2006. 21~22쪽에서 발췌.

© 한겨레엔

환경 재앙의 상징이 되어버린 새만금의 비극

미래가치의 구현,
관점의 혁명으로부터

역사의 대반전에는 다양한 차원이 동시에 존재한다. 미국 중심의 신자유주의 시대가 몰락하고 새로운 국면이 열리는 것은 비교적 좁은 의미의 대반전이다. 근대 이후 확립된 삶의 가치와 양식의 근본적인 전환은 이보다 훨씬 거시적인 대반전이다. 미래가치의 등장은 바로 이러한 거시적 대반전을 표현한다.

미래가치의 등장은 근대적 패러다임의 확실한 종말을 선언하는 것이다. 이는 근대의 또 다른 표현인 마르크스주의에 대한 상당한 부정까지를 포괄한다. 생태주의는 근대사회의 기본전제였던 물질적 생산력의 무한한 발전을 부정한다. 그 연장선에서 문화주의는 모든 사람을 단순한 상품의 소비자로 전락시키는 물질만능 사회를 부정한다. 여성주의는 가부장제에 기초한 권위주의 사회에 대한 전면적 부정이며, 평화주의는 목적이 수단을 정당화하는 모든 형태의 극단주의를 배격한다. 이로부터 전통적 좌파의 이론과 방법론 역시 근본적인 재정립이 불가피해진다.

미래가치는 기업과 국가 운영의 가장 중요한 기준이자 지역공동체를 구성하는 공통의 가치가 될 것이다. 그런데 미래가치를 실현하는 과정은 20세기 사회운동과 질적인 차이가 있다. 20세기 사회운동은 대체로 피해자 관점에서의 운동이었다. 피억압계급 혹은 민족해방 운동은 그 대표적인 경우다. 그러나 미래가치는 우리가 피해자가 아닌 가해자일 가능성을 동시에 제기한다. 우리는 생태계를 파괴할 수 있고 문화를 농간할 수 있다. 또 성을 억압할 수도 있고 평화를 교란할 수도 있다. 미래가치는 사회제도의 변화뿐 아니라 가해자 입장에서의 성찰을 바탕으로 내면세계를 포함한 삶의 양식에서의 총체적 변화를 요구한다. 같은 맥락에서 장애인, 성소수자 등 소수자의 입장에서 세상을 볼 필요가 있다. 그럴 때만이 다수자는 소수자의 인권을 옹호할 수 있을 뿐 아니라 진정으로 성숙된 다수가 될 수 있기 때문이다.

생태주의, 생존의 조건

오늘날 인류 앞에 제기된 여러 과제 중에서 환경 문제만큼 심각하고도 절박한 것은 없을 것이다. 다른 모든 문제는 환경 문제에 비하면 부차적이다. 생태계의 지속적인 파괴에 따라 인류의 정상적인 생존이 불가능해지는 조건에서 그 어떤 사회 발전도 의미가 없기 때문이다. 기껏해야 침몰하는 타이타닉호 선상의 호사스런 파티에 불과할 뿐이다.

산업혁명 이후 인간은 지구를 지속적으로 학대해왔다. 대기 중의 이산화탄소는 산업혁명 이래 30퍼센트 이상이 증가했으며 담수의 절반 이상이 인간의 사용으로 오염되었고 지하수 또한 각종 오폐수로 더럽혀지고 있다. 바다 어장의 4분의 3정도가 어류 자원이 고갈되거나 그럴 위험에 처해 있으며 숲과 늪의 훼손으로 조류의 4분의 1 이상이 멸종 위기에 처해 있다. 지구 전체가 악취를 풍기는 죽음의 행성으로 전락해가고 있는 것이다.[1] 또 독일의 생태주의자 프란츠 알트Franz Alt는 환경 파괴가 얼마나 극단적으로 진행되고 있는지를 뒷받침하기 위해 "단 하루 동안에 100종류의 동식물이 멸종되고 있고, 2만 헥타르(6050만 평)의 사막이 만들어지고 있으며, 8600만 톤의 토양이 오염되고 있고, 약 1억 톤의 온실가스가 배출되고 있다"고 지적한 바 있다.[2]

오늘날 생태계 파괴와 관련하여 결코 빼놓을 수 없는 심각한 사안은 바로 지구온난화다. 그간 인간이 배출한 이산화탄소, 메탄, 이산화질소 등 온실가스가 증대하면서 지구의 온도가 상승하고 있는 것이다. 이러한 지구온난화는 과학자들 사이에서는 이의를 제기하는 사람이 거의 없을 만큼 의심할 여지 없는 현상으로 받아들이고 있다.

유엔정부간기후변화위원회IPCC가 2007년 4월 2일 발표한 지구온난화 보고서에 따르면, 2050년경에는 평균기온이 1.5~2.5도 상승하면서 동식물의 20~30퍼센트가 멸종 위기에 처할 것이며, 2080년경에는 3도 이상 올라가면서 지구상 생물 대부분이 멸종 위기에 처하게 될 것으로 전망하고 있다. 이 보고서 작성에는 6년 동안 130여 나라 2500여 명의 과학자가 참여했다. 독일 포츠담 기후영향연구소 등이 참여한 국제연구팀은 과학전문지 《사이언스》에 실린 논문에서 지난 16년 동안 위원회의 예측과 실제 상황을 비교한 바 있다. 그 결과 위원회가 0.15~0.35도 상승할 것으로 예측한 지표 온도는 실제로 0.33도 올랐고, 해수면 상승 역시 예측과 근사한 것으로 나타났다. IPCC 보고서 내용이 결코 과장된 것이 아님을 확인해준 것이다.

또 다른 보고서도 지구온난화에 따른 생태계 위기를 경고하고 있다. "지금 이 순간에도, 시간당 3종의 동식물이 지구상에서 사라지고 있다. 이런 추세라면 2010년까지 65만 년 전 공룡의 대멸종 이래 최악의 멸종 사태가 벌어진다." 20007년 5월 22일 '국제 생물다양성의 날'을 맞아 유엔이 발표한 끔찍한 경고의 골자다. 이러한 생물의 멸종 속도는 자연적인 멸종 비율에 비해 무려 1000배나 높은 것으로 확인되고 있다. 사태가 심각한 수준을 넘어선 것이다.[3]

지구온난화로 인한 환경 재앙은 여기서 그치지 않는다. IPCC 보고서에 따르면 2080년대 기온이 3도 상승하게 되면 극지방과 히말라야의 빙하가 녹으면서 해수면이 24센티미터 높아진다. 그렇게 되면 지구 해안가의 30퍼센트 이상이 바다로 변하고, 방글라데시와 베트남의 저지대는 바다 속으로 사라질 가능성이 높다. 이와 함께 온도가 높아지고 강수량이 크게 변화하면서 작물 생산량이 줄어들 것이다. 그에 따라 기근을 겪는 나라들이 전세계적으로 크게 늘어날 수밖에 없는 상황이다. 가장 심각한 곳은 아프리카 대륙이다. 아프리카는 사막화의 진전으로 농사 지을 땅이 줄어드는 가운데 물도 부족해지고 그나마 고온으로 작물 재배 시기마저 단축되면서 작물 생산량이 크게 감소할 전망이다. 산업화가 가장 낮은 아프리카는 지구온난화에 대한 책임은 가장 작은데도 불구하고 피해를 예방할 수 있는 돈과 기술의 부족으로 가장 심하게 재앙을 겪어야 할 운명이다.

이제 우리는 억압받는 민중의 입장에서 사회를 관찰했듯이 핍박받는 생명체의 입장에서 이 세계와 인간을 관찰하는 시간을 가져야 할 때가 되었다. 뭇 생명체의 입장에서 본 이 세계와 인간의 모습은 과연 어떤 것일까. 의심할 여지없이 뭇 생명체의 눈에 비친 인간의 모습은 입에서 죽음의 독가스를 뿜어내는 악귀이자 산과 들, 강, 하늘을 순식간에 폐허로 만들어버리는 파괴자에 다름 아닐 것이다.

생명체는 자신의 생존에 필요한 최적의 환경을 유지한다. 설령 일시적으로 교란이 발생하더라도 빠른 시일 안에 이를 복원한다. 지난 억겁의 세월 동안 생태계가 유지되어온 비밀이 바로 여기에 있다. 그런데 거의 유일하게 인간이 이러한 자연의 질서에서 겁 없이 이탈하고 있다. 그 결과는 궁극적으로 인간 자신의 파멸이다. 수없이 반복되는 사례를 통해 입증되듯이 자연은 자신을 파괴한 자에 대해 반드시 복수를 하기 때문이다.

생태계 파괴가 심화되면서 수많은 생물들이 멸종되더라도 인간은 끈질기게 살아남을 것이다. 그러나 인간의 삶은 점점 더 지옥에 가까운 것으로 변해갈 수밖에 없다. 극심한 더위와 배고픔, 각종 알레르기와 심장질환 등이 인간을 괴롭힐 것이기 때문이다. 삶 자체가 고통이 되는 것이다. 이러한 상황에서 근사한 자동차나 성능 좋은 전자제품은 거추장스런 물건들에 불과하다. 물질적 생산력의 무한한 발전에 따른 풍요로운 사회는 한낱 환상에 불과하다는 것이 갈수록 분명해지고 있는 것이다.

제레드 다이아몬드Jared Diamond는 그의 저서《문명의 붕괴Collaps: How Societies Choose to Fail or Succeed》를 통해 수많은 문명들이 환경 파괴로 인해 붕괴의 과정을 겪었음을 입증하고 있다. 앙코르와트, 마야문명 등 고도의 문명을 자랑했다가 온데간데없이 사라진 지구상의 여러 종족들의 비밀은 바로 환경 재앙에 있다는 것이다. 이스터 섬 역시 비슷한 운명을 겪은 것으로 묘사되고 있다.

이스터 섬에 서 있는 887개에 이르는 거대한 모아이 석상은 이 섬이 한때 고도의 문명을 자랑했음을 말해준다. 그런데 지금은 석상만 남아 있고 문명의 발자취는 수수께끼처럼 사라졌다. 도대체 어찌된 일인가. 가장 유력한 설명은 무분별한 삼림 벌채 등 자연 파괴가 비극을 초래한 직접적이고도 결정적인 원인이었다. 이스터 섬의 원주민들은 자연 환경이 파괴되자 먹을거리를 확보하기 위해 서로 끔찍한 전쟁을 벌였고 극한상황에 내몰리면서 식인습관까지 갖게 되었다. 결국 그들은 모든 것을 상실한 채 극히 일부만이 살아남아 비좁은 오두막집에서 비참하게 연명해야 했다.

그러면 현대 인류는 어떤 상황에 놓여 있는가. 현대 인류는 고도 과학기술을 바탕으로 문명의 지층을 차곡차곡 쌓아왔다. 문명의 지층은 매우 견고해보였고 그에 따라 인류는 큰 걱정 없이 내일을 기약할 수 있었다. 하지만 이들 지층이 때로는 소리 없이 때로는 굉음을 내며 무너져내리기 시작했다. 인간들이 화려한 파티에 몰두해 있는 순간 타이타닉호는 서서히 바다 속으로 가라앉고 있는 것이다. 이와 관련하여 가장 많이 언급되고 있는 것은 20세기 문명의 핵심축을 형성했던 석유문명의 붕괴다.

20세기 문명은 한마디로 석유문명이라고 할 수 있다. 부시 대통령조차 미국인들은 석유에 중독되어 있다고 표현할 정도다. 석유를 원료로 하는 농약과 비료로 농사를 지었고 석유화학제품으로 대부분의 소비재를 생산하였으며 석유를 바탕으로 교통 시스템을 운영하였다.

이러한 석유문명은 소비와 생산 두 측면 모두에서 붕괴 위기에 직면하고 있다. 먼저 생산 측면에서 볼 때 석유문명의 붕괴는 피할 수 없는 일이 되고 있다. 수없이 많은 연구자료들이 언급해왔듯이 머잖아 석유자원은 고갈될 수밖에 없다. 전문가들은 빠르면 2010년, 늦어도 2020년경에 석유 생산이 정점에 이르는 오일 피크oil peak에 도달할 것으로 보고 있다. 뒤집어서 말하면 2010~20년부터는 석유 생산이 줄어들 수밖에 없는 것이다.

전문가들은 서둘러서 문명의 전환을 추구하지 않고 계속해서 석유문명에 집착하게 된다면 갖가지 재앙에 직면할 것이라고 경고하고 있다. 미국의 에너지부는 2005년 2월에 발표한 보고서를 통해 "석유 생산 정점에 대비하지 않을 경우 전세계는 심각한 석유 부족 사태에 직면할 것"이라며 "그 결과 엄청난 경제적 대격변이 발생할 가능성이 크다"고 경고하였다.[6] 문제는 석유문명의 위기가 먼 미래의 것이 아니라는 데 있다. 이미 세계 각국은 석유자원 확보를 위해 치열한 '전쟁'을 벌이고 있으며 여기에 달러 가치 하락에 따른 투기적 수요까지 가세하면서 석유 가격은 천정부지로 뛰고 있다. 이러한 추세가 이어지게 되면 머잖아 석유를 원료로 하는 각종 화학제품의 생산이 차질을 빚을 것이며 곳곳에서 교통대란이 다반사로 발생할 것이다. 심지어 1970년대 석유파동 때 미국에서 발생했듯이 농산물 수송의 차질로 먹을거리 공급이 중단되는 사태가 발생할 수도 있다. 말 그대로 아수라장이 되는 것이다.

일부 국가는 이러한 위기 상황에서 용케 벗어날 수 있다고 자신할지 모른다. 하지만 석유문명이 야기하는 환경 재앙에 눈을 돌리는 순간 그런 생각은 지극히 부질없는 것임이 드러나고 만다. 대기 중의 이산화탄소 증가, 각종 오폐물 증가, 수질 오염 등 그동안 발생한 공해의 대부분은 석유 소비 과정에서 발생한 것이기 때문이다. 앞서 언급한 환경 파괴의 주범은 석유문명이었던 것이다. 그런 점에서 석유문명은 생태계 파괴라는 끔찍한 죄과로 인해 사실상 사형선고를 받은 상태나 다름없다.

재레드 다이아몬드는 현대문명의 붕괴에 마지막 결정타가 곳곳에서 준비되고 있음을 지적하면서 대표적인 예로 중국이 (석유문명에 기반을 둔) 급속한 공업화에 돌입하면서 일어나고 있는 광범위한 환경 파괴를 들었다. 중국의 환경 파괴는 거대한 국가 규모로 인해 그 파괴적 효과가 지구 전체에 미치고 있다. 매우 부정적 의미에서 중국의 미래가 세계의 미래가 되고 있는 것이다. 이런 점에서 중국의 사례는 현대문명의 붕괴는 과거 문명의 붕괴와 달리 그 피해가 인류 전체에게 미칠 수밖에 없음을 확증해주고 있다. 재레드 다이아몬드의 표현에 따르면 "지구 전체가 하나의 폴더 안에 존재"하고 있는 것이다.

역사에 등장한 모든 문명의 붕괴는 인간의 오만으로부터 비롯되었다. 마치도 그것은 인간이 신의 세계에 도전하기 위해 쌓았던 바벨탑이 붕괴한 것과 같다. 현대문명 역시 바벨탑과도 같은 운명에 놓여 있음이 갈수록 분명해지고 있다. 이제 인간은 자신의 종족을 보전하기 위해서라도 자연과 생명에 대한 오만한 태도를 버릴 때가 되었다. 그러한 오만을 버리지 못한다면 인간은, 프랑스 철학자 루이 알튀세르Louis Althusser(1918~1990)가 말했듯이 "지상의 코끼리를 모르는 히말라야의 토끼가 자신이 가장 큰 동물인 것으로 착각"하는 것만큼이나 어리석은 존재로 전락할 것이다.

2000년 초에 유엔 주재 르완다 대사가 유럽연합 대표들과 만난 자리에서 강도 높은 어조로 문제를 제기하였다. "아프리카 전역에서 사람의 식량으로 쓰이는 양보다 더 많은 곡식을 유럽의 가축이 먹는다. …… 뉴욕 시는 전체 아프리카 대륙의 소비량을 합친 것만큼이나 많은 에너지를 사용한다. 대체 무슨 권리로 그러는가? 강자의 권리인가?"[5]

르완다 대사의 말은 많은 의미를 함축하고 있는데 그 중에는 발전된 자본주의 국가들의 막대한 자원 소비가 언제까지나 그들만의 권리에 속할 수 없을 것이라는 메시지도 포함되어 있다. 곧 언젠가는 모든 나라가 자원 낭비를 포기하고 지구를 살리든가 아니면 모든 나라가 자원 낭비에 합류함으로써 결국 지구를 완전히 망가뜨리든가 둘 중의 하나가 될 것이라는 것이다.

해답은 두말할 필요도 없이 자원 낭비를 포기하고 지구를 살리는 것이다. 그것도 집중적으로 자원을 낭비해온 부자 나라들이 앞장 서 실천해야 한다. 하지만 현실은 그와 전혀 다르게 굴러가고 있다. 부유한 나라들은 여전히 자원 낭비에 젖어 살고 있고 그로 인한 피해는 지구온난화에서처럼 가난한 나라들이 뒤집어쓰고 있는 것이다. 이러한 현실은 환경 파괴 자체가 부유한 집단의 기득권 유지와 직접적으로 연관되어 있음을 말해준다. 뒤집어서 말하면 환경 문제 해결은 부유한 집단의 기득권이라는 장벽에 봉착할 수밖에 없는 것이다.

그동안 환경 문제 해결을 위한 다양한 방안들이 쏟아지면서 그 중 하나로서 기술 진보가 환경 재앙을 사전에 예방해줄 것이라는 낙관적 전망이 함께 제시되어왔다. 하지만 존 벨라미 포스터John Bellamy Foster가 지적했듯이 기술적 접근만으로 근본적 해결이 어렵다는 것이 갈수록 분명해지고 있다. 포스터는 그 한 예로 대표적인 공해 발생 요인인 교통 시스템을 들었다.

교통 시스템과 관련해서는 기술적으로 훨씬 친환경적인 방법이 오래전부터 존재해왔다. 철도를 중심으로 한 공공 교통 시스템은 에너지 낭비를 줄일 수 있을 뿐 아니라 대중 수송에서도 한층 효율적인 것으로 판명나 있다. 그러나 승용차 판매에 이해관계를 갖고 있는 자동차기업, 지속적인 도로 건설을 원하는 건설업체, 석유 소비 확대를 원하는 석유업체들의 이해관계에 의해 그 가능성이 차단된 채 많은 나라에서 승용차 없이는 움직이기 곤란한 교통 시스템이 구축되어왔다.

대체에너지 확보와 관련해서도 본질적으로 똑같은 문제가 발생하고 있다. 앞서 살펴보았듯이 20세기를 지배한 석유문명은 종말을 향해 치닫고 있다. 그동안 이러한 상황에 대비하여 다양한 친환경 대체에너지가 모색되어왔다. 한 예로 강양구의 《아톰의 시대에서 코난의 시대로》에서는 햇빛 에너지와 풍력이 지닌 무한한 가능성을 제시하면서 세계 곳곳에서 실험되고 있는 다양한 사례를 함께 소개하고 있다. 하지만 이 역시 석유와 석탄, 원자력 등에 이해관계를 갖고 있는 기업들에 의해 심각하게 방해받아왔다.

이렇듯 교통과 에너지 시스템을 보다 친환경적으로 개선하려는 시도는 모두 관련 업계의 방해로 제대로 진척되지 않고 있다. 이러한 지체현상은 지구온난화를 극복하기 위한 국가적 수준에서의 노력에서도 그대로 나타나고 있다.

그동안 지구온난화의 주범인 온실가스 배출을 줄이기 위한 다양한 대책들이 강구되어왔다. IPCC 역시 지구온난화 방지를 위한 종합적인 대책을 마련해서 발표할 계획을 갖고 있다. 그러나 그 어떤 기술적 처방이 나온다 해도 온실가스를 줄이기 위해서는 생산과 소비의 감소가 불가피하다. 그래서 일부 생태주의자들은 덜 쓰고 덜 버리는 삶을 생활화할 것을 주장하고 있다. 하지만 소비를 줄이는 개인적 실천이 생산 감소를 유도함으로써 온실가스를 줄일 수 있다고 보는 것은 지극히 낭만적인 생각에 불과하다. 자본주의 경제는 소비가 생산을 규정하는 것이 아니라 생산이 소비를 창출하는 측면이 더 강하기 때문이다. 온실가스를 줄이려면 소비와 별도로 생산 자체를 통제하는 노력이 필요하다. 그것도 전 지구적인 협력을 바탕으로 추진되어야 한다. 다행이도 국민경제를 책임지는 각국 정부가 모여 온실가스 감축을 위한 국제적 합의를 이끌어내는 데 어느 정도 성공하였다. '교토의정서'가 바로 그것이다.

교토의정서는 2008년과 20012년 사이에 1990년 수준보다 온실가스 배출을 5.2퍼센트 줄이는 것을 1차 목표로 하고 있다. 온실가스 증가를 중단시키는 것이 아니라 증가폭을 억제하는 정도에 목표를 두고 있는 것이다. 교토의정서는 지구온난화에 대한 근본적 처방을 담고 있지는 못한 것이다. 그럼에도 불구하고 실질적 효과를 낳는 전 지구적 협력의 출발점이라는 점에서 매우 의미가 크다고 할 수 있다.

2005년 2월 16일 공식 발효된 교토의정서에서 온실가스 감축 의무이행 대상국으로 지정된 나라는 미국, 일본, 유럽연합, 캐나다, 호주 등 38개국이다. 하지만 미국은 전세계 이산화탄소 배출량의 23.7퍼센트(2001년 기준)를 차지하면서도 자국의 산업 보호를 이유로 2001년 3월 협약을 탈퇴하고 말았다. 그뿐 아니라 미국은 온실가스 배출 2위국인 중국과 함께 유엔의 지구온난화 보고서 발표 과정에서 경고의 표현 수위를 낮추는 방향으로 압력을 행사하였다. 미국은 이미 1992년 세계 정상들이 모여 환경 문제를 다루었던 리우데자네이루 유엔환경개발회의(리우환경회의)에서부터 이러한 태도를 보이기 시작했었다. 당시 미국 대통령 부시는 "미국적 생활방식은 협상의 대상이 될 수 없다"는 말과 함께 이 회의에 불참했다.

이렇듯 환경 문제 해결은 현실을 지배하는 기득권 논리에 의해 매번 난관에 봉착해왔다. 이는 곧 환경 문제 해결은 인간사회의 모순 극복과 긴밀하게 연동될 수밖에 없음을 말해주는 것이다. 급진적인 생태주의자들이 생태계 복원의 필수조건으로 자본주의 체제의 극복을 강조하고 있는 것도 이러한 맥락에서 이해할 수 있다. 물론 생태주의자들이 자본주의를 환경 파괴의 유일한 근원으로 보는 것은 아니다. 가령 과거 사회주의 소련도 공해 문제에서 자본주의 사회에 못지않게 심각한 양상을 보여주었기 때문이다.

그동안 급진적 생태주의자들은 마이너스 성장론을 바탕으로 자본주의 체제와 생태주의가 양립할 수 없음을 입증하기 위해 노력해 왔다. 이들은 위기에 빠진 지구를 구출하기 위해서는 생산량을 점차로 축소하는 마이너스 성장이 불가피하며 이는 필연적으로 자본주의 생산 체제와 충돌할 수밖에 없다고 보고 있다. 자본주의는 끊임없는 생산 확대를 통해서만 존립 가능하기 때문이다. 슘페터가 이야기했듯이 정태적 자본주의란 결코 존재할 수 없다는 것이다.

물론 이러한 생태주의자들의 논리 속에는 일정한 비약이 존재하는 것이 사실이다. 자본주의는 구조조정을 통해 끊임없이 새로운 부문으로 이동한 역사였으며, 그에 따라 최근에는 환경 파괴와 연관이 적거나 없는 비물질적인 생산으로 그 중심이 이동하고 있기 때문이다. 그럼에도 불구하고 자본주의는 여전히 물질적 생산 영역을 고수하고 있으며 이 지점에서 자본주의 생산 체제와 생태주의 사이에 심각한 충돌이 발생하고 있는 것은 매우 분명하다. 생태주의가 온전히 실현되려면 자본주의 체제의 극복이 필수라는 것은 의심할 여지 없이 진실이다. 생태주의가 자본주의를 넘어서는 사회혁명에 자신의 운명을 걸 수밖에 없는 이유가 바로 여기에 있다.

그럼에도 불구하고 문제는 여전히 남는다. 과연 마이너스 성장이 실제로 가능한 것인가? 그리고 가능하다면 어떤 방식으로 가능한

가? 이에 관해서 생태주의는 아직 충분한 답을 주고 있지 못하다. 좀 더 많은 부분은 우리 모두의 숙제로 남아 있다.

이렇듯 생태주의를 둘러싸고 여러 가지 난제가 존재함에도 불구하고 분명한 사실 한 가지가 있다. 위험수위를 넘은 생태계 파괴, 석유문명의 붕괴, 국제 원자재 가격 상승과 그에 따른 물가 폭등, 가시화되는 식량 위기 등을 고려할 때 인민의 생활 안정과 국가의 독립적인 생존 능력을 보장하려면 생태주의는 필수불가결한 전략인 것이다. 농업생산 방식을 고에너지 투입과 화학적 방법에 의존하는 관행농업에서 탈피하여 유기농 등 생태농업으로 전환하는 것, 자연 에너지로의 중심 이동, 철도와 자전거를 연계시킨 교통 시스템의 혁신, 자원 낭비형의 소비문화 불식 등이 모두 이에 해당한다.

여기서 관건이 되는 것은 석유 의존도를 줄이고 햇빛과 바람 등 자연 에너지로 중심을 옮겨가는 것이다. 석유와 달리 햇빛과 바람은 친환경적인 것은 말할 것도 없고 장기적으로 볼 때 비용도 훨씬 적게 든다. 아울러 특정 지역에 편중되어 매장된 석유와 달리 비교적 모든 나라에 공평하게 존재하며 그 어떤 강대국도 공급을 중단시킬 수 없다. 자연 에너지야말로 인민의 생활을 안정시키고 한 나라의 자주성을 뒷받침함과 동시에 (석유전쟁과 같은) 자원 쟁탈을 둘러싼 전쟁 가능성을 제거함으로써 평화를 보장하는 가장 확고한 담보인 것이다.

문화주의, 행복의 조건

　　　　　　　　　많은 생태주의주자들이 더 이
상의 환경 파괴를 막으려면 경제 성장을 멈추거나 마이너스 성장으
로 돌아서지 않으면 안 된다고 주장하고 있다. 적어도 성장지상주의
를 버릴 것을 요구하고 있다. 이러한 주장을 실천하기 위해 일부 생
태주의자들은 물질적 소비를 자제하는 소규모 공동체를 형성하여
살아가기도 한다.

　그러나 이 같은 생태주의자들의 주장은 자본과 노동 두 진영으로
부터 동시에 외면당해왔다. 자본은 지속적인 이윤 창출을 차단당한
다는 이유로, 노동은 지속적인 일자리 창출을 어렵게 한다는 이유로
생태주의를 거북스럽게 여겨온 것이다. 그 결과 입을 모아 '지속가
능한 개발'을 이야기하지만 현실에서는 여전히 환경 파괴를 수반하
는 '지속적인 개발'이 많은 사람들의 지지를 받아왔다. 똑같이 진보
적 가치를 추구하면서도 적(사회주의)과 녹(생태주의) 사이의 융합이
어려웠던 것도 이러한 이유에서라고 할 수 있다.

　불행하게도 많은 사람들은 자신이 환경 파괴에 동참하는 것은 어
쩔 수 없는 것이라고 말하고 있다. 현재의 체제 아래서는 선택의 여
지가 없다는 것이다. 설령 잘못이 있더라도 이는 기업이나 정부 책
임이라고 말한다. 이와 관련하여 은행텔이 전문업체에 고용된 노동

자의 예를 들 필요가 있다. 은행털이는 분명 범죄다. 만약 다른 생계 수단이 전혀 없는 상태에서 굶어죽지 않기 위해 어쩔 수 없이 은행 털이 전문업체에 취업했다면 그 노동자는 무죄를 선고받을 수도 있다. 그런데 다른 직장을 구할 여지가 충분한 조건에서 좀더 돈을 쉽게 벌기 위해서 '선택'한 것이라면 이야기는 크게 달라진다.

분명한 것은 모든 사람은 환경 문제에 대해 언제나 선택할 권리를 갖고 있지만 동시에 문제를 해결하는 방향으로 노력해야 할 의무도 지니고 있다는 사실이다. 가령 환경 파괴의 보다 큰 요인이 사회체제로부터 발생하고 있다면 그 사회체제를 바꿀 의무가 있다. 그러한 의무를 소홀히 하는 것은 크든 작든 일종의 범죄행위가 될 수 있다. 이러한 점을 고려하면서 고전적 쟁점이라 할 수 있는 환경 문제와 경제성장간의 상관관계를 살펴보자.

나는 일관되게 지속적인 경제성장은 사회 진보의 필수조건이라는 주장을 적극 지지한다. 그렇기 때문에 외환위기 이후 한국 경제가 국제금융자본이 주도하는 주주자본주의로 인해 구조적인 저성장 상태에 빠진 것은 심각한 문제가 있다고 본다. 그와 동시에 나는 생태계 보전을 위해 제로 성장 혹은 마이너스 성장이 불가피하다는 주장 역시 적극 지지한다. 많은 사람들이 이러한 나의 태도를 대단히 모순된 것으로 볼 수도 있지만 결코 그렇지가 않다. 사회 진보를 위한 지속적 성장과 생태 보전을 위한 제로 혹은 마이너스 성장은 내용적으로 충분히 통합될 수 있다. 곧 '마이너스 성장을 수반하는 플러스 성장'이 가능하다는 이야기다.

성장 문제와 관련하여 우리가 고려해야 할 것은 무엇보다도 성장의 내용이다. 생태주의가 성장과 관련하여 문제 삼는 것은 주로 자원을 낭비하는 물질적 생산의 확대다. 지나치게 물질적 풍요를 누려 온 발전된 자본주의 국가들은 지금의 물질적 생산 규모를 대폭 축소해야 하는 것은 분명하다. 그렇다고 해서 곧바로 경제 성장을 멈추어야 하는 것으로 이해할 필요는 없다. 환경에 부정적인 영향을 미치지 않는 비물질적인 문화가치 생산을 위주로 한 성장은 얼마든지 가능하기 때문이다. 더욱이 이 분야의 성장이 앞으로 삶의 질을 향상시키는 데 더욱 큰 비중을 차지할 수 있다.

이러한 맥락에서 물질적 생산영역에서의 마이너스 성장을 수반하면서 비물질적인 문화가치 생산의 확대를 통한 지속적 성장은 얼마든지 가능하다. 생태주의자들이 주장한 제로 혹은 마이너스 성장론은 결코 불가능하거나 허황된 이야기가 아니다.

인간의 삶이 비물질적인 문화가치 생산을 중심으로 재구성되는 것은 그 자체만 놓고 보면 지극히 합법칙적인 발전 과정이라고 할 수 있다.

산업혁명 직후 노동자의 하루 중에서 절대 비중을 차지해온 것은 노동시간이었다. 하루 16시간 노동이 흔했던 그 당시 산다는 것은 곧 일하는 것이었다. 더불어 산업혁명 이후 노동은 중세 봉건시대 농촌에서의 그것과는 달리 놀이와는 철저하게 분리된, 지극히 무미건조하고 고달프기 짝이 없는 것이었다. 유일하게 즐거움을 안겨주는 것은 노동에서 벗어나 소비하는 시간이었다. 그 소비 과정마저 주로 먹고 입고 쓰는 물질적 소비로서, 시장이 쏟아내는 상품에 의해 일방적으로 규정된 피동적 소비였다. 하지만 그간의 경험을 통해 확인할 수 있었듯이 소득이 증가하고 그에 따라 물질적 소비가 증가

하더라도 그에 비례하여 행복지수가 상승하지는 않았다. 자본주의 사회에서는 언제나 물질적 소비가 증가하는 것보다 욕구의 증가 폭이 더 컸으며, 그에 따른 정신적 빈곤 또한 증가하였다. 그런데 바로 이러한 삶의 양식 자체에서 근본적 변화가 밀려오고 있다. 물질적 소비가 아닌 문화가치 창조의 과정이 중심이 되는 전혀 새로운 삶의 양식이 등장하고 있는 것이다. 이러한 변화는 크게 세 방면에서 일어나고 있다.

첫째, 물질적 생산에서 비물질적 생산으로 중심이 이동하고 있다. 근대 이후 생산력은 물질적 생산력이었고 소비 또한 물질적 소비가 위주였다. 그에 따라 사회 발전의 목표는 더 많은 생산과 더 많은 소비를 지향하는 양적 성장에 초점이 맞춰졌다. 하지만 물질적 생산과 소비의 확대에 기초한 양적 성장은 생태 위기 등으로 근본적 한계에 봉착하였다. 반면 지식·정보산업의 발전은 비물질적 가치의 생산을 비약적으로 확대시키고 있다. 그에 따라 성장은 물질적 생산에 기초한 양적 성장에서 비물질적 생산에 기초한 질적 생산으로 그 중심이 이동할 수밖에 없다. 이는 곧 물질적 재화에 응축된 교환가치가 아닌 비물질적 요소로서의 문화가치가 가치 생산의 중심이 될 수 있음을 의미한다. 사람의 욕구 충족 또한 더 많은 물질적 소비에서 더욱 풍부한 문화적 향유로 바뀌게 된다.

둘째, 여가의 비약적 확장에 따라 삶의 양식에서 근본적 변화가 일어나고 있다. 신기술의 도입은 인간의 생산 능력을 비약적으로 향상시키고 있다. 지금의 속도대로라고 한다면 적어도 20~30년 내에 지금보다 두 배 이상으로 생산력이 발전할 것으로 보인다. 이는 어떤 형태로든지 사회적 노력만 충분히 뒷받침된다면 얼마든지 노동시간의 단축으로 이어질 수 있다. 20~30년 뒤에는 주 3일 근무도 충분히 실현 가능한 것이다. 그렇게 된다면 인류 역사상 처음으로 노동시간이 아닌 여가 시간이 인간 삶의 중심에 자리잡는 시대가 열리게 된다. 과연 그 시간 동안 인간은 무엇을 하며 시간을 보낼까. 이는 대단히 중요한 문제가 될 것이다. 한 가지 분명한 것은 늘어난 여가에 비례하여 물질적 소비가 증가하지 않는다는 것이다. 여가시간이 두 배로 늘어났다고 해서 두 배로 먹고 입고 쓰지는 않는 것이다. 늘어난 여가시간은 어떤 형태로든지 문화 활동의 증가로 이어질 수밖에 없다. 문화 활동이 삶의 질을 결정짓는 핵심 요소가 되는 시대가 다가오고 있는 것이다.

셋째, 생산과 소비의 일체화를 바탕으로 일과 놀이가 재결합하고 있다. 산업시대 자본주의 생산은 기계제대공업을 기반으로 한 소품종 대량생산을 특징으로 삼았다. 그러나 정보혁명을 바탕으로 소비자의 다양한 요구가 생산에 반영되면서 다품종 소량생산 시대가 열리게 되었다. 우리는 늘 입고 신는 옷과 신발 등 소비재를 통해 이 같은 전환을 실감할 수 있다. 다품종 소량생산은 더욱 진화하여 소비자가 생산 과정에 직접 결합하여 자신의 의사를 반영함으로써 생산자와 소비자가 결합하는 프로슈머prosumer(producer와 consumer의 합성어)를 등장시키고 있다. 이는 더욱 나아가 생산과 소비가 일체화되는 가운데 하나의 창조적 행위자로서 크레액토creactor(creativity와 actor의 합성어)로 발전하게 될 것이다.[6] 이는 일과 놀이가 재결합될 수 있는 가능성이 그만큼 커지는 것을 의미하며 그에 따라 노동 또한 문화 창조의 과정이 된다.

이상 세 방면에서의 변화는 최종적으로 문화가치 창조가 인간 활동의 중심에 자리잡도록 만들 것이다. 문화가치 창조는 종전처럼 (있으면 좋지만 없어도 크게 문제되지 않는) 부차적이거나 장식적인 영역이 결코 아닌 것이다. 그에 따라 문화가치는 모든 것을 평가하고 규정하는 요소가 될 것이다. 주거공간이나 생활용품, 도시구조 등조차도 단순한 편리를 넘어 문화가치 기준으로 재해석되고 재구성하게 된다. 이와 함께 기업에서 문화 콘텐츠 생산 비중은 갈수록 높아져 갈 것이며 산업구조 또한 영화 등 문화산업 중심으로 재편되어 갈 것이다. 국가의 경제력 역시 종전의 물질적 생산력이 아닌 문화적 생산력을 중심으로 평가받게 될 것이다. 문화강국이야말로 21세기를 이끌어갈 진정한 강국인 것이다.

보다 중요한 것은 삶 자체를 대하는 태도도 변화하게 된다는 점이다. 무엇보다도 물질적 소비를 통한 욕구 충족에서 문화 가치 생산을 통한 창조적 기쁨을 추구하는 것으로 중심이 이동하게 된다. 그에 따라 최종 생산물에만 가치를 부여하던 종전의 사고에서 벗어나 과정 자체를 중시하게 된다. 이는 곧 속도에 대한 집착으로부터 해방을 의미하는 것이기도 하다. 그림을 그리기를 즐기는 사람 입장에서 빨리 그리느냐 늦게 그리느냐는 결코 중요한 문제일 수가 없는 것이다.

이 모든 것은 자연스럽게 삶의 가치와 양식의 총체적 변화를 촉진하게 된다. 교통문화를 예로 들어보자. 그동안 자동차와 도로의 조합으로 이루어진 교통 시스템은 목적지에 가능한 빨리 도착하는 것이 목표의 전부가 되도록 만들었다. 이 경우 이동시간이 길어지는 것은 단순한 시간 낭비에 불과하다. 그러나 도보나 자전거로 이동할 경우는 시간이 좀더 걸리더라도 반드시 시간 낭비로 간주하지는 않는다. 과정 자체가 의미심장한 삶의 일부일 수 있기 때문이다. "느릴수록 시간 낭비가 줄어든다"는 역설이 성립하는 것이다. 새로운 삶의 가치와 양식의 단초는 바로 이 역설 속에 존재한다고 할 수 있다.

삶의 가치와 양식이 바뀌게 되면 사회 시스템 또한 그에 맞게 변화하는 것이 순리다. 교통 시스템은 자연스럽게 도보, 자전거, 철도 위주로 바뀌어야 할 것이다. 앞서 확인했듯이 이러한 변화조차 기득권세력과의 치열한 투쟁을 수반할 수밖에 없지만 변화 자체는 필연적인 것이라고 할 수 있다.

문화가치는 본질적으로 다양성에 있다. 복제된 문화는 아무리 정교하다고 하더라도 결코 높은 가치를 가질 수 없다. 설령 레오나르도 다빈치의 〈모나리자〉를 똑같이 그렸더라도 그 가치는 별것 아니다. 반면 아프리카 원주민의 투박한 나무조각은 높은 문화적 가치를 가질 수 있다. 따라서 인류의 다수가 문화가치 생산자로 참여하는 데서 문화다양성 보장은 필수 전제조건이 된다.

인류는 지구 전체를 삶의 터전으로 삼아오면서 수없이 다양한 문화를 발전시켜왔다. 그러한 문화는 각각 고유한 가치를 창조하면서 인류 전체의 문화를 풍부하게 하는 데 기여해왔다. 그러나 침략과 정복의 역사에 의해 각 지역의 고유한 문화는 끊임없이 파괴되거나 다른 문화로의 흡수를 강요당해왔다. 아메리카 원주민(인디오)들이 장구한 세월에 걸쳐 발전시켜온 독특한 공동체 문화가 유럽 침략 세력들에 의해 무참하게 파괴된 것은 그 대표적인 경우다. 이러한 문화 파괴 현상은 지구화 시대를 맞이하여 더욱 광범위하고 강도 높게 진행되고 있다. 이른바 특정 문화가 세계를 지배하는 '문화의 세계화' 현상이 나타나고 있는 것이다. 할리우드 영화가 세계 영화시장을 지배하고 있는 것은 그 대표적인 현상이다.

문화의 세계화는 문화의 세계를 소수의 생산자와 다수의 소비자로 양극화시킨다. 곧 인류의 절대다수로부터 문화가치 생산의 기회를 박탈하는 것이다. 이런 점에서 문화다양성을 보장하는 것은 인류의 미래와 직결되는 매우 중차대한 문제다. 유네스코 문화다양성협약은 이러한 배경에서 채택되었다. 그런데 유네스코 회원국 중 단두 나라가 동의하지 않음으로써 협약은 빛이 바라고 말았다. 그 두 나라는 곧 유태인이 지배하는 할리우드 영화에 이해관계를 갖고 있는 미국과 이스라엘이었다. 환경영역에서와 마찬가지로 미국은 줄기차게 미래지향적인 국가가 되기를 거부한 채 산업국가 시대를 고수하고 있다. 이로부터 대다수 인류를 포괄하는 문화다양성 세력과 미국을 정점으로 하는 문화세계화 세력간의 첨예한 전쟁이 불가피하지고 있다.

우리는 여기서 새삼스럽게 인류 역사에서 문화의 힘이 갖는 중요성을 떠올릴 필요가 있다. 자주 회자되는 이야기이지만 만주족이 청나라를 세워 중국을 지배했지만 결국 중국 문화의 심연 속으로 흡수되면서 종족 자체가 왜소해지고 말았다. 마찬가지로 세계 제국을 건설한 몽골의 경우는 중국을 변용시키는 데 실패하면서 결국 그들의 본거지인 초원지대로 되돌아가야만 했다. 몽골과 만주족의 침입 과정에서 나타났듯이 거대 중국을 형성시키고 유지시킨 결정적 힘은 바로 문화였다. 문화의 힘이 중국을 만든 것이다. 특히 말이 다르더라도 의사소통이 가능한 한자는 거대 중국을 만드는 데 핵심 역할을 하였다. 한국이 장구한 역사에서 주변 강대국의 위협 속에서도 생존을 유지할 수 있었던 것 또한 고유한 문화를 유지한 덕분이라고 할 수 있다.

결국 역사의 마지막을 결정짓는 것은 정치적 힘도 군사적 힘도 아닌 문화적 힘임을 알 수 있다. 문화의 힘은 그 어떤 지배도 극복하게 하지만 그 힘이 약화되면 모든 것을 잃게 되는 것이다. 백범 김구도 일찍이 문화국가 건설을 역설하면서 문화의 힘을 키우는 것만이 우리의 나아갈 바라고 밝혔다.[7] 그런 점에서 문화는 모든 공동체의 혼과 같다고 할 수 있다. 당연히 문화다양성을 지키고 풍부하게 발전시켜 나가는 것이야말로 공동체에 공헌하는 가장 가치 있는 일이 된다. 바로 이것이 문화주의의 실천적 결론이다.

여성주의, 미래가치의 모태

새로운 가치가 지배하는 새로운 시대는 새로운 주체의 등장을 요구한다. 의심할 여지없이 전통적 마르크스주의는 노동자계급을 평등의 가치를 구현할 세력으로 보았다. 그렇다면 생태주의와 문화주의 가치를 구현할 수 있는 주체는 어디에서 나올 것인가?

진보적 가치를 추구해온 모든 집단은 미래가치를 구현할 주체가 될 수 있다. 그렇다고 하더라도 모두가 미래가치에 대해 동등한 이해관계를 갖고 있는 것은 아니다. 노동자의 경우 일자리 창출의 필요성으로 인해 지속적인 개발을 지지하는 경향이 강했다. 역사적으로 형성된 집단의 속성에 비춰볼 때 생태주의, 문화주의 가치와 가장 넓은 교집합을 형성하고 있는 것은 여성이라고 할 수 있다. 곧 여성이야말로 미래가치를 구현할 미래 사회의 주요 담당 세력이다. 생태주의, 문화주의는 여성주의와 손을 잡게 되는 것이다.

여성주의와 관련해서 가장 먼저 제기되는 이슈는 성 평등이다. 여성이 동등한 대우를 받아야 하는 것은 다른 그 무엇보다도 같은 인간이기 때문이다. 다른 그 어떤 근거도 이보다 앞설 수는 없다. 이 글은 이러한 전제를 엄격하게 유지하면서도 주로는 미래 사회에서 여성의 역할에 대해 주목하고자 한다.

미래 사회에서 여성의 역할을 제대로 이해하자면 지나온 역사 속에서의 여성들이 어떤 역할을 수행했는지 살펴볼 필요가 있다. 왜냐하면 미래 사회에서의 여성의 역할은 오랜 역사적 축적을 바탕으로 한 것이기 때문이다.

　구약성서에 따르면 태초의 인간은 남성인 아담으로 묘사되어 있다. 이브는 아담의 갈비뼈로 만들어지는 것으로 이야기되고 있다. 아담은 히브리어로 인간을 의미한다. 성서는 태초의 인간을 남성이라고 보고 있는 것이다. 그러나 DNA 분석에 따르면 인간의 진화를 결정짓는 유전자 전이는 어머니로부터 딸에게 전수된 것으로 확인되고 있다. 정확히 어디부터 인간으로 봐야 할지는 논란의 여지가 있겠지만 태초의 인간은 남성이 아니라 여성이었으며 여성이 인간의 진화를 주도적으로 이끌었던 것은 분명하다.

　시간의 길이로 볼 때 인류 역사의 대부분을 차지하는 것은 원시공동체 사회였다. 원시공동체 사회가 여성이 우위를 차지한 모권사회인지, 단지 어머니를 중심으로 혈통이 계승된 모계사회인지는 아직도 의견이 분분하다. 그럼에도 불구하고 당시 가장 중요한 사회적 기능이 종족의 재생산이었던 만큼 이를 담당하는 여성을 중심으로 사회가 운영된 것은 이론의 여지가 없다.

　또 여성은 약 1만 전에 인류 역사에서 가장 비약적인 국면이었던 농업혁명을 주도하였다. 원시공동체 시대에 여성들은 채집에, 남성들은 주로 수렵에 종사하였다. 농업혁명의 계기는 바로 여성들의 몫인 채집활동으로부터 마련되었다. 여성들이 들판에 나가 채집을 해서 보리낟알을 소쿠리에 담아왔다. 그런데 그 중 몇 알이 우연히 집 앞마당에 떨어졌다. 그런데 얼마 후 그곳에서 싹이 트고 자라나더니

많은 보리가 열렸다. 이러한 경험이 오랫동안 반복되면서 인간은 수확을 목적으로 낟알을 땅에 심게 됐다. 마침내 농경생활이 시작된 것이다. 목축업 역시 비슷한 맥락에서 이루어졌다. 남성들이 수렵해 온 동물을 관리하는 것은 주로 여성의 몫이었다. 그러던 중 어느 여성이 우연하게도 울타리 안의 양이 낳은 여러 마리의 새끼를 사육하게 되었고, 그 결과 보다 쉽게 고기와 털을 얻을 수 있게 되었다. 그 후 유사한 경험이 수없이 반복되었고 마침내 힘들고 위험한 사냥을 대체하는 목축업이 시작되었다.

농경과 목축업이 시작된 과정을 살펴보면 결정적 계기는 획득한 생명체를 단순히 소비하는 것을 넘어 생명의 재생산을 이끌어낸 것이었다. 낟알을 땅에 뿌리거나 동물의 새끼를 사육하는 것이 바로 그에 해당한다. 이를 두고 많은 사람들이 평소 출산과 육아라는 생명의 재생산 과정을 관장하면서 형성된 여성 특유의 속성이 발현된 결과라고 분석하고 있다. 그 연장성에서 여성, 생명, 농업을 하나의 가치체계 속에 통합시키고자 노력하는 경우도 많다.

이렇듯 인류 역사의 여명기에 나타난 여성의 주도적 역할은 계급 사회가 성립된 이후에도 본질적으로 달라지지 않았다. 농업혁명에 따라 잉여생산물이 발생하자 이를 둘러싼 격렬한 다툼이 지속되었다. 그 결과 잉여생산물을 독식하는 지배계급과 그 도구로 국가가 성립되었으며 지배영역의 보호와 확장을 위한 군사 분야가 중요한 사회활동 영역으로 자리잡게 되었다. 이러한 조건에서 남성들은 많은 시간을 군사 활동에 동원되어야 했다. 군사 분야에서 남성의 역할은 오늘날 우리가 생각하는 것 이상으로 큰 비중을 차지했다. 대표적인 예를 들면, 고대 로마에서는 시민 자격을 갖고 있던 남성들이 민회에 출석하려면 군대의 일원이어야 했으며 공직에 나서기 위해서는 10년 이상의 군무 경력이 필요했다.

이렇듯 남성들이 많은 시간을 군사 활동에 빼앗기는 상황에서 자식을 키우고 곡식과 가축을 기르며 공동체 문화를 일구어온 것은 여성이었다. 결국 인간 삶의 뿌리 영역을 보듬어온 것은 일차적으로 여성의 몫이었다. 여성이 정복과 지배, 대결의 논리에 익숙한 남성과 달리 생명 친화적이고 공동체 지향적이며 평화 애호적인 특성을 갖게 된 것도 이러한 역사적 경험이 축적된 결과라고 할 수 있다. 한마디로 우리가 여성성이라고 말하는 것은 전적으로 역사적 산물이다.

그렇다면 남성에 의한 여성의 지배 곧 가부장적 지배는 어떤 배경에서 성립되었는가. 일각에서는 농업혁명 이후 가축이 농경에 이용됨에 따라 남성의 주도성이 강화된 데서 그 원인을 찾기도 한다. 이 주장에 따르면 가부장적 지배는 상당 부분 자연스런 과정의 결과라고 할 수 있다. 그러나 앞서 확인한 대로 농업 생산에서 남성의 역할은 매우 불안정한 것이었다. 따라서 가부장제 지배의 근원은 다른 곳에서 찾아야 한다. 농업혁명 이후 지배계급의 등장과 함께 국가가 성립한 데서 그 답을 찾을 수 있다.

인류 역사에 등장하는 모든 지배는 폭력을 사용하는 것으로부터 출발하였다. 곧 칼을 쥔 집단들이 다른 사람을 굴복시키면서 지배가 가능했던 것이다. 지배 이데올로기의 내면화를 통해 자발적 복종을 이끌어내는 것은 그 다음 단계의 일이다. 그런데 고대 이래 이 칼을 쥔 집단을 구성하였던 것은 바로 남성들이었다. 지배의 도구인 국가역시 남성의 전유물이었다. 가부장제는 이러한 남성 지배가 국가를 정점으로 가족 단위에까지 확립된 결과물이라고 할 수 있다.

결국 칼이 호미를 누르면서 가부장제는 시작되었다. 이런 점에서 국가는 처음부터 여성에 대해 적대적이었다고 할 수 있다. 여성은 언제나 내부 식민지로 존재할 수밖에 없었다. 그런데 계급지배와 함께 시작된 가부장제는 오랜 역사를 거치면서 다른 사회제도가 바뀌어도 쉽게 사라지지 않을 만큼 끈질긴 생명력을 갖게 되었다. 그 자체로서 강력한 상대적 독립성을 갖게 된 것이다. 이러한 사실은 민주주의 제도가 어느 정도 확립된 나라들조차 여전히 남성 우위의 가부장적인 국가를 유지하고 있다는 사실에서 명료하게 드러난다.

단적으로 정치권에서 여성 대표가 차지하는 비율은 여전히 소수에 불과하다. 2006년 189개국 수반 가운데 여성은 35명뿐이며, 세계 평균 여성 의원의 비율은 16.7퍼센트로 여전히 낮은 수준에 머물러 있다. 참고로 국가별 의회에서 여성 의원의 비율이 가장 높은 나라는 르완다로 48.8퍼센트이고 스웨덴이 47.3퍼센트를 차지하고 있다. 아시아 지역에서는 베트남이 27.3퍼센트로 가장 높은 비율을 차지하고 있고 한국은 13.4퍼센트, 일본은 9.4퍼센트로 세계 평균보다도 낮은 수준을 기록하고 있다.[8]

버지니아 울프Virginia Woolf(1882~1941)가 "여성으로서 나에게 조국은 없다. …… 여성으로서의 나의 조국은 전 지구"라고 말한 것은 여성의 식민지 상태가 근대 이후에도 지속되었음을 반영하는 것이기도 하다. 이러한 가부장적인 국가의 존속은 사회 전반에 걸쳐 성차별을 유지시키는 핵심적 요인이 되고 있다. 변함없이 이어지고 있는 여성의 사회적 역할에 대한 평가절하는 그로부터 빚어진 결과의 하나다.

인간의 삶을 구성하는 필수적인 재생산 영역으로서는 생명의 재생산과 재화의 재생산 두 가지가 있다. 생명의 재생산은 인간 그 자신을 향한 노동이라면 재화의 재생산은 자연을 향한 노동이라고 할 수 있다. 둘 모두 인간의 삶에 필수 영역이며 어느 것이 더 중요하다고 말하기가 쉽지 않다. 재화의 재생산 없이는 생명의 재생산은 가능하지 않으며 거꾸로 생명의 재생산 없이는 재화의 재생산은 무의미해지기 때문이다.

생명의 재생산은 출산에서 육아 나아가 생명 유지에 필수인 의식주의 해결 등 다양한 영역을 포괄한다. 역사적으로 볼 때 이러한 생명의 재생산 영역은 주로 여성이 담당해왔다. 원시공동체 사회에서는 생명의 재생산 영역이 압도적으로 높은 가치를 부여받았고 그에 따라 여성이 중심적 위치에 설 수 있었다. 하지만 생산력 발전과 함께 지배계급이 등장하면서 사정은 달라지기 시작했다. 지배계급 입장에서 지배한다는 것은 곧 재산을 소유한다는 것을 의미했다. 그 결과 재화의 재생산이 생명의 재생산 영역을 압도하게 되었다. 생명의 재생산은 지배계급 자신의 가족을 제외하고는 무시해도 좋을 만큼 하찮은 것이었다.

이러한 지배계급의 특성은 자본주의 사회에서 이르러 한층 일반화되기에 이르렀다. 자본주의는 재화의 획득과 축적에 우선적 가치를 부여하도록 하면서 이를 모든 사람들의 욕구로 내면화시켰다. 그에 따라 생명의 재생산 영역은 여전히 부차적인 것으로 평가절하되었고 많은 경우 가치를 전혀 인정받지 못하는 상황이 지속되었다. 단적으로 현재 세계총생산량의 3분의 1정도 가치를 갖는 것으로 추정되는 가사노동에 대해서 아무런 사회적 보상도 주어지고 있지 않다. 자본주의에 대한 전면적 비판을 시도한 마르크스조차도 이러한 편향된 관계를 비판적으로 드러내는 데 제대로 관심을 기울이지 않았다. 마르크스는 재화의 재생산 부문에 대해서만 의의를 부여한 채 생명의 재생산 영역을 (재화 생산의 한 요소로서) 노동력의 재생산 영역 속으로 흡수해버렸다. 이로써 마르크스 역시 가부장적 한계를 벗어나지 못했다는 비판에서 자유로울 수 없게 되었다.

생명의 재생산 영역에서의 여성의 역할에 대한 평가절하는 오랜 세월 고착화되면서 재화의 재생산 영역에까지 그대로 이어졌다. 여성이 재화 재생산에 참여하면서 남성과 똑같은 가치를 생산하고도 단지 여성이라는 이유 하나만으로 극심한 차별을 받아온 것이다. 남녀간의 임금격차는 그로부터 빚어진 결과인데 남성 임금에 대한 여성 임금의 비율은 오스트리아 44퍼센트, 이탈리아 46퍼센트, 일본 44퍼센트, 한국은 46퍼센트 정도로 절반에도 못 미치고 있다.[9] 두말할 필요도 없이 이 같은 임금 차별은 부의 창출에 기여한 만큼 몫을 가질 수 있다는 정의의 원칙에도 명백히 위배되는 것이다.

지금까지 살펴본 대로 여성은 인간의 진화를 선도하고 삶의 뿌리를 보듬는 역할을 수행해왔음에도 불구하고 가부장제 확립과 함께 내부의 식민지로 전락해야만 했다. 그러나 이제 기나긴 질곡의 역사를 걷어내고 장기간에 걸쳐 축적한 여성 고유의 에너지를 발산할 때가 왔다.

새로운 시대 상황은 여성성을 기초로, 여성의 역할을 중심으로 세계를 재해석하고 재구성할 것을 요구하고 있다. 생태주의와 문화주의가 지배하는 시대에 생명을 기르고 공동체 문화의 기초를 가꾸는데 보다 익숙하고 능숙한 것은 바로 여성이기 때문이다. 아울러 디지털 시대의 도래로 근육 에너지에 대한 의존도가 크게 줄고 동시에 다양한 역할을 수행하는 복합노동의 요구가 높아지고 있는 것 또한 여성의 주도성을 강화하는 데 기여하고 있다. 이와는 다른 차원에서 근대 이후 절대적인 지위를 차지했던 이성을 감성이 대신하게 되면서 여성의 주도성이 강화될 것이라는 견해도 많다.

이러한 가운데 많은 논자들이 21세기 인류 사회를 둘러싼 환경 변화가 여성의 중심적 역할을 부추기고 있음을 상기시키고자 노력해왔다. 무엇보다도 정복과 파괴, 지배와 착취를 본성으로 하는 남성 중심의 사회를 넘어 '상생과 조화' '나눔과 돌봄'을 보편적 가치로 하는 새로운 사회를 열자면 반드시 여성의 주도적 역할이 전제되어야 한다는 것이다. 곧 오랜 역사를 거쳐 공동체 속에서 생명을 기르고 문화를 가꾸면서 미래가치를 내면화해온 여성들이 자신의 잠재적 에너지를 폭발시킬 때 새로운 사회는 열릴 수 있는 것이다.

이 모든 변화는 궁극적으로 '체제의 여성화'로 이어지게 될 것이다. 무엇보다도 국가기관을 위시한 공공부문은 더 이상 지배하고 군림하는 것이 아니라 헌신하고 보살피는 기관으로서 여성화의 과정을 거치게 되는 것이다. 마치 예수가 벌을 주고 엄하게 다스리는 남성(아버지) 이미지의 신을 걱정하고 보살피는 여성(어머니) 이미지의 신으로 전환시킨 것과 같은 맥락의 변화라고 할 수 있다. 이러한 과정은 진정한 의미에서 가부장제에 입각한 권위주의의 청산을 수반할 것이다. 사회연대국가는 바로 이러한 체제의 여성화와 불가분의 관계를 갖고 있다.

체제의 여성화를 촉진하자면 공공부문에서 여성의 비중을 획기적으로 높여가면서 궁극적으로 여성이 주도하도록 만들어야 한다.
이를 위해 공직자 여성 할당제 확립 등 다양한 제도적 방안이 마련
되어야 할 것이다. 특히 정당의 경우는 각급 책임자의 절반 이상을
여성이 담당하도록 제도화할 필요가 있다. 곧 정당 자신부터 먼저
여성화되어야 하는 것이다. 그래야만 공공부문의 여성화를 강력히
뒷받침하면서 체제 전반의 여성화를 선도할 수 있다.

그렇다면 여성이 주도적 역할을 하는 사회는 과연 어떤 모습일
까? 여전히 상상이 잘 안 되는 사람들이 많을 것이다. 마침 도움이
되는 적절한 사례가 하나 있다. 한국에서 태동하여 세계종교로 발전
한 원불교가 바로 그에 해당한다.

우선 주목되는 것은 원불교의 경우 다른 종교에서 흔하게 나타나
는 분파가 별로 없다는 사실이다. 상생과 조화에 입각한 공동체 정
신이 비교적 잘 구현되어 있다. 이러한 원불교의 특성은 대체로 여
성 성직자들의 주도적 역할이 빚어낸 것으로 해석되고 있다. 원불교
는 성직자 구성에서 여성이 수적으로 압도하고 있다. 2006년 상반기
기준으로 한국에 소재하는 13개 교구의 책임자 중 8명이 여성 성직
자이며 산하 600여 개에 이르는 교당 중 550여 개에서 주임 교무를
여성이 맡고 있다. 최고 의결기관은 남성을 배려하여(?) 남녀 동수로
구성하고 있다. 더욱 흥미로운 대목은 정부의 총리에 해당하는 교정
원장에 여성 성직자가 선출되었다는 사실이다. 원불교가 태동하는
순간부터 표방한 남녀동등의 원칙이 결코 수사학에 그치지 않고 있
음을 입증하고 있는 것이다.

사실 남성들은 지배질서 속에서의 오랜 사회적 길들이기로 인해
세속적 이해에 민감하며 그로 인해 쉽게 갈등하고 충돌한다. 그래서

남성들이 지배하는 사회에서는 분열과 대립이 쉽게 발생하고 분파가 횡행하게 된다. 반면 여성은 공동체적 질서와 가치에 익숙하기 때문에 이해관계로 다투는 정도가 훨씬 약하다. 원불교 안에 분파가 형성되지 않은 것도 이러한 특성을 지닌 여성이 주도적 역할을 하기 때문이다.

이 모든 점을 고려할 때 여성화된 미래 역사는 20세기와 비교해 보면 덜 역동적이고 발전 속도로 떨어질 것이다. 상대적으로 정적이고 느린 시대가 다가오고 있는 것이다. 그러나 여성화된 미래 역사는 보다 덜 극단적이고 덜 파괴적이며 덜 대립적일 것으로 보인다. 아울러 종전의 차갑고 근엄한 세상이 보다 부드러우면서도 온화한 느낌의 세상으로 대체될 것으로 기대된다. 이런 점에서 여성주의의 실현은 여성 자신을 넘어 인간 모두에게 보다 나은 삶의 질을 약속하게 될 것이다. 여성주의가 보편성을 갖는 미래가치가 될 수 있는 이유가 바로 여기에 있다.

평화주의, 공존의 조건

여성화된 세상의 이미지는 한마디로 압축하면 평화로운 세상이다. 평화는 역사적으로 형성된 여성성의 집중적인 표현이다. 역사적으로 보면 남성들이 전쟁의 승패에 보다 많은 관심을 보였다면 여성은 전쟁 자체를 반대하는 경향이 강했다. 이는 아이들의 놀이 문화에서의 성별 차이로 표현되기도 한다. 단적으로 남자 아이들의 놀이 문화에서는 파괴적인 성격의 전쟁놀이가 큰 비중을 차지하는 반면 여자 아이들의 놀이 문화에서는 공동체 놀이의 비중이 크다. 아이들의 놀이 문화 속에 역사적으로 형성된 성별 역할 분화가 깊숙이 투영되어 있는 것이다.

이런 점에서 여성주의는 평화주의를 잉태하게 된다. 거꾸로 여성주의는 평화가 보장될 때만이 실현 가능하다. 전쟁 위협이 고조됨에 따라 사회 전체가 병영화한 조건에서는 여성화된 사회를 기대하기 힘들다. 남성 중심의 군대가 모든 것의 중심이 되면서 가부장적 질서가 확립될 가능성이 커지기 때문이다. 이러한 관계는 생태주의의 경우도 마찬가지다. 군사력을 증강하기 위해 자원 소모형의 중공업 발전을 촉진해야 하는 상황에서 생태주의를 이야기하는 것 또한 가당치 않은 일일 수 있다. 무엇보다도 모든 전쟁은 인간에 대한 전쟁이면서 동시에 자연에 대한 전쟁으로서 성격을 지니고 있다. 곧 생태계를 포함한 인간 삶의 조건 전부를 파괴하는 것이 전쟁이다. 이렇듯 평화가 파괴되는 조건에서 공동체 문화 또한 설 자리가 없어지고 만다. 실제로 역사 이래 모든 전쟁은 각 지역에서 고유하게 발전해온 공동체 문화를 파괴해왔다. 결국 생태주의, 문화주의, 여성주의, 평화주의는 상호 불가분의 관계 속에서 통일된 미래가치 체계를 구성하게 된다.

태초에 인류는 자연적 평화를 누렸다. 인구가 적었기 때문에 집단간에 영역을 놓고 싸울 가능성이 적었고 생산력이 극도로 낮은 수준에 머물러 있었기 때문에 경제잉여를 둘러싸고 다툴 일이 없었다. 마찬가지로 국가기구가 형성되지 않았기 때문에 권력을 놓고 싸울 일도 없었다. 그리하여 인간들은 공동체 속에서 평화스러운 삶을 이어나갔고 공동체들 상호간의 관계 역시 평화스러운 공존으로 이어졌다. 이러한 자연적 평화는 원시공동체 시대에는 지극히 일반적인 현상이었고 유럽 국가들에 의해 침탈되기 전 북미 지역과 아프리카 등지에 광범위하게 존재했으며 오늘날에는 뉴기니 등 원시상태를 보존하고 있는 지역에서 부분적으로 발견되고 있다.

이집트인 역사학도인 파티마Fatima S.(1970~)에 따르면 유럽 사람들이 진주하기 이전 아프리카에는 작은 공동체에서 왕국에 이르기까지 1만 개가 넘는 독립적인 사회집단이 있었다. 이들 사회 집단은 모두가 항상 그런 것은 아니었지만 비교적 평화로운 공존관계를 유지하고 있었다. 영국의 인류학자 존 리더John Reader(1937~)는 식민지배 이전의 이 같은 아프리카 상태를 두고 "국가를 이루지 않고 작은 사회로 나뉘어 평화롭게 공존하는 방식이야말로 아프리카가 인류사회에 가장 크게 공헌한 부분"이라면서 그 의미를 높이 평가한 적이 있었다.[10] 곧 식민지배 이전의 아프리카는 평화스런 인류사회를 건설하는 데 풍부한 영감의 원천이 되고 있는 것이다.

하지만 철제 무기로 무장한 군대의 등장과 함께 자연적 평화는 무참히 파괴되고 말았다. 인간의 살육을 목적으로 한 전쟁이 역사의 가장 중요한 줄거리가 되면서 곳곳에서 야만스런 파괴와 강제 병합이 거듭되었다. 그 결과 오랜 세월 지속되었던 '항구적 평화'는 인류의 기억 속에서만 겨우 그 흔적을 찾아볼 수 있게 되었다. 근대 이전까지 평화의 요람으로 존재했던 아프리카마저 식민 지배자들에 의해 인위적으로 종족이 분리되거나 타 종족과 강제 병합되는 형태로 잔혹하게 짓이겨졌다. 2차 세계대전 이후 50여 개의 나라로 독립을 이루었지만 종족간의 공존과는 무관하게 국경선이 형성되면서 아프리카는 분쟁 다발 지역으로 전락하고 말았다.

이러한 가운데 일시적으로 평화가 도래하기도 하였는데 그것은 주로 절대강자의 등장을 통해서였다. 가령 고대 유럽에서 가장 평화로웠던 시기는 로마 제국의 통치력이 확고하게 뿌리내린 1세기부터 3세기에 이르는 이른바 5현제 시대였다. 팍스로마나Pax Romana 곧 로마의 평화가 실현된 것이다. 중국 역사 역시 비슷한 현상을 보여주고 있다. 중국 역사는 분열과 혼란으로 점철된 시기와 비교적 평화로운 시기가 반복해왔다. 이 중에서 비교적 평화로웠던 시기는 통일된 왕조가 수립되어 강력한 통치력을 발휘한 시기였다.

절대강자의 지배에 의해 수립된 평화는 기본적으로 지배자와 피지배자간의 쌍무관계가 안정적으로 뿌리를 내린 경우였다. 로마와 중국의 경우 지배집단은 피지배집단에게 평화와 안정을 보장하고 피지배집단은 지배집단에게 조세와 공물을 바치는 관계였던 것이다. 그런 점에서 절대강자에 의해 유지된 평화는 억압적인 평화의 성격이 매우 강했다. 그럼에도 불구하고 혼란과 분쟁으로 가득 찬 시기에 비하면 한층 나은 상황이었던 것은 분명했다. 근대 이전의 사회구성원들이 종종 강력한 통치질서 확립을 갈구했던 것은 바로 이러한 이유에서였다.

그런데 절대강자의 시대는 대부분의 경우 일시적일 수밖에 없으며 손쉽게 강자들이 난립하는 시대로 바뀌게 된다. 그렇게 되면 지배권을 둘러싼 극심한 다툼으로 인해 야만적인 상황이 빚어질 가능성이 매우 크다. 제국주의 식민지배가 절정에 이르렀던 20세기 역사는 바로 이러한 강자들의 지배권 다툼이 얼마나 끔찍한 결과를 빚어낼 수 있는지를 적나라하게 보여주었다. 무엇보다도 전쟁의 빈도, 규모, 잔혹함에서 이전 시대를 압도하였다.

20세기 전반기의 한복판을 관통한 것은 제국주의, 파시즘, 세계대전이라는 지옥의 연쇄사슬이었다. 그 연쇄사슬의 끝이었던 두 차례의 세계대전은 가히 야만의 절정을 보여주었다고 할 수 있다. 극소수 지배집단의 탐욕으로 빚어진 전쟁의 피바람 속에서 수백만에서 수천만 명에 이르는 사람들이 영문도 모른 채 죽어가야 했던 것이다. 20세기 후반 자본주의 세계는 팍스아메리카나 체제에 의해 상대적으로 안정된 듯이 보였으나 결코 온전한 것은 아니었다. 앞서 살펴본 것처럼 이 기간 동안 미국은 제3세계에서 벌어진 수많은 분쟁과 전쟁에 개입하면서 무려 2000만 명 정도를 살상하는 데 직간접적으로 기여했다. 소수의 선진자본주의 세계가 평화를 구가하고 있던 시기에 제3세계는 여전히 붉은 피로 물들고 있었던 것이다.

전쟁과 살육으로 점철된 20세기 역사는 필연적 결과로서 극단주의를 양산했다. 그 중에서도 파시즘은 인간의 광기를 가장 극단적 형태로 드러낸, 말 그대로 극단주의의 원조라고 할 수 있다. 인도네시아, 칠레, 한국 등에서 대량살상을 딛고 등장한 친미 군부독재 역시 그러한 파시즘의 피를 이어받은 극단주의의 하나였다. 이 같은 극단주의는 사회주의혁명 과정에서도 형태를 달리 했을 뿐 그대로 재현되었다. 스탈린의 공포정치, 중국의 문화대혁명, 크메르의 킬링필드는 가장 대표적인 경우다. 이는 사회주의혁명이 자본주의 세계의 극단주의에 의해 극단적으로 오염되었음을 말해준다.

이러한 맥락에서 볼 때 20세기는 역사가 에릭 홉스봄이 적절하게 표현한 대로 인류 역사에서 보기 드문 "야만의 세기이자 극단의 시대"였다고 할 수 있다. 요컨대 평화라는 거울에 비춰볼 때 20세기는 역사상 가장 추악한 얼굴을 한 시대였던 것이다. 평화주의는 바로 이러한 20세기의 야만과 극단주의에 대한 반작용으로 태동하였다.

평화주의의 기본적인 문제의식은, 전쟁은 인간이 겪을 수 있는 최악의 고통이며 그 어떤 명분을 내걸더라도 이를 정당화할 수 없다는 데 있다. 전쟁으로 인해 겪는 고통의 크기가 전쟁을 통해 완화시키고자 고통보다 항상 크다고 보는 것이다. 이 점에서는 극단주의가 낳은 총성 없는 전쟁 역시 마찬가지라고 보고 있다.

이러한 맥락에서 평화주의는 평화 그 자체에 가치를 부여한다. 평화주의는 그 어떤 명분도 폭력과 전쟁이라는 수단을 정당화할 수 없으며 평화적 가치에 맞게 목표를 설정하고 문제 해결 방식을 찾아야 한다는 입장을 견지한다. 따라서 평화주의는 다양한 집단의 공존과 상호 이익의 추구를 강조하며 그럴 수 있는 조건과 방식이 무엇인지 관심을 갖는다. 또 평화주의는 어떤 세력이든지 역사 발전에 기여할 의지가 있으면 존중하고 협력할 수 있어야 한다고 본다. 그러한 관용과 포용의 정신이 충만할 때 사회는 한층 평화롭게 발전할 수 있다는 것이다. 이와 함께 평화주의는 목표 수준을 낮추거나 더욱 많은 시간이 걸리더라도 평화적인 해결 방식을 우선한다. 당연히 폭력을 수반하는 극단적인 해결 방식은 철저히 반대한다. 따라서 평화주의는 적대계급의 일소를 목표로 하면서 극단적 폭력의 사용을 불사했던 전통적인 마르크스-레닌주의와 명확히 입장을 달리한다.

이러한 평화주의가 단순한 이상이 아니라 세상을 변혁하는 가장 현실적인 방도임을 정치적 실천을 통해 입증한 대표적 인물로는 남아프리카공화국의 넬슨 만델라Nelson Mandela를 꼽을 수 있다.

남아프카공화국은 흑인, 아시아인, 백인이 섞여 있는 다인종 국가로 무려 350년 이상이나 소수 백인에 의한 극단적 인종차별정책(아파르트헤이트Apartheid)을 실시하였다. 흑인들은 모든 정치적 권리를 박탈당한 채 별도의 구역에 갇혀 살아야 했고 이를 벗어날 경우는 통행 허가를 받아야 했다. 이러한 가운데 흑인해방운동 조직인 '아프리카민족회의ANC' 지도자 넬슨 만델라는 반정부 투쟁을 조종한 혐의로 1962년 투옥돼 5년형을 선고받았고 옥중에서 다른 혐의로 종신형을 선고받기에 이르렀다. 만델라는 수감 생활에서 보여준 불굴의 의지와 투쟁정신으로 점차 남아프리카공화국 흑인인권 투쟁의 상징이 되었다.

흑인들의 완강한 저항과 날로 강화되는 국제사회의 압력은 결국 백인 정권으로 하여금 국면 전환의 불가피성을 깨닫도록 만들었다.

마침내 1989년 대통령에 취임한 클레르크Frederik de Klerk는 비밀경찰을 줄이고 해변에서의 인종 격리를 폐지했으며 이어 ANC를 합법화하고 검열을 완화했다. 만델라 석방은 이런 일련의 정책을 완성하는 상징적인 조치였다.

수감된 지 27년 만에 자유의 몸이 된 만델라는 곧바로 남아프리카공화국을 그가 꿈꾸는 국가로 만들기 위해 활발하게 움직이기 시작했다. 1991년 7월 ANC 의장에 취임한 그는 클레르크 대통령과 긴밀히 협력하며 민주적 헌법 제정과 실천을 향해 나아갔다. 국제사회는 이 같은 두 사람의 노력에 대해 1993년 노벨평화상을 수여함으로써 격려했다.

1994년 4월 남아공 사상 처음으로 흑인들이 참여한 가운데 실시된 대통령 선거에서 만델라는 60퍼센트 이상을 득표하여 클레르크를 물리치고 새 대통령에 당선됐다. 만델라는 후계자인 타보 음베키와 함께 클레르크를 부통령으로 임명했다. 클레르크는 이를 받아들였다. 클레르크를 부통령으로 임명한 만델라도 훌륭했지만 이를 받아들인 클레르크도 훌륭했다. 그럼으로써 흑백 인종간의 정치적 협력 체제가 구축될 수 있었다.

흑백 인종간의 반목과 경제적 격차 등 각종 과제가 산적해 있는 가운데 만델라는 남아공을 다양한 인종이 평등하게 공존하는 '무지개 국가'로 만드는 데 온 힘을 쏟았다. 만델라는 천방지축으로 날뛰는 여러 세력들을 대화와 설득을 통해 새로운 정부에 협조하도록 만들었다. 아울러 만델라는 '진실과화해위원회'를 통해 지난날 인종차별의 진실을 밝히는데 힘을 기울였지만 결론은 언제나 '화해'였다. 백인에 대한 그 어떤 정치적 보복도 없었다. 만델라는 이런 방식

으로 흑인의 도덕적 우월성을 입증하였다.[11]

만델라의 평화주의 정치는 전세계로부터 아낌없는 찬사를 받았고 남아프리카공화국은 새로운 정치 모델의 시험 무대로 각광받았다. 그러나 남아프리카공화국이 평화의 길을 걷기까지 그 이면에는 ANC를 중심으로 한 민중의 장기간에 걸친 치열한 투쟁과 국제사회의 강력한 압력이 있었다는 사실을 잊어서는 안 된다. 평화는 거저 주어지는 것이 아니다.

만델라 자신도 이 점을 분명하게 인식하고 있었다. 그렇기 때문에 만델라는 아프리카 대륙에서 발생하는 분쟁의 조정자로서 역할을 다하면서도 외부 세력의 개입에 대해서는 비타협적 입장을 취했다. 만델라는 미국의 개입에 대해 강한 어조로 비난했고 국제사회의 논리와 입장이 결코 아프리카의 주권과 이익에 우선할 수 없다는 입장을 거듭 표명하였다. 덕분에 만델라는 아프리카인들의 뇌리 속에 서방세계에 맞설 수 있는 용기 있는 정치인이라는 인상을 함께 심어주었다.

만델라가 이끄는 남아프리카공화국은 공존의 미학을 실천함으로써 전쟁의 위험을 제거하고 평화로운 인류 사회를 건설하는 데 많은 시사점을 던져주었다. 무엇보다도 평화주의를 단순한 구호가 아닌 실현 가능한 정치 프로그램으로 구체화시켰다는 데 커다란 의의가 있다. 이는 곧 그간의 평화주의 실천을 되돌아보도록 하는 지점이기도 하다.

2003년 4월을 전후하여 미국의 이라크 침공을 저지하기 위해 수백만 명이 거리로 쏟아져 나가 시위를 전개하였다. 하지만 전쟁 반대의 목소리가 거리를 가득 메웠음에도 불구하고 결과적으로 전쟁을 막지는 못했다. 결국 엄청난 수의 사람들이 목숨을 잃어야 했고 막대한 재산이 파괴되고 말았다. 혹자는 전쟁을 막기 위해 주어진 상황에서 최선을 다했다고 할런지 모르지만 그 같은 이야기는 죄 없이 죽어간 사람과 그 가족들에게는 아무런 위안이 되지 못한다.

평화주의는 전쟁 예방을 분명한 자신의 목표로 해야 한다. 전쟁을 방지할 수 있는 가장 확실한 길은 일상 세계의 변화를 통해 전쟁의 씨앗을 제거하는 것이다. 전쟁은 어느 날 갑자기 터지는 것이 아니라 일상 시기에 누적된 모순이 폭발하는 과정이기 때문이다. 그런 점에서 전쟁의 불길이 당겨지면 함께 불이 붙다가 전쟁 발발 조짐이 없으면 개점휴업하는 평화주의는 진정한 평화주의라고 할 수 없다.

평화주의는 전쟁을 예방할 수 있는 평화 정착 프로그램을 마련하기 위해 아낌없는 노력을 기울여야 한다. 그리고 이를 실현하기 위한 집요하면서도 주도면밀한 실천을 할 수 있어야 한다. 이는 대부분의 경우 일국적 수준을 뛰어넘는 거시적 안목을 요구하는 것이며 종종 예술적 경지의 능숙함을 요구하는 것이기도 하다. 이런 점에서 동북아시아는 평화주의를 시험하는 중요한 무대가 될 수 있다.

동북아시아는 전세계적으로 보더라도 분열과 대립이 가장 첨예하게 구조화되어 있는 곳 중의 하나다. 전쟁 가능성 역시 그만큼 높다고 할 수 있다. 이는 이 지역에 전세계적으로 가장 많은 군대가 배치되어 있다는 사실 하나만으로도 충분히 입증된다. 그 한복판에 있는 한반도는 1000년 동안 단일민족국가를 유지해왔음에도 불구하고 20세기 중반 이후 남과 북으로 분단되어 극단적인 대립을 경험해왔다. 2000년 이후 통일된 민족국가를 건설하는 방향에서 화해와 협력의 기운이 높아지기는 했지만 여전히 불안한 요소들이 많다. 이러한 가운데 한반도를 둘러싸고 있는 미국, 중국, 러시아, 일본 등 4대 강국이 미일동맹과 중러동맹 두 진영으로 나뉘어 치열한 각축전을 벌이고 있다. 이른바 신냉전이 전개되기 시작한 것이다.

결국 유럽연합을 제외하면 현재 국제정세를 좌우하는 강대국들이 동북아시아를 무대로 접점을 형성하고 있는 셈이다. 그런 점에서 동북아시아의 평화는 세계 평화와 직결된다고 할 수 있다. 그렇다면 이토록 막중한 의미를 갖는 동북아시아의 평화를 정착시킬 수 있는 방안은 무엇인가. 그 열쇠를 갖고 있는 곳은 바로 한반도다.

한반도는 동북아시아의 정세를 관통하는 온갖 모순이 집약되어 있는 곳이다. 한반도의 허리를 자른 분단 역시 동북아시아의 세력 다툼과 밀접한 연관이 있다. 단적으로 한반도 분단의 출발점인 38선은 미국과 소련간의 냉전 개막의 부산물이었다. 동북아시아의 대결 구도는 바로 이러한 한반도의 분단을 최전선으로 하여 형성되고 유지되어왔다. 이러한 사실은 거꾸로 한반도의 통일이 동북아시아의 긴장을 누그러뜨리고 평화를 촉진할 수 있음을 말해주는 것이기도 하다. 그런 점에서 한반도 통일은 민족적 요구이면서 이를 뛰어넘는 국제적 요구로서의 성격을 동시에 갖고 있다고 할 수 있다.

이러한 맥락에서 볼 때 한반도의 통일은 철저하게 동북아시아의 정세 흐름을 평화적으로 매개하는 과정이 되어야 한다. 곧 주변 국가들이 한반도의 통일에 협력하는 과정을 통해 자연스럽게 동북아시아의 평화가 성숙되도록 해야 하는 것이다. 그러자면 한반도 통일은 상호 인정을 기초로 장기적이고 점진적으로 이루어져야 하며 공동의 가치를 창출하고 상호 이익을 증진시키는 과정의 연속이 되어야 한다. 이 점은 6.15공동선언 2항에 표현되었다시피 남북 사이에 암묵적으로 합의된 내용이기도 하다.

그럼에도 불구하고 일각에서는 통일의 과정이 남북간의 갈등을 격화시킴으로써 평화를 위협할 수 있다는 이유로 통일에 대해 부정적이거나 소극적 입장을 취하기도 하는데 이는 분단이야말로 전쟁의 씨앗이라는 사실을 간과한 결과라고 할 수 있다. 단적인 예로 한국전쟁 역시 근본적으로는 분단이 빚어낸 비극이었다. 만약 한반도가 분단되지 않았다면 그 시점에 그런 형태로 전쟁이 일어나지는 않았을 것이다. 분명하게 이야기하지만 통일은 평화의 절대조건이다. 물론 그 반대의 측면도 동시에 존재한다. 평화는 국내외적으로 한반도 통일에 대해 가장 폭넓은 공감대를 형성할 수 있는 코드인 것이다.

통일의 과정을 거치면서 한반도는 동북아시아의 평화를 정착시키는 방향에서 보다 능동적이고 적극적인 외교 전략을 구사할 필요가 있다. 곧 미일, 중러 두 세력에 대해 등거리 자주외교 전략을 구사함으로써 한반도 스스로 평화의 완충지대가 되어야 하며 이를 통해 동북아 균형자 혹은 조정자로서 위상을 확보할 수 있어야 한다. 이를 위해서 한반도는 대립하는 어느 한 진영과 군사동맹을 맺거나 군사기지를 내주는 일이 있어서는 절대 안 된다. 그런 점에서 남북한이 맺고 있는 군사동맹은 전면적으로 재고되어야 하며 주한미군은 가능한 빠른 시일 안에 철수해야 한다.

이러한 노력은 다자간안보협력 틀이 마련됨으로써 한층 공고해질 수 있다. 지난 2005년 9월 19일 북핵 문제 해결을 위한 남북한, 미국, 중국, 러시아, 일본 등이 참여하는 6자회담은 합의문을 통해 한반도의 항구적 평화체제 수립을 목적으로 동북아시아의 다자간안 보협력을 모색하는 포럼을 만들기로 하였다. 물론 2008년초 현재까 지는 이와 관련해서 구체적으로 진척된 것은 없다. 그럼에도 불구하 고 한 가지 분명한 것은 다자간안보협력이 구체화되면 상호 균형과 제어를 통해 특정 국가의 일방통행을 억제할 수 있는 장치가 마련될 수 있다는 점이다. 그럼으로써는 한반도 나아가 동북아시아 전반에 걸쳐 전쟁의 위협을 제거하고 평화를 정착하는 데 크게 기여할 수 있다. 따라서 당장의 현실성에 구애됨이 없이 장기적 안목을 갖고 동북아시아 다자간안보협력 틀을 끊임없이 제기하고 그 내용을 구 체화시킬 필요가 있다.

이렇게 하여 우리는 한반도 통일을 바탕으로 동북아시아의 평화 정착을 위한 프로그램의 얼개를 짜보았다. 만약 이러한 프로그램이 더욱 구체화되고 실행에 옮겨진다면 한반도와 동북아시아는 평화 의 기운을 전세계로 확산시키는 '평화의 진원지'로 부상할 것임이 틀림없다. 이는 역사의 새로운 시작을 알리는 가장 확실한 징표가 될 것이다.

주석

1 존 밸라미 포스터, 추선영 옮김,《생태계의 파괴자 자본주의》, 책갈피, 2007. 122~123쪽.

2 프란츠 알트, 손성현 옮김,《생태주의자 예수》, 나무심는사람, 2003. 28쪽.

3 박지희,〈시간당 동식물 3종씩 멸종…온난화 경고〉,《경향신문》, 2007. 5. 23.

4 강양구,《아톰의 시대에서 코난의 시대로》, 프레시안북, 2007. 24쪽.

5 루츠 판 다이크, 안인희 옮김,《처음 읽는 아프리카 역사》, 웅진지식하우스, 2005. 21쪽.

6 문종만,〈프로슈머Prosumer의 현황과 미래 전망: 프로슈머를 넘어 크레액토Creactor로〉, 새로운사회를여는연구원.

7 김삼웅,《백범 김구 평전》, 시대의창, 2004. 제15장.

8 홍태희,〈현대자본주의 국가와 성별관계〉, 김형기 엮음,《현대자본주의 분석》, 한울아카데미, 2007. 559쪽.

9 홍태희,〈현대자본주의 국가와 성별관계〉, 김형기 엮음,《현대자본주의 분석》, 한울아카데미, 2007. 555쪽 참고로 남성 임금에 대한 여성 임금의 비율은 케냐가 83퍼센트, 캄보디아가 74퍼센트로 선진국의 그것보다 훨씬 높다.

10 루츠 판 다이크, 위의 책. 20쪽 참조.

11 이규태〈아듀 20세기-만델라 석방〉,《조선일보》, 1999. 10. 4 참조.

© 한겨레엔
2004년 대통령 탄핵반대 촛불시위(시청앞)

사회연대국가,
주권재민의 실현

신자유주의 극복은 주주(자본)의 절대권력을 타파하는 것이며, 이는 궁극적으로 부르주아 지배체제의 해체를 통해 민주주의를 질적으로 비약시키는 과정이다. 그런데 부르주아 지배체제는 국가를 중시하지만 결코 국가에만 의존하지 않았다. 오히려 기업과 시장을 중심으로 한 사회영역에서 강고한 지배체제를 구축하고 일차적으로 그에 의존하는 특성을 보였다. 따라서 유럽 각국에서 확인되었듯이 설령 국가권력을 좌파가 장악하더라도 부르주아 지배체제는 흔들림없이 유지되었다. 참고로, 러시아 혁명 이후 권력 장악에 성공한 사회혁명은 대체로 부르주아 지배체제가 제대로 뿌리내리지 않은 상태에서 이루어졌다.

우리는 여기서, 사회혁명은 사회 그 자체를 혁명적으로 재구성하는 과정이어야 하며 그 힘 또한 사회 내부로부터 나와야 한다는 교훈을 얻을 수 있다. 사회혁명은 바로 사회연대에 기초한 인민의 자주적 해결 능력이 비약적으로 고양되고 인민의 지배가 사회 전반에 걸쳐 온전히 실현되는 과정, 곧 민주주의의 본원적 가치가 전면적으로 실현되는 과정이어야 한다. 이 과정에서 불가피하게 권력의 중심이 국가 혹은 시장으로부터 인민의 사회연대 한복판으로 이동하게 된다. 인민 스스로가 최고권력이 되는 것이다. 그로부터 사회연대가 중심을 이루고 국가는 지원과 조정 임무를 주로 수행하는 새로운 유형의 국가로서 '사회연대국가'가 등장하게 된다.

분명 정치혁명은 사회혁명의 필수조건이다. 거꾸로 사회혁명의 기운이 성숙되지 않은 조건에서 정치혁명은 가능하지 않다. 따라서 (가치혁명을 수반하는) 사회혁명과 정치혁명의 관계는 이렇게 정리될 수 있을 것이다. "사회혁명의 기운이 성숙되면서 정치혁명을 촉발시키고, 정치혁명은 사회혁명을 가속화한다." 이는 사회혁명의 성공을 위한 전략 수립에서 가장 기초적인 명제다.

'창조적 다수'의 소통과 연대

역사 발전의 주체는 인민이다. 이는 마르크스주의 역사관에서 기본 명제다. 좌파 혁명가들은 공통적으로 이 명제에 입각해서 혁명 활동을 전개하였다. 특히 피플 파워를 통해 대중이 정치 무대의 주역으로 등장하고 있는 시기에 인민을 역사 발전의 주체로 상정하는 것은 더욱 더 큰 의미를 갖는다.

그러나 현실로 되돌아오면 결코 간단치 않은 문제들이 제기된다. 우선 인민은 결코 동질적이지 않다. 인민은 진보와 보수에 이르기까지 다양한 스펙트럼을 보여준다. 또 인민은 종종 지배 이데올로기에 현혹됨으로써 역사의 진보에 거역하는 행동을 범하는 경우가 많다. 또 인민은 종종 생존의 아귀다툼을 벌이기도 하고, 입장이 일관되지 못한 데다가 상황에 쉽게 휩쓸리며, 변화를 선도하기보다 변화에 순응하기 바쁜 모습을 보여준다. 그래서 인민을 주체로 수립된 대안은 비현실적이라는 이유로 쉽게 공격을 받았고 종종 불신과 조롱의 대상이 되어왔다.

이러한 맥락에서 역사 이래 소수 엘리트의 역할을 강조하는 견해가 끊이지 않고 이어져내려 왔다. 우매한 군중이 주도하는 민주정치의 위험성을 지적하면서 '철인정치'를 주창했던 그리스 철학자 플라톤Platon은 그 대표 선구자라고 할 수 있다. 근대에 이르러서는 니체

Friedrich Nietzsche(1844~1900)가 대중에 대한 강한 불신과 경멸감을 바탕으로 '초인'의 출현이 절실함을 피력하기도 하였다. 영국의 역사가 아놀드 토인비Arnold Toynbee(1889~1975) 또한 인류 역사에 등장한 21개 문명에 대한 면밀한 연구를 바탕으로 역사를 진보와 발전으로 이끄는 것은 '창조적 소수'라는 결론을 이끌어냈다.

근대 이후 자유주의 경제 사상을 주도해온 존 스튜어드 밀Jhon Stuart Mill(1806~1873), 요제프 슘페터Joseph A. Schumpeter(1883~1950), 프리드리히 하이에크Friedrich Hayek(1899~1992) 역시 탁월한 소수의 역할이 경제 발전을 좌우한다고 주장하였다. 그 중에서도 슘페터는 "성공에 대한 기대와 실패에 대한 두려움으로 기업가들이 기성의 것에 대한 '창조적 파괴'를 통해 혁신적 발전을 추구하는 것"이야말로 자본주의의 역동적 발전을 보장하는 핵심적 요소라고 보았다. 쉽게 예상할 수 있는 일이지만 이러한 슘페터의 견해는 곧바로 사회주의는 그 같은 동기 유발 체계를 결여하고 있기 때문에 필연적으로 정체상태에 빠질 수밖에 없다는 결론으로 이어졌다. 슘페터의 이 같은 견해는 2차 세계대전 이후 벌어진 일련의 경제 상황을 통해 그 타당성이 폭넓게 인정되어왔다.

창조적 소수의 역할을 강조하는 것은 비단 보수주의 성향의 사람들 사이에서만 발견되는 것이 아니었다. 레닌의 혁명 이론에서 극적으로 표현되었다시피 좌파가 이끄는 사회혁명에서도 전문적인 혁명가 그룹의 역할은 언제나 결정적 의미를 갖는 것으로 인식되어왔다. 레닌은 이러한 전문가 그룹의 역할 없이는 사회주의 혁명은 절대 불가능하다고 단언하기도 하였다. 이 같은 레닌의 입장은 다소 형태를 달리하기는 했지만 20세기 사회혁명 전반에 걸쳐 두루 수용되었다고 할 수 있다. 좌파는 대중의 역할에 보다 적극성을 부여하긴 했지만 그 역시 창조적 소수로부터 변화가 시작된다는 점에서는 우파와 입장을 같이했다고 할 수 있다.

만약 역사 발전에서 다수 인민의 역할을 무시한 채 창조적 소수의 역할만을 절대화한다면 이는 심각한 오류가 될 것이다. 이런 점에서 플라톤에서 니체에 이르는 보수주의적 시각은 자칫하면 매우 위험한 결과를 초래할 수 있다. 반대로 창조적 소수의 역할이 갖는 중요성을 무시하는 것 역시 똑같은 오류가 될 것이다. 특히 일상적 시기에 초점을 맞춘다면 창조적 소수의 역할은 결정적 의미를 갖는다고 할 수 있다.

엄밀하게 말해 역사는 어떤 형태로든지 창조적 소수와 (창조적 소수 입장에서는 비창조적 다수라고 부를 수 있는) 다수 인민이 상호 의존하는 가운데 발전해왔다고 할 수 있다. 종종 창조적 소수가 역사의 엔진 역할을 한다면 인민은 그에 필요한 에너지를 공급하는 역할을 맡았다. 아울러 창조적 소수와 비창조적 다수 역시 언제든지 성격이 바뀔 수 있는 상대적 개념일 뿐이다. 아놀드 토인비에 따르더라도 창조적 소수가 창조성을 상실한 채 지배적 소수로 전락하게 되면 인민은 이를 타파하기 위해 혁명을 일으키게 된다. 이 순간만큼은 창조적 소수는 비창조적 소수로 규정되며 반면 인민은 창조적 존재로 돌변하게 된다.

그런데 오늘날에 와서는 일상적 시기에서초차 사회 구성원을 창조적 소수와 비창조적 다수로 나누는 것은 더 이상 적합하지 않게 되었다. 창조적 소수도 아니고 비창조적 다수도 아닌 '창조적 다수'가 급속히 역사의 무대 위에 등장하고 있기 때문이다.

제2차 세계대전 이후 대학생의 급증은 거의 모든 나라에서 공통적으로 나타난 현상이었다. 한국은 2006년 현재 대학진학률이 83퍼센트로, 신규 노동력의 대부분이 대학 이상의 학력을 가진 사회가 되었다. 그 결과 평균적인 지적 능력이 크게 향상되었다. 여기에 덧붙여 온라인의 급속한 보급은 개인이 정보를 취득하고 가공·유포할 수 있는 기술적 조건을 비약적으로 개선시켰다. 또 정치적 민주화는 정보 개방을 확대하고 표현의 자유를 신장시켰다.

이러한 요인들이 복합적으로 작용하면서 창조적 소수와 유사하게 습득한 지식을 능동적으로 사용함으로써 창조적 변화를 일으키는 거대한 집단이 형성되기에 이르렀다. 지식기반경제를 실질적으로 이끌고 있는 지식노동자와 미래가치를 체화하고 있는 여성은 그 중심 세력이라고 할 수 있다.

이들은 이른바 C세대(Contents generation)의 등장과 UCC(User Created Contents)의 확산에서 엿보이듯이 온라인 공간에서 독자적으로 콘텐츠를 생산하여 공급할 수 있는 능력을 갖추고 있다. 그럼으로써 이들은 종종 다양한 매체를 이용해서 특정 분야의 언론을 주도하기도 하며 2002년 한국의 대통령선거에서 노무현 후보의 지지자들 모임(노사모)처럼 정권의 향배에 직접적이고도 결정적인 영향을 미치기도 하였다.

이들은 분명 소수가 아니다. 통상적으로 인구의 1퍼센트라고 이야기되는 창조적 소수에 비해 이들의 규모는 비할 바 없이 크다. 이미 인구의 10퍼센트가 넘는 것은 물론이고 그 비중이 급속히 확대되고 있으며 궁극적으로 인구의 다수를 차지할 것이 분명하다. 또 이들은 토인비가 말하는 단순히 창조적 소수를 모방mimesis하는 존재가 아니다. 마찬가지로 레닌 이후 좌파 혁명가들이 중시했던 선진대중과도 뚜렷한 차이가 있다. 선진대중은 전위집단이 생성한 메시지를 대중에게 충실히 전달하는 집단이지만 이들은 독자적으로 메시지를 생성하고 유포시키기 때문이다. 이런 점에서 이들은 이전 시기 역사에는 존재하지 않던 전혀 새로운 집단으로 '창조적 다수'다. 말 그대로 창조적 다수의 시대가 열린 것이다. 이러한 창조적 다수의 역할이 확장되면서 궁극적으로 진정한 의미에서 자주적 인민이 역사의 무대를 일상적으로 점령하는 순간이 올 것이다.

창조적 다수는 이미 사회 변화의 중심에 서 있다. 향후 사회 발전의 방향은 이들 창조적 다수의 선택에 의해 크게 좌우될 것이다. 따라서 사회의 혁명적 변화는 이들 창조적 다수의 역할을 중심에 놓고 구상되어야 한다.

그렇다면 이들 창조적 다수가 진정으로 역사의 발전과 진보에 기여하려면 어떤 조건이 필요할까. 창조적 다수가 비록 독자적인 콘텐츠 생산 능력을 지녔고 스스로 조직하고 행동하면서 종종 정세 변화를 주도하기는 하지만 그 자체만으로 역사의 진보를 책임질 수 있는 것은 아니다. 경우에 따라서는 역사의 진보에 역행하는 역할을 할 가능성도 충분히 존재한다. 창조적 다수는 오직 역사 발전의 법칙을 이해하고 그에 근거한 사회혁명의 비전을 공유할 때만이 역사의 진보를 책임질 수 있다. 바로 여기서 종전의 권위주의적 리더십과는 질적으로 새로운 리더십이 부각된다. 곧 창조적 다수에게 비전을 제시하고 그들로 하여금 역사의 진보를 향한 자발적 열정을 갖도록 할 수 있어야 하는 것이다. 이런 점에서 창조적 다수의 시대에 진정한 지도자는 만인 위에 빛나는 사람이 아니라 그로 인해 만인이 빛나는 존재라고 할 수 있다.

분명한 것은 창조적 다수의 시대에 수직적 위계질서에 근거한 권위주의적 리더십은 더 이상 통용될 수 없다는 것이다. 68혁명과 제3세계에서의 피플 파워의 등장과 함께 권위주의는 철저한 거부 대상이 되어왔다. 여기에 덧붙여 창조적 다수의 시대는 수직적 위계질서마저 해체시킴으로써 권위주의가 작동할 수 있는 토대를 완전히 허물어뜨리고 있다.

창조적 다수의 시대가 열리면서 사회적 관계의 구조 또한 근본적 변화를 겪고 있다. 창조적 소수가 주도하던 시기는 거의 예외 없이 수직적 위계질서에 입각한 일방적 관계가 지배하였다. 지난날 주체사상을 통해 인민대중의 자주성을 집중적으로 옹호하였던 북한조차 이 점에서는 크게 다르지 않았다. 단적으로 지도방법론을 담고 있는 영도예술은 위가 아래를 도우면서 동시에 장악하고 통제할 수 있는 방법을 설명하고 있다. 인민은 그러한 위계질서의 맨 아래를 차지하며 "당이 결심하면 우리는 한다"는 구호에서 드러나듯이 위가 결심하면 행동하는 다분히 순응적 존재로 간주되었다. 이러한 가운데 인민이 독자적으로 판단하고 조직하며 행동하는 것은 단결을 방해하는 경향으로 취급되었다. 적어도 지난 시기에는 그러했다.

그런데 창조적 다수의 시대에 이러한 수직적 위계질서는 더 이상 유지될 수 없다. 무엇보다도 창조적 다수를 구성하는 사람들은 자신을 독립적 중심으로 사고한다. 이렇듯 각자가 중심이면서 동시에 다수를 이루고 있는 조건에서 창조적 다수가 맺을 수 있는 유일한 관계구조는 수평적으로 소통하고 연대하는 것뿐이다. 바로 여기서 창조적 다수를 생성시킨 요소들이 수직적 위계질서를 허물고 수평적 소통과 연대를 촉진시키는 요소로 작용하고 있다.

먼저 대학교육의 일반화는 평균적인 지적 능력이 향상되면서 강한 자아의식을 형성시켰다. 지금으로부터 20년 전인 1980년대 대부분의 사람들은 자신을 무식하다고 생각하면서 쉽게 권위에 굴복하는 양상을 보였다. 그러나 요즘은 대체로 자신의 판단을 앞세우면서 남에게 쉽게 고개를 숙이지 않는 자존심 강한 모습을 보여주고 있다. 이러한 조건에서 강한 스트레스를 유발하는 수직적 위계질서는 심리적 거부의 대상이 될 수밖에 없다.

수직적 위계질서에서 수평적인 소통과 연대로의 전환은 온라인의 등장으로 획기적인 전기를 마련하였다. 권위주의가 지배하는 수직적 위계질서에서는 위로 보고하고 아래로 전달하며 위는 명령하고 아래는 복종하는 관계가 성립되었다. 그러다보니 오직 위에 잘 보이기 위해 노력하면서 옆을 쳐다볼 겨를이 없는 사회가 되었다. 아울러 위의 요구에 묵묵히 따르는 것이 최상이었다. 직장에서 상사로부터 듣는 가장 흔한 말도 "옆 사람 신경 쓰지 말고 자기 일이나 열심히 해라!" "잔머리 굴리지 말고 시키는 대로만 해라!" 등이었다. 하지만 온라인의 등장으로 사정은 180도 뒤바뀌었다. 무엇보다도 온라인의 등장으로 인해 그동안 수직으로만 흘렀던 정보가 수평으로 흐르게 되었다. 누구든지 원하는 정보를 위로부터의 공급에 의존하지 않고 직접 취득할 수 있는 기회가 열렸으며, 마찬가지로 위를 거치지 않고 직접 정보를 소통시킬 수 있게 되었다. 또 온라인 공간에서 모든 네티즌은 평등하다. 온라인 공간에서 권위를 앞세우면 웃음거리가 된다. 이러한 온라인에서의 활동이 생활 깊숙이 자리를 잡으면서 오프라인에서의 관계구조 역시 그러한 방향으로 변화하도록 압박하였다.

정치적 자유의 신장은 이 같은 수평적 소통과 연대를 활성화할 수 있는 사회적 조건을 마련해주었다. 정치적 억압이 일상화된 조건에서 수직적 위계질서를 벗어나는 모든 형태의 수평적 관계는 엄격하게 제한되고 통제되었다. 심지어 불온시하였다. 정치적 억압은 사람들을 철저히 개별화시키면서 단절된 삶 속에 가두었던 것이다. 그런데 민주화가 진전되면서 사정은 크게 달라졌다. 단절을 극복하고 자유롭게 소통하고 연대할 수 있는 길이 열린 것이다.

이러한 변화들이 상호작용하면서 수평적인 소통과 연대가 기존의 수직적 위계질서를 대체하는 현상이 널리 확산되었다. 토머스 프리드먼Thomas Friedman의 저서 《세계는 평평하다The World is Flat》의 제목 그대로 세상은 점점 더 평평해지고 있다. 시류에 매우 민감한 기업은 일찌감치 종전의 피라미드형 조직체계를 허물고 다양한 팀들 사이의 수평적인 협력을 추구하는 '조직의 슬림화'를 추진하기 시작하였다. 이러한 전환은 기업의 울타리를 벗어나 다양한 영역으로 퍼져나가고 있다. 아울러 각자가 중심이면서 수평적으로 소통하고 연대하는 네트워크가 우후죽순처럼 생겨났다. 현대 사회에서의 권력은 이러한 네트워크를 누가 장악하는가에 따라 크게 좌우되기에 이르렀다. 이는 고립된 개인을 양산했던 자유주의와 개인의 독립성을 제약했던 집단주의 모두를 지양하는 방향에서 자유롭고 독립적인 개인간의 소통과 연대가 빠르게 확산되고 있음을 의미한다. 독립적인 개인 매체이면서 광범위한 소통구조를 갖는 블로그의 폭발적 성장은 이를 상징적으로 보여준다.

창조적 다수의 소통과 연대가 사회적 관계구조의 중심을 이루게 되면 조직과 정치활동에서 커다란 변화가 일어나게 된다.

　　수직적 위계질서에서는 정보의 통제가 중요하지만 수평적 소통과 연대 구조에서는 정보의 공유가 더욱 중요한 의미를 갖는다. 또 수직적 위계질서에서는 자신의 아래를 만들고 이를 장악하는 것이 중요하지만 수평적 소통과 연대 구조에서는 옆과의 관계를 형성하고 소통하는 것이 더 중요해진다. 같은 맥락에서 수직적 위계질서에서는 그 누구인가의 아래로서 관계가 '독점'되지만 수평적 소통과 연대 구조에서는 다양한 사람의 옆이 될 수 있다는 점에서 관계는 '공유'된다.

　　이러한 맥락에서 볼 때 변화된 환경에 맞게 조직 문화를 혁신하는 것이 매우 중요한 과제로 부각되고 있다. 무엇보다도 수평적이고 개방적인 구조를 갖춤으로써 다중과 일상적으로 소통하고 연대할 수 있어야 한다. 만약 종전의 권위주의적이고 수직적이며 폐쇄적인 조직구조를 고수한다면 결코 다수와 소통하고 연대할 수 없다. 경험상으로 보더라도 '위아래' 관계를 중심으로 조직이 운영되고 구성원이 그에 맞게 훈련되어 있는 경우는 수평적 소통과 연대에 익숙하지 못한 것으로 나타나고 있다.

　　한 걸음 더 나아가 수직적 위계조직은 폐쇄성과 배타성으로 인해 수평적 소통과 연대에 장애가 되기도 한다. 모두가 대등한 입장에서 수평적으로 소통하고 연대하고자 하는 상황에서 소통되지 않은 조직이 주도력을 발휘할 때 다중은 스스로를 들러리에 불과하다고 생각하면서 등을 돌리기 때문이다. 그 결과 수직적이고 폐쇄적인 조직은 아무리 규모가 커지더라도 다중과의 관계에서는 구심력보다는 원심력으로 작용할 가능성이 매우 크다.

수평적인 소통과 연대에 익숙해지려면 무엇보다도 산업시대를 지배했던 하드웨어 중심 사고에서 벗어나 소프트웨어 중심의 사고로 전환하는 것이 필수적이다.

하드웨어는 기본적으로 독점적 소유 대상으로서 소통에 근본적 한계가 있다. 가령 누군가의 책상 위에 컴퓨터 한 대가 있다고 하자. 그 컴퓨터를 사용할 수 있는 권리는 소유자나 그가 허락한 사람에게만 허용된다. 하드웨어는 시간과 공간의 한계 속에 쉽게 갇혀버리는 것이다. 곧 소통과 확산에서 매우 제한적이라고 할 수 있다. 반면 소프트웨어는 다양한 사람이 공유할 수 있고 대부분의 경우는 많은 사람이 공유할수록 가치가 커진다. 그에 따라 소프트웨어는 시간과 공간의 한계를 뛰어넘어 쉽게 소통되는 효과를 발휘한다.

오늘날 다중을 움직이는 일차적 요소는 의제 설정, 비전 제시, 가치 창출, 감동 연출, 이미지 형성, 프로그램 공유 등 소통이 쉬운 소프트웨어적 요소들이다. 정치영역 역시 소프트웨어 중심으로 변화하고 있다. 과거에는 물리력, 조직력, 동원력 등 하드웨어적 요소가 정치 지형을 좌우했지만 갈수록 이미지, 비전, 감동 등 소프트웨어적 요소가 우위를 점하고 있는 것이다.

한국의 정치 지형 변화는 이를 압축적으로 보여주고 있다. 노무현, 이회창, 이명박 등 최근 주요 정당의 대표주자로 떠올랐던 인물들은 전통적 의미에서는 정치기반이 취약한 인물들이었다. 다만 그들이 갖고 있는 이미지에서의 우위 곧 브랜드 가치가 정치적 성공을 담보했다. 반면 전통적 관점에서 하드웨어적 요소에 집착했던 정치인들은 급속하게 위상이 추락하였다.

물론 소프트웨어는 말과 글에 의존해서만 창조되는 것은 결코 아니다. 도리어 강력한 정치적 파급력을 갖는 브랜드 가치, 이미지 등의 소프트웨어는 온몸을 던지는 실천과 실질적 성과를 통해 창조된다. 한마디로 '행위'가 '가치'를 창출하는 것이다. 가령 노무현의 정치적 성공은 (물론 그 진정성에 의문을 제기할 수도 있지만) 지역할거구도를 타파하려는 지난한 투쟁을 통해 감동을 연출한 덕분이다. 또 정치인으로서 이명박의 브랜드 가치를 결정적으로 높인 것은 누구나 인정하듯이 그와 말과 글이 아니라 서울시장 시절 추진한 (물론 타당성 여부를 둘러싸고 적잖은 논란이 있지만) 청계천 복원 사업과 혁신적인 대중교통 시스템의 도입이었다.

이러한 소프트웨어적 요소들은 토론을 통해 확산되고 공유되며 네트워크와 사회협약을 통해 결실을 맺는다. 다중은 가치와 비전을 공유하고 행동 프로그램이 통일된 조건에서 거듭되는 공방전을 거쳐 분위기가 무르익었을 때 일제히 행동에 나서는 속성을 갖고 있다. 바로 그때 세상을 뒤흔들 수 있는 가공할 파괴력이 나타난다. 이러한 메커니즘을 이해하는 것이 대단히 중요하다.

사실 최근 수십 년의 역사만 놓고 보면 소프트웨어 위주의 사고는 체제의 운명을 좌우할 정도로 중요한 문제였다. 자본주의는 지식·정보산업의 발전과 함께 신속하게 기업 활동의 중심을 소프트웨어로 이동시켰다. 이를 통해 생산력을 비약적으로 높일 수 있었다. 그에 반해 사회주의 소련은 앨빈 토플러가 적절하게 지적했듯이 정신노동과 서비스 산업을 경시하면서 전통적인 굴뚝산업만을 중시하였다. 하드웨어 중심의 사고에서 벗어나지 못한 것이다. 결국 소련 경제는 낙후성을 면치 못하였고 끝내 붕괴로 치닫고 말았다.

우리는 비슷한 현상을 공룡의 멸종을 통해 발견할 수 있다. 공룡은 하드웨어 용량을 강화함으로써 생존 능력을 키운 전형적인 경우다. 하지만 비대한 몸집은 급격한 환경 변화에 적응하는 것을 어렵게 만들었고 마침내 멸종의 결정적인 요인이 되고 말았다. 이러한 가운데 끝까지 살아남아 지구를 지배한 것은 환경 적응력이라는 소프트웨어 중심의 진화를 거듭한 포유류였다.

이 모든 것이 깨우쳐주고 있는 바는 자명하다. 그것은 바로 하드웨어의 용량을 키우는 것으로 모든 문제를 해결하려고 든다면 아무리 진보적 가치를 지향하더라도 역사의 흐름에서 뒤처질 수밖에 없다. 도리어 레닌이 이야기했던 대로 '역사의 쓰레기통'을 뒤지는 사람으로 전락할 가능성이 크다.

사회혁명을 추구하는 입장에서 볼 때 소통과 연대를 통한 네트워크 구축에서 일차적으로 중요한 것은 소통 가능한 대안 의제를 개발하는 것이다. 그것은 모든 소통의 기본전제로서 소통 가능한 개념과 논리, 실행 프로그램의 개발을 함께 포함하는 것이다. 이러한 소통 가능한 대안 의제로서는 앞서 다룬 자본에 의한 인간의 지배 극복, 생태주의 등 미래가치 실현 그리고 뒤에서 다루게 될 인민에 의한 권력 통제, 공동체 중심의 복지 모델 등이 모두 해당될 수 있다. 그렇다면 소통 가능한 대안 의제가 될 수 있는 조건은 무엇인가. 크게 세 가지를 들 수 있다.

첫째, 한시적인 것에 머물지 않고 새로운 사회의 건설로 이어질 수 있을 만큼 지속가능해야 한다. 의제 자체가 새로운 사회에 대한 비전을 품고 있어야 하며 이를 실현할 수 있는 실천 프로그램을 뚜렷이 제시할 수 있어야 하는 것이다. 그럼으로써 대안의제는 가야 할 목표 지점과 걸어가야 할 길 그리고 매순간 무엇을 해야 하는지를 확연히 깨닫도록 할 수 있어야 한다.

둘째, 다른 의제와의 융합을 적극 추진할 수 있을 만큼의 개방성과 포용성이 있어야 한다. 지금까지의 사회운동은 의제 분화에 따른 전문성을 강조하였다. 그러나 이제부터 더욱 중요한 것은 의제 융합을 바탕으로 한 총체성이다. 이러한 총체성이 담보될 때만이 대안의제는 훨씬 강력한 파급효과를 발휘할 수 있다. 환경운동과 농민운동, 소비자운동 등이 생태농업을 매개로 의제 융합을 시도함으로써 각각의 영역이 비약적으로 확장되는 것은 그 중 하나라고 할 수 있다. 공동체 중심의 복지 모델도 좁게는 노인복지, 교육, 의료, 실업 등의 여러 복지 사안을 하나의 프로그램으로 융합시키는 것이며 나아가 복지와 공동체, 미래가치와의 융합을 통해 각각의 사회적 기반을 급격히 강화하는 데 그 의의가 있다.

셋째, 인민이 사회연대를 기반으로 스스로 문제를 해결하는 살아 있는 모범이 되어야 한다. 먼저 문제 해결의 일차적 주체는 국가가 아니라 인민 자신임을 분명히 하는 것이 중요하다. 가령 투쟁의 요구는 "국가가 나서서 해결하라!"에서 "우리가 이렇게 하고자 하니 국가는 지원하고 협력하라"는 것이 위주가 되어야 한다. 그럼으로써 인민은 문제가 발생하면 수동적으로 대응하는 것이 아니라 먼저 의제를 선점하고 보다 공세적이고 주도적인 입장에서 문제를 풀어갈 수 있게 된다. 이러한 실천이 거듭될수록 인민의 독립적인 문제해결 능력 곧 '사회 경영 능력'은 더욱 강화될 것임이 분명하다. 요컨대 인민이 새로운 사회를 책임질 주체로서의 자격 요건을 갖춰가는 것이다.

이렇듯 다양한 형태의 대안의제 중심의 네트워크들이 구축되면 이번에는 이들 네트워크 사이에 소통이 이루어지면서 한층 높은 수준의 전사회적인 연대가 모색될 것이다. 그 중 가장 의미 있는 것은 미래 사회에 대한 포괄적인 비전을 담은 일종의 '신新사회민중협약'을 만드는 것이 될 것이다.

신사회민중협약은 수십만에서 수백만에 이르는 진보적 대중이 참여하는 가운데 내용 토론에서 공표에 이르기까지 전과정을 함께 만들어가게 될 것이다. 아울러 신사회민중협약은 '협약'의 실천을 추동하고 조정하며 지원하는 상설 공동기구를 구성하는 것으로 이어질 것이 분명하다. 그럼으로써 신사회민중협약은 명실상부하게 광범위한 진보세력을 아우르는 사회연대의 결정체로 발전할 수 있을 것이다.

이러한 신사회민중협약은 향후 새로운 헌법의 근간이 될 것이며, 진보세력의 유기적 행동 통일을 위한 장전章典 구실을 하면서 단일한 정치 진용을 갖출 수 있는 가장 확실한 토대가 될 것으로 기대된다. 무엇보다도 신사회민중협약은 의제 중심의 네트워크를 통해 사회혁명의 기운을 급속히 확산시키는 '빅뱅'의 출발점이 될 것이다. 마침내 유권자 다수가 동의하고 합의할 수 있을 만큼 사회혁명의 기운이 넘쳐흐를 때 기존 국가권력의 담당 주체가 바뀌는 정치혁명의 첫 돌파구가 열릴 수 있다. 그 형태는 여러 가지가 있을 수 있지만 가령 단 한 번의 선거로 소수 진보정당이 일거에 집권세력으로 돌변하는 상황이 있을 수도 있다. 신자유주의의 몰락과 함께 그 같은 역동적인 상황은 얼마든지 연출될 수 있다.

일단 정치혁명에서 돌파구가 열리면 사회혁명은 급속히 탄력을 받게 된다. 국가의 조정과 지원을 바탕으로 창조적 다수를 주축으로 한 인민의 사회연대는 더욱 확대되고 공고해질 수 있다. 그리하여 인민의 사회연대는 국가를 움직일 수 있고 시장을 제어할 수 있으며 다양한 법 제도를 만들어낼 수 있는 힘을 발휘할 것이다. 예컨대 주주의 절대권력을 타파하고 권력의 공유를 보장할 새로운 기업조직법을 만들 수 있고 자본혁명을 뒷받침할 법과 제도를 정비할 수 있다. 지금까지 우리가 다뤘던 수많은 사회혁명의 과제들 역시 이러한 과정을 통해 일사천리로 해결될 수 있다. 이러한 과정은 인민이 사회연대를 통해 새로운 권력을 창출하는 과정이며 이는 곧 정치혁명의 궁극적 목표 지점이기도 하다. 지금부터 우리가 살펴봐야 할 주제는 바로 이것이다.

인민에 의한 권력 통제

우리는 혁명은 기존 권력을 접수하는 것을 넘어 새로운 권력을 창출하는 과정이어야 함을 여러 차례 확인하였다. 따라서 정치혁명을 통해 기존 권력을 접수하더라도 신속하고도 역동적인 과정을 통해 새로운 권력을 창출해야 한다. 곧 권력을 혁명적으로 재구성해야 하는 것이다.

그렇다면 새롭게 창출해야 할 권력은 어떤 형태일까? 이를 일률적으로 단정하기는 어렵다. 또 그럴 필요도 없다. 왜냐하면 구체적인 상황에 따라 그 형태가 결정될 것이기 때문이다. 중요한 것은, 새롭게 창출된 권력을 구성하는 방향이다. 그 방향은 종착점과 출발점이라는 두 지점을 연결한 선이다. 그렇다면 먼저 새롭게 창출된 권력이 궁극적으로 어느 지점을 향해 나아가야 하는지부터 살펴보자.

마르크스는 파리 코뮌의 경험을 분석하면서 프롤레타리아는 기존의 국가권력을 접수하는 것이 아니라 분쇄한 뒤 자신이 직접 통제하는 새로운 형태의 권력을 창출해야 한다고 결론지었다. 아울러 권력의 재창출은 궁극적으로 인민의 연대와 협력에 따라 자율적으로 사회가 운영되는 방향으로 나아가야 하며 그 과정에서 국가는 소멸되어야 하는 것으로 파악했다. 이른바 국가소멸론을 피력한 것이다.

이러한 마르크스의 국가 이론은 원칙적인 지점에서 여전히 의미를 갖는다. 특히 창조적 다수의 시대에는 각자가 독립된 중심으로서 대표자를 선출하는 것을 넘어 직접 권력을 행사하고자 하는 지향이 강하기 때문이다. 말하자면 자신의 손으로 왕을 선출하는 것에 만족하지 않고 모두가 왕이 되고 싶어 하는 것이다. 이런 점에서 창조적 다수의 시대는 모두가 세상의 중심이 되어 수평적 연대와 협력을 통해 운영하는 미래 사회를 잉태하고 있다고 할 수 있다. 흥미로운 것은 이 같은 미래 사회는 단지 이념적으로만 제시된 것이 아니라 매우 특수한 역사적 상황에서 잠시 동안 그 예고편을 보여주기도 하였다. 마르크스에게 국가소멸론의 영감을 불어넣어준 파리 코뮌은 그 중 하나다. 1980년 5월에 발생한 한국의 광주민주항쟁 역시 그러한 사례라고 할 수 있다.

광주민중항쟁 당시 시민군의 등장과 함께 국가기관의 핵심인 계엄군은 물러갔고 역시 국가기관의 일부인 경찰력과 관료제도는 완전히 그 기능을 상실해버렸다. 그리하여 해방 광주는 비록 짧은 기간이었지만 기존 국가기관이 사라진 매우 독특한 순간을 경험하였다. 그렇다고 하여 해방 광주가 혼돈상태에 빠져든 것은 아니었다. 오히려 그 정반대였다.

계엄군이 시 외곽을 봉쇄한 상황에서 광주시민은 매점매석의 방지를 통해 제한된 생필품을 최대한 활용했다. 싸전에서는 한꺼번에 두 되 이상의 쌀을 팔지 않았고, 담배 가게에서는 한 사람에게 한 갑씩만 팔았다. 슈퍼마켓이나 식료품점도 마찬가지였다. 이 모든 것은 그 누구의 지도나 강요 없이 모두가 알아서 자발적으로 지켰다. 이 기간에는 (평소에 흔히 있던) 강도나 절도도 완전히 자취를 감추었다. 이러한 가운데 시내 치안과 경비를 맡은 것은 시민군과 학생들이었다. 교통 역시 시민군이 확보한 차량을 동원하여 제한된 범위에서나마 해결하였다.

이렇듯 광주시민은 특별한 강제가 없음에도 불구하고 높은 수준의 연대와 협력을 바탕으로 모든 문제를 자율적으로 해결하였다. 그 과정을 통해 광주시민은 온전한 의미에서 피를 나눈 한 가족이 되었다. 다음의 글은 이와 관련된 장면을 묘사하고 있다.

주택가의 골목 여기저기와 시장 등에서는 아주머니들이 쌀과 김을 걷어다가 김밥을 만들고 상가에서는 음료수와 빵이 시민군들에게 공급되었다. 공수부대의 치떨리는 잔학상 때문이었는지 길거리에서 가마솥을 걸고 밥을 지어 나르는 아주머니들은 모두 어머니였고, 총을 들고 치안과 질서를 유지하는 한편 계엄군의 진입을 목숨을 걸고 막고 있는 시민군은 모두 자식이었다. 한 집 건너 한 집마다 불시에 닥친 핏빛 불행을 함께 나누고 위로와 격려를 주고받으면서 광주 시민은 한 가지 목표와 통일된 의식을 바탕으로 모든 행동을 일치시키고 있었다.[1]

광주시민은 매우 특수한 상황에서이기는 하지만 전체의 이익을 위해서 개인의 욕구를 억제할 줄 알았고 공동의 목표를 실현하기 위하여 자발적으로 협력하였다. 그리하여 항쟁 기간 동안 광주시민은 전혀 새로운 유형의 민주주의를 실험하고 또한 체험할 수 있었다. 이러한 광주시민의 체험 속에는 미래 사회에 구현되어야 할 사회 구성 원리가 깊숙이 녹아 있었다. 그 원리를 한마디로 요약하자면 사회구성원의 연대와 협력을 통한 자치 실현이 국가의 강제 기능을 대체하는 것이었다.

두말할 필요도 없이 해방 광주에서와 같은 모습이 가까운 시일 안에 전사회적으로 실현될 가능성은 거의 없다고 볼 수 있다. 주객 관적 조건이 성숙되려면 매우 긴 역사적 공정을 거쳐야 할 것이다. 따라서 중요한 것은 방향 설정을 위한 두 번째 지점, 곧 어디로부터 출발할 것인가를 밝히는 것이다.

오늘날 민주주의 국가에서 일반화된 정치제도는 대체로 대의민 주주의에 입각해 있다. 이러한 대의민주주의는 대표자 선출에서의 민주적 절차에도 불구하고 본질적으로 엘리트에게 무한책임을 부 여하는, 그럼으로써 엘리트의 전횡을 허용하는 정치제도다. 정치는 정치인에게 맡기라는 이야기는 이러한 엘리트 정치의 가장 통속적 인 표현이다. 이 같은 엘리트주의적 요소는 형태를 달리하기는 하지 만 과거 소련을 중심으로 한 국가사회주의에서도 동일하게 나타났 다. 소련의 경우 이론적 주장과 무관하게 현실에서는 대중에 대한 불신과 엘리트 집단에 대한 과도한 믿음을 기초로 모든 일이 진행되 었다. 이러한 태도는 결국 당과 국가의 상층부 판단은 언제나 옳다 는 식의 극단적인 모습으로 발전하고 말았다. 이렇듯 처음부터 인민 의 통제에서 벗어나 있던 권력은 신자유주의 시대에 접어들면서 인 민으로부터 더욱 멀어졌다.

신자유주의의 시대에 새로운 지배권력의 실체로 떠오른 것은 자 본권력으로, 그 힘은 국가권력을 능가하기에 이르렀다. 국가로의 과 도한 권력 집중에 따른 폐해를 비판하는 분위기가 확산되는 틈을 타

재빨리 권력의 중심을 국가에서 자본의 수중으로 이동시킨 것이다.

한국 역시 마찬가지였는데 《중앙일보》가 2005년 5월 동아시아연구원과 공동으로 실시한 한국 사회 23개 파워조직에 대한 여론 조사 결과는 이 점을 입증해준다. 그에 따르면 영향력과 신뢰도에서 재벌 그룹인 삼성이 1위, 현대자동차가 2위로 나타났다. 반면 오랫동안 최고 권부 지위를 차지했던 청와대의 영향력은 11위였고, 신뢰도는 이보다 낮은 19위를 차지했다. 이러한 가운데 참여연대, 전국교직원노동조합(전교조) 등 사회단체가 영향력에서 10~12위를 기록하였다.[2]

이후 삼성의 경우는 각종 비리가 폭로되면서 신뢰도와 영향력에서 상당한 후퇴가 불가피해졌지만 전반적으로 대기업의 권력이 비약적으로 강화되었음은 여전히 분명한 사실이라고 할 수 있다. 이는 그 무엇보다도 최고권력 집단에게 맹목적 충성을 바치는 경향을 보여온 관료사회의 모습을 통해 가장 극명하게 확인된다. 결론적으로 외환위기 이후 한국의 관료집단은 정치권에 대해서는 독자적인 목소리를 내면서도 삼성 등 대기업 집단에 대해서는 무조건 굴복하는 태도를 보여왔다.[3] 그런데 외환위기 이후 한국의 대기업들은 대부분 국제금융자본의 통제 아래 움직여왔다. 요컨대 국제금융자본이 대기업을 통제하고 대기업이 관료집단을 통제하는 양상이 벌어진 것이다. 더욱이 대기업은 민주적 선출과는 전혀 관계가 없을 뿐더러 인민에 대해 아무런 책임을 지지 않는다. 단지 그들은 인민 위에 군림할 뿐이다. 그에 따라 국가권력에 대한 민주적 통제의 최소 조건인 인민이 정당을 통제하고 정당이 관료를 통제할 수 있는 여지가 크게 약화되고 말았다. 신자유주의 시대에 민주주의와 주권은 껍데기만 남았다고 해도 과언이 아니다.

신자유주의 시대에 민주주의가 실종된 것은 대의민주주의의 한계와 밀접한 연관을 갖고 있다. 대의민주주의 아래서 자본은 소수의 엘리트 집단만을 공략하면 국가권력을 쉽게 굴복시킬 수 있기 때문이다. 이러한 조건에서 민주주의 회복은 전혀 새로운 차원에서 제기될 수밖에 없다. 곧 직접민주주의적 요소의 확장을 통해 온전한 의미에서 권력에 대한 인민의 통제를 확립해야 하는 것이다. 이를 통해 인민 스스로가 '최고의 권력'이 되어야 한다. 민주주의의 근본인 인민주권의 원칙을 재확립하는 것이 더없이 절실해지고 있다. 이런 점에서 사회민주주의가 추구해온 의회주의 전략 역시 어디까지나 대의민주주의에 입각한 것으로 분명한 극복의 대상이 될 수밖에 없다.

인민에 의한 권력의 통제가 실현되려면 최소한 다음과 같은 조건이 확보되어야 한다.

첫째, 전자민주주의를 도입해야 한다. 온라인 공간을 통해 유권자들이 정보를 공유하고 정치토론을 전개하며 온라인 서명과 투표를 할 수 있도록 보장해야 한다. 이는 다수의 인민이 소통하고 연대함으로써 그들 자신의 힘으로 정치를 통제할 수 있는 기본 조건을 이룬다. 둘째, 인민주권 3대 권리라고 할 수 있는 국민발안제, 국민투표제, 국민소환제가 반드시 제도화되어야 한다. 한국은 이 세 가지 모두가 법적으로 보장되어 있지 않다. 소환 가능할 때 진정한 대표성을 인정할 수 있음을 감안하면 한국의 민주주의는 아직 후진성을 면치 못하고 있다. 셋째, 대표자 수가 가능한 한 소수의 유권자를 대표할 수 있도록 의회기구의 개혁이 이루어져야 한다. 그래야만 선출된 대표자들과 유권자가 보다 밀착된 관계를 유지할 수 있으며 필요할 때 즉각 소환할 수 있다. 아울러 대표자들에게 부과된 불필요한 특권은 모두 폐지되어야 한다. 그럼으로써 진심으로 인민에게 복무할 의지가 있는 사람들만이 대표자가 되도록 만들어야 한다.

하지만 이 같은 주장은 늘 심각한 논란을 불렀다. 많은 논자들은 인민이 권력을 통제하고 나아가 직접 행사하는 것에 대해 극도로 회의적인 반응을 보여왔다. 심지어 무지하고 변덕스러운 인민이 권력을 통제하고자 하는 순간 아무도 책임질 수 없는 상황이 발생할 것이라는 주장도 자주 제기하였다. 계몽주의 시대의 자유를 둘러싼 고전적 논쟁과 매우 흡사한 현상이 발생하고 있는 것이다. 과거 많은 보수주의자들이 인민의 자유는 방종과 무질서만을 초래한다는 이유를 들어 소수 엘리트에 의한 통제를 옹호하였다. 그에 대해 루소 Jean-Jacques Rousseau(1712~1778)와 칸트Immanuel Kant(1724~1804) 등 계몽주의 사상가들은 일관되게 인민은 오직 자유를 체험함으로써 그 맛을 알고 제대로 행사할 수 있다는 입장을 개진하였다.[4]

우리는 인민의 권력 행사에 대해 똑같은 입장을 취할 수 있다. 요컨대 인민은 오직 직접 권력을 행사하는 경험을 통해서만 권력을 행사하고자 하는 의지와 능력을 갖게 된다. 우리가 주목해야 할 것은, 인민은 거리의 투쟁을 통해 스스로 그러한 경험을 축적해왔다는 사실이다. 이른바 피플 파워를 통해 정치 정세에 능동적으로 개입하기 시작한 것은 그 단적인 증거라고 할 수 있다. 한 걸음 더 나아가 인민은 창조적 다수를 주축으로 권력 행사에 필요한 원천을 폭넓게 확보해가고 있다.

미래학자 앨빈 토플러가 지적했듯이 권력의 원천은 크게 물리력, 지식, 부富로 이루어진다. 이 가운데 지식을 기반으로 한 권력은 지식 독점, 정보 통제, 사상의식의 지배 등을 통해 인민의 자발적 복종

을 유도하는 고품질의 권력을 창출해왔다. 프랜시스 베이컨Francis
Bacon(1561~1626)의 유명한 이야기 "Knowledge is power"—흔히
"아는 것이 힘"이라고 소박하게 번역되어왔지만 엄밀하게는 "지식
이 권력"이라는 의미—는 이를 압축적으로 표현한다. 오늘날에 이
르러 권력의 원천에서 지식이 차지하는 비중은 급속히 커지고 있다.
정치적 민주화의 진전에 따라 군대와 경찰에 기반을 둔 물리력도 법
률이라는 지식체계에 의존하지 않으면 작동 자체가 어려워지고 있
으며, 지식기반경제의 발전과 함께 부 또한 지식을 바탕으로 창출되
고 있기 때문이다.[5]

그런데 지식은 제한적이고 소모적인 물리력이나 부와는 달리 일
정한 조건만 갖춰지면 무제한으로 공유가 가능하며 연속적으로 창
출될 수 있는 속성을 갖고 있다. 소통과 연대를 가능하게 한 3가지
요소 곧 대학교육의 일반화, 온라인의 등장, 정치적 민주화의 진전
등은 바로 그러한 지식의 속성이 발현되기에 적합한 조건을 제공하
고 있다. 그 결과 여전히 지배 엘리트에 의한 농간이 계속되고 있지
만 인민의 지식에 대한 접근성은 과거와 비교할 수 없을 만큼 크게
증가하였다. 덕분에 인민은 창조적 다수를 중심으로 독립적인 지식
축적, 능동적 정보 확산, 여론 형성, 주도적 정세 개입 등 권력 행사
의 영역을 확장시켜올 수 있었다. 적잖은 논자들이 대중권력 시대의
도래를 예고하고 있는 것도 바로 이러한 맥락이다. 그럼에도 불구하
고 여전히 창조적 다수를 주축으로 인민이 권력을 통제하고 행사하
는 것에 대해 의혹의 눈초리를 거두지 못하는 사람은 애덤 스미스의
《국부론》에 나오는 이 말을 떠올릴 필요가 있다. "민병대도 오랫동
안 전장에 주둔하면 상비군이 된다."[6]

중요한 것은 인민이 사회연대를 바탕으로 권력을 통제할 수 있을 때 전지구적으로 세력을 형성하고 있는 거대한 신자유주의 세력을 극복할 수 있다는 사실이다. 인민과 분리된 채 관료화된 국가기구에 의존해서는 그 어떤 세력도 결국은 자본권력 앞에 굴복할 가능성이 크다. 따라서 인민의 사회연대를 중심으로 작동하는 사회연대국가는 신자유주의 세력에 대해서는 국가권력의 약화가 아니라 비약적 강화를 의미한다. 사회연대를 통한 인민의 자주성 고양이야말로 국가의 자주성을 보장하는 근본 요소다.

이러한 맥락에서 진보적인 정치 활동이 일상 시기에 무엇에 초점을 맞춰야 하는지를 재점검해볼 필요가 있다. 종종 진보적인 정치인들이 의회에 진출하게 되면 기성 정치인들과 실적 경쟁에 몰두하였고 대체로는 우수한 성적을 거둬온 것이 사실이다. 그러나 이러한 태도는 본질적으로는 엘리트주의 정치의 연장에 불과하다. 곧 인민을 여전히 관객의 위치에 묶어둔 상태에서 좀더 나은 연기력으로 좀더 많은 인기를 얻기 위한 시도 이상의 의미를 가질 수 없는 것이다.

중요한 것은 기존 권력구조 안에서의 실적 경쟁이 아니라 지극히 엘리트주의적인 기존 권력구조의 한계를 폭로하고 이를 타파하기 위해 투쟁하는 것이다. 이는 곧 인민이 정치에 개입하고 통제할 수 있는 권리를 신장시키기 위한 투쟁과 동전의 양면을 이루는 것이다. 진보세력은 바로 이러한 투쟁에서 성과를 낼 때 정치적 비약을 기약할 수 있다. 이미 살펴본 바와 같이 유럽의 사회민주주의 정당과 브라질의 노동자당이 빠르게 성장할 수 있었던 중요한 요인의 하나는 인민의 선거권 확장을 위한 그들의 투쟁이 성공하면서부터였다. 인민은 자신들의 권리를 신장시키는 데 헌신한 집단에게 표를 던지는 것으로 응분의 답례를 보냈던 것이다. 이렇듯 인민은 철저히 자신의 권리를 중심으로 사고하는 경향을 보여왔고 이 점에서만큼은 지극히 자주적인 존재였다고 할 수 있다.

이러한 맥락에서 정치혁명은 단지 국가기구의 인적 구성의 변화만을 의미하지 않는다는 것을 거듭 확인할 수 있다. 진정한 정치혁명은 오직 인민이 권력을 통제하고 나아가 직접 행사할 수 있도록 권력구조의 변화가 수반될 때 성립될 수 있는 것이다. 그렇다면 정치혁명을 통해 인민은 어떤 방식으로 기존 권력에 대한 통제를 넘어서 권력을 직접 행사할 수 있을까?

먼저 앞서 언급한 대안의제 중심의 네트워크는 국가의 강력한 지원 아래 독자적인 의결과 집행 능력을 갖추게 되면서 특정 영역의 경영을 책임지는 기관으로 성장할 가능성이 매우 크다. 말하자면 국가권력과 질적으로 다른 새로운 권력 곧 사회권력으로 부상할 수 있는 것이다. 이는 곧 권력의 중심이 기존 국가권력에서 사회연대의 한복판으로 이동하는 가장 명확한 징표의 하나다. 동시에 인민이 대표자를 선출하는 것에 머물지 않고 (특정 시기에 주로 폭발했던 과거와 달리) 일상적이고 지구력 있는 직접 행동을 기반으로 아래로부터 권력을 창출하고 행사한다는 점에서 의회주의에 대한 가장 명료한 실천적 극복이기도 하다.

이와 유사한 과정이 또 다른 영역에서 일어날 수 있다. 그것은 사회권력보다도 한층 지속적이고 안정적인 자치 권력이 될 것이다. 이러한 권력의 등장으로 사회연대국가는 온전히 꼴을 갖추게 될 것이며, 이를 통해 정치혁명은 자신의 임무를 완수하게 된다.

공동체에 기초한
복지 모델과 자치권력

　　　　　　　오늘날 스스로 진보 혹은 개혁적이
라고 생각하는 사람들 사이에서는 야만적인 시장과 권위주의적 국
가 사이를 끊임없이 배회하는 모습이 자주 발견된다. 시장주의를 비
판하다보면 국가주의 입장에 서 있고, 국가주의를 비판하다보면 자
신도 모르는 사이에 시장주의에 경도되어 있는 것이다.

　하지만 여전히 많은 진보주의자들이 모든 문제에 대한 마지막 해
답으로 제시하는 것은 여전히 "국가가 책임져라!"이다. 더불어 국가
권력 장악에 모든 힘을 쏟아부으면서 실질적 문제 해결은 국가권력
을 장악한 다음의 과제로 남겨놓고 있다. 일단 국가권력만 장악하면
그 힘으로 모든 문제를 해결할 수 있다는 강력한 믿음이 바탕에 깔
려 있는 것이다. 이러한 믿음은 국가는 전능해야 하고 모든 것을 관
장할 수 있을 때만이 유효하므로 넓은 의미에서 국가주의 신념체계
를 표현하는 것이라고 할 수 있다.

　이렇듯 많은 진보주의자들이 국가주의에 경도되도록 만드는 대
표적인 지점은 다름 아닌 (국가주의 모델의 하나인) 사회민주주의
복지 모델이다. 많은 사람들이 말로는 사회민주주의를 거부하면서
도 구체적 행동에서는 사회민주주의 틀에서 벗어나지 못하고 있다.
이는 일차적으로 자본주의를 극복할 수 있는 구체적 전망을 갖지 못

한 탓이지만 부분적으로는 사회민주주의 복지 모델에 대한 집착을 버리지 못한 데 따른 것이다. 그러나 안타깝지만 국가주의가 가장 뚜렷하게 한계를 드러내고 있는 곳 또한 복지 분야다.

우리는 앞서 국가주의 복지 모델이 이미 효력을 상실해가고 있음을 확인하였다. 이를 대략 3가지로 정리할 수 있다. 첫째, 나날이 늘어나는 수요를 국가 재정으로 감당하는 것이 불가능해지고 있다. 둘째, 사회 발전에 따라 다양해지고 복잡해지는 복지 요구를 국가가 일일이 답하는 것은 불가능에 가깝다. 셋째, 국가에 일방적으로 기대면서 의존적이고 무기력한 체질이 일반화되었다.

이러한 국가주의 복지 모델이 더 이상 작동이 어려울 만큼 한계를 드러낸 대표적인 계기는 다름 아닌 초고령화사회의 도래다.

현재 대부분의 발전된 자본주의 국가들은 초고령화사회로 진입하고 있다. 한국도 2000년 60세 이상 고령인구가 7.2퍼센트를 넘어서면서 고령화사회로 진입했다. 대략 2026년을 지나면 고령인구가 20퍼센트를 넘어서는 초고령화사회로 진입할 것으로 예상된다. 경제활동인구는 점점 줄어드는 반면에 노령인구는 점점 늘어나는 상황이 더욱 빠르게 진행되고 있는 것이다. 그에 따라 비노령층과 노령층 모두 심리적 압박이 커지고 있다. 부양 의무가 있는 비노령층은 나날이 증가하는 노인들의 부양 부담으로 심리적 압박을 받고 있고, 노령층은 오래 사는 것이 무슨 죄라도 짓는 것 같은 심리적 압박을 받고 있다. 평균수명 연장이 축복이 아니라 재앙으로 다가오고 있는 것이다.

한국의 경우 초고령화사회의 문제는 노후복지기금으로 마련된 국민연금에서 불거지고 있다. 머잖은 장래에 국민연금이 바닥날 것이라는 심상치 않은 경고가 쏟아져 나오고 있는 것이다. 거의 동시에 국민연금 문제에 대해 갖가지 해법이 제시되고 있지만 그 누구도 속 시원한 답을 내놓지 못하고 있다. 국가 재정으로는 해결 불가능하기 때문에 이를 보완하기 위해 국민연금을 형성한 것인데 이마저 한계를 드러내고 있는 것이다. 이는 적어도 노후복지에 관해서 국가주의 모델 안에서는 해답을 찾을 수 없다는 것을 명확히 드러내는 것이다.

미국을 중심으로 보험체계의 중심을 사보험으로 이동시키는 등 시장주의 복지 모델이 확산되어온 것도 이러한 국가주의 복지 모델에 대한 반작용이라고 할 수 있다. 시장주의 복지 모델은 얼핏 보기에 개인의 책임과 기회의 평등을 강조하면서 일견 사회적 무기력증을 해소하는 데 성공하는 듯이 보였다. 그러나 궁극적으로는 사회적 양극화만을 심화시키면서 소수 부유층에게만 혜택이 돌아가는 것으로 드러났다. 곧 복지 수요에 맞게 적절하게 공급이 이루어지지 못하는 '시장 실패'로 귀결되고 만 것이다.

이른바 '제3의 길'이라고 불린 영국 노동당 정부의 사회투자국가론 역시 시장주의 모델에 매우 근접한 것이다. 사회투자국가론은 복지예산 지출을 일방적 시혜가 아니라 수혜자의 노동 능력 강화와 결부시킨다는 점에서 기존 국가주의 모델에서 탈피하고 있는 것은 분명하다. 그러나 사회투자국가론이 지향하는 궁극적 목적은 어디까지나 사회 구성원이 시장에서의 생존 능력을 강화할 수 있도록 뒷받침하는 것이다. 그 결과는 이미 확인했듯이 저임금 노동력을 공급하는 시스템을 구축하는 것으로 나타났다. 곧 사회투자국가론의 요체는 복지를 시장의 요구에 적응시키는 데 있다.

국가주의 복지 모델과 시장주의 복지 모델 모두가 부적격 판정을 받으면서 대안으로 등장하고 있는 것이 공동체 중심 복지 모델이다. 공동체Community 중심 복지 모델은 지역공동체가 자체의 힘으로 복지를 해결할 능력을 키워가는 전제 위에서 국가의 지원을 결합시키고 부분적으로 시장을 활용하는 형태다. 역사적으로 볼 때 공동체 중심의 복지 모델의 원형은 여러 곳에서 발견할 수 있는 있는데, 조선시대 지역자치 공동체였던 향약 역시 그 중 하나라고 할 수 있다.[7]

지역 자치공동체로서 향약은 세계 역사에 그 유례를 찾아보기 힘들 정도로 정연한 체계를 갖추었던 것으로 평가된다. 향약은 봉건지배 체제 아래 놓여 있었다는 근본적인 한계에도 불구하고 구성원 모두가 동등한 권한을 갖고 발언하고 대표자를 선출했다는 점에서 상당히 평등하고 민주적인 공동체였다. 향약은 평등사회를 의미하는 대동사회大同社會 건설을 이념으로 삼았는데 이는 다시 덕업상권德業相勸, 과실상규過失相規, 예속상교禮俗相交, 환난상휼患難相恤 등의 자치규약으로 구체화되었다. 이 가운데 오늘날 지역사회복지의 원형이라고 할 수 있는 환난상휼은 공동체 성원들이 철저한 무보수 원칙에 입각하여 어려움을 함께 나누는 것을 지향했다. 그럼으로써 공동체 구성원들은 매우 끈끈한 인적 유대감을 형성할 수 있었다.

향약 공동체에서 기본 단위는 대가족이며, 이를 기초로 리더십을 발휘한 집단은 바로 노인들이었다. 노인들은 대가족 단위로 보육과 교육 그리고 건강관리 등을 책임졌으며, 협동 노동을 지휘 감독하였고, 관혼상제 등 공동체 문화를 주관하였다. 또 공동체 질서를 유지하기 위한 도덕률을 확립하는 것 또한 노인들의 몫이었다. 향약 공동체에서 노인들은 결코 가만히 앉아서 받아먹기만 하는, 단순한 부양 대상이 아니었다. 그들은 엄밀히 말해 공동체를 이끌어가는 지도 집단이었다. 노인들의 한마디가 곧 법이고 명령인 사회였던 것이다. 경로사상이 특별히 강조되었던 것은 그러한 공동체의 지도력 확립과 불가분의 관계에 있다.

우리는 이러한 향약의 운영 원리를 바탕으로 초고령화 사회로 진입하고 있는 오늘날의 환경에 맞는 공동체 중심의 복지 모델을 구상할 수 있다. 공동체 중심의 복지 모델은 기존 국가주의 복지 모델과 비교해볼 때 대략 3가지 차이가 나타날 수 있다.

첫째, 공동체 중심 복지 모델은 구성원을 복지의 대상이자 동시에 주체로 간주한다. 이 점은 인민을 복지의 대상으로만 사고했던 기존 국가주도의 복지 모델과 뚜렷이 구분되는 것이다. 공동체 중심의 복지 모델은 무엇보다도 노인들을 복지 시스템의 운영 주체로 삼는다는 점에서 사고의 근본적인 전환을 시도한다. 곧 노인들은 의료와 교육 등 복지 분야에서 매우 의미 있는 역할을 수행할 수 있다고 보는 것이다. 예를 들면, 노인들은 질병 예방 프로그램을 보급하고 녹색약품으로 간단한 치료를 할 수 있으며 생태프로그램 등으로 방과 후 어린이 교육을 책임질 수 있다. 이렇듯 복지의 대상과 주체를 통일시키려는 노력의 밑바탕에는 사람은 사회적 공헌을 통해 자신의 존재 가치를 증대시킬 때 삶의 질이 향상될 수 있다는 믿음이 깔려 있다. 이 점은 재화와 서비스를 구매할 능력을 제공함으로써 안락한 삶을 보장하는 것을 최선으로 간주하는 기존 국가주의 복지 모델과 인식에서 근본적인 차이가 있음을 말해주는 것이다.

둘째, 공동체 중심의 복지 모델은 정부 재정이든 연기금이든 돈에만 의존하지 않는다. 공동체 중심 복지 모델은 자원 봉사와 상호

부조에 의한 해결을 강조하며 물질적 지원 못지않게 공동체적 인간관계 회복을 통한 삶의 질의 향상을 중시한다. 그 결과 복지비용이 크게 절감되면서도 한층 높은 질의 삶을 보장할 수 있다. 최소의 비용으로 따뜻한 피가 흐르는, 저비용 고효율 복지 모델이 가능해지는 것이다.

셋째, 공동체 중심 복지 모델은 정부기구보다는 비정부 혹은 비영리 기구의 활동이 일차적 중요성을 갖는다. 지역공동체에 깊이 뿌리박은 비정부·비영리 조직의 활동은 나날이 다양해지고 복잡해지는 인민의 복지 요구를 자율적이고도 신속하게 해결하는 데 매우 유리한 것으로 판명나고 있다. 이러한 해결 능력이 축적될수록 공동체 중심 복지 모델은 더욱 풍부하면서도 역동적으로 발전할 수 있다. 그 결과 기존 국가주의 복지 모델이 갖는 무기력증을 원천적으로 극복할 것으로 기대되고 있다.

이러한 특징들을 바탕으로 노인복지, 교육, 의료, 부분적으로는 실업구제 등 그동안 분리해서 대응해 왔던 각각의 영역을 하나의 복지프로그램으로 통합시킬 수 있다. 그렇게 되면 각 영역의 복지가 질적으로 향상되는 시너지 효과가 발생한다. 가령 노인은 다양한 복지 프로그램의 운영 주체가 됨으로써 삶의 보람을 증대시킬 수 있고, 생태 체험이나 공동체적 인간관계 형성 등과 결부된 전인적 교육을 활성화시킬 있으며, 예방의학·생활의학·자연의학이 결합된 대안적인 의료프로그램을 정착시킬 수 있다. 또 공동체 구성원들이 다양한 형태로 복지 프로그램에 참여함으로써 소외된 삶을 극복할 수 있는 계기가 마련될 수 있다. 삭막한 도시에도 온기가 돌 수 있는 것이다. 그 결과 실업자라도 공동체 상호부조를 통해 상대적으로 안정된 삶을 보장받을 수 있는 가능성이 그만큼 커진다. 결국 삶의 양식에서 총체적 변화가 일어나는 것이다. 바로 이 지점이야말로 공동체 중심의 복지 모델이 갖는 대안적 요소라고 할 수 있다.

이렇게 하여 복지 또한 국가에 대한 일방적 의존에서 벗어나 사회 스스로 해결할 수 있는 능력이 비약적으로 강화된다. '복지국가'에서 '복지사회'로의 이행이 가능해지는 것이다. 이 과정에서 국가는 공동체 중심의 복지 모델에 필요한 인프라를 구축하고 비영리 사회단체의 활동을 지원하면서 공공 기능을 공동체 영역과 연계시키는 역할을 수행하게 될 것이다. 공교육을 지역공동체 활동과 통합적으로 운영하는 것은 그 중 하나가 될 것이다. 연기금 등 복지기금의 사용 내용을 재정립하는 등 새로운 복지 모델의 재정 문제를 해결하는 것 역시 국가가 해결해야 할 중요한 임무의 하나가 될 것이다. 특히 공동체 중심 복지 모델이 정착되기까지는 오랜 시간이 걸리는 만큼 초기에는 국가의 역할을 집중적으로 강화할 필요가 있다.

지금까지 살펴본 대로 공동체 중심의 복지 모델은 당위성이 분명하고 발전 가능성이 매우 풍부함에도 불구하고 아직은 충분히 검증되었다고 보기는 어렵다. 이러한 모델을 온전히 정착시킨 사례는 아직 보이지 않는다. 다만 베네수엘라가 각종 미션과 주민자치위원회를 통해 상대적으로 많은 경험을 쌓은 편에 속하며, 쿠바가 다양한 실험을 하고 있는 중이다. 그 밖에 멕시코 사파티스타가 원주민 공동체를 복지 기능까지를 수행하는 대안적 권력기관으로 발전시키기 위해 노력하고 있고, 일부 나라의 지역 단위에서 소규모로 그 가능성을 키워오고 있다.

그럼에도 불구하고 점점 더 많은 사람들이 궁극적으로는 이러한 방향으로 갈 수밖에 없다는 것에 대해 동의하고 있는 추세다. 특히 공동체 중심의 복지 모델은 자본주의에 의해 해체되었던 지역공동체를 복원함으로써 생태주의, 문화주의, 여성주의, 평화주의 등 미래가치를 다중의 힘으로 펼쳐질 수 있는 대안 공간을 창출한다.

지역공동체에게 자연생태계는 필수 구성 요소다. 이는 중세시대 촌락공동체가 숲과 개천, 초지 등을 공동자산으로 하여 성립된 것에서 그 원형을 찾을 수 있다. 경험상으로 보더라도 공동체적 관계가 발전할수록 자연생태계에 대한 지역민의 이해관계는 한층 강해진다. 가령 지역 주민이 공동의 쉼터인 숲이 파괴될 위험에 처하면 이를 저지하기 위해 함께 투쟁에 나선다.

문화주의 전략 역시 지역공동체 건설을 통해 강력한 사회적 힘을 얻게 된다. 지역공동체 안에서는 자연스럽게 존재하는 모든 요소들이 문화 가치를 중심으로 재창조된다. 심지어는 이기적인 거래의 장이었던 시장조차 재래시장을 중심으로 지역공동체 문화의 일부로 재구성될 수 있다. 실제 이러한 시도는 다양하게 이루어지고 있고 나름대로 의미 있는 성과를 내고 있기도 하다.

이러한 지역공동체를 주도적으로 이끌어가는 주체는 지역에 뿌리박은 여성이 될 것이다. 노인들이 복지 시스템 운용의 주체로 서는 것 역시 상당 정도 여성의 노력이 뒷받침될 때 실현될 수 있다. 이 모든 것은 고대 이래 남성이 군사 활동에 동원되는 와중에서 공동체를 지키고 일구어왔던 전통의 복원이자 역사적으로 형성된 여성성의 자연스러운 발로이기도 하다. 공동체 중심의 복지 모델을 여성이 주도적으로 이끌어가게 됨에 따라 사람들이 꿈꿔온 어머니의 품속 같은 공간이 열림과 동시에 체제의 여성화를 위한 사회적 토대가 마련될 것이다.

끝으로, 지역공동체는 평화주의를 배양하는 터전이 될 것이다. 지역공동체는 경쟁과 대립을 지양하고 상호협력을 통한 문제 해결을 중시한다. 이는 그 자체로서 평화주의적인 지향과 심성을 불러일으키는 계기가 된다. 역사적으로 보더라도 공동체는 항상 평화의 기지 역할을 담당해왔다.

이렇게 하여 지역공동체는 미래가치를 집약적으로 구현하는 공간이 될 것이다. 그럼으로써 인민의 사회연대는 보다 높은 단계로 도약하게 된다. 일상적 삶의 영역에 깊이 뿌리내림과 동시에 가장 높은 수준의 연대인 '가치 중심의 연대'가 이루어지기 때문이다.

중요한 것은 이러한 지역공동체는 그 본래의 정신에 비춰볼 때 장기간에 걸쳐 아래로부터 준비되고 성숙되어야 한다는 것이다. 공동체 자체가 국가의 강제력과 질적으로 구분되는 자발적인 사회조직이기 때문이다. 만약 지역공동체가 행정지도에 의해 타율적으로 만들어졌다면 공동체 정신이 깃들지 않은 형식적인 공동체로 전락하기 쉽다. 따라서 공동체는 철저하게 농사의 과정을 거쳐 만들어져야 한다. 터를 잡고 씨앗을 뿌리고 땅을 일구고 거름을 주면서 작물을 키우듯이 해야 하는 것이다. 따라서 사회연대를 모색하는 첫 순간부터 지역공동체 건설을 목적으로 하는 사람들이 스스로 공동체의 씨앗이 되어 지역사회에 뿌리내려야 한다. 그럼으로써 마치 황무지를 개간하듯이 지역공동체의 기반을 착실하게 일구어 나가야 한다. 이 과정에서 공동체 중심의 복지 모델도 부분적으로 실험할 수 있을 것이다.

이러한 가운데 정치혁명의 돌파구가 열리면서 국가적 차원의 지원이 결합하게 되면 지역공동체는 급물살을 타게 될 것이다. 지역공동체의 역할은 비약적으로 확장될 것이고 그에 따른 의사결정과 집행구조를 정연하게 갖추게 될 것이다. 그 결과 지역공동체는 대안의제 중심의 네트워크가 사회권력으로 성장해가듯이 합법칙적인 발전 과정을 거쳐 풀뿌리 자치권력으로 성장하게 된다. 인민이 직접민주주의를 기반으로 권력을 행사할 수 있는 또 하나의 공간이 창출되는 것이다.

　현재 전세계적으로 지역공동체를 기반으로 한 자치권력이 실질적인 주권기관을 이루고 있는 대표적인 나라로는 스위스를 들 수 있다. 베네수엘라가 주민자치위원회를 통해 자치권력 중심의 국가를 지향하고 있지만 아직은 초기 단계라고 할 수 있다,

　스위스는 최고 700년의 역사를 갖고 있는, 수백에서 수천 명 규모의 3072개의 공동체로 구성되어 있다. 각각의 공동체는 직접민주주의에 입각하여 운영되며, 스위스 연방의 실질적인 최고 주권기관으로서의 지위를 갖고 있다. 연방정부는 이러한 공동체의 연대를 보장하는 공동사무국의 성격을 띨 뿐이다. 공동체는 소득 여부에 관계없이 복지를 포함해서 구성원의 모든 것을 책임지고 있으며, 이러한 책임은 구성원이 해외에 나가 있을 때에도 그대로 연장된다. 말하자면 스위스는 현존하는 코뮌 국가라고 할 수 있다. 이런 점에서 스위스는 여러 가지 점에서 배울 만한 모델임에 틀림없다. 일종의 '오래된 미래'인 셈이다. 그럼에도 불구하고 스위스 모델은 워낙이 독특한 자연 환경과 역사적 배경에서 성립된 것인 만큼 액면 그대로 일반화하기에는 많은 어려움이 따르는 것 또한 사실이다.[8]

그러면 지금까지의 논의를 바탕으로 사회연대국가의 권력구조가 어떻게 구성될 것인지 종합정리해보자. 아마도 이는 이 책의 가장 중요한 결론 가운데 하나가 될 것이다.

우리는 그동안 기존 국가권력으로부터 자율적이고 독립적인 두 가지 종류의 권력이 아래로부터 태동할 수 있음을 확인했다. 하나는 대안의제 중심의 네트워크(부문)에 기반을 둔 사회권력이며, 또 하나는 지역공동체(지역)에 기반을 둔 자치권력이다. 사회권력은 의제의 변화에 따라 끊임없이 모습을 바꾸는 데 비해 자치권력은 비교적 장기간에 걸쳐 안정된 모습을 보일 것이다. 그러면서도 이 둘은 인민이 사회연대를 기반으로 직접 행사하는 권력이라는 점에서 본질적으로 일치한다.

사회연대국가는 이 두 가지가 씨줄과 날줄로 엮여 권력의 중심을 형성할 때 비로소 완성된 구조를 갖추게 된다. 그에 따라 전체적으로 볼 때 권력은 한층 납작해지면서 그 면적이 크게 넓어지게 된다. 권력의 구조가 창조적 다수를 중심으로 인민이 직접 행사하기에 적합한 구조로 바뀌는 것이다. 그에 따라 권력의 성격 또한 인민 위에 군림하는 것에서 인민에 의해 향유되는 것으로 근본적인 변화를 겪게 된다.

이러한 사회연대국가 틀 속에서 사회권력과 자치권력은 부단히 상호작용하게 되고, 이를 통해 각각의 권력이 지닌 부정적 측면을 극복하게 된다. 곧 지역공동체에 기반을 둔 자치권력은 자칫 가질 수 있는 배타성과 폐쇄성을 극복할 수 있고, 대안의제 중심의 네트워크에 기반을 둔 사회권력은 의결과 집행이 소수에게 집중되는 엘리트주의에서 벗어날 수 있다. 그런 점에서 사회권력과 자치권력이 건강한 긴장관계 속에서 긴밀하게 소통하는 것은 더없이 중요한 과제가 된다. 바로 여기서 일반 이익의 대표자로서 상이한 영역을 소통시키고 조정하며 지원해야 할 (좁은 의미에서의 국가라고 할 수 있는) 기존 국가기구의 역할이 새롭게 부각된다. 권력의 중심이 사회연대의 한복판으로 이동하고 그에 따라 활동 범위가 크게 축소되더라도 기존 국가기구의 역할은 여전히 막중한 것이다.

생존 철학으로서의 공유와 협력

미래 사회는 결코 어느 날 하늘에서 뚝 떨어지는 것이 아니다. 미래 사회가 태동하는 모습은 현실의 토양 위에서 하늘을 향해 두 팔을 벌리고 자라나는 새싹과도 같다. 지금까지 미래 사회에 관해 논의된 모든 내용은 그러한 입장에서 출발했다고 볼 수 있다. 그렇다면 과연 발전된 자본주의 사회에서 공동체에 기반을 둔 새로운 사회가 태동할 수 있을 것인가? 특히 영혼마저 저당잡혀 사는 사람들의 심성 속에 공동체의 싹이 자라날 수 있을까? 바로 이 책에서 풀어야 마지막 숙제다.

자본주의 시장경제는 '사적 소유에 기초한 경쟁'을 기본 속성으로 삼고 있다. 이러한 속성은 그 속에 살고 있는 사람들의 의식구조와 심리세계를 강력하게 지배해왔다. 그 결과 비물질적 영역에 대해서조차 소유 욕구가 작용하면서 매사를 경쟁적 관점에서 대하는 버릇이 생겨났다. 이 같은 '사적 소유에 기초한 경쟁'과 반대되는 개념은 바로 공동체의 기본 속성인 '공유에 기초한 협력'이라고 할 수 있다. 공동체의 구성 원리는 자본주의의 그것과는 본질적으로 다르다.

그런데 부르주아 경제학은 배타적 소유권을 부정하는 공유관계는 부정적 결과만을 초래한다고 주장해왔다. 이러한 부정적 효과를 설명하기 위해 동원된 것이 이른바 '공유지의 비극'이다. 가령 사막 한가운데 발달한 오아시스 주변에 한 마을이 공동으로 소유하고 있는 공유지가 있다고 하자. 이 마을에는 50가구가 살고 있고 가구당 소 2마리를 방목한다. 이때 가구 A가 한 마리의 소를 더 방목하면 기존의 소 100마리에게 돌아가는 풀의 양이 감소한다. 그런데 그에 따른 손해는 다른 49가구에 분산되어 돌아가므로 매가구에 끼치는 피해는 미미한 수준이다. 따라서 A가 소 한 마리를 더 방목하는 것은 크게 문제될 게 없다. 하지만 문제는 나머지 49가구도 모두 저마다 소 한 마리씩을 더 방목하고자 하는 데 있다. 50가구가 모두 그렇게 하면 풀의 양이 부족해져 소들은 영양실조에 시달리고 모두 손해를 보게 된다. 공유지는 끝내 파괴되고 만다. 결국 모두가 손해를 보게 되는 것인데, 이런 상황을 바로 '공유지의 비극'이라 부른다.

이러한 공유지의 비극이 이야기하고자 하는 결론은 명확하다. 50가구에게 공유지를 분할해주면 자신의 목초지가 허용하는 만큼 방목할 것이기 때문에 전체적으로 가장 좋은 결과를 낳는다는 것이다. 결국 사유재산권이 사회를 가장 효율적으로 운영할 수 있는 기초임을 강조하고 있는 셈이다.

물론 여기에는 매우 중요한 전제가 바탕에 깔려 있다. 그것은 바로 인간은 누구나 자신의 이익을 앞세우는 이기적인 존재라는 것이다. 공유지의 비극도 결국 이기적인 인간의 행동이 빚어낸 결과라고 할 수 있다. 자본주의는 이러한 인간의 이기적 요소는 자연적인 본능에 속한다고 보고 그 전제 위에서 효율성을 추구하는 사회제도라고 할 수 있다. 자본주의 사회에서 사유재산권이 신성시되는 것도 바로 이러한 맥락이다.

경험세계 속에서 확인되는 인간의 모습은 다분히 이기적이다. 사유재산에 대한 집착이 강한 것은 물론이다. 자본주의는 바로 이러한 인간의 이기심을 자가 발전을 위한 에너지로 삼고 있다. 시장 경쟁은 그러한 이기심을 더욱 강렬하게 자극하고 이기적 욕구를 충족시키기 위해 사력을 다하도록 만든다. 자본주의 작동에 필요한 에너지가 극한을 향해 치닫는 것이다. 이 점에서만 보자면 자본주의 자체는 상당히 효율적인 체제라고도 할 수 있다.

그러나 모든 사물은 일정 단계를 넘어서면 대립물로 전화되게 마련이다. '사적 소유에 기초한 경쟁' 역시 일정한 역사 발전 단계에서는 비효율을 낳는 요소로 전락하게 마련이다.

재산이 손으로 만질 수 있는 물건 형태로 존재하고 이러한 재산 형태가 지배적일 때 재산 소유관계는 매우 단순명료하다. 각각의 물건마다 소유권자의 이름이 새겨지며 이들은 분리된 채 개별적으로 존재한다. 옆집의 차와 나의 차는 아무런 관련이 없다. 그리고 같은 종류의 물건은 그 수가 적을수록 그 가치가 상승한다. 희소가치가 적용되는 것이다. 이러한 물건 중심의 소유관계에서 공유는 매우 낯설기도 하고 때로는 부적절하기도 하다.

그러나 인터넷의 등장과 함께 이러한 관념은 바탕에서부터 금이 가기 시작했다. 인터넷은 나의 컴퓨터와 수많은 다른 사람들의 컴퓨터가 함께 연결됨으로써 지금 내 앞에 펼쳐진 공간이다. 더불어 보다 많은 사람들이 컴퓨터를 보유하고 사용할수록 인터넷 공간은 넓어지고 풍부해진다. 그에 따라 내가 갖고 있는 컴퓨터의 사용가치는 (시장가격과 무관하게) 그만큼 상승한다.

사람들은 이러한 컴퓨터 연결망을 통해 지식·정보를 나누면서 전혀 다른 소유관념을 얻게 되었다. 비물질적 형태인 정보는 무한복제가 가능하기 때문에 아무리 나누어도 그 절대가치가 줄어들지 않는다. 도리어 많은 사람들이 나눌수록 가치가 커지는 것이 일반적이다. 이 모든 것은 사적 소유에 기초한 경쟁만이 최선의 결과를 낳는다는 기존 논리에 대한 심각한 도전이다. 동시에 투입된 노동의 양을 기초로 교환이 성립된다는 마르크스의 가치법칙이 더 이상 일반적 의미를 가질 수 없음을 말해주는 것이기도 하다. 지식·정보를 생산하는 지능노동을 양적으로 측정하는 것은 불가능할 뿐 아니라 투입된 노동이 개별 상품에 고정되지 않기 때문이다. 결론적으로 지식·정보는 사적 소유를 넘어 무한히 공유 가능하며 경쟁보다는 협력을 통해 그 가치가 더욱 커질 수 있다. 요컨대 지식·정보는 민주적이고 공동체적인 요소를 풍부하게 간직하고 있는 것이다.

물론 지식·정보의 이 같은 특성은 정반대의 양상도 가능하게 한다. 무제한의 복제가 가능하다는 지식·정보의 일반적 특성은 지적재산권이라는 형태의 사적소유권과 결합하면서 무제한의 이윤을 창출하는 원천이 되고 있다. 대표적인 소프트웨어 개발업체인 마이크로소프트를 예로 들어보자. 마이크로소프트가 처음 윈도 운영 프로그램을 개발할 때는 막대한 비용이 들어갔지만 이를 온라인이나 CD를 통해 판매할 때는 추가비용이 거의 들지 않는다. 한계생산비용이 거의 제로에 가까운 것이다. 개발비용을 환수한 이후부터는 수입의 대부분이 추가이윤이 되는 상태로 진입한다. 마이크로소프트가 창립 20여 년 만에 세계 최강 기업이 된 비밀이 바로 여기에 있다.

결국 (주로는 컴퓨터 온라인망을 통해 움직이는) 지식·정보의 사용을 둘러싸고 두 가지 상이한 세계가 첨예한 투쟁을 전개하고 있다. 한편에는 정보 독점을 바탕으로 무제한으로 이윤을 축적하는 세계, 곧 마이크로소프트와 같은 거대자본이 주축이 되고 있다. 그 반대편에는 공유와 협력을 통해 정보가치를 키우는 세계, 곧 수많은 온라인 커뮤니티가 주축이 되고 있다. 이들 온라인 커뮤니티는 종종 거대자본의 지적재산권마저 부정하면서 다양한 지식·정보를 공유하고 있다. 그런 점에서 이들 커뮤니티는 (의식하든 의식하지 않든) 거대자본에 저항하는 온라인 게릴라들의 활동 무대이기도 하다.

오늘날 거대자본의 지배에 맞선 온라인 게릴라들의 전투는 한층 진화된 형태로 전개되고 있다. 단순히 기존 정보를 공유하는 수준을 넘어서서 리눅스처럼 수요자들이 연합해서 필요한 정보를 생산하고 발전시키기도 한다. 전세계 네티즌들이 함께 만들어가고 있는 위키피디아 백과사전도 이러한 흐름을 보여주는 대표 사례다. 이 같은 경향은 UCC의 폭발적 증가와 함께 더욱 거세지고 있다. 그리하여 온라인 게릴라들은 다양한 연합작전을 통해 빠르게 영토를 확장할 수 있게 되었다.

이러한 영토확장 과정은 네티즌들로 하여금 공유와 협력에 바탕을 둔 공동체 가치에 더욱 익숙해지도록 만들고 있다. 이는 한 걸음 더 나아가 온라인 활동이 항상 그러했듯이 오프라인 세계를 동일한 방향으로 변모시키는 기능을 하게 될 것이다. 문제는 온라인 세계에서 형성된 태도와 습성이 오프라인 세계에서 정면으로 충돌할 가능성이다. 그런데 사적 소유와 경쟁 논리가 가장 철저하게 구현되어왔던 시장영역에서조차 공유와 협력의 가치가 빠르게 확산되고 있다. 이는 곧 온라인과 오프라인 두 세계의 상호작용을 통해 공유와 협력을 바탕으로 한 공동체적 가치가 한층 강한 힘을 얻을 수 있음을 의미한다.

우리는 기업혁명을 다루면서, 지식기반경제에서의 지식노동자의 역할 증대와 주주자본주의 아래서의 주주의 권력 독점 사이의 모순이 심화되면서 기업이 민주적인 공동체로 재조직될 수밖에 없는 필연성을 확인한 바 있다. 요컨대 기업의 표면적인 현실과 달리 그 이면에서는 공동체적 지향이 성숙되어온 것이다. 다만 기업은 부르주아계급의 지배권력이 집약되어 있는 곳이기 때문에 이러한 공동체적 지향이 실현되려면 사회혁명 과정을 거쳐야 한다.

하지만 사회혁명 이전 단계에서도 기업의 내부와 외부에서는 공유와 협력 관계가 빠르게 싹을 틔워왔다. 그것은 내부적으로 '팀제'이고 외부적으로는 '클러스터Cluster'(집적단지)다.

앞에서 비교적 자세히 살펴본 대로, 팀제는 구성원들의 사적 소유보다는 공유(예컨대 정보 공유), 경쟁보다는 협력을 강조하는 것이 일반적 속성이다. 말하자면 팀제의 존재 근거는 공유와 협력을 통해 시너지 효과를 극대화하는 데 있는 것이다. 그렇다면 팀제에 관해서는 이 정도 확인하는 것으로 그치고 클러스터에 대해 좀더 자세히 알아보자.

클러스터의 속성 역시 팀제와 비슷하다고 볼 수 있는데, 이 점은 일차적으로 형성 배경을 통해서 확인할 수 있다. 지구화 시대에 약육강식의 법칙이 지배하는 시장환경 속에서 기업 단독의 힘으로는 생존을 보장받을 수 없다. 독불장군은 살아남을 수 없는 시대가 된 것이다. 그에 따라 기업과 기업 나아가 관련 기관 사이에 협력을 강화하는 다양한 모색이 이루어지게 되었다. 클러스터는 바로 그러한 노력이 집약된 결과물이다.

산업 클러스터는 특정 공간 안에 연관된 대학, 연구소, 기업, 정부기관이 모여서 정보, 기술, 인프라를 공유하고 상호 협력하는 시스템이다. 이를 통해 최고의 경쟁력은 경쟁 자체보다도 협력에 있음을 입증하고 있다. 현재 세계시장에서 경쟁력을 지닌 경우는 대체로 이러한 클러스터에 기반하고 있다고 봐도 과언이 아니다. 일본의 도요타 자동차 클러스터, 미국 할리우드 영화 클러스터, 중국의 상디 전자 클러스터, 샌디에고의 바이오 클러스터 등은 그 대표적인 사례다.

핀란드의 울루 IT클러스터는 인구 500만의 소국 핀란드를 세계적인 IT강국으로 만든 주역이다. 본디 핀란드는 풍부한 삼림을 바탕으로 펄프, 제지 등 임업 관련 경제 중심으로 발전해왔는데, 1990년대 러시아 시장의 붕괴 등으로 경제 위기를 맞이하였다. 이러한 상황에서 핀란드경제연구소ETLA의 주도로 울루에 IT클러스터를 조성하였다. 이곳에는 핀란드의 대표적인 IT업체인 노키아와 관련 대학, 연구소 등이 삼각편대를 형성하여 자리잡았다. 여기에 관련 중소 벤처 기업이 적극 결합하였고, 핀란드 정부는 기술개발센터TEKES를 설립하여 민간과의 공동연구를 수행하였다. 이러한 클러스터가 본격 작동하면서 IT 제품은 핀란드 수출 1위 품목이 되었고, 노키아는 세계시장에서 휴대전화 점유율 1위 업체가 되었다.[9]

이렇듯이 세계시장에서의 생존을 가능케 하는 공유와 협력의 힘은 경쟁관계에 있는 동일 업종의 기업들 사이에서도 발휘될 수 있다. 산업공동화로 급속히 사양길을 걷던 일본의 중소업체들이 그간의 이전투구식 경쟁관계를 지양하고 공동 기술 개발, 공동 브랜드 창출을 통해 기사회생한 것은 그 좋은 사례다.

정부기관 역시 클러스터의 일원으로서 적극적 파트너십을 발휘할 필요가 있다. 특히 중소 규모의 기업들이 주축이 되는 경우 기술의 공동 개발과 자금 조달, 정보 확보와 마케팅 등에서 정부의 지원은 결정적 의미를 가질 수 있다. 타이완의 경우 정부가 인큐베이터 역할을 하면서 준공기업 형태의 중소기업을 연속적으로 창출함으로써 국가 경제의 골간이 되도록 한 점은 충분히 주목할 가치가 있다.

이러한 과정을 거쳐 우리는 한층 진화된 형태의 클러스터를 모색할 수 있다. 국가기관이 인민에 의해 통제되는 정치혁명과 기업이 민주적 공동체로 재조직되는 사회혁명이 성공한다면 클러스터는 인민의 사회연대를 실현하는 한 형태로 변모하게 된다. 그에 따라 특정 지역을 무대로 형성되는 특징을 지닌 클러스터는 자연스럽게 지역공동체의 하부 토대로 자리잡을 수 있게 된다. 이런 점에서 클러스터를 진보적으로 재구성하는 작업은 사회혁명의 중요한 요소 중 하나다.

팀제와 클러스터의 확산은, 지구화 시대에 개방적인 시장경쟁 체제를 헤쳐 나갈 가장 효과적인 전략은 공유와 협력을 바탕으로 공동체적 관계를 형성하는 것임을 확인해준다. 대표적인 취약 부문으로 알려진 농업도 생산과 소비 전과정을 아우르는 먹을거리 공동체 형성을 통해 국제농업자본에 대항할 수 있는 생존 능력을 확보할 수 있다. 국가 수준에서 보더라도 결론은 동일하다고 할 수 있다. 곧 공유와 협력을 통해 대륙 혹은 지역 수준에서의 공동체를 형성하는 것은 혼돈의 시대에 국가의 생존을 보장할 수 있는 필수 전략이다. 우리는 이미 중남미 지역을 선두로 그러한 형태의 지역공동체가 곳곳에서 형성될 가능성이 있음을 확인한 바 있다.

사실 공유와 협력은 자연과 사회 모두에서 장구한 세월에 걸쳐 생존과 도약의 원리로 작동해왔다고 할 수 있다. 공유와 협력을 통해 극적인 장면을 만들어낸 사례는 수없이 많다. 물질 진화의 역사에서 가장 위대한 장면이라고 하는 세포 탄생의 과정은 그 대표적인 경우다. 이제 여기서 세포 형성의 드라마를 소개하는 것으로 대단원의 막을 내리고자 한다.

지구상에 등장한 최초의 생명체는 시아노박테리아로 알려져 있다. 시아노박테리아는 황화수소를 에너지로 흡수하면서 산소를 방출하였다. 오늘날 지구상에 산소가 다량으로 포함된 것은 바로 그 시아노박테리아의 생명 활동이 빚어낸 결과였다. 그런데 산소는 강한 독성을 가진 원소로서 시아노박테리아의 생명을 위협하게 되었다.

산소가 가득 찬 바다에서 살아남기 위한 시아노박테리아의 투쟁은 두 가지 방식으로 나타났다. 하나는 수많은 시아노박테리아가 하나로 뭉쳐서 공동의 방어벽을 쌓는 것이다. 혐기성 박테리아로 불린 이들 박테리아군은 어느 순간부터 각자의 몸 안에 있던 유전자를 한 곳으로 모아 거대한 데이터 뱅크를 형성하였다. 유전자 정보를 중심으로 고도의 공유 과정에 돌입한 것이다. 또 다른 방식은 산소 바다에 뛰어들어 황화수소보다 10배나 에너지가 강한 산소를 새로운 에너지원으로 삼은 것이다. 그럼으로써 종전에 느리고 둔한 박테리아와는 매우 다른 활기찬 호기성 박테리아가 등장하게 되었다.

서로 성질을 달리하는 혐기성 박테리아와 호기성 박테리아는 서로 경쟁하고 대립하였다. 그러다가 어느 순간 둘은 정보와 에너지를 공유하면서 긴밀히 협력하는 관계를 형성하기에 이르렀다. 그럼으로써 작지만 매우 거대한 생명의 공장이 만들어졌으니 그것이 바로 세포였다. 혐기성 박테리아는 다량의 정보를 처리하는 세포핵이 되었고, 호기성 박테리아는 에너지를 생산 공급하는 미토콘드리아가 되었다. 지구상의 모든 생명 활동은 바로 이러한 혐기성 박테리아와 호기성 박테리아의 공유와 협력에 근원을 두고 있다. 단순하기 그지없는 박테리아들의 공유와 협력이 놀라운 생명의 기적을 만들어낸 것이다.

주 석

1 5.18광주민중항쟁유족회 편,《광주민중항쟁미망록》, 남풍, 1989. 101쪽.

2 《중앙일보》, 2005. 5. 25.

3 이에 관해서는 김영배 외,〈재벌과 관료의 놀라운 사랑 이야기〉,《한겨레 21》, 2006. 12. 6. 참조할 것.

4 노엄 촘스키, C. P. 오테로 엮음, 이종인 옮김,《촘스키, 사상의 향연》, 시대의창, 2007. 293~297쪽 참조할 것.

5 앨빈 토플러, 이규행 감역,《권력이동》, 한국경제신문사, 2007. 40~52쪽 참조.

6 애덤 스미스, 최호진 · 정해동 역,《국부론》(하), 범우사, 2007. 270쪽.

7 향약공동체에 관해서는 이연,〈향약공동체운동에 나타난 우리나라 지역 사회복지 실천 모델〉을 참조할 것.

8 스위스 모델에 관해서는 이호철,《세기말의 사상기행》, 민음사, 1993. 188 ~194쪽을 참조할 것.

9 김종윤,〈뭉쳐야 산다. 산업클러스터 현장 4〉,《중앙일보》, 2002. 10. 1.

참고문헌

단행본

가미타 사토시, 허명구 옮김, 《자동차 절망공장》, 우리일터기획, 1995.

강만길, 《고쳐쓴 한국현대사》, 창작과비평사, 1998.

강상구, 《아톰의 시대에서 코난의 시대로》, 프레시안북, 2007.

강석호 엮음, 《80년대의 주변정세》, 거름, 1985.

강정구, 《현대 한국사회의 이해와 전망》, 한울아카데미, 2005.

고지마 노보루, 《한국전쟁》(상·하), 종로서적, 1981.

공병호, 《10년 후 세계》, 해냄, 2005.

국제관계연구회 엮음, 《세계화와 한국》, 을유문화사, 2003.

금융경제연구소, 《금융산업, IMF사태에서 한미FTA까지》, 2007.

기무라 히데스키, 이윤희 옮김, 《20세기 세계사》, 가람기획, 1997.

기 소르망, 김정은 옮김, 《자본주의 종말과 새 세기》, 한국경제신문사, 1995.

기 소르망, 박혜영 옮김, 《중국이라는 거짓말》, 문학세계사, 2006.

吉澤賢治, 이재은 옮김, 《중국경제의 역사적 전개과정》, 한울아카데미, 1995.

김경묵·우종익, 《이야기 세계사》(1·2), 청아출판사, 2006.

김경원·권순우 외, 《외환위기 5년, 한국경제 어떻게 변했나》, 삼성경제연구소, 2003.

김명철·윤영무, 《김정일의 통일전략》, 살림터, 2000.

김병권 외, 《베네수엘라 혁명의 역사를 다시쓰다》, 시대의창, 2007.

김성환 외, 《1960년대》, 거름, 1984.

김태유 외, 《21세기, 인간과 공학》, 고려원미디어, 1995.

김형기 역음, 《현대자본주의 분석》, 한울아카데미, 2007.

남덕우 외, 《IMF사태의 원인과 교훈》, 삼성경제연구소, 1998.

남현우, 《항일무장투쟁사》, 대동, 1988.

노명식, 《프랑스혁명에서 빠리 꼼뮨까지》, 까치, 1981.

노엄 촘스키 외, 이수현 옮김, 《미국의 이라크 전쟁》, 북막스, 2004.

노엄 촘스키, C. P. 오테로 엮음, 이종인 옮김, 《촘츠키, 사상의 향연》, 시대의창, 2007.

W.F 화이트·K.K 화이트, 김성오 옮김,《몬드라곤에서 배우자》, 나라사랑, 1993.

D.C 서머벨 엮음, 박광순 역,《아놀드 토인비의 역사의 연구》(1·2), 범우사, 2006.

D. 바사미언, 강주헌 옮김,《촘스키, 세상의 권력을 말하다》(1·2), 시대의창, 2005.

D. 보젤, 김민주 김선희 옮김,《기업은 왜 사회적 책임에 주목하는가》, 거름, 2006.

등용, 임계순 옮김,《등소평》, 김영사, 2001.

러셋 스팍스, 넷임팩트 코리아 옮김,《사회책임투자》, 홍성사, 2007.

레스터 C. 써로우, 유재훈 옮김,《자본주의의 미래》, 고려원, 1997.

리오 휴버먼, 장상환 옮김,《자본주의 역사 바로알기》, 책벌레, 2007.

로버트 로이드 조지, 선경투자자문 옮김,《세계는 어디로 가는가》, 넥서스, 1994.

루츠 판 다이크, 안인희 옮김,《처음 읽는 아프리카 역사》, 웅진지식하우스.

마르크스·엥겔스, 남상일 옮김,《공산당 선언》, 백산서당, 1989.

마이크 파커·제인 슬로터, 강수돌 옮기고 씀,《팀 신화와 노동의 선택》, 강, 1996.

머저리 캘리, 강현석 옮김,《자본의 권리는 하늘이 내렸나》,이소출판사 , 2003.

미셸 초스토프스키, 김현정 옮김,《전쟁과 세계화》, 민, 2002.

미셸 초스토프스키, 이대훈 옮김,《빈곤의 세계화》, 당대, 1998.

미쓰비시연구소, 채홍석 옮김,《전예측 아시아 1996》, 나남, 1996.

바니아 밤비라, 김현식 옮김,《쿠바 혁명의 재해석》, 백산서당, 1985.

박태용·허만길,《프로슈머 네트워크의 미래》, 드림서치, 2002.

베네수엘라혁명연구회,《차베스 미국과 맞짱뜨다》, 시대의창, 2006.

변지석·이영주,《신경영 패러다임 10》, 한·언, 1996.

복득규 외,《클러스터》, 삼성경제연구소, 2004.

V.I. 레닌, 홍승기 편역,《레닌 저작선》, 거름, 1988.

브루스 커밍스, 남성욱 옮김, 따뜻한손, 2005.

서울노동정책연구소(준비모임),《일본적 생산방식과 작업장체제》, 새길, 1995.

석동호 편저,《과학기술사》, 중원문화, 1990.

세계화국제포럼(IPG), 이주명 역,《더 나은 세계는 가능하다》, 필맥, 2003.

小島晋治·丸山松幸, 박원호 역,《중국근현대사》, 지식산업사, 1992.

소련과학아카데미 엮음, 편집부 옮김,《세계의 역사》, 형성사, 1990.

프란츠 알트, 손성현 옮김,《생태주의자 예수》, 나무심는사람, 2003.

신영복 외, 프레시안 엮음,《여럿이 함께》, 프레시안북, 2007.

알렉 노브, 김남섭 옮김, 《소련경제사》, 창작과비평사, 1998.

알렉 노브, 대안경제연구회 옮김, 《실현가능한 사회주의의 미래》, 백의, 2001.

애덤 스미스, 김수행 역, 《국부론》(상), 비봉출판사, 2006.

애덤 스미스, 최호진·정해동 역, 《국부론》(하), 범우사, 2007.

에릭 홉스봄, 김동택 옮김, 《제국의 시대》, 한길사, 2004.

에릭 홉스봄, 이용우 옮김, 《극단의 시대 : 20세기 역사》 (상·하), 까치, 1997.

에릭 홉스봄, 정도영 옮김, 《자본의 시대》, 한길사, 2006.

에릭 홉스봄, 정도영·차명수 옮김, 《혁명의 시대》, 한길사, 2006.

에이미 모미니, 구홍표·이주명 옮김, 《사회책임투자》, 필맥, 2004.

에크하르트 헬무트, 권세훈 역, 《혁명의 역사》, 시아출판사, 2004.

엘빈 토플러, 이규행 옮김, 《권력이동》, 한국경제신문사, 1994.

엠마누엘 토드, 주경철 옮김, 《제국의 몰락》, 까치, 2003.

오건호, 《국민연금, 공공의 적인가 사회연대 임금인가》, 책세상, 2006.

5.18광주민중항쟁유족회 편, 《광주민중항쟁비망록》, 남풍, 1989.

요시다 타로, 안철환 옮김, 《생태도시 아바나의 탄생》, 들녘, 2005.

윌리엄 바이햄 외, 이상욱·장승권 옮김, 《자율경영팀》, 21세기북스, 1995.

윌리엄 J. 듀이커, 정영욱 옮김, 《호치민 평전》, 푸른숲, 2003.

윌리엄 H, 오버홀트, 윤인웅 옮김, 《총강국으로 가는 중국》, 한·언, 1994.

유시민, 《거꾸로 읽는 세계사》, 푸른나무, 1993.

이러 매거지너 외, 한영환 옮김, 《소리없는 전쟁》, 한국경제신문사, 1991.

이메뉴얼 월리스틴 외, 백승욱·김영아 옮김, 《이행의 시대》, 창작과비평사, 1999.

이교관, 《누가 한국경제를 파탄으로 몰았는가》, 동녘, 1998.

이대환 엮음, 《19세기 독일사회사상》, 연찬, 1987.

이병천·김주현 엮음, 《사회민주주의의 새로운 모색》, 백산서당, 1993.

이영희, 《베트남 전쟁》, 두레, 1991.

이영희, 《전환시대의 논리》, 창작과비평사, 1979.

이영희, 《포드주의와 포스트포드주의》, 한울아카데미, 1994.

이원재, 《주식회사 대한민국 희망보고서》, 원앤원북스, 2005.

이재화, 《한국근현대민족해방운동사》, 백산서당, 1988.

이정희 외, 《20세기 급진주의 노동운동의 흐름들》, 영남대학교출판부, 2006.

이찬근,《IMF시대 투기자본과 미국의 패권》, 연구사, 1998.

이찬근 외,《한국경제가 사라진다》, 21세기북스, 2004.

이해준,《자본의 시대에서 인간의 시대로》, 한울, 1999.

이호철,《세기말의 사상기행》, 민음사, 1993.

임창희,《한국형 팀제》, 삼성경제연구소, 1995.

장융·존 할리데이, 황의방 옮김,《마오》, 까치, 2006.

쟝 피에르 바르니에, 주형일 옮김,《문화의 세계화》, 한울, 2006.

재레드 다이아몬드, 강주헌 옮김,《문명의 붕괴》, 김영사, 2007.

제레미 리프킨, 이영호 옮김,《노동의 종말》, 민음사, 1996.

전태일을 따르는 민주노조운동연구소,《경제대공황과 IMF신탁통치》, 한울, 1997.

전태일을 따르는 민주노도운동연구소,《신자유주의와 세계민중운동》, 한울, 1998.

제리 멀러, 서찬주·김창환 옮김,《자본주의의 매혹》, Human & Books, 2006.

조성오 편저,《인간의 역사》, 동녘, 2002.

조현민 편,《역사를 다시 본다》, 만민사, 1989.

존 나이비스트, 홍수원 옮김,《메가트랜드 아시아》, 한국경제신문사, 1996.

존 벨라미 포스터, 추선영 옮김,《생태계의 파괴자 자본주의》, 책갈피, 2007.

존 K, 페어뱅크 외, 김한규 외 옮김,《동양문화사》(상·하), 을유문화사, 1992.

중국역사유물주의학회 편, 이필주 옮김,《21세기 중국의 도전》, 매일경제신문사, 1994.

정욱식,《북핵》, 창해, 2005.

제임스 P. 워맥 외, 한영숙 옮김,《생산방식의 혁명》, 기아경제연구소, 1992.

찰스 A. 쿱찬, 황지현 옮김,《미국 시대의 종말》, 김영사, 2005.

찰스 팬, 이우희 옮김,《인간 호치민》, 녹두, 1995.

채지훈,《패러다임 경영》, 21세기북스, 132.

청년과학기술자협의회,《과학기술과 과학기술자》, 한길사, 1990.

최배근,《네트워크 사회의 경제학》, 한울, 2003.

최정호 외,《정보화시대와 우리》, 소화, 1995.

KBS일요스페셜 팀 취재, 정혜원 글,《대한민국 희망보고서 유한킴벌리》, 거름, 2005.

타리크 알리·수잔 왓킨스, 안찬수·강장석 옮김,《1968》, 삼인, 2002.

토드 부크홀츠, 이승환 역,《죽은 경제학자의 살아있는 아이디어》, 김영사, 2000.

토머스 L. 프리드먼, 김상철·이윤섭 옮김,《세계는 평평하다》, 창해, 2005.

폴 존슨, 이희구·배상준 옮김, 《세계현대사》, 한마음사, 1993.

폴 킹스노스, 김정아 옮김, 《세계화와 싸우다》, 창작과비평사, 2004.

프레드 맥도프 외, 윤병선 역, 《이윤에 굶주린 자들》, 울력, 2006.

피터 드러커, 《자본주의 이후의 사회》, 한국경제신문사, 1993.

필립 암스트롱 외, 김수행 옮김, 《1945년 이후의 자본주의》, 두산동아, 1996.

칼럼 앤더슨, 이기문 옮김, 《벼랑 끝에 선 중국》, FKI미디어, 1999.

칼 마르크스, 《프랑스혁명사 3부작》, 소나무, 1987.

케빈 대나허 외, 최봉실 옮김, 《50년이면 충분하다》, 아침이슬, 2000.

켄 실버스타인, 최규엽 역, 《다른 세계는 가능하다》, 책갈피, 2002.

K. 마르크스, 김수행 옮김, 《자본론》, 비봉출판사, 1990.

크리스 하먼, 이수현 옮김, 《세계를 뒤흔든 1968》, 책갈피, 2004.

크리스 하먼 외, 이원영 옮김, 《소련의 해체와 그 이후의 동유럽》, 갈무리, 1995.

클라이드 프레스토위츠, 김성균 옮김, 《깡패국가》, 한겨레신문사, 2004.

폴 케네디, 변도은·이일수 옮김, 《21세기 준비》, 한국경제신문사, 1994.

폴 존슨, 이희구·배상준 옮김, 《세계현대사》, 한마음사, 1993.

폴 케네디, 이일수 외 옮김, 《강대국의 흥망》, 한국경제신문사, 1991.

프랑수아 셰네, 서익진 옮김, 《자본의 세계화》, 한울, 2004 .

하인리히 갬코브, 김대웅 옮김, 《맑스·엥겔스 평전》, 시아출판사, 2003.

한겨레사회연구소 민족분과, 《분단에서 통일로》, 한겨레사회연구소 출판국, 1988.

한겨레사회연구소 사회주의연구분과, 《사회주의 대논쟁》, 백산서당, 1990.

한미FTA저지 범국민운동본부 정책기획연구단, 《한미FTA 국민보고서》, 그린비, 2006.

한광수, 《미-중관계의 변화와 한반도의 미래》, 삼성경제연구소, 2005.

한국사회경제학회, 《노동가치론의 재평가》, 풀빛, 1997.

한국정치연구회 사상분과 편저, 《현대민주주의론》(1·2), 창작과비평사, 1993.

한스 피터 마르틴·하랄트 슈만, 《세계화의 덫》, 영림카디널, 1997.

한호석, 《평양회담과 연방제통일의 길》, 민, 2000.

해리클리버, 이원영·서창현 옮김, 《사빠띠스따》, 갈무리, 1998.

해미시 맥레이, 김광전 옮김, 《2020년》, 한국경제신문사, 1995.

논문 및 기사

권재현, 〈"나는 중산층" 41% → 28%…〉, 《동아일보》, 2007. 11. 12.

권태선, 〈… 브루스 커밍스가 밝히는 '새로운 사실'〉, 《한겨레》, 1990. 12. 15.

김상우 외, 〈뭉쳐야 산다–산업클러스터 현장〉, 《중앙일보》, 2002. 9. 26.

김영배 외, 〈재벌과 관료의 놀라운 사랑 이야기〉, 《한겨레21》, 2006. 12. 6.

김용석, 〈인간이 구멍낸 하늘… 생태계 대재앙 온다〉, 《경향신문》, 2007. 4. 6.

김용석, 〈지구 온난화 보고 충격 "70년 뒤 대부분 멸종"〉, 《경향신문》, 2007. 4. 6.

김유미·안재석, 〈변화의 싹 움트는 '이라크'…〉, 《한국경제신문》, 2007. 11. 4.

김현기, 〈말레이시아 '자본통제' 경제실험 1년〉, 《중앙일보》, 1999. 8. 30.

김환영, 〈절대권력 쥔 21세기 '차르' 야심은 어디까지〉, 《중앙SUNDAY》, 2007. 12. 7.

노주희, 〈'미국의 빚'이 드디어 역습을 시작했나?〉, 《프레시안》, 2006. 9. 26.

노주희, 〈미국 빚폭탄 도화선에 불붙었나?〉, 《프레시안》, 2006. 1. 18 .

노주희, 〈오늘날 세계가 떠안는 미국發 스트레스들〉, 《프레시안》, 2006. 1. 20.

노주희, 〈파탄 난 미국 경제가 여전히 굴러가는 이유는?〉, 《프레시안》, 2006. 1. 17.

리영희, 〈한반도는 강대국들의 핵 볼모가 되려는가.〉《민중》(제1권), 청사, 1983.

문병호, 〈고용문제 해결이 경제발전의 원동력이다〉, 《노동세상》, 2007, 8월호.

문종만, 〈프로슈머(Prosumer)의 현황과 미래 전망: 프로슈머를 넘어 크레액토
(Creactor)로〉, 새로운사회를여는연구원.

박민희, 〈도전받는 달러 헤게머니〉, 《한겨레》, 2006. 5. 17.

박상희, 〈푸틴 돌풍 내년에도 이어진다〉, 《민중의 소리》, 2007. 12. 26.

박석돈, 〈사회복지 이념과 공동체 정신〉, 인터넷 전문자료.

박지희, 〈시간당 동식물 3종씩 멸종…온난화 경고〉, 《경향신문》, 2007. 5. 23.

백승욱, 〈신보수파 주도 하의 미국 중심의 새로운 세계질서〉, 민주대학컨소시
엄이 출범 4주년 학술 심포지엄 발표 자료.

이재광 외, 〈40代 직장인들 비전이 없다〉, 《이코노미스트》, 중앙일보사, 1996, 5. 6.

신광영, 〈사회민주주의 '시장' 개념〉, 《문화과학》 32호.

신광영, 〈스웨덴 사회민주주의와 경제 정책〉, 《사회비평》 제4호, 1990. 8.

신의순, 〈이라크전쟁과 석유경제〉, http://blog.naver.com/cubot/140029930785.

여경훈, 〈해밀튼 프로젝트 : 니 맘대로 경제학을 넘어〉, 이스트플랫폼.

원영수, 〈반세계화운동의 흐름과 전망〉, 《진보평론》 제17호.

윤도현, 〈사회민주주의의 위기와 복지국가 제도개혁〉.

이경호, 〈미 자동차업체, 펀더멘털을 망각했다〉, 《머니투데이》, 2005. 5. 16.

이경호, 〈미국 제조업 사실상 사망선고〉, 《머니투데이》, 2005. 5. 16.

이건범, 〈현단계 한국금융의 성격과 금융혁신의 방향〉, 《동향과전망》, 2005년 여름호.

이규태 〈아듀 20세기-만델라 석방〉, 《조선일보》, 1999. 10. 4.

이봉현, 〈달러의 몰락, 그 스산한 예언〉, 《프레시안》, 2006. 1. 16.

이연, 〈향약공동체운동에 나타난 우리나라 지역사회복지 실천 모델〉.

이선근, 〈외국계, 진로 2천여 억에 사들여 3조 원 벌어〉, 《프레시안》, 2005. 4. 1.

장경호, 〈남북 농업협력의 목표와 단계 및 우선순위 설정에 관한 연구〉, 박사학위 논문.

장영희, 〈한국경제 '장기입원'하는가〉, 《시사저널》, 2001. 4. 26.

정남구, 〈너희가 달러를 믿느냐〉, 《한겨레21》, 2007. 10. 9.

조계완, 〈임원 스톡옵션 돈잔치〉, 《한겨레21》, 2007. 7. 25.

조계완, 〈IT강국은 갈수록 배고프다〉, 《한겨레21》, 2005. 8. 16.

조세 꼬레아 레이치, 전소희 옮김, 〈브라질 노동자당, 역사상 가장 심각한 위기
    에 직면〉, http://blog.naver.com/ngoking/80015090595.

조희연, 〈제3세계의 영웅적인 민주주의 투쟁과 한국의 민주화투쟁〉.

KBS 토요스페셜, 〈이제는 동반성장이다〉, 2003. 12. 22.

한승용, 〈1994년과 2002년 한반도〉, 《한겨레》, 2002. 2. 5.

한호석, 〈김정일 시대의 북한과 한반도 통일정세의 전망〉, 민족민주정론《민》, 2000. 1.

한호석, 〈'선군혁명영도'와 '제2의 천리마 대진군'〉, 민족민주정론《민》, 2000. 1.

합동취재반, 〈대량감원 해결책 없나〉, 《이코노미스트》, 중앙일보사, 1997. 8. 26.

홍은택, 〈공동체마을 현장을 가다3-스페인 몬드라곤 그룹〉, 《동아일보》, 2002. 7. 14.

황인성, 〈지식기반경제와 국민계정〉 삼성경제연구소, 2002. 11. 4.

황인찬, 〈진보의 10대의제 : 고령화·저출산〉, 《경향신문》, 2006. 12. 5.

인터넷 블로그

http://blog.naver.com/shj578/140024458005

http://blog.naver.com/jhj7725/140038322571

http://blog.naver.com/rectek2/10012689836

http://blog.naver.com/ulaulala/70003870506

http://blog.yonhapnews.co.kr/medium90/ parksj@yna.co.kr